Rahel E. Feilchenfeldt – Thomas Raff

Ein Fest der Künste

Paul Cassirer

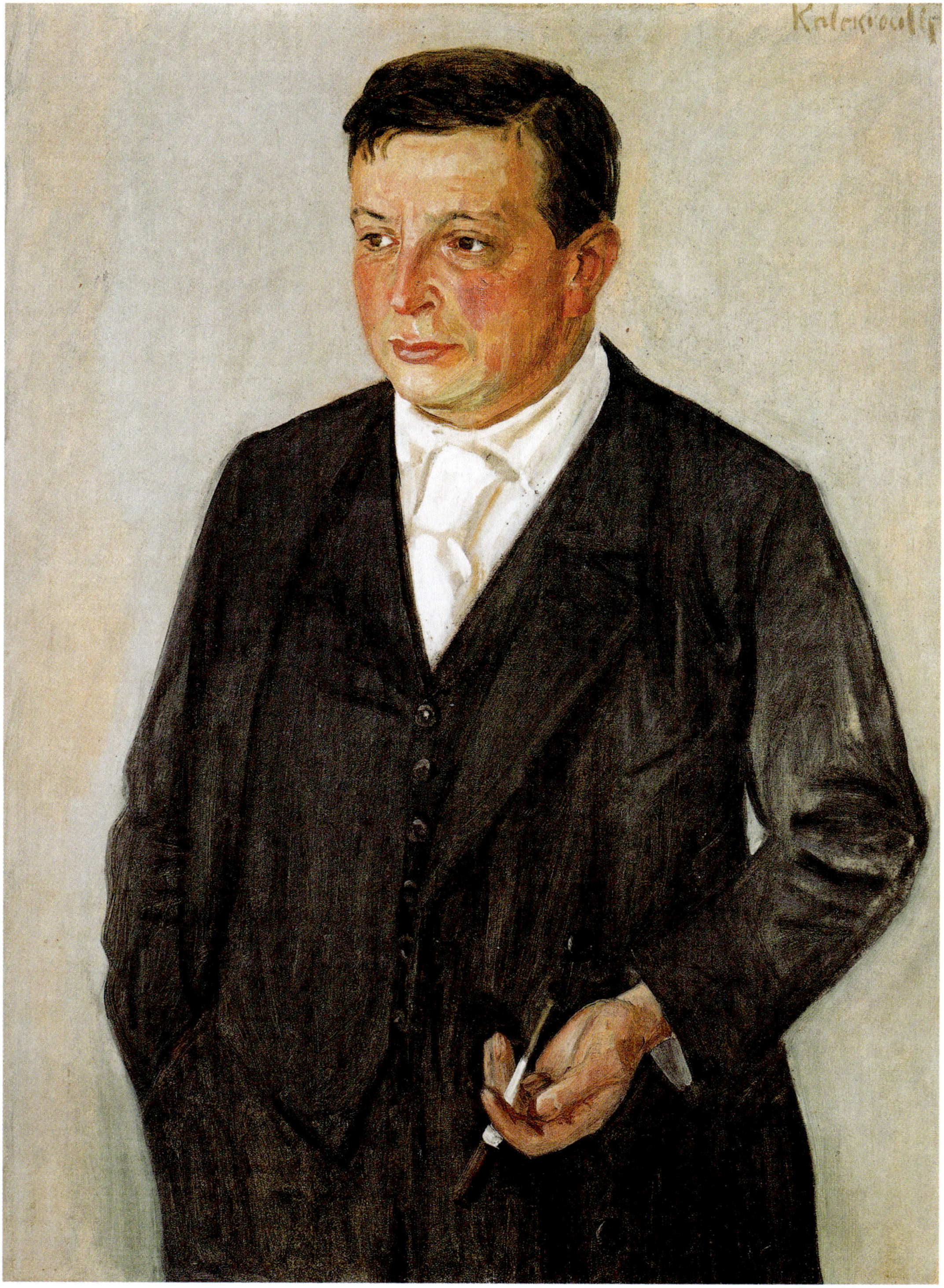

Ein Fest der Künste
Paul Cassirer

Der Kunsthändler als Verleger

Herausgegeben
von Rahel E. Feilchenfeldt
und Thomas Raff

Verlag C. H. Beck

Mit 156 Abbildungen, davon 50 in Farbe

Das Buch erscheint zur gleichnamigen Ausstellung
im Max Liebermann Haus, Berlin (17.2. bis 21.5.2006)
und im Jüdischen Museum, Frankfurt/M. (27.7. bis 29.10.2006).

Die Drucklegung des Buches wurde
von der Axel Springer Stiftung gefördert.

Frontispiz:
Leopold von Kalckreuth, *Porträt Paul Cassirer,* 1911,
Öl/Lwd., 61 x 46 cm, Stiftung Stadtmuseum Berlin

Redaktion: Prof. Dr. Thomas Raff

Dritte Auflage. 2006

Gesetzt aus der Weiß Antiqua und der Akzidenz Grotesk
Lithographie: mr Repro, München
Druck: Kösel GmbH, Altusried-Krugzell
Umschlaggestaltung: Roland Angst + Stefan Vogt, München
Umschlagabbildungen:
vorne: Paul Cassirer, Photographie um 1920, Privatbesitz München
hinten: Max Slevogt, *Juno* aus dem Pavillon von Neu-Cladow,
1911/12 (s. Abb. 129)
Gedruckt auf säurefreiem, alterungsbeständigem Papier
(hergestellt aus chlorfrei gebleichtem Zellstoff)
Printed in Germany

ISBN-10: 3 406 54086 4
ISBN-13: 978 3 406 54086 8

www.beck.de

Inhalt

Geleitwort

Peter-Klaus Schuster

Der Name Paul Cassirer ist eng mit der Geschichte Berlins verbunden. Seit der Gründung der zuerst mit Vetter Bruno Cassirer gemeinsam geführten Berliner Kunst- und Verlagsanstalt im Jahr 1898 ist er außerdem das Markenzeichen eines Kunstgeschmacks, der bis heute den internationalen Kunstmarkt bestimmt und im Zeichen der Moderne an die Geschichte eines Neubeginns erinnert. Gezielt wurden durch Paul Cassirers Vermittlung um die Jahrhundertwende zeitgenössische Künstler aus ganz Europa und vor allem aus Frankreich in Berlin, in der eigenen Galerie an der Victoriastraße 35 und in der *Secession*, ausgestellt. Paul Cassirer steht deswegen im Brennpunkt eines Geschehens, das als Kulturtransfer zwischen Frankreich und Deutschland über die staatenpolitischen Gegensätze jener Zeit hinweg die bildenden Künste zu einem grenzüberschreitenden Medium macht, wie es sonst nur von der Musik bekannt ist und ihr zugute gehalten wird. Jedoch nicht nur durch seine Kunsthandlung, sondern auch durch den bisher weniger beachteten Verlag hat Paul Cassirer durch das Buch und das graphische Mappenwerk als Vermittler von Kultur für alle im umfassenden Sinne gewirkt.

Von dem, was 1914–18 an europäischer Kultur beschädigt und 1939–45 fast gänzlich vernichtet wurde, hat sich vor allem in Berlin der Funke einer Erinnerung erhalten, die in den letzten zwanzig Jahren mit zunehmender Intensität die kultur- und kunsthistorische Aufarbeitung der Jahrhundertwende 1900 zu einem Anliegen öffentlicher Rückbesinnung auf die eigene deutsche Vergangenheit hat werden lassen. Berliner Kunstausstellungen und Forschungsprojekte widmeten sich der Kunstpolitik im Wilhelminismus und den Kunstsammlungen großbürgerlicher Mäzene ebenso wie dem Œuvre repräsentativer Künstler des deutschen Impressionismus und Expressionismus, und in diesen Zusammenhängen wurde auch die Erinnerung an Paul Cassirer zu neuem Leben erweckt. Immer wieder taucht dabei sein Name auf: als Ausstellungsmacher, als Mäzen, als Sammler, als Händler, aber auch wie im vorliegenden Projekt als Verleger.

Eine Ausstellung – zusammen mit einer Aufsatzsammlung als Begleitbuch –, die diesen Menschen zu würdigen versucht, erfüllt deswegen den Wunsch nach noch mehr Information über eine Persönlichkeit, die eng und tief mit der Geschichte Berlins und seiner Kultur- und Kunstentwicklung verbunden ist. Dabei ging es um die schwierige Aufgabe, eine Fragestellung zu entwickeln, bei der nicht einzelne Erkenntnisinteressen dominieren, sondern die Vielseitigkeit im kulturellen Wirken eines Kunsthändlers als Verleger im Zusammenspiel von Bildern, Graphik und Büchern auf museologische und publizistische Weise sichtbar gemacht werden sollte, und für dieses Vorhaben ist die

Vision vom «Fest der Künste» eine authentische Voraussetzung, um Paul Cassirer im Spiegel seines eigenen Selbstverständnisses gerecht werden zu können.

Für dieses «Fest der Künste», für sein Gelingen ist vielen zu danken. Zuerst Rahel E. Feilchenfeldt, die über Paul Cassirer als Verleger grundlegend geforscht und aus ihren Studien die Idee zu dieser Ausstellung und zu diesem Begleitbuch entwickelt hat. Sie wurde dabei umsichtig unterstützt von Thomas Raff und in allem bestärkt von Konrad Feilchenfeldt.

Daß sich die Idee, Paul Cassirer als Verleger der klassischen Moderne einer breiten Öffentlichkeit vorzustellen, höchst bedeutsam im Max Liebermann Haus am Pariser Platz mit einer opulenten Ausstellung hat verwirklichen lassen, dies ist ganz das Verdienst von Monika Grütters. Als Sprecherin der Stiftung Brandenburger Tor hat sie sich mit großer Anteilnahme für diese einzigartige Wiederbegegnung von Paul Cassirer mit Max Liebermann eingesetzt. Der Künstler Max Liebermann mit seinem Händler und Verleger Paul Cassirer und all dessen Künstlern und Autoren im wiederaufgebauten Max Liebermann Haus anschaulich vereint, damit gewinnt die Ausstellung hohe Symbolkraft für das geistige Berlin, so wie es einmal war und so wie wir es als Verpflichtung für Berlin am Pariser Platz als einem Ort der sich austauschenden Künste auch künftig empfinden. Monika Grütters hat sich für ihren Mut, aus profunder Buchgelehrsamkeit eine opulente Ausstellung am historischen Ort zu veranstalten, wie schon häufig der tatkräftigen Mitarbeit der Nationalgalerie versichert. Angelika Wesenberg als die verantwortliche Kuratorin der Alten Nationalgalerie für die Kunst des späten 19. Jahrhunderts hat die Ausstellung vielfältig unterstützt und auch zahlreiche Leihgaben gewährt.

Zu danken ist ferner weiteren Leihgebern und den zahlreichen Autoren für ihre Beiträge. Es war diese sich ausbreitende Cassirer-Begeisterung, von der sich auch Wolfgang Beck als Verleger des Begleitbuches hat inspirieren lassen, die dieses vom schönen Austausch zwischen München und Berlin profitierende *Fest der Künste*: Paul Cassirer als Verleger der Klassischen Moderne ermöglicht hat.

Vorwort der Herausgeber

«Ein Fest der Künste» – der Titel des vorliegenden Bandes über den Kunsthändler Paul Cassirer als Verleger erinnert an dessen programmatische Idee, mit der Schaffung eines eigenen «multikulturellen» Forums aus der deutschen Reichshauptstadt Berlin eine europäische Kunststadt wie Paris zu machen. Sein 1911 verfaßtes Manifest, das wir im Dokumentarteil abdrucken, plädiert nicht für einen rivalisierenden Wettstreit der Künste, sondern für ihre wechselseitige Erhellung und Gemeinschaft.

> «Wir planen in jedem Frühjahr ein Fest der Künste, an dem Musik, Dichtung, Schauspielkunst und die bildenden Künste den gleichen Anteil haben. Zur selben Zeit und am selben Ort soll Berlins Kultur sich in allen ihren Erscheinungen entfalten. Vergeblich aber sucht man einen Raum, der würdig wäre, der Schauplatz dieses Festes zu sein. Der Schauplatz muss geschaffen werden.»

Im Zeichen eines solchen Vorhabens versteht sich auch das vorliegende Buch als das Projekt, einen solchen «Schauplatz» zu errichten. Im Zusammenhang mit einer Ausstellung, die unter demselben Titel von der Stiftung Brandenburger Tor im Max Liebermann Haus am Pariser Platz gezeigt wird, geht es um den schon von Paul Cassirer vertretenen Anspruch, unterschiedliche künstlerische Disziplinen zueinander in Verbindung zu setzen und in einem möglichst breiten Spektrum ihrer gegenseitigen Einflußnahme und Bedingtheiten sichtbar werden zu lassen. Was die Ausstellung durch Exponate aus der bildenden Kunst, aus Malerei, Plastik, Graphik und Buchkunst, dokumentiert und veranschaulicht, beleuchtet die vorliegende, als Begleitbuch konzipierte Aufsatzsammlung durch eine breit gestreute Auswahl von Beiträgen, in denen die Persönlichkeit Paul Cassirers und die Vielseitigkeit seiner Ideen bald essayistisch aktuell, bald archivalisch aus den Quellen und bald thesenhaft dargestellt und auch kontrovers gewürdigt werden.

Dieses Buch ist weder eine Biographie von Paul Cassirer, noch eine Monographie über seinen Verlag oder seinen Kunsthandel. Es soll – ohne jeden Anspruch auf Vollständigkeit – ein Eindruck vom rastlosen Ringen und Suchen Paul Cassirers vermittelt werden. Neben einer breiten Fächerung der Themen war es auch ein gezieltes Bemühen der Herausgeber, Fragen anzugehen, die bisher noch nicht oder nur ansatzweise beantwortet wurden, wie die frühe Münchner Zeit, die Beziehungen zwischen Paul Cassirer und Heinrich Mann, René Schickele oder Ernst Bloch, Paul Cassirer und die sozialistische Phase seines Verlags, sein Verhältnis zu Musik und Architektur. Angeregt wird auch die Publikation von Paul Cassirers weitgehend noch ungedrucktem Briefwechsel. Als nicht zu vernachlässigenden Teil seines geistigen Vermächtnisses kann auch die kurzfristig im Verlag vertriebene französische Literaturzeitschrift *Commerce* betrachtet werden, die für ein Europa als «Vereinigte Staaten des Geistes» warb.

Einen thematisch-methodischen Schwerpunkt bilden jedoch, Paul Cassirers Idee vom «Fest der Künste» aufgreifend, jene Beiträge, in denen ausgewählte Werke von bildenden Künstlern seiner Galerie, die zugleich als Buchillustratoren für den Verlag gearbeitet haben, gewürdigt werden, wie Ernst Barlach mit seinem Holzschnittwerk, Max Beckmann mit *Eurydikes Wiederkehr*, Lovis Corinth mit seinen Bibel-Illustrationen, Rudolf Großmann mit seiner Berlin-Mappe, Ludwig Meidner mit seinem *Septemberschrei* oder Max Slevogt mit seinen Wandmalereien in Neu-Cladow.

Ganz bewußt ausgespart blieben Themen, die in letzter Zeit in anderen Veröffentlichungen ausführlich behandelt wurden.

Daß sich im Spiegel einer solchen Zusammenschau der Künste der Blick auch auf das Umfeld von Paul Cassirers Wirken ausdehnen sollte, zeigen Beiträge über die Rolle von Max Liebermann und Max Slevogt in den Verlagen der beiden Vettern Paul und Bruno Cassirer, die ursprünglich eine gemeinsame Firma gegründet hatten, sich aber nach drei Jahren im Unfrieden wieder trennten, über die «*Pan*-Connection» mit einem Blick auf Julius Meier-Graefe, über Oskar Kokoschka und seine Beziehungen zum *Sturm*, über die Bildhauer August Gaul und Georg Kolbe und über Paul Cassirers Verlag in seinem programmatischen Profil als Kulturverlag seiner Zeit.

An den kulturellen Entwicklungen, dem sogenannten Kampf um die Moderne, vom Ende des 19. bis in die dreißiger Jahre des 20. Jahrhunderts, hatten Paul Cassirer und sein Kreis, neben Männern wie Hugo von Tschudi oder Harry Graf Kessler, großen Anteil, weit über Berlin, ja über Deutschland hinaus, und spürbar bis heute, nicht nur in der bildenden Kunst allein.

Wir danken der Berliner Stiftung Brandenburger Tor (Frau Prof. Monika Grütters und Frau Janet Alvarado), die der Ausstellung eine so schöne und beziehungsreiche Heimstätte schuf, und den Staatlichen Museen zu Berlin (Prof. Dr. Peter-Klaus Schuster und Frau Dr. Angelika Wesenberg), die uns von Anfang an mit Rat und Tat und schließlich mit wichtigen Leihgaben für die Ausstellung unterstützt haben.

Für den freundlich gewährten finanziellen Beitrag zu dieser Publikation durch die Axel Springer Stiftung zu Berlin (Prof. Ernst Cramer) danken wir an dieser Stelle herzlich.

Unserem großzügigen Verleger Dr. h.c. Wolfgang Beck, der das Buch in sein Verlagsprogramm aufnahm und jederzeit mit Interesse begleitete, gilt unser besonderer Dank. Das Lektorat (Frau Dr. Alexandra Schumacher, Volontariat Frau Dr. Stefanie Hölscher) und die Herstellung (Herr Jörg Alt) des C. H. Beck Verlags haben mit Engagement und großer Sachkenntnis Lösungen für die oft schwierigen Detailprobleme gefunden.

Entscheidend für das Projekt war auch die Begeisterung der Autorinnen und Autoren, sich in ihren Beiträgen auf dieses «Fest der Künste» einzulassen.

Rahel E. Feilchenfeldt *Thomas Raff*

Paul Cassirer – ein Mosaik

Rahel E. Feilchenfeldt

«Ihnen, Herr Paul Cassirer, der Sie Ihr Leben und Ihre Arbeit der Beschirmung des Schönen weihen, seien diese Verse zugeeignet.»

Diese von Frank Wedekind seinem dramatischen Gedicht *Simson oder Scham und Eifersucht* vorangestellte gedruckte Widmung galt nicht etwa dem Verleger dieses Buches von 1914, denn das war damals Georg Müller in München. Vielmehr verbarg Wedekind hinter diesen weihevollen, vielleicht auch leicht ironisch gemeinten Zeilen seine Dankbarkeit und Anerkennung für den ihm seit den frühen *Simplicissimus*-Zeiten gut bekannten Cassirer, der nur ein einziges seiner Bücher verlegt hatte, nämlich *Der Stein der Weisen, eine Geisterbeschwörung* (1909), aber liebend gerne auch das Gesamtwerk übernommen hätte. Von einem Exklusivvertrag mit Cassirer wollte Wedekind jedoch nichts hören, und die Pläne eines *Wedekind-Theaters* in Berlin, unter Cassirers Leitung, scheiterten schon allein daran, daß beide Herren mit Schauspielerinnen verheiratet waren, beide Anwärterinnen auf die Hauptrollen, so daß Disharmonien unausweichlich gewesen wären. Wilhelm Herzog, Mitherausgeber des *Pan* und Verlagslektor, der in Cassirers Namen die Verhandlungen mit Wedekind geführt hatte, überliefert dessen ablehnende Antwort:

> «Sie sagen: Paul Cassirer ist mein Freund. Und auch ich schätze ihn hoch. Aber er ist nicht nur mein Freund, sondern auch ein äußerst erfolgreicher Geschäftsmann und Kunsthändler. Mit einem Gemälde von Manet verdient er auf einen Schlag 100000 Mark. Bei mir kann er das in zehn Jahren kaum verdienen. Und dann, wenn ich einmal einen Vorschuß brauche, so empfängt mich in seinem vornehmen Kunstsalon ein galonierter Diener und fragt mich nach meinem Begehr. Wenn ich sage, ich will Herrn Cassirer sprechen, wird er mir vielleicht antworten: ‹Herr Cassirer hat eine wichtige Konferenz›, oder ‹Er ist verreist›. Nein, das ist nichts für mich. Da gehe ich lieber zu meinem Münchener Hausknecht Georg Müller, der mich in Hemdsärmeln empfängt, und verlange zunächst 5000 Mark. Er gibt mir 1000, und die Sache ist erledigt.»[1]

Dieses Gespräch dürfte im Jahr 1910 stattgefunden haben, als Paul Cassirer die erste große Manet-Ausstellung in Berlin zeigte, mit 37 Bildern, darunter 24 Ölgemälden aus der Sammlung Pellerin, die er zusammen mit den Pariser Kollegen Durand-Ruel (dessen deutscher Repräsentant er war) und Bernheim gekauft hatte. Dieses in der Presse ausführlich kommentierte Ereignis veranlaßte Wedekind, Paul Cassirer als äußerst erfolgreichen Kunsthändler, zumindest in Sachen Manet, zu charakterisieren. Damals sind, um nur zwei große Beispiele zu nennen, Manets *Barke* von 1874 und sein *Frühstück im Atelier* von 1868 durch Hugo von Tschudi, der bereits in München war, über Paul Cassirer angekauft worden und später, im Rahmen der *Tschudi-Spende*, in die Münchner Neue Pinakothek gelangt[2].

«Das wird schon Cassirer besorgen.»[3]

Wer war der Mann, dem der Vorstand der *Berliner Secession* 1902 dieses Vertrauen entgegenbrachte, wie Corinth berichtet? Wenn man die Zeitungsartikel, die Fachliteratur, aber auch eher anekdotische Berichte zu Paul Cassirer durchforscht, wird deutlich, daß für Freund und Feind feststand, Cassirer verfüge über schier unendliche Möglichkeiten im Guten wie im Bösen. Deshalb liegen bei der Beurteilung seiner Person Verehrung und Verteufelung immer nahe beisammen, und immer bestand die Gefahr, ihn zum idealtypischen Beispiel für die gesamte Gesellschaftsschicht, der er entstammte, die des liberalen wohlhabenden Judentums in Deutschland, zu stilisieren. Um heute ein wenigstens annähernd ausgewogenes Bild von Cassirers Persönlichkeit zu geben, seine Vielseitigkeit, seinen – wie auch immer gearteten – Einfluß zu schildern, sind wir auf die – kritisch zu benutzenden – Zeitzeugnisse, z. B. das Echo in der Presse, angewiesen, da offenbar keine eigenen Tagebücher oder Erinnerungen vorliegen. Seine gedruckten Schriften und seine weit verstreuten Briefe sind sicher die direktesten Quellen, und das Vorhaben, diese Zeugnisse zu sammeln oder zumindest zu verzeichnen, ist wichtig[4]. Auch wäre eine Aufstellung der Kataloge seiner Ausstellungen und Auktionen[5], ihrer Texte und Inhalte, sowie der wichtigsten Besprechungen und Rezensionen seiner Galerietätigkeit, seiner Vortragsabende und Konzerte erhellend. Zeitungsberichte über seine kulturellen Aktivitäten, Pläne, Gerichtsverhandlungen, Verleumdungen und Ehrungen sind zahlreich. Dazu kommt das *pro* und *contra* in den literarischen Zeitschriften. Damit ist die mediale Präsenz allerdings schon umrissen, denn Cassirer starb, bevor der Rundfunk und, wenig später, die *Wochenschau* das tägliche Leben der herausragenden Persönlichkeiten in Ton und Film zu erfassen suchten.

«Man wird an Cassirers Gesicht denken, mit seinen edlen, klugen, wollüstigen, frivolen, zarten, gierigen, skeptischen, willensmächigen, leidenschaftlichen Zügen; etwas Spätrömisches war darin.»[6]

Zu Cassirers äußerer Erscheinung: Es gibt wenige private und einige offizielle Photos, Gruppenbilder mit Künstlern aus Cassirers *Secessions*-Tätigkeit, ein einziges gemaltes Porträt, einige Zeichnungen, Radierungen und Karikaturen, u. a. von MOPP[7], Emil Orlik[8] und Rudolf Großmann, eine Porträtbüste von Georg Kolbe und die Totenmaske. Das Bildnis, das sein Freund Max Liebermann vom etwa 50jährigen Cassirer gemalt hat, ist verschollen, aber durch Photographien[9] dokumentiert (Abb. 1). Vielleicht hat Cassirer das Porträt nicht gefallen? Es ist bekannt, daß er eine Scheu davor hatte, porträtiert zu werden.

Aus einem Brief Corinths an seine Frau wissen wir, daß das Wetter in Noordwijk, wo Cassirer seit 1906 ein Ferienhaus in den Dünen besaß, im Sommer 1911 so schlecht war, daß Cassirer «sogar dem Grafen Kalckreuth zu einem Porträt gesessen» habe[10]. Dieses nur 61 x 46 cm große Bild, das heute der Stiftung Stadtmuseum Berlin gehört, zeigt Cassirer in Halbfigur, nachdenklich, entspannt, mit der Zigarettenspitze in seiner Linken (Frontispiz). Leopold von Kalckreuth (1855–1928) stellte seit 1899 in der *Berliner Secession* aus, er gehörte zur Gruppe Cassirer-Leistikow, die 1904 ein neues *Secessions*-Gebäude am Kurfürstendamm errichtete, und wechselte 1914 mit dem Kreis um Cassirer zur *Freien Secession*. Er gehört somit zu den langjährigen, treuen Weggenossen seines Gegenübers. In Tilla Durieux' Erinnerungen wird der Sommergast geschildert:

> «In diesem Sommer stieß zu den üblichen Besuchern Noordwijks der Maler Graf Kalckreuth. Er war beinahe zwei Meter groß. Seine Reiseausrüstung für vierzehn Tage war nur eine kleine Reisetasche. Helene packte sie kopfschüttelnd aus und entsetzte sich über die Größe seiner Pantoffel, die sie Oderkähne nannte. Viel mehr war in dieser Tasche nicht zu finden. Er war angefüllt von Empörung über die Nachgiebigkeit der Regierung den Arbeitern gegenüber und schritt mit Riesenschritten durch unsere Halle, wobei er lange Reden hielt und das Wort ‹Sozi› so laut brüllte, daß die Wände zitterten.»[11]

Von Max Beckmann[12], dessen außerordentliche Begabung Paul Cassirer früh erkannt und gefördert hat, gibt es, neben einer prägnant-flüchtig hingeworfenen Porträtskizze[13], eine vollgültige Zeichnung Cassirers in Uniform (Abb. 63), bezeichnet «Beckmann 15 Verwik»[14], die dem Künstler auch als Vorzeichnung für seine Radierung *Zwei Autooffiziere* (1915)[15] (Abb. 64) und für die Lithographie *Die Enttäuschten* (1922)[16] diente.

Rudolf Großmann, Maler-Flaneur und Zeichner aus dem Umkreis des Pariser *Café du Dôme*, den Cassirer um 1910 nach Berlin holte und 1912 mit einer großen Litho-Mappe *Um Berlin*[17] verlegte, hat ihn oft skizziert (Abb. 2), und seine karikierenden Blätter sind als Illustrationen auch heute noch beliebt. 1926 erschien in Bruno Cassirers Zeitschrift *Kunst und Künstler* unter dem Titel *Magnus, Lebenslauf eines Expressionisten* Großmanns satirische Bildergeschichte zum Thema Expressionismus. Eine der Zeichnungen zeigt Paul Cassirer in seiner Galerie, Unterschrift: «Ein Kunsthändler erklärt alle für größenwahnsinnig; er läßt seine neusten Pariser Importen aufstellen und zeigt, daß ohne seine epochemachenden Ausstellungen die Kritik verhungert wäre, daß er durch verschwenderische Unterstützung junger Talente, die dem Untergang nahe waren, deren Bilder gewissermaßen selbst gemalt habe.»[18] Die Originalzeichnung zu dieser Bildergeschichte mit ausführlichen Kommentaren wird im Wilhelm-Lehmbruck-Museum Duisburg aufbewahrt.

Von Ernst Barlach[19], dem Bildhauer, Graphiker und Schriftsteller, dessen gesamte

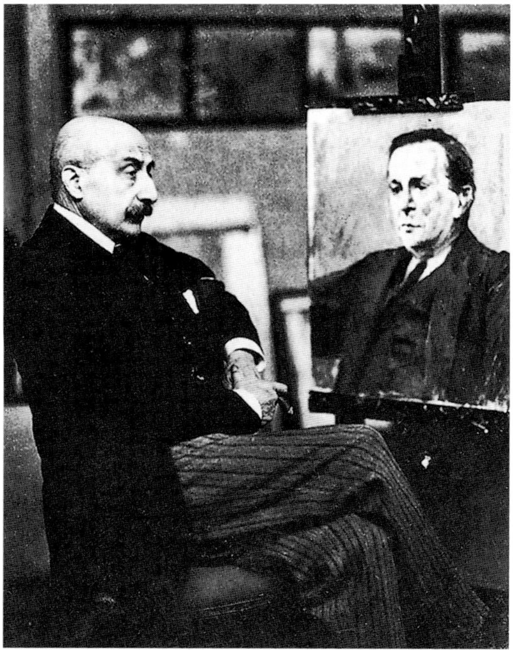

Abb. 1: *Max Liebermann malt Paul Cassirer, 1922. Das Porträt ist verschollen.*

Produktion Cassirer ab 1908 als Kunsthändler und als Verleger unterstützte und vertrat[20], gibt es nur eine kleine Porträtzeichnung[21] in einem Skizzenbuch von 1912. Vielleicht plante der Künstler, einen Kopf seines Freundes Paul Cassirer zu modellieren, wie er es von Tilla Durieux[22] zu jener Zeit machte? In Cassirers Todesjahr 1926, im Oktober, gab Barlach einer Kohlezeichnung des *Schwebenden*[23] Paul Cassirers Gesichtszüge, ein anrührendes Dokument der Freundschaft; beides ist in der Ernst Barlach Stiftung Güstrow erhalten. In seinem 1928, also nach Cassirers Tod, im Verlag erschienenen Buch *Ein selbsterzähltes Leben* charakterisierte Barlach die Persönlichkeit Paul Cassirers:

> «Er sprudelte und schwamm am liebsten im Strom seiner siedenden Rede, und es würde eines dicken Bandes bedürfen, um seine Berliner Späße, seine Kriegsgeschichten, seine Händlerromane, seine erlebten Kostbarkeiten im Verkehr mit Wedekind, Liebermann, Corinth – ein Dutzend der besten Namen müßte folgen – vor dem Vergessenwerden zu behüten. Zweierlei muß ich noch unterstreichen, einmal, daß er darunter litt, Nutznießer von Künstlern genannt zu werden, mit denen er, wie der Hamburger sagt: aus einer Buttel trank, und weiter, daß er verwegen war wie selten einer. Seine Tapferkeit dürstete nach der Nähe der Gefahr, da wo er die bestmögliche Unmittelbarkeit der Entscheidung witterte, wo kein Schild deckte, keine Anonymität schäbig schützte, nicht wo im bombensicheren Unterstand das grobe und klare Abmachen verschlissen werden konnte, fühlte er sich wohl.»

Und wenig später schildert Barlach die Szene, als Cassirer sein erstes Manuskript (*Der tote Tag*, 1912) annahm:

> «Und, da er einmal die Hände rührte, so klinkte er zugleich ein Pförtchen für etwas anderes von mir auf. Als er mich aufforderte, ein lithographisches Werk für die Panpresse beizusteuern, erwähnte ich ein Drama. [...] Er zuckte weder mit der Wimper, noch zögerte er einen Augenblick mit der Antwort: ‹Na ja, also zeichnen Sie.› [...] Cassirer, sonder Mitschuld an dem Drama, das er nicht gelesen, begann ein generöses Herumschenken in Stadt und Land, und der Textband, warm geworden im Nest, gab sich drein.»[24]

Georg Kolbe[25], den Cassirer als Bildhauer schätzte und seit 1904 immer wieder ausgestellt hatte, schuf 1925 eine Bildnisbüste[26] von ihm (Abb. 89), die faustische Kraft mit

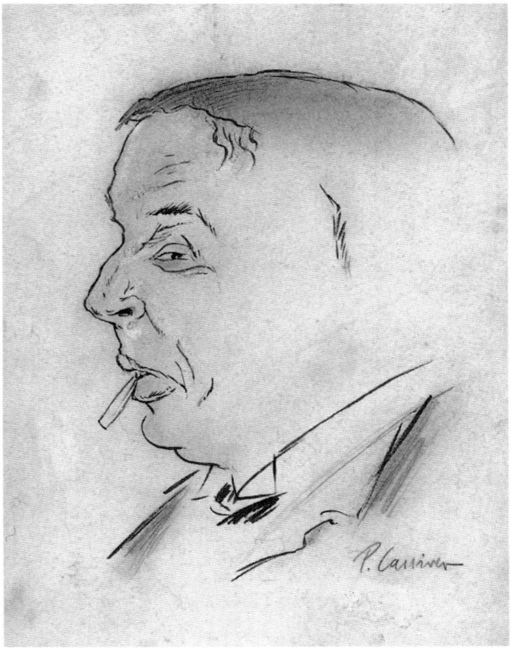

Abb. 2: *Rudolf Großmann,* Porträt Paul Cassirer, *um 1920, Bleistift und Tusche, 32 x 25,5 cm, Privatbesitz.*

zarter Sensibilität vereint. Über die Sitzungen schrieb Kolbe in einer damals nicht veröffentlichten Fassung seines Nachrufs:

> «Als ich ihn modellierte, benahm er sich schüchtern wie ein Mädchen, hielt brav wie ein Schulbub und half mir scheinbar widerwillig, aber doch passioniert, damit eine gute Arbeit entstehe. Ich sah seinen mir wohl bekannten Kopf, hatte ihn endlich einmal in meinem Licht, allein, und dachte: glänzend und schauerlich!»[27]

Wenige Monate danach, am 7. Januar 1926, fiel Kolbe die Aufgabe zu, Paul Cassirer die Totenmaske[28] abzunehmen (Abb. 91) und – als letzten Freundesdienst – seine Grabplatte zu gestalten[29].

«Pauls geistig bewegliches Temperament, Brunos andauernde und treue Beharrlichkeit»[30]

Als Bruno und Paul Cassirer im März 1899, im zweiten Jahr ihres gemeinsamen Unternehmens, Manet, Monet und Segantini ausstellten, brachten *Die Lustigen Blätter* eine ganzseitige Karikatur über die Berliner Kunstsalons (Abb. 3). Zum Salon Cassirer heißt es: «Devise: Durch Manet und Monet zu money.»[31] Tatsächlich konnte damals keineswegs von großen Gewinnen die Rede sein. Vielmehr standen die beiden 27 und 28 Jahre alten Cousins (Abb. 4 und 5) erst am Anfang ihres geistreich geführten Kampfes für die von ihnen als bedeutend eingeschätzten in- und ausländischen Künstler. Mit derselben Energie betrieben sie ihren kleinen Verlag und bemühten sich erfolgreich, einflußreiche Museumsdirektoren, wie Alfred Lichtwark[32] (Hamburg), Wilhelm von Bode (Berlin) und Ernst Waldmann (Bremen) als Autoren zu gewinnen. Von Anfang an waren die beiden Vettern bestrebt, den Kunstsalon und den Verlag mit dem Qualitätsmerkmal ihres Namens zu siegeln und in beiden Abteilungen ihres Geschäfts gemeinsam erfolgreich zu sein. Museumsleiter oder Künstler (Max Liebermann: Degas, 1899; oder Jozef Israëls: Spanien, 1900) als Buchautoren zu verlegen, war eine von mehreren Möglichkeiten, die beiden Bereiche miteinander zu verknüpfen. Das Konzept, in den drei eher kleinen Räumen der Galerie jeweils drei mit Bedacht zusammengestellte Künstler zu zeigen, kommentierte Rainer Maria Rilke in der *Wiener Rundschau* unter der Überschrift *Der Salon der Drei*:

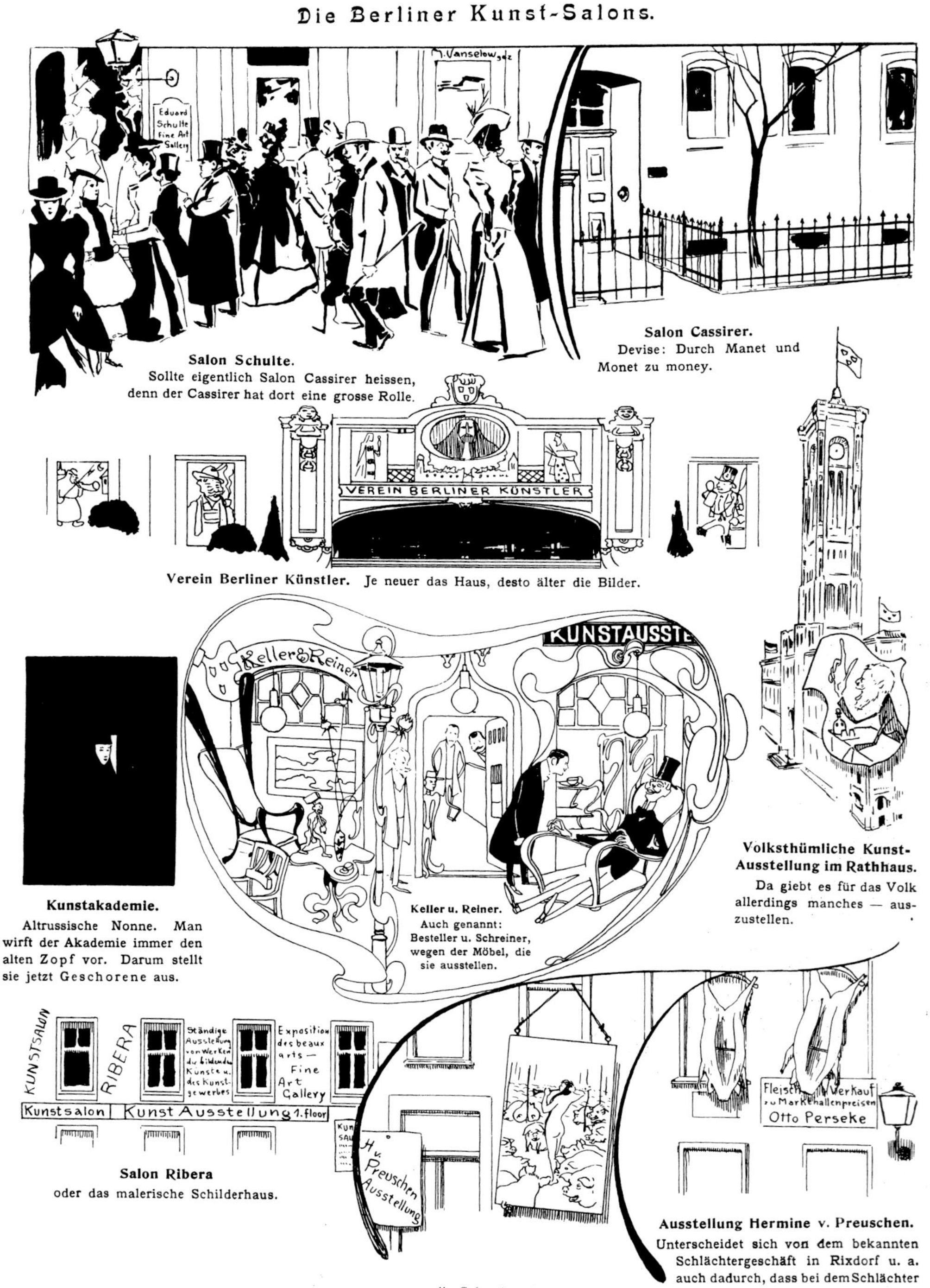

Abb. 3: Die Berliner Kunstsalons, *aus:* Die Lustigen Blätter, *1899, H. 12, S. 5.*

«Bruno und Paul Cassirer laden [...] je einen Meister zu Gast und die drei Fremden, die von einander nicht wissen, erhalten Raum und Recht, sich auszubreiten, ganz nach Art der Anlage. [...] Wird jemand sagen: Kollektiv-Ausstellungen: das ist doch nichts Neues? Darauf wäre zu antworten: eine Kollektiv-Ausstellung nicht, aber vielleicht drei nebeneinander. Drei Einsame sind auf jeden Fall interessanter als einer. [...] Dem Geschmack der Herren Cassirer ist es überlassen, die jeweiligen ‹drei› so zu wählen, daß sie sich schön und in klaren Formen berühren. Der erste Dreibund war glücklich in diesem Sinne. Er stellte nebeneinander: den Bildhauer Constantin Meunier und die Maler Degas und Liebermann. Bruno und Paul Cassirer stellten hier bereits Künstler aus drei Nationen aus, den Belgier Meunier, den Franzosen Degas und den Deutschen Max Liebermann.»

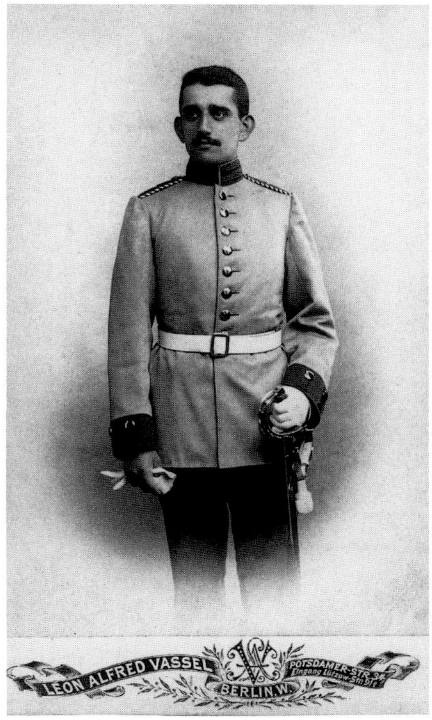

Abb. 4: Photo von Bruno Cassirer in Uniform, um 1891/92, Privatbesitz London.

Dabei vermittelt Rilke die Atmosphäre, die bei der Geschäftsgründung der *Bruno & Paul Cassirer, Kunst- und Verlagsanstalt* im Herbst 1898 von den Räumen des vorerst nur angemieteten Erdgeschosses im großbürgerlichen Haus Victoriastraße 35, Berlin W (Abb. 6, 8, 9), ausging: Im kleinsten Raum, dem von Henry van de Velde[33] ausgestatteten *Lesesalon* (Abb. 143), dem Herzstück des Verlages, «empfindet man, wunschlos, das Wohltun dieses wohnlichen Ortes und nimmt es an, ohne hinzudenken und fast ohne Dank.»[34]

Dieser Ort und diese Adresse waren Anfang und Zentrum von Paul Cassirers Wirken als Kunsthändler und Verleger, als Organisator der *Berliner Secession*, als Kulturpolitiker und engagierter Zeitgenosse. Hier wohnte ein Berliner, der Paris nie aus den Augen verlor, der von Jugend an viel reiste und sich in den unterschiedlichen Perioden seines Lebens – immer wieder, auch länger – in München, Brüssel und Paris, in Holland und in der Schweiz aufhielt.

Hier in der Victoriastraße profilierte er sich ab 1901, nach der Trennung von seinem Vetter Bruno, mit Kunstausstellungen und regelmäßigen Vortrags-

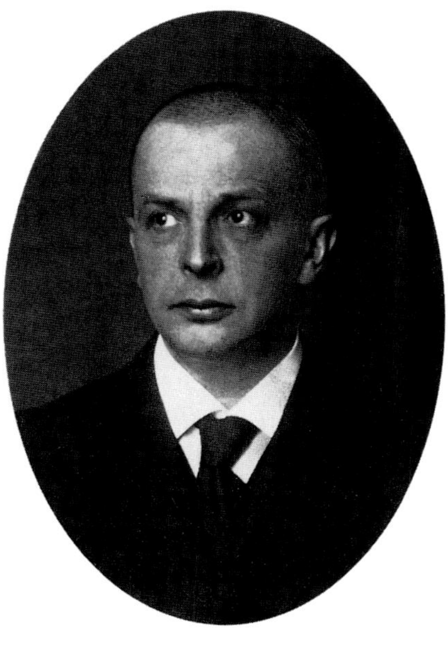

Abb. 5: Photo von Paul Cassirer, um 1910.

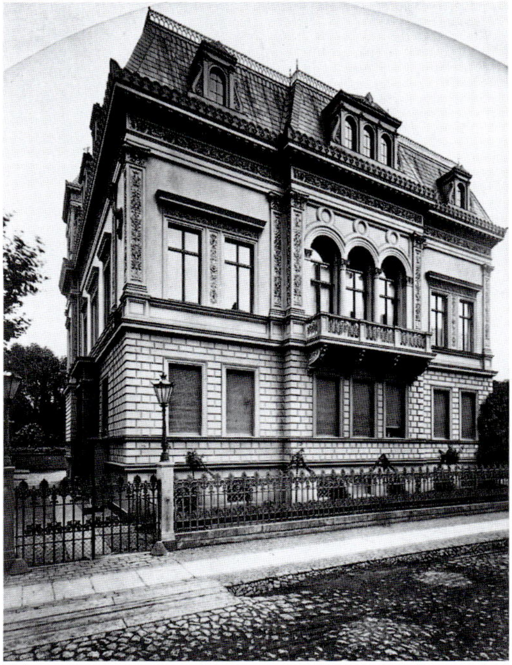

Abb. 6: Victoriastraße 34, um 1900.

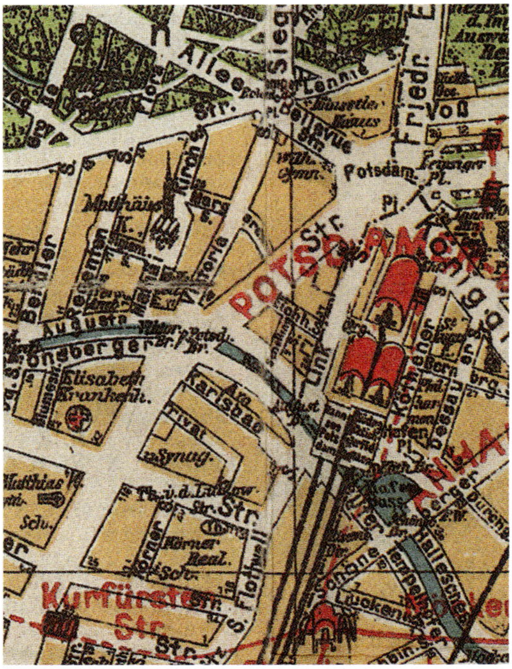

Abb. 7: Ausschnitt aus dem Pharus-*Stadtplan von Berlin 1926: Victoriastraße und Umgebung.*

reihen zu Kunst und Literatur, mit Musikabenden[35] und Lesungen[36], oft aus den Werken seines Verlags, entweder durch die Autoren selbst oder durch seine Frau, die Schauspielerin Tilla Durieux (Abb. 10). 1910 wurde mit der *Gesellschaft Pan*[37] eine Theatergesellschaft gegründet, für Privataufführungen von Stücken, die im öffentlichen Rahmen der Zensur zum Opfer gefallen wären, und es fanden Treffen mit seinen kulturpolitischen und politischen Gesinnungsfreunden statt. Regelmäßig berichtete die Presse über diese verschiedenen Aktivitäten Paul Cassirers, einflußreiche Journalisten, wie Theodor Wolff, Max Osborn oder Julius Elias, gehörten zum Freundeskreis des in seinen besten Zeiten sicher beeindruckenden Paares Cassirer-Durieux (Abb. 12). Große Galerie und «Literaturhaus», um heutige Begriffe einzuführen, dazu ein privater Salon, alles mit Dynamik mäzenatisch organisiert und finanziert. Nicht wegzudenken aus jener Zeit des Aufbruchs in die Moderne im Berlin der Jahrhundertwende. Auch in den Salons der Freunde Cassirers fehlte es nicht an geistiger Anregung: Der Maler Curt Herrmann und seine Frau, die Salons von Felicie Bernstein und Cornelia Richter, die Häuser von Max und Martha Liebermann, Julius und Julie Elias oder Samuel und Hedwig Fischer, sie alle und viele weitere waren Zentren der kulturellen Auseinandersetzung im Ambiente gepflegter Gastlichkeit. Auch bei Bruno Cassirer, seit 1901 selbständiger Verleger an der Derfflingerstraße 16, der mit Pauls Schwester Else verheiratet

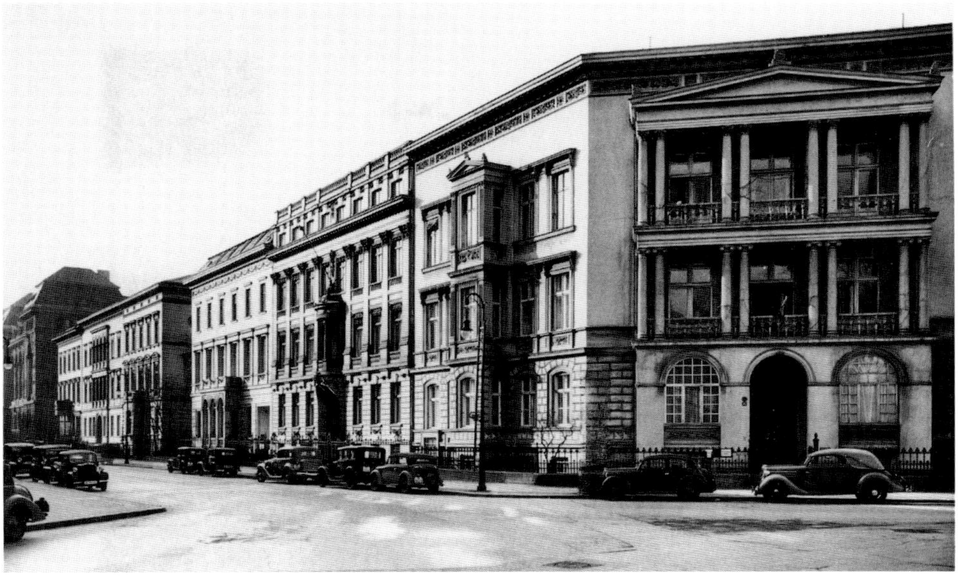

Abb. 8: Victoriastraße 10-14, Bestandsaufnahme um 1938, vor dem Abbruch durch die Nationalsozialisten.

Abb. 9: Victoriastraße 5, Bestandsaufnahme um 1938, langjährige Verlagsadresse.

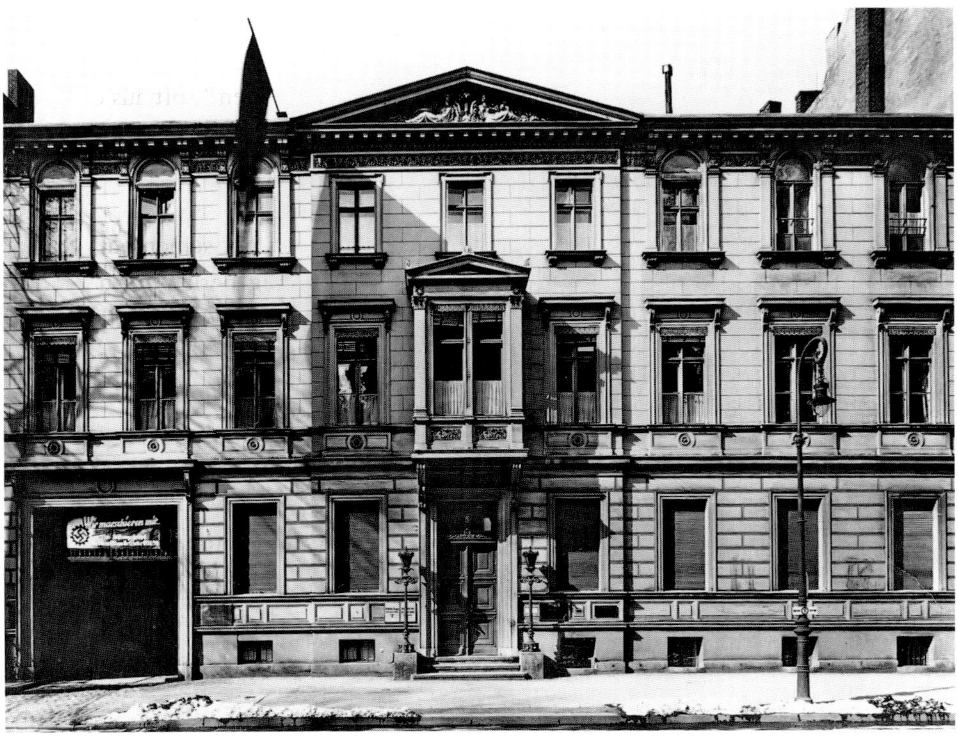

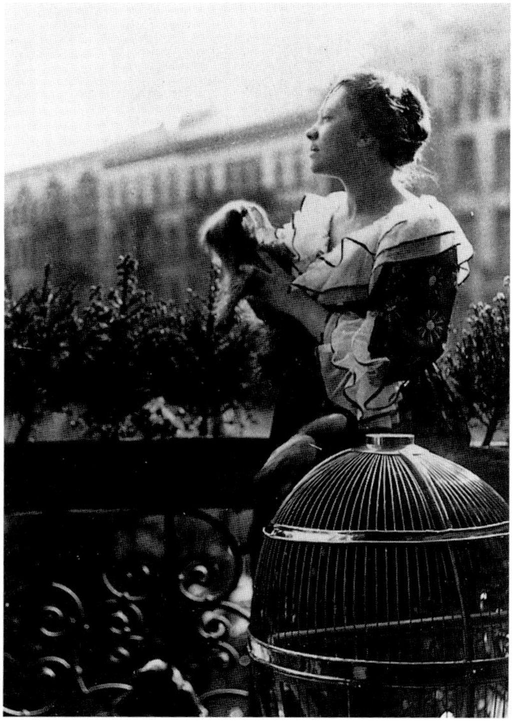

Abb. 10: Photo von Tilla Durieux auf dem Balkon der Wohnung Margarethenstraße 1, um 1910.

war, trafen sich die Autoren und Freunde im «Backsteinhaus» am Branitzer Platz 1. Max Tau, der spätere Lektor und Freund Bruno Cassirers, erinnert sich seines ersten Besuchs in der Privatvilla:

«In zwei anschließenden, zusammenhängenden Zimmern fühlte ich mich sofort verzaubert. Zuerst traute ich meinen Augen nicht, aber da hingen wirklich Meisterwerke des französischen Impressionismus an den Wänden, eine Tänzerinnenszene von Degas, Manets ‹Arcachon›, und ein Seestück, sowie das Aquarell zum ‹Déjeuner sur l'herbe›, Proben von Sisley, Pissarro, Monets ‹Gartenbank› und die herrliche ‹Grenouillière›, endlich einige Landschaften und Stilleben Cézannes. Vor einer Skizze Max Liebermanns, ‹Karren in den Dünen›, blieb ich stehen. [...] Frau Else Cassirer kümmerte sich um jeden einzelnen der Gäste. [...] Das Gespräch der Anwesenden, es handelte sich um junge Akademiker, drehte sich um ‹ihren Meister [...] Stefan George›. [...]

Ich hatte schon gehört, er [Bruno Cassirer] sei ein schweigsamer Mann, aber an diesem Abend erzählte er. Er sprach davon, daß man das Verstehen der Kunst nicht lernen könne. [...] Ich erforschte diesen bäurischen, verschlossenen, ein wenig melancholischen Mann, und mir wurde klar, daß ich es mit einer Natur zu tun hatte. Die Angehörigen der Familie setzten sich zu uns, und ich begann von den Dichtern zu erzählen, die ich liebte, und von allem, was mich bewegte.»[38]

1908 war Paul Cassirer bereits ein weit über Berlin hinaus anerkannter Kunsthändler, dessen bahnbrechende Ausstellungen französischer Impressionisten schon Geschichte waren, der, neben den deutschen Impressionisten Liebermann, Corinth und Slevogt, Cézanne, van Gogh, Beckmann und Munch gezeigt hatte und der, gerade aus Spanien zurückgekehrt, eine Goya-Ausstellung[39] präsentierte. Am 22. Mai 1908 berichtet Alfred Lichtwark in einem Brief an die Kommission der Hamburger Kunsthalle:

«In Berlin traf ich den Kunsthändler Cassirer, der gerade aus Spanien zurück war. Was er mir erzählte, verdient als Zeichen der Zeit notiert zu werden. Auf der Straße trifft er in Madrid Meier-Graefe, der ein Buch über Spanien schreibt. Na, Sie kommen wohl wegen dem Kitsch von Velasquez? – Als er eine Stunde im Hauptsaal mit den schönsten Velasquez geschwelgt hatte, beugt sich aus dem Nachbarsaal der Maler v. König[40] herein und fragt mit überlegenem Lächeln: Immer noch mit dem Dreck von Velasquez beschäftigt? Was bedeu-

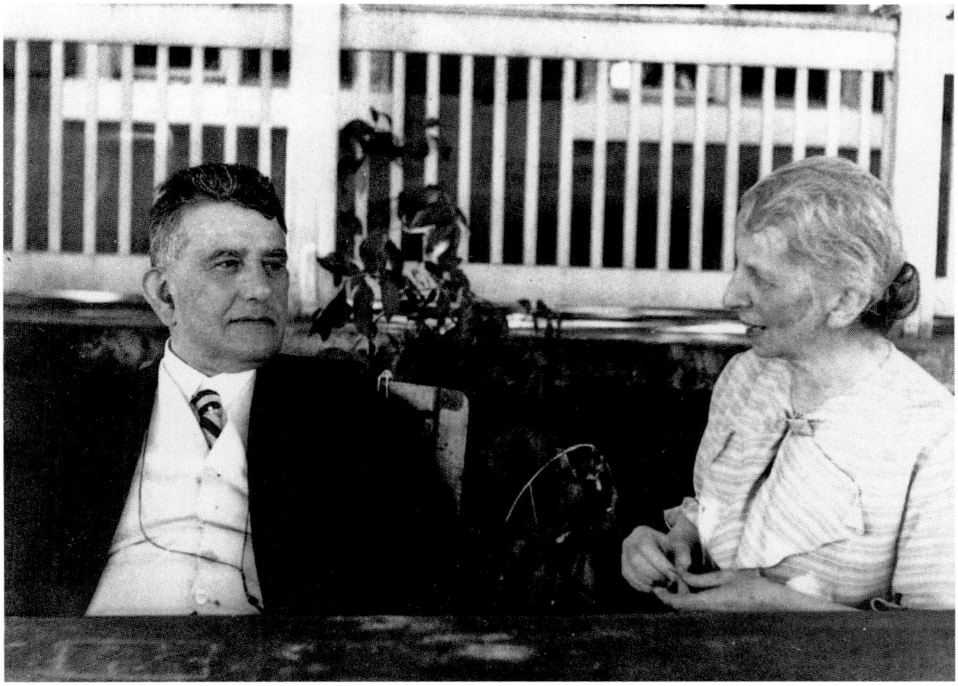

Abb. 11: Photo von Bruno Cassirer mit seiner Frau Else, der Schwester Paul Cassirers, vor der Emigration nach England, ca. 1935, Privatbesitz London.

tet das? Nichts andres, als daß diese Jugend den Greco entdeckt hat und nun neben diesem neuesten Gott keinen andern mehr duldet, am wenigsten einen gefährlichen.»[41]

«beide Künste, die des Wortes und die der Farbe»

Max Tau war von Ernst Cassirer, seinem Philosophieprofessor, einem gemeinsamen Vetter von Bruno und Paul, ins Verlegerhaus eingeführt worden, während sich Paul Cassirer und Arthur Holitscher, der erste Lektor des *Paul Cassirer Verlags*, schon seit ihrer gemeinsamen Münchner Zeit um 1895[42] kannten. Holitscher bekam seine Stelle im Winter 1907/08 spontan, als er sich bei seinem «alten Kameraden» in Berlin meldete:

> «Ich war also Lektor des Verlags geworden. Ein liebenswürdiger Zug im Charakter Cassirers, der den Enthusiasten verriet: die ersten Verlagswerke waren Lenz und Büchner, dann Cassirers Lieblingskinderbücher, die Lederstrumpferzählungen.»

Holitscher berichtet ferner, der S. Fischer Verlag, durch dessen Vermittlung er den unbekannten Hermann Essig als Autor für Cassirer gewann, sei das leuchtende Vorbild für Paul Cassirer gewesen[43]. Bald jedoch ließ Holitscher seiner Abneigung gegen Tilla

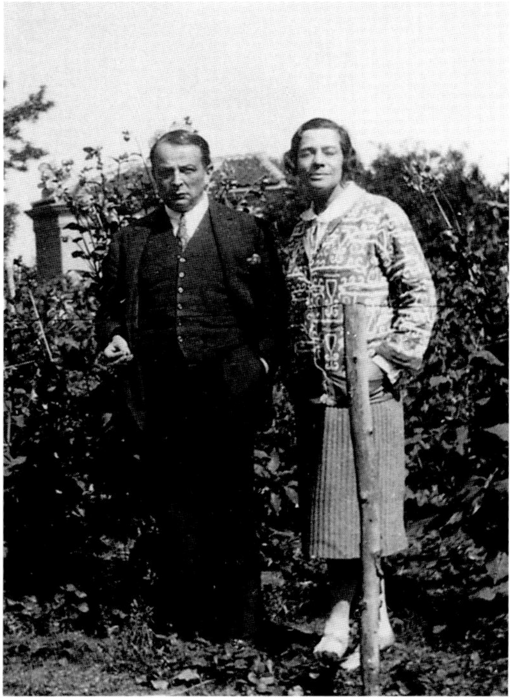

Abb. 12: Photo von Paul Cassirer und Tilla Durieux im Gemüsegarten in Haarlem/Holland, ca. 1924.

Durieux und ihren großen Einfluß im Verlag sowie seiner Eifersucht auf die wichtige Stellung der Maler im Hause Cassirer freien Lauf:

«Zu dem Interessenkreis Cassirers, der, wie ich wußte, bisher von der Literatur und den bildenden Künsten bestimmt gewesen, war, seit seiner Verbindung mit der bereits anerkannten Schauspielerin das Theater hinzugekommen. In der zweideutigen, schillernden Atmosphäre des Theaters begegneten sich ja jene beiden Künste, die des Wortes und die der Farbe. Seit dem Auftauchen Reinhardts beherrschte dieses Bündnis des gedanklich und des sinnlich Wahrnehmbaren die Bühne vollkommen. Der bildende Künstler war sogar zweifellos eine wichtigere Person als der Dichter selbst geworden. Dem Theater Berlins, den Theatern Reinhardts schufen die Künstler der Berliner Sezession, gerade jene Münchner, Corinth und Slevogt, das unentbehrliche, bestimmende Element. [...] Zu bemerken ist noch, daß ich eines Tages, nach einer Auseinandersetzung mit Cassirers Gattin, in der die Manager-Empfindlichkeit des ‹alten Kameraden› durch mein unverblümt geäußertes Urteil über eine Bühnenleistung verletzt worden zu sein schien – die Arbeiten im Verlag rasch niederlegte. Die letzten Worte, die die Schauspielerin als Warnung verlauten ließ, waren: ich solle mich vor Paulchen in acht nehmen, denn er sei tückisch.»[44]

Holitschers Erinnerungen geben die Verlagsaktivitäten nur sehr rudimentär wieder: kein Wort über die Gründung der *Pan-Presse*[45] und die damit verbundenen Diskussionen und Vorbereitungen, bei denen nach neuesten Erkenntnissen Meier-Graefe eine bedeutende Rolle spielte[46]; nichts über Slevogts großartige Lithographien zum *Lederstrumpf* oder über seine entzückenden Illustrationen zum *Gestiefelten Kater*, der als privater, allererster Druck der *Pan-Presse* zu Weihnachten 1908 in nur wenigen Exemplaren als Kostbarkeit vervielfältigt wurde; nichts über Corinths Buch *Das Erlernen der Malerei* und nichts über Max Beckmanns erstes illustriertes Werk, *Eurydikes Wiederkehr*, zu einem Text von Johannes Guthmann! Offenbar hat Cassirer diese künstlerischen Editionen weitgehend selbst verlegerisch betreut. So wissen wir, daß im Falle Beckmann ein Telegramm Cassirers an den Künstler die Initialzündung war[47], für Slevogt gibt es Briefbelege[48], und Corinth gehörte damals zu Cassirers engstem Kreis. Trotzdem überliefert Holitscher – bei allem Unmut – die bewundernswerte Vielseitigkeit und temperamentvolle Kraft Cassirers, aber auch die Grenzen, die im Umgang mit ihm respektiert werden mußten: Kritik an Tilla Durieux, seiner damals erst 28 Jahre alten Lebensgefährtin und ab 1910 zweiten Frau, war offenbar tabu!

«ein geschäftliches Milieu ohne geschäftlichen Anstrich»

Der bereits erwähnte Wilhelm Herzog, von 1909 bis 1911 Nachfolger Holitschers im Lektorat[49], schildert in seinen Erinnerungen ausführlich seine ersten Gespräche mit Cassirer über die Auswahl der Autoren, über literarische Kontakte und Beziehungen und die Bemühungen um die beiden Wunschautoren Heinrich Mann und Frank Wedekind. Gleichzeitig wollten der Verleger und sein neuer Mitarbeiter mit dem *Pan* «eine freie politische und literarische Tribüne» schaffen.

> «Die Persönlichkeit Paul Cassirer enthüllte sich mir im fast täglichen Beisammensein auf eine höchst abwechslungsreiche Art. Ich bekam Einblick in den Betrieb des Kunsthandels, lernte zahlreiche schon sehr berühmte Maler und Bildhauer wie noch ganz unbekannte, aber von Cassirer geschätzte und mit sicherem Spürsinn geförderte kennen, erfuhr von ihren Sorgen und Kämpfen, ihrer Arbeit und ihrer Abhängigkeit von dem mächtigen Kunsthändler, der viele förderte, andern gegenüber aber wiederum hart und brutal sein konnte. [...] Es war ein geschäftliches Milieu ohne geschäftlichen Anstrich. Ein buntes Durcheinander von ästhetischen, literarischen und kunstkritischen Meinungen, die oft einander befehdeten. Probleme der Politik und der Wirtschaft wurden selten berührt. Man sprach im Kunstsalon Cassirer mehr von der Schönheit der ausgestellten Bilder – stets konnte man erlesenste Kunstwerke von Daumier, Cézanne, Manet, Monet, Renoir, van Gogh und Rodin in den mit ungewöhnlichem Geschmack eingerichteten Räumen bewundern – als von ihrem Geldwert. Obschon dieser natürlich nicht vergessen wurde.»[50]

«Die deutsche Sprache ist doch schön!»

Tilla Durieux schildert in ihren Memoiren[51] die gemeinsame Arbeit mit Paul Cassirer, der ihr deutsche Gedichte und die Weltliteratur nahe brachte, mit ihr las, probte und ihre Musikstunden[52] unterstützte. Zur intensiven Beschäftigung mit Literatur berichtet sie:

> «Eines Tages legte P. C. Goethes Gedichte vor mich hin und forderte mich auf, seine Lieblingsgedichte zu lesen. Er hielt mir einen langen Vortrag, daß eine Schauspielerin verpflichtet sei, nicht nur ihre Rollen zu lernen, sondern auch die deutsche Literatur zu kennen, deren Sprachrohr sie doch sein wolle. Sie habe in die Schönheit der Sprache einzudringen, und wo könnte sie dies besser, als im Gedicht. Nie würde einem Menschen sich das Geheimnis des Klanges und des Rhythmus entschleiern, wenn er nicht unablässig im Reim danach suche. ‹Den Franzosen ist es angeboren!› rief er, ‹jedes Kind und jeder Bauer weiß dort um seine Sprache, wir Deutschen sind noch nicht so weit; nur unsere Lyriker können uns den Weg zeigen. Auf ihren Spuren mußt du gehen, du mußt Hunderte von Gedichten

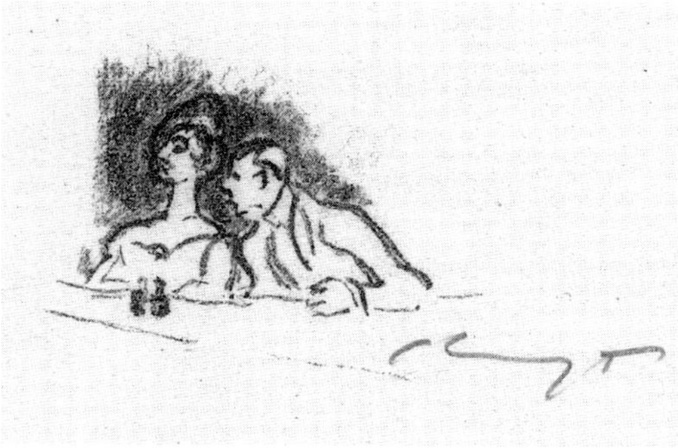

Abb. 13: Max Slevogt, Paul Cassirer und Tilla Durieux in der Opernloge, *aus: Ovid, Lehrbuch der Liebe. Berlin* (Pan-Presse) *1921, Blatt 2 der Suite.*

lesen, dann wird eines Tages etwas in dir zu schwingen anfangen und die Menschen werden plötzlich aufhorchen und sagen: Die deutsche Sprache ist doch schön!›

Dann fing er an, mit einer krähenden Stimme Gedichte vorzulesen. Zuerst lachte ich über seine seltsame Art, bis ich plötzlich verstummte und [...] genau und deutlich das heraushörte, was zutiefst in den Reimen verborgen war. Goethe, Stefan George, Rilke, Verlaine, Baudelaire, für all diese sprach die rauhe Stimme mit heißer Liebe und erschloß mir neue Freuden.»[53]

Cassirer, der Ästhet, kümmerte sich auch um Durieux' Theatergarderobe. Von ihm geschätzte Künstler wie Emil Orlik entwarfen prächtige Kostüme für ihre Auftritte, und nicht ohne Grund vertrat der Verlag seit 1912 die luxuriöse französische Modezeitschrift *La Gazette du Bon Ton* für Deutschland: Die Nähe von Mode, Tanz und Interior Design zum Theater und zur bildenden Kunst lag für Cassirer auf der Hand. Lucien Vogel und Émile Lévy, die Pariser Mode-Verleger, wurden zu Freunden, und die farbigen *Pochoir*-Illustrationen von Künstlern wie Georges Lepape, von Kostümen Paul Poirets, waren etwas vollkommen Neues für Berlin. Der Ausbruch des Ersten Weltkriegs setzte diesem Beitrag des Paul Cassirer Verlags zum deutsch-französischen Kulturaustausch ein jähes Ende!

Die Beziehung Cassirer-Durieux, legendenumrankt und von der Tagespresse kommentiert, wurde sowohl bewundert wie auch kritisiert, sie bildete ein Problem für den großbürgerlich-akademischen Cassirer-Clan, dem alles Exzentrische verhaßt war (Abb. 13). Der Stoff dieses Lebensromans eines ungewöhnliches Paares fasziniert noch heute[54]. Paul Cassirers Leben und sein tragisches Ende sind eng mit dieser Frau verbunden. Zusammen mit Misia Sert, Lou Andreas-Salomé oder Alma Mahler gehörte die Durieux zu den magisch-anziehenden, hochbegabten Frauen, den *femmes fatales* jener Zeit, die höchstes Glück und tiefste Verzweiflung auslösten. Und es waren besondere Männer, die sich auf solche Beziehungen einließen. Heinrich Mann[55], für den Cassirer als Verleger viel getan hatte und dessen Theatererfolg im November 1910[56] mit der idealen Besetzung durch die Durieux verbunden war, schreibt im Jahr 1915 über die damals 35jährige:

«Sie ist eins der vorgeschrittensten Menschenwesen, die heute über die europäischen Bühnen gehen; ja man kennt für das, was modern heißt, keine vollkommenere Vertreterin. Sie

Abb. 14: Lovis Corinth, Tilla Durieux als spanische Tänzerin, *1908, Öl/Lwd., 85 x 60 cm. Bez. oben links: «Tilla Durieux la belle Espagnole dansante la seguedilla.» Kunsthandel Saarbrücken.*

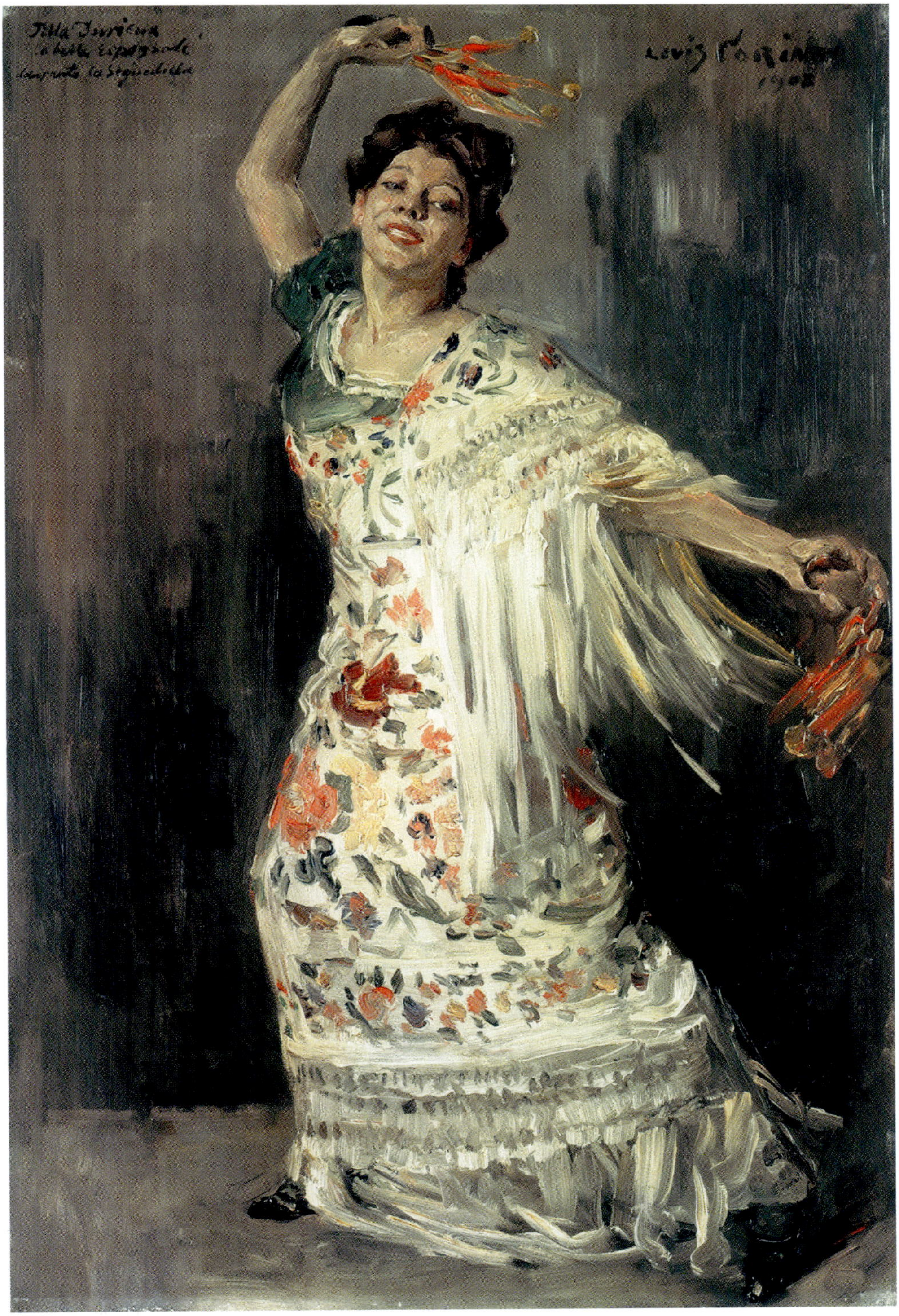

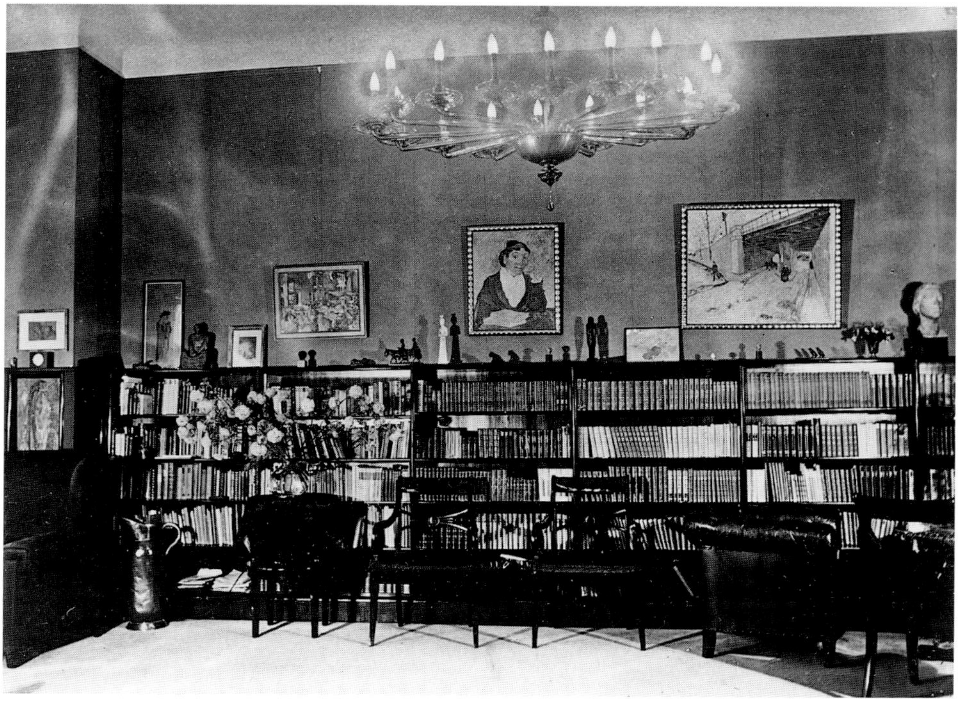

Abb. 15: Wohnzimmer von Tilla Durieux in Berlin, nach Paul Cassirers Tod.

hat alles, was modern heißt: Persönlichkeit, erarbeitet und wissend, nervöse Energie und die weite Schwungkraft des Talents.»[57]

Die Verlagslektorin Grete Fischer, die 1917 eingestellt wurde, und damals jung, kritisch und eine scharfe Beobachterin war, schildert die Frau des Chefs aus nächster Nähe:

«Tilla war großzügig, schenkte gern, gab Kindergesellschaften für arme Kinder und wurde von ihren Dienstleuten vergöttert. Sie war eine großartige Hausfrau, konnte sticken und kochen, fast so gut, wie sie auf der Bühne oder auf dem Klavier spielte. Gesellschaftlich zählte ich nicht, aber sie kam herüber und brachte mir Karten, wenn sie ein neues Stück spielte, und setzte sich dann wohl auch auf meinen Schreibtisch und plauderte, sie sprach gerne von sich, mit einer gewissen Vertraulichkeit, die schmeicheln konnte. Ihre häßliche Schönheit war in der Nähe so zwingend wie auf der Bühne: die Schlankheit, die Glätte der Haut, die brutalen, ausdrucksvollen Hände. P. C. war stolz auf sie und erzählte, wie er Rollen mit ihr studierte.»[58]

Diese Wiener Professorentochter, mit bürgerlichem Namen Ottilie Godeffroy, deren bedeutende und lange Theaterkarriere hier nicht Thema sein kann, wurde oft gemalt und modelliert, von Künstlern wie Corinth, Slevogt (Abb. 14), Liebermann, Stuck, MOPP (Abb. 16), Kokoschka, Haller, Barlach und im Juli 1914 in Paris, wenige Wochen vor Ausbruch des Krieges, von Renoir. Cassirer und sie führten ein großes und gastfreundliches Haus. Sammler und Schriftsteller, Journalisten und politische Freunde, Theaterleute und Künstler fanden sich ein, wobei die Künstler eine bevorzugte Stellung einnahmen: Barlach zum Beispiel hatte sein Dachzimmer mit eigenem Aufgang, so daß er sich nach Belieben der allgemeinen Geselligkeit anschließen konnte oder nicht; und die Weihnachtswünsche der Kinder von «Gaulchen», dem engen Freund von «Paulchen», wurden, auch wenn es sich um einen lebenden Esel handelte, mit Tante Tillas Hilfe erfüllt[59]. Nach der Heirat, am 24. Juni 1910, bezog das Paar eine elegante Wohnung in der Margarethenstraße, Ecke Matthäikirchplatz[60] (Abb. 15), im ersten Stock, die Tilla in ihren Erinnerungen beschreibt:

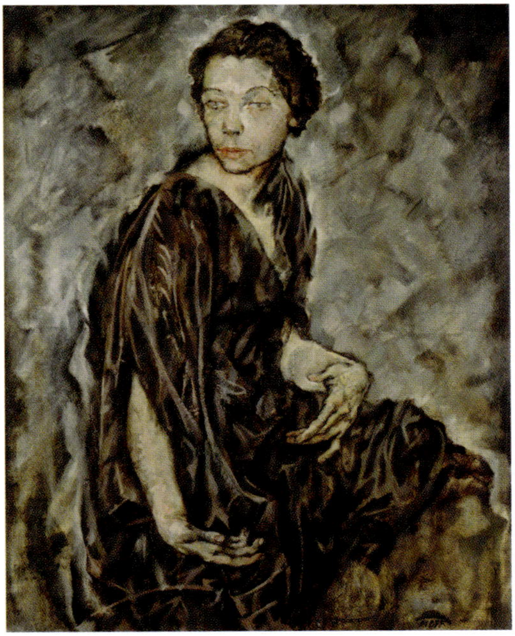

Abb. 16: Max Oppenheimer (MOPP), Porträt Tilla Durieux, *1912, Öl/Lwd., 96 x 79 cm, Leopold Museum, Wien.*

> «Das große Eckzimmer mit der runden Fensterwand hatte Karl Walser mit einer tiefblauen Tapete versehen, auf die er oben Girlanden von Blumen malte, die Musikinstrumente hielten, denn es sollte als Musikzimmer benutzt werden. Alte, hohe, dunkle Mahagonistühle aus Holland, ein großer, runder Tisch, auf dem Barlachs Plastik ‹Die singenden Frauen› stand, bildeten mit dem Steinway-Flügel die Einrichtung. Das Speisezimmer mit lichtgrünen Wänden wurde mit den herrlichsten Bildern der Impressionisten geschmückt: ‹Der Reiter und die Reiterin› von Manet, ‹Die rote Frau und der Mann mit dem schiefen Hut› von Cézanne, das große Bild ‹Mole mit Leuchtturm› von Manet, ‹Zwei Kinder am Klavier› von Renoir hoben sich prächtig von dem hellen Grün ab. Mein Zimmer mit der großen Bibliothek, die bis zur halben Höhe die Wände bekleidete, enthielt unter anderem alle Kunstbücher, die P. C. als Nachschlagewerke brauchte, und war über den Bücherregalen mit einer feurig-blauen Tapete beklebt.»[61]

Wie weit Tilla Durieux politischen Einfluß auf Cassirer ausgeübt hat, ist nicht mit Sicherheit zu belegen. Jedenfalls gestaltete sie – mit Pauls Zustimmung, wie sie glaubwürdig beteuert – bereits in den ersten Jahren «ihres Zusammenlebens» literarisch-musikalische Vorträge mit dem Pianisten, Musikpädagogen und Sozialisten Leo Kestenberg in den Arbeitervierteln Berlins. Tilla rezitierte Goethe, Schiller, Dehmel, Herwegh und Chamisso, Kestenberg spielte klassische Musik. Der idealistische Menschenfreund Kestenberg gehörte mit seiner Frau Grete zum Freundeskreis Cassirers und seiner Künstler. Mit Barlach und Kokoschka, mit Slevogt und Lasker-Schüler verbanden ihn enge Beziehungen[62]. Kestenberg wurde, wie Cassirers Freund und Autor René Schickele[63], wegen starker Kurzsichtigkeit nicht zum Militär eingezogen – ein segensreicher Umstand für diese beiden Pazifisten. Zusammen mit Slevogt war er Begründer und Mitherausgeber von Cassirers gemäßigt-pazifistischer Zeitschrift *Der Bildermann*. Zwischen 1916 und 1919 leitete er den Verlag und erledigte viele Geschäfte als Cassirers Vertrauter. In seinen Erinnerungen, die er 1961, fast erblindet, seiner Frau in Tel Aviv diktierte, schreibt Kestenberg:

> «Von diesem ersten Besuche an entwickelten sich freundschaftliche Beziehungen zum Hause Cassirer, die mehr und mehr einen herzlichen Charakter annahmen. Man muß es erlebt haben, wie Paul Cassirer in Feuer geriet, wenn er vor einem Cézanne, einem van Gogh, Manet oder Renoir stand und das Bild deutete, erklärte, bewunderte. Nur ein geborener Connaisseur, wie es P. C. war, konnte sich zu dieser Höhe des Gedankenfluges und reinster Herzensbeziehung erheben. Er war wirklich ein genialischer Kunstkenner, der aber auch die geschäftliche Seite seiner Aufgabe zu meistern wußte und kaum jemals daneben griff. Wir verstanden uns gut, er mochte mich gern mit all meiner idealistischen Schwärmerei, und ich konnte ihn mit einem Blick zur Ruhe bringen, wenn er – manchmal aus kleinsten Anlässen – außer sich geriet und in fast krankhafter Weise jähzornig wurde.»[64]

«unter der Bedingung, daß die Erziehungsmethoden gefruchtet haben»

Im Juni 1910 hatte Cassirer auf Initiative des progressiven *Sturm*-Galeristen Herwarth Walden[65], dem damals kein eigener großer Saal zur Verfügung stand, in seinen Räumen eine Kokoschka-Ausstellung gezeigt[66] und dem jungen österreichischen Maler, dessen Begabung er erkannte, gute Ratschläge erteilt. Im November desselben Jahres berichtet Kokoschka in einem Brief an das Folkwang-Museum über Cassirer: «Er gibt mir eine Frist von 2 Jahren, nach deren Ablauf er sich financiell an mir interessieren wird unter der Bedingung, daß die Erziehungsmethoden gefruchtet haben.»[67]

Leo Kestenberg war es, der in Cassirers Auftrag Oskar Kokoschka 1916 das großzügige Vertragsangebot unterbreiten konnte, das den Künstler aller materiellen Sorgen enthob[68]. Kokoschka schreibt an mehreren Stellen seiner Erinnerungen dankbar über Cassirer:

> «Paul Cassirer war der erste Kunsthändler, mit dem ich zu tun hatte. Er war ein ganz großer Mann, der mir zum Beispiel einen Vertrag angeboten hat, für den es wohl kaum eine Parallele in der Kunstgeschichte geben dürfte: ich brauchte überhaupt keine ‹Ware› abzuliefern, aber die Bilder, die ich ihm gab, durften nicht unter meinem Niveau sein, das er kannte.»[69]

> «Eine Wandlung in meinen äußeren Verhältnissen brachte Paul Cassirer, [...] der im Sturm meine Arbeiten gesehen hatte. Er gehörte einer anderen Welt an, Herrenklub und Jockeyklub waren sein Milieu. Er besaß eine vornehme Villa mit einer Galerie an der Victoria-

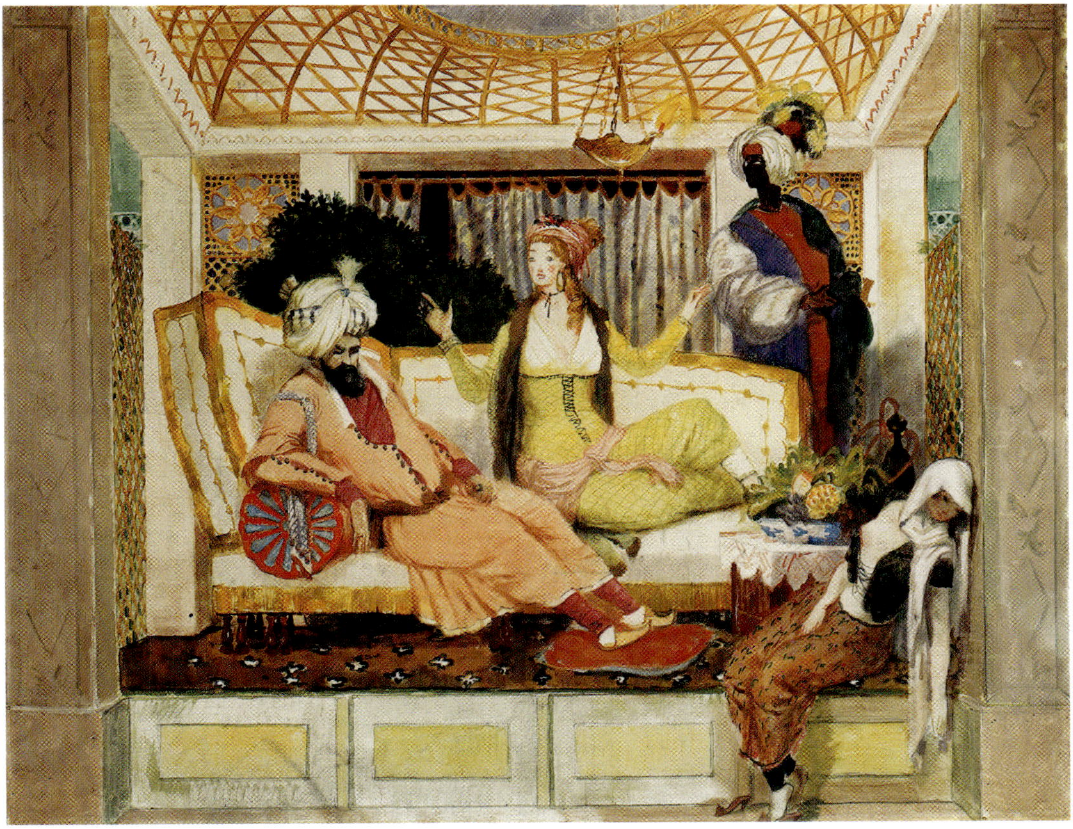

Abb. 17: Karl Walser, Sheherazade erzählend, *1911, Tempera/Lwd., 134 x 174 cm, Kunsthaus Zürich. Aus dem Zyklus* 1001 Nacht *des Hauses Hugo Cassirer (Paul Cassirers Bruder). Auf Initiative Cassirers malte Walser die Musikzimmer oder Wintergärten vieler Sammler moderner Kunst aus.*

straße. [...] Cassirer und Walden, das waren zwei verschiedene Welten. Auch Cassirer hatte offene Augen und gesehen, daß da plötzlich im Sturm-Kreis ein junger Mensch seine eigenen Wege in der Kunst ging. Er gab mir den Auftrag, Tilla Durieux zu malen, mit der er verlobt war. Er hat mich in ihre Wohnung geführt [...] und ich mußte ihr helfen, das Mieder, das man damals trug, im Rücken zuzuschnüren; auch er, als Freier übermütig, beteiligte sich daran, den Strohhut auf dem Kopf, eine Nelke im Knopfloch. [...] Ich war imstande, nun Geld nach Hause zu schicken. Bis dahin hatte ein Bild von mir nichts gekostet. Zum ersten Mal in meinem Leben verdiente ich Geld, Cassirer verstand den kommerziellen Wert meiner Bilder. Sie stiegen wie Aktien der Börse. Die erste Ausstellung bei Paul Cassirer hat Liebermann gehängt, und sie hat in der progressiven Berliner Gesellschaft großes Aufsehen erregt, allerdings in einem besseren Sinn als in Wien. [...] Cassirer gab einmal ein Bankett zu einem von Liebermanns Geburtstagen, es war eine große Tischrunde, Liebermann präsidierte, ich saß am anderen Ende des langen Tisches, ihm gegenüber. Beim Trinkspruch

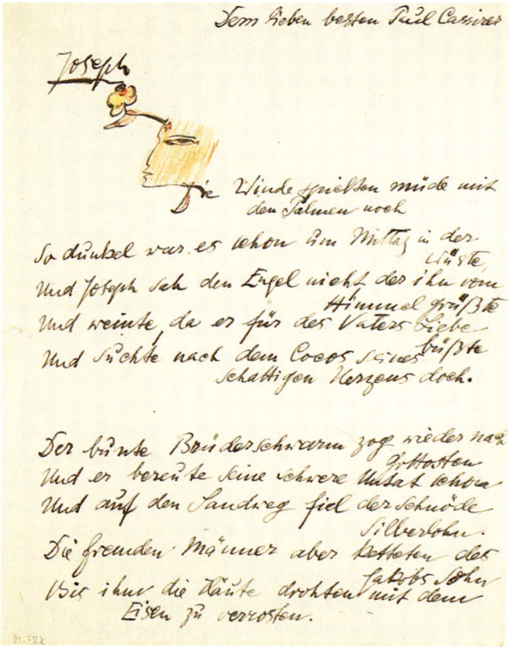
Dem lieben besten Paul Cassirer

Joseph

Die Winde spielten müde mit
den Palmen noch
So dunkel war es schon am Mittag in der
Wüste
Und Joseph sah den Engel nicht der ihn vom
Himmel grüßte
Und weinte, da er für des Vaters Liebe
Und suchte nach dem Cocos seines büßte
schattigen Herzens doch.

Der bunte Brüderschwarm zog wieder nach
Gehöften
Und er bereute seine schwere Untat schon
Und auf den Sandweg fiel der schnöde
Silberlohn.
Die fremden Männer aber betteten des
Bis ihm die Häute drohten mit dem
Eisen zu verrosten.

Abb. 18: Else Lasker-Schüler, Josephsgedicht mit Widmung an Paul Cassirer, 1920, DLA.

schrieb ich auf die Menükarte eine verehrungsvolle Huldigung an den ‹König der modernen Malerei in Deutschland› und ließ sie ihm reichen. Mir kamen beinahe die Tränen in die Augen, als ich las, daß er auf seiner Karte mit ebenso huldigenden Worten mich als den ‹Kronprinzen› apostrophierte. [...] Als ich später wieder nach Berlin kam, fragte mich Paul Cassirer, was ich jetzt zu tun vorhätte. Ich antwortete kurz: ‹In den Orient reisen› [...] Ich war Gast bei Paul Cassirer in seinem Haus, und er hing mir ein Bild von van Gogh, Die Eisenbahnbrücke von Arles, ins Schlafzimmer.»[70]

Cassirer finanzierte und unterstützte Kokoschkas Reisen, auf denen Landschaften und Städtebilder entstanden, und er wurde auch zum Verleger seiner Graphik und seines Dramas *Hiob*. Im Jahr 1919 publizierte Paul Cassirer eine Luxus- und eine Volksausgabe der *Vier Dramen*, drei davon waren im Juni 1917 unter der Regie Kokoschkas in Dresden aufgeführt worden.

«Ein Ausnahmefall unter den Verlegern, dieser Paul Cassirer, ein künstlerischer Mensch!»

Ein literarischer Beleg für die Beziehung Else Lasker-Schülers zu Paul Cassirer ist 1911 in der Zeitschrift *Der Sturm* ihres Ehemannes Herwarth Walden zu finden: In einem *Offenen Brief an Paul Cassirer*, der später in ihren «Liebesroman» *Mein Herz* aufgenommen wurde, äußerte sie sich wütend zu der geplanten MOPP-Ausstellung im Salon Cassirer[71], pries aber gleichzeitig hymnisch den Galeristen für seine Verdienste um Kokoschka:

> «Sie haben sich am Tage, da Sie Oskar Kokoschka in ihrem Salon ausstellten, selbst hundert Jahre voraus in die Zukunft gesetzt, indem Sie als erster Kunsthändler in Berlin den Ewigkeitswert seiner Schöpfungen erkannten.»[72]

Von der langjährigen Verbindung der Dichterin Else Lasker-Schüler mit ihrem «Hauptverleger» zeugt noch heute die von der Autorin mitgestaltete zehnbändige Gesamtausgabe. Trotzdem hat sie Cassirer 1925, zusammen mit ihren anderen Verlegern, in der Schmähschrift *Ich räume auf!* öffentlich angeklagt[73]. Doch ergibt die Summe der Preisungen und der Vorwürfe kein klares Ergebnis[74].

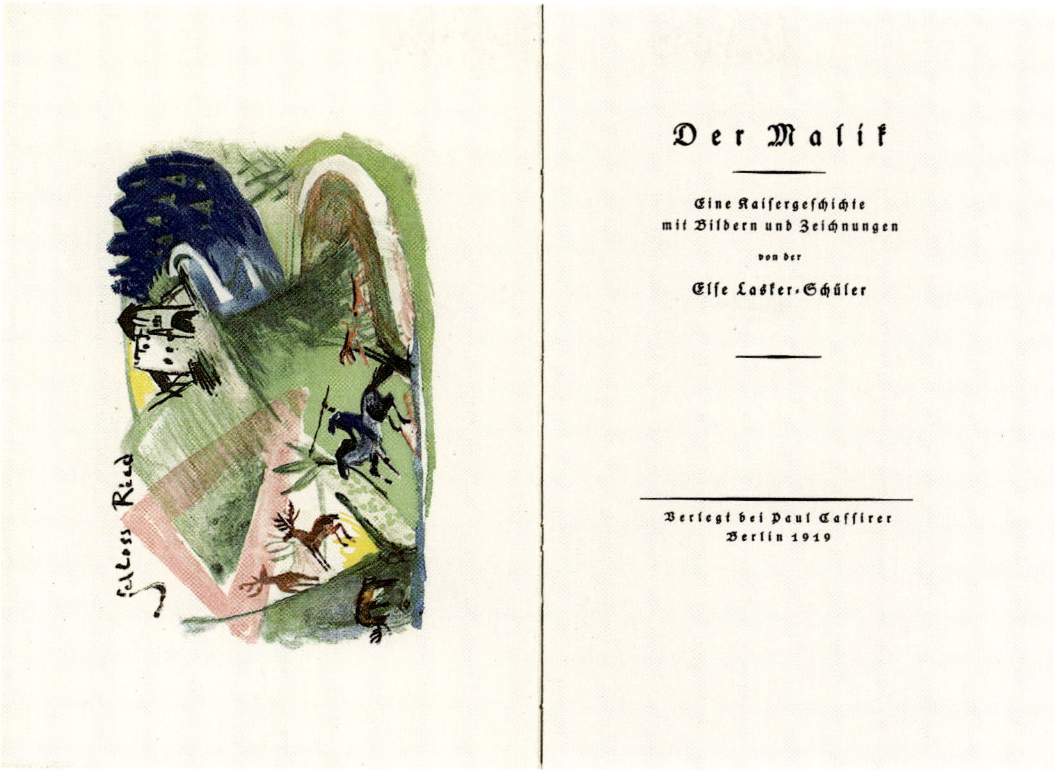

Der Malik

Eine Kaisergeschichte
mit Bildern und Zeichnungen
von der
Else Lasker-Schüler

Verlegt bei Paul Cassirer
Berlin 1919

Abb. 19: Else Lasker-Schüler: Der Malik. Berlin, Paul Cassirer, 1919, mit Frontispiz von Franz Marc.

«‹Das ist der Prinz Jusuf von Theben, die Else Lasker-Schüler, die Blume meines Verlags!› pflegte mich mein Hauptverleger: Paul Cassirer, stolzen Mutes seinen Gästen vorzustellen. ‹Die größte Dichterin der Jetztzeit›. Wenn ich dann seinen Lobgesang, allerdings geschmeichelt, rügte, erklärte mir mein Hauptverleger, ich sei nicht allein die größte Dichterin der Jetztzeit, sondern die Dichterin aller Zeiten. [...] Wer nie sein Brot in Tränen aß, der ißt es mit dieser buchverheirateten Sippschaft am Tisch. Allerdings erwarteten meiner Überraschungen unter dem Schnee der Serviette kühlen Mittagsmahle, bei dem man einfriert, das einem das Recht zur Auflehnung nimmt. Mit diesen Presenten [sic] verschloß mir lange Paul Cassirer den Mund, den Eingriff in mein eigenes Recht. [...] Als meine gesammelten Bücher, funkelnagelneu, schön und zugegeben – ganz nach meinem Geschmack, noch einmal im Verlage Paul Cassirer im Begriff zu erscheinen waren, betonte mein Hauptverleger zwar seiner Reichskanzlerin, ‹zwischen Else Lasker-Schüler und Paul Cassirer existiert kein Kassenschrank!› Mit diesem Beschluß aber schloß er ihn zu. [...] Ein Ausnahmefall unter den Verlegern, dieser Paul Cassirer, ein künstlerischer Mensch, der sich die Knospe im Blute selbst abtötete aus Liebe zum Geschäft. [...] Ein zum Künstler geborener Mensch, der an sein Edelstes Hand legte, um der Händler der Kunst zu sein. [...] Ja, er entwickelte sich nicht allein zu einem üblichen Verleger, er wurde ein sentimentaler Verleger

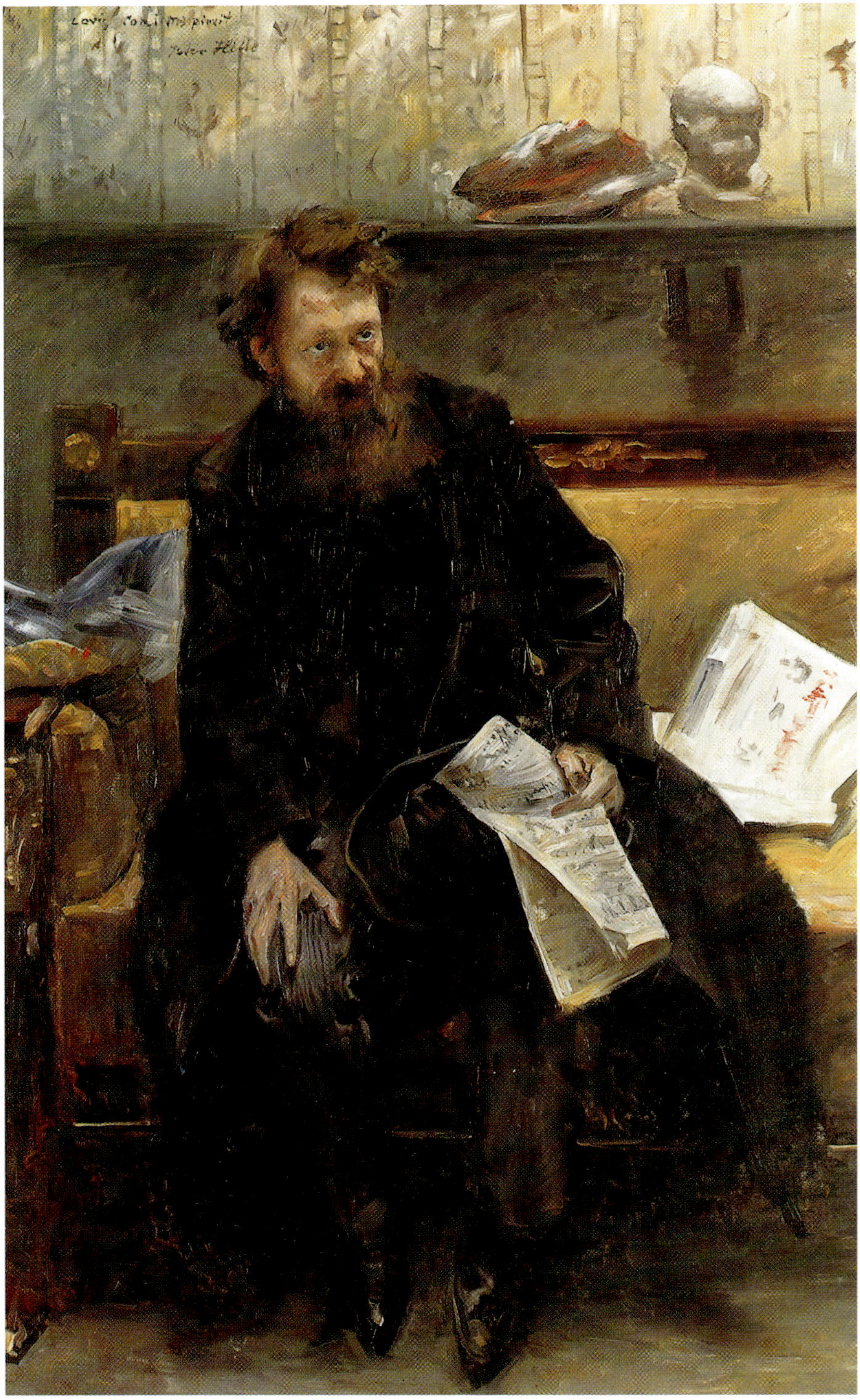

und Kunsthändler, ein sentimentaler Teufel und beherrscht die Dichter der beiden Künste.»[75]

Das Jahr 1925 war kein glückliches Jahr, weder für die Dichterin mit ihrem totkranken Sohn und, damit verbunden, ihren unstillbaren Geldsorgen, noch für ihren Verleger, der gesundheitliche, geschäftliche und private Probleme hatte. Den Anfang der glücklichen Jahre der Verlags-Beziehung zwischen Cassirer und Lasker-Schüler dokumentiert ein Brief, den die Dichterin Weihnachten 1917 aus Cassirers Zürcher *Hotel Schwert* an Maria Marc schrieb:

> «Ich schließe mit Paul Cassirer ab, ich glaube sehr günstig. Ich schreibe Dir noch den Contract. [...] Und ich werde mit Paul Cassirer über Deine und des blauen, lieben, teuren Reiters Briefe sprechen. Du aber mußt ihm dann alles nach hier schreiben, genau, Mareilein. Hôtel Schwert. Zürich, mein Mareilein. Dein Jussuf»[76]

Nicht nur ihre Gesamtausgabe, mit einem bemerkenswerten Prospekt dazu, wurde von Cassirer realisiert, sondern auch die Luxusausgaben ihres *Peter-Hille-Buchs* (Abb. 20) und ihres literarischen Briefwechsels mit dem 1916 gefallenen Franz Marc, der *Malik*, mit dem farbigen Frontispiz *Schloß Ried* (Abb. 19), einem Aquarell, das der Maler der Künstlerfreundin geschenkt hatte und das sein letztes Haus in Ried, das er nur noch kurze Zeit bewohnen sollte, in märchenhafter Überhöhung, als «Schloß» des Blauen Reiters zeigt.

Zu der von Else Lasker-Schüler angeregten Buchausgabe des Briefwechsels Franz Marc – Maria Marc kam es nicht, doch erschien bei Paul Cassirer 1919 eine zweibändige Ausgabe der *Briefe, Aufzeichnungen und Aphorismen* Franz Marcs und sein in vorzüglichen Lichtdrucken wiedergegebenes *Skizzenbuch aus dem Feld*, sein künstlerisches Vermächtnis. Auch hier wurde eine Wildleder-Luxusausgabe mit farbigen Bildbeigaben gleichzeitig mit der in Seidenleinen gebundenen Volksausgabe gemacht.

Else Lasker-Schüler widmete «dem lieben besten Paul Cassirer [...] in großer Dankbarkeit» eine verzierte Abschrift ihres Joseph-Gedichts[77], das in den *Weißen Blättern*, der Zeitschrift ihres Verlegers, im 7. Jahrgang, Heft 4 abgedruckt worden war (Abb. 18). Es markiert den Höhepunkt der Beziehung zwischen der Künstlerin und Paul Cassirer[78].

> *«Nach der Zeit der großen Maler, Dichter, Schauspieler, nach dem Sturm von Krieg und Revolution trat in der Geschichte eine Atempause ein. Sie war zu lang für ihn.»*[79]

Paul Cassirers Tod am 7. Januar 1926[80] wurde von einem ungeheuren Presse-Echo begleitet. Schon in den Tagen davor, als seine Schußverletzung bekannt geworden war, wurde diese Meldung an prominenter Stelle im In- und Ausland gedruckt und kom-

Abb. 20: Lovis Corinth, Porträt Peter Hille, *1902, Öl/Lwd., 190 x 120 cm, Kunsthalle Bremen.*
Der charismatische Dichter, Mentor der Lasker-Schüler, den sie mit zwei Büchern bei Paul Cassirer würdigte.

mentiert. In den folgenden Tagen, bis zu seinem Begräbnis am 10. Januar, gab es wohl kaum eine Zeitung im deutschsprachigen Raum, die nicht versucht hätte, die Person Paul Cassirer und ihre Bedeutung zu würdigen. Langsam rückte das Ereignis von der Tagesaktualität ins Feuilleton, und namhafte Journalisten, Museumsdirektoren und Freunde schilderten sein Werk und seine Wirkung.

Die Trauerfeier, der die bildenden Künstler und die Schriftsteller, die kulturelle und die politische Prominenz beiwohnten, wurde ausführlich beschrieben, z. B. in der *Frankfurter Zeitung*:

> «Heute Vormittag um 12 Uhr fand in dem bekannten Hause in der Viktoriastraße die Trauerfeier für Paul Cassirer statt. Die ganze Straße, eine der schönsten und stillsten im alten Westen, war mit Menschen gefüllt, und Polizei mußte die An- und Abfahrt der zahlreichen, eleganten Automobile regeln. Der Sarg stand aufgebahrt unter einer dichten Decke von roten und weißen Blumen. [...] Zum letzten Male weilte der so tragisch aus dem Leben Geschiedene in dem schönen Saal, den sein Leben für die Kunst und die Künstler geschaffen hatte.»[81]

Die *Vossische Zeitung* berichtete:

> «Die würdig-einfache Feier erhielt ihren Auftakt durch das ergreifende Spiel des Lambinon-Quartetts. Sodann trat Max Liebermann an den Sarg. In wundervoller Rede formte der nunmehr fast 79jährige Meister ein Bild Paul Cassirers, des merkwürdigen, an Erfolgen und Widersprüchen seltsam reichen Lebens dieses immer Vorwärtsstürmenden, immer Unbefriedigten, das ein Kampf mit dem Schicksal gewesen sei, wie es die alte Tragödie als Kern birgt, und darum auch habe enden müssen, wie diese Schicksalsdramen, mit der Katharsis eines zugleich furchtbaren und verklärenden Ausganges. Ihm folgte Graf Harry Kessler. Er legte dar, wie gerade aus Cassirers Rastlosigkeit die anfeuernde, Werte schaffende Macht seines revolutionären Geistes und der seltene Reiz seiner Persönlichkeit erwuchsen. Der Münchener Kunsthändler Thannhauser widmete als Vertreter des Verbandes der deutschen Kunst- und Antiquitätenhändler Cassirer einen innigen Nachruf: Der Dahingeschiedene habe den Begriff des Kunsthändlertums mit neuem Inhalt erfüllt; in seiner kaufmännischen Tätigkeit habe er nicht nur einen Beruf, sondern eine Berufung erblickt. Wieder setzte Musik ein. Dann wurde der Sarg nach dem Friedhof an der Heerstraße überführt.»[82]

Paul Cassirer als Teil einer bedeutenden Familie

Obwohl Paul Cassirer zum Zeitpunkt seines Todes längst nicht mehr Mitglied einer jüdischen Gemeinde war[83], nahm die gesamte jüdische Presse an seinem Tod Anteil. Das *Hamburger Israelitische Familienblatt*, hier nur als Beispiel genannt, veröffentlichte aus diesem Anlaß sogar *Eine soziologische Studie über die Familie Cassirer*:

«Es mag erlaubt sein, die Struktur der Familie Cassirer, die leider in Deutschland kaum ihresgleichen hat, einer kleinen soziologischen Betrachtung zu unterziehen. Der Stammvater der Familie saß in einem elenden Neste Oberschlesiens, Schwientochlowitz, als ganz kleiner frommer Handelsmann und quälte sich redlich, seine sieben Söhne und seine Tochter anständig zu erziehen[84]. [...] Die Söhne, erst in Breslau, dann in Berlin, hatten klein im Holzhandel angefangen und waren mit Riesenschritten vorwärtsgestürmt. Sie gründeten in Woclawec eine Cellulosefabrik und verstanden es, sie in kurzer Zeit zur ersten des Kontinents – nicht Deutschlands – zu machen. [...] Sie hatten die Hände in allen großen Bauunternehmungen der achtziger und neunziger Jahre. [...] Ihr Reichtum wuchs in hohe und höhere Millionenziffern. Als Menschen blieben sie schlicht und einfach. Zwar bauten sie herrliche Wohnungen und kauften gute Bilder, aber jedes Protzentum, alles Parvenuhafte blieb ihnen himmelfern. Neben ihrem Geschäft kannten sie eigentlich nur eins: ihre Familie. Im Geiste dieses Zusammenhangs erzogen sie ihre Kinder. Höchste deutsche Kultur sollte sich hier mit gefühltestem jüdischen Geiste vermählen. Sie selbst waren keine rituellen, aber innige und ausgezeichnete Juden; sie wußten dafür zu sorgen, daß, mit einer einzigen Ausnahme, das Judentum für die nächste und übernächste Generation in ihrer Familie Bestand hatte.» [85]

Wer hier als «einzige Ausnahme» gemeint ist, bleibt unklar. Vielleicht Louis, der Vater von Hugo, Richard und Paul, von dem Peter Paret, der Enkel Paul Cassirers, berichtet, er sei Agnostiker gewesen?[86] Zu Paul Cassirers Tod wird mitgeteilt, daß «das tragische Ende, nach Meinung der Eingeweihten, letzten Endes darauf zurückzuführen war, daß er, dem Geist seiner Familie getreu, den Tod zweier Brüder nicht verwinden konnte». Im August 1925 war sein Bruder Richard[87], ein bekannter Neurologe, gestorben und sechs Jahre zuvor Hugo, der älteste Bruder[88], der die großen *Kabelwerke Dr. Cassirer* erfolgreich geleitet und das Familienvermögen verwaltet hatte. In der *Weltbühne* vom 12. Januar 1926 findet sich übrigens eine ähnliche Vermutung:

«Unter den vielen Tugenden Paul Cassirers war vielleicht die schönste die Liebe zu seinen beiden Brüdern Hugo und Richard. [...] Paul war jünger als beide, sprach aber gewöhnlich so über sie, wie wenn er ihr Sohn und ihr Vater in einem wäre, ehrfürchtig und patriarchalisch zugleich. [...] Bei Richards Begräbnis [...] hat Paul die Äußerung getan, daß er nicht glaube, diesen Verlust überleben zu können.»

In Memoriam Paul Cassirer, 7. Januar 1926

Die Reden von Max Liebermann und Harry Graf Kessler sowie der volle Wortlaut von René Schickeles Nachruf in der *Vossischen Zeitung* wurden von Kessler im Mai 1926 als Handdruck auf der *Cranach-Presse* in 75 Exemplaren gedruckt und, mit einem in Holz geschnittenen Titelblatt von Eric Gill und einer Initiale von Aristide Maillol versehen, in Halbpergament gebunden. Als Frontispiz war eine Photographie der von Kolbe abgenommenen Totenmaske beigegeben (Abb. 91).

Für den am 24. Juni 1922 ermordeten Freund Walther Rathenau hatte Kessler bereits

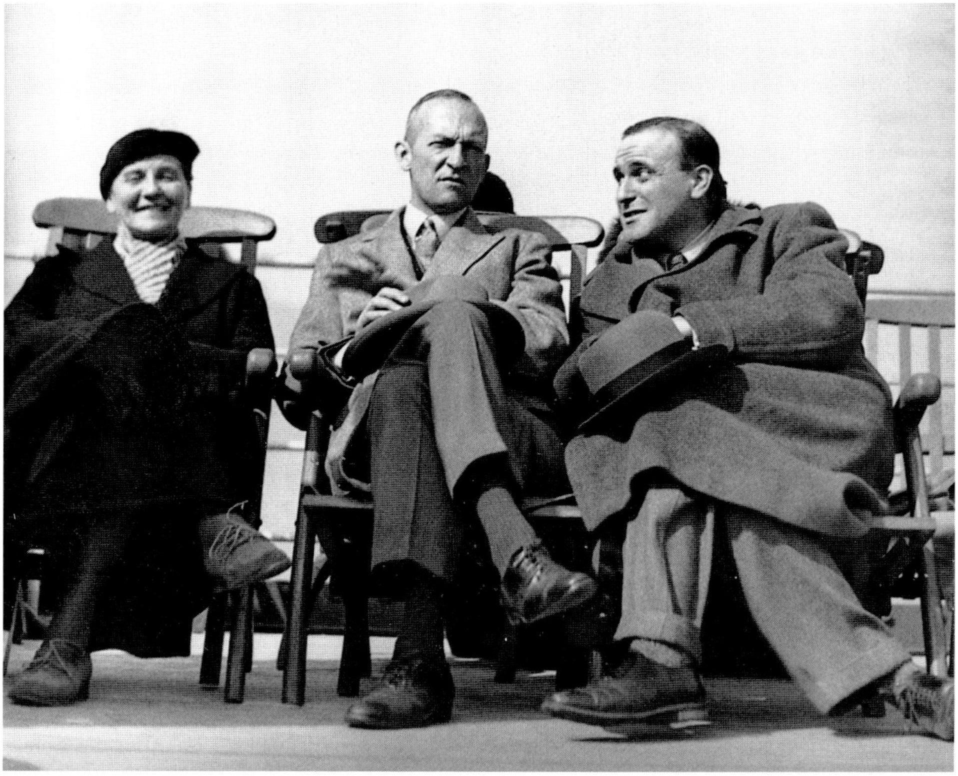

Abb. 21: Die Partner und Nachfolger Paul Cassirers, Grete Ring (l.) und Walther Feilchenfeldt (r.), sowie der Direktor der Filiale in Amsterdam, Helmuth Lütjens (m.), auf dem Schiff nach England, 1935.

im Dezember 1925 zusammen mit den Freunden Hugo Simon und Georg Bernhard einen von denselben Buchkünstlern ähnlich gestalteten Gedächtnisband herausgegeben, der als Handdruck in 50 Exemplaren veröffentlicht wurde. Kessler war mit Rathenau und Cassirer durch Kunst und Politik und durch über ein Vierteljahrhundert gemeinsam durchkämpftes Zeitgeschehen freundschaftlich verbunden. Kessler hat den Tod der beiden als großen persönlichen Verlust betrauert. Er wurde sich dessen noch einmal schmerzlich bewußt, als im Sommer 1929 auch Hugo von Hofmannsthal starb. Am 16. Juli notierte er in sein Tagebuch: «Tragische Generation, tragischer Freundeskreis! Rathenau, Paul Cassirer, Hofmannsthal.»[89]

Alfred Flechtheim, wenig jünger als Cassirer, aber doch so etwas wie sein «Ziehsohn», erinnert in seinem Nachruf im *Querschnitt*[90] mit Nachdruck an die Worte des jungen Paul Cassirer von 1899:

> «Auch sind wir uns wohl bewußt, daß wir von seiten des Publikums, welches in der Kunst ungern von liebgewonnenen Gewohnheiten läßt, vielfachen Anfeindungen ausgesetzt sind. Doch im Vertrauen auf die siegreiche Kraft der Jugend und das wachsende Verständnis der Beschauer haben wir ein Unternehmen ins Leben gerufen, das einzig und allein der Kunst dienen will.»

Das ist die, auch in der Vereinfachung, gültige Summe von Paul Cassirers Lebenswerk. Für die Provenienzforschung von Museen und Auktionen, aber auch für den Büchersammler wirkt sich dieser «Dienst an der Kunst» bis heute positiv aus: Es sind keine gleichgültigen Bilder und keine belanglosen Bücher, die mit dem Namen Paul Cassirer verbunden werden.

Mit der Machtübernahme durch die Nationalsozialisten ging in Deutschland das öffentliche Andenken an Paul Cassirer schlagartig verloren. Die Welt, in der er gelebt und gewirkt hatte, zerbrach. Verfolgung, Emigration, Tod oder Rückzug in ein unauffälliges Privatleben wurden zur Lebenswirklichkeit für die meisten Menschen seiner ehemaligen Umgebung. Sein Geschäft, das die Partner Grete Ring und Walther Feilchenfeldt in Berlin sowie Helmuth Lütjens (Abb. 21) in Amsterdam weiterführten, wurde in Deutschland zwischen 1933 und 1938 zerschlagen. Während der Kunsthandel in London, Amsterdam und Zürich über den Krieg hinaus fortgeführt werden konnte, gibt es den Verlag heute nicht mehr. Von der vornehmen Victoriastraße steht als letzte Zeugin nur noch eine alte Platane auf dem Matthäikirchplatz.

Anmerkungen

1 Wilhelm Herzog: Menschen, denen ich begegnete. Bern/München 1959, S. 204.

2 Barbara Paul: Hugo von Tschudi und die moderne französische Kunst. Mainz 1993. – Ausst.Kat. «Manet bis van Gogh. Hugo von Tschudi und der Kampf um die Moderne». Hg. von Johann Georg Prinz zu Hohenzollern und Peter-Klaus Schuster. Berlin/München 1996, S. 74 ff.

3 Lovis Corinth: Selbstbiographie. Leipzig 1926, S. 150. – Vgl. auch Paret, S. 291.

4 Vgl. dazu hier den Beitrag von Konrad Feilchenfeldt, S. 363–381.

5 In Vorbereitung; frdl. Auskunft Bernhard Echte, Nimbus Verlag.

6 Zit. aus: Ernst Blass: Erinnerung an Paul Cassirer. Zu seinem dritten Todestag. In: *Berliner Tageblatt* 58, Nr. 12, vom 8. Januar 1929. Ich danke Stefan Pucks, Berlin, herzlich für den Hinweis.

7 MOPP nannte sich seit etwa 1911 der Maler Max Oppenheimer (1885–1954).

8 Emil Orlik, *Porträt Paul Cassirer*. In: 95 Köpfe von Orlik. Berlin 1920 und in: Neue 95 Köpfe. Berlin 1926.

9 Max Liebermann, *Bildnis des Kunsthändlers und Verlegers Paul Cassirer*, 1922, Öl/Lwd., Maße unbekannt, verschollen. Matthias Eberle: Max Liebermann 1847–1935. Werkverzeichnis der Gemälde und Ölstudien. 2 Bde. Berlin 1995: 1922/19. Photo aus: *Berliner Illustrierte Zeitung*, Nr. 3, vom 17. Januar 1926, S. 66. – Außerdem Photo im Ausst.Kat. «Max Liebermann – Jahrhundertwende». Hg. von Angelika Wesenberg. Berlin 1997, S. 236.

10 Staatliche Museen zu Berlin, Zentralarchiv; zit. nach Ausst.Kat. «Berliner Kunstfrühling». Berlin 1997, S. 66.
11 Durieux, S. 152.
12 Über Max Beckmann und Paul Cassirer s. den Beitrag von Christiane Zeiller, S. 139–150.
13 Max Beckmann, *Porträt Paul Cassirer,* 1915, Bleistift, 16 x 12,9 cm. Herwig Guratzsch (Hg.): Zeichnungen aus dem Nachlaß Mathilde Q. Beckmann. Leipzig 1998, Kat. Nr. 142.
14 M. Beckmann, *Bildnis Paul Cassirer,* 1915, Bleistift, 23,2 x 30 cm, von Wiese 264, Privatbesitz.
15 M. Beckmann, *Zwei Autooffiziere,* 1915, Radierung, 12,1 x 18 cm, Hofmaier 84.
16 M. Beckmann, *Die Enttäuschten II,* 1922, Lithographie, 47,6 x 38,7 cm, Hofmaier 218.
17 Zu diesem Thema vgl. hier den Beitrag von Eva Caspers, S. 187–200.
18 In: *Kunst und Künstler* 24, 1926, S. 210.
19 Dazu mehr im Beitrag von Sebastian Giesen, S. 76–86.
20 Die Beziehung zwischen Barlach und Cassirer ist facettenreich beleuchtet in: Thieme/Probst, passim.
21 E. Barlach, *Porträtskizze Paul Cassirer,* um 1912, Bleistift, 16,3 x 10 cm.
22 E. Barlach, *Porträt Tilla Durieux*, Gips gefaßt, aus ihrem ehem. Besitz, Stiftung Hermann F. Reemtsma, Hamburg.
23 E. Barlach, *Entwurf zum Güstrower Ehrenmal,* datiert 22. Oktober 1926, Kohle, 44,5 x 60,2 cm.
24 Ernst Barlach: Ein selbsterzähltes Leben. Berlin 1928, S. 71f.
25 Vgl. hier den Beitrag von Ursel Berger, S. 201–213.
26 Etwa acht Güsse; das abgebildete Exemplar aus dem Georg-Kolbe-Museum Berlin war ursprünglich im Besitz von Tilla Durieux.
27 Zit. nach Ursel Berger: Georg Kolbe – Leben und Werk mit dem Katalog der Kolbe-Plastiken im Georg-Kolbe-Museum. Berlin 1990, S. 286f.
28 Georg Kolbe, Totenmaske Paul Cassirer 1926, verschiedene Ausführungen in Gips und in Bronze. Unser Exemplar aus dem Georg-Kolbe-Museum Berlin: Gips getönt.
29 Zu zwei Briefen Ernst Barlachs an Suse Paret, Cassirers Tochter, mit Überlegungen zur Totenmaske und zur Grabplatte samt Inschrift vgl. Peter Paret: Zehn unbekannte Briefe Barlachs. In: Thieme/Probst, S. 247–254, hier S. 250f.
30 Max J. Friedländer: Max Liebermann. Berlin o. J. (1924), S. 95.
31 *Die Lustigen Blätter* 12, 1899, S. 5.
32 Vgl. dazu Konrad Feilchenfeldt, S. 365, 367: Zwei Briefe an Alfred Lichtwark von 1898 und 1900. – Alle in diesem Essay erwähnten Bücher des Bruno und Paul Cassirer Verlags (1898–1901) und des Paul Cassirer Verlags (1908–1933) sind bibliographisch erfaßt in: Feilchenfeldt/Brandis.
33 Dazu ausführlich hier der Beitrag von Köhler/Maruhn/Senger, S. 346–362.
34 Rainer Maria Rilke, in: *Wiener Rundschau* 3, Nr. 3, vom 15. Dezember 1898, S. 76–78.
35 Vgl. hierzu den Beitrag von Ursula Hudson-Wiedenmann, S. 311–328.
36 Vgl. hierzu den Beitrag von Friedrich Pfäfflin, S. 164–176.
37 Vgl. dazu hier den Beitrag von York-Gothart Mix, S. 177–186.
38 Max Tau: Das Land, das ich verlassen mußte. Hamburg 1961, S. 160ff.
39 Ausst.Kat. Mai/Juni 1908, X. Jg. 1907/1908, X. Ausstellung *Francisco de Goya.*
40 Leo von König (1871–1944), Maler der *Berliner Secession.* Bereiste ab April 1908 mit Meier-Graefe und Emil Rudolf Weiß Portugal und Spanien, wo er im Prado El Grecos *Himmelfahrt Christi* kopierte.
41 Gustav Pauli (Hg.): Alfred Lichtwark: Briefe an die Kommission für die Verwaltung der Kunsthalle. Hamburg 1924, Bd. 2, S. 232f.
42 Zur Münchner Zeit der beiden s. den Beitrag von Thomas Raff, S. 42–57.
43 Dazu mehr im Beitrag von Markus Brandis, S. 291 f.
44 Arthur Holitscher: Mein Leben in dieser Zeit. Bd. 2. Potsdam 1928, S. 56ff.

45 Vgl. dazu den Beitrag von Stephanie Jacobs, S. 102–122.
46 Catherine Krahmer vermittelt Einblicke in Meier-Graefes unveröffentlichtes Tagebuch, S. 87–101.
47 Vgl. hierzu den Beitrag von Christiane Zeiller, S. 139–150.
48 Vgl. hierzu den Beitrag von Konrad Feilchenfeldt, S. 366, 373–375.
49 Ergänzend dazu: Catherine Krahmer, S. 87–101.
50 Herzog (wie Anm. 1), Kapitel Paul Cassirer.
51 Tilla Durieux: Eine Tür steht offen. Berlin 1954. Ergänzte Neuauflage unter dem Titel: Meine ersten neunzig Jahre. München/Berlin 1971. Das Buch wurde immer wieder neu aufgelegt. Peter Paret hat sicher recht, wenn er diese Quelle nur eingeschränkt zur wissenschaftlichen Benutzung empfiehlt (Paret, S. 356). Sie vermittelt jedoch, mit der gebotenen Vorsicht herangezogen, m. E. eine anschauliche Vorstellung von der Lebenswelt des Paares zwischen 1906 und 1926.
52 Vgl. hierzu den Beitrag von Ursula Hudson-Wiedenmann, S. 311–328.
53 Durieux, S. 92.
54 Renate Möhrmann: Tilla Durieux und Paul Cassirer. Bühnenglück und Liebestod. Berlin 1997.
55 Zu Heinrich Mann s. hier den Beitrag von York-Gothart Mix, S. 177–186.
56 Aufführung des Dreiakters *Der Tyrann. Die Unschuldige. Varieté* am 21. November 1910.
57 Aus: *Zeit im Bild* 11, 1915, S. 117.
58 Grete Fischer: Dienstboten, Brecht und andere. Zeitgenossen in Prag, Berlin, London. Olten/Freiburg/B. 1966, S. 180.
59 Zur persönlichen Beziehung Cassirer – Gaul s. Ausst.Kat. «Der Tierbildhauer August Gaul». Hg. von Ursel Berger. Berlin (Georg-Kolbe-Museum) 1999. – Roland Dorn: «Paulchen und Gaulchen». Ponderabilien zu August Gauls Liaison mit dem Kunstsalon Cassirer. In: Ebd. S. 61–83. – Ursel Berger: Paul Cassirer und seine Bildhauer. In: Thieme/Probst, S. 47–62. – Mehr zum Thema s. im Beitrag von Josephine Gabler, S. 215–227.
60 1916 zogen sie in das Geschäftshaus Victoriastraße 35.
61 Durieux, S. 131. Hier hingen auch zwei Gemälde van Goghs: *Arlésienne* und *Die Bahnunterführung*, und eines von Cézanne: *Château Noir*.
62 Ausführlich über die Beziehung: Rahel E. Feilchenfeldt: Leo Kestenberg im Kreis von Paul Cassirer und seinen Künstlern. In: Thieme/Probst, S. 69–80. – Über Kestenbergs Verlagstätigkeit s. den Beitrag von Lars Lambrecht, S. 253–266.
63 Zur Beziehung von René Schickele und Paul Cassirer und zu ihrer Zeit in der Schweiz im Ersten Weltkrieg s. den Beitrag von Sigrid Bauschinger, S. 228–239.
64 Leo Kestenberg: Bewegte Zeiten. Musisch-musikantische Lebenserinnerungen. Wolfenbüttel/Zürich 1961, S. 33, zur Gründung des *Bildermann*: S. 35f.
65 Mehr zur Beziehung Walden – Kokoschka – Loos – Cassirer im Beitrag von Friedrich Pfäfflin, S. 164–176.
66 XII. Jg., X. Ausstellung in der Galerie Paul Cassirer, Juni 1910, mit 49 Bildern von Kokoschka.
67 Zit. nach Werner J. Schweiger: Der junge Kokoschka. Wien 1983, S. 157.
68 Leo Kestenberg, in: Bekenntnis zu Kokoschka. Berlin/Mainz 1963, S. 111ff.
69 Oskar Kokoschka: Das bin ich. München 1970, S. 160f.
70 Oskar Kokoschka: Mein Leben. München 1971, S. 116 u. ö.
71 XIV. Jahrgang, Winter 1911/12, IV. Ausstellung 6.–18. Januar 1912, mit 29 Bildern von MOPP.
72 Else Lasker-Schüler: Mein Herz. Ein Liebesroman mit Bildern und wirklich lebenden Menschen. Berlin (Paul Cassirer) 1920, S. 104f.
73 Sigrid Bauschinger: Else Lasker-Schüler. Biographie. Göttingen 2004, S. 382ff. interpretiert die Schrift ausführlich und stellt sie in den Kontext der zeitgenössischen Reaktion.

74 Paul Raabe: Der geschmähte Verleger. Paul Cassirer und Else Lasker-Schüler. In: Thieme/Probst, S. 199–216 versucht eine «Ehrenrettung Paul Cassirers».

75 Alle Zitate aus: Else Lasker-Schüler: Ich räume auf! Meine Anklage gegen meine Verleger. Berlin 1925.

76 Else Lasker-Schüler an Maria Marc, Brief vom 25. Dezember 1917. In: Else Lasker-Schüler: Werke und Briefe. Kritische Ausgabe. Hg. von Norbert Oellers u. a., Bd. 7: Briefe 1914–1924. Bearb. von Sigrid Bauschinger. Frankfurt/M. 2004, S. 148.

77 Zur Bedeutung des Joseph-Themas für Cassirer s. den Beitrag von Angelika Wesenberg, S. 151–164.

78 In *Ich räume auf!* (wie Anm. 75), S. 36 schreibt Lasker-Schüler: «Ich schrieb vor vielen Jahren einen Essay sogar in Versen über P. C., den er sich bescheiden (seine weltmännische Eigenschaft) in seinen Schreibtisch schloß als privaten Besitz. Ich nannte ihn den Kunstmann der Kunsthändler, da er keineswegs wie diese, mit wenigen Ausnahmen, ohne Begabung ist. Paul Cassirer ist sogar genial.» Es handelt sich dabei wohl noch um ein anderes literarisches Geschenk, das jedoch nicht bekannt ist. Über Tilla Durieux schrieb sie das Gedicht *Die Schauspielerin*, das zuerst im *Berliner Tageblatt* vom 27. Juni 1920 veröffentlicht wurde.

79 Zit. aus: René Schickele: Abschied von Paul Cassirer. In: *Vossische Zeitung*, vom 12. Januar 1926; anschließend der Artikel: *Die Trauerfeier*.

80 Er starb im Krankenhaus an den Folgen einer Schußverletzung, die er sich in einem Nebenraum des Anwalts, während der Scheidungsverhandlungen von seiner Frau Tilla, zugefügt hatte.

81 *Frankfurter Zeitung* vom 11. Januar 1926.

82 *Vossische Zeitung* vom 12. Januar 1926.

83 Im 1. Münchner Meldebogen vom 12. Mai 1893 wurde «mosaisch» eingetragen, im Meldebogen vom 30. Januar 1919 jedoch «diss.» (= Dissident). Die Beerdigung auf dem Friedhof Heerstraße in Berlin leitete Rabbiner Dr. Lehmann von der jüdischen Reformgemeinde.

84 Korrektere Angaben s. Daten zu Leben und Werk, S. 392.

85 *Hamburger Israelitisches Familienblatt* vom 11. Februar 1926, Artikel von Dr. Victor Goldschmidt.

86 Mündliche Mitteilung von Prof. Dr. Peter Paret.

87 Richard Cassirer, Prof. Dr. med., 1868–1925.

88 Hugo Cassirer, Dr. chem., 1869–1920.

89 Wolfgang Pfeiffer-Belli (Hg.): Harry Graf Kessler. Tagebücher 1918–1937. Frankfurt/M. 1961, S. 588.

90 *Der Querschnitt* 6, 1926, H. 2, Februar 1926, S. 94f.

«Er hatte Begabung nach verschiedenen Seiten hin.»
Paul Cassirers Münchner Jahre (1893–1897)

Thomas Raff

Im April 1893 kam Paul Cassirer, 22 Jahre jung, aus Berlin nach München. Wie sein Vetter Bruno Cassirer ein halbes Jahr zuvor, gab er bei der städtischen Meldebehörde an, hier ein Jurastudium aufnehmen zu wollen[1]. Immer wieder wurde und wird behauptet, Paul habe in München auch Kunstgeschichte studiert[2], tatsächlich hat er sich an der Ludwig-Maximilians-Universität weder in Jura noch in sonst einem Fach immatrikuliert[3]. Schon bald ließ er bei der Meldebehörde statt «stud. jur.» die Berufsbezeichnung «Schriftsteller» eintragen.

Als solcher trat er dann auch hervor: Im August 1894 konnten die Eingeweihten in Stefan Georges *Blättern für die Kunst* Cassirers *Nachtstück*[4] lesen, ein naturromantisches Prosagedicht. Es gelang ihm aber nicht, weitere Texte in diesem exklusiven Periodikum unterzubringen[5]. Noch im selben Jahr veröffentlichte Cassirer im Verlag Pierson, Dresden und Leipzig, ein naturalistisches Drama in vier Akten: *Fritz Reiner, der Maler. Studie nach dem Leben*, das vermutlich niemals aufgeführt wurde. Ende des Jahres 1895 erschien in dem noch sehr jungen Albert Langen Verlag, damals Paris/Leipzig/München, der Künstlerroman *Josef Geiger*. Am 3. Juni 1895 hatte Paul Cassirer aus Belgien an den Verleger folgenden Wunsch geschrieben:

> «Zugleich ersuche ich Sie, nicht meinen Namen auf das Buch zu drucken, sondern Paul Kars. Ein Vetter von mir namens Fritz Cassirer hat ebenfalls eine Dichtung im vorigen Jahre erscheinen lassen[6] und ich fürchte, daß unliebsame Verwechslungen vorfallen könnten. Um den wenigen Leuten, die mich kennen, einen Fingerzeig zu geben, könnte man vielleicht auf die Innenseite des Titelblattes drucken lassen: Von demselben Verfasser erschien: Fritz Reiner, der Maler. Studie. Verlag von E. Pierson.»[7]

Abb. 22: Friedrich Wahle, Umschlag zu Paul Cassirers (Paul Cahrs) Roman Josef Geiger, *1895.*

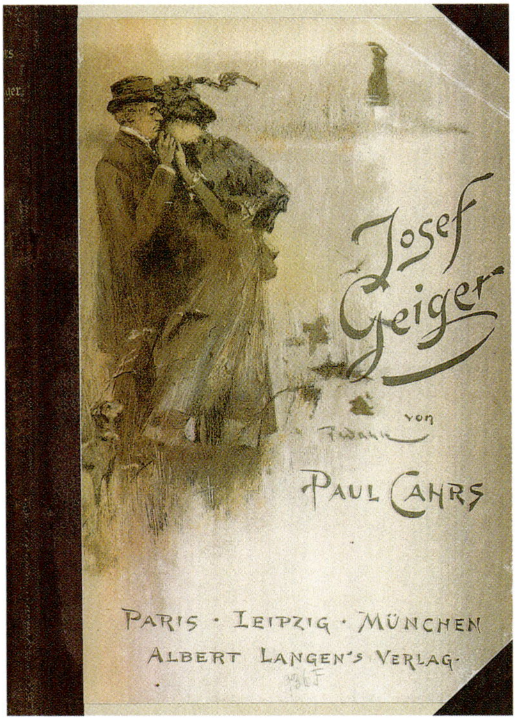

Genauso wurde verfahren, nur variierte man das Pseudonym zu «Paul Cahrs». Im *Simplicissimus* wurde der Roman von Mai bis August 1896 annonciert[8], eine Wiener Zeitung brachte eine recht positive Besprechung:

> «Josef Geiger ist ein frisches Erstlingswerk, es kommt aus dem sehr bekannten Kreis der jungen Dichter, der überall die gleichen Mienen zeigt, spielt teilweise im Litteraturcafé selbst und hat alle wohlbekannten Charaktere desselben. Der nervöse, bald asketische, selbstverachtende, schöne Jüngling, der dann durch die herrischen Nerven zu Lüsternheit und Gemeinheit gebracht wird, steht in der Mitte des Stoffes.»[9]

Sowohl aus dem Drama wie auch aus dem psychologisierenden Roman lassen sich gewisse Rückschlüsse[10] auf Paul Cassirers innere Verfassung ziehen, etwa auf seine lebenslange Getriebenheit und seine Selbstzweifel, die sich in der Münchner Zeit vor allem auf die Berufswahl bezogen – hier stellte sich die Frage: malen oder dichten? Denn der junge Cassirer schrieb eben nicht nur, sondern unternahm auch Versuche in der Malerei[11] und bildete sich mit einem gewissen Ehrgeiz im Aktzeichnen aus[12]. Arthur Holitscher charakterisierte den Roman *Josef Geiger* später so:

> «Damals hatte er [...] einen von Begabung zeugenden Künstlerroman veröffentlicht, in dessen Titelfigur mit dem unansehnlichen Namen ‹Joseph Geiger› Cassirer offenbar sich selber gezeichnet hatte. Es war ein pessimistisches Buch und blieb Cassirers einziges. In dem Schicksal des an sich verzweifelnden Dilettanten hatte Cassirer sein eigenes geschildert – sollte er in seinem Leben dem schrecklichen Beruf des Bücherschreibers weiter treu bleiben.»[13]

Während das Drama *Fritz Reiner* noch in Berlin spielt, schildert der Roman *Josef Geiger* bereits das Treiben der Münchner Bohème, an dem Paul Cassirer mit größtem Interesse aktiv teilnahm. Eine wichtige Szene des *Josef Geiger* führt uns in die prunkvollen Säulenhallen des *Café Luitpold*, wo sich der junge Cassirer regelmäßig und ausdauernd mit Künstlern und Schriftstellern traf. Noch in seinem Nachruf auf Paul Cassirer gedachte Theodor Wolff dieser intensiven Zeit:

> «Wir waren nicht viel über die Zwanzig hinaus, [...] als wir an jedem Abend im Café Luitpold in München mit Richard Muther[14], Benno Becker[15], Wahle[16], dem Zeichner der ‹Fliegenden Blätter›, und einigen anderen saßen, und bis in den Morgen hinein das Gespräch über die Malerei der Japaner, der Präraphaeliten und der neuen Franzosen ging. [...] Paul Cassirer hatte damals noch Dichterpläne und schrieb ein Drama ‹Fritz Reiner, der Maler›, ein sehr beachtenswertes Jugendwerk. Er hatte Begabung nach verschiedenen Seiten hin. Alles, was er anfaßte, die Politik ausgenommen, gewann in seiner Hand eine besondere, persönliche Form.»[17]

Abb. 23: Lovis Corinth, Titelzeichnung zu Paul Cassirers Satire Schlaf, Kindchen, schlaf!, Simplicissimus, *1896.*

1. Jahrgang Nr. 21 Preis 10 Pfg. 22. August 1896

SIMPLICISSIMUS

Illustrierte Wochenschrift

Abonnement vierteljährlich 1 Mk. 25 Pfg.
Post-Zeitungskatalog: 5. Nachtrag Nr. 6496 a.

Inserate: Die 5gesp. Nonpareille-Zeile 1 Mk. 50 Pfg.

Schlaf, Kindchen, schlaf! von Paul Cahrs

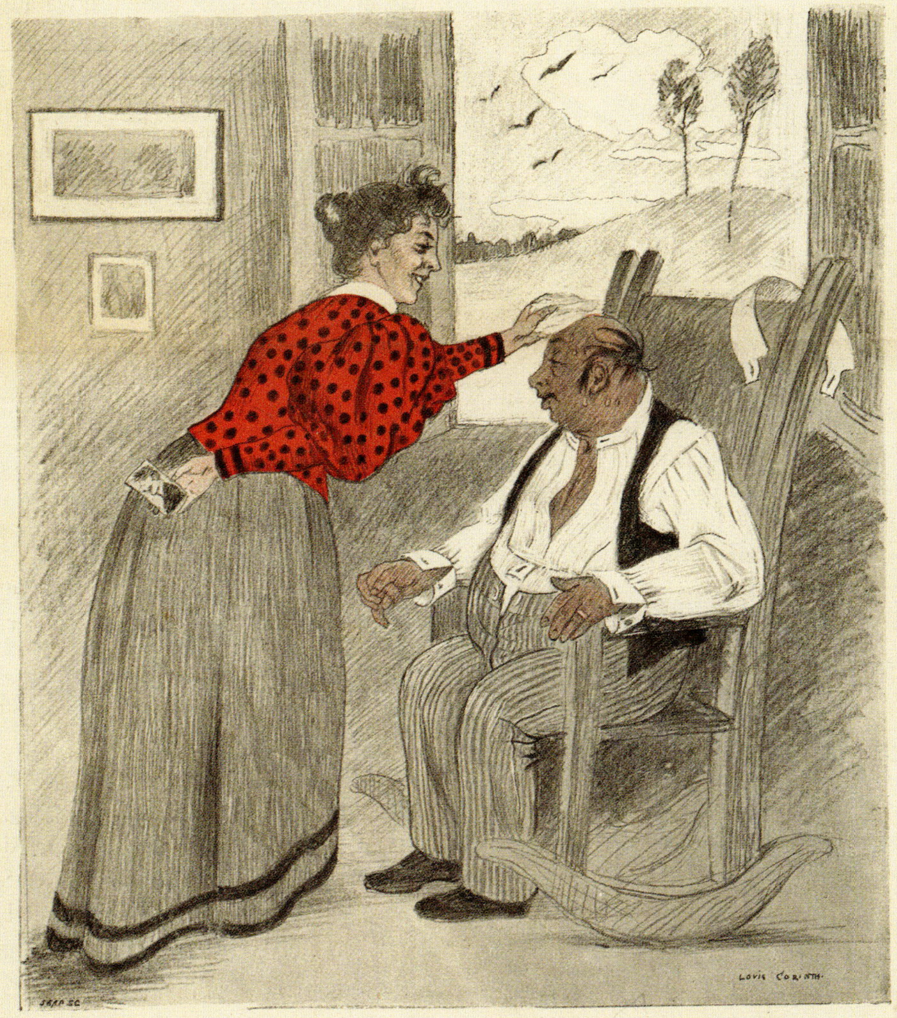

(Zeichnung von Louis Corinth)

Später erinnerte sich Paul Cassirer noch an ein weiteres Detail: «Es ist schon 20 Jahre her, dass wir als junge Studenten und junge Maler im Café Luitpold die Kritiken [Fritz von] Ostinis zur Karnevalszeit mit verteilten Rollen vorlasen.»[18]

Wie damals bei Studenten und jungen Künstlern üblich, hat Cassirer häufig die Adressen gewechselt. Während der Semesterferien oder längerer Reisen wurde die Wohnung aufgegeben und bei der Rückkehr eine neue bezogen. So erklären sich die vielen Umzüge, die anhand der städtischen Meldebogen festzustellen sind: Seine erste Münchner Wohnung nahm Cassirer am 20. April 1893 in der Heßstraße 23a, von wo er sich schon am 14. August 1893 wieder abmeldete. Am 6. Oktober 1893 zog er in die Von-der-Tann-Straße 22; am 20. März 1894 in die Schönfeldstraße1; sechs Tage später mietete er eine zusätzliche Wohnung in der Hildegardstraße 14 1/2; am 15. Oktober 1894 zog er in den Türkengraben (Türkenstraße) 61.

Am 8. Januar 1895 hat er sich nach Berlin abgemeldet. Aber fünf Monate später war er – nach einem längeren Kur(?)-Aufenthalt in Meran – wieder in München: Am 6. Mai 1895 zog er in die Jägerstraße 3; am 2. Juni 1895 wieder aus, weil er nach Brüssel reiste (Rue de la Madeleine 60). Am 17. Juli 1895 heiratete er in Berlin (Ansbacherstraße 3) die 21jährige Lucie Oberwarth[19] und ging dann mit ihr auf Hochzeitsreise (Abb. 153). Am 3. April 1896 wurde die Tochter Aimée Susanne geboren – in Brüssel! Dort und in Paris verbrachte die junge Familie die nächsten Monate. Im Sommer 1897 war sie wieder in München: Vom 4. August bis 15. Oktober 1897 wohnten sie in der Adalbertstraße 42. Auf diese Zeit bezieht sich wohl die folgende Beschreibung Arthur Holitschers:

> «Cassirer lebte in München, im Gegensatz zu uns anderen Schriftstellern um Langen herum, in äußerst günstigen materiellen Umständen, ja in ausgesprochenem Luxus. Sprach man über ihn, vergaß man nicht zu erwähnen, daß in seiner Wohnung ein Billard stand. Und daß bei ihm Maler der Münchener Sezession verkehrten, Corinth, Slevogt, von deren Bildern man eben zu sprechen begann; diese Bilder schmückten bereits die Wände der Cassirerschen Wohnung. Cassirer hatte sehr jung geheiratet.»[20]

Im Oktober 1897 ging Paul Cassirer endgültig nach Berlin.

Mit welchen Erwartungen mag der junge Mann 1893 nach München gereist sein? Das Berlin des frühen Wilhelminismus war auf künstlerischem Gebiet noch eher konventionell und stark von den etablierten Hofkünstlern dominiert geblieben. Im November 1892 hatte der Skandal um die Berliner Edvard-Munch-Ausstellung die Gemüter stark erhitzt und in gewisser Hinsicht den Kampf um die Moderne eröffnet. Im Januar 1893 hatte eine Gruppe von 24 Münchner Künstlern (*Die Freie Vereinigung*), die aus der gerade erst gegründeten *Secession* schon wieder ausgetreten waren, eine Ausstellung in der Berliner Galerie Eduard Schulte[21]. Zu diesen Künstlern gehörten: Peter Behrens, Lovis Corinth, Otto Eckmann, Thomas Theodor Heine, Wilhelm Trübner und Max Slevogt.

Cassirer hatte also sicher schon in Berlin verstanden, daß es in der deutschen Kunstszene gärte und daß in München interessante junge Künstler lebten.

«Isar-Athen» galt zu Beginn der 1890er Jahre noch immer als die führende Kunststadt Deutschlands, vor allem wegen des regen Ausstellungswesens, der angesehenen Akademie und nicht zuletzt wegen eines gut etablierten Kunstmarktes. Zweifellos hat sich Cassirer die am 15. Juli 1893 eröffnete *I. Internationale Kunst-Ausstellung des Vereins Bildender Künstler Münchens (Secession)* angesehen, die in ganz Deutschland mit Spannung erwartet wurde[22]. Indes fühlten sich viele der progressiven Besucher[23] in ihren Erwartungen enttäuscht: Obwohl über die Hälfte der ausstellenden Künstler Ausländer waren, gab es keine Werke der großen französischen Impressionisten zu sehen, auch nichts von Munch, der doch damals als die «Galionsfigur verfemter künstlerischer Vorstellungen»[24] galt. Auch Cassirer erinnerte sich im Rückblick: «Es gab wohl eine Zeit, da man in Deutschland Renoir noch nicht kannte und Besnard für den grossen Meister hielt. Es gab eine Zeit, dass die Münchner Sezession Aublet, Dinet, L'Hermitte, Menard für vorbildliche hielt.»[25] Cassirer sah auf dieser Ausstellung wieder Gemälde von Behrens, Corinth, Eckmann, Heine, Trübner und Slevogt, zusätzlich aber auch von Leopold von Kalckreuth, Max Klinger, Walter Leistikow, Max Liebermann und Franz Stuck *(Die Sünde)*. Zweifellos ging er zum Zweck des Vergleichs in die gleichzeitig stattfindende Glaspalast-Ausstellung der *Münchener Künstlergenossenschaft*, wo die Bilder in drei Reihen übereinander in üppigen Dekorationen aus Pappmaché und Draperien hingen, ca. 2800 Nummern! Dagegen die *Secessions*-Ausstellung an der Prinzregentenstraße: ruhige, klare, nicht zu große Räume, ein durch Stoffbahnen abgemildertes, gleichmäßiges Oberlicht, knapp 900 Nummern, davon 640 Gemälde, in lockerer Hängung. Die genannten deutschen Künstler sollten alle in Cassirers Leben bedeutende Rollen spielen. Einige lebten damals schon in Berlin, andere, wie Trübner, Eckmann, Slevogt und Corinth, übersiedelten nach und nach in die Reichshauptstadt und ergriffen so auf ihre Weise Partei in der sogenannten Kunststadt-Debatte.

Die Gründung des *Simplicissimus* – das erste Heft erschien nach längerer Vorbereitung am 4. April 1896 – dürfte auch für den jungen Cassirer ein Ereignis gewesen sein. Der Verleger des Blattes, Albert Langen, war ihm bereits bekannt, weil sein Roman im Jahr zuvor in dessen Verlag erschienen war. Im August 1896 stand in der Nr. 21 des *Simplicissimus*, wieder unter dem Pseudonym Paul Cahrs, der einzige Text, den Cassirer dort veröffentlichte: die Prosa-Szene *Schlaf, Kindchen, schlaf!*, die sich über einen älteren Mann lustig macht, der von seiner jungen Frau betrogen wird. Auf dem Titelblatt übertrug Lovis Corinth die kleine Szene ins Bild (Abb. 23) – ein erster Beleg für die spätere langjährige Zusammenarbeit der beiden so unterschiedlichen Charaktere. Vorübergehend war Cassirer wohl auch als Redakteur am *Simplicissimus* tätig[26]. Jedenfalls lernte er im Umkreis des Satireblattes mehrere Persönlichkeiten kennen, die für sein Leben wichtig werden sollten: Arthur Holitscher, der im Sommer 1896 *Simplicissimus*-Redakteur war, wurde 1907 der erste Lektor in Paul Cassirers geplantem Verlag[27]. Frank Wedekind, der

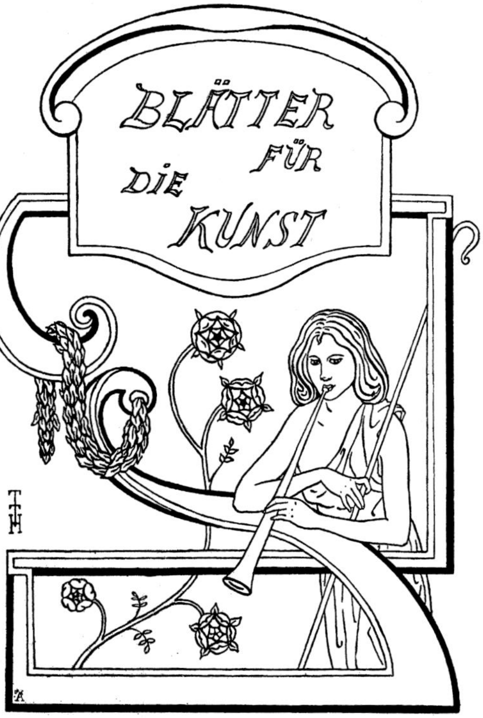

Abb. 24: Th. Th. Heine, Umschlag für Stefan Georges Blätter für die Kunst, *1894.*

notgedrungen ebenso widerwillig wie regelmäßig Gedichte, Prosa und Witze für den *Simplicissimus* schrieb, blieb für Cassirer stets einer der ganz großen Dramatiker der Zeit. Gerne wäre er sein Hauptverleger geworden und plante, in Berlin ein eigenes *Wedekind-Theater* zu gründen[28]. Er wollte Wedekind als Herausgeber der Werke des Sturm-und-Drang-Dichters Jacob Michael Reinhold Lenz gewinnen und druckte im *Pan* immer wieder Texte von Wedekind ab. Trotz aller Bemühungen und einer andauernden, aber immer etwas förmlich gebliebenen Freundschaft kam es nur zu einem einzigen gemeinsamen Buch[29]. Von den damaligen *Simplicissimus*-Künstlern lernte Cassirer zumindest Lovis Corinth und Max Slevogt persönlich kennen und erwarb Bilder von ihnen. 1901/02 gingen beide nach Berlin und sollten bald in der dortigen *Secession* führende Rollen spielen. Und schließlich bewunderte Cassirer den Verleger Albert Langen, dessen sprunghafte, ideenreiche, stets begeisterungsfähige, den Künstlern und Schriftstellern gegenüber großzügige Art für Cassirer ein leuchtendes Vorbild als Verleger werden sollte. Th. Th. Heine war vielleicht der schärfste Geist in der Redaktion, er gab dem Blatt auch im wesentlichen die politische Richtung und den satirischen Grundton vor. Sein Verhältnis zu Cassirer sei etwas genauer beleuchtet.

Paul Cassirer und Thomas Theodor Heine

Th. Th. Heine dürfte dem jungen Paul Cassirer schon seit 1894, also lange vor der Gründung des *Simplicissimus*, ein Begriff gewesen sein, denn von ihm stammte die Umschlagzeichnung (Abb. 24) der *Blätter für die Kunst*, in denen Cassirers allererster gedruckter Text stand. Näher lernten sich die beiden dann spätestens 1896 in der *Simplicissimus*-Redaktion kennen.

1901 intensivierten sich Heines Kontakte zur *Berliner Secession*. Im Februar/März präsentierte der Kunstsalon von Bruno und Paul Cassirer Heine-Zeichnungen[30]. Als Harry Graf Kessler diese Ausstellung mit Max Liebermann besuchte, meinte der: «Wissen Se,

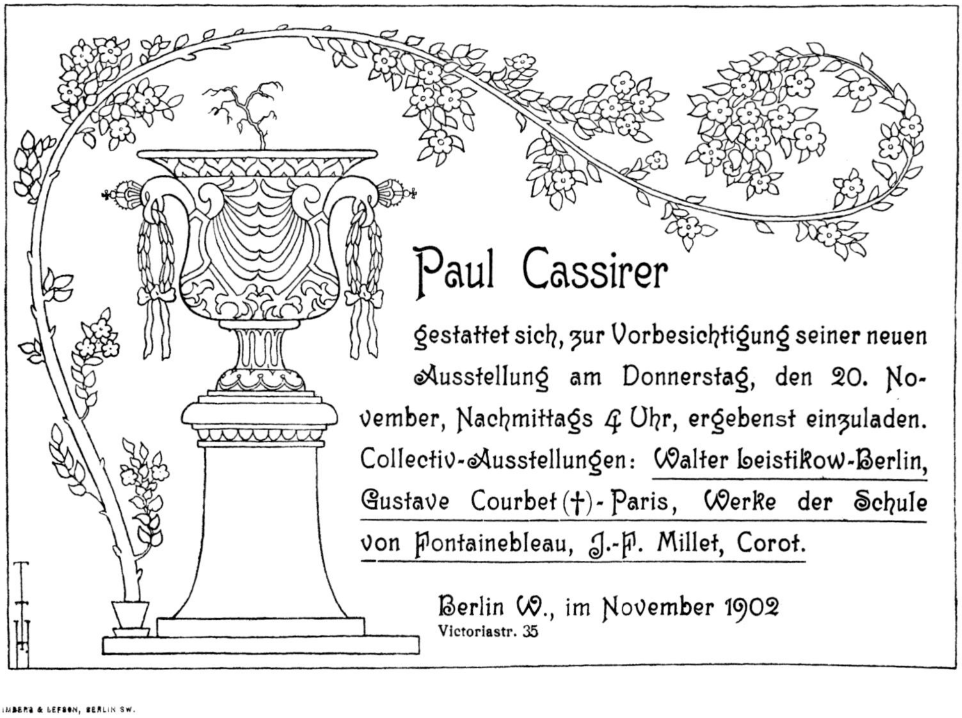

Abb. 25: Th. Th. Heine, Einladungskarte für Paul Cassirer, entworfen 1901.

dat finde ick besser als Menzel; dat is' wie Holbein so gut; da steckt wahnsinnige Arbeit drin. Aber en merkwürdiger Kerl is' es; affektiert; er sagt immer jrade det Jejenteil von Dem, wat er jlaubt, dat man von ihm erwartet.»[31] In vielen seiner Karikaturen unterstützte Heine die kulturpolitischen Bestrebungen der Secessionisten, er wurde korrespondierendes Mitglied und schuf für die III. *Secessions*-Ausstellung ein Plakat[32], dessen Motiv jahrelang als «Markenzeichen» der *Berliner Secession* galt: Eine schlanke junge Frau im Biedermeier-Kostüm, durch Palette und Pinsel als Allegorie der (modernen) Kunst gekennzeichnet, küßt den sich gegen diese Liebkosung stemmenden plumpen Berliner Bären auf die Stirn. Dabei hält sie in der einen Hand einen Lorbeerkranz, den sie wohl dem Bären, also dem in Kunstdingen so konservativ bleibenden offiziellen Berlin, verleihen möchte. Einen querovalen Ausschnitt dieses Plakatmotivs – den eigentlichen Musenkuß – verwendete Paul Cassirer von 1902 bis 1913 als Emblem für die Rückseiten der Secessionskataloge.

1901 gelang es Bruno und Paul Cassirer zum ersten und einzigen Mal, den damals wegen seiner Buchumschläge gefeierten Th. Th. Heine als Buchgestalter zu gewinnen: Für die fünf Bände *Ausgewählte Erzählungen* von Maxim Gorki entwarf Heine sehr schlichte, ornamentale Umschläge[33]. Albert Langen schätzte es nicht besonders, wenn

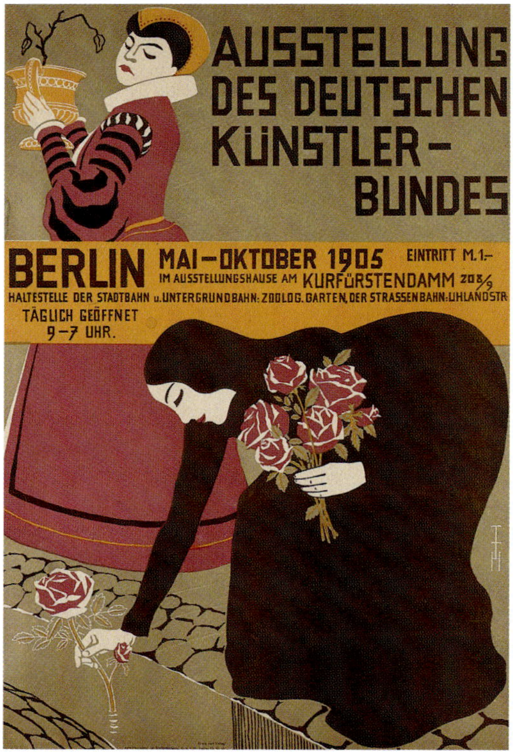

Abb. 26: Th. Th. Heine, Plakat für die Ausstellung des Deutschen Künstlerbundes, *1905, Farblithographie, 70 x 47 cm.*

Heine für andere Verlage arbeitete, was aber doch immer wieder vorkam.

Damals zeichnete Heine auch ein Motiv, das Bruno und Paul Cassirer für die Einladungen in ihren Salon verwendeten, und das Paul später noch jahrelang auf seine eigenen Einladungskarten druckte (Abb. 25): Auf den ersten Blick wirkt es ganz harmlos-idyllisch: Ein üppig blühender Zweig rankt sich um die Schrift der Einladungskarte. Erst wenn man genauer hinsieht, bemerkt man, daß der blühende Zweig keineswegs der prunkvollen historistischen Vase auf dem Rundsockel entwächst, sondern einem ganz kleinen, extrem schlichten Blumentopf, der daneben auf der untersten Stufe des Sockels steht. In der Renaissance-Vase mit ihren kaiserlichen Adlerhenkeln kümmert dagegen nur ein verdorrtes Pflänzchen. Wenn man die Kunst-Debatten des Jahres 1901 kennt, ist die Anspielung klar: Die von Kaiser Wilhelm II. bevorzugte und geförderte Kunst, etwa des Historienmalers Anton von Werner, ist nach Meinung ihrer Kritiker wegen ihrer pompösen Machart zum Absterben verurteilt. Dagegen erhebt sich die vom Kaiser verachtete moderne Kunst blühend und kraftvoll aus kleinsten und schlichtesten Anfängen.

Am 18. Dezember 1901 hielt der Kaiser, anläßlich der Einweihung der Berliner Sieges-Allee, eine oft zitierte Rede zu den gesellschaftlichen Aufgaben der Kunst, in der folgende Sätze fielen:

> «Eine Kunst, die sich über die von Mir bezeichneten Gesetze und Schranken hinwegsetzt, ist keine Kunst mehr. [...] Soll die Kultur ihre Aufgabe voll erfüllen, dann muß sie bis in die untersten Schichten des Volkes hindurchgedrungen sein. Das kann sie nur, wenn die Kunst die Hand dazu bietet, wenn sie erhebt, statt daß sie in den Rinnstein steigt.»[34]

Sofort hat sich die deutsche Presse angewöhnt, die vom Kaiser abgelehnte moderne Kunstrichtung als «Rinnsteinkunst» zu bezeichnen. Ende 1903 wurde in Weimar der *Deutsche Künstlerbund* als Dachverband der verschiedenen örtlichen Secessionen gegrün-

Abb. 27: Th. Th. Heine, Titelblatt für Bruno Cassirers Zeitschrift Kunst und Künstler, *1902.*

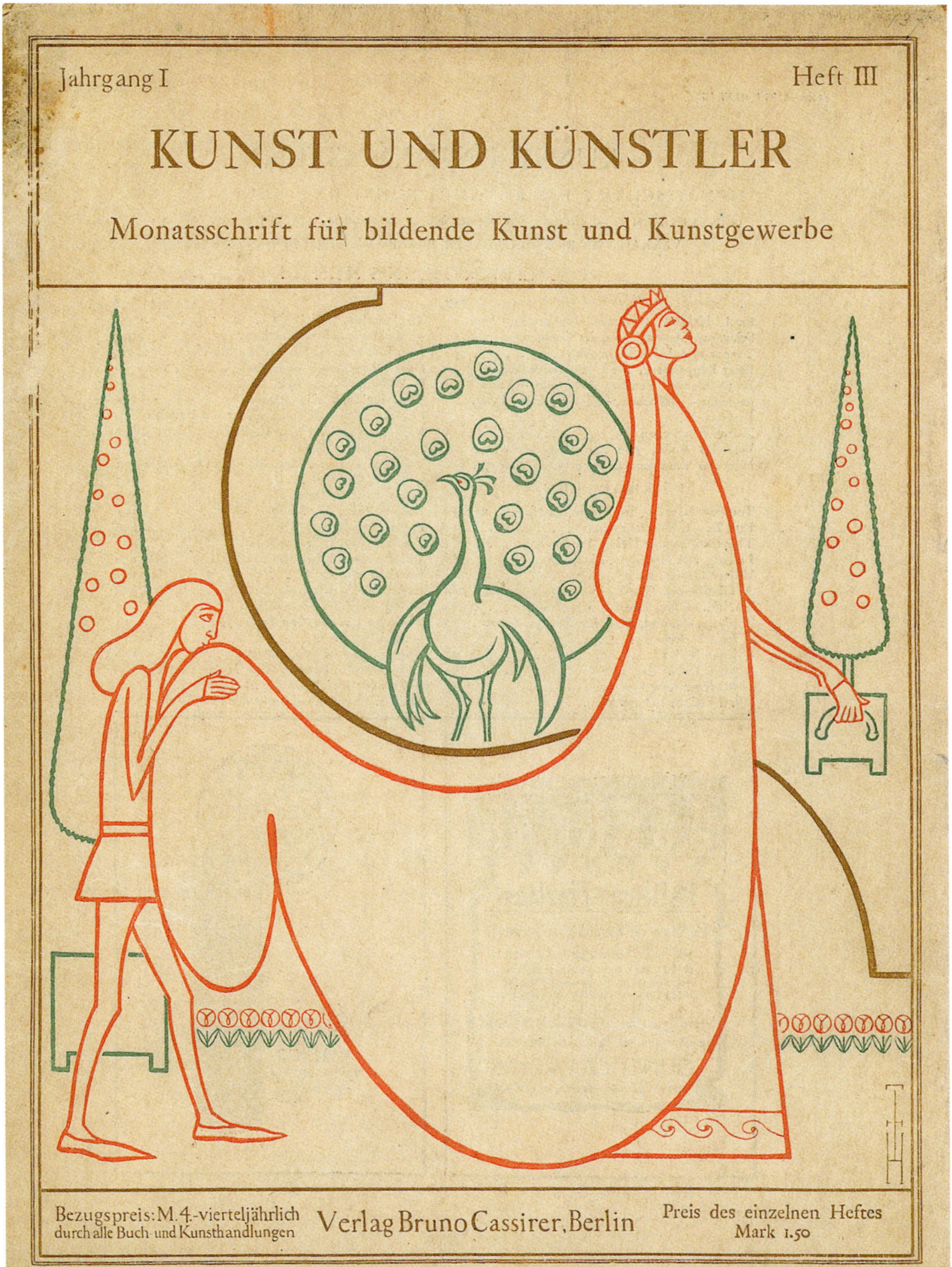
Jahrgang I

Heft III

KUNST UND KÜNSTLER

Monatsschrift für bildende Kunst und Kunstgewerbe

Bezugspreis: M. 4.- vierteljährlich
durch alle Buch- und Kunsthandlungen

Verlag Bruno Cassirer, Berlin

Preis des einzelnen Heftes
Mark 1.50

det, um ein Gegengewicht gegen die mächtige, vor allem vom Kaiser geförderte *Allgemeine Deutsche Kunstgenossenschaft* zu bilden. 1904 wurde Paul Cassirer, der ja schon Sekretär bei der *Berliner Secession* war, auch bei diesem Künstlerbund Geschäftsführer. Für dessen zweite Jahresausstellung, die 1905 in den Räumen der *Berliner Secession* gezeigt wurde, zeichnete Th. Th. Heine ein Plakat, das die Rinnstein-Metapher eindrücklich ins Bild setzte (Abb. 26): Eine schlicht gekleidete junge Frau pflückt aus der Gosse blühende Rosen, während eine prunkvoll im Stil der Renaissance gekleidete ältere Dame verächtlich auf sie herabsieht. Aber aus der historistischen Vase, die sie dabei in Händen hält, wächst nur ein vertrocknetes Ästchen. Das *Künstlerbund*-Plakat und die Cassirersche Einladungskarte erklären sich also gegenseitig. Cassirer hat dieses scheinbar so idyllische Signet sehr geschätzt. Immer wieder verwendete er es für seine Ausstellungs-Einladungen, in variierter Form schmückte er auch sein Briefpapier damit.

Die «Rinnsteinrose» hatte Heine aber schon unmittelbar nach der Kaiserrede zum Thema gemacht: Der *Simplicissimus*-Titel[35] vom 25. Januar 1902 ist überschrieben: *Die deutsche Kunst*: Zwei preußische Polizisten tragen einen Sarg mit der Aufschrift «Ruhe sanft». Aus dem fast geschlossenen Sarg streckt die Personifikation der Kunst einen nackten Fuß und eine Hand mit der noch immer blühenden «Rinnsteinrose»[36]. Daraufhin meint der eine Polizist: «Aujust, quetsch den Deckel zu, se lebt noch.»

Weniger polemisch, aber doch inhaltlich vergleichbar ist Heines Titelblatt für den ersten Jahrgang (1902) von Bruno Cassirers Zeitschrift *Kunst und Künstler* (Abb. 27): «Die stolze Königin Muse trägt das zarte Pflänzchen Kunst (einen spitz zugestutzten Zierbaum in einem Zierkübel) auf einem Parkweg einher, in ihrem Gefolge ein ergebener Kunstjünger, der den Saum ihrer Schleppe küßt. Ein radschlagender Pfau, ganz aufgeplusterte Eitelkeit, betrachtet böse die Prozession.»[37] Hier sollte, auf eher diskret-ironische Weise, die moderne, secessionistische Kunst mit der prunksüchtigen Akademiekunst kontrastiert werden[38]. Die Titelzeichnung thematisiert aber, in Anspielung auf den Namen der Zeitschrift, auch das Verhältnis von «Kunst» und «Künstler». All das passierte jedoch lange nach Paul Cassirers Münchner Jahren, auf die wir nochmals kurz zurückkommen wollen.

Cassirer und der Münchner Kunsthandel

Es ist nicht bekannt, welche der vielen Münchner Kunsthandlungen der junge Cassirer damals besuchte. Die meisten dürften ihn kaum interessiert haben. So warb etwa die *Kunsthandlung Julius Maurer* in der Maximilianstraße im Jahre 1896 mit folgender Annonce: «Ölgemälde. Originale der beliebtesten und bekanntesten Münchner Künstler aller Genres, darunter allerersten Ranges. Auswahl stets über 500 Gemälde. Billigste Einkaufsquelle Münchens.»[39] In der *Kunsthandlung J. Littauer*, die Thomas Mann 1901 in seiner Novelle *Gladius Dei* unter dem Namen «Blüthenzweig» beschrieb, gab es nur Graphik, Photographien und ähnliches[40]. Anziehender mag da schon die in den 1870er Jahren gegründete *Kunsthandlung D. Heinemann* am Promenadeplatz (später am Lenbachplatz) gewesen sein, in der immerhin zeitgenössische «Gemälde ersten Ranges aller Nationen» angeboten wurden[41]. Soweit wir wissen, gab es damals in München keine Kunsthandlung, die auf moderne Kunst spezialisiert war. Erst 1905 eröffnete Franz Joseph Brakl seine *Moderne Kunsthandlung* in der Goethestraße. Übrigens sollte Franz Marc 1912 schreiben, Paul Cassirer sei «eine Kreuzung zwischen Napoleon und Brakl, ganz genau, äußerlich und innerlich. Ich glaube, er ist auch oft ziemlich falsch.»[42] Heinrich Thannhauser, vorher Teilhaber bei Brakl, gründete seine berühmt gewordene *Moderne Galerie* gar erst 1909. Paul Cassirers Faszination für den Kunsthandel begann eben bezeichnenderweise nicht in München, sondern erst durch die Begegnung mit dem Pariser Kunsthändler Paul Durand-Ruel. Da dieser in Brüssel eine Filiale betrieb, könnte es sein, daß Cassirer ihn dort erstmals kennenlernte.

Zusammenfassend kann man sagen, daß die Vettern Cassirer «Münchens Niedergang als Kunststadt»[43] nicht nur miterlebten, sondern zu diesem auch aktiv beitrugen, was bereits damals so empfunden wurde. So schrieb Alfred Lichtwark 1902: «Um Corinth und Slevogt bildet sich eine umfangreiche Gruppe jüngerer Künstler, die sehr schwer von einander und von den beiden Zentralsonnen zu unterscheiden sind. Cassirer hat auch sie meistens von München nach Berlin gezogen.»[44] Es ist aber dennoch bemerkenswert, daß manche Quellen «für den Aufschwung und die Geltung Berlins als Kunststadt»[45] in jenen Eindrücken lagen, die Bruno und Paul Cassirer in München erfahren hatten.

Anhang

Drei unveröffentlichte Briefe Paul Cassirers an Albert Langen aus dem Jahre 1895 (Originale in der Münchner Stadtbibliothek. Monacensia. Literaturarchiv)

Meran 26/4 95

Sehr geehrter Herr.
Indem ich Ihnen bestens für die Annahme meines Romans danke, bitte ich Sie zugleich mir das Manuskript behufs Überarbeitung zuzusenden. Meine Adresse ist bis Mitte nächster Woche: Meran i Tirol. Burggrafenstr., später: München Schönfeldstr. 17

Hochachtungsvoll
Paul Cassirer.

gesandt. 29/IV

Spa. 3. Juni 95.

Sehr geehrter Herr.
Anbei erlaube ich mir das Manuskript Ihnen zu übersenden. Die Verzögerung bitte ich zu entschuldigen; Unwohlsein verhinderte mich längere Zeit am Arbeiten. Ich würde Sie bitten mir mitzuteilen, wann ich die Druckbogen erhalte und wann Sie ungefähr das Buch erscheinen lassen wollen. Zugleich ersuche ich Sie nicht meinen Namen auf das Buch zu drucken, sondern Paul Kars. Ein Vetter von mir namens Fritz Cassirer hat ebenfalls eine Dichtung im vorigen Jahre erscheinen lassen und ich fürchte, daß unliebsame Verwechslungen vorfallen könnten. Um den wenigen Leuten, die mich kennen, einen Fingerzeig zu geben, könnte man vielleicht auf die Innenseite des Titelblattes drucken lassen: Von demselben Verfasser erschien: Fritz Reiner, der Maler Studie Verlag von E. Pierson.
Ihren geehrten Mitteilungen entgegensehend verbleibe ich

mit vorzüglicher Hochachtung
Paul Cassirer
Bruxelles, Rue de la Madeleine 60

Postkarte an:
Monsieur Albert Langen, Verlagsbuchhandlung
Leipzig, Rosstr. 9, Allemagne

Sehr geehrter Herr. Bitte nehmen Sie davon Notiz, daß von jetzt an meine Adresse ist: Paul Cassirer Berlin W Ansbacherstr. 3. Ich bitte ferner, den Druck möglichst bis zum 15. Juli fertigzustellen, da ich dann eine größere Reise antrete.

Hochachtungsvoll
Paul Cassirer
Bruxelles 20/6. 95.

Anmerkungen

1 Die folgenden Angaben stammen aus den Meldebögen von Paul Cassirer und Lucie Oberwarth im Münchner Stadtarchiv, die Herr Anton Löffelmeier freundlicherweise in Kopien zur Verfügung stellte.

2 Brühl, S. 65. – Kennert, S. 43. – Christian Kennert: «Zum Sehen geboren, zum Schauen bestellt ...» Der Kunsthändler und Verleger Paul Cassirer. In: Thieme/Probst, S. 10–30, hier S. 15.

3 Dem pro Semester gedruckten *Amtlichen Verzeichnis des Personals der Lehrer, Beamten und Studierenden an der königlichen bayerischen Ludwig-Maximilians-Universität in München* ist zu entnehmen, daß sich Paul Cassirer überhaupt nicht immatrikulierte. Bruno hatte sich immerhin zum Wintersemester 1892/93 bei der juristischen Fakultät eingeschrieben. Aber schon im nächsten Semester taucht auch sein Name in den Verzeichnissen nicht mehr auf. Bruno wohnte damals in der Amalienstr. 78/II.

4 *Blätter für die Kunst*, 2. Folge, Bd. III, August 1894, S. 95.

5 Vgl. Cassirers Briefe an den Herausgeber Carl August Klein, hier abgedruckt im Beitrag von Konrad Feilchenfeldt, S. 364.

6 Vermutlich handelt es sich um: Fritz Cassirer: Edgar. Eine Dichtung. München 1895. – Fritz Leopold Cassirer (1871–1926) war der einzige Bruder Bruno Cassirers. Er studierte ca. 1894–97 in München Musik und wurde später ein namhafter Musiker und Musiktheoretiker.

7 Vgl. die drei Briefe Paul Cassirers an Albert Langen am Ende dieses Beitrags.

8 Drei knappe Annoncen in den Nrn. 9, 12 und 16; eine ausführlichere in Nr. 21.

9 *Die Zeit* (Wien) vom 11. Januar 1896, zit. nach der Verlagsanzeige im *Simplicissimus* 1, Nr. 21 (22. August 1896).

10 Fritz Reiner ist Impressionist, er malt an einem Bild *Der Selbstmörder* und unternimmt selbst einen Selbstmordversuch. Josef Geiger wohnt, wie Cassirer, in der Schönfeldstraße. Auch er trägt sich gelegentlich mit Selbstmordgedanken; der Roman, mit dem Geiger nicht vorankommt, soll heißen: *Der falsche Dichter*. Nach all den seelischen Qualen in der Schwabinger Bohème wird Geiger Verkäufer in einer Berliner Buchhandlung und verschwindet aus dem Blickfeld des Lesers. Der Charakter Josef Geigers ist tatsächlich mit demjenigen Cassirers vergleichbar, was hier nicht genauer ausgeführt werden kann (man lese aber z. B. Karl Schefflers Nachruf in: *Kunst und Künstler* 24, 1926, Nr. 5, S. 175–177).

11 Paret, S. 111. – Kennert, «Zum Sehen ...» (wie Anm. 2), S. 15 (beide ohne Quellenangabe).

12 Im Nachruf auf Cassirer (*Berliner Tageblatt* vom 7. Januar 1926) schrieb Max Liebermann: «und plötzlich wieder, unter der Anregung von August Gaul, ergab er sich dem Aktzeichnen und leistete darin mindestens so viel wie manche Maler von Beruf.» – Nach Brühl, S. 75, habe Cassirer auch bei Slevogt Unterricht im Aktzeichnen genommen.

13 Arthur Holitscher: Mein Leben in dieser Zeit (1907–1925). Potsdam 1928, S. 49.

14 Richard Muther (1860–1909), Kunsthistoriker und Kritiker, pflegte, angeregt durch die französischen Kunstschriftsteller, einen schillernden, unpräzisen, aber begeisterten Stil der Kunstkritik. Seine *Geschichte der Malerei im 19. Jahrhundert* erschien 1893/94 in 10 Lieferungen.

15 Der Landschaftsmaler Benno Becker (1860–1938) spielte eine wichtige Rolle im Münchner Kunstleben, er war im städtischen Kunstbeirat und gehörte zu den Gründervätern der Münchner *Secession*.

16 Der Genremaler und Illustrator Friedrich Wahle (1863–1925) zeichnete auch den Umschlag für Cassirers Roman *Josef Geiger*. – Vgl.: Münchner Maler im 19. Jahrhundert, Bd. 4. München 1983, S. 328f.

17 Theodor Wolff: Paul Cassirer †. In: *Berliner Tageblatt* vom 7. Januar 1926.

18 Paul Cassirer: Kunst und Kunsthandel. In: *Pan* 1, Nr. 14 (Mai 1911), S. 457–469; Zit. S. 462f.

19 Die Literatur (Brühl, S. 67. – Kennert, S. 55) schreibt meistens «Oberwart». Bei der Münchner Meldebehörde wurde sie aber als «Lucie Oberwarth, Schriftstellersgattin» eingetragen.

20 Holitscher (wie Anm. 13), S. 49f. – Mit den beiden genannten Malern hatte der junge Cassirer keineswegs eine beliebige Wahl getroffen: Michael Georg Conrad schrieb 1893 in einer Ausstellungsbesprechung: «Sehr interessante technische Versuche brachten zwei junge Maler: Max Slevogt und L. Corinth. [...] Slevogt hat enorm viel Talent und Eigennatur. Er wird seinen Weg machen. Corinth hat noch weitere Erweise seines Ernstes zu erbringen, bevor sich feststellen läßt, was Urtrieb seines Wesens, was Lust an momentaner Verblüffung ist.» (M. G. Conrad: Aus dem Münchener Kunstleben. In: *Die Gesellschaft* 9, 1893, H. 1, S. 88). – Vgl. auch Lichtwarks Bemerkung unten S. 53.

21 Die Galerie lag damals im Erdgeschoß des

ehemaligen Gräflich Redernschen Palais, Ecke Pariser Platz, an der Stelle des späteren *Hotel Adlon*.

22 Einen Eindruck von der hoffnungsfrohen Stimmung in der ersten *Secessions*-Ausstellung gibt Oskar Panizza: Ein Besuch bei den Sezessionisten in München. In: *Die Gesellschaft* 9, 1893, S. 1194–1201.

23 So erinnerte sich z. B. Hermann Uhde-Bernays: «Die erste Ausstellung der Sezession enttäuschte. In unliebsamem Durcheinander hingen Gemälde von Herkomer und Villegas mit einer dürftigen Auslese von Arbeiten aus aller Herren Länder zusammen. An Stelle der erwarteten Franzosen wurde nach der Gewohnheit des Glaspalastes die zweite Garnitur von Beraud und Courtois und nicht eine einzige Leinwand der Impressionisten nach München geholt.» Hermann Uhde-Bernays: Im Lichte der Freiheit. Erinnerungen aus den Jahren 1880 bis 1914. Frankfurt/M. 1947, S. 140.

24 Markus Harzenetter: Zur Münchner Secession. Genese, Ursachen und Zielsetzungen dieser intentionell neuartigen Münchner Künstlervereinigung (= Miscellanea Bavarica Monacensia 158). München 1992, S. 20.

25 Paul Cassirer: Kunst und Kunsthandel. In: *Pan* 1, Nr. 14 (Mai 1911), S. 457–469; Zit. S. 469. Von den genannten Malern waren zumindest die folgenden in der ersten Münchner *Secessions*-Ausstellung vertreten: Albert Aublet, Alphonse Dinet, Emile René Menard.

26 Max Liebermann schrieb in seinem Nachruf (wie Anm. 12): «Zuerst war er Schriftsteller, war Mitredakteur des Simplizissimus in München». Dies scheint die einzige Quelle für Paul Cassirers Redaktionstätigkeit beim *Simplicissimus* zu sein.

27 Zu der keineswegs unkomplizierten Beziehung zwischen Cassirer und Holitscher s. Holitscher (wie Anm. 13), S. 46–53, 56, 58f., 63f., 74, 76, 81, 159.

28 Auch hierzu s. Holitscher (wie Anm. 13), S. 53.

29 Der Stein der Weisen. Eine Geisterbeschwörung. Berlin 1909. – Feilchenfeldt/Brandis, Nr. 204.

30 Vgl. *Die Kunst* 3, 1901, S. 317f.

31 Roland S. Kamzelak und Ulrich Ott (Hg.): Harry Graf Kessler. Das Tagebuch 1880–1937. Bd. 3: 1897–1905. Bearb. von Carina Schäfer und Gabriele Biedermann. Stuttgart 2004, S. 392.

32 Im *Börsenblatt für den Deutschen Buchhandel* warb die *Kunst- und Verlags-Anstalt Bruno und Paul Cassirer* am 23. April 1901 auf einer Doppelseite für dieses Plakat. Links heißt es: «Wir stellen dem verehrlichen Sortimentsbuchhandel das diesjährige Plakat der Kunstausstellung der Berliner Secession, Original-Lithographie von Th. Th. Heine, Größe: 72 cm. hoch, 96 cm. breit, 6 Mark ord., 4 Mark bar, gratis in zwei Exemplaren zur Verfügung unter der Bedingung, ein Plakat während der Monate Mai bis September im Schaufenster auszuhängen. Das Plakat wird für jedes Fenster eine Zierde bilden. Wir bitten Sie, sich durch baldige Zusage und Bestellung das Plakat sichern zu wollen.» Auf der gegenüberliegenden Seite war zu lesen: «Im Anschluß an unser nebenstehendes Inserat machen wir darauf aufmerksam, daß wir von dem Plakat der Kunstausstellung der Berliner Secession [...], 50 Vorzugsdrucke, die der Künstler signierte, drucken ließen und offerieren wir diese zum Preise von 10 Mark ord., 6 Mark bar. Wir glauben, daß bei dem regen Interesse für das moderne Plakatwesen wohl jedes bessere Sortiment einen Liebhaber für dieses Plakat, das sicherlich überhaupt das beste deutsche Plakat ist, haben wird. Dieses signierte Plakat wird einem Original des Künstlers gleich geschätzt werden.»

33 Feilchenfeldt/Brandis, Nr. 77.

34 Zit. nach: Sigrun Paas: «Kunst und Künstler» 1902–1933. Eine Zeitschrift in der Auseinandersetzung um den Impressionismus in Deutschland (Phil. Diss.). Heidelberg 1976, S. 91f.

35 *Simplicissimus* 6, 1901/02, Nr. 43.

36 Die Rose als Symbol der jungen, aufstrebenden Kunst war schon vor 1900 ein häufiges Motiv: Ein Plakat von Th. Th. Heine (1897) für die von Michael Georg Conrad herausgegebene Zeitschrift *Die Gesellschaft* zeigt unter anderem eine junge Frau mit Lyra (die moderne Dichtkunst), umgeben von blühenden Rosen (Abb. in: Ausst.Kat «Th. Th. Heine. Der Biss des Simplicissimus». München [Lenbachhaus] und Berlin [Bröhan-Museum] 2000/01, S. 35). Ebenso ein Plakat Ludwig Hoffmanns zur *Deutschen Kunst-Ausstellung der Berliner Secession* 1899: Hier steht eine junge Frau unter alten, abgestorbenen Bäumen und streut Rosen. Neben ihr wächst das junge Bäumlein der neuen Kunst (Abb. in: Ausst.Kat. «Frühlings Erwachen in der Kunst um 1900». Darmstadt 1997, S. 55).

37 Paas (wie Anm. 34), S. 117.

38 Möglicherweise sollte der Pfau auch auf den verstorbenen Kunstkritiker Ludwig Pfau (1821–1894) anspielen. – Reinald Ullmann: Ludwig Pfau. Monographie eines vergessenen Autors (= Europäische Hochschulschriften, Reihe I, Bd. 1012). Frankfurt/M. u. a. 1987.

39 Karl-Heinz Meissner: Der Handel mit Kunst in München 1500–1945. In: Rupert Walser und Bernhard Wittenbrink (Hg.): ohne Auftrag. Zur Geschichte des Kunsthandels, Bd. 1: München. München 1989, S. 13–102; Zit. S. 25.

40 In einer Annonce von 1888 heißt es: «Grösstes Lager von Kupferstichen, Radirungen, Photographien, Photogravuren, Aquarellfacsimiles, colorirten Photogravuren etc. etc. Geschmackvolle Einrahmungen solide und billigst...» (Meissner [wie Anm. 39], S. 25). – Vgl. auch: Peter-Klaus Schuster: ‹München leuchtete›. Die Erneuerung christlicher Kunst in München um 1900. In: Ausst.Kat. «‹München leuchtete›. Karl Caspar und die Erneuerung christlicher Kunst in München um 1900.» München (Haus der Kunst), 1984, S. 29–46, vor allem S. 30f.

41 Meissner (wie Anm. 39), S. 27.

42 Klaus Lankheit (Hg.): Wassily Kandinsky – Franz Marc. Briefwechsel. München/Zürich 1983, S. 121.

43 So der Titel des berühmten Artikels von Hans Rosenhagen in: *Der Tag*, Jg. 1901, Nr. 143, 145, 201.

44 Brief vom 17. Dezember 1902. – S. Gustav Pauli (Hg.): Alfred Lichtwark: Briefe an die Kommission für die Verwaltung der Kunsthalle. Hamburg 1924, Bd. 2, S. 30.

45 Friedrich Ahlers-Hestermann, 1956, zit. in: Thieme/Probst, S. 7.

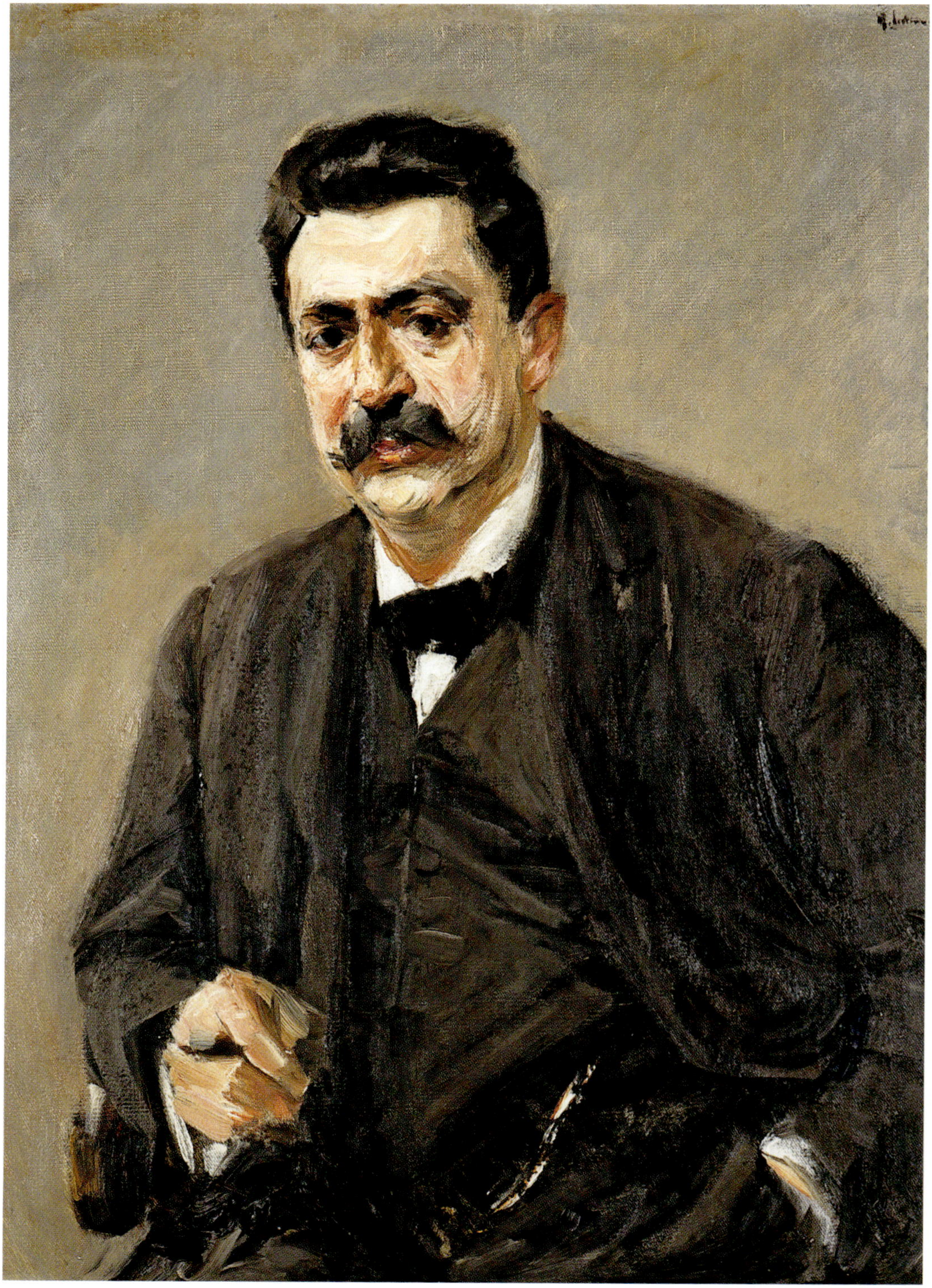

Die Rolle Max Liebermanns und Max Slevogts in den Verlagen Bruno und Paul Cassirer

Sigrid Achenbach

Innerhalb des Netzwerkes von Kontakten, das sich die beiden Vettern Cassirer durch ihre Verbindung mit der *Berliner Secession* aufbauten, nahmen Max Liebermann und Max Slevogt eine zentrale Stellung ein. Liebermann und der später aus München hinzustoßende jüngere Slevogt gehörten zu den ersten Secessionisten, mit denen die Vettern persönlich bekannt wurden und mit denen sie die Zusammenarbeit suchten.

Mit einer stark beachteten Ausstellung, die Gemälde Liebermanns mit Werken von Edgar Degas und Constantin Meunier konfrontierte, hatten die Cassirers ihre Galerie am 1. November 1898 eröffnet[1]. Zum Dank schenkte Liebermann ihnen ein kleines Bild mit der Widmung: «Aller Anfang ist schwer / besonders einer Bildergalerie / Vivat sequens / M Liebermann»[2].

Da sich Liebermann um die erste Ausstellung in dem neuen Kunstsalon selbst bemüht hatte, ist anzunehmen, daß es schon vorher zu einer Begegnung mit den beiden jungen Galeristen gekommen war und nicht erst bei der Eröffnung, wie der Künstler später behauptete[3]. Zumindest Bruno Cassirer hatte Arbeiten Liebermanns schon als Student 1892 oder 1893 kennen- und schätzen gelernt[4].

Liebermann, seit 1898 Präsident der *Berliner Secession* und ein international hochgeachteter Künstler (seit 1897 Mitglied der Berliner Akademie im Rang eines Professors), stellte einige Monate nach Ende der Ausstellung den Kontakt zwischen der *Secession* und den Kunsthändlern her. Er war es auch, der mit Walter Leistikow dafür sorgte, daß die beiden Vettern als Geschäftsführer in deren Vorstand eingebunden wurden[5].

In einer mit Liebermann und Leistikow abgestimmten Gemeinschaftsaktion konnten die Cassirers Slevogt zur Zusammenarbeit mit der *Berliner Secession* überreden und durch ein lukratives Angebot dauerhaft von München in die Reichshauptstadt locken[6]. Jüngere, zukunftsreiche Malertalente gab es im damaligen Berlin nur wenige. Deshalb sah sich der Vorstand gezwungen, diese aus München zu «importieren». Slevogt, der 1901 übersiedelte und Mitglied der Berliner Organisation wurde[7], gehörte zu den ersten Malern, die Paul Cassirer dadurch an die Galerie zu binden suchte, daß er mit ihnen Exklusivverträge abschloß. Auf ähnliche Weise wurde dann auch Lovis Corinth für die Mitarbeit in der *Berliner Secession* gewonnen[8].

Obwohl es sich bei den beiden Malern um sehr verschiedenartige Künstlertemperamente handelte, gab es zwischen ihnen und den Cassirers aufgrund ähnlicher Kunst-

Abb. 28: Max Liebermann, Porträt Julius Elias, *1911, Öl/Lwd., 90 x 70 cm, Axel Springer Verlag, Berlin.*

anschauungen viele Gemeinsamkeiten, insbesondere hinsichtlich ihrer positiven Einstellung zur französischen Kunst. Da sich die Vettern dem Impressionismus verschrieben hatten, galt ihr Interesse vor allem Liebermann, Slevogt und Corinth, die ihrer Auffassung nach die eigentliche Avantgarde unter den deutschen Malern bildeten. Diese wurden von ihnen besonders gefördert, allen voran Max Liebermann, als die zum damaligen Zeitpunkt sichtbarste und in seiner Entwicklung am meisten fortgeschrittene Künstlerpersönlichkeit.

Dadurch, daß die Cassirers Arbeiten dieser Maler frühzeitig in den Mittelpunkt ihres Programms rückten, sie publizierten, in Ausstellungen präsentierten, mit ihnen handelten und ihnen einen Markt erschlossen, den es zuvor in dieser Form nicht gegeben hatte, verhalfen sie den Künstlern zu ihrem endgültigen Durchbruch. Aus den zahlreichen Kontakten, die sich durch die Mitarbeit im Vorstand der *Secession*, bei privaten Treffen und auf geschäftlichem Gebiet ergaben, entwickelten sich im Laufe der Jahre dauerhafte Freundschaften. Diese überstanden in den Fällen Liebermann und Slevogt sämtliche Krisen, die es im persönlichen Bereich wie auch innerhalb der *Secession* gab[9].

Ein besonders enges Verhältnis entwickelte sich zwischen Paul Cassirer und Max Liebermann, der «ihm von der Entwicklung her kongruierte»[10] und durch ähnlich ausgerichtete kunstpolitische Interessen den idealen Gegenpart darstellte. Unter den Künstlerfreunden stand er dem Kunsthändler geistig am nächsten und galt als sein engster Vertrauter.

Als die Partnerschaft der beiden Vettern zerbrach und diese sich 1901 in Feindschaft trennten (Abb. 29), gehörten Liebermann und Slevogt (aber auch Karl Walser) zu den wenigen Künstlern, die mit beiden weiterhin freundschaftlich verkehren und zusammenarbeiten konnten, ohne daß es deswegen zu größeren Konflikten gekommen wäre. Dies galt auch für den von Paul 1908 wieder aufgenommenen Verlagsbereich, obwohl sich die Interessen der beiden Cassirers hier doch am engsten berührten oder sogar überschnitten, vor allem auf dem Gebiet des illustrierten Buches. Das lag zum einen wahrscheinlich an Liebermanns und Slevogts diplomatisch-ausgleichenden Fähigkeiten, zum anderen wohl auch an ihrer Unverzichtbarkeit im Programm beider Verlage.

Andere von Paul Cassirer entdeckte und geförderte Künstler, die auch in seinem Verlag eine große Rolle spielten, wie der junge Ernst Barlach[11], August Gaul oder Lovis Corinth[12], sowie auch die Mitarbeiter Brunos haben die Auswirkungen des Zerwürfnisses hingegen teilweise sehr unangenehm zu spüren bekommen und deshalb, um Schwierigkeiten aus dem Weg zu gehen, Kontakte oder Geschäfte mit dem früheren Partner vermieden.

Den späteren Erinnerungen Karl Schefflers zufolge, des langjährigen Chefredakteurs der von Bruno Cassirer herausgegebenen Zeitschrift *Kunst und Künstler*, wurde der Bruch durch Paul herbeigeführt, der «in gekränkter Eigenliebe so unversöhnlich» gewesen sei, «daß er nicht nur seinen Vetter [...], sondern auch alle, die mit diesem

Pruno und Baul

Man nennt sie die Unzertrennlichen. Sie lieben einander zum Fressen. Treffen sie sich unerwartet, so umarmen sie sich so stark, daß die Feuerwehr geholt werden muß, damit ein jeder wieder seine Wege gehen kann. — Um Pruno noch herzlicher pressen zu können, hat zu Weihnachten Baul eine Presse in Lebensgröße angeschafft. Aber Pruno mag nicht Silhouette werden, auch keine numerierte Luxussilhouette. Deshalb hat es eine Verstimmung gegeben. Das nennt man in Künstlerkreisen „eine Sezession". Da hat denn der Baul die Sezession genommen und hat sie in seine Presse getan. Und nun ist die Sezession zum Schattenbild geworden und hat gar nichts mehr zu sagen. — Sehn Sie, das hab ich mir immer gedacht: wer so stark ist, daß er einen ganzen großen Satzspiegel auseinanderpressen kann, der wird doch noch so ner Sezession Herr werden. Und da es dem Satzspiegel ganz gut bekommen ist — er wurde zur Manege für das Garde-Indianer-Reiterregiment „Slevogt", so brauchen wir auch für die Luxusausgabe der Sezession keine Sorgen zu haben.

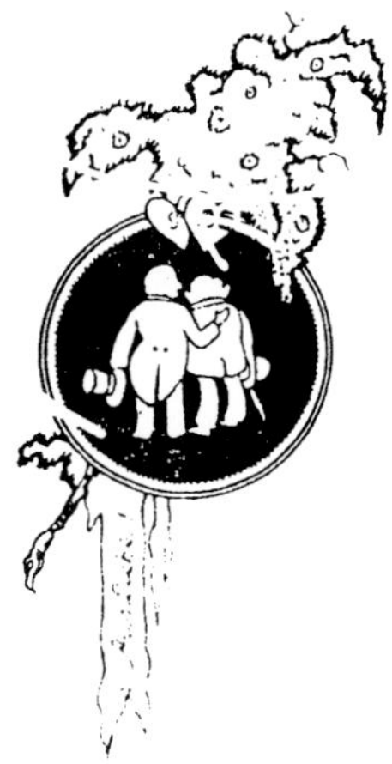

Abb. 29: Emil Preetorius, Text und Zeichnung Pruno und Baul, *aus Hans von Weber* (Hg): *Das kleine Zwiebelfisch Kulturkratzbürsten Vademecum, 1913.*

geschäftlich verbunden waren, mit Abneigung und Haß verfolgte»[13]. «Paul Cassirer hielt seine Künstler sehr fest», indem er «in vielen Fällen die geschäftlichen Beziehungen in freundschaftliche» verwandelte[14].

Andererseits weiß man, daß Bruno, obwohl er nach der Trennung keine direkten Verbindungen mehr zur *Secession* unterhielt, deren Arbeit weiterhin ideell unterstützte, «am wirksamsten wohl durch die 1902 von ihm gegründete Zeitschrift *Kunst und Künstler*»[15]. Dabei hatte Paul sein Amt im Vorstand beibehalten und seinen Einfluß nach dem Ausscheiden seines Vetters sogar noch ausdehnen können: 1912 wurde er Präsident der *Secession*.

Zweifellos bewirkte der Streit zwischen den Vettern ein starkes Konkurrenzverhalten, das vor allem in den ersten Jahren der *Pan-Presse* und des von Paul gegründeten neuen Verlages zu Spannungen führen mußte. Vergleicht man jedoch die Programme und Produkte der beiden Verlage, so fällt auf, wie stark sich diese zumindest im Kunstbuchbereich auch ergänzten. Selbst wenn man gelegentlich versuchte, sich gegenseitig die Künstler abspenstig zu machen oder gewisse Projekte der Gegenseite zu verhindern, so fand man offenbar doch auf Dauer im Sinne der Sache zu einer Form der Koexistenz, die sich vielleicht als «bewaffneter Friede» oder «feindselige Freundschaft» bezeichnen ließe[16]. Anders wäre es kaum zu erklären, daß auch noch weitere Künstler wie Karl Walser, Lovis Corinth, Rudolf Großmann oder Hans Meid für beide Verlage tätig werden konnten. Wie fruchtbar und belebend sich letztlich die Rivalität der beiden Vettern auf ihre Tätigkeit auswirkte und ihre Kreativität herausforderte, zeigen vor allem die Beispiele Liebermann und Slevogt.

Aufgrund ihres Renommées und ihrer herausragenden Stellung innerhalb der Kunsthandlung standen diese zwei Künstler auch innerhalb der Verlage, soweit der künstlerische Teil betroffen war, im Mittelpunkt. Die Selbstidentifikation der beiden Verleger mit diesen Künstlern war offenbar so stark, daß deren Arbeiten sogar symbolische Bedeutung annehmen und für ein ganzes Programm stehen konnten. Schon der noch von beiden Vettern betriebene erste Verlag in der Victoriastraße warb mit dem von Liebermann entworfenen Signet *Schreitender Bauer mit Kiepe*[17] (Abb. 120). Es greift das Motiv eines 1894 in Holland konzipierten Gemäldes (Abb. 117) auf, das die vom Künstler gesuchte Einheit von Mensch und Natur letztmals vor seinem Stilwechsel zum Impressionismus veranschaulicht. Nach Auflösung der Partnerschaft ging das Signet auf den Verlag Bruno Cassirer über, während sich Paul, als er sieben Jahre später einen eigenen Verlag und die *Pan-Presse* gründete, durch einen Entwurf Slevogts einen anspielungsreichen Ersatz schuf (Abb. 125–127).

Die den beiden Künstlern in den Verlagen zuteil werdende Förderung setzte allerdings individuelle, an ihren jeweiligen Begabungen ausgerichtete Schwerpunkte. Diese wurden von den beiden Vettern früh erkannt. Gefördert haben sie im Falle Slevogts vor allem dessen illustratives und dekoratives Talent[18], das sich in zahlreichen Publikationen ihrer Verlage eindrucksvoll niederschlug. Der ihm bald vorauseilende Ruhm als der «bedeutendste unter den lebenden Illustratoren»[19] bzw. «König der Buchillustration» gründete sich auf seine hier innerhalb von zwei Jahrzehnten in erlesener Aufmachung und kleinen numerierten Auflagen erschienenen illustrierten Bücher und Mappenwerke. Umgekehrt ist auch der Ruf, den sich die beiden Vettern als Herausgeber bibliophiler Bücher und Graphik erwarben, engstens mit dem Namen Max Slevogt verknüpft.

Bruno Cassirer entdeckte in den nach der Jahrhundertwende entstandenen, oft von Erlebnissen in Oper oder Theater angeregten Gemälden Slevogts den begnadeten Buchillustrator und baute diesen nach dessen Niederlassung in Berlin systematisch auf. Unter den zahlreichen Künstlern, mit denen er zusammenarbeitete, war Slevogt einer der bedeutendsten und ihm sicher am engsten verbunden. Abgesehen von wenigen Ausnahmen, die Paul Cassirer oder andere Verlage herausbrachten, sind fast alle illustrierten Bücher Slevogts bei Bruno Cassirer erschienen. Er verlegte auch die meisten nicht-illustrativen graphischen Arbeiten Slevogts und gab dessen Zyklen sowie Map-

Abb. 30: Max Slevogt, Pro Domo, *1920, erste Seite des Originalmanuskripts.*

Lieber Cassirer! Beifolgend der gewünschte Entwurf [illegible] besser der Titel dazu! Pro domo! –
Um Gotteswillen aber die Zeichnungen nicht etwa bringen, die lediglich Ihnen [illegible]
[illegible] sollten! – [illegible] – [illegible]! –
[illegible]

Bruno Cassirer
Verlagsbuchhandlung
Derfflingerstr. 15

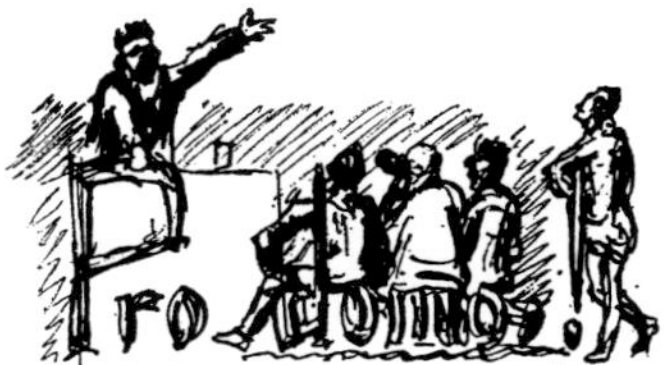

Berlin, den I

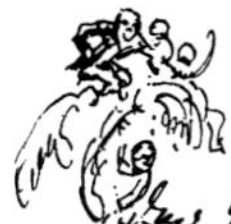

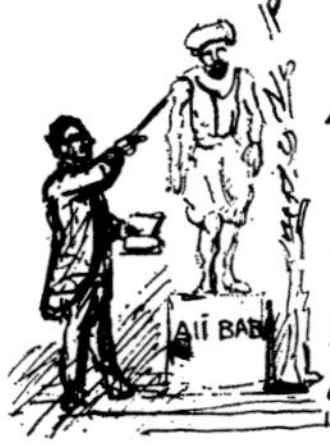

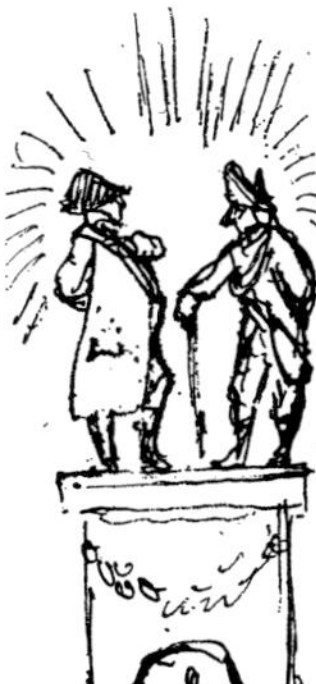

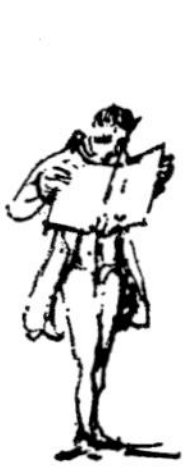

Der Verleger dieses Almanachs war der erste, der [illegible] – viel- leicht nicht ohne Besorgnis, aber mit Bewußtsein wagte, von der klar festgelegten Form der geforderten guten illustrierten Bücher abzuweichen, um einer grundsätzlich anderen Ge- staltung öffentlich Raum zu geben. Die elegante, capriciöse französische, vor allem der stilvolle englische Buchsatz (u. ist noch heute) die unbestrittene [illegible] Lösung für den Buchliebhaber der europäischen Gesellschaft. Noch ein Buch wie Menzel's Geschichte Friedrich des Großen, auf das wir [illegible] als ein deutsches Werk mit Stolz [illegible], war vom Verleger, auch vom Künstler als eine völlige Nachbildung des Vernet'schen Napoleon gedacht u. gewünscht. Die Unter- schiede sind einzig in der Natur, u. dass der deutsche die Vorlage [illegible], liegt an der fabelhaften Be- gabung Menzel's u. seiner unglaublichen Disciplinierung. Ich unterschätze übrigens die ~~Vernet~~ Leistung Vernet's durchaus nicht u. glaube sehr wohl zu fühlen, wie nicht nur die äußere Form, sondern gerade auch die geistige Gestaltung, – geist- reiche Einfälle mancher Art bei den Initialen u. dgl. den jungen Menzel stark beeinflußte, u. mancher überraschend Bizarre [illegible] „Worte" [illegible] werden.

Es galt nun mit obigem Schritt nicht, die Bücherfreunde zu beunruhigen, denen ein [illegible] fast an den anerkannten Meisterprodukten einer Buch- kultur [illegible], – sie sind so [illegible] zu [illegible] wie der [illegible] Schrift – es galt nur, ein neues Ziel aufstellen zu können u. gewissen Tendenzen der Zeichnung den [illegible] Platz zu geben: ~~[illegible]~~ [illegible] u. ~~[illegible]~~ gewissen Unverantwortlichkeit. Aber [illegible] Ideal u. [illegible] Gesellschaft, die voll- [illegible] vollkommen [illegible]

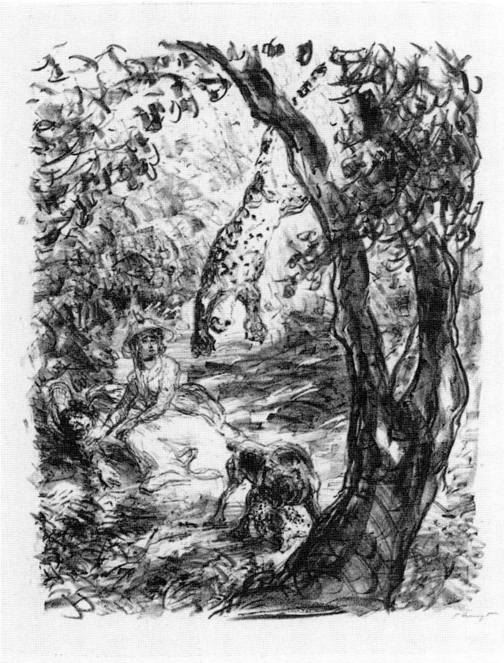

Abb. 31: Max Slevogt, Der Panther springt herab, *Lithographie aus:* Lederstrumpf-Erzählungen, *1909.*

penwerke mit Originalgraphik heraus. Als leidenschaftlicher Büchermacher und Liebhaber von Graphik brachte sich Bruno selbst stark in die Realisierung der Illustrationen ein, so daß er für Slevogt nicht nur als wichtigster Auftraggeber fungierte, sondern auch auf die Form seiner Bücher wesentlichen Einfluß nahm[20]. In dem 1920 für den Verleger verfaßten Aufsatz *Pro Domo*[21] (Abb. 30) würdigte Slevogt dessen Verdienste um das illustrierte Buch und dessen Anteil an der Entfaltung seines illustrativen Schaffens, wobei er gleichzeitig seine eigene Position als Illustrator retrospektiv zu definieren suchte. «Der Verleger dieses Almanachs war der erste, der sogleich, – vielleicht nicht ohne Besorgnis, aber mit Bewußtsein es wagte, von der klar festgelegten Form des geforderten guten illustrierten Buches abzuweichen, um einer grundsätzlich anderen Gattung öffentlich Raum zu geben», heißt es hier zu Anfang[22]. Slevogt sah es als wichtigstes Gebot an, den Zeichner «aus dem Prokrustesbette des Buches» zu befreien, um «gewissen Eigenschaften der Zeichnung den vorherrschenden Platz zu geben: persönlichster Gestaltung und eigenwilliger Ungebundenheit»[23]. Kunst (Zeichnung wie Malerei) entspringt nach der Auffassung des Künstlers «zwei unergründlichen Quellen», die es zu verbinden gilt: «der Einbildungskraft, die das nie-so-Gesehene und zu Sehende heraufbeschwört wie Faust Helena (wir bezeichnen sie im allgemeinen mit dem Worte Phantasie), und [...] der Gestaltungskraft, die dem entweder so vor das geistige Auge Gerufenen oder dem vor dem leiblichen Auge Stehenden suggestive Ausdrucksform verleiht.»[24]

Die ersten Bücher, in denen Slevogt den neuen Illustrationsstil erprobte, erschienen 1903 bis 1908. Bedeutsam für seine Entwicklung waren vor allem zwei von Bruno Cassirer veröffentlichte Bücher zu den *Märchen aus 1001 Nacht: Ali Baba und die vierzig Räuber. Improvisationen* und *Sindbad der Seefahrer*. Weil sich Slevogt hier erstmals über die damals verbindlichen Kriterien des «schönen Buches» hinweggesetzt und mit dem vom Jugendstil diktierten stilisierten Formenkanon gebrochen hatte, stieß der 1903 herausgekommene *Ali Baba* bei seinem Erscheinen auf Unverständnis und wurde geschäftlich ein Mißerfolg. Ausgestattet mit stellenweise eingeklebten und in unterschiedlichen fotomechanischen Techniken erzeugten Reproduktionen nach Federzeichnungen und

Aquarellen, handelt es sich auch noch nicht um ein im eigentlichen Sinne illustriertes Buch. Da Slevogt mit den Zeichnungen schon in seiner Münchner Zeit aus eigenem Antrieb begonnen und später über mehrere Jahre an ihnen gearbeitet hatte, ohne an eine künftige Verwertung zu denken, fehlt ihnen zwangsläufig die innere Einheit. Doch erweist sich bereits an diesem ersten Buch Slevogts Talent für die Gestaltung von Titelblättern und Buchumschlägen. Bezüglich der «Frische der Erfindung, lebendigem Humor und suggestiver Gestaltung der morgenländischen Typen»[25] steht es den schönsten Illustrationen aus späterer Zeit nicht nach.

Mit dem *Sindbad* entstand Slevogts erste größere Illustrationsfolge mit 33 fortlaufend in den Text eingestreuten Lithographien, so daß Illustration und Text jetzt auch ästhetisch eine enge Verbindung eingingen. In den Jahren nach dem Erscheinen des *Ali Baba* wieder stärker mit der Druckgraphik beschäftigt, hatte sich Slevogt inzwischen die Technik der Lithographie angeeignet, in der er es zu großer Meisterschaft brachte. Die Illustrationen zum *Sindbad* wurden von Slevogt nicht direkt auf den Stein gezeichnet, sondern, weil er zu jener Zeit (1907) wegen eines Gichtanfalls liegen mußte, im Bett auf Umdruckpapier, was den Herstellungsprozeß erschwerte und die Druckqualität der Originalgraphiken leicht beeinträchtigte.

Das Buch ist wichtig, weil es den bald darauf von Slevogt für Paul Cassirer geschaffenen Illustrationen zu Coopers *Lederstrumpf-Erzählungen* unmittelbar vorangeht und Vieles hier angelegt ist, was der Künstler dann in diesen weiterentwickelt hat. Auch wurde es das Urbild des modernen illustrierten Jugendbuches und als solches von anderen Künstlern unzählige Male imitiert. Der monumentale *Lederstrumpf* ist nicht nur eines von Slevogts Hauptwerken, sondern auch eines der ungewöhnlichsten und aufwendigsten jemals in diesem Verlag realisierten Projekte[26]. Ohne auf finanzielle Zwänge achten zu müssen, konnte Slevogt hier erstmals als Buchillustrator frei wirken und dadurch zu einer sehr spezifischen, stark impressionistisch geprägten Form der Bildgestaltung finden (Abb. 31). In den Jahren 1909/10 erschienen und seitens des Verlegers offensichtlich als Konkurrenzunternehmen zu den damals noch vergleichsweise bescheiden auftretenden bibliophilen Liebhaberausgaben des Vetters gedacht, eröffnete der Band die Reihe der *Pan-Pressen*-Drucke (Abb. 32).

Die Freundschaft zwischen Slevogt und Paul Cassirer, vor allem aber Slevogts Liebe zu Mozart und seine außerordentliche Musikalität, führte noch zu einem zweiten Großprojekt, das sein vielleicht wichtigstes Werk wurde. Ohne Cassirers Ansporn und ständiges Drängen wäre es wohl nie zum Abschluß gebracht worden. Gemeint sind die *Randzeichnungen zu Mozarts Zauberflöte*, die nach mehr als zweijährigen Vorarbeiten und einer bis in die frühen 1910er Jahre zurückreichenden Planungszeit mit 47 Radierungen 1920 als XVII. Werk der *Pan-Presse* erschienen[27] (Abb. 137/138).

Liebermann war der bedeutendere Maler und spielte aufgrund seiner faszinierenden Persönlichkeit und als Leitfigur einer ganzen Generation im Kulturleben der Zeit eine ungleich größere Rolle als Slevogt. Deshalb verliehen die Cassirers ihm auch in ihren

Verlagen eine Präsenz, die sich deutlich von der Slevogts unterschied. Sie stellten den Künstler umfassend vor: als Maler, Zeichner und Graphiker, als brillanten Schriftsteller, Redner und Kunsttheoretiker. In beiden Verlagen sind mehrere wichtige Publikationen erschienen, die unsere Vorstellung von Liebermann bis heute entscheidend prägen. Die Herausgabe der ersten großen Werkausgaben, wie des Werkverzeichnisses von Gustav Schiefler[28], der Monographie von Erich Hancke[29] und der *Gesammelten Schriften*[30], besorgte in vorbildlicher Weise der Verlag Bruno Cassirer.

Als eines der ersten Verlagsprodukte erschien 1899 der berühmte Essay über Degas, den Liebermann schon 1896 für die Zeitschrift *PAN* verfaßt hatte[31]. Er enthält das Bekenntnis des Künstlers zur Moderne und rekapituliert noch einmal am Beispiel Frankreichs den Konflikt zwischen Akademie und Avantgarde.

Etwa zeitgleich kam in limitierter Auflage eine Leinenmappe im Folioformat heraus: *Max Liebermann. XXV Zeichnungen in Lichtdruck*[32]. Sie enthält Reproduktionen von Zeichnungen, die Liebermann fast alle in den 1890er Jahren in Holland geschaffen hatte. Anläßlich des 70. und 75. Geburtstages des Meisters sollten ihr noch zwei Foliobände folgen: *Max Liebermann zu Hause. Mit 2 Originalradierungen und 68 Familienzeichnungen des Künstlers in Facsimiledruck*, sowie *Die Handzeichnungen Max Liebermanns*[33].

Diese Prachtwerke erschienen 1918 und 1922 im Verlag Paul Cassirer. Neben begleitenden Texten des mit dem Künstler befreundeten Kunstschriftstellers Julius Elias (1861–1927; Abb. 28) waren den in Faksimile- bzw. Lichtdrucken[34] von der Reichsdruckerei reproduzierten Tafeln sogar jeweils noch zwei auf der *Pan-Presse* gedruckte, handsignierte Radierungen beigebunden.

Die wegen ihrer Qualität und Seltenheit heute besonders gesuchten Zeichnungs-Editionen bildeten die Grundlage für mehrere Ausstellungen (und auch eine Auktion), die Paul Cassirer nach der Jahrhundertwende bis zu seinem Tode in seiner Galerie veranstaltete. Daß die Zeichnungen Liebermanns schon zu Lebzeiten des Künstlers überaus begehrte Sammlerobjekte wurden, war zu einem wesentlichen Teil das Verdienst Paul Cassirers[35]. Einige dieser im Zusammenhang mit den Ausstellungen von ihm publizierten, von Fachleuten erstellten Kataloge sind heute, da die Zeichnungen des Künstlers in alle Welt verstreut sind, zu wichtigen Quellenwerken geworden.

Wegen der Unmittelbarkeit des künstlerischen Ausdrucks und der Möglichkeit, vor der Natur empfangene Eindrücke spontan zu äußern, räumte Liebermann dem Medium der Zeichnung in seinem Schaffen einen hohen Stellenwert ein. Seiner Auffassung nach brachten die Zeichnungen seine künstlerischen Vorstellungen oft klarer zum Ausdruck als seine Gemälde. Darüber hinaus maß er ihnen eine kunsterzieherische und geschmacksbildende Wirkung bei. Dies galt in noch stärkerem Maße für seine druckgraphischen Arbeiten, nachdem Paul und Bruno Cassirer seit 1908 sowohl deren Herausgabe wie auch deren Vertrieb übernommen hatten.

Abb. 32: Max Slevogt, Gründungsprospekt der Pan-Presse, *1909.*

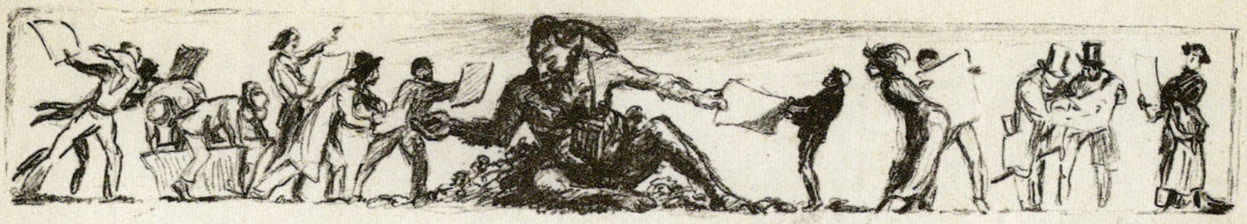

Die Publikationen der Pan-Presse

Gegründet von Paul Cassirer

Prospekt der Presse

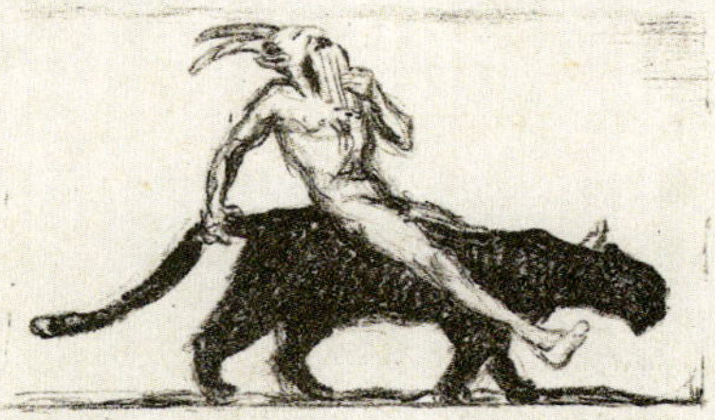

und Ankündigung des
ersten Werkes der Pan-Presse

Der Lederstrumpf von Max Slevogt

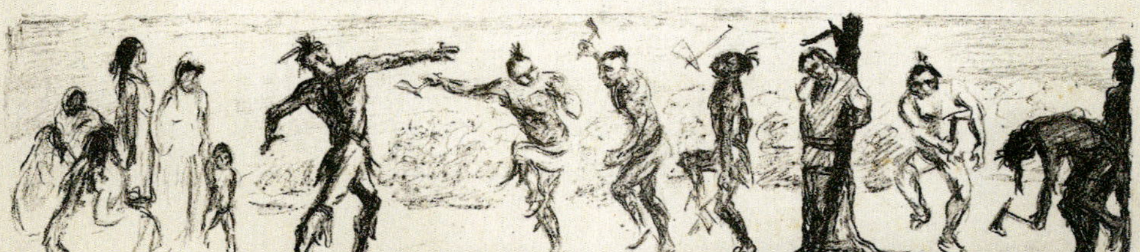

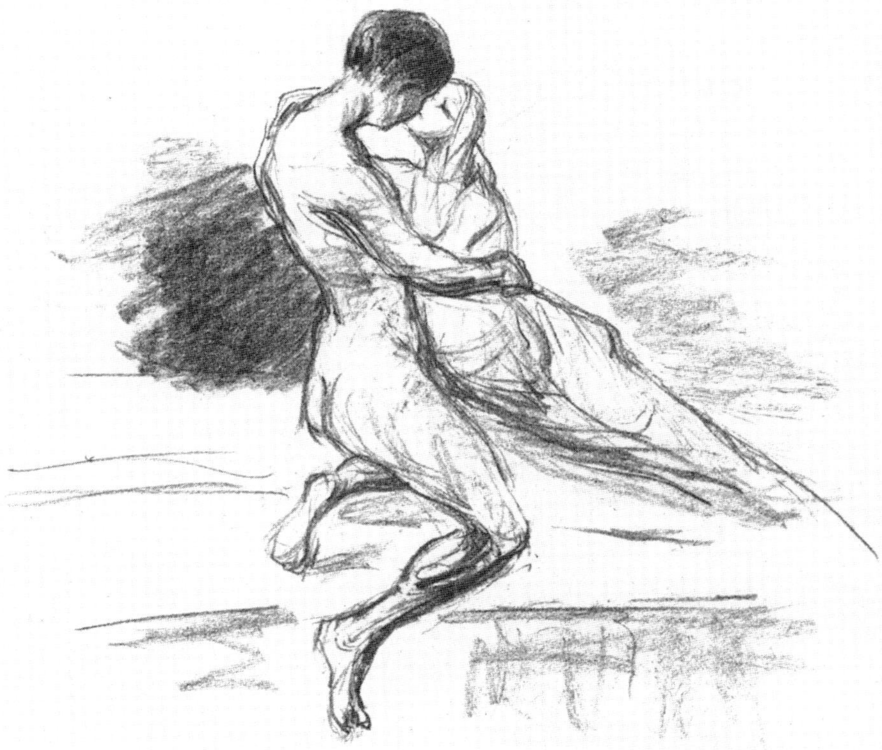

Abb. 33: Max Liebermann, Die Braut von Corinth, *Lithographie aus: Goethe-Gedichte, 1924.*

Als habe der Künstler selbst für einen gesunden Ausgleich zwischen den verfeindeten Vettern sorgen und das Geschäft unter ihnen aufteilen wollen, erschienen die nun in rascher Folge entstehenden Radierungen und Lithographien abwechselnd in den beiden Verlagen.

Da Liebermanns Radierungen und Lithographien häufig ähnliche Motive zeigen wie seine Gemälde oder Pastelle, bildeten sie ein vorzügliches Werbemittel. Wesentlich preiswerter zu haben als seine von Paul Cassirer zu Höchstpreisen gehandelten und teilweise noch immer umstrittenen Gemälde und auch die teuren Handzeichnungen, sorgte die Druckgraphik dafür, daß deren Botschaften auch in weniger begüterte Bevölkerungsschichten vordringen konnten.

Daß Liebermann sich mit zunehmendem Alter stärker der Druckgraphik zuwandte, lag nicht nur daran, daß die Nachfrage nach dieser Art von Kunst seit etwa 1910 ständig zunahm, sondern auch an der Wandlungsfähigkeit des Künstlers. Weit mehr als in der Malerei öffnete er sich in der Graphik neuen Themen und Aufgaben. Nicht selten kamen die Anregungen hierzu von den beiden Cassirers, die ein sicheres Gespür für die Bedürfnisse ihrer Zeit entwickelt hatten.

Als Paul Cassirer kurz nach Ausbruch des Ersten Weltkriegs zusammen mit Alfred Gold die Zeitschrift *Kriegszeit. Künstlerflugblätter*[36] begründete , die 1916 durch den *Bildermann*[37] ersetzt wurde, konnten, neben anderen bekannten Künstlern, auch Liebermann und Slevogt für die Mitarbeit gewonnen werden. Slevogt stand der aus der ersten Kriegseuphorie geborenen *Kriegszeit* aber schon bald ablehnend gegenüber und engagierte sich mehr für den pazifistisch ausgerichteten *Bildermann*. Bei Liebermann verhielt es sich umgekehrt: Was er zum Thema zu sagen hatte, verarbeitete er fast ausschließlich in Beiträgen für die *Kriegszeit*[38]. Oft wurden seine Lithographien sogar auf die Titelseiten der Hefte gesetzt. Einige seiner Beiträge sind für die Stimmung der Zeit besonders aufschlußreich. In den frühen Darstellungen demonstrierte der Künstler patriotischen Eifer, den er in den späteren aufgrund einer inzwischen eingetretenen Ernüchterung deutlich zurücknahm. Die meisten dieser Blätter gehören aber nicht zu Liebermanns stärksten Arbeiten. Zu sehr ist ihnen anzumerken, daß ihm die unmittelbare Erfahrung des Krieges fehlte und er hier an die Grenzen des mit seinen künstlerischen Mitteln noch Darstellbaren stieß.

Slevogt hingegen hatte die Grausamkeit des Krieges mit eigenen Augen gesehen und war desillusioniert von seinem kurzfristigen Fronteinsatz zurückgekehrt[39]. Seine Erlebnisse verarbeitete er unter anderem in einer lithographischen Serie, die das Ausmaß seiner inneren Betroffenheit und Verunsicherung spiegelt. «Sinnbildliche Anspielungen wechseln mit handgreiflichen Vorstellungen von Tod und Entsetzen, und menschliche Grausamkeit verzerrt sich in ein groteskes Spiel. Nicht alles ist gleichmäßig geglückt. Aber es gibt Blätter in dieser Folge technisch meisterhafter Kreidelithographien, die als einziger künstlerischer Ertrag der furchtbaren Zeit bestehen werden.»[40] In dieser Weise äußerte sich der Kunsthistoriker Curt Glaser, der im Zusammenhang mit den «spukhaften Phantasien» Slevogts den Vergleich mit Goyas *Proverbios* nicht scheute. Unter dem Titel *Symbole der Zeit* erschienen einige Blätter erstmals in dem von Slevogt mitbegründeten *Bildermann*[41] (Abb. 34). Fünf davon wählte er später aus und ergänzte sie durch weitere Darstellungen zu der Folge *Gesichte*. Diese brachte Slevogt auf dem Höhepunkt des Krieges (1917) als Mahnung an die Überlebenden heraus; nicht bei Cassirer, sondern diesmal im Selbstverlag.

Auch als Buchillustrator ist Liebermann in den Programmen der Cassirers vertreten, und zwar gleich mit drei Titeln zu den von ihm besonders geschätzten Dichtungen Goethes. Liebermann hat nicht sehr viele Illustrationen geschaffen und sich dieser Aufgabe auch nur dann unterzogen, wenn ihm die literarischen Vorlagen etwas bedeuteten. Bezeichnenderweise ließ er sich erst im Alter aufs Illustrieren ein. Da Liebermann seine Themen ausschließlich dem realen Leben entnahm, nicht aber der Welt des Phantastischen oder Imaginären, die uns Slevogt gerade in seinen Illustrationen so unnachahmlich nahebrachte, wird die Unterschiedlichkeit der beiden Künstler nirgends so deutlich wie gerade in diesem Sonderbereich der Graphik[42].

Für den Verlag Paul Cassirer illustrierte Liebermann sieben Balladen und Romanzen

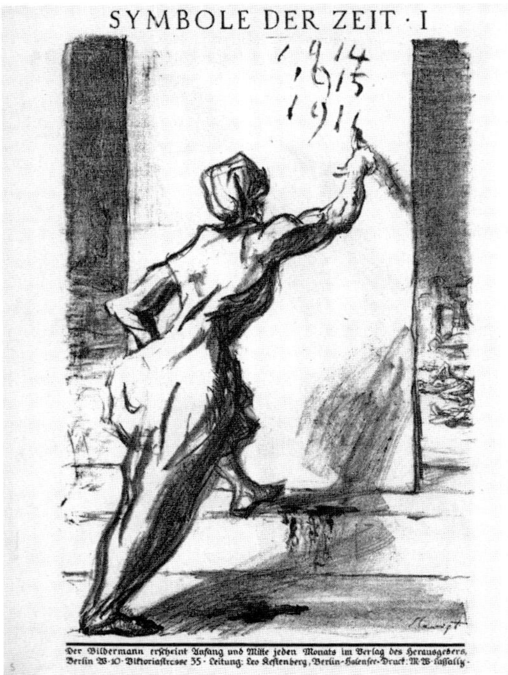

Abb. 34: Max Slevogt, Symbole der Zeit I, *aus:* Der Bildermann, *Nr. 1, 1916.*

Goethes (Abb. 33). Die von ihm in diesem Zusammenhang geschaffenen 15 Lithographien erschienen 1924 als erster Teil eines aus vier Lieferungen bestehenden Mappenwerkes zu Goethe-Gedichten, an dem neben Liebermann auch noch Ernst Barlach, Hans Meid und Karl Walser beteiligt waren[43]. Ursprünglich hatte der Verleger sogar zwölf Lieferungen geplant und für deren Bearbeitung unter anderem auch Slevogt, Oskar Kokoschka und Erich Heckel heranziehen wollen. Durch seinen Freitod kam das ehrgeizige Projekt jedoch über die vier bis 1926 veröffentlichten Mappen nicht hinaus. Weitere Illustrationen Liebermanns sind bei Paul Cassirer nicht erschienen.

Eine wichtigere Rolle als Paul spielte für ihn diesbezüglich Bruno Cassirer, der das Interesse des Künstlers an der Buchillustration erstmals geweckt hatte. In seinem Verlag sind einige der gelungensten illustrierten Bücher Liebermanns erschienen. Hierzu gehören die Illustrationen zu Goethes *Novelle* und *Der Mann von fünfzig Jahren*, die 1921 und 1922 herauskamen. Der Künstler schuf diese in Form von skizzenhaften Federzeichnungen und ließ sie dann – dem Vorschlag Bruno Cassirers folgend – durch die Holzschneider Oskar Bangemann und teilweise auch Martin Hoenemann im Faksimileschnitt bravourös reproduzieren. Indem Cassirer Bangemann für den Faksimileschnitt gewann, wurde eine neue Möglichkeit für die in Holz geschnittene impressionistische Buchillustration geschaffen.

Aufgrund ihres guten Verhältnisses zu den beiden Vettern haben Liebermann und Slevogt in den Verlagen Bedingungen vorgefunden, die es ihnen ermöglichten, sich als Buchillustratoren und Graphiker eindrucksvoll zu präsentieren. Obwohl Paul Cassirer der progressivere und wagemutigere Verleger war, arbeiteten beide Künstler, wenn es um das Verlagsressort ging, weit häufiger mit dem als konservativ beschriebenen Bruno Cassirer zusammen. Das mag an den unterschiedlichen Persönlichkeitsstrukturen der Vettern gelegen haben, die allerdings beide als nicht besonders umgänglich galten.

Im Unterschied zu dem redegewandten und exzentrischen Paul galt Bruno als stur, in seinen Entscheidungen nicht besonders risikofreudig und eher introvertiert, eine «widerstrebende Mischung aus preußischer Strenge und empfindsamer Feinfühligkeit»[44]. Allerdings ließ er «seinen Mitarbeitern auch Raum zur Entfaltung, ja vielleicht war dies das Geheimnis seines Erfolges. Weder im Verlag noch in der Traberzucht redete er anderen hinein. [...] Bruno Cassirer war ein Mann im Hintergrund, dem öffentliche Auftritte im Grunde nicht behagten. Solches Hintergrunddasein aber war bei ihm kein verschwiegener Machtbereich, aus dem man im Verborgenen an den Fäden zieht.»[45] Vor allem die zuletzt genannten Eigenschaften und der mehr in sich ruhende, menschlich solide Charakter Bruno Cassirers könnten dazu beigetragen haben, daß die Beziehungen gepflegt wurden.

Speziell für Slevogt könnte darüber hinaus auch der von den Verlagen angesprochene, zumindest in Teilbereichen voneinander abweichende Rezipientenkreis ein Grund gewesen sein, daß ihm der Verlag Bruno Cassirer immer wichtig blieb. Als Illustrator von zahllosen Kinder- und Jugendbüchern, von Abenteuerromanen und Märchen wünschte sich der Künstler ein möglichst breites Publikum. Deshalb war er nicht glücklich darüber, daß der überwiegende Teil seiner entsprechenden Arbeiten niemals in die Hände derer gelangte, für die er sie eigentlich bestimmt hatte. Aufbereitet als teure Liebhaber- und Luxusausgaben, deren Auflage bewußt niedrig gehalten wurde, erreichten sie fast ausschließlich zahlungskräftige Sammler aus dem Großbürgertum. Wann immer sich Slevogt die Gelegenheit bot, ergriff er deshalb die Gelegenheit, neben seinen lithographierten und radierten Arbeiten Folgen von Zeichnungen zu schaffen, die in weniger aufwendigen graphischen Verfahren reproduziert werden konnten. Mehr als im Rahmen der *Pan-Presse* wurde diesem Bestreben im Verlag Bruno Cassirer Rechnung getragen, der z. B. in seiner ab 1918 (bis 1927) erschienenen *Märchenbuchreihe für Kinder und Erwachsene* im kleinen Format und zu sehr moderaten Preisen Volksausgaben von Slevogts Illustrationen zu den Märchen der Gebrüder Grimm, J. K. A. Musäus und *1001 Nacht* anbot.

An seinen Freund, den Kunsthistoriker Karl Voll, schrieb Slevogt am 6. Januar 1908: «Das dritte opus ‹Sindbad der Seefahrer› erscheint jetzt, ist aber so kostbar in Pergament, Druck u. Lithograph., daß ich wieder verzweifeln muß, ob ich Dir ein Exemplar zustellen kann (bei Bruno Cassirer). Das ist der Fluch, daß bei unseren Verhältnissen in Deutschland der Verleger nur an ein winziges, mit gespicktem Beutel begabtes Publikum denken mag, – u. eine breite Auflage à la Indianergeschichte ein liebenswürdiger, aber wohl vergeblicher Versuch bleibt, den ich nur meinen persönlichen Beziehungen verdanke. – Spaß wird es Dir machen, daß ich über Weihnachten einen Rübezahl zeichnete, der auch bei Bruno Cassirer erscheinen soll, in populärer Form diesmal!»[46]

Anmerkungen

1 Ursprünglich sollten in dieser Ausstellung neben den Gemälden Liebermanns nicht Arbeiten von Degas und Meunier gezeigt werden, sondern Plastiken von Rodin. So hatte es sich der Künstler gewünscht. Wegen der Rivalitäten zwischen den Galerien Cassirer und *Keller & Reiner* ließ sich dieser Plan jedoch nicht realisieren. Vgl. hierzu:

Catherine Krahmer (Hg.): Julius Meier-Graefe. Kunst ist nicht für Kunstgeschichte da. Briefe und Dokumente. Göttingen 2001. S. 360.

2 Max Liebermann, *Atelierecke*, 1873, Öl/Holz, Widmungsinschrift verso; Thieme/Probst, Abb. 3.

3 In seiner *Rede zu Paul Cassirers 50. Geburtstag* am 21. Februar 1921 ließ Liebermann das Datum seiner ersten Bekanntschaft mit Paul Cassirer mit der Eröffnung seiner Ausstellung (1. November bis 1. Dezember 1898) zusammenfallen. Bruno Cassirer wird in der Rede nicht erwähnt. Vgl. Irmgard Wirth (Hg.): Berliner Maler. Menzel, Liebermann, Slevogt, Corinth. Selbstzeugnisse. Berlin 1964, S. 182.

4 Vermutlich war Bruno Cassirer durch die Aktivitäten der von Liebermann, Leistikow und anderen gegründeten *Vereinigung der Elf* auf den Künstler aufmerksam geworden. Diese veranstaltete ihre erste Ausstellung im April 1892 im Berliner *Kunstsalon Schulte*. Bruno Cassirer lernte im Winter 1892 den aus Breslau stammenden Maler Erich Hancke in München kennen und war seit dieser Zeit mit ihm befreundet. Dieser übersiedelte im folgenden Jahr auf Empfehlung Cassirers nach Berlin und lernte durch dessen Vermittlung Max Liebermann kennen, dessen erster Biograph er später wurde. Hancke schreibt 1932 rückblickend: «Auf Cassirers Antrieb suchte ich Liebermann auf, und durch meine Berichte bahnten sich die Beziehungen an, die später, nach Gründung des Kunstsalons, so ergebnisreich wurden» (Vom Beruf des Verlegers. Eine Festschrift zum sechzigsten Geburtstag von Bruno Cassirer, 12. Dezember 1932 [Privatdruck, gewidmet von Mitarbeitern und Freunden], S. 50).

5 Dieser damals nicht unumstrittene, zum gegebenen Zeitpunkt aber wirtschaftlich notwendige und auch kunstpolitisch äußerst kluge Schachzug verschaffte den Cassirers nicht nur innerhalb der *Secession*, sondern auch auf dem Kunstmarkt eine höchst einflußreiche Position.

6 Slevogt, ab 1891 als freischaffender Maler in München tätig, fand ab Mitte der 1890er Jahre dort nicht mehr die Anerkennung, die er sich wünschte. 1899 hatte er sein Gemälde *Danaë* (1895) in der *Münchner Secession* ausgestellt, war aber aufgrund von wütenden Protesten vom Vorstand genötigt worden, es zurückziehen. In der ersten Ausstellung der *Berliner Secession* wurden daraufhin drei Gemälde von Slevogt gezeigt, darunter das Triptychon *Der verlorene Sohn* (1898/99). Mit diesem Bild hatte Slevogt in Berlin seinen ersten großen Erfolg. Vgl. hierzu auch den Beitrag von Michael Fuhr, S. 297–309.

7 Seit 1902 im Vorstand.

8 Corinth, der in der ersten *Secessions*-Ausstellung (1899) mit zwei Gemälden vertreten war, pendelte noch im Jahr 1900 zwischen München und Berlin. Erst im Oktober 1901 übersiedelte er endgültig nach Berlin, nachdem ihn W. Leistikow zur Aufgabe seines Wohnortes München überredet hatte. Seit 1901 war er Mitglied, ab 1902 im Vorstand der *Berliner Secession*.

9 Das Verhältnis zwischen Lovis Corinth und Paul Cassirer war zwar viele Jahre freundschaftlich, wurde aber nach 1910 durch die Auseinandersetzungen um die von Cassirer erstrebte und 1912 auch erreichte Präsidentschaft überschattet. Nach der Spaltung der *Secession* (1913) brach Corinth die Beziehungen zu Paul Cassirer und seinem Kreis ab.

10 Peter Letkemann, Klaus P. Mader, Günter Wollschlaeger: Cassirer und Co. Ein Beitrag zur Berliner Kunst- und Kulturgeschichte. In: *Mitteilungen des Vereins für die Geschichte Berlins* 69, 1973, Nr. 9, S. 235.

11 Bruno Cassirer wollte 1909/10 Barlach für die Holzschnitt-Illustrierung einer Ausgabe von Kleists *Michael Kohlhaas* gewinnen. Obwohl die ersten Probedrucke schon vorlagen, scheiterte das Projekt am Einspruch Paul Cassirers (vgl. Heinz Sarkowski: Bruno Cassirer. Ein deutscher Verlag 1898–1938. In: *Imprimatur* N.F., Nr. 7, 1973, S. 116f.) –

Vgl. dazu auch Caspers, S. 97f. und hier den Beitrag von Sebastian Giesen, S. 76–86.

12 In einem auch von Caspers erwähnten Brief vom 1. Oktober 1908 berichtet Corinth seiner Frau Charlotte von einem Besuch bei Bruno Cassirer und daß es, angesichts der zwischen den Vettern schwelenden Spannungen, leider «beinah nicht mehr möglich» sei, «mit beiden [Bruno und Paul C.] befreundet zu sein. Ein Geschimpfe von Frau und ihm.» In: Thomas Corinth: Lovis Corinth. Eine Dokumentation. Zusammengestellt und erläutert von Th. Corinth. Tübingen 1979, S. 123. – Ausgelöst wurden die Reibereien u. a. dadurch, daß beide Verleger nahezu zeitgleich Corinth als Buchautor verpflichtet hatten. Im Frühjahr 1908 war bei Paul Cassirer Corinths Buch *Das Erlernen der Malerei* in zwei Auflagen erschienen. Ihm folgte 1910 – wiederum als Auftragswerk Paul Cassirers – die Biographie *Das Leben Walter Leistikows*. Beide Publikationen erregten den Ärger Brunos, der hinsichtlich der Schriften Corinths eigene Pläne verfolgte. 1909 wurden in seinem Verlag Corinths *Legenden aus dem Künstlerleben* veröffentlicht.

13 Karl Scheffler: Die fetten und die mageren Jahre. Ein Arbeits- und Lebensbericht. Leipzig/München 1946, S. 120f.

14 Scheffler (wie Anm. 13). Den dortigen Angaben zufolge übertrug Paul seine feindliche Haltung auch auf Karl Scheffler, als dieser (1906) «Bruno Cassirers Kunstzeitschrift ‹Kunst und Künstler› zu redigieren begann». Die Ursache dafür, daß er August Gaul persönlich «niemals recht nahe gekommen» sei, sah Scheffler in «Gauls enger Beziehung zu seinem Kunsthändler Paul Cassirer». Dieser habe den «menschlich etwas weichen» Bildhauer «in seinem Sinne zu beeinflussen» gewußt.

15 Paret, S. 108. – Den zu Lebzeiten kursierenden Gerüchten, denen zufolge die Kunsthandlung Paul Cassirer und der Verlag Bruno Cassirer selbst nach der Trennung noch einander in die Hände gearbeitet hätten, trat Karl Scheffler 1926 in seinem Nachruf auf Paul Cassirer entschieden entgegen: «Beziehungen zwischen dem Verlage [Bruno C.] und der Kunsthandlung haben nicht mehr bestanden; im Gegenteil, es ist dieser Zeitschrift die heftige persönliche Gegnerschaft Paul Cassirers nicht selten unbequem gewesen. [...] In Wahrheit gab es niemals auch nur jene Beziehungen, die sich zu andern Kunstsalons wie von selbst knüpfen.»(Karl Scheffler: Nachruf auf Paul Cassirer. In: *Kunst und Künstler* 24, 1926, H. 5, S. 175–177; Zit. S. 176).

16 Karl Scheffler (wie Anm. 13), S. 193 kennzeichnete mit diesen Begriffen sein spannungsreiches, jedoch letztlich sehr produktives Verhältnis zu dem menschlich schwierigen Bruno Cassirer.

17 *Schreitender Bauer*, 1894, ehemals Königsberg, Kriegsverlust.

18 Zu Lebzeiten wurde der Künstler zu seinem Ärger als Buchillustrator höher geschätzt denn als Maler. An dieser Einschätzung war Paul Cassirer vermutlich nicht ganz unschuldig. Caspers zufolge kam es schon vor dem Ersten Weltkrieg zwischen ihm und Slevogt zu ernsthafteren Verstimmungen, weil der Künstler wiederholt den Eindruck hatte, Cassirer setze sich als Kunsthändler nicht genug für ihn ein und bringe seiner künstlerischen Arbeit zu wenig Verständnis entgegen. Seit 1910 versuchte Slevogt deshalb, sich aus einer allzu engen geschäftlichen Bindung an die Kunsthandlung nach Möglichkeit zu lösen und seine Gemälde direkt an private Sammler zu verkaufen (vgl. Caspers, S. 150).

19 Hans Loubier: Die neue deutsche Buchkunst. Stuttgart 1921; zit. nach: Monika Heffels: Die Buchillustrationen von Max Slevogt. In: *Börsenblatt für den Deutschen Buchhandel* 18, 1960, S. 219.

20 Karl Scheffler, der im Bruno Cassirer Verlag viele Buchprojekte Slevogts betreute, hat die Verlagsarbeit, die sich teilweise im *Romanischen Café* am Kurfürstendamm abspielte, sehr anschaulich beschrieben. Bei ihm findet man Detailinformationen über

den Entstehungsprozeß berühmter Bücher Slevogts, wie *Ali Baba*, *Sindbad der Seefahrer* und *Faust II* (Karl Scheffler: Bruno Cassirer und das illustrierte Buch [1931]. In: *Imprimatur* N.F. 7, 1972, S. 139–142. – Ders. [wie Anm. 13], S. 82–90).

21 Text abgedruckt erstmals im Almanach des Verlages Bruno Cassirer für das Jahr 1921. Die hier abgebildete Vorderseite des Manuskripts (ehemals Sammlung Kohl-Weigand, heute Landesmuseum Mainz) zeigt vier kleine, auf den Text Bezug nehmende Randzeichnungen. In der oberen Skizze sieht man Slevogt, der in eigener Sache eine leidenschaftliche Rede hält. Darunter erscheint der Verleger selbst. In der einen Hand hält er ein aufgeschlagenes Buch, in der anderen einen Stock. Mit letzterem weist er auf das Standbild des *Ali Baba*. Es folgt das vom Ruhmesglanz erhellte Doppeldenkmal Napoleons und Friedrich des Großen mit dem ehrfürchtig davor knienden Slevogt: eine Hommage an Adolph Menzels Holzschnittillustrationen zu Franz Kuglers *Geschichte Friedrichs des Großen* (1840–42). Dieses Werk sollte ursprünglich Horace Vernets Buch über *Die Geschichte Napoleons* (1839) möglichst getreu nachbilden. Doch wurde etwas ganz Eigenständiges daraus. Slevogt stellte seine Zeichnungen zu *Ali Baba* in die Tradition der Menzel-Illustrationen. Sein eigenes Verständnis vom Verhältnis zwischen Wort und Bild fand Slevogt hier vorgebildet.

22 Almanach (wie Anm. 21), S. 140.

23 Ebd.

24 Max Slevogt: Pro Domo. In: *Kunst und Künstler* 22, 1924, S. 365f.

25 Zit. nach Heffels (wie Anm. 19), S. 219.

26 Feilchenfeldt/Brandis, Nr. 35.

27 Feilchenfeldt/Brandis, Nr. 147.0. Wegen des Verlustes von acht Platten während der Herstellung sind acht Darstellungen in Lichtdrucken beigefügt. – Vgl. auch hier den Beitrag von Ursula Hudson-Wiedenmann, S. 310–328.

28 Gustav Schiefler: Max Liebermann. Sein graphisches Werk. Berlin 1906 (1), 1914 (2), 1923 (3). In der 3. Aufl. mit einer Originalradierung Liebermanns als Frontispiz.

29 Erich Hancke: Max Liebermann. Berlin 1914 (1), 1923 (2). Jede Ausgabe mit einer Originalradierung des Künstlers als Frontispiz.

30 Berlin 1922.

31 Feilchenfeldt/Brandis, Nr. 130. Nachdem die erste Auflage schon bald vergriffen war, erschien noch im selben Jahr eine zweite, der bis 1922 im Verlag Bruno Cassirer weitere Auflagen folgten.

32 Feilchenfeldt/Brandis, Nr. 129.1.

33 Feilchenfeldt/Brandis, Nr. 49 und 50.

34 Liebermann stellte bei der Reproduktion seiner Arbeiten stets höchste Qualitätsansprüche. Den Lichtdruck schätzte er als Reproduktionstechnik bei Zeichnungen wegen der Nähe zum Original besonders.

35 Die letzte große Zeichnungs-Ausstellung («275 Zeichnungen von Max Liebermann aus Anlaß seines 80. Geburtstages») fand im Juli/August 1927 in der Galerie Paul Cassirer statt. Nach Paul Cassirers Tod stellten beide Galerien weiterhin Arbeiten Liebermanns aus, wobei sich Bruno vor allem auf dessen Zeichnungen und Pastelle konzentrierte.

36 Feilchenfeldt/Brandis, Nr. Z 3.

37 Feilchenfeldt/Brandis, Nr. Z 4.

38 In den Jahren 1914/15 hat Liebermann auch für den Verlag Bruno Cassirer mehrere Lithographien zum Thema des Krieges gezeichnet, von denen sechs als Beilage des Beitrages: *Kunstgespräch im Kriege* von Karl Scheffler im ersten Kriegsband der Zeitschrift *Kunst und Künstler* (August 1914 bis August 1915) abgedruckt sind. Von den neun Darstellungen (Schiefler 199–207, dort unter dem Titel *Aus der Kriegszeit*) wurde jeweils eine Auflage von 50 Exemplaren separat auf Japanpapier abgezogen.

39 Slevogt hatte sich bald nach Kriegsausbruch freiwillig gemeldet und war als «Schlachtenmaler» an der Westfront eingesetzt.

40 Curt Glaser: Die Graphik der Neuzeit. Vom

Anfang des XIX. Jahrhunderts bis in die Gegenwart. Berlin (Bruno Cassirer) 1923, S. 494.

41 Der Name *Bildermann* geht auf Max Slevogt zurück, der auch das Titelblatt entwarf.

42 Karl Scheffler charakterisierte das eher distanzierte Verhältnis der beiden Künstler zueinander so: «Sie ehrten sich, wenn auch ohne viel Verlangen.» Scheffler (wie Anm. 13), S. 82.

43 Feilchenfeldt/Brandis, Nr. 71–74.

44 Harry Nutt: Bruno Cassirer (= Preußische Köpfe 25). Berlin 1989, S. 38.

45 Ebd., S. 12.

46 Hans-Jürgen Imiela: Max Slevogt. Eine Monographie. Karlsruhe 1968, S. 401, Anm. 43.

«Wenn Sie mir einen Gefallen tun wollen, dann lassen Sie's bleiben.»
Zu den Holzschnitten von Ernst Barlach

Sebastian Giesen

Michael Kohlhaas

Es begann mit Schwierigkeiten: Friedrich Schult hat überliefert, daß Paul Cassirer versuchte, die ersten Holzschnitte Ernst Barlachs zu verhindern: «Wenn Sie mir einen Gefallen tun wollen, dann lassen Sie's bleiben.»[1] Wahrscheinlich waren seine Worte dem neidvollen Ehrgeiz der «feindlichen Vettern» Cassirer geschuldet. Denn Bruno Cassirer hatte Anfang 1910 bei Barlach Holzschnitt-Illustrationen zu Heinrich von Kleists *Michael Kohlhaas* zur gleichen Zeit in Auftrag gegeben, als sich auch die Zusammenarbeit zwischen Paul Cassirer und Ernst Barlach anbahnte. Barlach selbst jedenfalls freute sich zunächst auf den Holzschnitt – eine für ihn neue künstlerische Technik. Er folgte der Anregung Bruno Cassirers gern[2]. Auch das Material Holz war für den Vierzigjährigen noch ziemlich ungewohnt, hatte er doch bis dato erst sechs vollgültige Holzskulpturen vollendet[3].

Wie bei jeder neuen Aufgabe begann Barlach zunächst, intensiv zu zeichnen. Es ist eine ganze Reihe von Vorzeichnungen überliefert[4], Sequenzen, die der Kleistschen Erzählung folgen (Abb. 35). Diese reizvollen, teils den Holzschnitt-Motiven Lucas Cranachs entlehnten Skizzen, rasch mit Kohle und Feder ausgeführt, stehen im Kontrast zu den gedruckten Ergebnissen. Doch ist es nicht so sehr die handwerkliche Unbeholfenheit, welche die vier ersten Holzschnitte Barlachs (Abb. 36) so wenig interessant erscheinen läßt, vielmehr fehlen die charakteristischen Merkmale des Holzschnitts: Reduktion auf das Wesentliche und scharfe Schwarz-Weiß-Kontraste. Der Künstler aber erklärte das Scheitern des Vorhabens vor allem mit den persönlichen Zwistigkeiten zwischen Bruno und Paul Cassirer:

> «Die Aufgabe der Kleist-Illustrationen hat mehrere Gründe. Allerdings seh' ich an der Behandlung durch Bruno Cassirer, daß es im großen Stil nicht hergeht bei ihm. Daß er meine Arbeiten kleinlich ansah und sogar kleinlich Kritik übte. Dabei wird mir immer Angst, denn die Zwangsvorstellung bei der Arbeit, ob es Bruno Cassirer auch gefällt, konnte mich nicht locken. Aber dann: Wer mit Bruno zu tun hat und wie ich mit Paul ein Abkommen, wenn auch hinsichtlich anderer Dinge, der steht, wenn er obendrein die Pan-Presse zu benutzen hat, zwischen zwei feindlichen Vettern, wovon ich kaum die ersten Symptome spürte, als ich beschloß, sofort ganz klare Verhältnisse herzustellen. Paul Cassirer hat mir etwas für ihn zu machen in Aussicht gestellt, und er wird wohl sein Wort halten. Aber jedenfalls wäre mir das andre vollkommen unerträglich geworden. Ich kenne solche Stimmungen und ver-

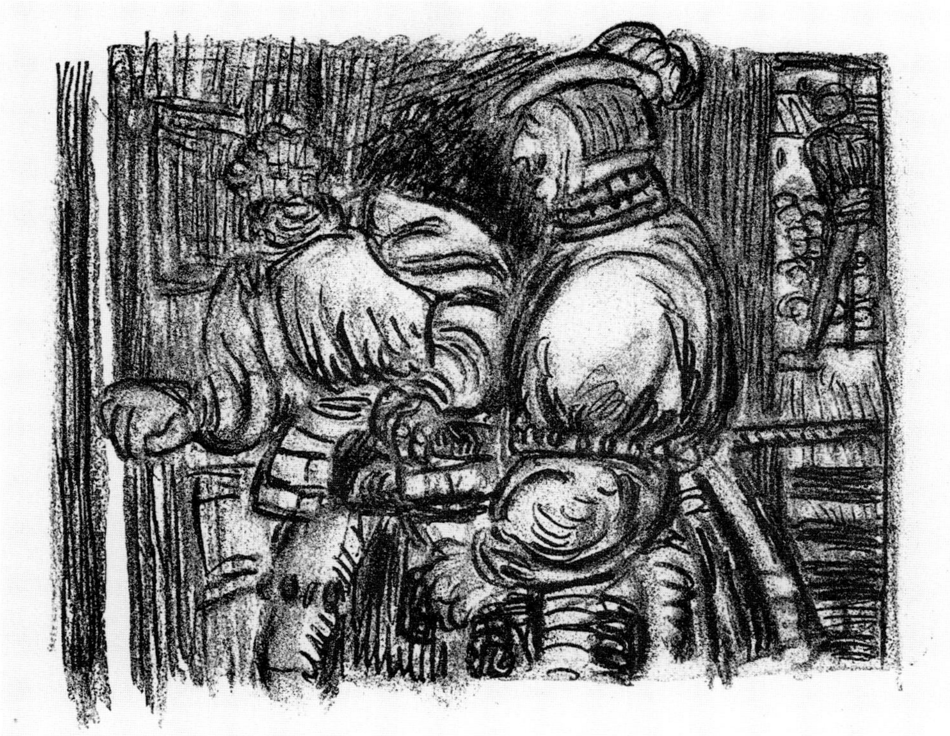

Abb. 35: Ernst Barlach, Illustration zu Kleists Michael Kohlhaas, *1910, Kohle und Feder, Ernst Barlach Stiftung Güstrow.*

zichte, wenn sie Beigabe sind, dankend auf Aufträge. Überdies glaube ich, ist B. C. ein ängstlicher Rechner. Und tatsächlich die Holzschneiderei ist ein Geschäft für sich. Ich habe es an meinen Augen gespürt, man braucht Zunft-Organe dazu.»[5]

Der von Paul Cassirer in Aussicht gestellte Ersatz-Auftrag (Lithographien zu Barlachs Drama *Der tote Tag*) bedeutete den Beginn des intensiven Geschäfts- und Freundschaftsverhältnisses zwischen Künstler und Galerist. Paul Cassirer wurde auch Barlachs Verleger und Barlach einer der wichtigen Künstler der *Pan-Presse*. Immer wieder regte Cassirer Barlach zu Illustrationen fremder, aber vor allem eigener Werke an. Auf diese Weise war die Erstveröffentlichung der Dramen Barlachs stets an Bilder gebunden. So bot sich für den bildhauernden Schriftsteller bzw. schriftstellernden Bildhauer eine spannende Schnittmenge seiner beiden künstlerischen Felder. Was für den Künstler und auch für Bibliophile reizvoll ist, wirkte sich auf die Rezeptionsgeschichte der Dramen mitunter nachteilig aus. Denn die Texte waren dadurch nicht mehr «assoziationsfrei», und bestimmte Illustrationen Barlachs wirken bis in heutige Inszenierungen nach. Daß aber der Rezipient auch ganz andere Bilder im Kopf haben konnte, belegen zeitgenössische

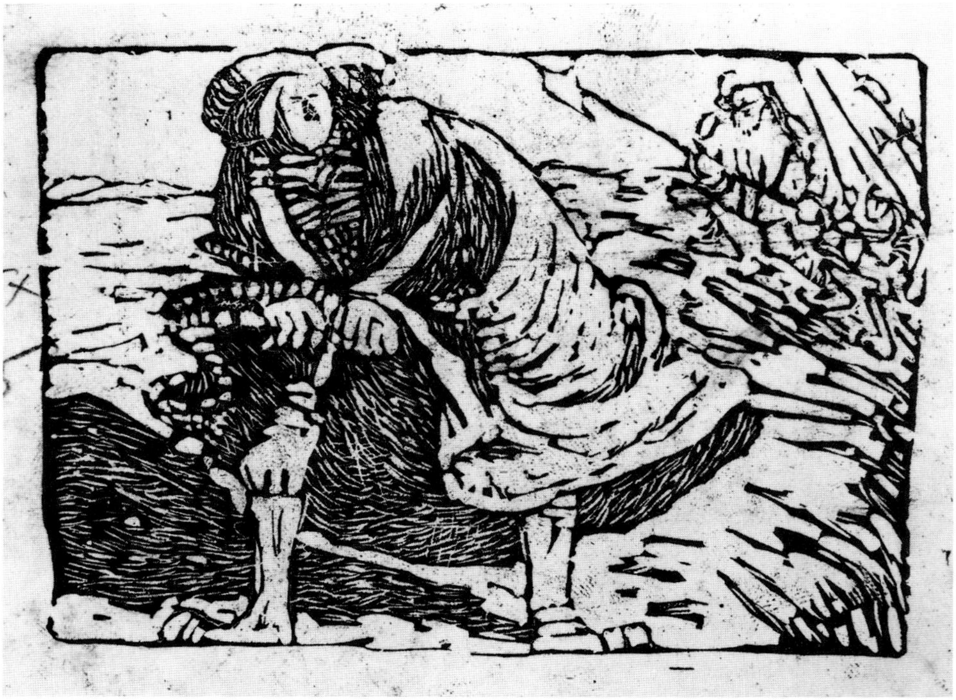

Abb. 36: Ernst Barlach, Illustration zu Kleists Michael Kohlhaas, *1910, Holzschnitt, Ernst Barlach Haus Hamburg.*

Inszenierungen, wie etwa die von Leopold Jeßner, der 1921 *Die echten Sedemunds* am Berliner Schauspielhaus aufführte. Barlach, der eine Vorstellung besuchte, reagierte bestürzt und war tief verstört[6]. Nie wieder hat er eine Inszenierung eines eigenen Stücks angesehen.

Der Kopf

Nach Abbruch der «Holzschnitt-Premiere» richtete Ernst Barlach sein druckgraphisches Augenmerk ganz auf die Lithographie: Zwischen 1910 und 1919 schuf er 128 Lithographien, meist in Zusammenhang mit der *Pan-Presse*. Dann lernte er im Oktober 1918 Reinhold von Walter (1882–1965) kennen, der in einem Kriegsgefangenenlager auf der Bookhorst bei Güstrow als Dolmetscher arbeitete. Barlach muß von Persönlichkeit und Erscheinung des Balten beeindruckt gewesen sein, denn er gab der im selben Jahr entstandenen monumentalen *Moses*-Skulptur dessen Züge. 1920 schuf Barlach gar eine Bildnisbüste von Reinhold von Walter. Von Walter betätigte sich auch als Schrift-

Abb. 37: Ernst Barlach, Der Kopf, *Titelblatt, 1919, Holzschnitt, Ernst Barlach Haus Hamburg.*

Reinhold von Walter

Der Kopf

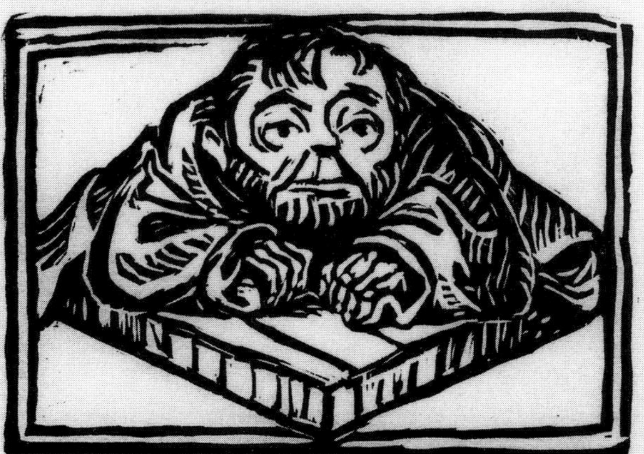

Paul Cassirer Verlag
Berlin 1919

steller. Sein Gedicht *Der Kopf* – eine bildreiche Beschreibung des von Hunger und Leid geplagten St. Petersburg im Jahr 1918 – reizte Barlach zur Illustration (Abb. 37). Wahrscheinlich wählte er den Holzschnitt wegen der etwas altertümlichen, fast pathetischen Sprache und der düsteren Grundstimmung der Schilderung. Insgesamt entsteht der Eindruck einer mittelalterlichen Sage, auch wurde der Text später in gotischen Lettern gesetzt. Barlach entwickelte zehn Motive, bei denen er auf Skizzen von seiner Reise nach Südrußland des Jahres 1906 zurückgriff: Klagende, Verzweifelte, Entmutigte, Ausgestoßene. Bettlergestalten, die er in ähnlicher Weise auch als Skulpturen ausformte.

Bei diesen Holzschnitten, die 1919 zusammen mit dem Text bei Paul Cassirer gedruckt und verlegt wurden[7], fällt gegenüber den ersten Versuchen eine deutliche Entwicklung auf. Barlach reduzierte die Darstellung auf wenige Handelnde und verzichtete weitgehend auf erzählerische Motive. Er beherrscht nunmehr das prägende Gestaltungsmittel des Holzschnittes, den scharfen Schwarz-Weiß-Kontrast. An Reinhard Piper schrieb Barlach am 19. Dezember 1918, nachdem er ihm einige Probedrucke zugeschickt hatte: «Lieber Herr Piper, daß Sie meine Holzschnitt-Experimente freundlich aufgenommen haben, freut mich sehr, mir gefällt das Verfahren sowohl wie der Zwang zum Harten und Einfachen.»[8] Diese Gestaltungsmöglichkeit war Barlach bereits nach den zeichnerischen Studien vollkommen bewußt. Das Ernst Barlach Haus Hamburg verwahrt neun Vorzeichnungen, welche die Hauptmotive der gedruckten Fassungen detailgetreu vorwegnehmen[9].

Dieses Projekt bedeutete den Wendepunkt in Barlachs druckgraphischem Werk. Zwar schuf er bis 1934 auch immer wieder Lithographien (etwa 1922 *Die Ausgestoßenen*, eine lose Folge von acht Blättern, oder 1924 die Illustrationen zu *Goethe Gedichten*), doch galt seine künstlerische Aufmerksamkeit nun eindeutig jener druckgraphischen Technik, die seiner Arbeit als Holzbildhauer am nächsten war. Paul Cassirer hingegen favorisierte für seine *Pan-Presse* die Lithographie und den Kupferdruck[10]. Möglicherweise behagte ihm die mittelalterliche, «altdeutsche» Art des Holzschnittes (die Barlach seinerseits so schätzte) nicht[11]. Es ist jedoch bemerkenswert und spricht für die große gegenseitige Wertschätzung dieses «seltsamen Freundespaares» (Barlach in: *Ein selbsterzähltes Leben*, 1928), daß alle folgenden Holzschnitte Barlachs bei Paul Cassirer erschienen.

Sieben Holzschnitte zur Kriegs- und Notzeit

1919 schuf Barlach sieben Holzschnitte zur Kriegs- und Notzeit, alle von ähnlicher Größe (*Christus in Gethsemane, Mors imperator, Kindertod, Kreuz- und Sargräuber, Schreibender Prophet, Kniende Frau mit sterbendem Kind, Hundefängerin*). Sie sind als Gruppe aufzufassen, auch wenn sie als Einzelblätter erschienen[12]. Eine interessante Tagebucheintragung von Käthe Kollwitz, die die Blätter am 24. Juni 1920 in Berlin sah, zeigt, welch besonderen Rang sie diesen Holzschnitten beimaß:

> «Gestern mit Professor Kern in den Secessionen gewesen und der großen Ausstellung, um ein Blatt für den Kunstverein auszusuchen. Da sah ich etwas, was mich ganz umschmiss, das waren Barlachsche Holzschnitte. [...] Barlach hat seinen Weg gefunden und ich hab ihn noch nicht gefunden. [...] Ich verkriech mich immer hinter den vielen Hindernissen und wie ich Barlach sah, ging es mir blitzartig auf, daß es vielleicht gar nicht das ist. Warum aber soll ich nicht mehr können? [...] Soll ich wirklich wie Barlach einen ganz neuen Versuch machen und mit Holzschnitten beginnen? [...] Ich will doch nicht im Holzschnitt das mitmachen, was jetzt Mode ist, die Fleckenwirkung.»[13]

Mit «Mode» und «Fleckenwirkung» meinte Kollwitz wahrscheinlich die Holzschnitte etwa der *Brücke*-Künstler, die ganz bewußt Unregelmäßigkeiten des Holzes, handwerkliche Fehler etc. in die Gestaltung miteinbezogen. Barlach galt Kollwitz als Gegenbeispiel. Barlach wollte immer «zünftig» arbeiten, es ging ihm um die Beherrschung des Handwerks mit einem Ziel: die präzise Gewinnung einer Ausdrucksgestalt. Da machte es keinen Unterschied, ob er als Holzbildhauer oder als Holzschneider arbeitete. Und Kollwitz schrieb: «Mir kommt es nur darauf an auszudrücken»; dies gelinge ihr am besten mit der Lithographie («die einfache Linie des Steindrucks [sei] am besten dafür geeignet»)[14]. Barlach verfolgte eine ähnliche Absicht, setzte aber ganz auf den Holzschnitt. Am 30. Januar 1920 schrieb er an seinen Vetter Karl:

> «Daß Du zeichnest, ist das Beste, was Du tun kannst, fast möchte ich Dich zum Holzschneiden verführen, es ist eine Technik, die zum Bekenntnis herausfordert, zum unmißverständlichen Darlegen dessen, was man letztlich wirklich meint. Es, oder vielmehr sie, erzwingt eine gewisse Allgemeingültigkeit des Ausdrucks und weist die unwichtigen Wirkungen bequemer und der Gefälligkeit dienender Verfahren zurück.»[15]

Die Wandlungen Gottes, Der Findling und Goethes Walpurgisnacht

Im August 1920 starb Barlachs Mutter. Sie hatte über Jahre unter Depressionen gelitten. Barlach hatte sie sein Leben lang fast ununterbrochen begleitet. Als sich ihr Gesundheitszustand einige Monate vor ihrem Tod stark verschlechterte, entschloß er sich nach langem Ringen und ärztlicher Empfehlung, sie in einer Heilanstalt in Bad Kleinen unterzubringen, wo sie sich im Schweriner See ertränkte. Dieses Ereignis erschütterte den Sohn zutiefst, er fühlte sich zu schöpferischer Arbeit nicht fähig. Erst die Beschäftigung mit einem neuen Holzschnittprojekt ließ ihn die Krise überwinden. An Leo Kestenberg schrieb er am 15. August 1920: «Für die Winternacht habe ich mir eine Reihe von Holzschnitten vorgenommen, die mir hoffentlich die innerlich geeignete

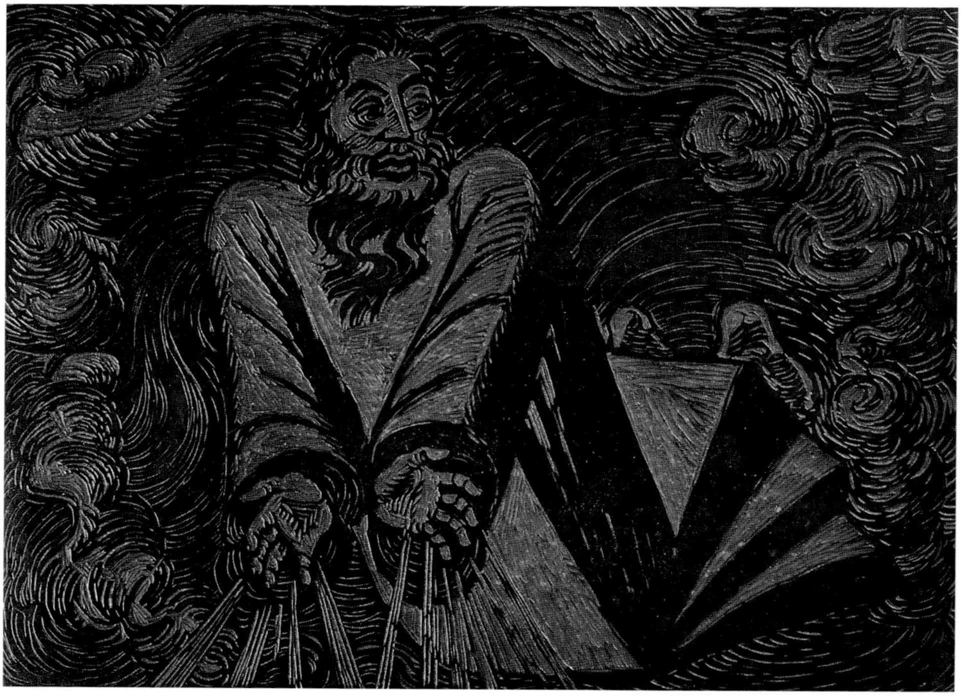

Abb. 38: Ernst Barlach, Druckstock zu Der erste Tag, *1922, Ernst Barlach Stiftung Güstrow.*

Verfassung schenken, deren ich so entsetzlich dringend bedarf.»[16] Und tatsächlich entstanden im Winter 1920/21 Holzschnitte, die ein Jahr später unter dem Titel *Die Wandlungen Gottes* (Abb. 38–40) – gebunden als Buch, ohne Text – bei Paul Cassirer erschienen. Diesmal hatte Barlach wohl am Anfang noch keine klaren Vorstellungen über die Publikationsform. Die Vorzeichnungen für die später sieben fertigen und gedruckten Motive waren zunächst unabhängig voneinander entstanden. So ging das Blatt *Die Dome* (Abb. 40) auf eine Debatte zwischen Friedrich Schult und Barlach über den Vorrang der Künste zurück. Schult hatte Barlach seinen Verszyklus *Es rotten sich die Dome und Kapelln* überreicht: «Dem Autor [Schult], der sich darauf berief, das freundlich ausgesprochene Lob [von Barlach] nach Maßen abwehrend, daß dem Dichter von Alters her eine größere Freiheit erlaubt sei als dem Plastiker, wurde die Zeichnung nach wenigen Tagen überraschend vorgewiesen.»[17]

Die Blätter *Die Felsen* und *Der Siebente Tag* waren ursprünglich für Barlachs parallel anlaufendes Projekt zu Goethes *Walpurgisnacht* (20 Holzschnitte, erschienen 1923) vorgesehen und wurden von ihm für *Die Wandlungen Gottes* kurzerhand umgedeutet[18]. Als eine Bremer Kunstfreundin Barlach 1931 nach dem Sinn der Holzschnitte befragte, antwortete er:

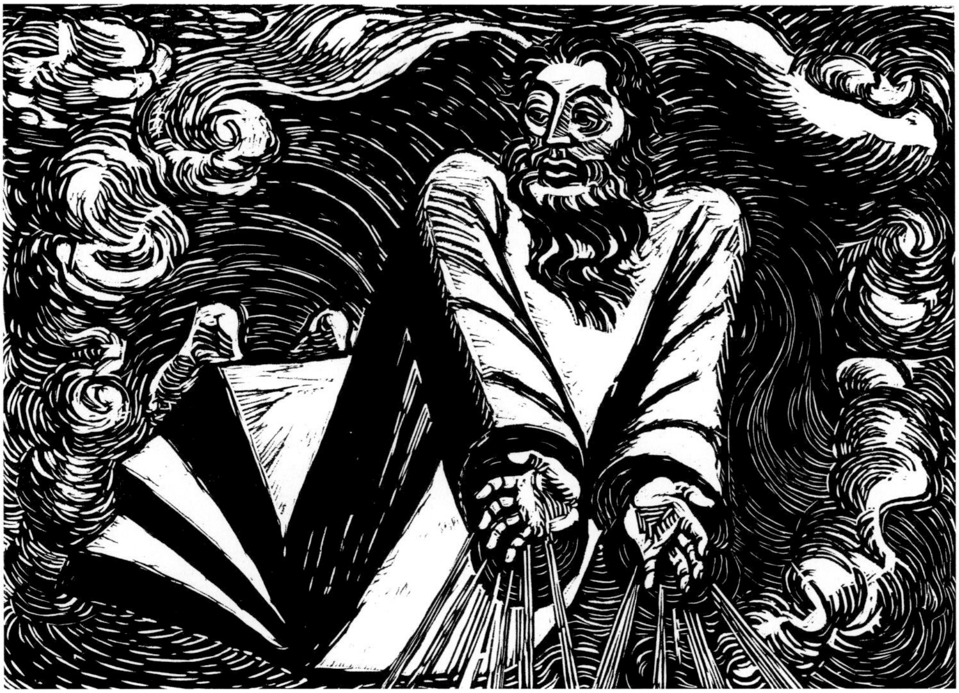

Abb. 39: Ernst Barlach, Der erste Tag, *1922, Holzschnitt, Ernst Barlach Haus Hamburg.*

«Die ‹Wandlungen Gottes› sind unter einem Sammelbegriff vereinigte Blätter, über die ich selbst zur Erläuterung am liebsten nichts sagte. Erfahrungsgemäß gibt man sich erschöpfend nur in bestimmter Hinsicht aus, so ich in den ‹Wandlungen› als Holzschneider. Aber ein paar Sätze dienen Ihnen vielleicht doch – ich empfinde seit je und immer mehr die Einheit von Schöpfer und Geschaffenem, das Gewordene ist die andre Gestalt des Schöpfers, seine Phasen, sein Spiegelbild; der Augenblick ein verwandeltes Stück Ewigkeit. Im Wandel der Dinge, im Entstehen, Verwehen, Verderben, Vergessen bleibt das unverlierbare Einssein. Was geschieht, wird künftig anders geschehen, aber die Gewalt des Geschehens, der Geist des Waltens ist der gleiche.»[19]

Auch sein im April 1921 fertiggestelltes Drama *Der Findling* wollte Barlach mit Holzschnitten veröffentlichen. Er schrieb dieses Stück in einer für ihn höchst prekären Lage, als er von der Frau seines Freundes Friedrich Schult, der er einen Heiratsantrag (!) gemacht hatte, zurückgewiesen wurde und Güstrow für immer verlassen wollte. Diese Situation hat er Tilla Durieux gegenüber packend geschildert[20]. *Der Findling* ist an Ausdrucksreichtum und irrwitziger Handlung kaum zu überbieten. Helmar Harald Fischer empfahl: «Wer seinen Ekel über die Schlechtigkeit der Welt mal gründlich formuliert haben möchte, der greife zu Ernst Barlachs ‹Findling›.»[21] Nur die plakative Drucktech-

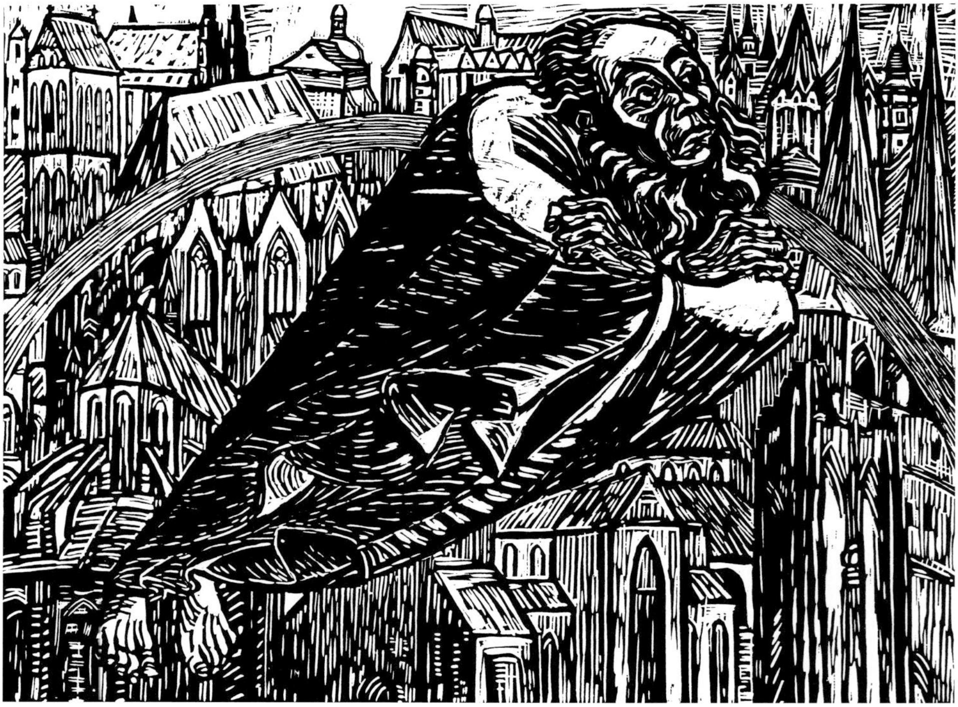

Abb. 40: Ernst Barlach, Die Dome, *1922, Holzschnitt, Ernst Barlach Stiftung Güstrow.*

nik, der Holzschnitt, schien für dieses Drama adäquat. Barlach schuf, mit den gepackten Koffern in seinem Atelier, wie im Rausch 20 Holzschnitte (Abb. 41), die 1922, nachdem er sich doch zum Bleiben entschlossen hatte, zusammen mit dem in Fraktur gesetzten Text erschienen.

An die Freude

1927 wurde im Verlag Paul Cassirer *Schiller. An die Freude*, mit 9 Holzschnitten von Ernst Barlach veröffentlicht. Bei der Vorbereitung des Projekts befand sich Barlach abermals in einem emotional aufgewühlten Zustand. Doch war er diesmal froh gestimmt. An seinen Vetter Karl schrieb er am 27. September 1924:

> «Im wesentlichen fühle ich mich jünger als je, und wenn ich mal irgendwie herausfinde, daß die Leut' von mir so etwas argwöhnen wie Nachlassen der Kraft, so grinse ich höchstens in mich hinein, vorläufig weiß ich's besser. Ein bißchen fauler werde ich, der Biereifer hat nachgelassen, die Angst, eine Minute zu verlieren; ja, ich lasse gelassen Monate verstreichen, ohne mich täglich zweimal ins Atelier zu stürzen, aber dann wälze ich mich mit Projekten herum, wie mir denn heute im Walde die Idee sich festigte, zu dem Lied ‹An die Freude› Bilder zu machen, Holzschnitte womöglich (‹Freude heißt die starke Feder›).

> Freude als Sinn, Zweck, Wesen der Welt, eine längst beliebte Vorstellung in meinen Gedanken über Zeit und Raum hinaus.»[22]

Auch bahnte sich in dieser Zeit die Beziehung zu Marga Böhmer an, die seine Lebensgefährtin werden sollte. Barlach entwickelte neun Motive, die sich einerseits auf Schillers Hymne aus dem Jahr 1785 beziehen, andererseits auf die berühmte Vertonung Beethovens, dessen Musik er außerordentlich schätzte. Eine im Güstrower Nachlaß aufgefundene Schiller-Ausgabe, die mit handschriftlichen Kommentaren Barlachs versehen ist, belegt seine intensive Auseinandersetzung mit dem Ausgangstext. Wieder bereitete Barlach die Holzschnitte mit vielen Zeichnungen vor. Dabei griff er – wie häufig – auf ältere, in anderen Zusammenhängen entstandene Skizzen zurück, ehe er die Gesamtkomposition in detaillierten Vorzeichnungen für die Übertragung auf den Druckstock festhielt[23]. Anders als etwa bei seinen Holzschnitten zu Goethes *Walpurgisnacht* oder auch zu *Der Findling*, die der turbulenten Handlung entsprachen, baute Barlach die Illustration zu diesem klassischen Gedicht klar gegliedert und unter Verwendung geometrischer Formen auf. Besonders deutlich wird dies etwa beim Blatt *Seid umschlungen, Millionen*. Zwei Pole bestimmen den Zyklus: zum einen die göttliche Instanz, repräsentiert im Schlußblatt durch den Sternenrichter, zum anderen die menschliche Liebe, dargestellt als ein sich umarmendes junges Paar.

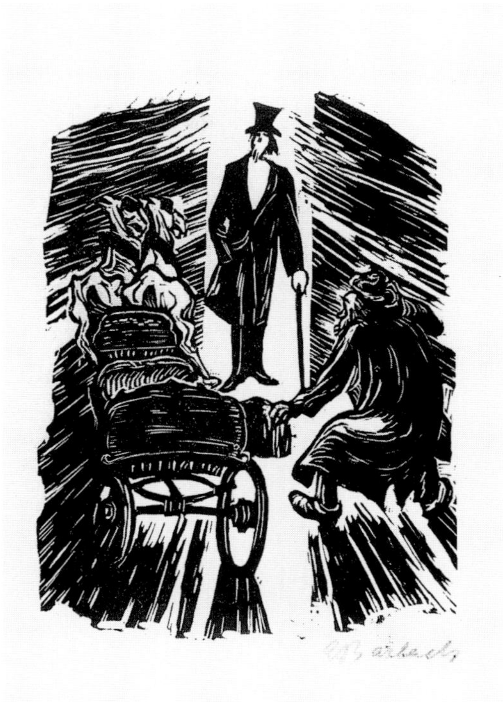

Abb. 41: Ernst Barlach: Der hohe Herr; *aus:* Der Findling, *1922, Holzschnitt, Ernst Barlach Haus Hamburg.*

Doch der persönliche Höhenflug Barlachs währte nicht lang. 1926 erschoß sich sein Galerist, Verleger und Freund Paul Cassirer, der ihn über so viele Jahre unterstützt und gefördert hatte. Die *Ode an die Freude* blieb Barlachs letztes Illustrationsprojekt.

Anmerkungen

1 Friedrich Schult: Ernst Barlach. Das graphische Werk. Hamburg 1957, S. 23.

2 «Für Br. Cassirer soll ich den ‹Michael Kohlhaas› von Kleist illustrieren, selbst die Zeichnung auf Holz bringen und schneiden, also heißt es, Experimente machen. Platten sind gekauft» (Brief an Adolf Schinnerer vom 12. Januar 1910). «Von Bruno

Cassirer bin ich aufgefordert, den ‹Michael Kohlhaas› von Kleist zu illustrieren. Und zwar selbst in Holz zu schneiden. Ich freue mich sehr über die Technik. Einen ersten, allerdings noch ungeschickten Versuch lege ich bei. Es ist aber viel Arbeit dabei, und wie mir scheint, ist B. C. ein vorsichtiger Herr, der allerdings von mir etwas Gutes hofft, aber auch nichts von mir in den Kauf nehmen will» (Brief an Reinhard Piper vom 1. April 1910). In: Barlach, Briefe, 1968, Bd. I, S. 329f., 337f.

3 *Liegender Bauer, Schäfer im Sturm, Der Zecher, Sterndeuter I* und *II, Der Geldzähler*. 1910 werden dann noch fertig: *Die Sorgende Frau, Der Berserker* und *Ruhender Wanderer*.

4 Ernst Barlach Stiftung, Güstrow. Vgl. Schult II (wie Anm. 1), Nr. 4–7. – Vgl. auch Elisabeth Laur: Ernst Barlach. Die Druckgraphik. Leipzig 2001, Nr. 8.01–8.04. – Publiziert als Kornätzung: Ernst Barlach. Zeichnungen zum Michael Kohlhaas. Berlin 1940 und als Faksimile: Heinrich von Kleist: Ernst Barlach, Michael Kohlhaas. Weimar 1980. – Vgl. vor allem Harald Knobling: Studien zum zeichnerischen Werk Ernst Barlachs 1892–1912. Worms 1989, S. 83ff.

5 Brief an Reinhard Piper vom 6. Mai 1910 (Barlach, Briefe 1968, Bd. I, S. 342).

6 Brief an Reinhard Piper vom 19. April 1921 (Barlach, Briefe 1968, Bd. I, S. 621).

7 *Der Kopf. Ein Gedicht von Reinhold von Walter, mit 10 Holzschnitten von Ernst Barlach, verlegt bei Paul Cassirer in Berlin 1919*. – Feilchenfeldt/Brandis, Nr. 203.

8 Barlach, Briefe 1968, Bd. I, S. 532.

9 Friedrich Schult: Ernst Barlach. Werkkatalog der Zeichnungen. Hamburg 1971, Nr. 1303, 1304, 1305, 1306, 1307, 1309, 1310, 1312, 1313. – Vgl.: Der Zeichner Ernst Barlach. Bestandskatalog der Zeichnungen des Ernst Barlach Hauses – Stiftung Hermann F. Reemtsma, Hamburg 2002, S. 324–327.

10 Caspers, S. 26ff.

11 Vgl. dazu Peter Paret: Bemerkungen zu einem «seltsamen Freundespaar». In: Thieme/Probst, S. 63–67.

12 Laur (wie Anm. 4), S. 18f.

13 Käthe Kollwitz: Die Tagebücher. Berlin 1989, S. 476f. (25. Juni 1920).

14 Ebd.

15 Barlach, Briefe 1968, Bd. I, S. 569.

16 Barlach, Briefe 1968, Bd. I, S. 591.

17 Schult III (wie Anm. 9), Nr. 1404.

18 Vgl. Laur (wie Anm. 4), S. 19.

19 E. B. an Frieda Strohm, 8. Februar 1931 (Barlach, Briefe 1969, Bd. II, S. 258).

20 E. B. an Tilla Durieux, 10. September 1921 (Barlach, Briefe 1968, Bd. I, S. 640).

21 Helmar Harald Fischer: Ernst Barlach Dramen. Der Findling. München/Zürich 1988, S. 7 (Vorwort).

22 Barlach, Briefe 1968, Bd. I, S. 729f.

23 Vgl. die Ausstellung «An die Freude». Barlachs Illustrationen zu Schillers Hymne. Zum 200. Todestag von Friedrich Schiller, Kabinettausstellung der Ernst Barlach Stiftung Güstrow. Hg. von Inge Tessenow. Güstrow und Hamburg 2005.

Julius Meier-Graefe und Paul Cassirer

Die *Pan*-Connection

Catherine Krahmer

Im Frühsommer 1914, nur wenige Wochen vor Beginn des Ersten Weltkriegs, fand bei Paul Cassirer in Berlin ein epochales Ereignis statt, das Meier-Graefe als die «beiden van-Gogh-Ausstellungen» bezeichnete. Er meinte damit die «annähernd vollkommene» Ausstellung van Gogh'scher Werke, die zeitlich mit der ersten Gesamtausgabe der Briefe des Künstlers an seinen Bruder – «die zweite van-Gogh-Ausstellung» – zusammenfiel. Meier-Graefe schrieb hierüber eine eindringliche Besprechung im *Berliner Tageblatt* vom 12. Juni 1914, die mit den Worten schließt:

> «Herrn Paul Cassirer gebührt für diese beiden Ausstellungen, die in der denkbar glücklichsten Weise das Zusammenwirken der beiden Ressorts seines Hauses zeigen, der Dank aller Kunstfreunde. Er hat damit manches gutgemacht, was an seiner Wirksamkeit in den letzten Jahren bedenklich schien. Wie vieles könnte ein solcher Kunsthändler uns schenken, wie leicht könnte er den berechtigten Teil seines Prestiges vergrößern, wenn er immer so sachlich bei seinem Leisten bliebe.»

Dies ist die gerechteste Würdigung des Kunsthändlers und Verlegers Paul Cassirer aus der Feder Meier-Graefes, dies um so mehr, als auch letzterer, und zwar schon lange vor Cassirer, den Wunsch hegte, van Goghs Briefe zu veröffentlichen[1]. Wie nicht anders zu erwarten, haben sich die Wege der beiden «großen Anreger und Vermittler»[2] der Moderne in Deutschland verschiedentlich gekreuzt, und zwar von früh an. Meier-Graefe (Abb. 42) war 1898 in Paris als Herausgeber der beiden Zeitschriften *Dekorative Kunst* und *L'Art Décoratif* der Vertreter der neugegründeten Galerie *Bruno & Paul Cassirer*[3]. Meier-Graefe war auch derjenige, der Henry van de Velde in Deutschland bekannt machte[4], wo dessen 1898 ausgeführte Einrichtung für das Lesezimmer des *Kunstsalons Bruno und Paul Cassirer* in Berlin einer seiner wichtigen frühen Aufträge wurde.

Meier-Graefe stand im Ruf, «ein sehr gefälliger Herr» zu sein. Diese Auskunft erhielt der angehende Verleger Reinhard Piper, als er sich an die Kunsthandlung von Paul Cassirer mit der harmlosen Bitte wandte, man möge ihm doch die Adressen der Kunden für einen Prospektversand geben: «Gehn Sie doch mal zu Meier-Graefe, [...] der kann Ihnen vielleicht helfen.»[5] Dies war zur Zeit der *Deutschen Jahrhundertausstellung* 1906, und auf diese Weise lernte Meier-Graefe seinen späteren Hauptverleger kennen, während bei Paul Cassirer keine einzige seiner zahlreichen Publikationen zur Kunst erschien.

Die Verbindung zwischen dem Kunsthändler und dem Kunstschriftsteller ist ein wichtiges Kapitel, das hier nur gestreift werden kann. Obwohl sie im großen Ganzen dieselben Künstler schätzten[6], war ihr Verhältnis zur Kunst wie auch ihre Beziehung zu Frankreich eine ganz andere. Meier-Graefe ließ sich von der Vorstellung eines idealen, repräsentativen Museums leiten; Paul Cassirer vertrat «die Moral des Imports»[7] – französischer Kunstwerke nach Deutschland, versteht sich. Meier-Graefes Horizont war ganz und gar durch französische Kunst und Kultur geprägt, er bemühte sich aber um einen Ausgleich zwischen den beiden Kulturen. Berlin blieb ihm zeitlebens fremd, während Paul Cassirers Bedeutung für den Aufstieg der Reichshauptstadt zur Kunstmetropole nicht eigens betont zu werden braucht[8]. Zwar hatten sie dieselben Feinde[9], dies sollte jedoch nicht über die Unterschiede zwischen ihnen hinwegtäuschen. Beider Einfluß ist kaum zu überschätzen, aber sie wurden ebenso schnell wieder vergessen, wie sie berühmt und umstritten waren. All dies wäre ein Gegenstand wichtiger Erörterungen. Wir wollen uns hier aber auf buchkünstlerische und verlegerische Unternehmungen konzentrieren, die im Leben und für die Tätigkeit beider eine wesentliche Rolle spielten und von denen wir neue Vorstellungen zu gewinnen hoffen.

Die Pan-Lehre

Meier-Graefes Laufbahn beginnt wie die Paul Cassirers, mit dem Vorsprung von drei bis vier Jahren, die er älter war, mit literarischen Versuchen. Die eigentliche Karriere startet im Jahre 1894 mit der anspruchsvollen Zeitschrift *PAN*, bei der Meier-Graefe das rührigste Gründungsmitglied war. Das von einer Genossenschaft getragene Unternehmen sollte durch einen Kunstsalon, ein *Pan-Theater*, sowie durch einen Verlag für Bücher und Graphik erweitert werden. Hinzu kamen Niederlassungen im Ausland und die Herausgabe einer französischen Ausgabe des Blattes, das auch in englischer Sprache erscheinen sollte[10]. In hochtrabenden Prospekten wurde «ein Kunstorgan von wahrhaft repräsentativer Bedeutung», ein «Organ für die Vertretung der höchsten künstlerischen Ziele durch das höchste künstlerische Können» angekündigt[11]. In Wirklichkeit traten die Divergenzen gleich im ersten Heft der Zeitschrift zutage. Wilhelm Bode plädierte als einflußreiches Mitglied der *Genossenschaft Pan* für eine gewisse Einheitlichkeit und Qualität des Blattes, selbst wenn eine illustrierte Zeitschrift kein Buch sei. Hierauf antwortete die von O. J. Bierbaum und Meier-Graefe geführte Redaktion: «Ein Buch ist ein großer Saal, von dem man einen einheitlichen Eindruck erwarten darf, eine illustrierte Zeitschrift dagegen ist ein Haus mit vielen Zimmern und Gelassen.» Der Leiter der Berliner Museen hatte hervorgehoben, daß die Fülle der künstlerischen Reproduktionstechniken Hand in Hand mit der Verwilderung in ihrer Anwendung ginge, daß besonders die photographischen Druckverfahren sich verwirrend und verbildend auswirkten. Darauf erwiderten die jungen Redakteure: «Es liegt in

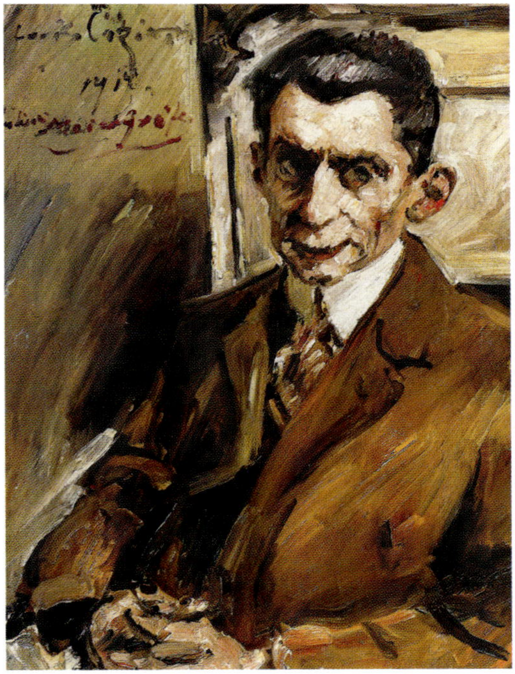

Abb. 42: Lovis Corinth, Porträt Julius Meier-Graefe, *1917, Öl/Lwd., 90 x 70 cm, Musée d'Orsay, Paris.*

unserm Plane vielmehr die Pflege des Originalschnittes, -Stiches etc. als die Pflege der in den Dienst der Reproduktion gestellten graphischen Künste.»[12] Man wollte das Verschiedenste zur selben Zeit: Originalgraphiken wurden zusammen mit Lichtdrucken und Heliogravüren in die Zeitschrift eingebunden; mit typographischen Formen und Zierstücken jeglicher Art, die man den einzelnen literarischen Texten anzupassen suchte, wurde experimentiert. Die Gründer der um ein Jahrfünft jüngeren *Insel* zogen nützliche Lehren aus dem widerspruchsvollen *PAN*-Vorhaben. Sie legten besonders auf die «Buchmäßigkeit» der Zeitschrift Wert und gaben getrennte Mappenwerke heraus, die Originalgraphiken mit Faksimiles nach Werken moderner und älterer Kunst vereinten, für die Meier-Graefe verantwortlich war[13].

Das Dreivierteljahr, in dem sich Meier-Graefe um die Redaktion von *PAN* bemühte, hatte ausgereicht, um aus ihm einen Experten des Buchgewerbes zu machen. Bevor er Ende 1895 für ein Jahrzehnt nach Paris ging, brachte er noch im Selbstverlag die ersten drukkgraphischen Werke des Freundes Edvard Munch heraus – die acht Radierungen der sogenannten Meier-Graefe-Mappe, der er eine Broschüre mit einem von ihm verfaßten Text voller Ironie beigab. Wir werden an Barlachs erstes gemeinsames Unternehmen mit Paul Cassirer erinnert, an das Drama *Der tote Tag* (1912) mit seiner «geräumigen Mappe» von 27 großen Lithographien, in der der Textband des Stückes «einen vorläufigen Unterschlupf» fand. Und noch eins hatten beide Unternehmen gemeinsam: ihre Unverkäuflichkeit. Meier-Graefe, der im Gegensatz zu Cassirer alles andere als begütert war, begann zwar kein «generöses Herumschenken in Stadt und Land», aber er bot die Munch-Mappe *à un prix d'ami* an[14].

Das moderne Buch

Ein halbes Jahr nach Meier-Graefes Niederlassung in Paris fand ein Ereignis statt, an dem er aktiven Anteil nahm: *L'exposition internationale du livre moderne* in Bings Galerie *L'Art Nouveau*, Paris, Juni 1896[15]. Die Ausstellung gab zum ersten Mal eine Übersicht über das moderne Buchgewerbe seit Mitte des 19. Jahrhunderts. Sie umfaßte sowohl gedruckte wie handgeschriebene Werke, mit oder ohne Illustrationen, diese in den verschiedensten Techniken, auch Originalzeichnungen, Manuskripte, Papiersorten, Lettern und alle Ornamente eines Buches, selbst Möbel und Entwürfe für Bibliotheken. Die Gestaltung des bibliophilen Katalogs wurde Félix Vallotton anvertraut, vermutlich auf Initiative Meier-Graefes, «der bedeutendste Wegbereiter und Verfechter von Vallottons Kunst in Deutschland»[16], aber auch in Frankreich. In seiner zweisprachigen Vallotton-Monographie, der ersten, die dem Künstler gewidmet und von ihm selbst gestaltet wurde, die auch den wichtigsten Teil seines bisher publizierten Werkes enthielt, schreibt Meier-Graefe: «Das beste Buch – im gewerblichen Sinne – scheint mir trotz der grossen Ueberhastung bei der Arbeit der Katalog für die Exposition Internationale du Livre Moderne 1896.»[17]

Diese viel beachtete Ausstellung des modernen Buches bestätigte Meier-Graefes Position als Kenner auf diesem Gebiet. Doch distanzierte er sich von der Bibliophilie als «beziehungslosem Sammlersport», als «Anachronismus in unserer ernsten Zeit», und wurde indessen ein überzeugter Verteidiger der kunstgewerblichen Bewegung: «Überall ging durch alle Jungen der brennende Wunsch, sich von der abstrakten Kunst [= der Malerei, C. K.], die immer mehr eine Sache für Liebhaber wurde, immer mehr an dem breiten Wirkungsfeld vergangener Epochen verlor, abzuwenden und eine neue zu schaffen, die weiter greifenden Zwecken dienen konnte.»[18] Dieses Ideal wurde damals «Sozialismus» genannt. Dem diente Meier-Graefe für wenige Jahre, bis er einsah, daß die großen Erwartungen, die mit dem «mächtigen Antrieb» verbunden wurden, dem Ergebnis nicht entsprachen.

Im letzten der drei Vorträge, die Meier-Graefe vor dem Ersten Weltkrieg in der Galerie Paul Cassirer hielt – einem Vortrag, der sich mit der Frage «Kunst oder Kunstgewerbe?» befaßte – blickt er auf die Umwälzung zurück, zu der er selbst beigetragen hatte:

> «Die Persönlichkeit war das Übel. [...] die uferlose Verschwendung der abstrakten Kunst [...] Sobald man die Nützlichkeit zur Frage erhob, gab es kein Halten mehr. Ein Revanchegefühl ging durch die Welt, der Ruf nach Stil, nach eßbarer Speise, nach solidem Ersatz für die nebelhaften Ideale einer ohnmächtigen Kaste. [...] Ich erinnere mich noch meines ersten Besuchs bei William Morris [...] Übrigens gefielen mir die nicht illustrierten Bücher von Morris am besten. Kunstlos und doch schön! [...] ein Übergangsstadium [...] Die Revolution ist vorbei. Die Sachlichkeit triumphiert auf der ganzen Linie. [...] Was nun? Schließlich können wir unser Dasein nicht mit der gegenwärtigen Versicherung unserer Sachlichkeit verbringen. [...] Was ist inzwischen aus der Kunst geworden...?»[19]

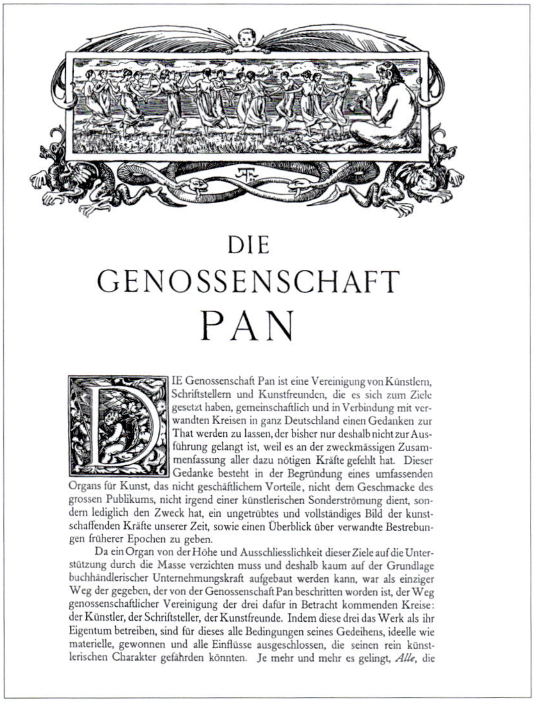

DIE
GENOSSENSCHAFT
PAN

DIE Genossenschaft Pan ist eine Vereinigung von Künstlern, Schriftstellern und Kunstfreunden, die es sich zum Ziele gesetzt haben, gemeinschaftlich und in Verbindung mit verwandten Kreisen in ganz Deutschland einen Gedanken zur That werden zu lassen, der bisher nur deshalb nicht zur Ausführung gelangt ist, weil es an der zweckmässigen Zusammenfassung aller dazu nötigen Kräfte gefehlt hat. Dieser Gedanke besteht in der Begründung eines umfassenden Organs für Kunst, das nicht geschäftlichem Vorteile, nicht dem Geschmacke des grossen Publikums, nicht irgend einer künstlerischen Sonderströmung dient, sondern lediglich den Zweck hat, ein ungetrübtes und vollständiges Bild der kunstschaffenden Kräfte unserer Zeit, sowie einen Überblick über verwandte Bestrebungen früherer Epochen zu geben.

Da ein Organ von der Höhe und Ausschliesslichkeit dieser Ziele auf die Unterstützung durch die Masse verzichten muss und deshalb kaum auf der Grundlage buchhändlerischer Unternehmungskraft aufgebaut werden kann, war als einziger Weg der gegeben, der von der Genossenschaft Pan beschritten worden ist, der Weg genossenschaftlicher Vereinigung der drei dafür in Betracht kommenden Kreise: der Künstler, der Schriftsteller, der Kunstfreunde. Indem diese drei das Werk als ihr Eigentum betreiben, sind für dieses alle Bedingungen seines Gedeihens, ideelle wie materielle, gewonnen und alle Einflüsse ausgeschlossen, die seinen rein künstlerischen Charakter gefährden könnten. Je mehr und mehr es gelingt, *Alle*, die

Abb. 43: Prospekt für Die Genossenschaft PAN, *1894, mit einer Zierleiste von Hans Thoma.*

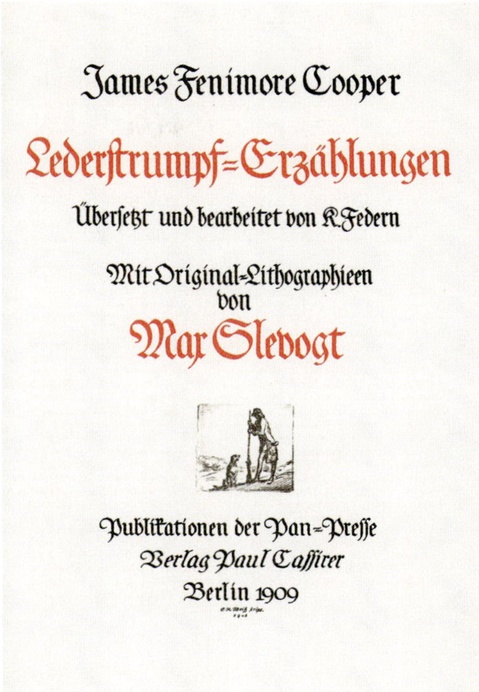

James Fenimore Cooper
Lederstrumpf-Erzählungen
Übersetzt und bearbeitet von K. Federn
Mit Original-Lithographieen
von
Max Slevogt

Publikationen der Pan-Presse
Verlag Paul Cassirer
Berlin 1909

Abb. 44: Max Slevogt, Titelseite der Lederstrumpf-Erzählungen *aus dem Gründungsprospekt der* Pan-Presse, *1909.*

Die Gründungsakte der *Pan-Presse*

Uns will scheinen, daß der Gründungsprospekt der *Pan-Presse* 1908/09[20], der das eigentliche Programm des Kunstverlags Paul Cassirer darstellt, das Mittelstück bildet zwischen dem «einst und jetzt», das wir bei Meier-Graefe aufgezeigt haben. Und zwar wagen wir die Behauptung, daß letzterer es formulierte, selbstverständlich in Übereinstimmung mit Paul Cassirer und seinem Vorhaben (Abb. 43, 44).

Meier-Graefe spricht in dem bewußten Prospekt, der äußerlich an die gute alte *PAN*-Zeit erinnert, aus eigener Erfahrung und im Namen seiner Generation: «Was vor 20 Jahren den Hoffenden als schwer erreichbares Ideal erschien, gibt sich heute den Schaffenden als zu leicht erreichbares Ziel zu erkennen und weckt die Befürchtung, daß man über der nächstliegenden Aufgabe die Realisierung einer höheren vergißt. [...] Wir haben die Ansprüche an die Kunst verbilligt, indem wir sie zu verallgemeinern wähnten. Wir glauben, im Gewerbe viele Arten von Künsten zu betreiben, während wir uns in Wirklichkeit nur geschmackvoll äußern.» Dann ist von William Morris und den Folgen die Rede: «Sie gaben sich der Illusion hin, die Kunst ins Leben zu tragen, indem sie die Künstler nötigten, Handwerker zu werden. Das Handwerk wurde besser. Der Kunst aber widerfuhr ein kaum geahntes Schicksal, das Gegenteil dessen, was man daraus erhofft hatte. Sie ist heute einsamer und seltener als je.»

Diesen Gedankengang finden wir fast wörtlich auch in anderen Schriften Meier-Graefes, vor und um 1900, angefangen bei den Prospekten für *Dekorative Kunst* (1897) bis zu seiner *Entwickelungsgeschichte der modernen Kunst* (1904). Zwar teilte er in den 90er Jahren die gewerbliche «Illusion», nahm jedoch bald von ihr Abstand. Die Einsamkeit der Kunst in der Gegenwart mit allen Folgerungen, die sich daraus ergeben, beschäftigte ihn sein Leben lang.

So weit holt der Prospekt, der Paul Cassirers Kunstverlag lancieren sollte, aus. Meier-Graefe war der geeignete Mann, um dem Verlagsprogramm den richtigen Umriß zu geben. Der Verleger selbst war weniger theoretisch als pragmatisch veranlagt[21]. Diese programmatische Erklärung mit quasi historischer Rechtfertigung mußte Paul Cassirer beim Neubeginn seines Kunstverlags um so willkommener sein, als im Hintergrund die Rivalität mit dem Bruno Cassirer Verlag stand[22]. Das illustrierte Buch, dem sich die *Pan-Presse* widmen wollte, wird als willkommene «Propaganda» für die Kunst hingestellt. Nach der strengen kunstgewerblichen Bewegung, die «Künstelei aus allen Dingen» entfernte, sollte den Künstlern auf diesem Gebiet die Freiheit des Schaffens wieder gewährt und die geeigneten Mittel gegeben werden, worunter die Gründung einer Handpresse verstanden wurde – «in Deutschland ein überaus vager Begriff».

Das illustrierte Buch

Mit diesem Vorhaben bewegte sich Paul Cassirer gleichsam auf französischem Gebiet. In Frankreich mußte das Recht auf freies Schaffen eines «Buchkünstlers» nicht eigens erkämpft werden. Hier hatte die Tyrannei der reinen Typographie nicht geherrscht; man erinnere sich der vielseitigen Ausstellung des *livre moderne*. Zwei der größten Meisterwerke des illustrierten Buchs, das in Frankreich *livre d'artiste* oder *livre de peintre* genannt wird[23], entstanden 1900 und 1902: *Parallèlement* von Paul Verlaine und *Daphnis et Chloé*, beide mit Originallithographien von Pierre Bonnard. Ambroise Vollard, auf dessen Anregung diese herrlichen Werke entstanden, wäre es nie eingefallen, bei den Bibliophilen «für Duldung eines Kompromisses» zu plädieren, wie es im Prospekt der *Pan-Presse* geschah. Gemeint war der unorthodoxe Gebrauch des Steindrucks, also eines Flachdrucks, der sich nach der vorherrschenden Lehre von Morris mit dem Reliefcharakter des geschnittenen Buchstabens nicht vertrage. In einer weiteren Formulierung des Prospekts der *Pan-Presse*, in der wir ganz und gar Meier-Graefe wiedererkennen, heißt es: «Aber man tritt seinem [Morris'] Andenken kaum zu nahe, wenn man behauptet, daß er die Ausnahme von der Regel auch dann nicht gestattet hätte, wenn der Zeichner ein Rembrandt gewesen wäre.»[24]

Und doch waren die ersten beiden buchkünstlerischen Unternehmen von Vollard alles andere als ein Erfolg in Frankreich. Ein Mitglied der eleganten *Société des Bibliophiles*, als man ihm den Vorschlag machte, die von Bonnard illustrierten Werke zu erwerben, soll ausgerufen haben: «Ah non, ce serait introduire le diable dans ma bibliothèque!»[25] Hingegen zitiert Vollard in seinen Erinnerungen Meier-Graefes lobendes Urteil, «daß ein Buch wie *Daphnis und Chloé*, bei dem Papier, Druck und Illustrationen so vollkommen harmonierten, in Deutschland niemals erscheinen könnte»[26]. Vollard ließ sich nicht entmutigen: Das Künstlerbuch, mehr noch als seine Liebe zu Bildern, wenn wir André Suarès Glauben schenken wollen[27], war die große Leidenschaft seines Lebens. Ob man von Paul Cassirer dasselbe behaupten könnte?

Paul Cassirer war wie Vollard ein verborgener Schriftsteller, ein schöpferischer Mensch, der nur durch andere wirken konnte, was ihn wohl oft zur Unzufriedenheit trieb und seine Neigung zur Satire und Ironie erklärt, die sich auch in der Wahl mancher von der *Pan-Presse* herausgegebenen Werke widerspiegelt. Inwiefern sich der Berliner Kunsthändler und Verleger am Werden seiner Kunstbücher persönlich beteiligte, ist ebenso schwer zu bestimmen wie im Falle des «Tyrannen der Rue Laffitte» (der Straße, in der sich Vollards Galerie befand). Vermutlich ließ er, wie letzterer, den Künstlern die größte Freiheit, ohne jedoch auf das eigene Urteil zu verzichten. Es war wohl bei jedem Fall und Künstler verschieden, doch kennen wir beim Verleger Paul Cassirer nicht das endlose Sichhinausziehen buchkünstlerischer Unternehmungen, wie dies bei Vollard der Fall gewesen ist. Dazu war schon Cassirers Temperament ungeeignet. Marie Dormoy, die über Kunst schrieb, erzählt, wie Vollard einem amerikanischen Ingenieur erklärte, die Schwierigkeiten bei der Herstellung eines Künstlerbuches seien größer als jene, denen man bei der Konstruktion eines Stadtviertels, ja bei einer ganzen Stadt wie New York, Chicago oder Philadelphia begegne[28]. Dies hätte der Inhaber der *Cranach-Presse* (Harry Graf Kessler) wohl eher akzeptiert als Paul Cassirer.

Als 1909 das erste Werk der *Pan-Presse* erschien, Coopers *Lederstrumpf* (Abb. 44), von Max Slevogt illustriert, gab in Paris der junge Daniel-Henry Kahnweiler sein erstes Künstlerbuch heraus: *L'Enchanteur pourrissant* von Guillaume Apollinaire mit Holzschnitten von André Derain. Hier beginnt etwas Neues, wo nicht mehr ältere oder neuere Dichtungen illustriert werden, sondern wo ebenbürtige Dichter und bildende Künstler, meist derselben Generation, ein Drittes schaffen: ein autonomes Buchwerk *sui generis*. Eine Sonderstellung nimmt allerdings Ernst Barlach in Paul Cassirers Kunstverlag schon dadurch ein, daß hier der Dichter und der bildende Künstler ein und dieselbe Person ist, was aus dem 10. Werk der *Pan-Presse* – *Der tote Tag* – eine einmalige Leistung macht, zu der es im Nachbarland nichts Vergleichbares gibt. Es handelt sich allerdings, wie wir sahen, nicht um ein Künstlerbuch, sondern um eine Graphikmappe mit einem getrennten Textband.

Dasjenige vom Paul Cassirer Verlag herausgegebene Werk, das der französischen Tradition des illustrierten Buchs am nächsten kommt, ist vielleicht nicht zufällig *Or-*

lando und Angelika. Ein Puppenspiel. Hier trafen sich aufs glücklichste Meier-Graefe, der frei nach der Überlieferung der Neapler Marionetten das Puppenspiel in zehn Akten nachdichtete, und der von ihm geschätzte «deutsche Bonnard», Erich Klossowski, der stimmungsvolle Bilder nach den Puppen schuf (Abb. 45). Die Lithos hat Clot in Paris, der beste Spezialist auf dem Gebiet, im Auftrage Paul Cassirers abgezogen. Meier-Graefe hatte zunächst an den S. Fischer-Verlag gedacht[29], bevor er es Cassirer anbot, wo das reizvoll illustrierte und gestaltete Buch 1912, im selben Jahr wie *Der tote Tag*, erschien, allerdings nicht als Werk der *Pan-Presse*.

Die Halbmonatsschrift *Pan*

Der Name Pan, der ein erstes Mal «im Andenken an die Bestrebungen der Genossenschaft Pan» (Prospekt der *Pan-Presse*) gewählt wurde, diente nochmals als Titel der ganz anders ausgerichteten Halbmonatsschrift, die ab November 1910 von Wilhelm Herzog und Paul Cassirer herausgegeben wurde (Abb. 46). Dank ihrer hervorragenden Mitarbeiter, die von Heinrich Mann bis zu Paul Cassirer selbst reichten, wurde sie zu einem wichtigen Forum der Literatur, der Künste und der Öffentlichkeit[30]. Die ersten Worte des neuen *Pan*, der nicht wie *Die Insel* zur Keimzelle eines Verlags wurde – den gab es schon seit zweieinhalb Jahren – wurden von Meier-Graefe – *à tout seigneur, tout honneur* – erbeten. Sein Vorwort zum ersten Heft mit der Überschrift *Der PAN* liest sich, als gehöre er einer älteren Generation an: «Sie tun mir zuviel Ehre an, ich bin nicht der Siegelbewahrer des seligen PAN, der Titel ist vogelfrei. [...] man schreibt schon, als wäre es eine Generation her.» Meier-Graefe warnt vor der «Würde», sie «war unser Ruin», und vor der «Vielseitigkeit», dem «Krebsschaden jeder Zeitschrift».

Zur selben Zeit befaßte sich Meier-Graefe mit einem anderen Unternehmen, mit der seit 1909 erscheinenden *Nouvelle Revue Française*, aus der die *Editions Gallimard* hervorgingen, die es, im Gegensatz zum kurzlebigen zweiten *Pan*, noch heute gibt. Er könne, so Meier-Graefe, die junge französische Zeitschrift nicht besser bezeichnen als mit dem Attribut «repräsentativ». «Und sie ist es, ohne zu wollen, ohne die berühmte Vorrede: ‹Unsere Absichten!› [...] Ich beneide die Franzosen um diese Revue. Wo ist bei uns das Haus, in dem sich Gleichgesinnte zwanglos vereinen und man sicher ist, nicht zwischen zwei Nachbarn gesetzt zu werden, von denen der eine aus dem elften Jahrhundert und der andere aus dem dreißigsten dichtet? [...] Man denkt bei der Nouvelle Revue Française immer an die Straßen von Paris mit ihren schönen Perspektiven. Bei uns wird man überall an die Warenhäuser erinnert.»[31]

In dieser Gegenüberstellung liegt nicht nur und im voraus die passende Kritik an den unerfreulichen Vorgängen mit Cassirers *PAN*, die sich im raschen Wechsel der Heraus-

Abb. 45: Erich Klossowski, Farblithographie aus: Julius Meier-Graefe, Orlando und Angelika, 1912.

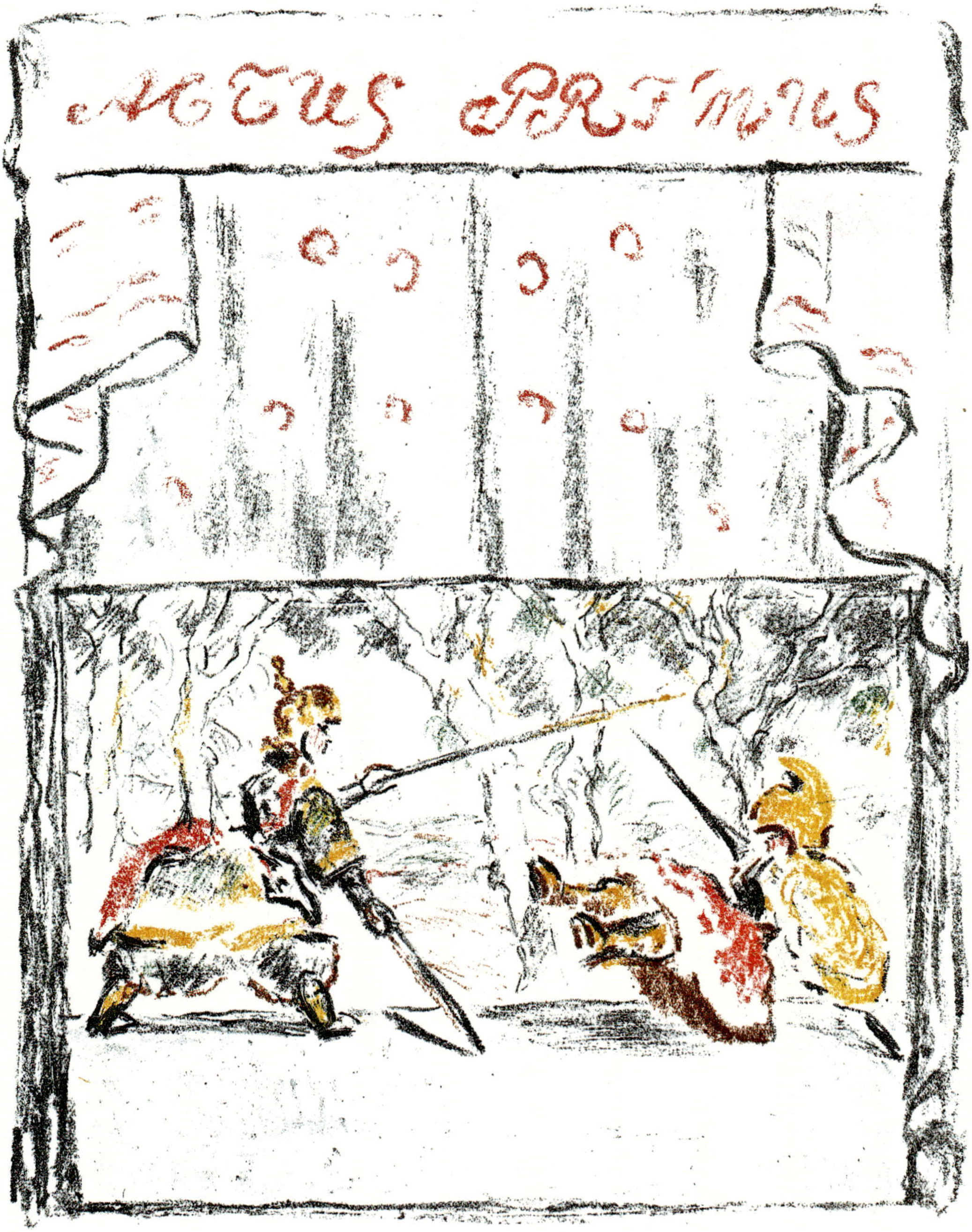
ACTUS PRIMUS

geber widerspiegelt[32], sondern auch die Andeutung des fundamentalen Unterschieds zwischen der deutschen und der französischen Kultur, so wie Meier-Graefe ihn empfand. Er bemühte sich um einen Ausgleich, suchte das «Repräsentative» auch auf dem Gebiet der Kunst, das wir sein Museumsideal nannten, welches er nicht zuletzt als Ziel und Sinn der von ihm gegründeten und geleiteten *Marées-Gesellschaft* ansah[33]. Das Ideal, das ihm vorschwebte, auf das wir hier nicht näher eingehen können, war, eine lebendige geistige Tradition zu schaffen. Dazu kamen nur sichere Werte in Frage[34].

Die deutsche Illustration – ein Veilchen im Verborgenen

Ein solches Programm suchen wir vergebens beim Verleger Paul Cassirer. Er handelte als Liebhaber, aus Interesse, gelegentlich aus Laune, aus persönlicher Zuneigung; er konnte auch beständig in großen Unternehmungen sein, wenn sie ihm wichtig erschienen oder ihn begeisterten. Und da man niemals besser als im Vergleich und im Kontrast sieht, scheint uns der Rivale und Vetter Bruno Cassirer eine aufschlußreiche Gegenüberstellung, von dem Meier-Graefe in der Festschrift zum 60. Geburtstag folgendes schrieb:

> «Bruno Cassirer führt seinen Verlag wie ein Museum. Läßt man die Gültigkeit dieses Verhaltens prinzipiell zu, so kann die Anerkennung nicht stark genug unterstrichen werden. Es gibt sehr wenige Museen in der Welt, die ihre konservative Richtung mit gleicher Umsicht, mit gleichem Anstand und, alles in allem, so vorbildlich innehalten wie dieser Verlag.»[35]

Die Werke der *Pan-Presse* bilden kein «ideales Museum». Die Bedeutung des Verlegers Paul Cassirer auf künstlerischem Gebiet war eine andere, seine Leistung weniger einheitlich, aber kühner, sowohl in der Wahl von Künstlern wie Barlach, Beckmann, Kokoschka oder Corinth[36], wie in den Erzeugnissen (die radierte *Zauberflöte!*). In dem bereits erwähnten Artikel über moderne deutsche Illustration zeichnet Meier-Graefe eine historische Perspektive: «In dem Chaos der deutschen Kunst, das mit jedem Tag wüster wurde und aufrichtiger als die Formen des beginnenden Imperialismus die brüchige Mentalität verriet, gedieh die deutsche Illustration, ein Veilchen im Verborgenen. Sie ist eigentlich die einzige deutsche Schöpfung der Zeit, die nicht von einem glücklichen Einzelfall bestimmt wird, sondern den Begriff einer kollektiven Leistung erfüllt.»[37] Meier-Graefe entwirft ein weites Panorama, das sich in zwei Richtungen entfaltet, derjenigen des Holzschnitts, die von der «Masse der deutschen Illustratoren der Gegenwart» gepflegt wird, und derjenigen der malerischen Tradition mit ihrem «geborenen Mittel», der Lithographie. Sie weckte «in einem begrenzten Maler den größten Illustrator der Zeit». Gemeint ist Max Slevogt, um den, wie einst um van Gogh, die beiden Vettern Cassirer, wie auch Meier-Graefe zur Zeit der *Marées-Gesellschaft*, miteinander wetteiferten[38].

Der Unterschied zwischen Malerei und Graphik als spezifisch «deutsches» Problem beschäftigte Meier-Graefe von früh an. In seinem Buch *Der junge Menzel* von 1906 widmet er dem Illustrator, dem Zeichner und dem Maler Menzel getrennte, scharfsichtige Betrachtungen, um die ganze Eigenart der Entwicklung des Künstlers zu erfassen. Auch bei van Gogh geht er auf den Unterschied zwischen Zeichnung und Malerei ein, den wir zumal da gewahr werden, wo ein Motiv in beiden Formen existiert. In Meier-Graefes Sicht beherrscht der Zeichner van Gogh die Vorstellung. Das verbinde ihn mit den Deutschen, für die «der Unterschied zwischen Zeichnung und Malerei nicht technisch, sondern metaphysisch» sei. Die Deutschen, so Meier-Graefe, «halten die Malerei für die gehobene festliche Form der Zeichnung»; ihre lyrische Anlage verführe sie, «Bilder zu dichten statt zu malen und Feste feiern zu wollen, auch wenn genügender Anlass oder Fähigkeit zur Steigerung fehlt». Im Unterschied hierzu van Gogh: «Nicht der Zeichner, nicht der Maler, sondern die Steigerung dieses Zeichners zu diesem Maler ist einzig.»[39]

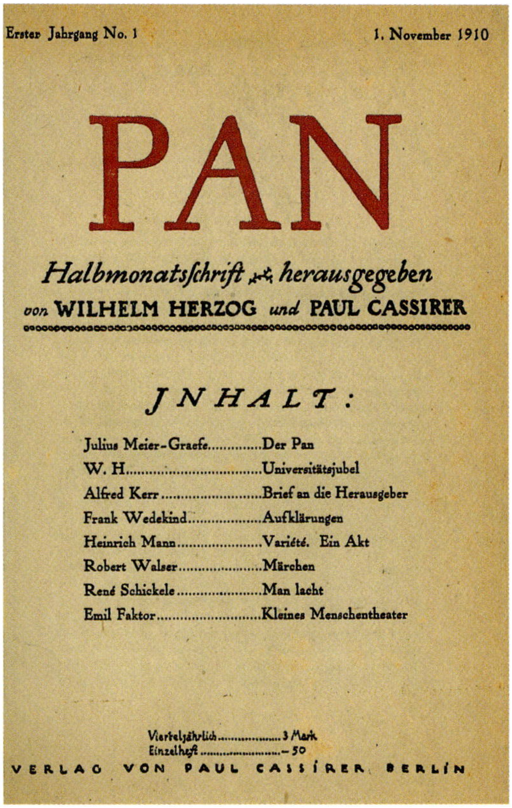
Erster Jahrgang No. 1 1. November 1910

PAN

Halbmonatsschrift herausgegeben
von WILHELM HERZOG und PAUL CASSIRER

JNHALT:

Julius Meier-Graefe .... Der Pan
W. H. .... Universitätsjubel
Alfred Kerr .... Brief an die Herausgeber
Frank Wedekind .... Aufklärungen
Heinrich Mann .... Variété. Ein Akt
Robert Walser .... Märchen
René Schickele .... Man lacht
Emil Faktor .... Kleines Menschentheater

Vierteljährlich .... 3 Mark
Einzelheft .... –50
VERLAG VON PAUL CASSIRER BERLIN

Abb. 46: Umschlag des ersten Pan*-Heftes, November 1910.*

Meier-Graefe spendete Slevogts Graphik ausgesprochene Anerkennung: «Bei der Betrachtung seiner illustrierten Bücher entsteht die Illusion, ein großer Kreis kultivierter Menschen habe die Leserschaft gebildet. Man empfängt nicht allein die Wirkung des schöpferischen Individuums. Die Tradition [Meier-Graefes Hervorhebung], eine typisch deutsche Tradition, umhüllt die in jedem kleinsten Strich wahrnehmbare Eigenheit mit warmer Atmosphäre und fügt dem losen Wort des einen das zustimmende Geflüster vieler Vorgänger hinzu.»[40] Dies ist in der Tat für Meier-Graefe, der in der «Einsamkeit» der modernen Kunst eine große Gefahr erblickte (worauf auch der Prospekt der *Pan-Presse* hinwies), das höchste Lob. Doch folgt im Nachruf Slevogts in Form einer Besprechung der Graphik-Ausstellung des Berliner Kupferstichkabinetts zum Tode des Meisters 1932 die schwerwiegende Einschränkung: «Alles das entstand nebenbei, fast zufällig, weil ein paar einsichtige Verleger, vor allem Bruno Cassirer, dessen Verdienste um die deutsche Bücherei bei dieser Gelegenheit hervorragen, den Illustrator anzuregen und festzuhalten wußten, entstand in den Pausen eines Malers von fast entgegengesetzter Gesinnung. Er hat es immer den wenigen Leuten, die seinen Lithos einen unanfechtbaren europäischen Wert und seinen Gemälden nur geringe lokale Bedeutung beimaßen, schwer verdacht und einmal einem dieser Kritiker hingeworfen, auf so geteilte Anerkennung verzichte er.»[41]

Der Kritiker, dem Slevogt seine Absage hinwarf, war kein anderer als Meier-Graefe. In der bewußten Rezension geht der Kritiker auf die Argumente des Malers ein und erweitert das Problem zum «angeblich angeborenen Unterschied zwischen Malerei und Graphik», der viele deutsche Künstler, ob der Gegenwart oder der Vergangenheit, auszeichne[42]. Diese Zusammenhänge werfen ein anderes Licht auf die im Prospekt der *Pan-Presse* geforderte Freiheit des Schaffens für Künstler der Buchillustration. Für Meier-Graefe gab es auf dem Gebiet eine Tradition auf deutschem Boden; es brauchte für sie nicht eigens «Propaganda» gemacht zu werden. Woran es fehlte, wollen wir den «Fall Slevogt» verallgemeinern, war vielmehr die richtige Einschätzung ihrer Leistung durch die Künstler selbst. Hier hat die fördernde Rolle des Verlegers einzusetzen, denn, wie Meier-Graefe zu Recht erkannte: «Wenn man unseren Malern die Illustration nehmen wollte, würde nicht das Buch, sondern die deutsche Kunst unserer Zeit empfindlich geschädigt. Dafür sind wir nicht reich genug.»[43] Dies, der Standpunkt des Historikers und des Kritikers, gleichsam aus der Vogelperspektive, während sich der Verleger mit ganz konkreten Plänen und Fragen herumzuschlagen hat.

Anmerkungen

1 Julius Meier-Graefe: Entwickelungsgeschichte der modernen Kunst. Stuttgart 1904, S. 117, Anm. 1. – Anhand der Briefe von Julius Meier-Graefe, Bruno Cassirer und Paul Cassirer an Johanna van Gogh-Bonger, die Schwägerin des Künstlers, die sich im Van Gogh Museum, Amsterdam, befinden, läßt sich die Vorgeschichte der deutschen Ausgabe der Briefe van Goghs rekonstruieren. Meier-Graefes *Entwickelungsgeschichte* scheint Bruno Cassirer zur Übersetzung und Herausgabe der schon im *Mercure de France* und in *Van Nu en Straks* erschienenen Briefe angeregt zu haben, während Paul Cassirer als Kunsthändler der Werke van Goghs in Deutschland den Wunsch der beiden anderen, eine Gesamtausgabe der Briefe des Künstlers zu veranstalten, übertrumpfte.

2 Thomas W. Gaehtgens: Die großen Anreger und Vermittler. Ihr prägender Einfluß auf Kunstsinn, Kunstkritik und Kunstförderung. In: Günter und Waldtraut Braun (Hg.): Mäzenatentum in Berlin. Bürgersinn und kulturelle Kompetenz unter sich verändernden Bedingungen. Berlin/New York 1993, S. 99–126.

3 *L'Art Décoratif*: Oktober 1898, S. 47f. – Catherine Krahmer (Hg.): Julius Meier-Graefe: Kunst ist nicht für Kunstgeschichte da. Briefe und Dokumente. Göttingen 2001, S. 54, Brief an Otto Julius Bierbaum, vom 9. August 1898: «Nun höre [...] in Berlin thut sich in zwei Herren Cassierern – Figaros Verwandten – ein feiner Kunstverlag mit Kunsthandlung auf.» Meier-Graefe vermittelt dem Freund, mit dem er 1894–1895 die Redaktion der Zeitschrift *PAN* geführt

hatte, den Vorschlag des Cassirer-Tandems, ein Liederbuch mit Noten von Hans Thoma herauszugeben, das nicht zustande kam. Man beachte, daß der Kunstverlag vor der Kunsthandlung genannt wird, ebenfalls die ironische Charakterisierung der beiden Vettern als «Figaros Verwandte».

4 Catherine Krahmer: Über die Anfänge des Neuen Stils. Henry van de Velde – Siegfried Bing – Julius Meier-Graefe. In: Klaus-Jürgen Sembach und Birgit Schulte (Hg.): Henry van de Velde. Ein europäischer Künstler seiner Zeit. Köln 1992, S. 148–164.

5 Reinhard Piper: Mein Leben als Verleger. Vormittag – Nachmittag. München 1964, S. 253.

6 Paul Cassirer scheint allerdings Eugène Delacroix auf französischer und Hans von Marées auf deutscher Seite nicht dieselbe Bedeutung wie Meier-Graefe beigemessen zu haben. Die erste bedeutende Ausstellung von Werken Delacroix' in Deutschland, November/Dezember 1907 in der Galerie Paul Cassirer, Berlin, wurde von Meier-Graefe angeregt und bewerkstelligt; er verfaßte für den Katalog auch eine wichtige Einführung. Die ebenfalls von Meier-Graefe veranlaßte Marées-Ausstellung in der *Berliner Secession* kam 1909 trotz Paul Cassirer, nicht dank seiner Mitwirkung zustande (Hinweise im noch unveröffentlichten Tagebuch Meier-Graefes).

7 Meier-Graefe (wie Anm. 1), S. 505.

8 Paul Cassirers Vorschlag für ein *Forum Berolinense* (1911) ist hier in der Dokumentation (S. 385–387) abgedruckt. Wir fanden diesen zu Lebzeiten Cassirers unveröffentlicht gebliebenen Text im Nachlaß Maximilian Harden, Bundesarchiv Koblenz. Er wurde erstmals gedruckt in: *Neue Zürcher Zeitung* vom 17./18. Juni 2000.

9 Ludwig Justi: Werden – Wirken – Wissen. Lebenserinnerungen aus fünf Jahrhunderten (Hg. Thomas W. Gaehtgens und Kurt Winkler). Berlin 2000, passim. – Der von dem Worpsweder Maler Carl Vinnen initiierte *Protest deutscher Künstler* (1911) war ebenso gegen Meier-Graefe wie gegen Paul Cassirer gerichtet, nur daß letzterer auf den kaum verschleierten Angriff antwortete, während sich Meier-Graefe an der Polemik nicht direkt beteiligte; er überließ dies Dritten. Paret, S. 276ff.

10 Catherine Krahmer: Die Zeitschrift Pan und das Ausland (1894–1895). In: *Jahrbuch der deutschen Schiller-Gesellschaft* 39, 1995, S. 267–292, mit weiterführender Literatur zu *PAN*.

11 *PAN*. Einladung zur Mitarbeit. Archiv der Kunsthalle Hamburg.

12 *PAN*, 1895, H. 1, S. 30–33 (*W. Bode*) und S. 40–41 (*D.R.* = Die Redaktion).

13 Kurt Ifkovits: Vom Prinz Kuckuck zum Prinz Hypolit. Die Zeitschrift «Die Insel» zwischen Rudolf Alexander Schröders «zielbewußter Bourgeoisie» und Franz Bleis «zweckloser Kunst». In: John Dieter Brinks (Hg.): Vom Ornament zur Linie. Laubach/Berlin 2000, S. 76f. – Meier-Graefe setzte später in erweiterter Form und mit anderer Gesinnung die *Insel*-Mappen, die, soweit sie in Frankreich erschienen, *Album-Pan* hießen, in der lange geplanten, aber erst ab 1917 verwirklichten *Marées-Gesellschaft* fort. Sie gab außer Faksimile-Drucken illustrierte Bücher und Mappenwerke in Original-Technik heraus.

14 Die angeführten Zitate nach: Ernst Barlach: Ein selbsterzähltes Leben, Berlin 1928, S. 72. – Meier-Graefe schrieb seinerseits am 13. Oktober 1895 an Harry Graf Kessler: «Ich habe noch 3 gute Japanexemplare meiner Munch-Mappe. Wollen Sie eins nehmen oder sich ansehen kommen, ich gebe es Ihnen um zu räumen für 80 statt 100, die gewöhnlichen 40 statt 50. Ich reise in 8 Tagen [...]» (Brief im DLA).

15 Catherine Krahmer: Meier-Graefes Weg zur Kunst. In: *Hofmannsthal Jahrbuch zur europäischen Moderne* 4, 1996, S. 173. – Meier-Graefe kümmerte sich speziell um die Teilnahme der nordischen Länder an der bibliophilen Ausstellung, s. seine Briefe (Briefkopf: *L'Art Nouveau, S. Bing Paris*) von April 1896 an den

damaligen Leiter des Kunstindustriemuseums in Kopenhagen F. Hendriksen (Königliche Bibliothek Kopenhagen); ebenfalls die Einladung an den norwegischen Schriftsteller und Spracherneuerer Arne Garborg mit der Bitte, Bücher oder Manuskripte beizusteuern (Brief vom 21. April 1896, Nationalbibliothek Oslo). Die nordische Abteilung kam zustande, aber zu spät, um in den Katalog aufgenommen zu werden.

16 Marina Ducrey: Félix Vallotton und Deutschland. In: Ausst.Kat. «Félix Vallotton». Hg. von Rudolf Koella. München (Kunsthalle der Hypo-Kulturstiftung) u. a. 1995, S. 28.

17 J. Meier-Graefe: Félix Vallotton. Berlin (J. A. Stargardt), Paris (Edmond Sagot) 1898, S. 60.

18 Zitate nach J. Meier-Graefe: Der gegenwärtige Stand des Buchgewerbes in Brüssel und Paris. In: *Zeitschrift für Bücherfreunde* I, 1897/98, S. 72ff.

19 Auszüge aus dem gedruckten Vortrag von Julius Meier-Graefe: Kunst oder Kunstgewerbe? In: *Die Neue Rundschau* XXV, 1914, Bd. 1, S. 595, 597, 605.

20 Der gesamte Text des Prospekts ist abgedruckt in: Feilchenfeldt/Brandis, S. 564–566.

21 Übrigens finden wir eine Bestätigung unserer Behauptung in einer Eintragung in Meier-Graefes unveröffentlichtem Tagebuch von Mitte Dezember 1908: «Die ganzen letzten Wochen viel mit dem Prospekt der Pan Presse zu thun gehabt. Ich habe die Aufsicht über die Drucklegung des ersten Werkes ‹Der Lederstrumpf› von Slevogt übernommen.» (DLA). Im Gegensatz hierzu Feilchenfeldt/Brandis, S. 564: «1909, im ersten Prospekt der PANPRESSE, mit dem Coopers *Lederstrumpf* angekündigt wurde, formulierte Paul Cassirer *persönlich* [unsere Hervorhebung] sein verlegerisches Programm.»

22 Caspers, S. 13f.

23 François Chapon: Le peintre et le livre. L'âge d'or du livre illustré en France 1870–1970. Paris 1987. – Artists' books in the modern era 1870–2000. The Reva and David Logan Collection of illustrated books. Hg. Flynn Johnson. Fine Arts Museum of San Francisco 2001.

24 In: Moderne deutsche Illustration, *Frankfurter Zeitung*, 13. Dezember 1925, Sonderbeilage *Weihnachtstruhe* (die Datierung dieses wichtigen Artikels verdanken wir Prof. Dr. Almut Todorow) wandelt Meier-Graefe das Thema nur gering ab: «William Morris, der Patriarch der englischen Buchkunst, hätte lieber seine Hand verdorren lassen, bevor er einen Druck der Kelmscott-Preß [sic] mit Lithographie oder gar Kupferdruck profaniert hätte, auch wenn Rembrandt selbst als Illustrator gekommen wäre; und seine Nachfolger in England und auf dem Kontinent denken noch heute so.»

25 François Fossier: La nébuleuse nabie. Les Nabis et l'art graphique. Paris 1993, S. 278.

26 Ambroise Vollard: Erinnerungen eines Kunsthändlers. Zürich 2002, S. 137f.; er datiert Meier-Graefes Äußerung auf 1917.

27 Fossier (wie Anm. 25), S. 279.

28 Chapon (wie Anm. 23), S. 52.

29 Meier-Graefe (wie Anm. 3), S. 287–289, Brief 199.

30 S. die Inhaltsübersicht der *Pan*-Hefte von November 1910 bis März 1912 (so lange die Zeitschrift vom Paul Cassirer Verlag herausgegeben wurde) in: Feilchenfeldt/Brandis, S. 450–469.

31 Julius Meier-Graefe: La Nouvelle Revue Française. In: *Die Neue Rundschau*, 2, 1910, S. 722f.

32 Donatella Germanese: Pan (1910–1915). Schriftsteller im Kontext einer Zeitschrift (= Epistemata. Würzburger wissenschaftliche Schriften, Reihe Literaturwissenschaft 305). Würzburg 2000, passim.

33 Zur *Marées-Gesellschaft* vgl. Anm. 13.

34 Dies war eher mit dem internationalen Programm der Faksimile-Drucke als mit den illustrierten oder originalgraphischen Werken der *Marées-Gesellschaft* zu erreichen, für die, wie bei der *Pan-Presse*, hauptsächlich

deutsche Künstler in Frage kamen. Die *Marées-Gesellschaft* gab zwischen 1918 und 1929 47 Drucke heraus, während es die *Pan-Presse* zwischen 1909 und 1921 auf 19 Publikationen brachte. Das Gedeihen von Meier-Graefes und Pipers Unternehmen mit seinen qualitätvollen Drucken mag zur frühen Einstellung der *Pan-Presse* beigetragen haben. Vgl. Caspers, S. 43.

35 Vom Beruf des Verlegers. Eine Festschrift zum sechzigsten Geburtstag von Bruno Cassirer. 12. Dezember 1932. Privatdruck, gewidmet von Mitarbeitern und Freunden, S. 77.

36 Meier-Graefe schrieb in seinem Nachruf auf Corinth, *Frankfurter Zeitung* vom 26. Juli 1925: «Kein Illustrator! Nie zwänge man solche Vision in ein Buch, auch wenn es meterlange Seiten hätte.»

37 Wie Anm. 24, aus derselben Quelle auch die folgenden Zitate.

38 Slevogts Aquarelle zur *Zauberflöte*, die vor den Radierungen zu Mozarts Oper entstanden und sich in der Kunsthalle Mannheim befinden, wurden für die *Marées-Gesellschaft* faksimiliert, wo sie 1920, im selben Jahr wie die radierte *Zauberflöte* der *Pan-Presse*, als 25. Druck mit einer Einführung von Fritz Wichert erschienen.

39 Die Zitate sind dem Artikel *Zwischen Zeichnung und Malerei* in: *Berliner Tageblatt* vom 4. Oktober 1928 entnommen. Nochmals abgedruckt in Julius Meier-Graefe: Grundstoff der Bilder. Ausgewählte Schriften. Hg. von Carl Linfert. München 1959, S. 169–177.

40 J. Meier-Graefe: Slevogts Graphik. In: *Frankfurter Zeitung* vom 2. Dezember 1932.

41 Wie Anm. 40.

42 Meier-Graefe hat hier womöglich Max Klingers Schrift *Malerei und Zeichnung* im Sinn, die zwischen 1891 und 1919 in sechs Auflagen erschien. Für Klinger sind die graphischen Künste die eigentlich geistigen (Dürers Kunst sei ohne Farbe vollendet – die Farbe könne sogar seine geistige Welt zerstören); die Malerei hingegen sei die «Verherrlichung, der Triumph der Welt» (ein Urteil, dem Klingers eigene «Ideengemälde» widersprechen). Meier-Graefe vermeidet in seiner *Entwickelungsgeschichte der modernen Kunst*, 1904, auf Klingers Schrift einzugehen, «um die Kontroverse nicht unnötig zu verschärfen» (S. 469, Anm. 1). Doch urteilt er zu der Zeit nuancierter über den Künstler als später, und räumt beispielsweise ein: «Ich könnte mir von dem frühen Klinger Buchillustrationen denken, die Beardsley begeistert hätten» – den er damals sehr schätzte.

43 Wie Anm. 24.

Wider den «Unrat der Gründerjahre»
Paul Cassirer und die *Pan-Presse*

Stephanie Jacobs

1909 gründet Paul Cassirer nach sieben – mit seinem Vetter Bruno vertraglich vereinbarten – Jahren der «Abstinenz» in verlegerischen Angelegenheiten die *Pan-Presse*[1]. Bis 1921 erscheinen auf der Handpresse unter dem Titel *Publikationen der Pan-Presse* neunzehn illustrierte Bücher und graphische Mappenwerke.

1.

Der erste Prospekt der *Pan-Presse*, mit dem Cassirer 1909 eine illustrierte Ausgabe von James Fenimore Coopers *Lederstrumpf-Erzählungen* mit Lithographien von Max Slevogt ankündigt[2] (Abb. 32, 44), ist eher künstlerisch-verlegerische Streitschrift denn absatzförderndes Werbeblatt. Schon sein beträchtlicher Umfang sprengt jede Verlagsankündigung. Bei näherer Betrachtung ist er eine Positionsbestimmung für Paul Cassirers verlegerisches Selbstverständnis nach Jahren der Tätigkeit als Kunsthändler und Galerist. Er ist eine Positionsbestimmung, welche die künstlerischen Koordinaten der *Pan-Presse* benennt und daher die Analyse herausfordert.

Fernab jeder ästhetisierenden Programmatik umschreibt Cassirer in schnörkelloser Direktheit sein Selbstverständnis als Verfechter einer neuen Kunst des illustrierten Buches, die sich aus sehr unterschiedlichen Quellen speist. Er verweist auf die Vorbilder und die Traditionen, in deren Folge er seine künstlerisch-verlegerische Arbeit sieht, ebenso wie auf zeitgenössische Tendenzen in der Kunst, die in Widerspruch zu seinen Zielen stehen. Er äußert sich zu dem für das Verlegen und Drucken illustrierter Literatur zentralen Thema des Verhältnisses zwischen Kunst und Handwerk. Und er deutet seine Einschätzung zum Charakter der deutschen, englischen und französischen Kunstpraxis seiner Zeit an. Doch der Text ist, im ganzen betrachtet, kein Credo, das einen Anspruch auf Wahrheitsfindung suggeriert, keine Projektion auf utopische Orte der Kunst, kein ästhetisches Programm, sondern eher eine Ausschau vom Hügel des eigenen Standpunktes aus – also kein «Credo», sondern eher ein «Sto» – ein «Hier stehe ich!» So benennt der Text die Eckpunkte für ein ambitioniertes künstlerisches Projekt, das sich der Vereinnahmung durch «ismen» oder Richtungen verschließt, ohne jedoch eine in sich stimmige, logisch-konsistente Programmatik zu entwerfen.

Bei der folgenden Analyse des Textes geht es zunächst darum, die Eckpunkte herauszuarbeiten und die künstlerischen und kunsttheoretischen Traditionslinien offenzulegen, zwischen denen Cassirers Verlagsprogramm der *Pan-Presse* zu verorten ist (Absatz 2–6). Im Anschluß daran werden der programmatischen Positionsbestimmung Cassirers von 1909 exemplarisch einige herausragende Werke der *Pan-Presse* gegenübergestellt und auf ihre Traditionen hin befragt (Absatz 7–11). Der theoretisch formulierte Anspruch wird an den Veröffentlichungen der *Pan-Presse* überprüft und auf seinen Bezug zur damals als Vorreiter in Sachen Buchillustration gehandelten französischen Buchkunst hin befragt.

2.

Unter den Bibliophilen in Deutschland wurde um die Jahrhundertwende mit aufwendiger Rhetorik eine Diskussion um «das Buchgerechte» – einen Katalog formal-ästhetischer Maßgaben – geführt. Wenn es bei Cassirer in diesem Zusammenhang heißt, «daß kein Postulat der Überlieferung und des Geschmacks so absolute Gültigkeit besitzt, daß es nicht von einem höheren Standpunkt Modifikationen vertrüge»[3], so bezieht er hier einen eminent anti-programmatischen – und dies bedeutet bei Cassirer, dem langjährigen Geschäftsführer der *Berliner Secession*, auch anti-akademischen – Standpunkt. Weder die künstlerische Tradition noch Erwägungen des Geschmacks, der Vorlieben oder anderer außerkünstlerischer Kriterien haben das Diktat über die Kunst. Der «höhere Standpunkt» allein gibt den Ausschlag – und das ist die je individuelle Entscheidung des Künstlers, der – seinem «Talent und Temperament»[4] entsprechend und eingebettet in ein Konglomerat von künstlerischer Herkunft, Werkprozeß, Inspiration und Zielvorstellung – *seinen* Weg geht, nämlich den «der freien, an keinen materiellen Nutzen gebundenen Äußerung des schöpferischen Geistes»[5].

Diese Einstellung zur Kunst markiert das Ende einer akademisch vermittelbaren und erlernbaren Kunst. Programm ist sich jeder Künstler nunmehr selbst. Außerhalb des je eigenen künstlerischen Standpunktes gibt es keine Wertkriterien, an denen Kunst bemessen werden kann. Diese radikal individualistische Ästhetik, die an Positionen der romantischen Kunsttheorie anknüpft – Kunst kann nur jenseits von Programm und Konsens entstehen –, hat ihren Gegenpart in der von akademischer Programmatik gezeichneten Gründerzeitkultur. Cassirer spricht in seinem Verlagsprospekt vom «Unrat der Gründerjahre», der «alle Kanäle des Handwerks verstopfte»[6]. Sich gegen ihn und seinen akademischen Apparat abzusetzen, ist erklärtes Ziel der *Pan-Presse*.

Interessant ist in Zusammenhang mit dem anti-akademischen Impetus von Cassirers Ankündigungstext der *Pan-Presse* auch das Signet, das Max Slevogt für die *Pan-Presse* entwirft. Es zeigt einen auf einem Baumstumpf ruhenden Panther (Abb. 125/126). Das Motiv geht zurück auf ein Gemälde Slevogts von 1901, das zu einer im Frankfurter Zoo entstandenen Serie von Ölgemälden gehört[7]. Der Panther, der in Slevogts Gemälde nur ein Nebenmotiv ist, steht in der ikonographischen Tradition auch für das Neue, für

Fruchtbarkeit und Lebensbejahung[8]. Motivisch und gestalterisch hebt sich das Signet von den meisten Pressen-Symbolen und Verlagssignets sowohl durch seine malerisch-kompositorische Ausgewogenheit als auch durch sein anti-literarisches Motiv ab. Als solches unterstreicht das Signet den Anspruch Cassirers, mit der *Pan-Presse* einen neuen, nicht-akademischen Weg in der Kunst (des illustrierten Buches) einzuschlagen[9].

3.

Cassirers Enthaltsamkeit gegenüber Doktrinen manifestiert sich in seinem Ankündigungstext zur *Pan-Presse* vor allem in seiner Stellungnahme zur englischen Buchkunst des ausgehenden 19. Jahrhunderts. Einerseits schwärmt er von deren Erfolgen: «Deutschland hat den Vorsprung Englands eingeholt und sich die Lehren der modernen englischen Drucker dienen lassen.»[10] Andererseits aber belegt er die englische Buchkunst mit dem Verdikt der Blindheit gegenüber der eigentlichen künstlerischen Leistung: «In der gesunden Bewegung zugunsten des Gewerbes tritt ein Utilitarismus zutage, dessen Tendenz der Entwicklung unserer Kunst gefährlich werden kann.»[11]

Was aber waren «die Lehren der modernen englischen Drucker»? Wohin zielte die «Bewegung zugunsten des Gewerbes»? In welcher Hinsicht bezieht sich Cassirer auf den Vordenker der englischen Buchkunst, William Morris[12]?

Für Morris, der mit der Gründung der *Kelmscott-Press* 1890 zum Vorreiter der englischen Buchkunst wurde, hatte das illustrierte Buch innerhalb seines von sozialen Utopien getragenen Bemühens um eine Reform der Kunst exemplarischen Charakter[13]. Das Buch erfüllt mit seiner aus der großen Verbreitung von Gedrucktem resultierenden Verantwortung für die künstlerische Bildung eines weiten Rezipientenkreises einen ebenso kunstpädagogischen wie sittlichen Auftrag. Kunst als «man's expression of the value of life»[14] und als Ausdruck der Freude des Menschen an seiner Arbeit manifestiert sich dort, wo Schönheit und Nützlichkeit ineinander aufgehen – und das ist für Morris im illustrierten Buch und im Wohnhaus der Fall[15]. Die zentrale Stellung, die das Buch in seiner Ästhetik einnimmt, hat Morris zu *dem* Theoretiker und Erneuerer der englischen Buchkunst des ausgehenden 19. Jahrhunderts gemacht. An der Diskussion über sein Konzept kommt um die Jahrhundertwende kein Buchkünstler und kein Verleger ambitionierter Illustrationsprojekte vorbei. Dabei sind es vor allem zwei Themen, die auch im Hinblick auf Cassirers «Programm» der *Pan-Presse* von Bedeutung sind: Morris' Konstruktion der Beziehung zwischen Kunst und Handwerk und sein Kriterienkatalog für ein gutes Buch.

4.

Bei Morris und dem *Arts-and-Crafts-Movement* gehen Kunst und Handwerk eine Synthese ein, mehr noch: Kunst ist ohne handwerkliche Perfektion nicht denkbar. Der beste Künstler ist zugleich auch der beste Handwerker. Industrialisierung, Entfremdung durch Arbeitsteiligkeit, Vereinzelung des Individuums – das sind die Schlagworte, gegen die sich Morris mit seiner Sozialutopie der Kunst wendet. Soziale und ökonomische Widersprüche deutet er als Symptome eines kulturellen Verfalls.

Auch bei Cassirer kommt dem Handwerklichen große Bedeutung zu. Nicht zufällig betont er immer wieder, daß die Presse, auf der die Bücher der *Pan-Presse* entstehen, von Künstlern betrieben und geleitet wird und daß alle Bücher mit der Hand gedruckt werden. So heißt es in einer Ankündigung des Verlages von 1911: «Da die Druckerei nicht von Handwerkern, sondern von Künstlern geleitet wird, kann jedem Anspruch auf künstlerische Ausführung entsprochen werden. Die Drucker sind gewöhnt, auf die Intentionen der Künstler einzugehen.»[16]

Speist sich Morris' Kunstbegriff aber aus dem zum Idealbild stilisierten mittelalterlichen Bauhüttenprinzip, in dem die höchste Form einer radikal demokratisch gedachten Kunst als gemeinschaftliches Werk handwerklich tätiger Gleichgesinnter entsteht[17], so relativiert sich bei Cassirer jedwede handwerkliche Ambition am Talent des einzelnen Künstlers. Cassirer spricht zwar einerseits von «der großen, von England ausgehenden Kunstgewerblichen [sic] Bewegung, die auf Reinigung des Gewerbes zielte und tatsächlich nach und nach alle zugänglichen Zweige des Gewerbes erneuert hat»[18], läßt aber andererseits keinen Zweifel daran, daß das Handwerk der künstlerischen Inspiration immer untergeordnet bleiben muß: «William Morris und seine Nachfolge [...] gaben sich der Illusion hin, die Kunst ins Leben zu tragen, indem sie die Künstler nötigten, Handwerker zu werden.» Und weiter: «Wir haben die Ansprüche an die Kunst verbilligt, indem wir sie zu verallgemeinern wähnten.» Dem entgegen stellt Cassirer die Kunst als «freie, an keinen materiellen Nutzen gebundene Äußerung des schöpferischen Geistes». Es müsse «doch wohl etwas anderes sein [...], einen guten Stuhl oder eine gute Plastik zu machen»[19]. Hintergrund von Cassirers Kritik ist das um 1900 in der Buchkunst verbreitete Primat der Typographie, gegen das er die künstlerische Autonomie in der Wahl der Mittel und die individuelle künstlerische Aussage stellt.

Bei allen Differenzen in der Auffassung zur Kunst nimmt das illustrierte Buch auch bei Cassirer eine zentrale Stellung ein – nämlich als «Mittel der Propaganda»[20] für die Kunst. Es ist kein «Nebenprodukt» ernsthafter künstlerischer Ambitionen, sondern selbst Kunst mit sittlich-pädagogischer Verantwortung. In seiner stilistisch-gestalterischen Ausformung markiert das «Künstler-Buch» von Paul Cassirer, auf dessen Nähe zu den verlegerischen Zielen seines Vetters Bruno Caspers aufmerksam macht[21], einen Wendepunkt in der Geschichte der modernen Buchkunst.

5.

Das zweite für Cassirer bedeutsame Theorem in Morris' fundamental-ästhetischer Programmatik betrifft die Kriterien, an denen das *Arts-and-Crafts-Movement* die künstlerische Qualität eines Buches bemißt: Es sind die Kriterien des «Buchgerechten». Dazu gehören vor allem eine ausgewogene Proportion von Satzspiegel und Buchseite und von Type, Ornament und Illustration, ferner eine angemessene technische Umsetzung von Bild- und Textdruck. Von seinem Hauptwerk, dem 1896 auf seiner *Kelmscott-Press* gedruckten *Chaucer*, wünscht Morris sich denn auch, daß die als vollkommen erachtete mittelalterliche Dichtung durch ein vollkommen ausgewogenes Äußeres «geehrt» werde. Die rein literarische Rezeption von Büchern erscheint Morris konsequenterweise als Verarmung der gesamtkünstlerischen Rezeption von Literatur[22].

Cassirers Ideal des illustrierten Buches zielt in eine entgegengesetzte Richtung: Das Buch ist ein schöpferischer Kompromiß zwischen einer sich an die literarische Vorlage anlehnenden bildkünstlerischen Inspiration und einer an «Talent und Temperament» des Künstlers orientierten technisch-gestalterischen Umsetzung. Als den Irrtum von Morris benennt Cassirer denn auch die fehlende Wertschätzung der künstlerischen Inspiration zugunsten der formalen Gestaltung: «William Morris wäre vor Scham gestorben, wenn man seiner Kelmscott-Preß zugemutet hätte, ihre Typen auf dasselbe Papier mit lithographischen Zeichnungen zu drucken. Aber man tritt seinem Andenken kaum zu nahe, wenn man behauptet, daß er die Ausnahme von der Regel auch dann nicht gestattet hätte, wenn der Zeichner ein Rembrandt gewesen wäre.»[23] Cassirer plädiert für eine «Duldung nur für unsere besten Künstler», kalkuliert aber gleichzeitig ein, daß die «kunstliebenden Bibliophilen» dieser verlegerischen Innovation – der Verbindung von Buchdruck mit Originalillustrationen in Lithographie und Radierung – mit Skepsis und Ablehnung begegnen werden. Das wichtigste Kriterium seiner Buchkunst ist der je individuelle bildkünstlerische Zugriff auf ein literarisch vorgegebenes Thema, ist – im Rückgriff auf romantisches Gedankengut – die authentische künstlerische Empfindung: «Rembrandt» – als *pars pro toto* – steht für Cassirer über allen Fragen nach angemessener Technik und «Buchgerechtigkeit». «Seine» Künstler – «Max Liebermann, Lovis Corinth, Max Slevogt und andere hervorragende Künstler», die «für das Unternehmen gewonnen»[24] wurden – diktieren und dirigieren das Bild im Buch. Ihm als Verleger obliegt die Aufgabe, «zur Herstellung von Büchern die größten lebenden Künstler heranzuziehen und ihnen Gelegenheit zu geben, sich in der Technik auszudrücken, die ihrem Talent und Temperament adaequat ist»[25]. Er stellt ihren Deutungen weder die Forderung nach einer bestimmten Technik noch inhaltliche Maßgaben entgegen. Als Verleger ist er initiierender Organisator und sucht die Chance, der Kunst im illustrierten Buch ein Forum zu bieten.

Dieses verlegerische Selbstverständnis und die Kritik am «Buchgerechten» wird von anderen Mitstreitern des *Pan-Pressen*-Projekts geteilt. Aufschlußreich sind in diesem Zusammenhang Glückwünsche von Julius Meier-Graefe zur Gründung der von Paul Cassirer und Wilhelm Herzog herausgegebenen Zeitschrift *Pan*[26], die 1910 im ersten Heft abgedruckt werden. Darin mahnt Meier-Graefe die Herausgeber des neuen *Pan*: «Scheuen Sie das gute Papier und die schönen Typen, die Geheimräte und die Würde, vor allem die Würde. Die Würde war unser Ruin, [...] die Würde aus Papier [...]. Was uns eigentlich fehlte [...] so etwas Zackiges, Unverdauliches [...]. Unser PAN hatte keine Zotteln und keine Hufe.»[27] Dieser Aufruf, formal-ästhetische Regelwerke (und akademische Würde) zugunsten einer individuellen künstlerischen Aussage – und sei sie auch «unverdaulich» – aus der Kunst zu verbannen, findet Cassirers Zustimmung.

6.

Gilt Cassirers konzeptionelles Interesse bei der Gründung der *Pan-Presse* der Programmatik des illustrierten Buches von William Morris – mehr noch: das Profil des eigenen Verlagsprojekts schärft sich erst in der Auseinandersetzung mit Morris –, so sprechen die Werke der *Pan-Presse* eine ganz andere Bildsprache als die illustrierten Bücher aus Morris' *Kelmscott-Press*. Ihre Traditionslinien führen bei aller Verschiedenheit der einzelnen bildkünstlerischen Textinterpretationen eher nach Frankreich als nach England. Dort entsteht um 1900 das durch den Verleger Ambroise Vollard initiierte *livre de peintre*, das «Malerbuch»[28]. Es zeichnet sich dadurch aus, daß es – wie sein Name schon sagt – Maler sind, die sich mit der Aufgabe auseinandersetzen, Bilder zur Literatur zu erfinden. Das illustrierte Buch ist nicht mehr das Werk eines auf die Herstellung von Büchern spezialisierten Graphikers, es entsteht nicht mehr aus dem partikularen künstlerischen Interesse an Buchkunst, sondern es zielt auf die Kunst in einem emphatischeren Sinne: auf künstlerische Originalität und die schöpferische Auseinandersetzung eines Bildkünstlers mit Themen der Weltliteratur. Das Malerbuch emanzipiert die Illustration vom Status einer untergeordneten Kunst, die im Sinne einer Abbildung literarisch vorgegebener Themen oder als Ornament dienenden Charakter hat. Maurice Denis, ein Vordenker des Malerbuches in Frankreich, umschreibt den künstlerischen Anspruch: «Quand la plastique lutte de près avec l'écriture, dans le livre apparaissent les énormités.»[29] Die entscheidenden Kriterien des Malerbuches und seiner «énormités» sind Imaginationskraft und Deutungsgehalt der Bilder, atmosphärische Dichte und stilistische Eigenständigkeit.

Die starke Tradition der Illustrationskunst im Frankreich des 19. Jahrhunderts hält für das Malerbuch zahlreiche Ahnen bereit, als deren wichtigste Honoré Daumier, Eugène Delacroix, Gustave Doré und Edouard Manet zu nennen sind. Letzterer ist in Zusammenhang mit Cassirers *Pan-Presse* besonders wichtig, begründet er doch eine «impressionistische» Buchillustration in Frankreich[30]. Der malerische Impressionismus gilt in seinem anti-literarischen Gepräge als für die Illustration literarischer Texte völlig ungeeignet. In seinen Illustrationsprojekten aber überträgt Manet, dessen Gemälde in ihrer Neubewertung der Farbe zu den «Gründungsakten» des Impressionismus und eines neuen Bildverständnisses gehören, die Prinzipien der Freiluftmalerei – atmosphärischer Farbklang, Materialität des Farbauftrags, Thematisierung des Optischen – in die Buchgraphik[31]. Die zentrale Fragestellung, die sich vor allem in der Auseinandersetzung Manets mit Stéphane Mallarmé und dessen elitärem Literaturverständnis herauskristallisiert, heißt: Wie läßt sich ein Text in seiner semantisch-phonetischen Struktur ins Bild übertragen, wie übersetzt man die der Literatur eigenen Mittel – Klang der Sprache und Gegenstandsbezug – in die Farbwerte Schwarz und Weiß, wie erstehen aus zeichnerischen Andeutungen literarische Welten neu?

Wenngleich der theoretische Anspruch Manets und Mallarmés in der *Pan-Presse* kein unmittelbares Pendant findet, so kristallisieren sich in den Büchern selbst doch wichtige Gemeinsamkeiten heraus: Die frühen impressionistisch-symbolistischen Buchprojekte Manets sind genauso wie die Bücher der *Pan-Presse* vornehmlich von Malern oder gemeinsam mit Malern initiiert. Diese wählen aus einem persönlichen Interesse an einer literarischen Vorlage den Stoff für ihre Bücher meist selbst aus. Die Graphiken zeichnen sich durch eine stilistische Eigenständigkeit aus, die sie herausheben aus der Masse der Illustrationen der Zeit. Nicht der Nacherzählung von Pointen und erzählerischen Spannungsbögen gilt das bildkünstlerische Interesse, sondern der abstrahierenden Andeutung, die im Bild szenische Assoziationen, Landschaften und Lebewesen zu versinnbildlichen hilft.

Um die bildkünstlerischen Traditionen, in denen die Bücher und Mappenwerke der *Pan-Presse* stehen, zu skizzieren, sollen im folgenden exemplarisch einige Werke vorgestellt und auf ihre Traditionen und Bildstrategien hin befragt werden.

7.

In einer Rezension zur ersten Publikation der *Pan-Presse* lobt Curt Glaser Coopers *Lederstrumpf-Erzählungen* mit Lithographien von Max Slevogt als «das Monumentalwerk der neuen Buchillustration, die unbekümmert um den selbstgewissen Geschmack des strengen Bibliophilen das Vorrecht der Kunst verkündet [...]. Im Lederstrumpf ist Slevogt aufs vollkommenste Herr der Mittel einer malerisch suggestiven Kreidezeichnung, die in der vollen Skala des Schwarz-Weiß mit Licht und Schatten die Fläche belebt und mit sparsamen Andeutungen Bilder von einer erstaunlichen Fülle landschaftlichen Reichtums schafft.»[32] Ganz im Sinne Cassirers, dem die Illustration als «Mittel der Propaganda» für die Kunst gilt, weist Glaser den Illustrationen zum *Lederstrumpf*, die den Ruhm Slevogts als *des* zeitgenössischen Illustrators in Deutschland durchgesetzt haben, in doppelter Hinsicht eine innovative Rolle in der Geschichte der Buchillustration zu: Zum einen gilt die Illustration nicht als Nebenprodukt ernsthafter künstlerischer Ambitionen, zum anderen transportiert sie die Dichtung in die Materialität von Schwarz und Weiß und schafft dadurch neue Imaginationsräume.

In 52 ganzseitigen Illustrationen, 95 Textbildern und 165 Initialzeichnungen, die zwischen 1907 und 1910 entstanden, breitet Slevogt einen Reichtum in der Erfindung von Figuren, Landschaften und Szenen aus, die in der Leichtigkeit der Strichführung ebenso überzeugen wie in der Sicherheit der kompositorischen Anlage. Dramatisch bewegte Szenen wechseln mit «stills», in denen die Erzählung «eingefroren» wird. Während die virtuose Strichführung an Zeichnungen Delacroix' und die groteske Tonlage zuweilen an Daumier erinnern, gehen einige Blätter in der Komposition auf Werke von Gustave Doré zurück[33].

Als Beispiel für ein besonders eindrucksvolles Bild sei auf die Lithographie *Vom Baum herabgeschossener Hurone* von 1908 verwiesen[34] (Abb. 47). Links und rechts gerahmt von leicht schräg stehenden Baumstämmen, nimmt der Körper des Indianers, der – die Rechte noch einen Ast greifend – zu Boden fällt, die Bildmitte ein. In seiner vertikalen Bewegung, die durch schwarz verschattete Flächen an Hand, Gesicht und Bein noch verstärkt wird, steht die Zeichnung des Körpers im Gegensatz zu den leicht dahingeworfenen und schräg durch das Bild laufenden Stämmen und Ästen, die – aus dem Rahmen fallend – keinen Halt bieten. Das so evozierte Bild der Haltlosigkeit spitzt sich zu einer Parteinahme für den wehrlos Ausgesetzten zu, indem Slevogt den Körper des Indianers als ein zwar schmales, aber in sich stabiles Dreieck zeichnet: Trotz seines Ausgeliefertseins ist er – kompositorisch betrachtet – der eigentliche «Aufrechte», Starke, Stabile. Die durch Verschattung unsichtbar gemachten Gesichtszüge anonymisieren das Individuum und machen den Huronen zu einem Exemplum der Überlegenheit des «Wilden» gegenüber dem Eindringling aus der westlichen Zivilisation. Auf diese Weise schafft Slevogt mit wenigen Strichen ein «semantisch» komplexes, die Sprache verdichtendes und in seiner Abstraktheit kompositorisch ausgewogenes Bild.

Die Illustrationen zum *Lederstrumpf* sind nicht die einzigen Zeugnisse einer Beschäftigung Slevogts mit Indianergeschichten. Nicht nur hat Slevogt zuvor bereits Karl May und andere illustriert und seine Tochter Nina 1913 als Indianerin porträtiert, seine Begeisterung für Indianergeschichten steckte auch sein Umfeld an. Tilla Durieux, Paul Cassirers Frau, berichtet von einem gemeinsamen Aufenthalt in Holland, der durch ein Photo[35] dokumentiert ist: «Slevogt illustrierte gerade den ‹Lederstrumpf› von Cooper für P. C., eine Arbeit, bei der er seiner Phantasie freien Lauf lassen konnte. Wir kamen dadurch auf den Gedanken, Indianer zu spielen, und taten es mit viel Hingabe [...]. Wir stürzten auf unsere Bekannten mit wildem Geheul los, wir machten uns in den Dünen Lagerfeuer und rauchten dazu die langen holländischen Tonpfeifen»[36] (Abb. 151). Das persönliche Engagement Slevogts für den Text, der für die *Pan-Presse* neu übersetzt wurde, sowie die Ernsthaftigkeit in der Auseinandersetzung mit dem literarischen Stoff – Slevogt zeichnet und arbeitet zur Vorbereitung des *Lederstrumpf* nicht nur im Völkerkundemuseum, sondern fügt dem Buch auch das Vorwort eines

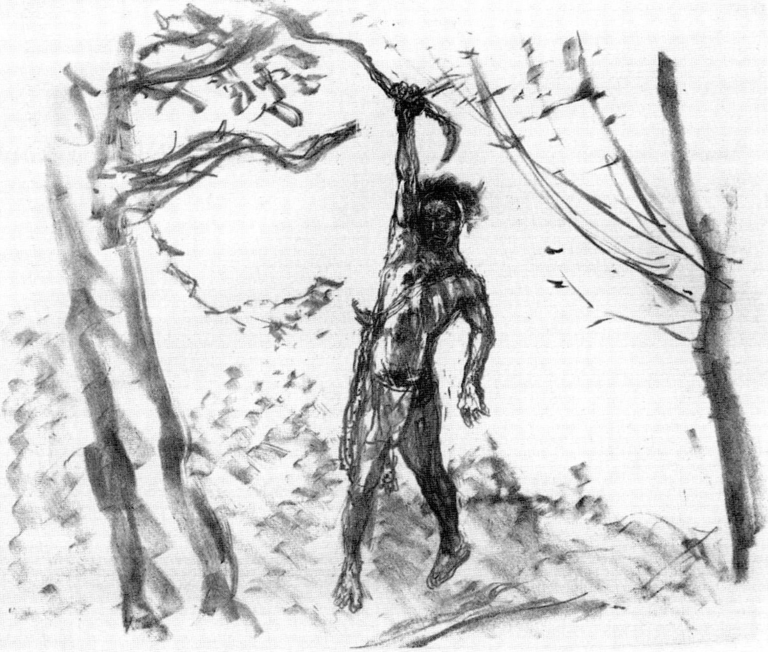

blick aufrichtig hinzu: „ja, die Strömung allerdings würde uns rasch aus dem Bereich ihrer Büchsen bringen."

„Dann versucht den Strom. Wenn ihr hierbleibt, vermehrt ihr ja doch nur nutzlos die Zahl der Opfer? Warum also? . . ."

„Warum?" wiederholte der Kundschafter stolz, „weil es für einen Mann besser ist, in Frieden mit sich selber zu sterben, als weiterzuleben mit einem schlechten Gewissen! Welche Antwort sollen wir Munro geben, wenn er uns fragt, wo und wie wir seine Kinder verlassen?"

„Geht zu ihm und sagt, ihr verließet sie mit der Botschaft an ihn: er möge ihnen zu Hilfe eilen," erwiderte Cora, indem sie dicht an den Kundschafter herantrat. „Sagt ihm, daß die Huronen sie in die nördliche Wildnis schleppen, daß er sie aber mit Energie und Eile noch retten kann; und wenn der Himmel es trotzdem wollte, daß seine Hilfe zu spät kommt," fuhr sie mit immer schwächerer und zuletzt fast erstickter Stimme fort, „dann bringt ihm die Liebe und die letzten Gebete seiner Töchter und sagt ihm, er möge über ihr frühes Los nicht trauern, sondern wie ein Christ auf ein Wiedersehen hoffen."

Die wetterharten Züge des Kundschafters begannen zu arbeiten, und als Cora zu Ende war, stützte er das Kinn in die Hand wie einer, der über einen Vorschlag in tiefes Nachdenken versinkt.

„Es ist Vernunft in ihren Worten!" kam es zuletzt von seinen zusammengebissenen zitternden Lippen. „Und es liegt auch christlicher Geist darin; was für eine Rothaut recht und anständig sein mag, könnte sündhaft sein bei einem Mann, der nicht einmal gemischtes Blut zur Rechtfertigung für seine Unwissenheit hat! Chingachgook, Unkas, höret ihr die Rede des dunkeläugigen Weibes!"

Er sprach auf indianisch zu seinen Genossen, und der Ton seiner Worte, obwohl ruhig und bedächtig, klang sehr entschieden. Der ältere der beiden Mohikaner hörte ihn mit tiefem Ernst an und schien seine Worte zu überlegen. Nach kurzem Zögern machte er mit der Hand ein zustimmendes Zeichen und rief das englische Wort „gut!" mit dem eigentümlichen Nachdruck aus, mit dem seine Leute es gebrauchen. Dann steckte er Messer und Tomahawk wieder in den Gürtel und näherte sich schweigend dem Felsrande, wo er von den Ufern des Flusses aus am wenigsten gesehen werden konnte. Hier stand er einen Augenblick still, wies nach den Wäldern weiter unten, sprach noch einige Worte in seiner Sprache, dann ließ er sich ins Wasser hinab und versank.

Der Kundschafter verschob seinen Aufbruch, um noch mit dem hochherzigen Mädchen zu sprechen, die aufatmete, als sie den Erfolg ihrer Worte sah.

„Weisheit ist bisweilen der Jugend gegeben, so gut wie dem Alter," sagte er; „und was ihr gesprochen, war weise, wenn nicht mehr. Wenn sie euch in die Wälder führen, ich meine diejenigen von euch, die sie für eine Weile verschonen, dann brecht Zweige an den Büschen im Vorüberkommen und macht die Spuren eurer Fährte so breit und deutlich, als ihr nur könnt; wenn Menschenaugen sie sehen können, dann verlaßt euch darauf, daß ihr einen Freund habt, der euch bis ans Ende der Welt folgt." Er schüttelte Cora warm die Hand, nahm seine Büchse auf, sah sie einen Augenblick traurig an, dann legte er sie sorgfältig beiseite und stieg zur Stelle hinab, wo Chingachgook eben verschwunden war. Einen Augenblick hing er am Felsen; sah noch einmal sorgfältig um sich, sagte noch bitter „hätte das Pulver ausgehalten, das wäre nie geschehen!" dann ließ er den Stein los, das Wasser schloß sich über seinem Haupt, und auch er war verschwunden.

Alle Augen richteten sich auf Unkas, der unbeweglich an den zerrissenen Fels gelehnt stand. Cora wartete eine kurze Zeit, dann wies sie nach dem Fluß und sagte: „Eure Freunde sind nicht entdeckt worden und sind nun vermutlich in Sicherheit; ist es nicht Zeit für euch, zu folgen?"

„Unkas wird bleiben," erwiderte der junge Mohikaner ruhig auf englisch.

„Damit werdet ihr nur unsere Gefangenschaft schrecklicher machen und die Aussichten auf unsere Rettung verringern! Geht, edelmütiger junger Mann," fuhr Cora fort, indem sie ihre Augen unter dem Blick des Mohikaners senkte und vielleicht intuitiv ihre Macht über ihn fühlte, „geht zu meinem Vater, wie ich gesagt, und ihr sollt der meiner Boten sein, zu dem ich am meisten Vertrauen habe. Sagt ihm, er möge euch die Mittel geben, um die Freiheit seiner Töchter zu erkaufen. Geht! Es ist mein Wunsch, es ist mein Gebet, daß ihr gehen sollt!"

Der ruhige Blick des jungen Häuptlings wurde düster, aber er zögerte nicht länger. Mit geräuschlosem Schritt bewegte er sich über den Felsen und ließ sich in

Völkerkundlers bei – sind charakteristische Merkmale für die Bücher der *Pan-Presse*. Nicht der Verleger gibt den Text vor und der Künstler arbeitet ihn ab, sondern Auswahl und Beschäftigung sind ein persönliches Anliegen des Künstlers (wie auch des Verlegers). Interessant ist in diesem Zusammenhang auch die Entstehungsgeschichte der *Lederstrumpf*-Illustrationen. Slevogt notiert auf einer Sammelmappe mit Vorzeichnungen: «Diese erste Aufzeichnung (I) u. der Plan für den Lederstrumpf mit Lithographien entstand 1907 unvermittelt in einer Nacht, als mir zufällig das Jugendbuch wieder in die Hände kam. [...] Die Antuschung mit Farben erfolgte später (1924) – zur Unterhaltung, auch zur Verdeutlichung für meine Kinder.»[37]

Aber nicht nur die persönliche Rezeptionsgeschichte des Textes durch den Illustrator, die Vertrautheit Slevogts mit dem Stoff, der ihn «angeht», auch die freundschaftliche Verbundenheit zwischen Verleger und bildendem Künstler ist für die Arbeit der *Pan-Presse* exemplarisch, entstehen doch zahlreiche Werke aus persönlicher Anteilnahme und freundschaftlicher Beziehung. Die Folge dieser persönlichen Disposition der verlegerischen Arbeit ist, daß die 19 Publikationen der *Pan-Presse* nicht im Sinne einer literarischen Programmatik durch eine inhaltlich-thematische Klammer zusammengehalten werden, daß das einzelne illustrierte Buch keinem übergeordneten Sinnzusammenhang oder Bildungskanon untergeordnet wird, sondern als eigenständiges Kunstwerk verstanden werden will. Die Unbefangenheit im Zugriff auf die unterschiedlichsten literarischen Stoffe versammelt Bibeltexte und Klassiker der Belletristik, Märchen, Reiseerzählungen, zoologische Beobachtungen und Schelmenromane. Die thematische Bandbreite reicht vom Naturidyll und von der Großstadt über die Abenteurer, das Nachtstück, Kampfszenen und Kriegsalltag bis zu typisch romantischen Themen wie Liebe, Erotik und Einsamkeit.

Jenseits aller literarischen Programmatik erscheinen die Texte der *Pan-Pressen*-Bücher immer in ganz neuem Licht – wie schon Karl Scheffler in seiner Rezension zum *Hohelied* mit Illustrationen von Lovis Corinth, dem fünften Werk der *Pan-Presse*, schreibt: Der Künstler habe die «alten, von den Spinnweben unzähliger Vorurteile und Konventionalismen umsponnenen Stoffe so unbefangen, so voller Fleischeslust und unmittelbarer Lebensderbheit ins Heutige übersetzt»[38].

8.

Kontrastiv zu diesem «Klassiker» der *Pan-Presse*, dem *Lederstrumpf*, – und um die thematisch-stilistische Bandbreite der *Pan-Presse* anzudeuten – soll als zweites ein Buch vorgestellt werden, das in der Literatur zu Cassirers Handpresse eher zwiespältig beurteilt

Abb. 47: Max Slevogt, Seite 113 aus den Lederstrumpf-Erzählungen, *1909*
(Lithographie: Vom Baum herabgeschossener Hurone*).*

wird: Voltaires *Zadig oder Das Geschick. Eine morgenländische Geschichte*, das 1912 als 11. Werk der *Pan-Presse* mit 40 Radierungen von Marcus Behmer erscheint[39].

Voltaire erlebt Anfang des 20. Jahrhunderts einen Boom in Deutschland. Vor allem in intellektuellen und Künstlerkreisen wird der französische Aufklärer mit seiner geistreich-witzig vorgetragenen, skeptischen Weltsicht, die zwar düster ironisiert, aber immer den Ausweg des vernunftbestimmten Verhaltens kennt, als geistesverwandt gefeiert.

Die Anregung zur Beschäftigung mit *Zadig* geht vermutlich auf Behmers Berliner Freund Ernst Hardt zurück, der den Roman Voltaires 1908 übersetzt hat. Marcus Behmer, der sich als Illustrator von Werken Honoré Balzacs und Oscar Wildes bereits einen Namen gemacht hatte, entwickelt in seinen ab 1908 entstandenen Bildern[40] eine ausgeprägte Sensibilität für die Eigenart der literarischen Vorlage: In seinem von orientalisch-märchenhaften Themen und Strukturelementen durchzogenen Duktus öffnet sich das Exotisch-Fremde nicht zu einem Spielraum für die künstlerische Einbildungskraft, sondern wird konterkariert durch eine satirisch-didaktische Verfremdung, die «von Babylon spricht und Paris meint und in orientalische Weisheit aufklärerische Vernünftigkeit einschmuggelt. Voltaires Kunst(griff), Abstraktes szenisch, dialogisch und anekdotisch zu beleben, läßt den Ideengehalt selten unvermittelt an die Oberfläche treten.»[41]

Behmer verwandelt die unterschiedlichen Stillagen des Textes in von Eklektizismen und künstlerischen Anleihen vielfach durchwobene Bilder und trifft damit den Text auf einer Meta-Ebene, auf der Stilvielfalt zum künstlerischen Prinzip erhoben wird. In der reichen Ornamentierung von Gegenständen und Stoffen entlehnt Behmer ebenso wie in landschaftlichen Formationen und exotischen Figurendarstellungen Formzitate aus der islamischen Kunst, vor allem aus persischen Miniaturen, und versetzt die rasant wechselnden Szenen in eine orientalische Märchenstimmung. Gebrochen wird die Bildatmosphäre durch völlig fremde Stilmittel wie die extreme perspektivische Verkürzung oder die individualisierende Physiognomik.

Als Beispiel möge das Blatt Behmers mit den Kandidaten für das Amt des Obersteuereinnehmers dienen (Abb. 48): Die Szene, die sich der Künstler aus der atemlosen Abfolge von Ereignissen zur Illustration ausgewählt hat, erzählt von dem Tanz der Kandidaten für das Amt des Steuereinnehmers, die man der Versuchung ausgesetzt hatte, sich in einem unbeobachteten Moment die Taschen mit Geld voll zu stopfen, das beim Tanzen aus den Taschen fiel. Dem einzigen ehrlichen Bewerber fällt kein Penny zu Boden. Behmer zeigt den Ehrlichen bildfüllend im Vordergrund in ausladender Tanzhaltung. Sein Gewand mit reich ornamentiertem Gürtel kräuselt sich am Saum wie wilde Wellen. Der exotisch ausladende Turban und die übertrieben gespreizte Gestik setzen sich zu einem Flächenornament zusammen, das sich in einer Diagonale der gesamten Bildfläche bemächtigt. Seitlich und im Hintergrund – und im Gegensatz zu diesem Sinnbild der tänzerischen Überlegenheit – eine Anzahl kleinerer, im Umriß immer

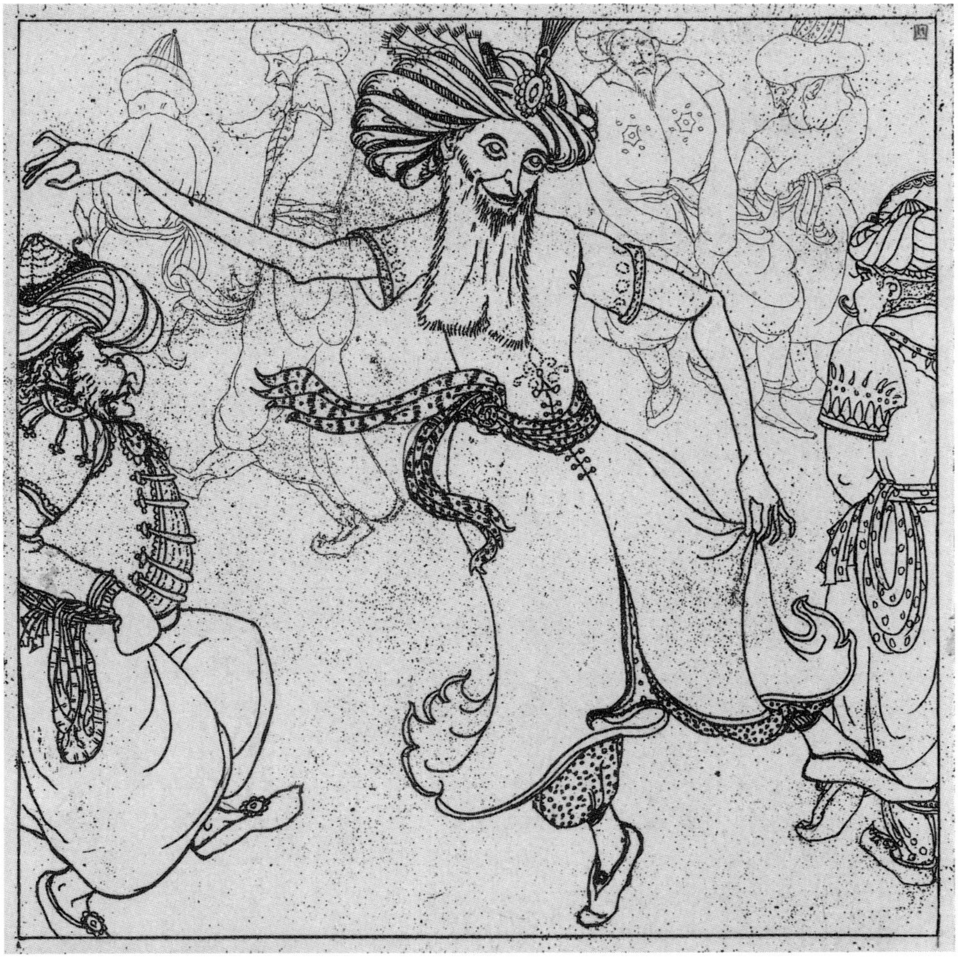

Abb. 48: Marcus Behmer, Tanz der Kandidaten; *Radierung aus: Voltaire,* Zadig oder das Geschick, *1912.*

angeschnittener Figuren, die allesamt durch Haltung und Mimik als die Unterlegenen gezeichnet werden: Die Ausstaffierung der Figuren – der Bart des Weisen, der offene Blick des Aufrechten, die Hakennase des Betrügers, der Bauch des Lasterhaften, die peinlich-verklemmte Haltung des Lügners – ironisieren die Gestalten zu Typen. Auch die groteske Überbelichtung der Details fügt sich in dieses Bild von Satire, Ironie und ätzendem Spott.

Neben den Anleihen Behmers bei der islamischen Kunst tragen die Bilder zum *Zadig* deutliche Züge einer Rezeption der Graphik des Engländers Aubrey Beardsley. Sie machen den *Zadig* zu dem einzigen Beispiel für die Rezeption des englischen *Arts-and-Crafts-Movement* in der theoretisch so stark an Morris ausgerichteten *Pan-Presse*. Interpretatorische Feinfühligkeit und die hohe Kunst der parodistischen Ironie fügen sich in Behmers Bildern trotz aller in ihrem Eklektizismus irritierenden Entlehnungen zu einem zwar skurrilen, aber in sich stimmigen bildkünstlerischen Reflex auf das literarisch vorgeprägte Thema.

Mit Behmers Bildern rückt eine künstlerische Position in den Blick, wie sie von der der Slevogtschen Illustrationen nicht weiter entfernt gedacht werden kann. Nicht nur stilistisch, auch in Hinblick auf den Umgang des bildenden Künstlers mit dem Text markieren Slevogt und Behmer zwei Pole der künstlerischen Vielfalt von Cassirers *Pan-Presse*.

9.

Geht es bei der überwiegenden Mehrzahl der 19 Publikationen der *Pan-Presse* um Illustrationen zur Literatur, so gibt es vier Werke, die als Graphikmappen – teils mit Begleittexten der Künstler – veröffentlicht werden[42]. Exemplarisch für diese, vor allem den Themen Tierbeobachtung und Reise gewidmeten Mappen sollen Max Pechsteins *Reisebilder* von 1919, das 15. Werk der *Pan-Presse*, vorgestellt werden[43]. Pechstein, einer der wenigen expressionistischen Künstler und der einzige *Brücke*-Künstler in Cassirers *Pan-Presse*, ist seit 1906 Mitglied der *Berliner Secession*. Als 1910 Bilder von Pechstein und anderen *Brücke*-Malern bei der Jury der *Secession* zurückgewiesen werden, spaltet sich unter Pechsteins Führung die *Neue Secession* ab. Das Verhältnis zu Cassirer jedoch, dem langjährigen Geschäftsführer der *Berliner Secession*, leidet unter dem «Gezänk»[44] nicht dauerhaft, stellt Pechstein doch bereits 1911 in der Galerie Cassirer aus, was wiederum zum Ausschluß des Künstlers aus der *Brücke* führt.

Dokumente zur Entstehungsgeschichte der *Reisebilder* sind nicht bekannt – die Initiative zur Veröffentlichung in der *Pan-Presse* scheint von Cassirer ausgegangen zu sein, hatte Pechstein doch in Fritz Gurlitt bereits einen engagierten Verleger in Berlin. Die Skizzen, die Pechstein 1919 auf Stein zeichnet, waren anläßlich zweier Reisen 1913 nach Italien und 1914 in die Südsee entstanden. Thema der Bilder ist der – in der als «unverdorben» stilisierten Natur – arbeitende Mensch, ist der «Zusammenhang zwischen Mensch und Natur», wie Pechstein in seiner handschriftlich auf Stein gezeichneten Einleitung in die *Reisebilder* schreibt[45]. Pechstein setzt die Sehnsucht nach einer Einheit von Mensch und Natur – ein klassisches Thema des Expressionismus – zeichnerisch um, indem er mit knappen Umrißlinien Bewegungsabläufe festhält, die den dargestellten Szenen bei aller Zurückhaltung der zeichnerischen Mittel eine große Spannkraft und Rhythmik verleihen. Die Geschmeidigkeit der Linienführung erinnert ebenso wie die tänzerische Figurenauffassung von Pechsteins Bildern an die Graphik der *École Matisse*.

Die durch einfache Umrisse scheinbar flüchtig skizzierten Blätter entpuppen sich bei näherer Betrachtung als sorgfältig durchdachte Kompositionen. In der Lithographie *Vier Angler am Strand*[46] (Abb. 49) konzentriert Pechstein in der linken unteren Bildhälfte vier männliche Gestalten, die, teils hokkend, teils stehend, verschiedene Phasen des Angelns ausführen: In der unteren Bildmitte befestigt ein am Boden kniender Angler den Köder, links über ihm beugt sich ein zweiter prüfend über seine Angel, während zwei stehende Männer ihre Angeln in einer Rechtsdrehung auswerfen. In der Simultaneität der Darstellung erscheinen die vier Gestalten wie eine kinematographische Bewegungsspur, die sich von unten rechts im Uhrzeigersinn nach oben rechts entwickelt und in dem Saum der Welle eine Entsprechung findet. Die Bewegungen der Angler sind auf diese Weise eingeschrieben in eine Kreisbewegung – die Urform von Werden und Vergehen in der Natur. Die imaginierte Bewegung endet weit außerhalb der Bildgrenzen, quasi draußen auf dem Meer, wo die Angelschnur im Wasser ruht.

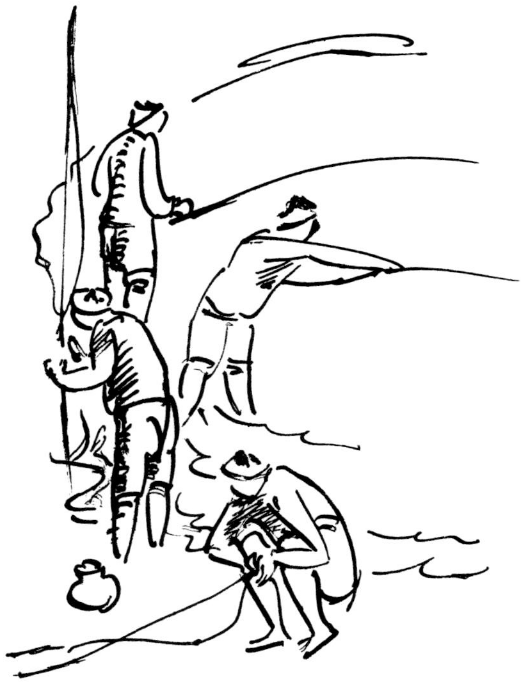

Abb. 49: Max Pechstein, Vier Angler am Strand; *Lithographie aus:* Reisebilder, *1919.*

Neben dem Bildmotiv der Bewegungsspur verwendet Pechstein auch die einheitliche ornamentale Behandlung von Mensch und Natur als Symbol für deren universelle Einheit: Die menschliche Figur fügt sich in ihrer ornamentalen Ausgestaltung in die als reich verzierte Oberflächenstruktur gezeichnete Natur ein[47]. Aus der distanzierten Perspektive des Betrachters – oft in Aufsicht – visualisiert Pechstein auf diese Weise die Einheit von Mensch und Natur im Ornament (Abb. 50).

Wenn Pechstein in der handgeschriebenen Einführung in die *Reisebilder* unter der Anrede «Mein Lieber» schreibt, daß ihm «diese Notizen [...] die Schriftzeichen des Dichters» ersetzen, verweist er selbst auf die erzählerische und «semantische» Komplexität seiner Bilder, die «immer das Erleben und nicht das sogenannte Motiv»[48] im Sinne haben – das Erleben von Naturnähe, den Gleichklang zwischen Mensch und Natur, symbolisiert als Bewegungsspur bzw. Flächenornament. Andererseits knüpft er an die jahrhundertealte Tradition des *Paragone* an, stellt er doch die bildende Kunst der räumlichen Simultaneität der Literatur als zeitbezogener Kunst gegenüber[49], was gerade angesichts der Bedeutung der dargestellten Bewegungssequenzen in den *Reisebildern* bemerkenswert ist.

Die Gegenständlichkeit des Dargestellten wechselt bei Pechstein ins Abstrakte.

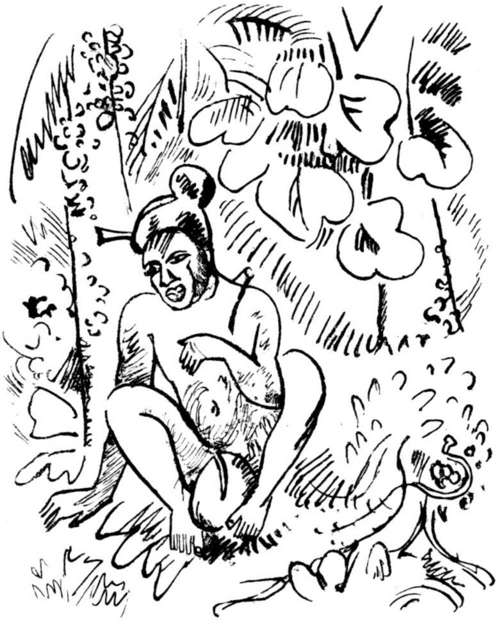

Abb. 50: Max Pechstein, Hockender, *Lithographie aus:* Reisebilder, *1919.*

Pechsteins Bilder gehören in ihrer stilistisch-semantischen Eigenständigkeit und Abstraktheit zu den Illustrationen der *Pan-Presse*, deren Modernität dem französischen Malerbuch sehr verwandt ist.

10.

Wenn vom Einfluß der französischen Kunst auf die Bücher der *Pan-Presse* die Rede ist, darf eine Veröffentlichung nicht fehlen – das Romanfragment *Aus den Memoiren des Herren von Schnabelewopsky* von Heinrich Heine mit 36 lithographischen Zeichnungen von Jules Pascin, das 1910 als viertes Werk der *Pan-Presse* erscheint[50]. Paul Cassirer, der als Galerist die französische Malerei auch gegen erbitterten Widerstand aus der deutschen Künstlerschaft verteidigt, zieht für seine *Pan-Presse* zwar keinen einzigen französischen Künstler[51] heran, verpflichtet jedoch mit Jules Pascin alias Julius Mordechai Pincas einen aus Bulgarien stammenden Weltenbummler – später amerikanischer Staatsbürgerschaft –, der in Paris gelebt und als Schüler von Henri Matisse[52] entscheidende künstlerische Impulse aus der französischen Kunstmetropole erhalten hat.

Die Memoiren des Herren Schnabelewopsky von 1834 spielen in der Heine-Rezeption kaum eine Rolle. Der Text ist eine fiktive Biographie eines rastlosen Wanderers – wie Heine und Pascin –, die disparate Erlebnisse und Eindrücke in einer episodischen Struktur zu einem bunten Sammelsurium vereint, dessen «durchweg in ironischer Distanz zum Erzählgegenstand gehaltene Sprache [...] durch oft zweideutige, schlüpfrige und obszöne Wortwahl den hohen Stil der ‹Kunstperiode›»[53] verletzt.

Die Herausgabe von Heines Text durch Cassirer – übrigens die erste Einzelveröffentlichung der *Memoiren* – ist von der Kritik wohl zurecht als Parteinahme in einer Auseinandersetzung verstanden worden, die seit Jahrzehnten mit antisemitischem Tenor um Heinrich Heine und die Errichtung eines Denkmals zu seinem 50. Todestag in Düsseldorf geführt worden war[54].

Der Text stellt schwierige Anforderungen an den Illustrator: Der Tradition des Schelmenromans verpflichtet, enthält das episodische Romanfragment kein eigentlich zentrales Thema, das sich in Bildern akzentuieren oder entfalten ließe. Vielmehr steht jede Episode für sich. Pascin, der bereits in den Graphikausstellungen der *Berliner Seces-*

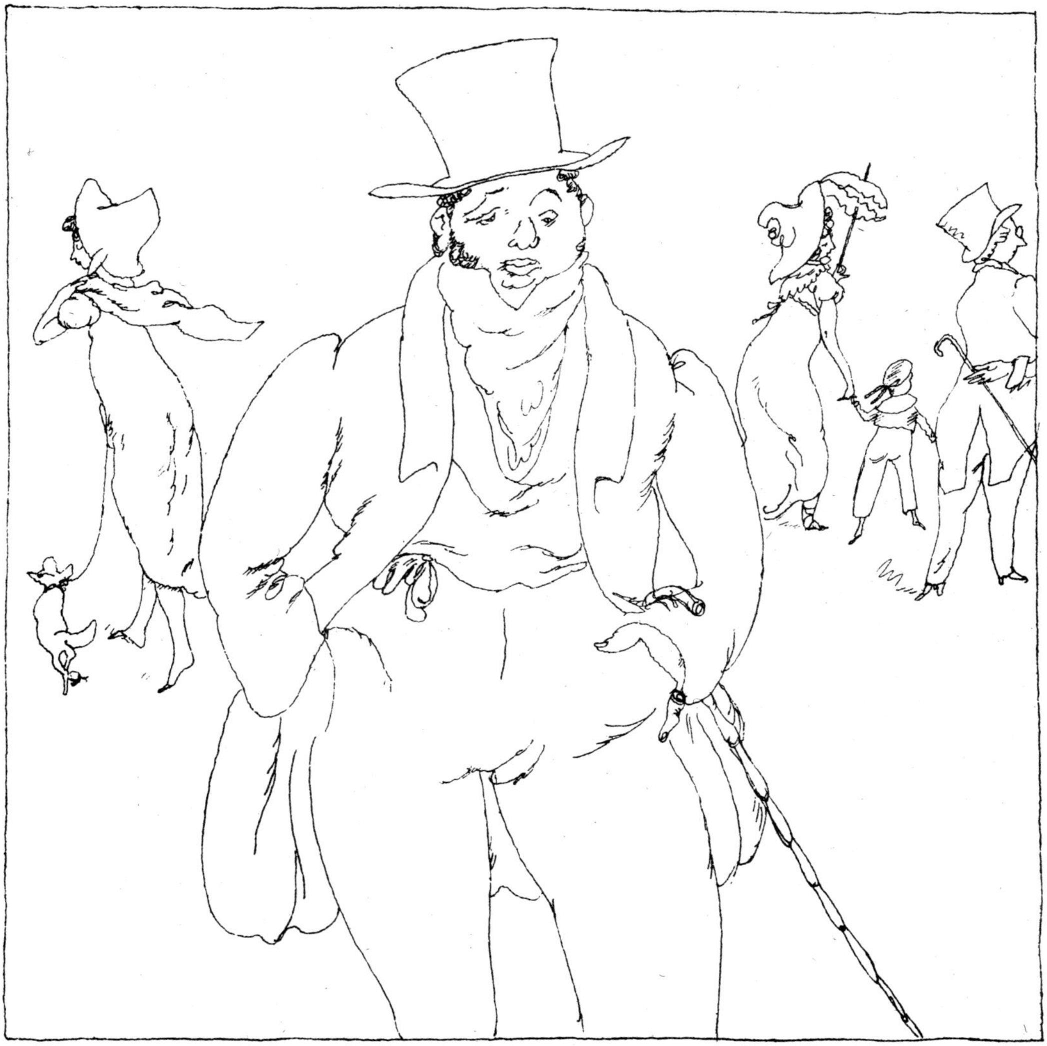

Abb. 51: Jules Pascin, Hamburger Bürger am Jungfernstieg, *Lithographie aus: Heinrich Heine,* Schnabelewopsky, *1910.*

sion 1906 und 1907 vertreten war, fügt dem Text konsequenterweise auch keine erzählerischen Bilder zu, sondern zeichnet mit skizzenhaft leichter Strichführung eher atmosphärisch angelegte Impressionen. Die Leichtigkeit der Zeichnung unter weitgehendem Verzicht auf Binnenkonturen und -schattierungen scheint im weich fließenden, ausdrucksvollen Rhythmus der Körperkonturen die Menschendarstellungen von Matisse in den 20er Jahre vorwegzunehmen. In ihrer atmosphärischen Dichte erinnern die Bilder aber auch an die Graphik Toulouse-Lautrecs, Bonnards oder Rodins, verweisen zuweilen auch auf die Kleinmeister des Rokoko[55].

Als Beispiel sei auf eine Lithographie hingewiesen, die unter dem Titel *Hamburger Bürger am Jungfernstieg* ein an den Text Heines angelehntes, wenngleich über diesen hinaus deutendes Sittenbild entwirft (Abb. 51). Wenn Heine von «untersetzte(n) Gestalten» spricht, die «verständige kalte Augen» haben, «kurze Stirn, nachlässig herabhängende rote Wangen, die Esswerkzeuge besonders ausgebildet, der Hut wie festgenagelt auf dem Kopfe und die Hände in beiden Hosentaschen»[56], so nimmt Pascin die Heinesche Menschenbeschreibung auf und setzt sie in ein komplexes, ironisches kleines Bild um: Im Vordergrund ein Mann, beleibt, breiig, mit weichen, ausufernd-formlosen Konturen, das Gesicht von Vatermörder und Backenbart mehr breitgedrückt als hochformatig, dicke Lippenwülste und fast zugeschwollene, asymmetrische Augen, den feisten Körper mit Händen in den Hosentaschen dem nahe stehenden Betrachter schamlos entgegengestreckt. Im Hintergrund links und rechts mehrere Rückenfiguren, die in alle Richtungen aus dem Bild auseinanderstieben. Im Mittelgrund und Mittelpunkt des Bildraumes zwischen den Figuren des Straßentheaters: nichts – ein Nichts als Symbol der Unfähigkeit zur Kommunikation der Menschen untereinander, als Sinnbild von Ignoranz und Arroganz – insgesamt ein einfallsreiches kleines Bild über das komplexe Wesen des menschlichen Miteinanders.

11.

Wenngleich die vorgestellten vier Bücher die inhaltlich-thematische und stilistische Bandbreite von Cassirers *Pan-Presse* nur andeuten, so stehen sie doch exemplarisch für die verlegerische Arbeit Cassirers. Vor allem seine Experimentierfreudigkeit, die für jedes Werk individuelle Lösungen findet, und der persönliche Zugriff des Illustrators auf den Text machen den künstlerischen Reichtum der *Pan-Presse* aus. Die Pluralität der bildkünstlerischen Ansätze, die Bezugspunkte im englischen *Arts-and-Crafts-Movement* ebenso haben wie in der zeitgenössischen französischen Kunst und in der Graphik des Barock, verdankt die *Pan-Presse* dem anti-programmatischen Ansatz Cassirers (sowohl in Hinblick auf die Textauswahl als auch auf die Wahl der Künstler), dem es in erster Linie nicht um ein Verlagsprogramm geht, sondern darum, der Kunst das Buch als formalen und thematischen Imaginationsraum zu öffnen.

Der in der Literatur zu Paul Cassirer immer wieder angesprochene vermeintliche Widerspruch – daß nämlich Cassirer als Galerist die französischen Impressionisten mit so viel Engagement und Verve vertritt, als Verleger illustrierter Werke aber fast ausschließlich deutsche Künstler verpflichtet – löst sich meines Erachtens gerade in diesem anti-programmatischen Impetus auf: Nicht Stil oder Schule, weder Literaturkanon noch Bildtraditionen, sondern die individuelle Auseinandersetzung des Künstler-Illustrators mit «seinem» Stoff und die persönliche Beziehung zwischen Künstler und Verleger erachtet Cassirer als Voraussetzung für das Gelingen eines gemeinsam an der

Handpresse realisierten Projekts: Es ist die Frucht einer Zusammenarbeit Gleichgesinnter an einem frei gewählten Thema.

Anmerkungen

1 Einen Überblick über die *Pan-Presse* gibt Caspers.

2 Der Text des Prospekts ist abgedruckt in: Feilchenfeldt/Brandis, S. 564–566. – Zur Frage der Autorschaft des Prospekttextes vgl. hier den Beitrag von Catherine Krahmer, S. 87–101.

3 Feilchenfeldt/Brandis, S. 565.

4 Werbeprospekt aus *Pan* 1, H. 3, 1. Dezember 1910, o. S. – Derselbe Text ist auch abgedruckt in: Das moderne Buch des Jahres 1910. Leipzig 1910, S. 63. – Vgl. auch Caspers, S. 28.

5 Feilchenfeldt/Brandis, S. 565.

6 Ebd., S. 564.

7 Max Slevogt, *Die schwarzen Panther*, 1901, Öl/Lwd., Kunsthalle Bremen, Inv.Nr. 389-1921/5.

8 Vgl. Hannelore Sachs, Ernst Badstübner, Helga Neumann (Hg.): Christliche Ikonographie in Stichworten. Berlin/Leipzig 1991, S. 288. – Gerd-Heinz Mohr: Lexikon der Symbole. Bilder und Zeichen der christlichen Kunst. Düsseldorf/Köln 1981, S. 230. – Der Panther, ein ikonographisch marginales Tier, steht in der Tradition einerseits als christologisches Symbol der Auferstehung – und hier besonders der ruhende Panther, andererseits findet er sich im Zusammenhang mit dem Dionysoskult, *dem* anti-klassischen Motiv schlechthin.

9 Ob auch die phonetische Nähe von *Pan* und *Panther* bei der Auswahl des Signetmotivs eine Rolle gespielt hat, kann nur vermutet werden. Zur Wahl des Namens *Pan* und zu seinem Bezug auf die 1895 gegründete gleichnamige Zeitschrift vgl.: Donatella Germanese: Pan (1910–1915). Schriftsteller im Kontext einer Zeitschrift (= Epistemata. Würzburger wissenschaftliche Schriften, Reihe Literaturwissenschaft 305). Würzburg 2000, S. 17–20.

10 Feilchenfeldt/Brandis, S. 564.

11 Ebd.

12 Cassirer hegte großes Interesse an der Ästhetik von William Morris. Das bei Bruno und Paul Cassirer 1901 verlegte Buch Henry van de Veldes, *Die Renaissance im modernen Kunstgewerbe,* gilt als deutsches Pendant zu William Morris' Bemühen um eine Erneuerung des englischen Kunstgewerbes. Feilchenfeldt/Brandis, Nr. 197. – Auch Cassirers eigener Aufsatz *Utopische Plauderei* von 1918/19, in der gegen elitäre Kunstprogramme eine «Kunst für alle» propagiert wird, trägt deutliche Züge einer Rezeption von Morris' sozialrevolutionärer Ästhetik (vgl. auch Caspers, S. 23). Ferner tragen Cassirers städtebauliche Konzepte aus den zwanziger Jahren («Zusammenschluß der Künste unter den Flügeln einer großen Baukunst», Caspers, S. 23) deutliche Zeichen einer Morris-Rezeption. Ebenso lehnt sich Cassirers verlegerischer Einsatz für preiswerte Volksausgaben in ihrem kunstpädagogischen Impetus nach 1918 an Morris an. Morris' utopische Erzählung *News from Nowhere* erscheint bereits 1892 in deutscher Übersetzung und sorgt für eine rege Rezeption seines Gedankengutes in Deutschland.

13 Zu William Morris und seiner Ästhetik vgl. William Morris and the Art of the Book. With Essays on William Morris by Paul Needham, Josef Dunlap, John Dreyfus. London 1936. – May Morris (Hg.): William Morris – Artist, Writer, Socialist. 2 Bde. London 1976. – Nikolaus Pevsner: Wegbereiter moderner Formgebung. Von Morris

bis Gropius. Mit einem Nachwort von Wolfgang Pehnt. Köln 1983.

14 Morris (wie Anm. 13), S. 266.

15 «If I was asked to say what is at once the most important production of Art and the thing most to be longed for, I should answer, A beautiful House; and if I were further asked to name the production next to importance and the thing next to be longed for, I should answer, A beautiful Book. To enjoy good books in self respect and decent comfort, seems to me to be the pleasurable end towards which all societies of human beings ought now struggle.» William Morris and the Art of the Book (wie Anm. 13), S. 19.

16 Katalog der 23. Ausstellung der Berliner Secession. Berlin 1911, S. 18; zit. nach Feilchenfeldt/Brandis, S. 566.

17 Karl Scheffler, Wegbegleiter der Cassirers und Verfechter eines neuen illustrierten Buches, spricht in bezug auf Morris von dem «Stolz eines fast fanatischen Handwerkerbewußtseins». Karl Scheffler: Bruno Cassirer und das illustrierte Buch. In: *Imprimatur. Ein Jahrbuch für Bücherfreunde*. N. F. 7, Hg. von Heinz Sarkowki. Gesellschaft der Bibliophilen e.V. Frankfurt/M. 1972, S. 139.

18 Feilchenfeldt/Brandis, S. 564.

19 Ebd., S. 565.

20 Ebd.

21 Caspers, S. 28.

22 «You may say that [...] you wish to read literature and to look at pictures; and that so long as the modern book gives you these pleasures you ask no more for it; well, I can understand that, but you must pardon me if I say that your interest in books in that case is literary only, and not artistic, and that implies, I think, a partial crippling of the faculties; a misfortune which no one should be proud of.» Morris (wie Anm. 13), Bd. 1, S. 331 (aus: The Wood cuts of Gothic Books, 1892).

23 Feilchenfeldt/Brandis, S. 565.

24 Ebd., S. 564.

25 Werbeprospekt aus *Pan* 1, H. 3, 1. Dezember 1910, o. S.; derselbe Text ist auch abgedruckt in: Das moderne Buch des Jahres 1910, Leipzig 1910, S. 63. – Vgl. auch Caspers, S. 28.

26 Die Zeitschrift geht – auch in der Namenswahl – zurück auf die 1895 von Julius Meier-Graefe und anderen gegründete Zeitschrift gleichen Titels. – Vgl. Germanese (wie Anm. 9), S. 15–17.

27 Text abgedruckt bei Germanese (wie Anm. 9), S. 25.

28 François Chapon: Le peintre et le livre. L'âge d'or du livre illustré en France 1870–1970. Paris 1987. – Ausst.Kat. «The Artist and the Book 1860–1960 in Western Europe and the United States». Hg. Eleanor M. Gravey. Boston (Museum of Fine Arts) 1961. – Cathy Dixon: Manet to Matisse. French illustrated Books. Canberra 1991. – Anne Hyde Greet: Edouard Manet and his Poets. The Origins of the Livre de Peintre. In: *Symposium* 34, 1980, S. 311–332. – Stephanie Jacobs: Auf der Suche nach einer neuen Kunst. Konzepte der Moderne im 19. Jahrhundert. Runge/Goethe, Grandville/Delord, Schwind/Mörike, Manet/Mallarmé (Phil. Diss. Berlin 1998). Weimar 2000.

29 Maurice Denis: Théories. Du symbolisme au classicisme. Hg. von O. Revault d'Allonnes. Paris 1964, S. 43.

30 Vgl. z. B. Dixon (wie Anm. 28). – Greet (wie Anm. 28). – Ausst.Kat. Boston 1961 (wie Anm. 28), S. 124ff.

31 Vgl. Jacobs (wie Anm. 28), S. 159–170.

32 Curt Glaser: Die Graphik der Neuzeit. Berlin (Bruno Cassirer) 1922, S. 489f.

33 Vgl. hierzu auch Hans-Jürgen Imiela: Max Slevogt. Eine Monographie. Karlsruhe 1968, S. 400, Anm. 32.

34 Imiela (wie Anm. 33), S. 311, Abb. 165. – Zum *Lederstrumpf* vgl. Feilchenfeldt/Brandis, Nr. 35. – Caspers, S. 47–53.

35 Vgl. Imiela (wie Anm. 33), S. 400.

36 Tilla Durieux: Eine Tür steht offen. Berlin 1966, S. 115.

37 Zit. nach Caspers, S. 47.

38 Karl Scheffler: Notizen über die 23. Aus-

stellung der Berliner Secession 1911, zit. nach Caspers, S. 76.

39 Zu Voltaires *Zadig* mit Illustrationen Marcus Behmers vgl. Caspers, S. 109–117. – Feilchenfeldt/Brandis, Nr. 199. – Hans Adolf Halbey: Marcus Behmer als Illustrator. Handeinbände von Frieda Thiersch zu Drucken der Pan-Presse (= Monographien und Materialien zur Buchkunst. Hg. von Wolfgang Tiessen, 4). Neu-Isenburg 1970.

40 1908 waren bereits sechs Radierungen der Folge in der 16. Ausstellung der *Berliner Secession* zu sehen. Vgl. Caspers, S. 109.

41 Walter Jens (Hg.): Kindlers neues Literaturlexikon. München 1990, Bd. 17, S. 273f.

42 Feilchenfeldt/Brandis, Nr. 66, 155, 156, 157.

43 Zu den *Reisebildern* vgl. Caspers, S. 136–144. – Feilchenfeldt/Brandis, Nr. 155. – Günter Krüger: Das druckgraphische Werk Max Pechsteins. Hamburg 1988, S. 240–261.

44 Leopold Reidemeister (Hg.): Max Pechstein: Erinnerungen. Wiesbaden 1960, S. 41. – Vgl. Caspers, S. 137.

45 Krüger (wie Anm. 43), L 304, S. 240.

46 Krüger (wie Anm. 43), L 317, S. 243.

47 Andere Beispiele für die ornamentale Oberflächengestaltung – ein genuin expressionistisches Thema – bei den *Reisebildern* Pechsteins: Krüger (wie Anm. 43), L 341, 346, 352.

48 Max Pechstein: Künstlerische und kulturelle Manifestationen. Ulm o.J. (1924), S. 38; zit. nach Krüger (wie Anm. 43), S. 15.

49 Zum *Paragone* sowie zum Laokoon-Streit und dessen Rezeptionsgeschichte vgl. Gustav Berbermeyer: Kunst und Literatur. In: Reallexikon der deutschen Literaturgeschichte. Berlin 1926/28, Bd. 2, S. 158–169. – Paul Böckmann: Das Laokoonproblem und seine Auflösung in der Romantik. In: Wolfdietrich Rasch (Hg.): Bildende Kunst und Literatur. Beiträge zum Problem ihrer Wechselbeziehungen im 19. Jahrhundert (= Studien zur Philosophie und Literatur des 19. Jahrhunderts 6). Frankfurt/M. 1970, S. 59–78. – Rensselaer Lee: Ut pictura poesis. The Humanistic Theory of Painting. In: *Art Bulletin* 22, 1940, S. 196–269. – Irving Babbitt: The New Laokoon. An Essay on the Confusion of the Arts. Boston/New York 1910.

50 Feilchenfeldt/Brandis, Nr. 96. – Caspers, S. 68–76. – Gaston Diehl: Pascin. München 1968. – Alfred Werner: Pascin. 110 Drawings. New York 1972.

51 Der andere «französische» Maler, den Cassirer auf seiner Handpresse druckt, ist Marc Chagall, der zwar in Rußland geboren wurde, aber entscheidende Jahre in Paris verbrachte. Dessen Buch *Mein Leben* erscheint jedoch erst 1923, ein Jahr nachdem Paul Cassirer die *Pan-Presse* verkauft hat.

52 Vgl. Hans Voss: Julius Pincas dit Pascin. Versuch einer Analyse und eines Kataloges seines druckgraphischen Werkes (Phil. Diss.). Frankfurt/M. 1956, S. 29. – Caspers, S. 70f.

53 Walter Jens (wie Anm. 41), Bd. 7, S. 564–566.

54 Karl Kraus, ein Kritiker Heines, reagierte prompt auf die Veröffentlichung der *Memoiren* und warf sowohl dem Romanfragment wie den Illustrationen Pascins «Snobismus» vor. Vgl. Caspers, S. 69.

55 Diehl (wie Anm. 50), S. 37.

56 Heinrich Heine: Sämtliche Schriften. 12 Bde. Hg. von Klaus Briegleb, Bd. 1, München 1975, S. 510.

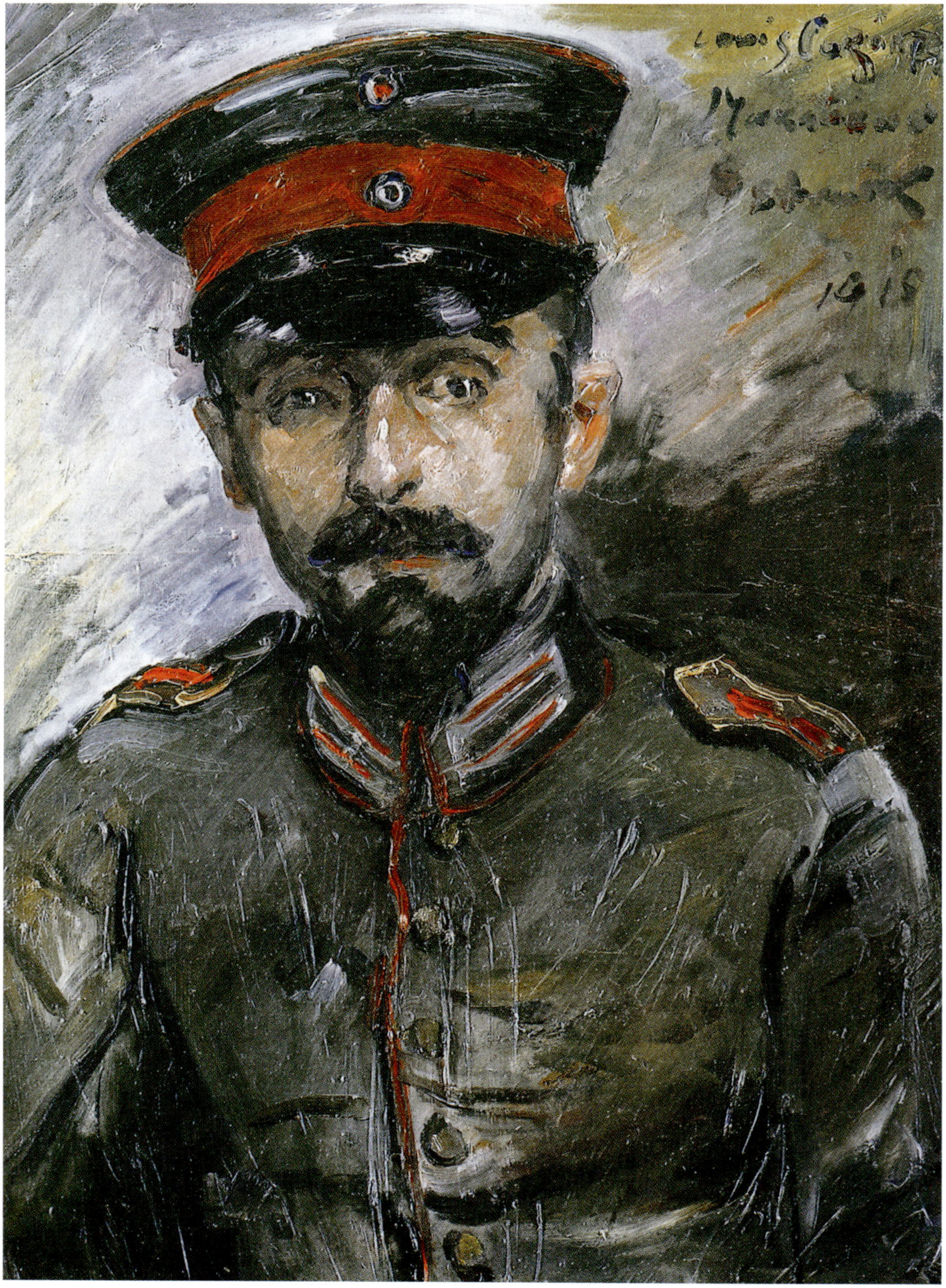

«Und das Buch, das du geschrieben, Ist ein wirkliches Verdienst»

Hermann Strucks Erfolgsbuch *Die Kunst des Radierens* und sein Einfluß auf die Künstler im Paul Cassirer Verlag

Inka Bertz

> «Das wachsende Interesse, das in den letzten Jahrzehnten den graphischen Künsten entgegen gebracht wird, und die rege Sammeltätigkeit weiter Kreise, besonders auf dem Gebiete der modernen Graphik, erzeugten die Werke, die dem Kunstfreunde als Handbücher und Wegweiser dienen sollen.»[1]

So beschrieb Karl Schwarz 1917 die Situation auf dem Gebiet der Graphik-Literatur. Was er mit der Formulierung von «den letzten Jahrzehnten» meinte, ist die Aufbruchsstimmung, die auf diesem Gebiet seit dem Ende des 19. Jahrhunderts herrschte. Neue Techniken, wie Lichtdruck oder Heliogravure, hatten die Aufgabe der Bildreproduktion übernommen. So wurden die traditionellen druckgraphischen Techniken, allen voran die Radierung, von den Künstlern neu entdeckt.

Max Klingers seit 1879 erschienene Radierzyklen sind die ersten Zeugnisse dieser neuen Haltung. In seiner 1891 veröffentlichten Schrift *Malerei und Zeichnung* erklärte er die Graphik zu einer eigenständigen, der Malerei gleichrangigen Gattung.

Mit der 1889 in Paris gegründeten *Société des Peintres-Graveurs* schufen sich die Künstler eine Institution, die beispielsweise die Kriterien für den Begriff der «Original-Graphik» definierte. Regelmäßig wurden nun spezielle Graphik-Ausstellungen veranstaltet. So auch in der *Berliner Secession*, wo seit 1901 immer im Dezember die *Schwarz-Weiß-Ausstellungen* stattfanden[2].

Doch diese Entwicklung fand lange keinen Widerhall in der Kunstliteratur: Die frühe Geschichtsschreibung der Moderne stand ganz unter dem Vorzeichen der Malerei, die Geschichtsschreibung der Graphik wiederum ganz unter dem der Alten Meister[3]. Erst nach 1905 änderte sich die Lage allmählich[4], bis dann nach dem Ersten Weltkrieg eine Fülle von populären Darstellungen erscheint und 1922 schließlich mit Curt Glasers *Die Graphik der Neuzeit* eine aus der Perspektive der Moderne verfaßte Gesamtdarstellung[5].

Die technische Seite der Graphik wird in all diesen Publikationen jedoch kaum beleuchtet. Für sie mußte man die für Künstler verfaßten Handbücher zu Rate ziehen. Allerdings herrschte auch hier Mangel an einem neueren Werk in deutscher Sprache[6].

Abb. 52: Lovis Corinth, Makabäus H. Struck, *1915, Öl/Lwd., 80,5 x 59,5 cm, Städtische Galerie im Lenbachhaus München.*

Der Schweizer Künstler Karl Stauffer-Bern wollte dem abhelfen, als er 1886 sein *Traktat der Radierung* schrieb[7]. Wie sein klassisches Vorbild[8] richtete er sich explizit nur an Künstler. Doch auch diesen bot der Text nur äußerst trockene Lektüre.

Es herrschte also weiterhin Bedarf an einer leicht zugänglichen Einführung in Technik und Geschichte der Radierung für Künstler wie Liebhaber gleichermaßen. Paul Cassirer hat diesen Mangel wohl gesehen, um so mehr als er nach der Trennung von seinem Cousin Bruno zwar Originalgraphik, nicht jedoch eine Einführung in diese Kunstgattung verlegen durfte. Für sein zukünftiges Erfolgsbuch wählte er einen ausgewiesenen Fachmann auf diesem Gebiet: Hermann Struck[9] (Abb. 52).

Hermann Struck

Als Paul Cassirer ihn beauftragte, stand Struck zwar noch am Beginn seiner Karriere, hatte jedoch bereits Erfolge zu verzeichnen: Nach seinem Studium an der Berliner Akademie bei Max Koner und Hans Meyer trat er 1899 im *Kunstsalon Schulte* und auf der *Großen Berliner Kunstausstellung* mit seinen Arbeiten vor die Öffentlichkeit. Ab 1901 erschienen Radierungen von ihm in der *Zeitschrift für Bildende Kunst*. 1904 schließlich publizierte der *Berliner Verlag* einen Verkaufskatalog seiner Radierungen, der bereits über 160 Blätter umfaßte[10]. Er war vertreten in den Ausstellungen im Münchner *Glaspalast* und bei der *Berliner Secession* und seit 1902 Mitglied der *Royal Society of Painter-Etchers and Engravers* in London. Das Berliner Kupferstichkabinett und andere Museen hatten bereits Blätter von ihm erworben.

Besonders beachtet wurde der junge Künstler im Umfeld der jüdischen Gemeinde und der zionistischen Zirkel[11]: Es waren vor allem die Studienköpfe jüdischer Männer, die Struck hier bekannt gemacht hatten. Aus einem orthodoxen bürgerlichen Elternhaus stammend, hatte er sich 1902 den *Misrachi*, der Organisation der orthodoxen Zionisten, angeschlossen und spielte fortan in den politischen Gremien der zionistischen Bewegung eine wichtige Rolle. Sein Porträt Theodor Herzls prägt dessen öffentliches Erscheinungsbild bis heute.

1903 bereiste er Palästina. Die Früchte dieser Reise – seine Landschaftsbilder und ein Text von Adolf Friedemann – erschienen 1904 bei Bruno Cassirer[12]. Struck hat jedoch immer auch allgemeine Themen bearbeitet. Seine Landschaften aus der Umgebung Berlins oder das Porträt Gerhart Hauptmanns gelten neben den jüdischen Motiven und Porträts als seine Hauptwerke.

In seiner Kunstauffassung war Hermann Struck durchaus Max Liebermann vergleichbar: Die Natur und ihre Nachschöpfung durch die Phantasie des Künstlers spielte darin eine zentrale Rolle. Jozef Israëls, die Schule von Barbizon, Goethe und Rembrandt dürfen als seine Leitbilder gelten. «Eine vornehme, leicht träumerische Zurückhaltung» sah Georg Hermann in seiner Kunst, «Empfindungen, die durchaus nicht etwa kühl sind, aber, moderiert durch Geschmack und Selbsterziehung, immer ihre Grenzen kennend»[13]. Paul Westheim hat Strucks Œuvre treffend charakterisiert: «ein stilles, gepflegtes und beseeltes Künstlerschaffen, dem es sowohl an blendenden Pointen als an matten Plattheiten fehlt.»[14]

Nach der Spaltung der *Secession* 1913 gehörte Struck, wie auch Lovis Corinth, mit dem er eng befreundet war, weiter der alten *Secession* an und spielte eine wichtige Rolle bei deren Reorganisation. Während des Ersten Weltkriegs war er in Kowno/Litauen in der Presseabteilung des Militärverwaltungsgebiets Ober-Ost tätig und konnte seine Stellung dort ganz offiziell mit künstlerischen Arbeiten verbinden. Nach mehreren Monaten an der Front wurde er zum Leutnant befördert (Abb. 52) und kehrte als Referent für jüdische Angelegenheiten nach Kowno zurück. Nach dem Krieg nahm er als Berater an den Friedensverhandlungen teil.

Ende des Jahres 1922 ließ er sich in Haifa nieder und hatte großen Anteil am Aufbau des jüdischen Kulturlebens im britischen Mandatsgebiet Palästina. Arnold Zweig, der ihn 1929 dort besuchte, porträtierte ihn als den Maler J. Perl in seinem Roman *De Vriendt kehrt heim*.

Struck war also stets mehr als nur Künstler, er war auch Lehrer, Vermittler, Netzwerker und nicht zuletzt Politiker:

> «Sein Berliner Atelier war seinerzeit ein Treffpunkt aller künstlerisch interessierter Kreise: von Kollegen, die seinen Rat suchten, von Sammlern, Kunstjüngern, Schriftstellern, Dichtern und Musikern, nicht zuletzt von den vielen zionistischen Freunden, da ja Struck nicht nur als Künstler, sondern auch als Zionist bereits in den frühen Jahren eine Führerrolle spielte.»[15]

Es war die Verbindung von künstlerischer Qualität, handwerklicher Virtuosität, gesellschaftlicher und sprachlicher Gewandtheit, die Hermann Struck als Autor für ein Buch prädestinierte, das zugleich fachlich fundiert und unterhaltsam sein sollte.

Ein Buch im Wandel seiner Auflagen

Als *Die Kunst des Radierens* im Januar 1909[16] erstmals erschien, sprach das Buch allein schon durch seine Ausstattung an: Der schwarze Papp-Einband mit der goldgeprägten Vorderdeckelillustration von Karl Walser zeigt zwei Männer an einer Radierpresse[17]. Vier bis fünf Tafeln in Originalgraphik sind beigegeben, die das Buch zum Sammlerstück machen und deren Zusammenstellung von Auflage zu Auflage variiert[18].

Das Buch beginnt mit einem Widmungsgedicht von Alfred Kerr an Hermann Struck, das gleichsam die dramatische Situation vorgibt: Der Künstler sitzt versonnen in seinem Atelier beim Radieren. Eine Dame tritt ein, fragt am Ende: «Ist es schwer? ...? Wie macht man das?» «Endlos fragt die Frauenseele, / Bohrend, ohne daß ihr bangt ... /

Doch auch wir sind oft Kameele, / Was die Technik anbelangt. / Dunkel war uns viel geblieben, / Bis du mit dem Licht erschienst. / Und das Buch, das du geschrieben, / Ist ein wirkliches Verdienst.» Ein leichter, zuweilen ironischer Plauderton ist hier angeschlagen, der den gesamten Text durchzieht. Flüssig und unprätentiös beschreibt Struck die technischen Vorgänge, «alles sachlich und verständig und ohne Wichtigmacherei des überlegen tuenden Fachmannes, so dass die Illusion entsteht, als habe man dem Künstler in seiner Werkstatt bei der Arbeit zugesehen»[19].

Ausgehend vom Kupferstich, erklärt Struck die technischen Grundlagen, zum Teil auch Finessen der Radierung, bis hin zur Vorbereitung der Platte und des Papiers, der Zusammensetzung der Säuren und der Handhabung der Spezialwerkzeuge. Es folgen die Varianten, wie Aquatinta und *vernis mou*, und schließlich auch der Holzschnitt und die Lithographie. Diesem ersten Teil folgt ein zweiter, überschrieben mit «zwanglose und unverbindliche Bemerkungen zu den Abbildungen»[20]. In kurzen Abschnitten stellt der Autor die Künstler vor, deren Werke er abbildet, und erläutert ihre technischen Eigenheiten und ihren spezifischen Beitrag zur Radierkunst.

Das Buch wurde ein großer Erfolg. Wie groß, können wir, da Verkaufszahlen nicht bekannt sind, nur aus den häufigen Neuauflagen schließen: 1912 erscheint die 2., 1919 die 3., 1920 die 4. und 1923 schließlich die stark überarbeitete 5. Auflage.

Die Kunst des Radierens zählt zu den ersten Veröffentlichungen des Paul Cassirer Verlages, nachdem das Konkurrenzverbot zwischen den Cousins Anfang des Jahres 1908 ausgelaufen war. Paul Cassirer hatte bereits im Sommer 1907 begonnen, das Programm seines Verlags zu planen[21], so daß im Februar 1908 das erste Buch, Lovis Corinths *Das Erlernen der Malerei*, erscheinen konnte[22].

Auch *Die Kunst des Radierens* trägt das Jahr 1908 auf dem Titelblatt und war wohl als Pendant zu Corinths Buch geplant. Schlußendlich erschien es ein knappes Jahr später und damit kurz nach der Eröffnung der *Pan-Presse* als Druckerei für Originalgraphik. Deren erstes Werk, Max Slevogts Lithographien zu Coopers *Lederstrumpf-Erzählungen*, folgte im Herbst desselben Jahres[23].

Zwischen Paul Cassirer und Hermann Struck entwickelte sich in den folgenden Jahren eine fruchtbare Zusammenarbeit – obschon Struck sich nie an einen Verleger oder Galeristen band[24]. Das Jahr 1911 markierte darin wohl den Höhepunkt: Struck unterstützte Paul Cassirer gegen die Angriffe des von Carl Vinnen vorgetragenen *Protest deutscher Künstler*[25] gegen die vermeintliche Dominanz der französischen Kunst auf dem deutschen Kunstmarkt[26]. Im *Pan* erschien *Von Bebel bis Bassermann*, zwei Porträtzeichnungen als Illustration zu einem Gedicht von Alfred Kerr[27]. Ihr wichtigstes gemeinsames Projekt war jedoch das Werkverzeichnis des erst 35jährigen Struck, das 1911 – opulent ausgestattet – erschien[28]. Im Jahr darauf folgten noch eine Originalgraphik und ein Text von Struck im Verlagsprospekt zu Voltaires *Zadig oder das Geschick* mit Radierungen von Marcus Behmer[29].

Danach, so scheint es, trübten die Konflikte zwischen Paul Cassirer und Lovis Corinth in der *Secession*[30] auch das Verhältnis zu Corinths Freund Hermann Struck. Jedenfalls erscheint der zum 40. Geburtstag des Künstlers zusammengestellte Band *Der Humor bei Struck* 1916 im Selbstverlag seines Herausgebers Heinrich Hirschberg[31].

Ein enger Vertrauter und Mitarbeiter von Hermann Struck war Karl Schwarz. Der junge Kunsthistoriker hatte 1911 das erwähnte Werkverzeichnis erstellt[32]. An der *Kunst des Radierens* hatte er schon bei früheren Auflagen mitgearbeitet, aber erst in der fünften wird sein Beitrag als «unter Mitwirkung von Karl Schwarz neu bearbeitet» benannt[33]. Doch kam es darüber zwischen beiden zum Zerwürfnis, zu dem nach Schwarz' Darstellung das Finanzielle der Anlaß gewesen war[34]. Vielleicht waren aber auch inhaltliche Differenzen der Grund, denn die 5. Auflage wurde stärker verändert als die vorangegangenen, in die lediglich neue Abbildungen und die dazugehörigen Beschreibungen eingefügt worden waren.

Die erste Neuerung betraf die Gestaltung: Das Buch wurde komplett neu gesetzt, die Antiqua-Type zwar beibehalten, aber das Schriftbild insgesamt verdichtet und klarer gestaltet: Es gibt keine gesperrt gedruckten Worte und keine Einzüge mehr, die Abstände zwischen den Buchstaben und der Durchschuß zwischen den Zeilen wurden verringert, der Abstand zwischen Überschriften und Textblock vergrößert, das Buchformat und der Satzspiegel leicht vergrößert sowie der Titel zweifarbig in Schwarz und Rot gesetzt. Das Buch hat dadurch seinen Charakter bewahrt, wirkt nun aber großzügiger und moderner.

Kleinere Änderungen im Text gab es im Kapitel über Lithographie und Holzschnitt. Hier wurden Teile hinzugefügt, und auch im Kapitel über Kaltnadelradierung wurde einiges ergänzt und umgestellt. Die Streichung vieler Verweise auf Abbildungen verbesserte den Lesefluß. Wie schon in den vorangegangenen Auflagen kamen einige neue Künstler hinzu[35]. Doch in der 5. Auflage wurde nun die Anordnung der Abschnitte im zweiten Teil völlig umgestellt: Sie werden nicht mehr in der Reihenfolge, in der sie auch im Text erscheinen, dem Leser präsentiert, sondern in alphabetischer Ordnung.

Dieser Eingriff veränderte allerdings auch den Charakter des Buches: Strucks Rolle als *Cicerone* durch die Geschichte der Graphik ist nun gemindert. Vor allem ergibt sich ein Widerspruch zu dem in der Überschrift formulierten *understatement*: «zwanglos» und «unverbindlich», lediglich «Bemerkungen», wollten die kurzen, in persönlichem Ton gehaltenen Texte sein. Die alphabetische Ordnung hingegen weckt Erwartungen nach Vollständigkeit, verleiht ihnen die Autorität eines Kanons, die der Autor gar nicht beabsichtigt hatte. Die Erläuterung der graphischen Technik tritt nun hinter die Orientierung über einzelne Künstler zurück. Von einem Handbuch über das Radieren ist es zu einem vermeintlichen Handbuch über die Radierer geworden. Es richtet sich nun eher an die Sammler als an die Praktiker.

Hermann Struck und sein Publikum

Daß die Sammler als Zielgruppe nun ein stärkeres Gewicht erhielten, ist sicher auch eine Reaktion auf die Veränderungen des Kunstmarktes zwischen 1908 und 1923. Besonders die Jahre zwischen dem Ende des Ersten Weltkrieges und dem der Inflation erlebten einen regelrechten Boom der Luxus-Ausgaben und Graphik-Mappen.

Dieser wiederum hatte verschiedene Ursachen. Die wirtschaftliche steht dabei wohl an erster Stelle: Unsicherheit und Inflation führten zu einer Flucht in die Sachwerte, und so schienen Kunst und Bücher vielen eine relativ sichere Wertanlage. Als zweiter Aspekt ist das historische Zusammentreffen von zwei, eigentlich sogar drei Generationen von Künstlern, ebenso Händlern und Verlegern zu nennen: die ältere der Secessionskünstler, wie Liebermann und Slevogt, die jüngere der ersten und die jüngste der zweiten Generation der Expressionisten. Und nicht zuletzt war dies auch die Zeit der großen Utopien, in denen Künstler sich als die Avantgarde der Neugestaltung der Gesellschaft sahen, und umgekehrt das Publikum in der Kunst nach Orientierung suchte.

Doch weder Hermann Struck noch sein Verleger Paul Cassirer sahen darin einen Anlaß, ihre in der 1. Auflage formulierten Grundsätze in Frage zu stellen. Auch 1923 heißt es, dies Buch wolle «eine Anleitung sein, die Künstler und den kunstverständigen Dilettanten in den Stand setzt, die schöne Kunst des Schwarz und Weiss selbständig zu erlernen; und es soll zugleich den Blick des Kunstliebhabers schärfen, um die Erzeugnisse der Radierkunst besser und intensiver genießen zu können»[36].

Die tiefere Bedeutung dieser lapidaren Formulierung erschließt sich, wenn man sie mit der Haltung vergleicht, die Lovis Corinth in seinem Lehrbuch der Malerei gegenüber dem Kunstpublikum einnimmt: «Je talentvoller nun ein Künstler ist, desto fremdartiger wird seine Auffassung (Individualität) dem Publikum erscheinen. Die Masse wird ihn nicht verstehen, und die Folge ist, daß seine Werke auf absehbare Zeit verkannt und keine Abnehmer finden werden. Er selbst muß sich durchsetzen und das Publikum niederzwingen.»[37]

Struck hingegen spielt nicht den Künstler gegen das Publikum aus. Im Gegenteil: Er traut seinen Lesern zu, auch schwierige Kunst schätzen zu lernen, sofern sie nur Qualität hat und verständlich vermittelt wird. Trotz des Habitus des *Grand Seigneur*, den man ihm bisweilen nachsagte[38], war er doch frei von der Attitüde des unverstandenen Künstlers. Und während Karl Stauffer-Bern 1886 noch apodiktisch – und in der distanzierten dritten Person – erklärte, «für Dilettanten hat er dieses Buch nicht geschrieben»[39], hat der Begriff des Dilettanten für Struck einen positiven Klang.

Man könnte darin den Einfluß Alfred Lichtwarks sehen, den Struck wohl persönlich nur flüchtig kennenlernte[40], dessen Ideen um 1908 aber längst Allgemeingut geworden waren. Für Lichtwark hatte die Frage der Bewertung des Dilettantismus auch eine politische Dimension: In der Hochschätzung, welche die Dilettanten in den angelsächsischen Ländern erfuhren, erkannte er den Ausdruck einer zivileren, sozial und kulturell durchlässigeren Gesellschaft, die weniger vom Zunft- und Kastengeist geprägt war als die deutsche[41]. Auch das Sammeln war für ihn eine «Bildungsfrage höchsten Ranges»[42]: «Die Sammeltätigkeit» gehöre, so schreibt er, «zu den Grundlagen der höchsten Form der Bildung, die wir kennen, der Bildung im Sinne Goethes. Sie ist die notwendige Ergänzung unserer wesentlich auf Wort und Wissen angelegten Bildung, denn sie führt zu den Dingen und in die Dinge hinein, sie weckt und entwickelt Kräfte des Geistes und des Herzens, die sonst ruhen.»[43]

Die Kunst des Radierens bietet die «Gebrauchsanleitung» für ebendiese Verbindung zwischen Wissen und sinnlicher Anschauung, in der nach Lichtwark die Erlebnis- und Bildungsqualität des Sammelns besteht. Ganz in diesem Sinne schließt Hermann Struck sein Buch mit der Aufforderung: «Man greife daher zuerst zu den Originalen und benutze dann die Literatur als erklärendes Hilfsmittel. Dann werden sich gar bald Augen und Herz öffnen und sich auch der Wunsch einstellen, das eine oder andere Blättchen sein eigen zu nennen und allmählich selber zum Sammler zu werden.»[44]

Alte und Neue Meister der Radierung

Das Sammeln von Graphik galt lange nur als Nebengebiet – eher eigentlich als «die arme Verwandtschaft» des Sammelns von Gemälden. Dies änderte sich um die Jahrhundertwende, und Strucks *Die Kunst des Radierens* hat dazu wesentlich beigetragen. Aus zwei Perspektiven eröffnete er ein Verständnis für die moderne Künstlergraphik: aus technischer, indem er ihre künstlerischen Mittel erläuterte, und aus historischer, indem er sie in die Entwicklungsgeschichte der Moderne integrierte.

Die Fundamente dieser Geschichte bildeten Dürer und Rembrandt. Letzterer galt Struck – und nicht allein ihm – als der «eigentliche Begründer der Radierkunst»: «Noch heute ist er jedem Künstler, der zur Nadel greift, lebendiges Vorbild. Er lebt in Zorn und in Liebermann, in Whistler so gut wie in Israels. Unter der großen Fülle der Radierungen sprechen zu uns Modernen am meisten jene schnell eingefangenen, mit wenigen Strichen wiedergegebenen Impressionen.»[45]

Während diese Sicht auf Rembrandt bereits länger etabliert war, ging die Entdekkung Goyas als «Pfad, der von Velazquez zu Manet führt»[46], wesentlich auf Paul Cassirer zurück, der dessen graphische Zyklen schon 1903 in seiner Galerie vorgestellt hatte. Andere Alte Meister, die besonders in jenen Jahren neu entdeckt wurden, fehlen jedoch in der *Kunst des Radierens* und wurden auch in die späteren Auflagen nicht neu aufgenommen[47]: Albrecht Altdorfer[48], William Hogarth[49], Hercules Seghers[50], Jacques Callot[51] oder Giovanni Battista Piranesi[52].

Dieser Konservativismus rührt wohl aus der dienenden Funktion, die die Alten Meister in Strucks Darstellung einnehmen: Sie lehren die Charakteristika der graphischen Techniken, sie eröffnen ein historisches Verständnis für den «Ursprung der Moderne»

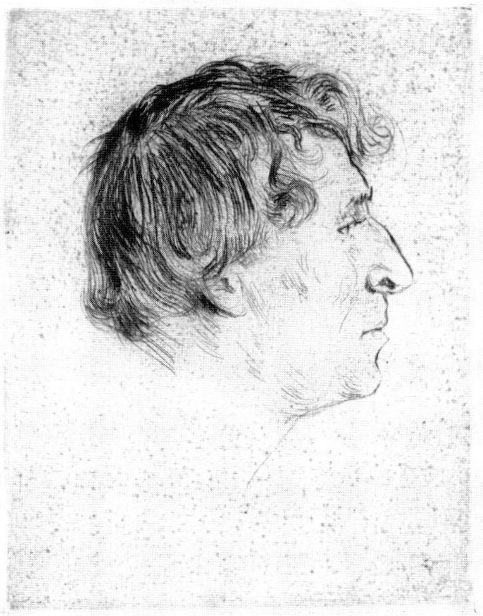

Abb. 53: Hermann Struck, Porträt Marc Chagall; *Radierung aus: H. Struck,* Die Kunst des Radierens, *5. Aufl. 1923.*

und verleihen ihr historische Legitimität. Im Zentrum des Buches stehen hingegen die lebenden Künstler. Unter ihnen durfte keine wichtige Neuentdeckung fehlen.

So werden in der 3. Auflage von 1919 Ernst Barlach, Max Beckmann, Marcus Behmer, Oskar Kokoschka, Wilhelm Lehmbruck, Ludwig Meidner, Ernst Oppler und Jakob Steinhardt aufgenommen, aber auch Lovis Corinth, Auguste Renoir, Lesser Ury und Erich Wolfsfeld. In der 5. Auflage folgt die jüngste Generation: Marc Chagall (Abb. 53), Rudolf Großmann, George Grosz, Erich Heckel, Karl Hofer, Jules Pascin, Pablo Picasso, René Sintenis, Maurice de Vlaminck und Magnus Zeller. Einige Künstler jedoch wurden im Laufe der Auflagen wieder verworfen, vor allem die Vertreter des Jugendstils: Fritz Böhle, Arthur Illies, Franz von Stuck, Heinrich Vogeler, aber auch Wilhelm Leibl und Charles Hazelwood Shannon.

Die Kunst des Radierens und ihr Verleger

Viele der hier genannten Künstler finden sich in den Veröffentlichungen des Verlags oder den Ausstellungen der Galerie Paul Cassirer wieder. Doch es sind darunter auch viele, gerade junge Künstler, die nicht von ihm vertreten wurden. Denn anders als das Galerieprogramm, das nie unabhängig war von persönlichen Beziehungen und der Konkurrenz anderer Galeristen, war es in der *Kunst des Radierens* möglich, die Entwicklungsgeschichte der Moderne so bruchlos darzustellen, wie Paul Cassirer sie eigentlich sah:

> «Meine Grundidee dabei ist aber nicht etwa, daß nun eine Generation durch die andere abgelöst werden soll oder daß die Kluft zwischen der einen und der anderen Generation verbreitert werden soll, sondern meine Grundidee strebt gerade nach dem Umgekehrten. [...] Ich glaube, daß die jüngere Kunst nicht an Mangel an Talent leidet, daß sie etwa falschen Theorien huldigt, sondern ich glaube, daß sie daran leidet, daß der Bruch mit der Tradition der vorhergehenden Generation zu kraß ist. [...] Ich glaube, daß die neue Generation vor der Sensationslust und vor dem Trachten nach dem Unerhörten, zu dem sie durch eine Horde von Kunstschriftstellern und Amateuren gereizt wird, nur dadurch bewahrt werden kann, daß ihre Besten den Anschluß an die vorhergehende Generation finden.»[53]

Es war die Vorstellung einer kontinuierlichen Evolution der Moderne – im Gegensatz zu der Idee einer permanenten Revolution durch immer neue Avantgarden –, die Cassirers Haltung zu den jungen Künstlern wie auch zu den Alten Meistern bestimmte.

In Paul Cassirers Verlagsprogramm wurde *Die Kunst des Radierens* eingerahmt von den bibliophilen «Werken» der *Pan-Presse* auf der einen und den kunsthistorischen Veröffentlichungen auf der anderen Seite. Doch erschließt sich der Ort der *Kunst des Radierens* im Selbstverständnis und Gesamtkonzept Paul Cassirers als Verleger und Kunsthändler nicht allein durch den Kontext der Kunstliteratur und der bibliophilen Drucke seines Verlages. Der literarische, philosophische und gerade auch der politische Teil des Sortiments wirkte wieder zurück auf die Kunstbücher. In der Verbindung mit dem politischen und philosophischen Verlagsprogramm war die *Die Kunst des Radierens* mehr als nur ein «Mittel der Propaganda»[54] für das Angebot der Galerie Cassirer. Gerade dieser Teil des Programms verlieh dem Buch zusätzliche Glaubwürdigkeit, denn er bewies, daß für den Verleger nicht das Geschäftliche im Vordergrund stand, sondern die Vermittlung von Ideen, an die er glaubte. *Die Kunst des Radierens* markiert eine Schnittstelle zwischen Volksbildung und Geschäft und zeigt Paul Cassirers Position unter den Kunsthändlern der Moderne, die Robert Jensen als «ideological dealer» bezeichnete, weil sie mit einer ästhetischen Überzeugung und einem «image of public altruism»[55] auftraten.

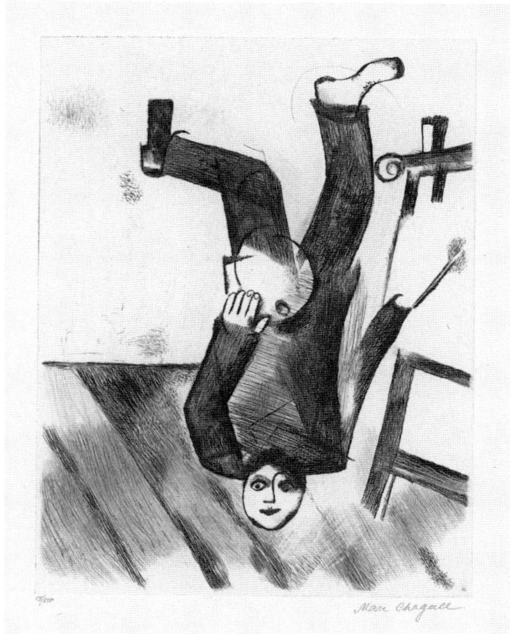

Abb. 54: Marc Chagall: An der Staffelei; *Radierung und Kaltnadel aus: M. Chagall,* Mein Leben, *1923.*

Hermann Struck und seine Schüler

Den größten Teil der Leserschaft der *Kunst des Radierens* bildete vermutlich das Kunstpublikum. Doch wirkte das Buch – ökonomisch ausgedrückt – nicht nur in die Richtung der Nachfrage, sondern auch des Angebots. Es richtete sich gleichermaßen an die Künstler und regte viele zum Radieren an. Nicht zuletzt, weil Hermann Struck der Ruf eines ausgezeichneten Lehrers vorausging und er stets ein bereitwilliger Ratgeber bei technischen Problemen war (Abb. 56).

Zu seinen Schülern zählten[56]: Joseph Budko, Marc Chagall (Abb. 54), Lovis Corinth,

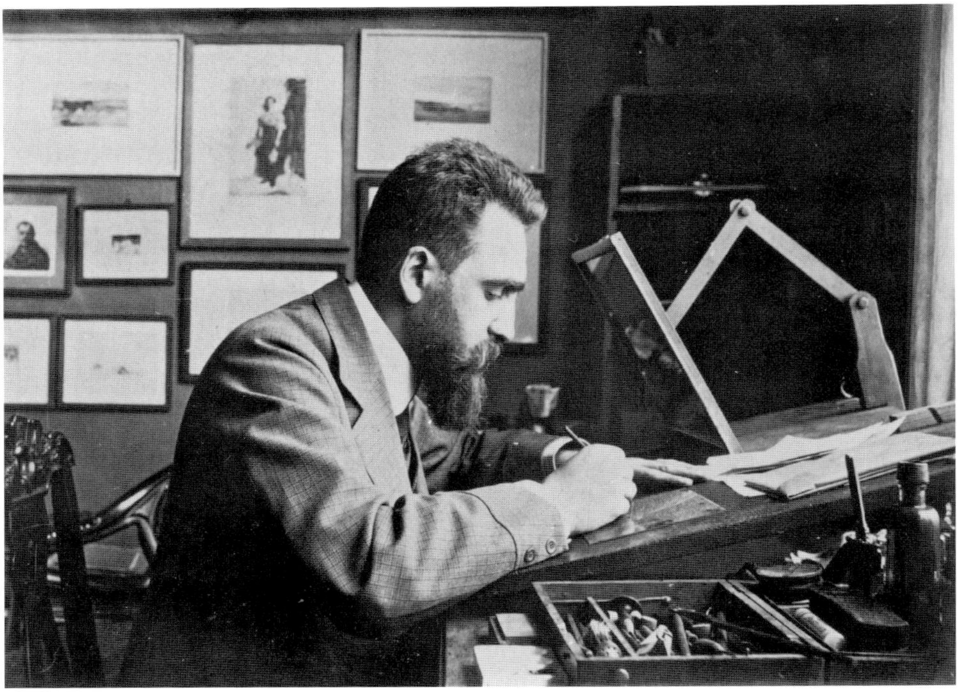

Abb. 55: Photo von Hermann Struck beim Radieren, um 1910, Żydowski Instytut Hystoryczny, Warschau.

Max Liebermann, Hans Meid, Ernst Oppler, Gustav Schneider, Max Slevogt, Jakob Steinhardt, Lesser Ury, sowie in Palästina Zvi Gali, Meir Ben-Uri und Anna Ticho, daneben auch Marcus Behmer, Anders Zorn, Edvard Munch und Paul Baum aus dem Umkreis Paul Cassirers[57] und darüber hinaus Ludwig Meidner[58]. Viele junge jüdische Künstler hat er unterrichtet oder ihnen, mit Empfehlungen ausgestattet, den Weg gewiesen, darunter Elli Arnheim, Mina/Herminia Arndt, Boris Aronson, Jakob Brandenburg, Julius Kroll, Issai Kulvianski, Regina Mundlak und Abraham Palukst[59]. Struck hat viele von ihnen wohl auf ähnliche Weise für die Graphik begeistert, wie Lovis Corinth es in seinen Erinnerungen berichtet:

> «Struck ist ein enthusiasmierter, passionierter Graphiker. Wenn er in jemand einen Sinn für Graphik wittert, so zwingt er ihn förmlich in diese Kunst. Seine rastlose Energie hat auch mich bezwungen, und er hat mein Können für die Nadel wieder erobert. Er dedizierte mir sogar einen wunderschönen Diamanten, den ich bis dahin nur vom Hörensagen kannte. Die Technik des Diamanten bedingt schon durch sein Material die ‹kalte Nadel›. An und für sich ist diese Arbeit mit direktem Hineinradieren in die Platte bei weitem sympathischer als das unangenehme, schmutzige und komplizierte Ätzverfahren. Struck half mir in freundschaftlicher Weise bei diesem unerfreulichen Ätzen und erleichterte mir alles Schwierige, wo er nur konnte.»[60]

Während Lovis Corinth in Paul Cassirers *Pan-Presse* schließlich keine Radierungen, sondern Lithographien publizierte[61], bestand in einem anderen Fall ein unmittelbarer Zusammenhang zwischen Hermann Struck als Lehrer, Paul Cassirer als Verleger und dem Werk eines Künstlers: bei Marc Chagalls Mappe *Mein Leben*[62].

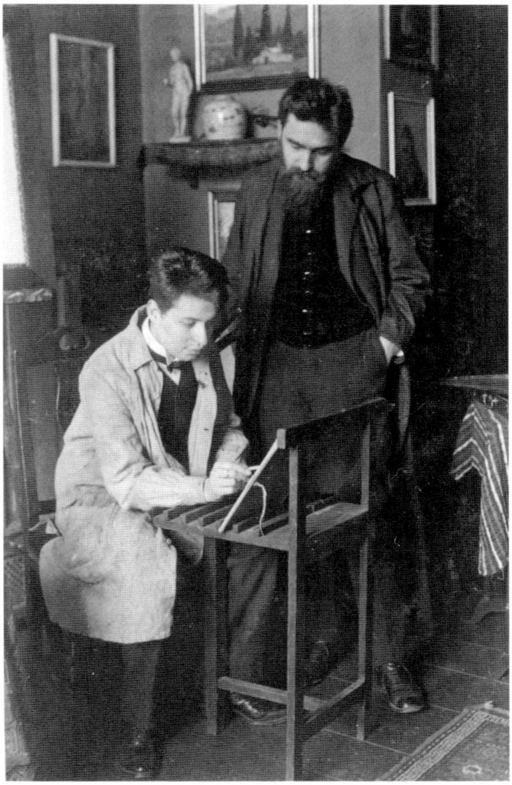

Abb. 56: Photo von Hermann Struck und seinem Schüler Gustav Schneider, um 1910, Żydowski Instytut Hystoryczny, Warschau.

Grundlage dieser im Dezember 1922 erschienenen Folge von 20 Radierungen (Abb. 54) bildete die Autobiographie, die Marc Chagall gerade fertiggestellt hatte, als er im Juli 1922 aus Moskau nach Berlin kam. Ursprünglich war geplant, sie in der Art der Werke der *Pan-Presse* als Verbindung von Text und Graphik zu veröffentlichen, eine Idee, die wohl von Walther Feilchenfeldt, dem Verlagsleiter des Paul Cassirer Verlages, stammte[63] und vielleicht auch mit der Hoffnung auf eine Wiederbelebung der gerade eingestellten *Pan-Presse* verbunden war. Feilchenfeldt stellte dann die Verbindung zu Hermann Struck her, bei dem Chagall nun Radierung und Lithographie lernte, und zu Strucks Schüler Joseph Budko, der ihn im Holzschnitt unterrichtete[64].

Daß am Ende die Illustrationen ohne den Text erschienen, hing mit den Problemen bei der Übersetzung zusammen: Über den Grad, in dem Marc Chagall und seine gut deutsch sprechende Frau Bella daran mitarbeiteten, gibt es unterschiedliche Aussagen[65]. Am Ende jedoch bemängelte der Künstler «den starken Verlust an symbolischer und poetischer Bildkraft»[66] – eine Kritik, in der – zumal angesichts dessen, was von der vorgesehenen Übersetzung bekannt ist[67] – die Diskussionen um die Übersetzbarkeit des Jiddischen anklingen, die in den jüdischen Intellektuellenzirkeln dieser Jahre geführt wurden[68].

Vor allem aber hätte die Verbindung mit dem Text die Bedeutung der Radierungen verändert, was Chagall sicher auch bewußt war. Viele der phantastisch oder poetisch erscheinenden Motive hätte der Text unmittelbar verständlich gemacht, vielleicht sogar als allzu wörtliche Illustration entzaubert. Chagall, der in jenen Jahren um die Anerkennung seiner künstlerischen Unabhängigkeit und gegen Vereinnahmungen kämpfte[69], konnte an einer noch engeren Verknüpfung von Biographie und Werk, als sie durch den Titel ohnehin schon gegeben war, kaum gelegen sein. Gerade vor dem

Hintergrund der in diesen Jahren in Berlin geführten Diskurse um jüdische Kunst, wollte er nicht als «jüdischer Künstler» gelten. Dennoch wurde *Mein Leben* stets im Kurzschluß von der Biographie auf das Werk interpretiert und Chagall auf seine jüdische Herkunft festgelegt[70].

Hermann Struck hingegen, der observant lebte, sich in der jüdischen Gemeinde und in jüdischer Politik engagierte, erschien seinen zeitgenössischen Beobachtern ganz «als Mensch des heutigen Tages». Der Schriftsteller Georg Hermann, der für die Schattierungen jüdischer Bürgerlichkeit und bürgerlicher Jüdischkeit einen feinen Sinn hatte, sah ihn so: «Struck ist aufs engste und innigste verbunden und verwoben mit allen Riten und Traditionen seines Glaubens und seiner Rasse, hängt mit ihnen bewußt zusammen. Das ist der Boden, aus dem seine Seele ihre Nahrung zieht. [...] Das ist sein Rätsel, sein Geheimnis, bedingt seinen Erfolg. Er hat für sich die Brücke gefunden, die fast alle sonst verfehlten. Er wurzelt in uralten Dingen und lebt ganz im Heute. Das macht es. Und er hat mit sicherem Instinkt seinem Wesen den adäquaten Ausdruck gegeben — nämlich die Suggestion der Radierung, und hat unbeirrt von Anfang an in ihr wieder den richtigen Weg eingeschlagen, trotzdem rechts und links Seitenpfade oder Hauptwege lockten. Das sind schon Dinge, die ich Strucks künstlerischem Takt und Bewußtsein sehr hoch anrechne.»[71]

Anmerkungen

1 Karl Schwarz: Das graphische Werk von Lovis Corinth. Berlin 1922, Vorwort zur 1. Aufl. 1917, S. 5.

2 Nach Jane Rusel: Hermann Struck (1876–1944). Das Leben und das graphische Werk eines jüdischen Künstlers. Frankfurt/M. 1997, S. 36, fanden die Ausstellungen seit Ende 1901 statt. Im Vorwort zum Katalog der Ausstellung der *Secession* 1910/11 heißt es dagegen, sie existierten nun sieben Jahre; vgl. Caspers, S. 34, Anm. 49.

3 Z. B. Hans W. Singer: Der Kupferstich. Braunschweig/Leipzig (Velhagen & Klasing) 1904.

4 Paul Kristeller: Kupferstich und Holzschnitt in vier Jahrhunderten. Berlin (Bruno Cassirer) 1905 (2. Aufl. 1911). (Einige der Druckklischees aus diesem Buch wurden übrigens für Hermann Strucks *Die Kunst des Radierens* weiterverwendet.) Bei Piper in München erschien seit 1907 die Reihe *Klassische Illustratoren*, bei Bruno Cassirer seit 1906 *Veröffentlichungen der Graphischen Gesellschaft* und schließlich Hans W. Singer: Die moderne Graphik. Eine Darstellung für deren Freunde und Sammler. Leipzig (Seemann) 1914 (2. Aufl. 1920, 3. Aufl. 1922).

5 Curt Glaser: Die Graphik der Neuzeit. Vom Anfang des XIX. Jahrhunderts bis zur Gegenwart. Berlin (Bruno Cassirer) 1922.

6 Immer noch klassisch war Adam von Bartsch: Anleitung zur Kupferstichkunde. Wien 1821. Erst 1901 erschien: Walter Ziegler: Die Techniken des Tiefdruckes. Halle/S. 1901.

7 Max Lehrs (Hg.): Karl Stauffer-Bern 1857–1891. Ein Verzeichnis seiner Radierungen und Stiche; mit dem Manuscript zu einem *Traktat der Radierung* aus dem Nachlaß des

Künstlers als Anhang. Dresden (Arnold) 1907.

8 Abraham Bosse: Traicté des manieres de graver en taille douce sur l'airin par le moyen des eaux fortes, & des vernix durs & mols: ensembles de la façon d'en imprimer les planches & autres choses concernans les dits arts. Paris 1645.

9 6. März 1876 Berlin–11. Januar 1944 Haifa. Zu Biographie und Werk s.: Rusel (wie Anm. 2).

10 Max Osborn: Radierungen von Hermann Struck. Berlin (Berliner Verlag) 1904.

11 Max Friedeberg: Der Salon 1898 II. In: *Allgemeine Zeitung des Judentums* 62, 1898, H. 27, S. 323. – Ders.: Ein jüdischer Künstler (Hermann Struck). In: *Allgemeine Zeitung des Judentums* 65, 1901, H. 38, S. 455f. – Struck war auf der Kunstausstellung während des 5. Zionistenkongresses 1901 in Basel vertreten und fertigte Spendenmarken für den Jüdischen Nationalfonds. Vgl. auch die Abbildungen in: Berthold Feiwel (Hg.): Jüdischer Almanach. Berlin (Jüdischer Verlag) 1902 (2. Aufl. 1904).

12 Adolf Friedemann: Reisebilder aus Palästina. Mit Nachbildungen von Originalradierungen und Handzeichnungen von Hermann Struck. Berlin (Bruno Cassirer) 1904.

13 Georg Hermann: Hermann Struck. In: *Zeitschrift für Bildende Kunst* N.F. 23, 1912, S. 223–227; Zit. S. 223.

14 Paul Westheim: Hermann Struck. In: *Exlibris, Buchkunst und angewandte Graphik* 19, 1909, H. 1, S. 13–15; Zit. S. 13.

15 Karl Schwarz: Der Künstler Struck. In: *Jüdische Rundschau* 41, 1936, H. 19, S. 3 (6. März 1936).

16 Feilchenfeldt/Brandis, Nr. 193. Im Titel erscheint das Jahr 1908.

17 Es gibt keine Vorzugs- oder Luxus-Ausgabe.

18 Folgende Blätter wurden veröffentlicht: Ernst Barlach: aus *Walpurgisnacht* in der 5. Aufl., Paul Baum: *Aus Sluis* in der 1. bis 4. Aufl., Oskar Kokoschka: *Mädchenbildnis* in der 5. Aufl., Max Liebermann: *Amsterdamer Judengasse* in der 1. bis 4. Aufl., Max Liebermann: *Eislauf* in der 5. Aufl., Hans Meid: *Der Maler in der Landschaft* in der 3. und 4. Aufl., Edvard Munch: *Landschaft* in der 1. bis 4. Aufl., Max Slevogt: *Porträtskizze* in der 2. Aufl., Max Slevogt: *Der Bildermann* in der 3. und 4. Aufl., Hermann Struck: *Alter Jude aus Jaffa* in der 1. bis 4. Aufl., Hermann Struck: *Marc Chagall* in der 5. Aufl., Anders Zorn: *Anna* in der 1. und 2. Aufl.

19 Rezension in der *Frankfurter Zeitung* 1912, zit. nach Feilchenfeldt/Brandis, S. 409.

20 Hermann Struck: Die Kunst des Radierens. Ein Handbuch. Berlin 1923, S. 175ff. (alle Zitate nach der 5. Aufl.).

21 Caspers, S. 13, Anm. 60. Corinth arbeitete seit Sommer an seinem Malerei-Buch.

22 Feilchenfeldt/Brandis, Nr. 36.

23 Feilchenfeldt/Brandis, Nr. 35. – Caspers, S. 26. – Auch dieses Werk war schon seit 1907 geplant.

24 Er war auch aus ökonomischen Gründen nicht auf eine solche Bindung angewiesen. Seine Mappenwerke und Bücher erschienen unter anderem im *Verlag Julius Bard*, im *Eigenbrötler-Verlag*, dem *Welt-* und dem *Euphorion Verlag*, bei *Horodisch* & *Marx*, sowie bei *Hans Heinrich Tillgner*.

25 Ron Manheim: *Im Kampf um die Kunst.* Die Diskussion von 1911 über zeitgenössische Kunst in Deutschland. Hamburg 1987. – Wulf Herzogenrath: «Ein Schaukelpferd von einem Berserker geritten»: Gustav Pauli, Carl Vinnen und der «Protest deutscher Künstler», in: Ausst.Kat. «Manet bis van Gogh. Hugo von Tschudi und der Kampf um die Moderne». Hg. von Johann Georg Prinz von Hohenzollern und Peter-Klaus Schuster. München 1996, S. 264–273.

26 Im Kampf um die Kunst. Die Antwort auf den «Protest deutscher Künstler». Mit Beiträgen deutscher Künstler, Galerieleiter, Sammler und Schriftsteller. München (Piper) 1911. Struck bezeichnet die Ausführungen Carl Vinnens als «so nebelhaft und verschwommen, dass es schwer ist, ihn zu widerlegen.» Strucks Hauptargument war: «Da nicht jeder Maler in der Lage ist, nach

Paris zu gehen, und Düsseldorf nun einmal nicht mehr an der Spitze der Kunst marschiert, so müssen wir denjenigen Männern, die uns im Laufe des letzten Jahrzehnts mit einer grossen Reihe hervorragender ausländischer Kunstwerke bekannt machten, von Herzen dankbar sein. Dass hierbei ab und zu auch minderwertige Werke mit unterlaufen, ist begreiflich und verzeihlich, denn Irren ist menschlich, und der Geschmack wird eben so lange verschieden bleiben, bis der dem Empfinden des Normalmenschen entsprechende ‹Massstab für das Wahre und Schöne› in der Kunst gefunden sein wird» (S. 56f.).

27 *Pan* 1, 1911, H. 13, S. 431, Feilchenfeldt/Brandis, Z 1.I.13, S. 457.

28 Feilchenfeldt/Brandis, Nr. 58.

29 Feilchenfeldt/Brandis, Nr. 199.

30 Paret, S. 287–336. – Lovis Corinth: Eine Dokumentation. Zusammengestellt und erläutert von Thomas Corinth. Tübingen 1979.

31 Heinrich Hirschberg und Hermann Struck kannten sich seit ihrer Schulzeit. Hirschberg war einer der Direktoren der AEG und einer der Mäzene der *Berliner Secession* nach ihrer Spaltung.

32 Karl Schwarz (1885 München – 1962 Tel Aviv) war von 1926 bis 1933 Leiter von Kunstsammlung und Museum der Jüdischen Gemeinde zu Berlin, ab 1933 Direktor des Tel Aviv Museum of Art.

33 Struck 1923 (wie Anm. 20), S. 5.

34 Chana C. Schütz und Hermann Simon (Hg.): Karl Schwarz. Jüdische Kunst – Jüdische Kultur. Erinnerungen des ersten Direktors des Berliner Jüdischen Museums. Teetz 2001, S. 88–92: «Über zehn Jahre waren wir die besten Freunde. Dann aber – ich muß dies hier bereits vorausschicken, um das Bild Hermann Strucks abzurunden – trat durch eine mir ganz geringfügig erscheinende Ursache, deren wirklichen Kern ich nie entdecken konnte, der Bruch zwischen uns ein. Von meiner Seite war bewußt nichts geschehen, was dazu hätte führen sollen. Und es gehört zu den bittersten menschlichen Enttäuschungen, die ich erlebt habe, zu entdecken, daß der Mann, der mir in seiner Frömmigkeit und in seinem Künstlertum so imponiert hatte, ein eitler, kleiner und in seiner angeblichen Bescheidenheit überheblicher Mensch war, der die Religion nicht lieben, sondern hassen gelernt hatte. Die Ursache ergab sich im Jahre 1923 anläßlich der fünften Auflage von Strucks Buch ‹Die Kunst des Radierens›. An den verschiedenen Auflagen hatte ich stets mitgewirkt. Nun ergab sich bei der letzten, daß weitgehende Ergänzungen an neuem Bildermaterial und dementsprechender Text vorzunehmen sei. Struck befand sich damals in Palästina und übertrug mir die Arbeit, die ich im Einvernehmen mit dem Verlage durchführte. Ich hatte vorher nie ein Äquivalent für meine Arbeit verlangt. Diesmal war sie besonders umfangreich, und ich wandte mich daher an den Verlag, diese entsprechend zu honorieren. Der Verlagsleiter sagte mir, daß dies Sache von Struck sei, der für jede Auflage eine ziemlich hohe Summe in Dollar bekam. Als dann Struck wieder nach Berlin kam, sagte ich ihm, daß ich unter den veränderten Verhältnissen mit einer bescheidenen Beteiligung rechne, und berichtete ihm über meine Verhandlungen mit dem Verlag. Struck war höchst erstaunt über dieses ‹unglaubliche› Ansinnen. Er sei auf den Verdienst angewiesen und hätte nie so etwas von mir erwartet. Ich nannte ihm eine sehr bescheidene Summe, die nicht ein Zehntel seines Honorars betrug. Er sagte mir, er wolle sich die Sache überlegen, und sandte mir acht Tage später den Betrag, umgerechnet in deutsche Währung nach dem Kurs vom Tage unserer Unterhaltung – es war die Zeit der schlimmsten Inflation, in der die deutsche Mark täglich immer mehr ins Uferlose stürzte –, so daß es ungefähr dem Werte einer Straßenbahnkarte entsprach. Ich antwortete nicht, und wir hörten lange nichts mehr voneinander. Struck fuhr nach Palä-

stina zurück, und für mich war die Angelegenheit begraben. Als ich ihm dann zu seinem 50. Geburtstag einen Gratulationsbrief in altgewohnter Herzlichkeit schrieb, erhielt ich einige Zeit darauf eine gedruckte Danksagung. Ich befragte seinen Bruder in Berlin wegen des mir unerklärlichen Verhaltens, und dieser versprach mir, sich mit seinem Bruder Hermann in Verbindung zu setzen. Nach einiger Zeit teilte er mir mit, daß sein Bruder sich geweigert habe, sich darüber zu äußern. Als ich 1933 nach Palästina kam, fuhr ich extra nach Haifa, um Struck aufzusuchen. Er empfing mich steif wie einen Fremden. Ich wollte die mir unerklärliche Angelegenheit aus der Welt schaffen und bat ihn, offen mit mir zu reden. Es müßten irgendwelche Mißverständnisse oder Zwischenträgereien vorliegen, und dies ließe sich doch zwischen ehemals guten Freunden aufklären. Er lehnte brüsk ab, da ihn jede Unterhaltung in dieser Sache ‹zu sehr aufrege›, und entließ mich wie einen lästigen Bittsteller. Seitdem habe ich leider öfters Gelegenheit gehabt, sein Übelwollen zu erfahren und sein wahres Wesen zu erkennen.»

35 Den größten Zuwachs gab es in der 4. Aufl. von 1919.

36 Struck 1923 (wie Anm. 20), S. 1.

37 Lovis Corinth: Das Erlernen der Malerei. Berlin (Paul Cassirer) 1908, S. 8.

38 Mündliche Mitteilung von Josefa Steinhardt, der Tochter von Hermann Strucks Schüler Jakob Steinhardt, an die Autorin.

39 Lehrs (wie Anm. 7), S. 113.

40 So gibt es in der Korrespondenz zwischen Max Liebermann und Alfred Lichtwark nur einen kurzen Hinweis auf Struck, der nicht darauf schließen läßt, daß zwischen beiden eine engere Beziehung bestand oder sich entwickelt hätte. – Birgit Pflugmacher (Hg.): Der Briefwechsel zwischen Alfred Lichtwark und Max Liebermann. Hildesheim 2003, S. 318 (Lichtwark an Liebermann am 1. Januar 1910, Liebermann an Lichtwark am 3. Januar 1910).

41 Alfred Lichtwark: Die Bedeutung der Amateurphotographie (1893). In: Eckhard Schaar (Hg.): Alfred Lichtwark. Erziehung des Auges. Ausgewählte Schriften. Frankfurt/M. 1991, S. 98f.

42 Alfred Lichtwark: Der Sammler (1911). In: Schaar (wie Anm. 41), S. 166–186; Zit. S. 183.

43 Schaar (wie Anm. 41), S. 186.

44 Struck 1923 (wie Anm. 20), S. 304.

45 Struck 1923 (wie Anm. 20), S. 270.

46 Struck 1923 (wie Anm. 20), S. 213.

47 Die einzige Ausnahme ist Claude Lorrain, der nach dem Erscheinen von Walter Friedlaender: Claude Lorrain. Berlin (Paul Cassirer) 1921 in die 5. Aufl. aufgenommen wurde.

48 Max J. Friedländer: Albrecht Altdorfer, der Maler von Regensburg. Leipzig (Seemann) 1891. – Ders.: Albrecht Altdorfers Landschaftsradierungen. Berlin (Bruno Cassirer) 1906. – Ders.: Albrecht Altdorfer. Berlin (Bruno Cassirer) 1923.

49 Julius Meier-Graefe: William Hogarth. München (Piper) 1907.

50 Jaro Springer: Die Radierungen des Hercules Seghers. Berlin (Bruno Cassirer) 1910. – Wilhelm Fraenger: Die Radierungen des Hercules Seghers. Ein physiognomischer Versuch. Erlenbach/Zürich (Rentsch) 1922.

51 Hermann Nasse: Jacques Callot. Leipzig (Klinkhardt & Biermann) 1909.

52 Albert Giesecke: Giovanni Battista Piranesi. Leipzig (Klinkhardt & Biermann) 1911. Auch bei Kristeller 1905 (wie Anm. 4) wurden Piranesi, Altdorfer und Hogarth bereits ausführlich besprochen.

53 Brief von Paul Cassirer an Max Slevogt vom 24. Juli 1918; zit. nach Caspers, S. 21.

54 Katalog der *Pan-Presse* 1912, S. 5; zit. nach Caspers, S. 37.

55 Robert Jensen: Marketing Modernism in Fin-de-Siècle Europe. Princeton 1994, S. 55.

56 Rusel (wie Anm. 2), S. 34–94.

57 Feilchenfeldt/Brandis, S. 152.

58 Gerda Breuer, Ines Wagemann: Ludwig Meidner. Zeichner, Maler, Literat. 1884–1966. Stuttgart 1991, Bd. II, S. 15.

59 Vgl. die jeweiligen Einträge in Künstlerlexika und jüdischen Lexika.

60 Lovis Corinth: Wie ich das Radieren lernte. In: Ders.: Gesammelte Schriften. Kerstin Englert (Hg.), Berlin 1995, S. 43–49, hier: S. 47.

61 *Das Buch Judith,* 1910 (Feilchenfeldt/Brandis, Nr. 28) und *Das Hohe Lied,* 1911 (Feilchenfeldt/Brandis, Nr. 29).

62 Feilchenfeldt/Brandis, Nr. 32.

63 Karoline Hille: Marc Chagall und das deutsche Publikum. Köln 2005, S. 120.

64 Im Umfeld von *Mein Leben* erschienen neben den 20 Blättern der Mappe und den 6 Supplementblättern 5 Holzschnitte, 24 Lithographien und einige weitere Radierungen, vgl. Hille (wie Anm. 63), S. 120 und Georg Heuberger und Monika Grütters (Hg.): Chagall und Deutschland: verehrt, verfemt. München 2004, Kat. Nr. 35–73, darunter drei weitere Radierungen.

65 Meret Meyer schreibt, daß weder Marc noch Bella sich bemühten, an der deutschen Übersetzung mitzuarbeiten, obwohl gerade Bella gute Deutschkenntnisse besaß; Meret Meyer: Chagalls Verhältnis zu Deutschland – ein Spiegelbild des Verhältnisses Deutschlands zu Chagall?, in: Heuberger/Grütters (wie Anm. 64), S. 11–13; hier: S. 11f., während nach Feilchenfeldt/Brandis, S. 102 Walther Feilchenfeldt und Bella gemeinsam versuchten, den Text zu übersetzen.

66 Meyer in Heuberger/Grütters (wie Anm. 64), S. 11f.

67 Feilchenfeldt/Brandis, S. 102–104.

68 Vgl. die Kritiken, die seit 1916 vor allem in der Zeitschrift *Der Jude* erschienen, sowie Fritz Mordechai Kaufmann: Über Mendale und die Übersetzbarkeit seiner Dichtungen. In: Ders.: Gesammelte Schriften, Berlin 1923, S. 176–190, v. a. S. 182 (zuerst in: Ders.: Vier Essais über ostjüdische Dichtung und Kultur, Berlin 1919).

69 Vgl. Stefana Sabin: «Nennt mich nicht einen Phantasten» – Chagalls literarische Autobiographie und seine Radierungen zu «Mein Leben» – Ein Vergleich, in: Heuberger/Grütters (wie Anm. 64), S. 90–92, hier: S. 92, die bereits die Entstehung der Autobiographie als Strategie der Bewältigung seiner Verdrängung von der Leitung der Witebsker Kunstakademie deutet und in den Illustrationen «durch das Verweisen auf seine Gemälde eine eigene, eigenständige Identität als Künstler» behauptete, «denn nicht das Judentum [...], sondern das eigene Werk ist die autoritative Referenz».

70 So etwa Karl With, Direktor des Kölner Kunstgewerbemuseums, vgl. Hille (wie Anm. 63), S. 127f., sowie den Text zu seinem Werk in der *Kunst des Radierens*, der vermutlich von Karl Schwarz verfaßt worden war.

71 Hermann (wie Anm. 13), S. 224.

Der junge Max Beckmann und die «Firma C.»

Der Illustrationsauftrag zu *Eurydikes Wiederkehr*

Christiane Zeiller

Am 3. April 1909 erhielt Max Beckmann in Hermsdorf, nördlich von Berlin, ein Telegramm, das eine aufregende Wendung in sein bisheriges Leben als Künstler brachte. Kein Geringerer als Paul Cassirer ersuchte ihn darin, wegen einer «Illustrationssache» bei ihm zu erscheinen. Schon einen Tag später traf der 25jährige Maler bei dem Händler und Verleger in Berlin ein, der ihm Johannes Guthmanns Manuskript zu *Eurydikes Wiederkehr* aushändigte und ihn bat, sich möglichst rasch zu entscheiden, ob er den Illustrationsauftrag annehmen wolle. Beckmann, über Cassirers «Liebenswürdigkeit» offenkundig irritiert, notierte mißtrauisch in sein Tagebuch, dieser versuche sich vermutlich nur an «ihn heranzumachen», um den Unruhen, die seit kurzem innerhalb der *Berliner Secession* herrschten, den Boden zu entziehen. Wenngleich Max Beckmann seit seiner Beteiligung an der dritten Ausstellung des Deutschen Künstlerbundes 1906 in Weimar als junges Malertalent galt, hatte er sich bislang als Graphiker noch keinen Namen gemacht; dennoch fiel Cassirers Wahl auf ihn. Trotz etlicher Bedenken beschloß Beckmann erstaunlich schnell, das Angebot anzunehmen, und gab damit die «Revolutionspläne» auf, die ihn und einige seiner Malerkollegen wochenlang beschäftigt hatten[1].

In seinem Tagebuch bezeichnete Beckmann das Skript lapidar als «nicht schlecht», glaubte selbstsicher, daß «etwas daraus zu machen»[2] sei – und so illustrierte er schließlich den dritten Band der *Pan-Presse*[3]. Der besonders im 19. und beginnenden 20. Jahrhundert beliebte Stoff[4] des Guthmannschen Textes stammt aus der antiken Sage: Orpheus will sich nicht mit dem Tod seiner Gemahlin Eurydike abfinden und erbittet von den Herrschern der Unterwelt eine zweite Chance. Er gelobt Besserung, will sich künftig mehr um die Liebe als um seine Kunst bemühen. Erwartungsgemäß scheitert er und muß sich eingestehen, daß er seiner Kreativität die Liebe zu Eurydike unterordnet. So verliert er sie erneut, um sich künftig nun mit seinem ganzen Wesen seiner Kunst widmen zu können.

Für den jungen Beckmann muß dieser Mythos einiges Bekannte enthalten haben. Parallelen zu seinem eigenen Leben, seinem Ringen um die Kunst und den frühen Spannungen in seiner Beziehung zu der Kunststudentin und späteren Opernsängerin Minna Tube sind sichtbar[5]. Es gibt zahlreiche Einträge in seinem frühen Tagebuch, imaginäre Zwiegespräche mit seiner künftigen Frau, die das belegen, und auch ein Brief aus jenen Tagen thematisiert den Zwiespalt, in dem sich der Künstler sah:

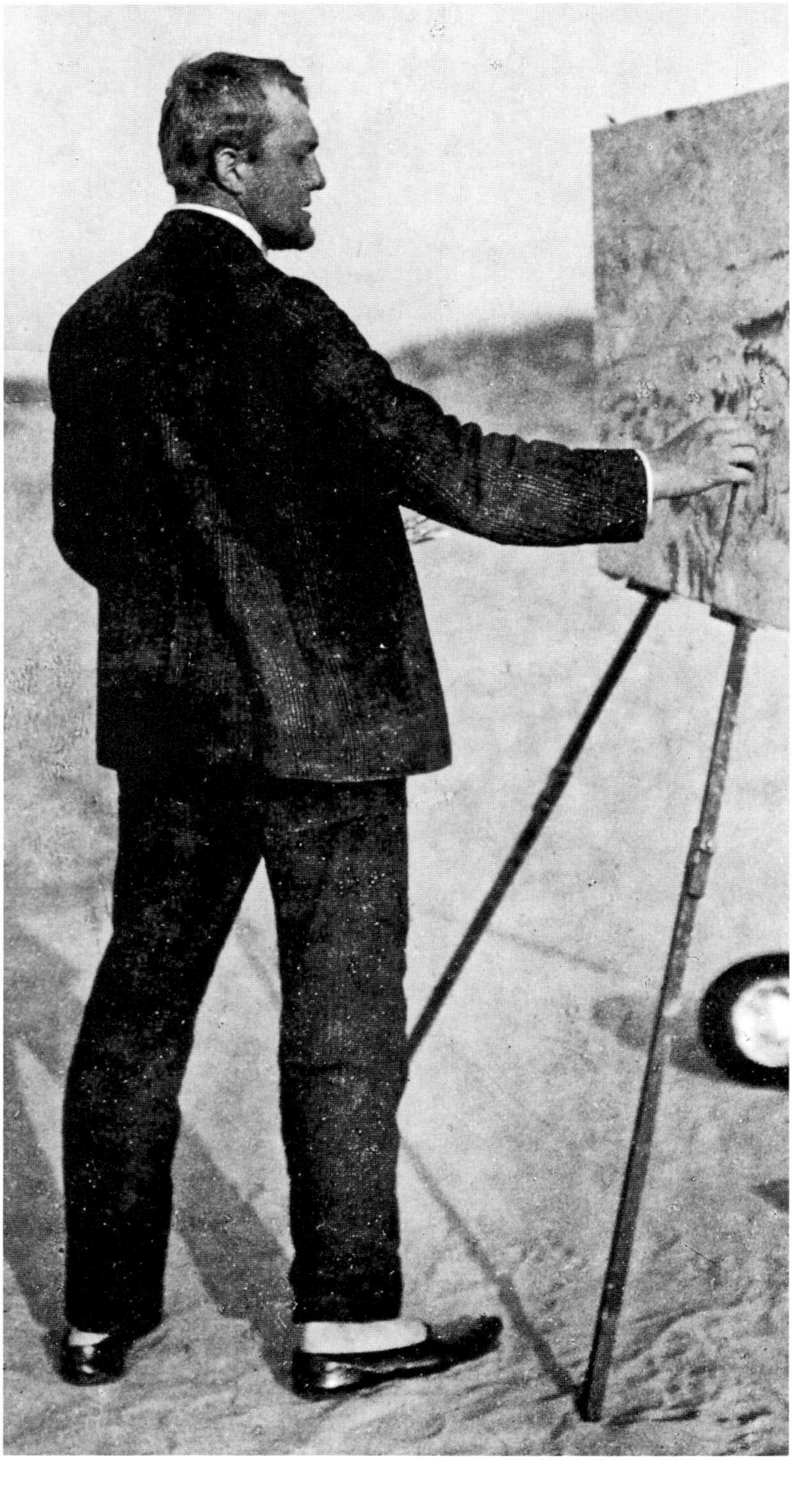

> «Wenn Du dich immer noch nicht geliebt genug und verstanden genug glaubst so geh von mir, aber quäle mich nicht immer damit. Ich weiß, daß ich mich tief und ehrlich bemühe Dich zu suchen. [...] Ich gebe Dir so viel wie ich habe. Genügt Dir das nicht, so thue uns beiden die Wohltat an und erlöse uns von einander. [...] Ich habe schwer mit einer Lebensaufgabe zu ringen und kann daher nicht immer zu Deinen Füßen liegen.»[6]

Bei Guthmanns *Eurydike* handelt es sich um Beckmanns ersten Illustrationsauftrag, dem im Laufe seines Lebens noch viele weitere folgen sollten. Sie stellen auf eindrückliche Weise sein Talent für diese spezielle Aufgabe unter Beweis. Ob zeitgenössische oder biblische Texte, Prosa oder Gedicht, seine reiche Bildsprache spiegelt stets verblüffend genau das geschriebene Wort, ohne dabei jemals sklavisch den Text im eigentlichen Sinne zu illustrieren. Vielmehr interpretiert er ihn durch seine Graphik, wertet und gelangt dabei zu immer wieder überraschenden Einsichten, die auch dem Leser einen neuen Blick auf die jeweilige Lektüre öffnen. Bereits in diesem ersten Werk wird in jedem einzelnen der insgesamt neun Bilder deutlich, wie sehr Beckmann den Text verinnerlicht und in seine Sprache übertragen hat[7].

Mit dieser Arbeit wendete er sich nach einer Pause von fünf Jahren erneut der Druckgraphik zu. Während seiner Ausbildung an der Großherzoglichen Kunstschule in Weimar hatte er Gelegenheit gehabt, sich das Rüstzeug zu vielerlei druckgraphischen Techniken anzueignen. Für die Bebilderung von Guthmanns Text wählte er mit der Lithographie jene Technik, die seine damaligen Gestaltungsintentionen am besten umsetzte. Sie ermöglicht einen freien Strich, wie bei der Zeichnung, und durch die weiche Kreide eine besonders atmosphärische Darstellung.

Noch während der Arbeit zu *Eurydikes Wiederkehr* war Beckmann nach Wangerooge gereist. Dort entstanden Meeresstudien[8], unter anderem für die Landschaftsszenen aus *Eurydikes Wiederkehr*, sowie für sein jüngst wieder aufgefundenes und aus dem Besitz von Paul Cassirer stammendes Gemälde *Aufklärendes Wetter* (Abb. 58).

Das Meer hatte für Beckmann stets eine große Anziehungskraft, immer wieder reiste er an die See, sei es an das Mittelmeer oder an die Nord- und Ostsee (Abb. 57), gegen Ende seines Lebens erlebte er sogar in Kalifornien die Weite und Wildheit des Pazifiks. In jenen frühen Jahren spielte die rauhe Nordsee eine wichtige Rolle für den Maler, der nach Verlassen der Akademie kurzzeitig plante, sich in Island niederzulassen.

Die Stimmung, in der sich Max Beckmann zum Zeitpunkt der Entstehung der Meeresstudien zu Eurydike befand, gibt ein Brief vom Juni 1909 an seine Frau Minna wieder. Bildideen und mystische Visionen verschmelzen mit realen Eindrücken. Ein Absatz liest sich wie die unmittelbare Vorbereitung für die zweite Illustration, die Orpheus liegend am Strand zeigt, über ihm der weite, wolkenschwere Himmel, hinter ihm das Meer (Abb. 59):

Abb. 57: Max Beckmann malend in den Dünen von Vietzkerstrand an der Ostsee, 1907.

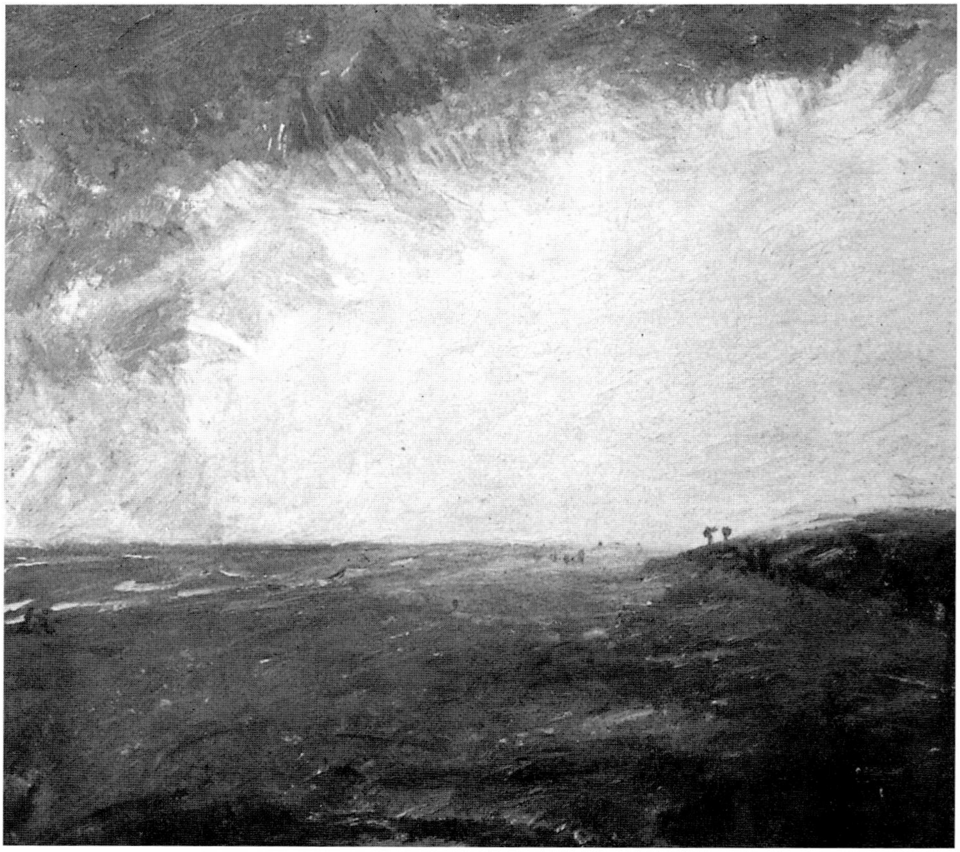

Abb. 58: Max Beckmann, Aufklärendes Wetter, *Wangerooge 1909, Öl/Lwd., 79 x 69 cm;*
Abb. aus: Hans Kaiser: Max Beckmann. *Berlin 1913.*

> «Ich liege auf einer Düne. Hinter mir höre ich das Rauschen des Meeres. Meine Augen sehen in den blauen Abgrund des Himmels. Manchmal hört man den Lärm des Meeres auch nicht. Wohl wenn d. Wind nachläßt. Dann ist es ganz still. Zum Weinen still. Ich streiche mit d. Hand leise über den Sand. Dann liege auch ich still. Nicht's regt sich mehr.»[9]

Und zuvor heißt es: «Ein schäumendes Meer mit blitzartig dahingleitenden Segeln, das Brüllen der Wogen hört sich an wie ein Erdbeben.»[10] Orpheus, ohnmächtig vor Schmerz über den Verlust der Geliebten und geplagt von Schuldgefühlen, flüchtet sich in die Einsamkeit des Meeresstrandes. «Mit grauen flügellahmen Wolken hing der Himmel schwer zur trüben Erde nieder.»[11] In leichter Verkürzung sieht man den Protagonisten auf dem Rücken liegend, einen Arm zum Kopf geführt, als raufe er sich die Haare, den anderen seltsam verrenkt neben sich, als kralle er sich in den Boden vor Schmerz, unmittelbar scheint er vor seinem Ausruf zu stehen: «Kehrtest du mir wieder! Ich wollte deiner Liebe würdiger sein!»[12]

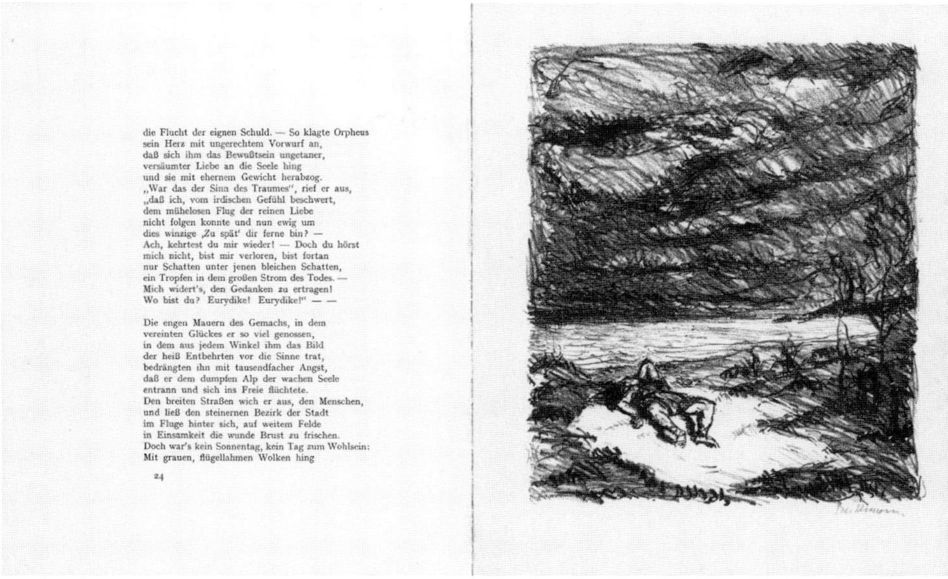

die Flucht der eignen Schuld. — So klagte Orpheus
sein Herz mit ungerechtem Vorwurf an,
daß sich ihm das Bewußtsein ungetaner,
versäumter Liebe an die Seele hing
und sie mit ehernem Gewicht herabzog.
„War das der Sinn des Traumes“, rief er aus,
„daß ich, vom irdischen Gefühl beschwert,
dem mühelosen Flug der reinen Liebe
nicht folgen konnte und nun ewig um
dies winzige ‚Zu spät‘ dir ferne bin? —
Ach, kehrtest du mir wieder! — Doch du hörst
mich nicht, bist mir verloren, bist fortan
nur Schatten unter jenen bleichen Schatten,
ein Tropfen in dem großen Strom des Todes. —
Mich widert's, den Gedanken zu ertragen!
Wo bist du? Eurydike! Eurydike!“ — —

Die engen Mauern des Gemachs, in dem
vereinten Glückes er so viel genossen,
in dem aus jedem Winkel ihm das Bild
der heiß Entbehrten vor die Sinne trat,
bedrängten ihn mit tausendfacher Angst,
daß er dem dumpfen Alp der wachen Seele
entrann und sich ins Freie flüchtete.
Den breiten Straßen wich er aus, den Menschen,
und ließ den steinernen Bezirk der Stadt
im Fluge hinter sich, auf weitem Felde
in Einsamkeit die wunde Brust zu frischen.
Doch war's kein Sonnentag, kein Tag zum Wohlsein:
Mit grauen, flügellahmen Wolken hing

24

Abb. 59: Max Beckmann, Orpheus am Strand liegend; *Lithographie aus:* Eurydikes Wiederkehr, *1909.*

Um den Liegenden herum schafft Beckmann einen hellen Lichthof in der sonst so düsteren Szenerie, den Hoffnungsschimmer verbildlichend, den Orpheus' «leuchtendes Gelöbnis» suggeriert: «Da brach aus müdem Wolkengrau ein Strahl der Sonne steil hernieder und erweckte aus braunem Schlaf der Erde lichte Schönheit ...»[13]

Die nächste Illustration zeigt Orpheus, der nun sein Versprechen wahr macht und sich auf den Weg in die Unterwelt begibt, um seine Eurydike aus dem Reich der Finsternis wiederzugewinnen (Abb. 60). Auch diese Landschaftsszene dürfte auf Studien in den Dünen von Wangerooge zurückgehen. Am rechten Bildrand steht Orpheus' Mutter und sieht, von Sorge gebeugt und in Gedanken versunken, dem Sohn nach, der, nur als vage Silhouette erkennbar, dem dunklen Horizont entgegen entschwindet: «Im Schein der Blitze zuckte fern sein Bild gespenstisch auf, bis es die Nacht verschlang.»[14] Und wieder ist der Held von Helligkeit umgeben, Beckmann hat die dunkle Gestalt scharf von dem blendend weißen Dünenhintergrund abgehoben; so kann der Mutter «langer Liebesblick» dem Entschwindenden in die Raumtiefe folgen.

Wie sehr Beckmann sich in den geschriebenen Text hineinzuversetzen in der Lage ist, belegt auch die Szene, die Orpheus vor Hades und Persephone, dem Herrscherpaar der Unterwelt, zeigt (Abb. 61). Der herrliche «hohe Saal der Unterwelt mit Silber ausgeschmückt und mit Opalen, drin alle Farbenglut in halben Schatten und in gedämpften Flammen weiter spielte, ein Regenbogenlicht in Schnee gekühlt»[15] wird von Beckmann verdichtet zu einem Lichterkranz, der das thronende Paar überstrahlt; gleichzeitig, und besonders sensibel, vermag er damit auch den «wunderbaren Schim-

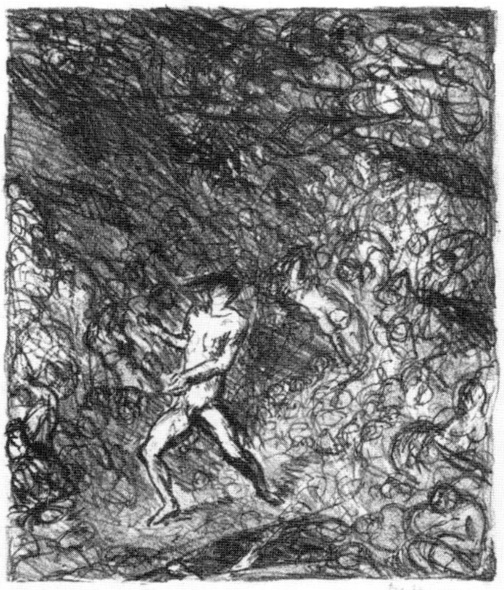

Abb. 60: Max Beckmann, Orpheus geht in die Unterwelt; *Lithographie aus:* Eurydikes Wiederkehr, *1909.*

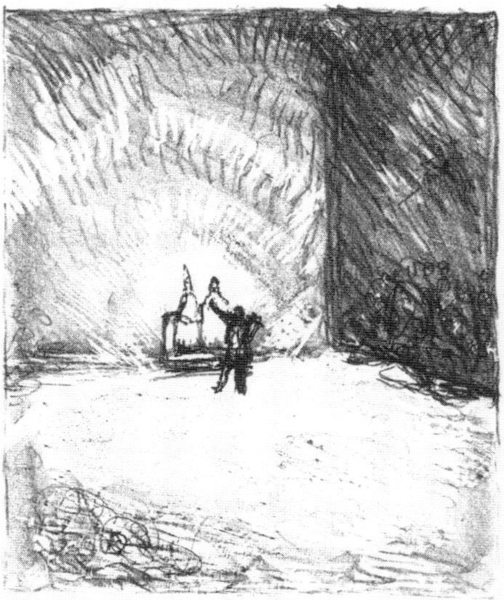

Abb. 61: Max Beckmann, Orpheus vor Hades und Persephone; *Lithographie aus:* Eurydikes Wiederkehr, *1909.*

mer von Traurigkeit und träumendem Erinnern» auszudrücken, der über Persephone liegt, als der Klang der Leier das Totenreich erfüllt[16].

Rechts, am Fuße der im Schatten liegenden Wand, «erkannte Orpheus rings im Zwielicht geisternd das Heer der Toten wieder», die bei Beckmann in schemenhaften Liniengebilden die Wand zu beleben scheinen und ihn bereits auf seinem Weg dorthin wie Nebel aus der Finsternis gelöst hatten[17]. Klein im Vergleich zu dem riesenhaften Thronsaal, steht Orpheus mit seiner Leier vor dem Herrscherpaar und reckt sich «gewaltig» empor.

Nachdem er Eurydike durch den Klang seiner Leier tatsächlich wieder gewonnen und aus dem Reich der Toten geleitet hat, «in Wiedersehens namenlosem Glück», schafft Beckmann zwei besonders schöne Illustrationen, die das Paar in inniger Gemeinsamkeit zeigen und damit die Liebe zum zentralen Thema machen. Bei der ersten Begegnung scheint von Eurydike das Licht auszugehen, mit dem dunkleren Körper ihres Mannes in enger Umarmung verschmelzend, wird gleichzeitig ihre Abhängigkeit von ihm deutlich, auf die Persephone mahnend hingewiesen hat: «Kraft und Lust zu leben zieht fürder einzig sie aus deiner Liebe: von Deiner Seele hängt ihr Leben ab.»[18]

Schon bald nach Eurydikes Wiederkehr auf die Erde spürt Orpheus die Entfremdung von seiner Frau; ihr dagegen bleibt die Ursache für den Konflikt, der ihn quält, fremd.

Um seine Kunst zu leben, braucht Orpheus die Einsamkeit. Und wieder schafft Beckmann eine meisterhafte Umsetzung dieses Dilemmas (Abb. 62): In weiter Meereslandschaft steht die stark reduzierte Gestalt des Orpheus und blickt in die Ferne. Zweifel, innerer Kampf und die Erkenntnis, daß er nun, mit der liebenden Eurydike an seiner Seite, nicht mehr zu seiner alten Kreativität zurückfinden werde, zerreißen das Idyll: Über ihm trüben bereits zwei Wölkchen den strahlenden Himmel, vor ihm trennt ein diagonaler, grabenähnlicher Streifen ihn von der Unendlichkeit des Horizonts, den Eurydike, die die Entzweiung und Kälte bereits wahrnimmt, selbst erlebt, «als habe sie zu ihren Füßen schwindelnd den Abgrund klaffen sehn, der sie verschlänge». So muß sie die Erde erneut – diesmal für immer – verlassen, da Orpheus Persephones Bedingung nicht zu erfüllen vermag.

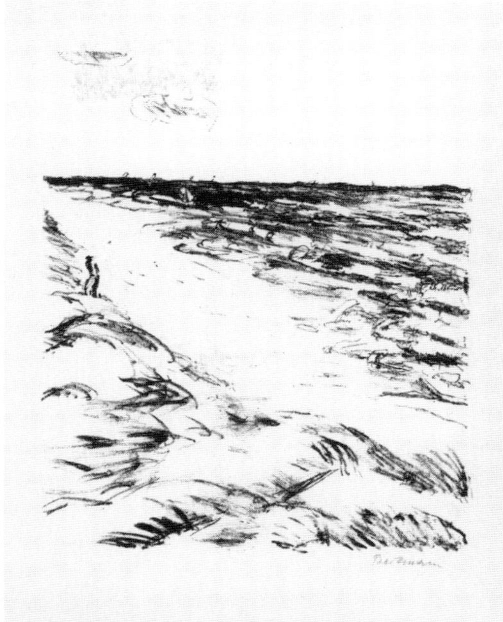

Abb. 62: Max Beckmann, Meereslandschaft mit Orpheus; *Lithographie aus:* Eurydikes Wiederkehr, *1909.*

Eingangs wurden schon die atmosphärischen Eigenschaften der Lithographie erwähnt. Max Beckmanns Stil dieser Zeit orientiert sich unter anderem an dem der erfolgreichen Mitglieder der *Secession* und ist ohne Liebermann oder Slevogt nicht denkbar. Die Verbindung zu letzterem stellt nicht zuletzt Johannes Guthmann dar, der Slevogts größter Förderer war, mehrere Bücher und Aufsätze über den Künstler verfaßt und ihn auf dessen Ägyptenreise begleitet hat.

So ist die Szene von Orpheus und Eurydike im «heimlichen Gemache» offenkundig von Slevogt beeinflußt. Blätter wie etwa *Paolo und Francesca da Rimini*[19] oder *Simson und Delila*[20] zeigen die gleiche Intimität des Gemachs, die Verdichtung der Darstellung auf das liebende Paar und, durch die verschleiernde Weichzeichnung verstärkt, eine nicht zu übersehende unheilvolle Ahnung, die über der Szene liegt. Besonders im Falle der erstgenannten Zeichnung Max Slevogts tritt eine inhaltliche Parallele deutlich zutage: Die Szene aus Dantes *Göttlicher Komödie* zeigt ein Liebespaar, das trotz des intensivsten Gefühls füreinander nicht auf dieser Erde existieren kann, mit dem lodernd gelben Spalt im Vorhang gibt Slevogt quasi einen Ausblick auf die kommende Hölle frei.

Beckmanns Landschaften sind zu jener Zeit stark von seinen eigenen Freilichtstudien geprägt, sogar mit Staffelei und Leinwand begab er sich ans Meer (Abb. 57). Max Liebermann war in seinen zahlreichen Meeresstudien vor der Natur für die Maler der jüngeren Generation vorbildlich. Dennoch muß ausdrücklich auf die grundsätzlichen

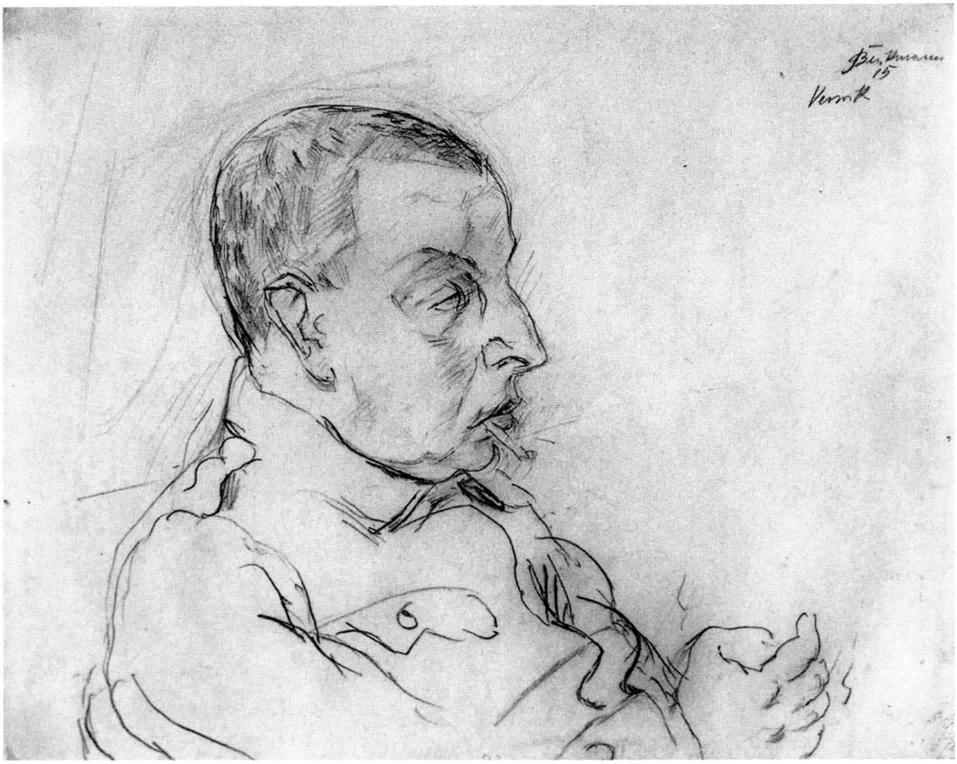

Abb. 63: Max Beckmann, Paul Cassirer in Uniform, *Verwik 1915, Bleistift, Privatbesitz.*

formalen wie thematischen Unterschiede im Ansatz beider Maler hingewiesen werden. Beckmanns *Eurydike*-Landschaften sind, bei aller skizzenhaften Leichtigkeit, nicht Ergebnis eines flüchtig eingefangenen Eindrucks, wie er oftmals Liebermanns Meeres- und Strandskizzen auszeichnet; Beckmann war zu keinem Zeitpunkt Impressionist, auch wenn er stilistisch der jungen, sich von Liebermann abwendenden Avantgarde noch so fern zu sein scheint. Selbst auf reinen Studienblättern, wie etwa der *Strandszene mit Segelbooten und Menschen*[21], war Beckmann stets mehr an der Schaffung von Raumtiefe und Verspannung der Darstellung in der Bildfläche interessiert als an der dunstigen Erscheinung der Landschaft im Sonnenlicht und ihrer delikaten Umsetzung[22]. Dennoch hat Beckmann nach seinen *Eurydike*-Illustrationen keine derartig leichten, bisweilen fast schwebenden Bilder mehr geschaffen, und man muß Curt Glaser beipflichten, wenn er 1924 über die Folge schreibt: «Die Lithographien sind ein Versuch des Landschafters, der in der Umwelt die Orientierung sucht, ehe er den Blick auf den Menschen einstellt, das Vorspiel des Malers, der die Erscheinungen des Lichtes erprobt, ehe er der Form vertraut.»[23]

Mit der Übernahme des Illustrationsauftrages für Paul Cassirer verabschiedete sich

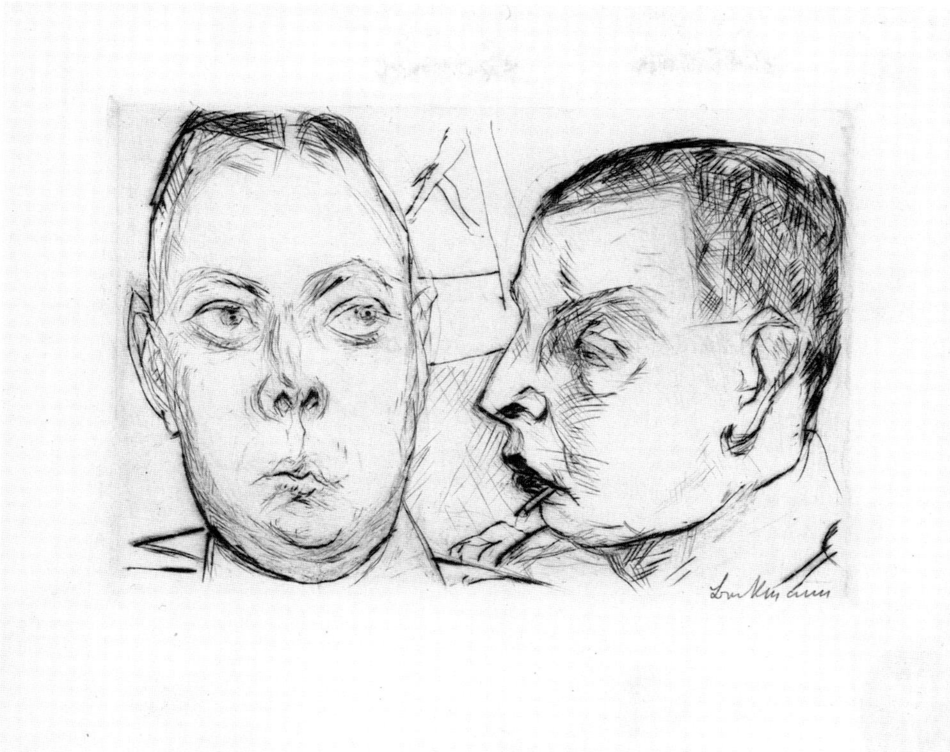

Abb. 64: Max Beckmann, Zwei Autooffiziere, *1915, Radierung.*

Max Beckmann von dem Gedanken einer neu zu gründenden *Secession*, den er mehrmals mit einigen Kollegen vor jenem Besuch bei Cassirer Anfang April 1909 diskutiert hatte. Möglicherweise spielte dabei auch die horrende Monatsmiete für das vorgesehene Ausstellungslokal am Zoologischen Garten eine unmittelbare Rolle[24], es ist jedoch auch denkbar, daß sich Max Beckmann sehr wohl bewußt war, welche Vorteile ihm ein gutes Verhältnis zu Paul Cassirer bringen könnte[25]. Immerhin stand der Kunstbetrieb in Berlin just in diesem Jahr im Zeichen großer Veränderungen, zahlreiche Karikaturen nehmen die Vertreter der alten wie der neuen Machtstrukturen aufs Korn. Hugo von Tschudis Beurlaubung war ein deutliches Signal dafür, wie es um moderne Strömungen in der Reichshauptstadt bestellt war, und so war es für den jungen Beckmann nicht ungünstig, eine Verbindung zu dem potenten Verleger und Händler aufzubauen, zumal sie ihm von jenem selbst angetragen wurde.

Im Bewußtsein um dessen Stellung nannte er etwa die 1913 erschienene Monographie von Hans Kaiser den «Cassierer [sic!] Band»[26] oder stellte nicht ohne Stolz fest: «Cassirer möchte ein Buch über mich herausgeben»[27]. Während des Ersten Weltkrieges hielt er Kontakt zu Paul Cassirer, von einer Begegnung im April 1915 im flämischen

Verwik haben sich zwei Zeichnungen (Abb. 63) und eine Radierung (Abb. 64) erhalten, die diesen als Offizier zeigen[28].

Bis zu Paul Cassirers Tod bleibt er diesem und Max Liebermann gegenüber loyal verbunden, bei aller harschen Kritik und auch wenn ihn die – selbst gewählte – Abhängigkeit von deren Gunst bisweilen verdrossen haben muß. Eine Tagebuchnotiz von Silvester 1912 bringt diesen Konflikt auf den Punkt: «Trotzdem ist es immer furchtbar schwer die richtige Grenze zwischen geschäftlichen Beziehungen und dem persönlichen Ehrgefühl zu ziehen. Besonders schwer in unserm Fall mit der Firma C.»[29]

Beckmann war jedoch klug genug, nie den Kampf mit den beiden Prinzipalen der Berliner Kunstszene zu suchen, sondern nach Möglichkeit in gutem, verbindlichen Kontakt mit ihnen zu bleiben. So erläutert er in einem bislang unpublizierten Brief von 1923 seinem Händler J. B. Neumann die Beweggründe, mit Peter Zingler[30] und Paul Cassirer einen Zusatzvertrag abzuschließen, um damit seine Vertretung in Deutschland zu stärken[31].

Zu der Beisetzung des Kunsthändlers war Beckmann eigens von Frankfurt in die Reichshauptstadt gereist; gleichwohl klingen seine schriftlichen Reaktionen auf Cassirers Selbstmord bisweilen unsensibel. In einem ausführlichen Brief an seine zweite Frau Mathilde nahm er keinerlei emotionale Stellung zu der Tragödie[32] und machte J. B. Neumann in einem weiteren Schreiben mit knappen Worten lediglich auf dessen verbesserte Chancen aufmerksam: «Es läßt sich nicht leugnen, daß P. C. tot ist. – Ich halte das für ein großes Glück für Sie.»[33] Unverzüglich bemühte sich Beckmann, den Kontakt zwischen Neumann und den Cassirer-Nachfolgern Grete Ring und Walther Feilchenfeldt herzustellen, allerdings vergeblich[34].

In Beckmanns schriftlichen Äußerungen scheint kein Bedauern über Cassirers Tod auf, eine Freundschaft hat die beiden unterschiedlichen Männer nie verbunden. Allerdings, und das verdient hier eine ausdrückliche Betonung, sucht man bei dem Maler auch nur die leisesten antisemitisch gefärbten Äußerungen über den von vielen verunglimpften und weithin unbeliebten Cassirer vergebens.

Beckmann hat seine erste Begegnung mit ihm sicher nicht vergessen: Nachdem er über ein halbes Jahr in Paris zugebracht hatte, das ihm aufs Äußerste mißfiel[35], traf er als 20jähriger desillusioniert in Berlin ein und ließ sich dort nieder. Im Herbst besuchte er Paul Cassirers Kunstsalon und sah hier eine Ausstellung mit neuen Arbeiten von Claude Monet, dessen Ansichten der Londoner Waterloo-Bridge ihn nachhaltig beeindruckt und begeistert haben[36]. Und auch in den folgenden Jahren wußte Beckmann sehr genau um Cassirers Status innerhalb der Berliner Kunstszene sowie um die Bedeutung, die eine Ausstellungsmöglichkeit im Kunstsalon für einen Künstler hat[37].

Wenngleich das Buch *Eurydikes Wiederkehr* kein kommerzieller Erfolg wurde, legte Paul Cassirer mit dem Auftrag, Guthmanns Epos zu illustrieren, den Grundstein zu Beckmanns steiler Karriere. Darüber hinaus muß man ihm Anerkennung dafür zollen, daß er mit seiner Wahl ein Gespür für Beckmanns bis dato vollkommen unbekanntes graphisches Talent besaß. Durch die Illustration von *Eurydikes Wiederkehr* konnte er erstmals vor eine größere Öffentlichkeit treten. Dessen war sich der junge Maler bewußt, und so wählte er, trotz aller Bedenken und vorangegangener «Revolutionspläne», diesen Weg, der ihn innerhalb kurzer Zeit an die Spitze der deutschen Künstler seiner Generation führte.

Anmerkungen

1 Max Beckmann: Leben in Berlin. Tagebuch 1908/09. Hg. von Hans Kinkel. München/Zürich 1983, S. 40.

2 Ebd.

3 Johannes Guthmann (1876–1956): Eurydikes Wiederkehr. Gedruckt bei Oscar Brandstetter, Leipzig 1909. Drittes Werk der *Pan-Presse*. – Vgl. James Hofmaier: Max Beckmann. Catalogue raisonné of his prints. 2 Bde. Bern 1990, Nr. 7–16. – Caspers, S. 59–68. – Feilchenfeldt/Brandis, Nr. 84.

4 Vgl. Jacques Offenbach: *Orpheus in der Unterwelt* (1858), Paul Valéry: *Orphée* (1891), Rainer Maria Rilke: *Sonette an Orpheus* (1922) oder Oskar Kokoschkas Libretto zu *Orpheus und Eurydike* von Ernst Krenek (1915).

5 Vgl. Ausst.Kat. «Minna Beckmann-Tube» (= Hefte des Max Beckmann Archivs 2). Hg. von Christian Lenz. Staatsgalerie moderner Kunst München. München 1998, bes. S. 34ff.

6 Undatierter Brief aus der Zeit 1903/04. Max Beckmann: Briefe, Bd. I: 1899–1925. Hg. von Klaus Gallwitz, Uwe M. Schneede und Stephan von Wiese, unter Mitarbeit von Barbara Golz. München/Zürich 1993, Nr. 8.

7 Curt Glaser drückt dies treffend aus, wenn er feststellt, daß Beckmanns *Eurydike*-Illustrationen «das Thema eher musikalisch begleiten als anschaulich variieren». Curt Glaser, Julius Meier-Graefe, Wilhelm Fraenger, Wilhelm Hausenstein: Max Beckmann. München 1924, S. 12.

8 Es entstanden außerdem mindestens sechs Zeichnungen in Wangerooge. Stephan von Wiese: Max Beckmanns zeichnerisches Werk 1903–1925. Düsseldorf 1978, Nr. 39–44.

9 Brief vom 15. Juni 1909, Briefe, Bd. I (wie Anm. 6), Nr. 42, S. 60.

10 Ebd.

11 Guthmann (wie Anm. 3), S. 24f.

12 Ebd., S. 26.

13 Ebd., S. 27.

14 Ebd., S. 36.

15 Ebd., S. 48.

16 Ebd., S. 49.

17 Vgl. die vierte Illustration, ebd., gegenüber S. 42.

18 Ebd., S. 57.

19 1906, Feder, Aquarell, 129 x 100 mm, SMPK Berlin, Kupferstichkabinett.

20 1907, Aquarell, Graphit, Tusche, 58 x 80 mm, SMPK Berlin, Kupferstichkabinett.

21 Wiese (wie Anm. 8), Nr. 42.

22 Vgl. etwa Liebermanns *Düne mit Häusern*, um 1895, schwarze Kreide, Saarlandmuseum Saarbrücken.

23 Glaser (wie Anm. 7), S. 12.

24 Beckmann (wie Anm. 1), S. 9.

25 Vgl. Ernst-Gerhard Güse: Das Frühwerk Max Beckmanns. Zur Thematik seiner Bilder aus den Jahren 1904–1914 (= Kunstwissenschaftliche Studien, hg. von A. Perrig, 6). Frankfurt/M./Bern 1977, S. 39.

26 Brief vom 27. August 1912 an Reinhard Piper. Briefe, Bd. I (wie Anm. 6), Nr. 55.

27 Brief zwischen dem 7. und 13. September 1912 an Reinhard Piper, ebd., Nr. 57. – Hans Kaiser: Max Beckmann. Berlin (Paul Cassirer) 1913. – Feilchenfeldt/Brandis, Nr. 101.

28 Wiese (wie Anm. 8), Nr. 264. Weitere Entwurfszeichnung (nicht bei Wiese), Bleistift, 160 x 129 mm, Leipzig, Museum der bildenden Künste, Nachlaß Mathilde Q. Beckmann; *Zwei Autooffiziere*, Blatt 15 der Mappe *Gesichter*, Hofmaier (wie Anm. 3), 84.

29 Tagebucheintrag vom 31. Dezember 1912 in: Max Beckmann: Frühe Tagebücher 1903/04 und 1912/13. Hg. und kommentiert von Doris Schmidt. München/Zürich 1985, S. 111.

30 Peter Zingler (1892–1978), Inhaber der Galerie *Zinglers Kabinett* in Frankfurt/M., widmete sich expressionistischer Kunst, stellte Max Beckmann gelegentlich aus und verlegte einige seiner druckgraphischen Arbeiten.

31 «Ich glaube daher daß [sic!] Richtige getan zu haben, wenn ich einer Verbindung mit Zingler – Cassirer nicht aus dem Weg gegangen bin. Wir 3 haben zusammen einen Vertrag gemacht der auf 2 Jahre läuft und in dem mir 6000 M. jährlich garantiert werden. Das ist wenigstens eine Basis von der aus ich keinesfalls zu Verhungern brauche. Ich bin dadurch an Bilderverkäufe auf 2 Jahre gebunden. Graphik bleibt frei. [...] Darauf daß Sie od. Cassirer gelegentlich einmal ein Bild kaufen, von einer derartigen Situation konnte ich mich auf die Dauer nicht abhängig machen zumal sonst auch die weitere Propaganda hier in Deutschland völlig erloschen wäre.» Unpublizierter Brief, Max Beckmann Archiv München, Inv. Nr. FMBA I 7. Zwei Jahre später versucht J. B. Neumann, den Maler dazu zu bewegen, sich gänzlich auf die Verbindung mit ihm zu beschränken und keine weiteren «Eisen mehr im Feuer» zu behalten (Brief im selben Konvolut): «Lassen Sie Cassirer ganz laufen, mir erscheint es richtiger nach Allem was ich erkenne. Wir brauchen Niemanden mehr – wir stehen Gott sei Dank auf eigenen Füssen.» Interessant im Hinblick auf die in großer Zahl erhaltenen Briefe an Günther Franke, Reinhard Piper oder J. B. Neumann ist die Tatsache, daß keinerlei Korrespondenz zwischen Paul Cassirer und Max Beckmann erhalten ist. Große Sympathien scheinen die beiden nicht für einander gehegt zu haben.

32 Brief vom 9. Januar 1926, Max Beckmann: Briefe, Bd. II: 1925–1937. Hg. von Klaus Gallwitz, Uwe M. Schneede und Stephan von Wiese, unter Mitarbeit von Barbara Golz. München/Zürich 1994, Nr. 359.

33 Briefe, Bd. II (wie Anm. 32), Nr. 361.

34 Briefe, Bd. II (wie Anm. 32), Nr. 359: «Eventuell wollen wir I. B. Neumann kommen lassen.»

35 Vgl. Christiane Zeiller: Max Beckmann. Die frühen Jahre 1899–1907. Weimar 2003, S. 26ff.

36 Brief an Cäsar Kunwald vom 27. Oktober 1904, Briefe, Bd. I (wie Anm. 6), Nr. 15. – Zur Ausstellung s. Brühl, S. 156.

37 1906 «rechnet» Beckmann Kunwald die Bedeutung vor, bei Cassirer auszustellen «im Verhältnis zur Seces[s]ion ungefähr um die Hälfte weniger. Was schon eine ganze Menge ist.» In demselben Brief bezeichnet er Liebermann als «Petrus zum Cassirerschen Paradies». Briefe, Bd. I (wie Anm. 6), Nr. 25.

«Prachtvolle Erzählungen findet man im Alten Testament.»
Judith, Simson, Delila um 1900

Angelika Wesenberg

Einführung

> «Alle anderen in dem Saal, kosmopolitische Weltleute, Feingeister, Dandys und der dicke Hausherr mit der jovialen Schnauze waren Maler, Künstler, erhaben über die Wirklichkeit, Träumer. Corinth war ganz etwas anderes: Florian Geyer, Simson, Armin der Befreier, gezähmter Hunne. Wenn man die Augen schloß, regten sich nackte Glieder unter dem zottigen Fell. Ein Fräulein geriet in Ohnmacht. [...] Der Hausherr machte sich von der Seite an ihn heran. Lächelnd nahte sich die seidene Hausfrau mit einer Scheere gegen die triefenden Locken.»[1]

Daß der Maler Lovis Corinth hier in der launigen Sentenz des Kunstschriftstellers Julius Meier-Graefe mit seinen Figuren, vor allem mit jener des Simson, identifiziert und diese den weltläufigen Gästen in der Tiergartenstraße entgegengesetzt werden, erklärt sich nicht nur aus dessen Persönlichkeit, sondern auch aus dem zeitspezifischen Phänomen einer verstärkten Aufnahme historischer und biblischer Stoffe in Malerei und Literatur: Dem Passiven, Flüchtigen und Unverbindlichen der impressionistischen Weltanschauung wurden wieder Inhalte, starke Gefühle, archaische Konflikte, dramatische Geschehnisse entgegengesetzt. Biblische Geschichten konnten zum Gleichnis für existenzielle, historische und politische Situationen werden.

Diese Geschichten waren damals weit weniger blutleeres Bildungsgut als jene der antiken Mythologie, sie waren von archetypischer Bedeutung, verbunden mit einer gewissen Erotik, «ein Fräulein geriet in Ohnmacht». Manche der archaischen Helden eigneten sich als Identifikationsfiguren für ein neues Künstlerselbstverständnis, insbesondere die Figur des Joseph, auch Simson, oder sie halfen, zeitgemäß die Geschlechterrollen neu zu definieren, mehr noch, Vorurteilen und Ängsten Form zu geben: der *femme fragile* mit Sonnenschirm der Impressionisten wurde der Typ der *femme fatale*, Salome, Judith, Dalila, entgegengesetzt.

Judith, Dalila und Simson fanden zudem ihrer politischen Rolle wegen Aufmerksamkeit, bei der Aufrufung ihrer Geschichten geht es auch um patriotisches Verhalten, um Kampf, Sieg und Niederlage.

In den Jahren vor dem Ersten Weltkrieg verbreitete sich im Bildungsbürgertum, unter Künstlern und Schriftstellern ein Gefühl des Überdrusses am Ästhetizismus in Kunst und Leben, allgemein an der als gleichgültig empfundenen Zeit. Max Beckmann notierte Anfang 1909, nach einem Gespräch über die Wahrscheinlichkeit eines Krieges, in sein Tagebuch: «Wir wurden einig, daß es für unsere heutige ziemlich demoralisierte Kultur garnicht schlecht wäre, wenn die Instinkte und Triebe alle wieder mal an ein Interesse gefesselt würden.»[2] Thomas Mann sprach später im Zusammenhang erster Überlegungen zur Josephsgeschichte von den «Neigungen der Zeit», nach dem Wesen, der Herkunft und den Zielen des Menschen zu fragen, «sich vom Individuell-Besonderen zu desinteressieren und sich dem Typischen, das heißt aber dem Mythischen zuzuwenden»[3].

Nach der Herkunft und den Zielen des Menschen zu fragen, führte auch zu einem neuen Nachdenken über Geschichte, Christentum und erstmals in systematischer Weise auch über *Das Wesen des Judentums*[4]. Die jüdische Intelligenz lebte in der Spannung zwischen dem Wunsch nach weitgehender Integration und jenem nach Bewahrung eigener Identität, mehr noch nach einer «jüdischen Renaissance». Bald gab es erste Bücher speziell zur jüdischen Kunst, und überraschend einleuchtend wurde 1929 resümiert: «So paradox, so scheinbar äußerlich es klingt, so absolut richtig ist es: der Impressionismus ist die Kunst der Assimilierten; die bewusst jüdische Kunst lebt im Expressionismus. Aus sehr innerlichen Gründen.»[5]

Wirklich ist das bleibende Verdienst des assimilierten Juden Paul Cassirer die Durchsetzung des französischen Impressionismus in Deutschland und die Förderung entsprechender deutscher Richtungen. Aber Cassirer hat die Werke der jüngeren Künstler keineswegs abgelehnt. Er suchte, mit unterschiedlichem Erfolg, Kontakt zum *Blauen Reiter*, später zur Künstlergruppe *Die Brücke*. Als Verleger war er eng mit den Diskursen der Zeit verbunden. Er veröffentlichte expressionistische Dramen. Und er reflektierte die Situation, indem er 1912 Franz Marc bat, ihm die neue Malerei zu erklären, und dessen Ausführungen, sowie wenig später auch die Entgegnung Max Beckmanns in seiner Zeitschrift *Pan* publizierte.

1919, nach der Novemberrevolution, veröffentlichte Paul Cassirer selbst eine kleine kunstpolitische Erörterung, eine groteske *Utopische Plauderei*, die dem Zerrbild einer nach sozialistischen Ideen erbauten Stadt und ihrer Kultur die individualistische Kunstauffassung der Impressionisten entgegengesetzt.

Im Spannungsfeld von Impressionismus und Expressionismus, Subjektivismus und gesellschaftlicher Verantwortung, Assimilation und «jüdischer Renaissance» stehen auch die biblischen Sujets, die Paul Cassirer in Auftrag gab und mit denen er handelte.

Jahrhundertwende

Die Rezeption biblischer Themen war selbst in den wenigen Jahren vor und nach der Jahrhundertwende verschieden stark, und in der künstlerischen Aufnahme wechselten Vorlieben und Sichtweisen. Sie erfuhren in ihrer künstlerischen Wiederaufnahme Umbildungen, deren Tendenz auf Verfeinerung der archaischen Motive ging, auf Ver-

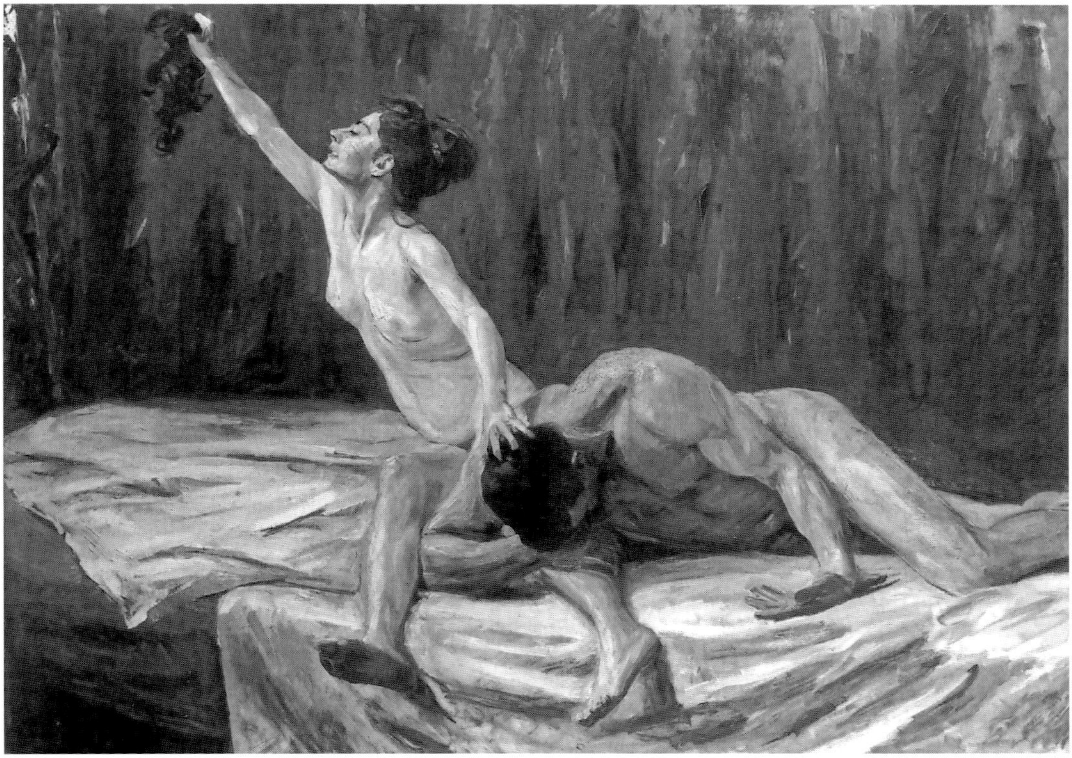

Abb. 65: Max Liebermann, Simson und Delila, *1902, Öl/Lwd., 151 x 212 cm, Städelsches Kunstinstitut, Frankfurt/M.*

innerlichung und Psychologisierung der Konflikte oder auf Symbolisierung. Dies bedeutete gegenüber den biblischen Stoffen eine Modernisierung, innerhalb der Kunstgeschichte aber eine Hinwendung zum Archaischen.

1895 veröffentlichte der junge Paul Cassirer (unter dem Pseudonym Paul Cahrs), noch unsicher, ob er Maler oder Dichter werden solle, einen Künstlerroman mit autobiographischen Aspekten, *Josef Geiger*. Der Titelheld nimmt, bevor er sich wieder einmal zur vergeblichen Arbeit an seinen Roman setzt, eine Bibel vom Bord, «um vor dem Schreiben noch sein Lieblingskapitel zu lesen: Josef in Egypten»[6]. Wenig später, noch immer vor dem fast leeren Blatt sitzend, liest der junge Künstler noch einige Verse aus dem *Hohen Lied*[7], bevor er sich in das abendliche Gewühl der Straßen begeben und seiner Verlobten untreu werden wird. Mit der Josephsgeschichte hatten bereits die jungen Nazarener 1816/17 den Festsaal im Haus des preußischen Konsuls Jacob Salomon Bartholdy in Rom ausgemalt, sich selbst zur inneren Stärkung, war doch auch Joseph ein Verkannter in der Fremde, bevor er zu Macht und Ruhm gelangte, und damit ein Stoff, mit dem sich sowohl die christlichen Kunst-Erneuerer als auch der jüdische Auftraggeber identifizieren konnten[8]. Der dezidierte Bezug des Romanhelden Josef Geiger auf die Josephsgeschichte läßt vermuten, daß auch Paul Cassirer sich mit dem feinsinnigen, Träume deutenden Joseph in gewisser Weise identifizierte. Fast zwanzig Jahre später widmete Else Lasker-Schüler «dem lieben besten Paul Cassirer» das Gedicht *Joseph*, das ebenfalls Unglück und Aufstieg des edlen Knaben beschreibt[9]. Und das *Hohe Lied*, welches in Cassirers frühem Roman als Lektüre des Helden auftaucht, wird Cassirer fünfzehn Jahre später von Lovis Corinth aufwendig illustrieren lassen.

Zunächst aber ging Paul Cassirer nach Berlin, begründete dort seinen Ruf als Förderer der Impressionisten und wurde einflußreicher Sekretär der *Berliner Secession*, auch Mitglied ihrer Ausstellungsleitung. Ausgerechnet das Haupt des deutschen Impressionismus, Max Liebermann, gab 1902 das kühn komponierte Werk *Simson und Delila* (Abb. 65) auf die jährliche Ausstellung, jedoch kommen große, literarische Figurenbilder selbst bei den französischen Impressionisten vor. Simson (Buch Richter 13–16) war durch das hinterlistige Abschneiden seiner wundersamen Locken durch Delila um seine übernatürliche Stärke gebracht worden. Liebermanns Bild fand sofort vielfältige Deutung, war doch der jüdische Held nur durch Verrat den Philistern unterlegen, und «Philister» war ein von Liebermann gern gebrauchtes Schimpfwort in den Kunstkämpfen dieser Zeit. Andere, wie Richard Dehmel, sahen mit Delila den Geist über die rohe Kraft obsiegen[10]. Das Bild war, wie von Liebermann intendiert, ein «Clou» der Ausstellung, so wie zwei Jahre zuvor die *Salome* von Lovis Corinth (Abb. 66). Salome vertrat noch klarer als Delila den Typ der *femme fatale*, der sich seit dem späten 19. Jahrhundert einer besonderen Faszination erfreute. 1903 feierte die Schauspielerin Tilla Durieux, die zu dieser Zeit Paul Cassirer kennenlernte und 1910 heiratete, bei Max Reinhardt in Berlin in der Rolle der *Salome* von Oscar Wilde erste Triumphe. In beiden Geschichten spiegelt der Geschlechterkampf zugleich andere Polaritäten wider, den gegensätzlicher Kulturen, wie den Zwiespalt zwischen Neigung und Pflicht, Sinnlichkeit und Sinn.

Vorkriegszeit

In den Jahren vor dem Ersten Weltkrieg erfuhr der Bezug auf biblische Themen erneut eine Umdeutung. Neben der Freude an erotischer Skandalträchtigkeit und dem individuellen Bezug auf einzelne Figuren spielte nun der ästhetische und gesellschaftliche Affront zur eigenen Zeit eine größere Rolle. Barlach, mit dem Cassirer in geschäftlicher und persönlicher Beziehung stand, schrieb 1911 im Kontext eines Denkmalstreites, Cassirer habe den «‹Kultur›-Standpunkt, [...] auf dem ich nicht halten kann, denn es gibt besseres für mein Gefühl als Kultur. Das Barbarische ist mir unentbehrlich.»[11] Und der von Cassirer vertretene Max Beckmann notierte: «Mein Herz schlägt mehr nach einer roheren gewöhnlicheren vulgäreren Kunst, die nicht verträumte Märchenstimmungen lebt zwischen Poesien, sondern dem Furchtbaren, Gemeinen, Großartigen, Gewöhnlichen, Groteskbanalen im Leben direkten Eingang gewährt.»[12] Das Furchtbare und Großartige fand er wie Barlach sowohl in gegenwärtigen wie in überlieferten Geschehnissen. 1909 zeigte Beckmann in der *Berliner Secession* sowohl das große Bild *Sintflut* wie die *Szene aus dem Untergang Messinas*. 1910 bis 1912 entstanden mehrere Darstellungen zu klassischen Themen des Alten Testamentes, wie *David und Bathseba, Judith und Holofernes, Simson und Delila*, sämtlich 1913 in der ersten Retrospektive bei Paul Cassirer zu sehen[13].

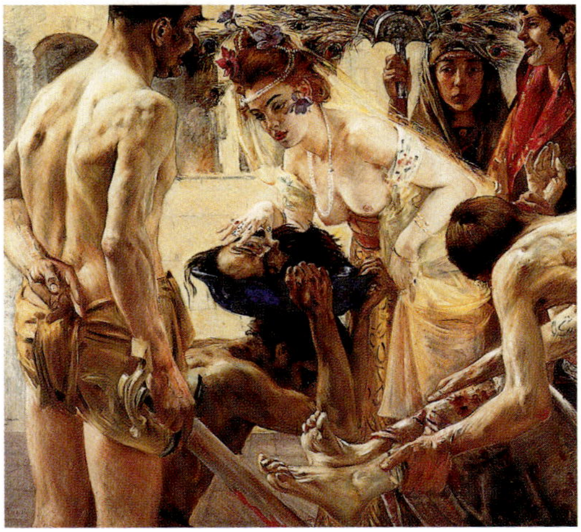

Abb. 66: Lovis Corinth, Salome II, *1900, Öl/Lwd., 127 x 147 cm, Museum der bildenden Künste, Leipzig.*

Die *Secessions*-Ausstellung von 1909 hatte auch von Corinth biblische Darstellungen gezeigt, traditionellere, eine *Bathseba* und eine *Susanna im Bade*. Und an Corinth, der ihm vom Alter her näher war, wandte sich Paul Cassirer noch im selben Jahr mit der Bitte um Illustrationen zunächst zum Buch *Judith*, ein Jahr später zum *Hohen Lied*. Auch Corinth gewährte ja dem «Furchtbaren, Gemeinen, Großartigen» Eingang in seine Kunst. Käthe Kollwitz notierte später nach der Betrachtung von Blättern aus diesen Zyklen: «Corinth, Das Hohe Lied und ein anderes Buch aus der Bibel. Ganz wenig Gutes, meist unerträglich roh.»[14]

Cassirer war zu dieser Zeit intensiv mit der Profilierung eines eigenen Verlages befaßt. Die *Pan-Presse*, für die er verschiedene Illustrationsfolgen in Auftrag gab, spielte dabei eine zentrale Rolle. Cassirer setzte sich mit seinen bibliophilen, buchkünstlerischen Unternehmungen in Beziehung und Konkurrenz zu gleichgerichteten Bemühungen, etwa zur 1909 von Melchior Lechter in Berlin gegründeten *Einhorn-Presse* und vor allem zur *Cranach-Presse* von Harry Graf Kessler in Weimar. Warum aber wählte Cassirer biblische Themen, und konnte er dabei auf ein Interesse des Publikums rechnen? Ein Blick auf die Graphik-Editionen der Jahre zeigt, daß gerade die von Cassirer gewählten Stoffe nicht nur auch von anderen illustriert wurden, sondern auch dichterische Neu-Interpretationen erfuhren: Das Drama *Judith* von Friedrich Hebbel hatte 1908 Thomas Theodor Heine illustriert, das *Hohe Lied* in der Nachdichtung von Rudolf Alexander Schröder 1909 Friedrich Wilhelm Kleukens. Cassirer konnte bei diesen Themen mit mehr Verständnis als für das erste Werk der *Pan-Presse*, die von Max Slevogt illustrierten *Lederstrumpf-Erzählungen* von James Fenimore Cooper, rechnen.

In der wohl von Paul Cassirer selbst verfaßten Verlagsanzeige heißt es: «Diese Bücher der Bibel, die Corinths starker männlicher Phantasie als Maler die heftigste Anregung gegeben haben, deren Inhalt sein ganzes Lebenswerk befruchtet hat, interpretiert er jetzt im Zenith seiner höchsten künstlerischen Entfaltung. [...] ‹Alles meilenweit ab von der landläufigen Bibelillustration, aber den wahren Inhalt der morgenländischen Geschichte tiefer packend als je ein früherer Illustrator,› so schließt Max Osborn eine Besprechung der Lithographien zu dem Buch Judith.»[15]

«Landläufige Bibelillustrationen», das waren noch immer jene des Julius Schnorr von Carolsfeld und die jüngeren von Gustave Doré. Das so seltsam unpersönliche, die eigene Aussage scheuende Zitat in dieser Anzeige könnte Cassirer aber auch in Hinblick auf das gleichnamige Unternehmen von Ephraim Moses Lilien gewählt haben. Lilien hatte kurz zuvor begonnen, für Georg Westermann in Braunschweig *Die Bücher der Bibel* in mehreren Bänden herauszugeben. Ein so ähnliches Unternehmen, daß es den Vergleich geradezu herausfordert: Lilien war Kulturzionist, ein Vertreter der «jüdischen Moderne», die sich bewußt gegen das deutsch-jüdische, assimilierte Bürgertum wandte. Wie Paul Cassirer war er am Ende des Jahrhunderts aus München nach Berlin gekommen, wo er 1902 Mitbegründer des *Jüdischen Verlages* wurde. Lilien wählte als Textgrundlage nicht die Lutherbibel, sondern die neu kommentierte Übertragung von Eduard Reuss[16], und er zeichnete dafür auf der Grundlage von 1906 in Palästina gemachten Photostudien feierliche, vom Jugendstil beeinflußte Illustrationen, er entwarf morgenländisch-jüdische Geschichte. Der jüdische Verleger Cassirer stand mit seinem Unterfangen neben dem Versuch Liliens, einen jüdischen Geschichtsmythos zu begründen.

Paul Cassirer bezog sich bereits im Titel der beiden Werke auf die alte Übersetzung von Martin Luther, er ließ den Judith-Text sehr sorgfältig setzen, das *Hohe Lied* sogar direkt auf den Lithographenstein von Hand schreiben, er wollte Weltliteratur herausgeben, gleich den Gedichten Goethes oder Werken Heinrich Heines – bibliophile Kostbarkeiten. Die künstlerische Illustration der beiden Bände übertrug er dem *Secessions*-Kollegen Lovis Corinth, dessen künstlerischer Aufstieg vom Impressionismus geprägt war, nun wandte er sich zunehmend einer expressiveren Bildsprache zu. Seine ästhetische Entwicklung war jener Cassirers verwandt.

Wie nun verstand Corinth, der den Auftrag 1909 übernahm, seine Aufgabe? Anders als E. M. Lilien illustrierte Corinth allgemein-menschliches Miteinander. 1908 hatte er bei Paul Cassirer das Handbuch *Das Erlernen der Malerei* veröffentlicht. In dem Kapitel *Komposition* unterscheidet Corinth bei den historischen und biblischen Szenen die allgemein menschlichen, die jeder versteht, und die literarischen, welche einer Erklärung bedürfen, nur erstere aber seien in seinem Kontext von Interesse. «Gehen wir nun an die Wahl solcher Sujets. Prachtvolle Erzählungen findet man im Alten Testament. [...] Erfahrung und Praxis empfehlen eben die genannten und ähnliche Stoffe, da gerade in diesen das allgemein Menschliche und vieles, was man lernen soll, enthalten ist.»[17] Und später: «Soviel diese Motive gemalt sind, soviel sind sie auch immer wieder von

Abb. 67: Lovis Corinth, Judith tötet Holofernes; *Lithographie aus:* Das Buch Judith, *1910.*

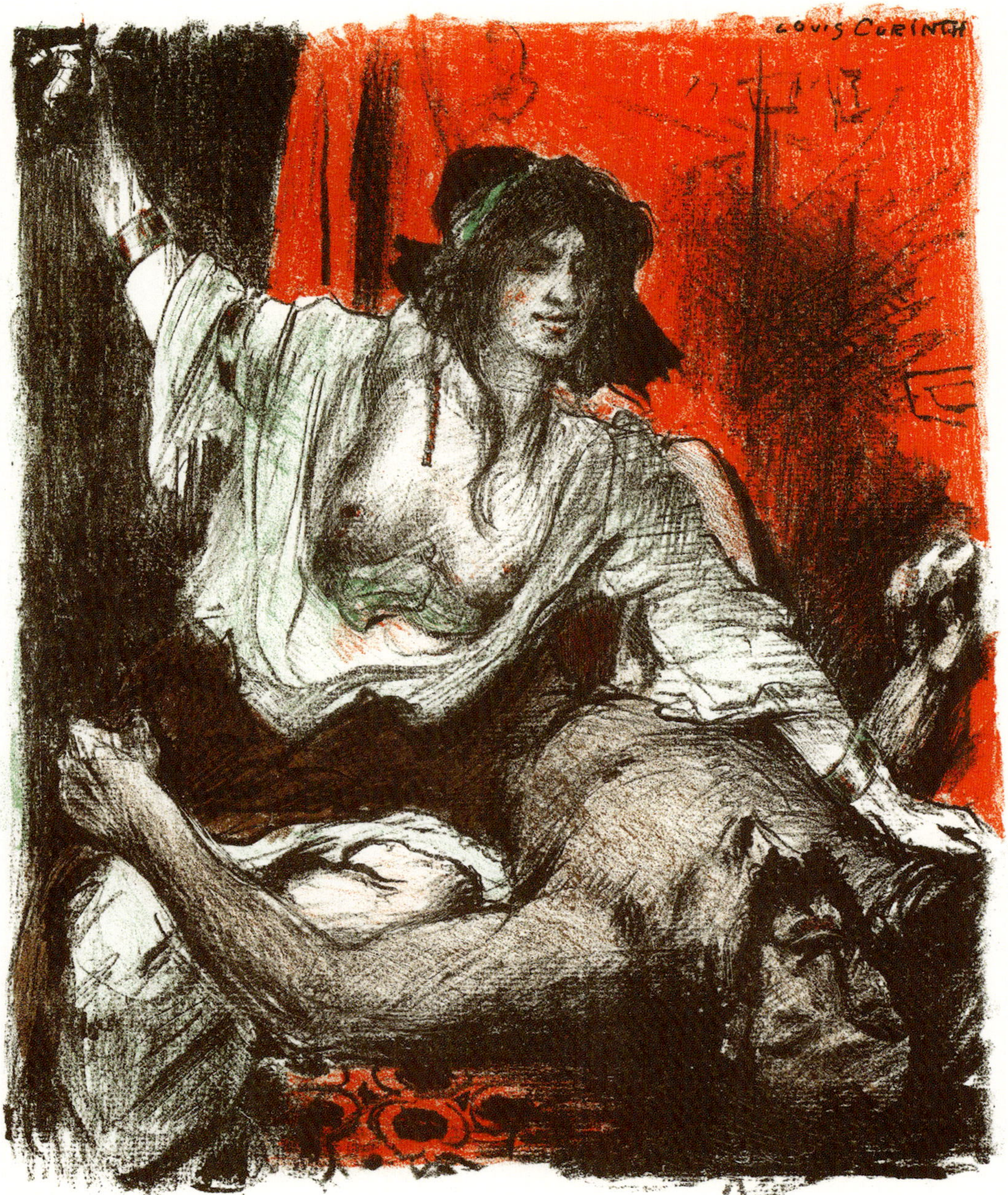
LOUIS CORINTH

jedem wahren Künstler neu geschaffen worden. [...] Also suche man das Neue in sich selbst, in seiner Individualität.»[18]

Corinth schuf für die zwei so unterschiedlichen literarischen Vorlagen Lithographien, in denen er sich dem Text auf vielfältige Weise näherte: Ernsthafte, anrührende und ironische, auch karikierende Momente folgen einander. Corinth ließ bewußt Verzeichnungen und Härten zu, keinesfalls wollte er erbauen oder nur illustrieren. Er schuf eigenständige Blätter, die er in den Winterausstellungen, den Graphikausstellungen der *Secession*, von 1909/10 und 1912 vorstellte.

In den *Judith*-Illustrationen von 1909 findet man kaum noch Anklänge an die *femme fatale* der Jahrhundertwende. Die junge Witwe Judith vollbrachte nach dem biblischen Text eine patriotische Tat, indem sie mitten im Kriegsgeschehen durch Verführung und Tötung des assyrischen Feldherrn Holofernes die entscheidende Wende herbeiführte (Abb. 67). Die tötende Judith ist entschieden und stark dargestellt, nicht triumphierend wie die Dalila Liebermanns und nicht verworfen wie die Salome Corinths, eine Retterin ihres Volkes. Doch durchdringen sich auch bei Corinth mehrere Aspekte der vielschichtigen Figur Judith und führen zu ambivalenten Darstellungen. Corinth orientierte sich zwar am Luthertext, im Stadtgespräch aber war die Inszenierung Max Reinhardts von Hebbels Tragödie *Judith* mit Tilla Durieux in der Titelrolle. Judith ist bei Corinth mutige Patriotin und bedrohliche, schreckliche Furie zugleich.

Das Hohe Lied ist ein gänzlich anderer Text als die dramatische, mehrfach deutbare Judith-Geschichte, es ist ein lyrischer Wechselgesang, poetische Liebesdichtung (Abb. 68). Corinth fand dafür sehr schöne Bilder, zugleich arbeitete er aber auch hier mit karikierenden Überzeichnungen, die «dem Groteskbanalen im Leben direkten Eingang gewähren», wie Beckmann gesagt hätte. Corinth entzog seine Werke der reinen Idylle, er profanierte mitunter bewußt.

Meier-Graefes eingangs zitierte Passage über Corinth als Simson bezieht sich mit großer Wahrscheinlichkeit auf dessen *Geblendeten Simson* von 1912, der in der Ausstellung von Paul Cassirer 1913 und in der Ausstellung der *Berliner Secession* von 1918 ein bedeutendes Hauptwerk war. Anders als bei der *Salome* von 1900 und den Blättern zur Bibel von 1910/11 formulierte er hier in der biblischen Figur die eigene Befindlichkeit, er identifizierte sich mit Simson wie Cassirer seinerzeit mit Joseph. Am Ende des Jahres 1911 hatte den vitalen Corinth ein Schlaganfall ereilt. Kaum zu Kräften gekommen, fand Corinth jedoch auch für die neue Situation eine symbolisch aufgeladene, entlastende Form der Selbstdarstellung. Die Möglichkeit dazu war im Künstler- und Geniekult des 19. Jahrhunderts angelegt. Das Leben des wahren Künstlers, sein Leiden an der Welt, wird seit der Romantik als ein besonderes Schicksal, als stellvertretendes Leiden verstanden. Dem geblendeten und gedemütigten Simson, seiner wundersamen Locken und damit seiner Kraft beraubt, wuchs diese mit den Haaren wieder zu. Der einstmals zur Belustigung der Philister herangeholte blinde Simson rächte sich an seinen Widersachern durch das Zerbrechen der tragenden Säulen ihres Festsaales (Abb. 69).

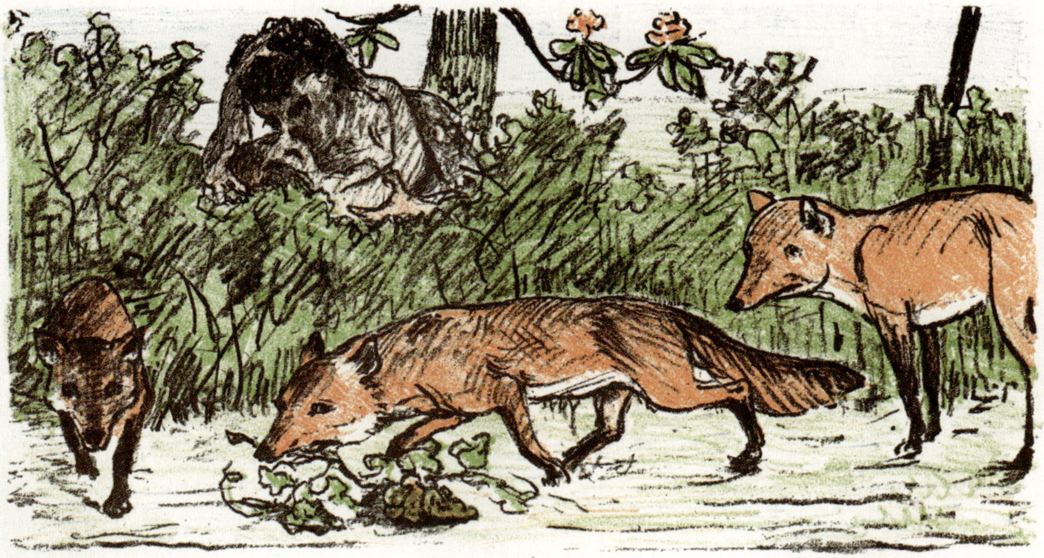

Abb. 68: Lovis Corinth, Waldesszene; *Lithographie aus: Das Hohe Lied, 1911.*

Die zunehmende Aufnahme mythischer Stoffe in die Malerei ist als Gegenentwurf zum Positivismus wie Individualismus der impressionistischen Weltanschauung zu verstehen. Eine Gesamtschau, Welt-Dichtung, wurde dem Augenblick, der Impression, vorgezogen. Eine andere Strategie, über den Impressionismus hinauszukommen, war die Verinnerlichung, wie sie die Künstler des *Blauen Reiters* in München suchten, oder auch der bewußt subjektive, expressive Ausdruck der Künstler der *Brücke*. Paul Cassirer, dessen Salon «Freund und Feind den impressionistischen»[19] nannten, wie er noch 1912 konstatierte, beobachtete die verschiedenen Entwicklungen mit Aufmerksamkeit und Interesse. In seinen Galerie-Ausstellungen, in die er von den Jüngeren Beckmann, Brockhusen und Barlach aufnahm, mehr noch in der von ihm 1913 ausgerichteten *Secessions*-Ausstellung, zu der er erfolgreich die Künstler der *Brücke* eingeladen hatte, versuchte er zu verbinden und zu vermitteln. 1912 bat er Franz Marc, *Die neue Malerei* zu erklären, und publizierte dessen Ausführungen in seiner Zeitschrift *Pan*. Marc schrieb, «bei allem Respekt und aller tiefen Liebe zu den großen Impressionisten und Pleinairisten [...] Wir suchen heute unter dem Schleier des Scheins verborgene Dinge in der Natur [...] weil wir diese Seite sehen, so wie man früher auf einmal violette Schatten und den Aether über allen Dingen ‹sah›. [...] Es liegt in der Zeit.» [20] Im folgenden Heft veröffentlichte Cassirer die Reaktion von Max Beckmann auf Marcs Ausführungen. Beckmann lehnte den Rückzug in die Innerlichkeit ab, er verfolgte das Ziel, auch mit Hilfe von Bildern religiösen oder mythischen Inhalts «aus unserer Zeit heraus mit all ihren Unklarheiten und Zerrissenheiten Typen zu bilden»[21].

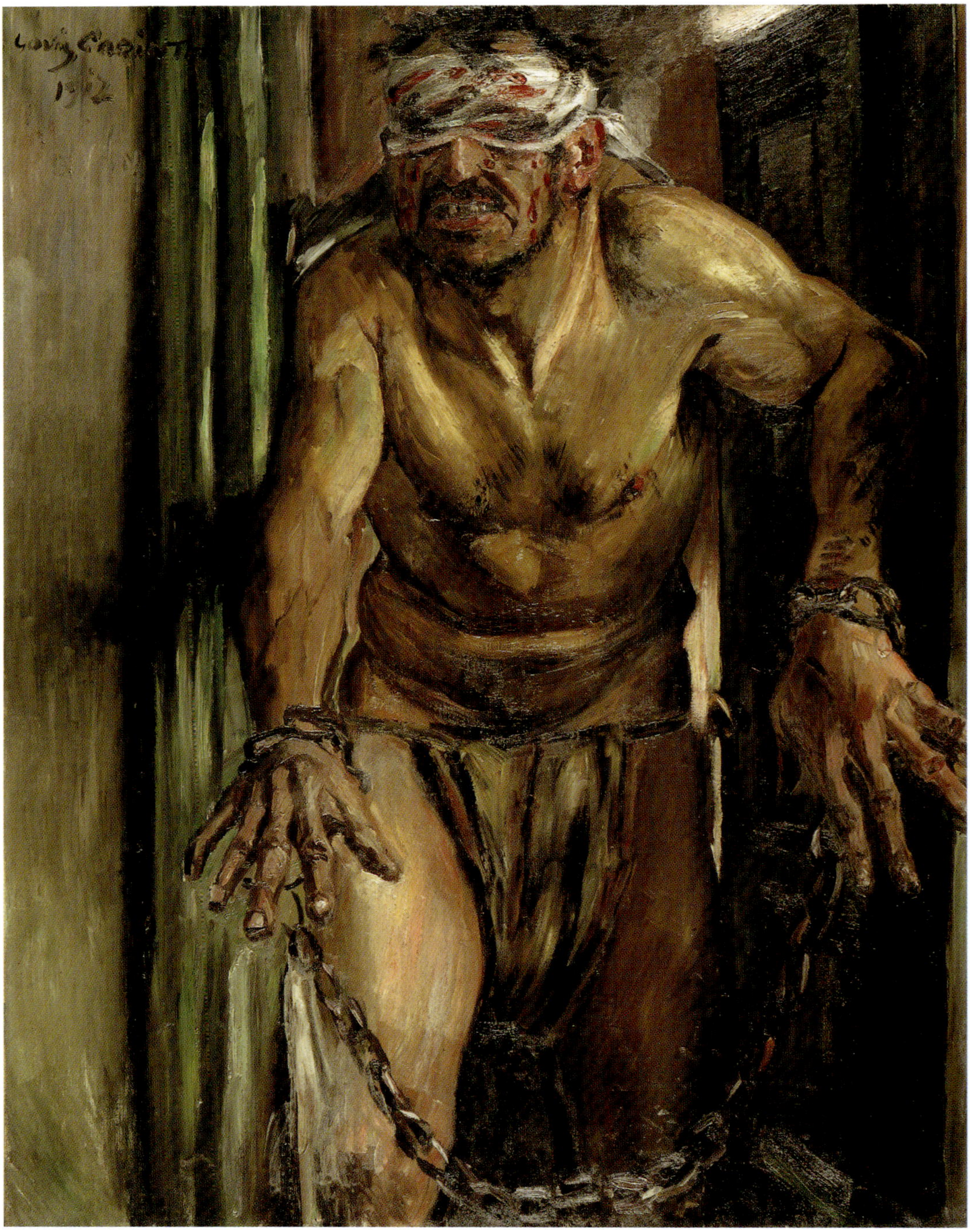

So wie für Cassirer die Idee einer «jüdischen Renaissance» des Ephraim Moses Lilien nicht wirklich relevant war, so lehnte er nach anfänglichen Bemühungen auch die Kunsttendenzen des *Blauen Reiters* und der *Brücke* ab, blieb aber mit Beckmann, Kokoschka und Barlach verbunden und nahm auch Kontakt zur Gruppe der *Pathetiker* auf. In deren ausdrucksstarker, auf die Darstellung des Menschen orientierter Kunst lag für ihn das eigentlich Neue.

Weltkrieg und Revolution

Den Ausbruch des Ersten Weltkrieges empfand Cassirer gleich vielen Künstlern in einer fatalen Verquickung von politischen, ethischen und ästhetischen Überlegungen als Befreiung vom Ästhetizismus und einem unpolitischen Individualismus. Auch er meldete sich freiwillig zum Militär. Die glänzendsten Vertreter der europäischen Moderne, Paul Cassirer, Harry Graf Kessler, Karl Scheffler, Julius Meier-Graefe, erlagen kurzzeitig der Idee einer Katharsis durch den Krieg. Meier-Graefe schrieb in der ersten Ausgabe der von Paul Cassirer herausgegebenen *Kriegszeit*:

> «Der Krieg beschert uns. Wir sind andere seit gestern. Der Streit um Worte und Programme ist zu Ende. Wir kämpften gegen Windmühlen. Manchem war die Kunst ein Zeitvertreib. Wir hatten Farben, Linien, Bilder, Luxus. Wir hatten Theorien. Was uns fehlte, der Inhalt, das, Brüder, gibt uns die Zeit. Seien wir ihrer würdig. Keine gemächliche Hingabe mehr!»[22]

Und Karl Scheffler träumte davon, den Künstler sozial eingegliedert zu wissen:

> «Was der moderne Künstler will, ist dieses: ein Mann sein, ein soziales Wesen der höheren Stufe, nicht eine sich eitel abwendende ‹Persönlichkeit›; ein Arbeiter für die Allgemeinheit, ein Knecht der Notwendigkeit, ein Schüler der groß und ehern dahinwandelnden Zeit.»[23]

Auch zur Darstellung und Überhöhung zunächst der Sehnsucht, Teil einer gewaltigen Geschichte zu sein, später des Entsetzens über das gewalttätige Geschehen diente der freie oder auch direkte Bezug auf das Alte Testament. Wenn Lovis Corinth allerdings ein Porträt seines Lehrers Hermann Struck in Uniform malt und es signiert: «Lovis Corinth Makabäus H Struck 1915» (Abb. 52), ist es eine Würdigung des Dargestellten und seines Bezugsfeldes[24]. Struck, der der zionistischen Bewegung angehörte, diente während des Krieges als Referent für jüdische Angelegenheiten in Litauen. Die siegreichen Kämpfe der Makkabäer für die religiöse und politische Freiheit ihres Volkes, um 150 v. Chr., waren vor allem für jüdische Patrioten ein historisches Vorbild im Weltkrieg.

Wenige Jahre später, 1919, verlegte Paul Cassirer in der *Pan-Presse*, aber außerhalb

Abb. 69: Lovis Corinth, Der geblendete Simson, *1912, Öl/Lwd., 139 x 105 cm, Staatliche Museen zu Berlin, Nationalgalerie.*

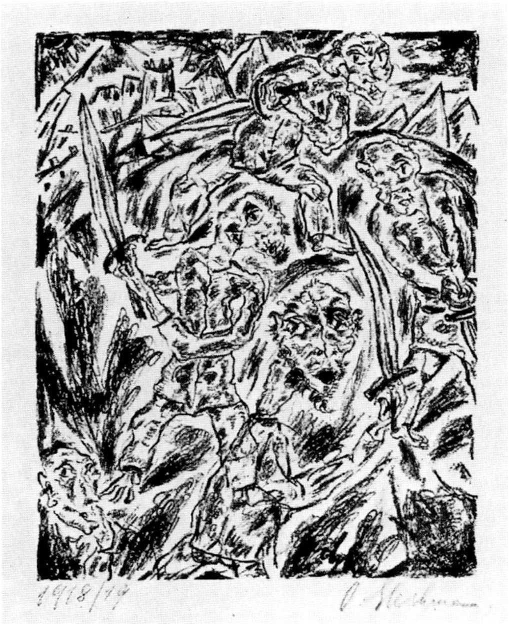

Abb. 70: Otto Gleichmann: Lithographie aus: O. Gleichmann, Judas Makkabäus, *1919.*

der Reihe *Bücher zur Bibel*, zwei Bände mit je zehn Lithographien von Otto Gleichmann zum 2. Buch der Makkabäer[25]. Die expressiven Darstellungen Gleichmanns (Abb. 70) vergegenwärtigen jedoch weniger den nationalen Aufschwung der Juden als die Schrecknisse des Krieges, eines jeden Krieges. In der Darstellung eines Kreises säbelschwingender Männer mit verzerrten Gesichtern lassen sich Gerechte und Ungerechte nicht mehr unterscheiden. Die Herausgabe dieser Bände spiegelt die Wendung zu einer pazifistischen, bald auch sozialistischen Haltung Paul Cassirers und vieler seiner Freunde in den letzten Jahren des Krieges wider.

Nach der Revolution begeisterte sich auch Cassirer zunächst für die neuen Möglichkeiten und Ideen, etwa die einer allen zugänglichen Kunst für das Volk. So unterschrieb er das Manifest des *Arbeitsrates für Kunst*, an dessen 114 Unterzeichner im März 1919 ein programmatischer Fragenkatalog erging[26]. Viele der Angeschriebenen reagierten mit einem Bild oder einem Text, daraus entstand die Publikation *Ja! Stimmen des Arbeitsrates für Kunst in Berlin*[27]. Cassirer ist in diesem Heft nicht vertreten. Seine Antwort war die *Utopische Plauderei*, die noch im März in den *Weißen Blättern* seines eigenen Verlages erschien[28]. Das aus den Fragen deutlich werdende Programm malt er in seiner konsequenten Umsetzung aus: Arbeitsstadt, Wohnstadt, Wandmalereien nach dem Geschmack des Volkes. Als kritisches, unzeitgemäßes Element taucht in dieser kalten Welt ein greiser Maler auf, deutlich als Max Liebermann erkennbar. Bildliche Darstellungen des alten, gebeugten Propheten Jeremias könnten Cassirer auf das literarische Bild gebracht haben. Es wäre kein abwegiger Vergleich, heben Kommentare doch auch an Jeremias die Betonung der Individualität des Menschen und der Subjektivität seiner Erkenntnis hervor[29]. «Na, hören Sie, in meiner Zeit war das Höchste des Künstlers die Freiheit der Persönlichkeit. Sind die Werke Ihrer Künstler nicht unpersönlich?»[30], fragt der alte Maler am Ende der Erzählung.

Für Cassirer bezieht sich Kunst, ob impressionistisch oder expressionistisch, immer auf den einzelnen Menschen, mag sie den ahistorischen Augenblick einfangen oder sich mit Hilfe mythischer, biblischer oder historischer Themen den Fragen nach dem Wesen des Menschen zuwenden. Wenige Monate zuvor hatte er, ebenfalls in den *Weißen Blättern*, in dem Text *Krieg und Kunst* erklärt: «Die Kunst kämpft gegen das wesenlose Abstraktum für sich, für die Seele des Menschen. [...] Und was auch gezeigt wird, [...]

kämpft nicht, stößt nicht, dient nicht, es tut unendlich wenig oder unermeßlich viel: es singt, es spricht, es tönt, es leuchtet den einen Sinn: Mensch!»[31]

Anmerkungen

1 Julius Meier-Graefe: Lovis Corinth. 32. Ausstellung der Berliner Secession, 1918, Vorwort, S. 12.
2 Max Beckmann: Leben in Berlin. Tagebuch 1908–1909. Hg. von Hans Kinkel. München 1966, S. 22, Eintrag vom 9. Januar 1909.
3 Thomas Mann: Lebensabriß. In: Werke. Berlin/Weimar 1965, Bd. 12, S. 422f.
4 Leo Baeck: Das Wesen des Judentums. Berlin 1905. – Vgl. auch Christian Wiese: Wissenschaft des Judentums und protestantische Theologie im wilhelminischen Deutschland. New York (Leo Baeck Institute) 1999.
5 Ernst Cohn-Wiener: Die jüdische Kunst. Ihre Geschichte von den Anfängen bis zur Gegenwart. Berlin 1929, S. 260.
6 Paul Cahrs (Paul Cassirer): Josef Geiger. Roman. Paris/Leipzig/München 1895, S. 47. – Für den Hinweis auf die biblischen Bezüge in diesem Roman danke ich Konrad Feilchenfeldt, München, herzlich.
7 Ebd., S. 53.
8 Wandbilder der Casa Bartholdy, Rom, Fresko mit Tempera übermalt, 1887/88 durch den preußischen Staat erworben und in die Nationalgalerie überführt.
9 Handschrift im DLA: Handschriftenabteilung. – In den dreißiger Jahren dann erfuhr die Josephslegende als historisches Gleichnis bei Thomas Mann und Lion Feuchtwanger eine mehr historische Interpretation.
10 *Simson und Delila*, 1902, Öl auf Leinwand, 151,2 x 212 cm, Städelsches Kunstinstitut, Frankfurt/M. – Vgl. zur Literatur: Matthias Eberle: Max Liebermann 1847–1935. Werkverzeichnis der Gemälde und Ölstudien, Bd. 2, Berlin 1995, S. 579–581.
11 Ernst Barlach an Arthur Moeller van den Bruck, 26. Dezember 1911 (Barlach, Briefe 1968, Bd. I, S. 390).
12 Beckmann (wie Anm. 2), S. 21.
13 Hans Kaiser: Max Beckmann. Berlin (Paul Cassirer) 1913.
14 Käthe Kollwitz: Tagebucheintragung vom 12. Januar 1916; zit. nach: Caspers, S. 59.
15 Paul Cassirer (?), Anzeige zum V. Werk der Pan-Presse, Das Hohe Lied mit 26 Lithographien in mehreren Farben von LOVIS CORINTH; in: Lovis Corinth, Katalog der Ausstellung des Lebenswerkes von Lovis Corinth, veranstaltet von Paul Cassirer in den Räumen der Secession, vom 19. Januar bis 23. Februar 1913.
16 Eduard Reuss: La bible, traduction nouvelle avec introduction et commentaires (19 Bde., Paris 1874–81), auf deutsch erschienen: Das Alte Testament, übersetzt, eingeleitet und erläutert (7 Bde., Braunschweig 1892–94).
17 Lovis Corinth: Das Erlernen der Malerei. 2. Aufl., Berlin 1908, S. 89, 92.
18 Corinth (wie Anm. 17), S. 144.
19 Paul Cassirer: Kunstsalon, XV. Jahrgang, 1912–13, Vorwort zum Sammelband der Kataloge, o. S.
20 Franz Marc: Die neue Malerei. In: *Pan* 2, März 1912, S. 468–471; auch in: Franz Marc: Briefe, Schriften und Aufzeichnungen. Hg. von Günter Meißner, Leipzig/Weimar 1989, S. 235.
21 Max Beckmann: Gedanken über zeitgemässe und unzeitgemässe Kunst. Eine Erwiderung von Max Beckmann. In: *Pan* 2, März 1912, S. 499–502; auch in: Ausst.Kat. «Max Beckmann. Die frühen Bilder». Bielefeld/Frankfurt/M. 1982/83, S. 32–34; vgl. darin: Dietrich Schubert: Die Beckmann-

Marc-Kontroverse von 1912: «Sachlichkeit» versus «innerer Klang», S. 175–187.

22 Julius Meier-Graefe in: *Kriegszeit*, Nr. 1 (31. August 1914), S. 4.

23 Karl Scheffler: Was will das werden? Ein Tagebuch im Kriege. Leipzig 1917, S. 210; zit. nach Kennert, S. 156.

24 Lovis Corinth, *Porträt Hermann Struck als Soldat*, 1915, Städtische Galerie im Lenbachhaus, München, vgl. Abb. 52.

25 Feilchenfeldt/Brandis, Nr. 68 (*Antiochus*), Nr. 69 (*Judas Makkabäus*).

26 Ausst.Kat. «Arbeitsrat für Kunst. Berlin 1918–1921». Ausstellung mit Dokumentation, Berlin (Akademie der Künste) 1980, S. 11ff.

27 Nachdruck der 1. Publikation des *Arbeitsrates für Kunst* (wie Anm. 26), S. 9–80.

28 Paul Cassirer: Utopische Plauderei. In: *Die weißen Blätter* 6, H. 3, März 1919, S. 105–117. – Ich danke Konrad Feilchenfeldt für die Übersendung einer Kopie des Textes.

29 Vgl. z. B.: Jüdisches Lexikon, 2. Aufl., Berlin 1927, Sp. 180.

30 Cassirer (wie Anm. 28), S. 116.

31 Paul Cassirer: Krieg und Kunst. In: *Die weißen Blätter* 5, H. 3, September 1918. – Vgl. hier Dokumentation, S. 390f.

Herwarth Walden und Karl Kraus, Adolf Loos und Oskar Kokoschka
Die Anfänge im Kunstsalon Paul Cassirer – 1910

Friedrich Pfäfflin

Herwarth Walden und «die literarische Propaganda der Tat»

«Am 13. Januar [1910] habe ich im *Verein für Kunst* zum erstenmal aus meinen Schriften gelesen, und zwar aus dem Buch *Sprüche und Widersprüche* und die *Chinesische Mauer.*»[1] In der *Fackel* vom 31. Januar 1910 berichtet Karl Kraus erleichtert und mit spürbarer Genugtuung vom Verlauf dreier «Berliner Leseabende». Ausführlich zitiert der in Wien Totgeschwiegene aus den Berichten der Zeitungen. Erst diese Berliner Leseabende machen Karl Kraus zum Vorleser, der von nun an bis zum 2. April 1936 700 mal in Budapest und Paris, Berlin und Zürich, Prag und Wien und drei Dutzend anderen Städten vor ein großes Publikum treten wird. Zunächst liest er nur aus eigenen Schriften, bald aber auch Prosatexte und Gedichte seiner Mitarbeiter oder anderer ihm nahestehender Autoren, und er erweitert sein «Theater der Dichtung» im Lauf der zweieinhalb Jahrzehnte durch die «Lese-Aufführung» ganzer Shakespeare-Dramen, durch Nestroys Possen oder die Operetten Jacques Offenbachs, die manchmal in ganzen Zyklen dargeboten werden.

Die drei Berliner Lesungen finden im Kunstsalon von Paul Cassirer in der Victoriastraße 35 statt. Der Musiker, Schriftsteller, Kunstpropagandist und Zeitschriftenmacher Herwarth Walden, der sie veranlaßt, sollte bald auch auf anderen Gebieten die Zusammenarbeit mit Cassirer suchen.

Walden hatte im Sommer 1909 auf einer Wienreise, die er als Herausgeber der Zeitschrift *Das Theater* unternommen hatte, vermutlich durch Peter Altenberg vermittelt, Adolf Loos und Karl Kraus kennengelernt. Nach seiner Rückkehr versichert er Karl Kraus, er «werde keine Gelegenheit vorübergehen lassen, für Sie in Deutschland einzutreten» (26. Juni 1909)[2], er halte ihn, nach der Lektüre des Aphorismenbandes *Sprüche und Widersprüche*, «nun definitiv für den besten deutschen Schriftsteller» (2. Juli 1909)[3]. Am 20. September desselben Jahres wird in der Wohnung von Herwarth Walden und Else Lasker-Schüler in Berlin-Halensee, Katharinenstraße 5, das *Berliner Bureau* der *Fackel* eingerichtet[4]. Es ist nach dem gescheiterten Anlauf in München der zweite Versuch, die Zeitschrift in Deutschland durchzusetzen. Auch als Schriftsteller ist Karl Kraus, der begonnen hatte, «die Arbeit, die [in der *Fackel*] begraben liegt, vor den Augen der deutschen Literaturkritik zur Auferstehung»[5] zu bringen, das heißt, seine Schriften in Buchform zu sammeln, trotz der Zusammenarbeit mit Albert Langen in München, zu dieser Zeit noch wenig bekannt. Herwarth Walden überredet ihn schließlich zu den Vorlesungen: «Wie ist es mit einem Vortrag von Ihnen im *Verein für Kunst*? Vielleicht über *Wien*?»[6]

Der *Verein für Kunst*, das von Herwarth Walden gegründete Berliner Veranstaltungsforum, war am 18. April 1904 mit einer Lesung von Detlev von Liliencron eröffnet worden. Er besteht bis 1913 und geht dann in den Veranstaltungen der sogenannten *Sturm*-Abende auf, die Walden, Gründer der Zeitschrift *Der Sturm*, vom März 1910 bis 1919 fortsetzt. Kraus äußert sich respektvoll über Waldens Arbeit:

> «Er hat den *Verein für Kunst* gegründet und hat von einer großen Fähigkeit, sich zu begeistern, und von einem kleinen Besitz an Nervenkraft und sonstigen Lebensgütern nichts für sich behalten, um alles an die undankbare Aufgabe zu wenden, den Künstlern zu einem Publikum, an die trostlose Aufgabe, einem Publikum zu den Künstlern zu verhelfen.»[7]

Im *Verein für Kunst* werden 1905 Paul Scheerbarts dramatische Groteske *Herr Kammerdiener Kneetschke* und Alfred Döblins Einakter *Lydia und Mäxchen* aufgeführt. Man gedenkt des Berliner Malers Walter Leistikow, der sich wegen einer unheilbaren Krankheit am 24. Juli 1908 das Leben genommen hatte. Lovis Corinth spricht über Bilder. Es lesen Peter Baum und Max Brod, Peter Hille, Arno Holz und Johannes Schlaf, Else Lasker-Schüler, Heinrich und Thomas Mann, Alfred Mombert, Rainer Maria Rilke, Jakob Wassermann und Frank Wedekind. Vorträge halten Peter Behrens, Harry Graf Kessler und Henry van de Velde. Arnold Schönbergs Musik wird vorgestellt. Und am 21. Januar 1909 werden in Paul Cassirers Salon die von Walden vertonten *Dafnis-Lieder* von Arno Holz zum ersten Mal aufgeführt[8].

«Ich fürchte, es wird schief gehen!»

Nun also soll Karl Kraus im *Verein für Kunst* (V. f. K.) lesen. Doch zunächst reagiert er zögerlich auf die Einladung – versucht, Zeit zu gewinnen, will ausweichen: «Vorlesung: bitte, lieber Freund, ich möchte es jetzt noch nicht sagen», vertröstet er, «erst nach Weihnachten. Ich muß die Sache erst probieren (Chines[ische] Mauer und die letzte Rubrik IX. Spr[üche] u[nd] Widerspr[üche]).»[9]

Walden verdoppelt daraufhin das Angebot, indem er einen weiteren Veranstaltungstermin ins Spiel bringt: «Sie werden demnächst von der *Berliner freien Studentenschaft* zu einer Vorlesung aufgefordert werden. Bitte nehmen Sie an! *Sehr* gut für Sie und wichtig. Im Anschluß an den Abend im V. f. K. vielleicht, auf den ich hoffe. Dann sind Sie mit diesen beiden Abenden als *rocher de bronce* stabiliert» (14. Dezember 1909)[10]. Kraus läßt zehn Tage ins Land gehen, bevor er antwortet, und nun gibt er sich sicher: «Der Student. Verein hat sich noch nicht gemeldet. Ich hätte Lust, die Vorlesungen zu halten:

Abb. 71: Oskar Kokoschka, Porträt Karl Kraus; *Illustration in:* Der Sturm, *Jg. 1910, Nr. 12.*

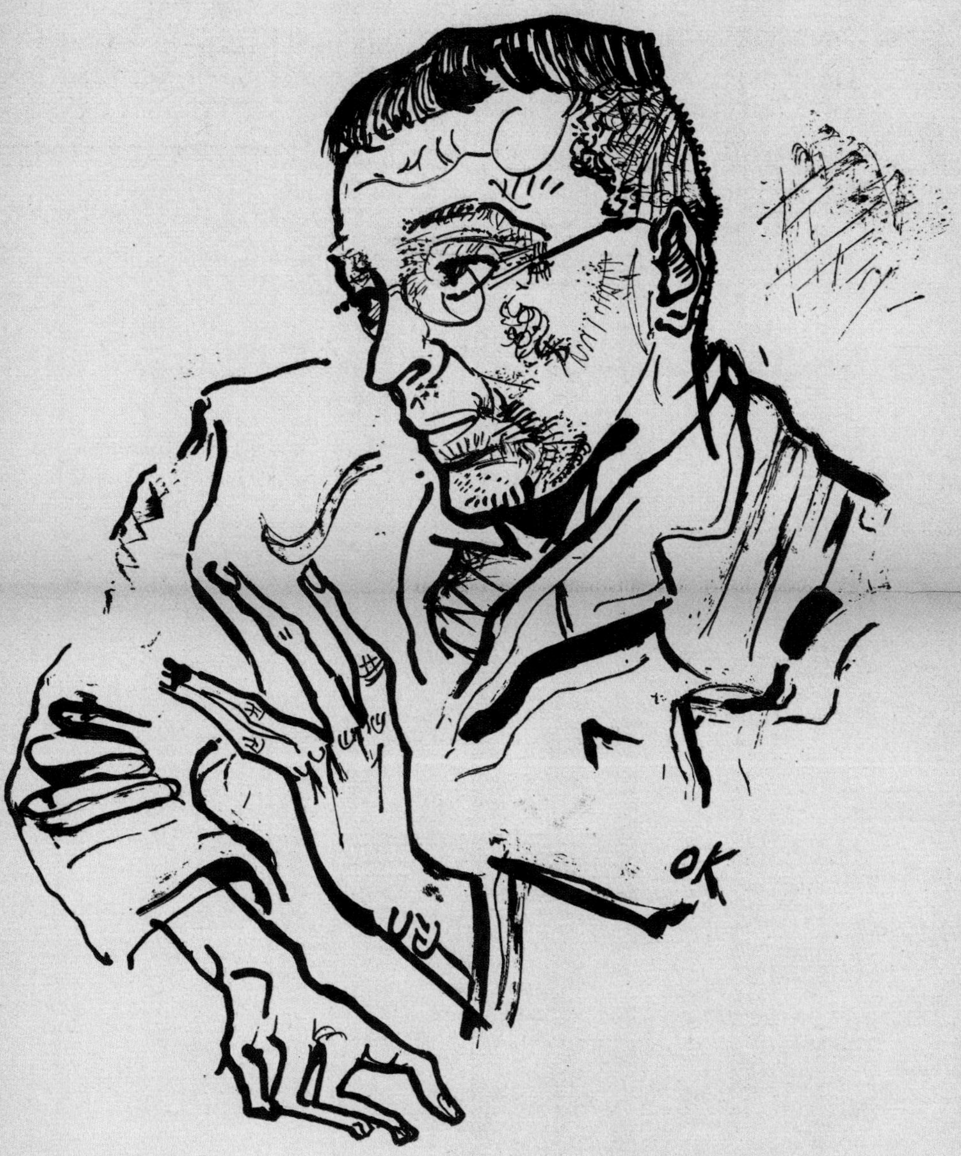

Karl Kraus / Zeichnung von Oskar Kokoschka

Chines. Mauer, Prozeß Veith, Welt d. Plakate, Sündenpfuhl, Aphorismen u. dgl.» (23. Dezember 1909)[11].

«Ich freue mich sehr, daß Sie die Vorlesungen halten wollen», bestätigt ihm Walden sofort; er redet ihm zu und drängt auch gleich auf einen verbindlichen Termin: «Die Studenten schreiben Ihnen bestimmt noch. Wir müssen nun den Termin für den V. f. K. festsetzen. Würde Ihnen der *13. Januar* (ein Donnerstag) passen? Bitte geben Sie mir *gleich* Nachricht, ich muß die Vornotizen etc. am 31. Dezember für das zweite Vierteljahr versenden» (28. Dezember 1909)[12]. Kraus entschuldigt sich dafür, «in einem Taumel der Arbeit» den 31. Dezember übersehen zu haben – aber er sagt endlich zu: «Also ja 13. Januar – aber ich fürchte, es wird schief gehen!» (31. Dezember 1909)[13].

Am 15. oder 16. Januar stimmt Kraus endlich auch der Lesung vor den Studenten telegraphisch zu, wenn er auch darauf besteht: «programm vorbehalten» (7. Januar 1910)[14]. «Also: *sitzend* u[nd] im Gehrock», legt er sich fest und teilt mit, daß weder Adolf Loos noch Oskar Kokoschka dabei sein könnten, weil beide sich in der Schweiz aufhielten (8. Januar 1910)[15]. Sie sind auf einer gemeinsamen Reise ans Krankenlager von Bessie Bruce, von der noch die Rede sein wird. Schon von unterwegs, von München aus, verabredet sich Kraus für Mittwoch, 12 Uhr mittags, im *Kaisercafé* in Berlin mit Walden (8. Januar 1910)[16].

Im Salon Cassirer

Wie die Vorlesung vom 13. Januar 1910 im Salon Cassirer, in dem seit wenigen Tagen «die bekannte Gemäldesammlung ausgestellt ist, die der Hamburger Handelsherr und Kunstfreund Eduard L. Behrens zusammengebracht hat»[17], wird auch die folgende Lesung, am 17. Januar vor den Studenten, mit der Erklärung eröffnet, die Kraus' Skepsis gegen diese Form der Darbietung von Literatur deutlich macht:

> «Literatur ist, wenn ein Gedachtes zugleich ein Gesehenes und ein Gehörtes ist. Sie wird mit Aug' und Ohr geschrieben. Aber Literatur muß gelesen sein, wenn ihre Elemente sich binden sollen. Nur dem Leser (und nur dem, der ein Leser ist) bleibt sie in der Hand. Er denkt, sieht und hört, und empfängt das Erlebnis in derselben Dreieinigkeit, in der der Künstler das Werk gegeben hat. Man muß lesen, nicht hören, was geschrieben steht. Zum Nachdenken des Gedachten hat der Hörer nicht Zeit, auch nicht, dem Gesehenen nachzusehen. Wohl aber könnte er das Gehörte überhören. Gewiß, der Leser hört auch besser als der Hörer. Diesem bleibt ein Schall. Möge der stark genug sein, ihn als Leser zu werben, damit er nachhole, was er als Hörer versäumt hat.»[18]

Die Reaktion der Presse dürfte solche Bedenken zerstreut haben; so heißt es in den *Deutschen Nachrichten* – und Kraus zitiert den gesamten Bericht in seiner Zeitschrift:

> «Fast wohlwollend freundlich wirkt das scharf geschnittene, intelligente Gesicht des geistreichen Satirikers, der auch als Vortragender ein feiner Pointeur ist, bei dessen Worten den Zuhörer das Gefühl beherrscht, daß ein ehrlicher Kämpfer, ein Mann mit seiner ganz von unerschütterlichem ethischen Ernst erfüllten Persönlichkeit hinter seinem Werke steht. Klar formuliert und scharf herausgearbeitet sind die Antithesen und Aperçus, die Kraus in seinem Buche Sprüche und Widersprüche zusammengestellt hat, und wenn sein Leser trotz der aufrichtigen Freude an der schön gepflegten Form und der gedanklichen Tiefe des Gesagten nur selten mit dem wunderlichen Menschen, der sich den Kampf gegen ungezählte nichtige Unzulänglichkeiten zur Lebensaufgabe gemacht hat, eins ist, so bleibt doch von der ersten Begegnung die Erkenntnis zurück, daß Kraus im Gegensatz zu vielen anderen mit Recht bemerkt, daß es sehr leicht ist, im Wortspiel banale Weisheiten in ihr Gegenteil zu kehren, daß man aber einen Dulderweg hinter sich haben muß, um landläufige Sätze in ihr Gegenteil umkehren zu dürfen.»[19]

Bei dem zweiten Vortrag, am 17. Januar 1910 vor dem *Verein Freie Studentenschaft der Universität Berlin*, liest Kraus Aphorismen, *Die Entdeckung des Nordpols*, die *Molybdänomantie* (aus der ersten Harden-Schrift) und zum Schluß aus dem Harden-Lexikon. Nach der Erfahrung eines «ungewöhnlich empfänglichen Auditoriums» beschließt Kraus, eine dritte Vorlesung anzusetzen. An diesem dritten und letzten Abend, am 20. Januar wiederum durch den *Verein für Kunst* bei Cassirer veranstaltet, liest Kraus, neben Aphorismen, die Essays *Fortschritt*, die *Welt der Plakate* und die *Chinesische Mauer*. Darüber berichtet die *Deutsche Tageszeitung*:

> «Karl Kraus aus Wien, der Fackel-Kraus, [...] las am Donnerstag im Kunstsalon Cassirer Aphorismen und Satiren vor. Die sehr elegant in Stahl gearbeiteten Gedanken des Wiener Gastes, lauter mit Dynamit gefüllte Kunstwerke, wirken vom Katheder aus nicht mit der dämonischen Gewalt, die sie auf den Leser ausüben. Nur die gröberen, die handgreiflichen Pointen zünden, und das ist in unserem Fall schade, weil sie kein klares Bild des Verfassers geben. Dieser kluge Kopf muß, zumal für die Zwecke seiner Vorlesungen, die Gesetze der Bühnenoptik noch genauer studieren. Im Lampen- und Rampenlicht, vor einem Parkett, wirkt nur der sinnfällige, bunt aufgeputzte, nie der innere Witz.»

Es folgt eine Beschreibung der vorgelesenen Texte. Dann heißt es:

> «Kraus ist ein ebenso kluger wie inniger Vorleser; er beherrscht den Gedanken wie die Technik, ihn durchs gesprochene Wort zu gestalten. (Was man bei guten Schreibern bekanntlich sehr, sehr selten findet.) Die Stunde, die uns der Wiener geschenkt hat, ist eine der inhaltreichsten und kunstschönsten des Winters gewesen.»[20]

Kraus kommentiert diese Rezension in der *Fackel* mit der folgenreichen Überlegung: «Vielleicht findet sich eine Gelegenheit, diese Vorlesungen in Wien zu wiederholen.» Der Vorleser Karl Kraus ist geboren. Am 3. Mai 1910 findet die erste Vorlesung in Wien statt.

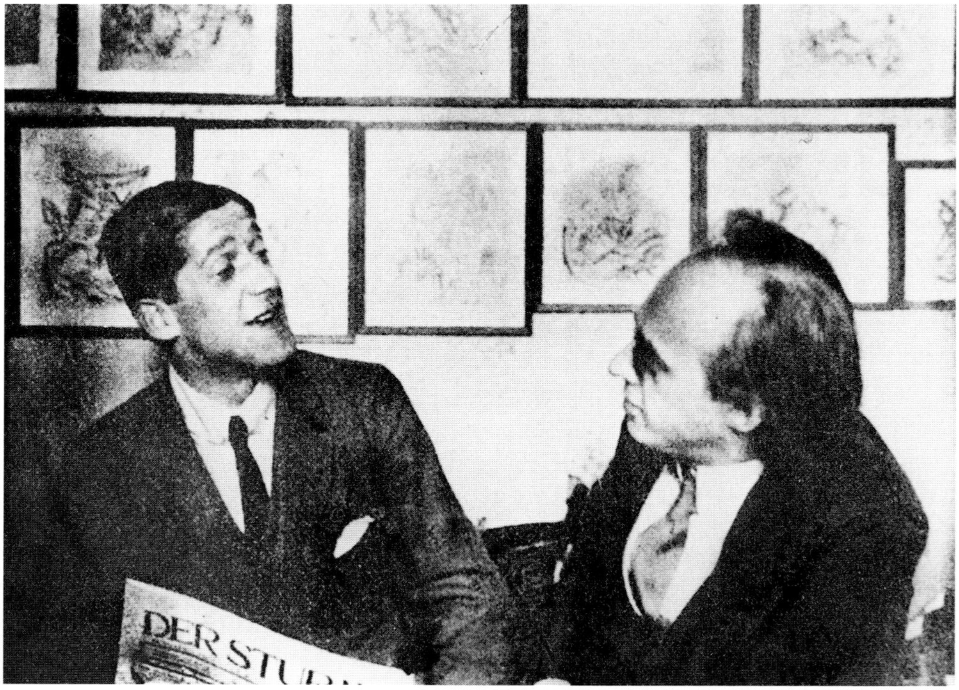

Abb. 72: Photo von Oskar Kokoschka und Herwarth Walden in Berlin, um 1912.

Adolf Loos, die Achse Wien–Berlin

Aber Herwarth Walden entdeckt in diesen Monaten des Jahres 1910 nicht nur den Vorleser Karl Kraus. Bei seinem Wien-Besuch im Sommer 1909 lernt er auch den Architekten Adolf Loos kennen, der sich nun seinerseits ganz ungeniert vornimmt, die neue Wirkungsmöglichkeit in Berlin zu nutzen: Am 17. September 1909 offeriert er Waldens *Verein für Kunst* einen Vortrag, eigentlich gleich zwei Vorträge: «Würde gerne einen Vortrag halten. Eventuell 2. Einer: Das Haus am Michaelerplatz. Zweiter: Vom Stehen Gehen Sitzen Liegen Schlafen Essen und Trinken. Grüsse Loos.»[21]

Nun ist es Herwarth Walden, der zögert. Tatsächlich findet der Vortrag über das Haus am Michaelerplatz erst statt, nachdem Loos seinen berühmten Vortrag *Ornament und Verbrechen* in Berlin genau an dem Tag gehalten hat, an dem die erste Nummer der von Herwarth Walden gegründeten und von Karl Kraus mitfinanzierten Zeitschrift *Der Sturm* in Berlin und Wien ausgeliefert wird, am 3. März 1910.

Die Achse Wien–Berlin wird von ihren Konstrukteuren mehrfach verstrebt: Walden leitet das Berliner Büro der *Fackel*, während *Der Sturm* gleichzeitig in Wien ausgeliefert wird. Loos macht den Vorreiter für die Lesungen von Karl Kraus in Berlin und wird mit

Oskar Kokoschka bald seine eigene diplomatische Vertretung in der Reichshauptstadt errichten. Kraus empfiehlt viele Mitarbeiter der *Fackel* an den *Sturm*; es ist ein Abschied auf Raten, denn seit Ende 1911 schreibt Kraus *Die Fackel* allein.

Die Kokoschka-Ausstellung bei Cassirer

Der Sturm wird schon im ersten Jahrgang ganz entscheidend durch die Zeichnungen des jungen Oskar Kokoschka geprägt, des Wiener «Oberwildlings»[22], den Loos spätestens im Mai 1909 auf der *Internationalen Kunstschau* in Wien für sich entdeckt hat; jedenfalls erwirbt er dort dessen Tonbüste *Selbstbildnis* (*Der Krieger*). Loos befreit Kokoschka aus der ornamentalen Kunstauffassung der Kunstgewerbeschule und der *Wiener Werkstätte*, dem Mißbrauch eines «Rennpferds als Ackergaul»[23], indem er ihm aus dem Freundeskreis von Karl Kraus und unter seinen eigenen Auftraggebern Persönlichkeiten zuführt, die dem Maler Porträt sitzen. Loos garantiert den Porträtierten, bei Nichtgefallen jedes Bild anzukaufen, und so besitzt er zeitweise 29 Ölgemälde Kokoschkas, von denen 26 Porträts sind.

Kokoschka hat sich seiner Entdeckung und Erweckung durch Adolf Loos immer mit großer Dankbarkeit erinnert: Er sei ihm erschienen wie «ein Geisterkönig in einem Raimundschen Zauberstück»[24], und in seinen Erinnerungen spricht er von der «erstrangig schöpferischen und kritisch zu verstehenden Persönlichkeit von Adolf Loos»[25], dem es gelungen sei, in bestimmten Zirkeln der Wiener Gesellschaft für seine Malerei zu werben. Er «war nicht nur für meine Laufbahn, sondern auch für mein Leben entscheidend». Und dann zieht er noch einmal ein Bild aus der Weltliteratur zum Vergleich heran: «Ich will nicht unbescheiden sein, aber was Dante über Vergil sagte, möchte ich von Loos für mich sagen. Er führte mich durch Himmel und Hölle des Lebens als treuer Begleiter.» Loos bemüht sich bei Herwarth Walden schon Monate vor der Gründung des *Sturm* um eine Ausstellung für Kokoschka (Abb. 72). Am 4. Oktober 1909 dekretiert er gegenüber dem «Kunstdiktator» Walden:

> «Maler Oskar Kokoschka will in Berlin eine Ausstellung veranstalten. Ich bürge für einen sensationellen Erfolg. Wäre bei Cassirer Platz? Kommt Meier-Gräfe [sic] in nächster Zeit nach Wien, damit er sich die Sachen ansehen kann? Kommen Sie nach Wien? Könnten Sie sich hier ein paar Tage aufhalten, damit Ihr Portrait auch in die Collection kommt? Bitte denken Sie daran, an Cassirer (ca. 15 Brustbilder) darunter K[arl] K[raus], Dehmel und ich.»[26]

Ein Porträt von Richard Dehmel war wohl geplant – entstanden ist eine Federzeichnung, die im *Sturm* vom 3. November 1910 gedruckt wird. Das Ölporträt von Loos wird erst Mitte Oktober 1909 fertig. Das heute verlorene erste Porträt von Karl Kraus ist zwischen dem 1. und 11. Oktober dieses Jahres entstanden und schon von Paul Stefan

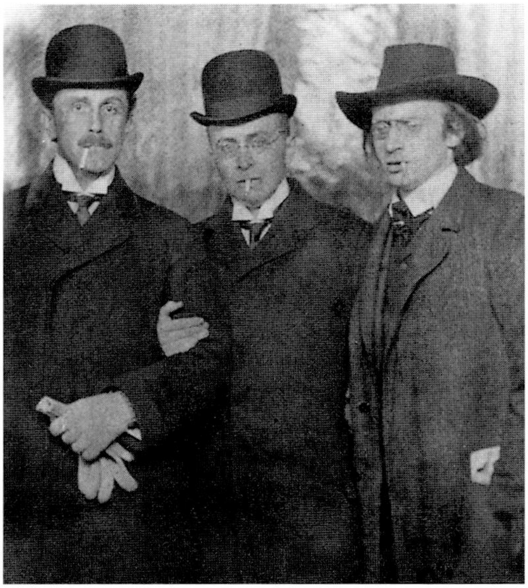

Abb. 73: Photo von Adolf Loos, Karl Kraus, Herwarth Walden, ca. 1910.

1912 wegen des Plagiatstreits mit Max Oppenheimer auf 1908 vordatiert worden. Herwarth Waldens Bildnis entsteht, als Oskar Kokoschka bereits in Berlin lebt, Ende Juni 1910.

Die erste Ausstellung Kokoschkas in Berlin findet im Kunstsalon Paul Cassirer statt. Es ist Cassirers X. Ausstellung im XII. Jahrgang, und sie wird am 21. Juni mit 27 Gemälden und 22 Zeichnungen eröffnet[27]. Die meisten Leihgaben stellt Adolf Loos zur Verfügung, unter ihnen einige besonders eindrucksvolle Stücke, die auf der schon erwähnten gemeinsamen Reise von Adolf Loos und Oskar Kokoschka ins schweizerische Lungensanatorium Leysin ans Krankenbett von Bessie Bruce entstanden sind. Der Sammler und Museumsmann Karl Ernst Osthaus[28] erwirbt mit dem Bild *Eine preciöse Frau* das erste Kokoschka-Bild für ein Museum.

Gezeigt werden unter anderen – und auch hier ist die Folge der aufgeführten Porträts nicht zufällig – die Bildnisse von (1) *Adolf Loos* (Wien, Mitte Oktober 1909); (2) *Karl Kraus* (Wien, Anfang Oktober 1909); (3) *Peter Altenberg* (Wien, Herbst 1909); (9) *Professor Auguste Forel* (Leysin, Januar 1910); (12) Miss Bessie Loos-Lister, d.i. Bessie Bruce (Leysin, 1909/10); (14) *Eine preciöse Frau*, d.i. Victoire de Montesquiou-Fezensac (Leysin, Januar/Februar 1910); (16) *Eislandschaft*, d.i. *Dent du Midi* (Leysin, 1909/10, Abb. 75); (24) *Herwarth Walden* (Berlin, Ende Juni 1910).

Oskar Kokoschka, beschrieben von Else Lasker-Schüler

Aus dem Abstand von bald hundert Jahren betrachtet, ist die Entdeckung der Moderne durch eine Handvoll Menschen äußerst faszinierend. Herwarth Walden bestätigt die von Adolf Loos hergestellte Verbindung zu Schönbergs Lehrer Alexander von Zemlinsky und lädt Kokoschka ein, nach Berlin zu kommen: Kokoschka wird Mitarbeiter des *Sturm*. Loos wiederum erkundigt sich bei Walden nach der Möglichkeit eines Arnold-Schönberg-Konzerts in Berlin. Walden feiert die 300. Nummer der *Fackel* im *Sturm* und gibt der Hoffnung Ausdruck, das Feuer der *Fackel* möge «auch Deutschland in Brand»[29] setzen. Kraus freut sich ganz besonders über die *Sturm*-Nummer, «die sein Portrait von Oskar Kokoschka zeigt»[30] (Abb. 71) und zudem den Essay *Karl Kraus* von

Else Lasker-Schüler, damals noch Waldens Frau, enthält. Kurt Hiller bespricht im *Sturm* die bei Cassirer ausgestellten Kokoschka-Porträts als «Larven von Europäern, Weltstadt-Antlitze der Zermürbten und der Famosen, Fratzen Aufgegipfelt-Verfeinerter»[31]. Er nennt Kokoschkas Porträtkunst unvergleichlich, «denn man gibt kein Bild von einem Bildner, wenn man ihn vergleicht!»

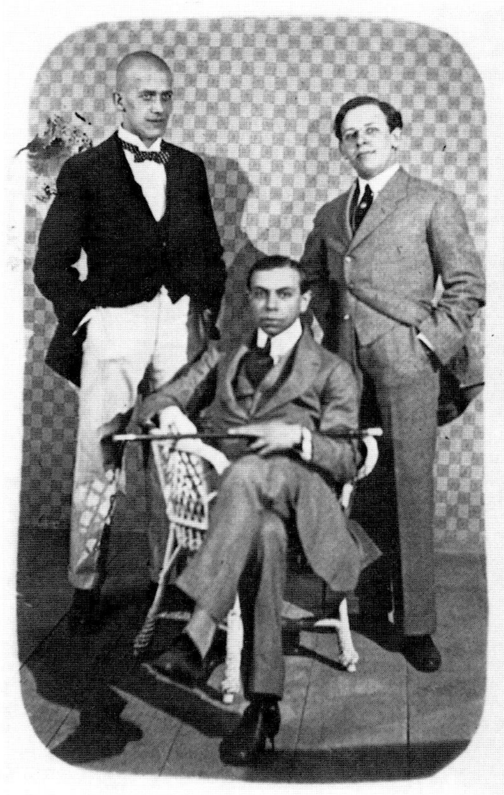

Abb. 74: Photo von Oskar Kokoschka (links), MOPP (sitzend) und Ernst Reinhold bei der Internationalen Kunstschau 1909.

Die Moderne erfindet sich nicht von selbst. Das Schweigen der Berliner Presse zur Ausstellung ist unüberhörbar. Wie aber reagieren die unmittelbar Beteiligten? Kokoschka will bereits im Vorfeld, am 6. Mai 1910, von Walden wissen, ob Cassirer denn sieht, «daß die Sachen die besten auf der Welt sind?»[32] Im Sommer 1911 schreibt Cassirer in einem offenen Brief an Walter Serner, er halte Kokoschka «für einen ganz außerordentlich begabten Menschen, der – wenn er aus dem Elend, in dem er sich jetzt befindet, gerettet und in ausreichender Weise unterstürzt würde – sicherlich etwas Großes in der Kunst werden würde»[33]. Es müsse ihm nur gelingen, die Kunst und die Notwendigkeit des Broterwerbs aus ihrer Abhängigkeit zu befreien.

Cassirer wird derjenige sein, der diese Forderung für Kokoschka erfüllt. Was Else Lasker-Schüler in einem Brief an Fritz Stahl am 5. Juli 1910 als «ein Ereigniß [...] von Farbe und Tiefe»[34] beschreibt, bleibt anderen Besuchern der Ausstellung offensichtlich verschlossen. Heute liest sich ihr Ausstellungsbericht im *Sturm* wie eine Analyse auf gleicher Augenhöhe:

> «... Treibhauswunder sind Kokoschkas Prinzessinnen, man kann ihre feinen Staub- und Raubfäden zählen. Blutsaugende Pflanzlichkeiten alle seine atmenden Schöpfungen; ihre erschütternde Aehnlichkeitswahrheit verschleiert ein Duft, aus Höflichkeit gewonnen. Warum denke ich plötzlich an Klimt? Er ist Botaniker, Kokoschka Pflanzer. Wo Klimt pflückt, gräbt Kokoschka die Wurzel aus – wo Klimt den Menschen entfaltet, gedeiht eine Farm Geschöpfe aus Kokoschkas Farben. [...] Kokoschka wie Klimt oder Klimt wie Kokoschka sehen und säen das Tier im Menschen und ernten es nach ihrer Farbe. Liebesmüde läßt die Dame den schmeichelnden Leib aus grausamen Träumen zur Erde gleiten [Lotte Franzos], immer wird sie sanft auf ihre rosenweißen Krallen fallen.»[35]

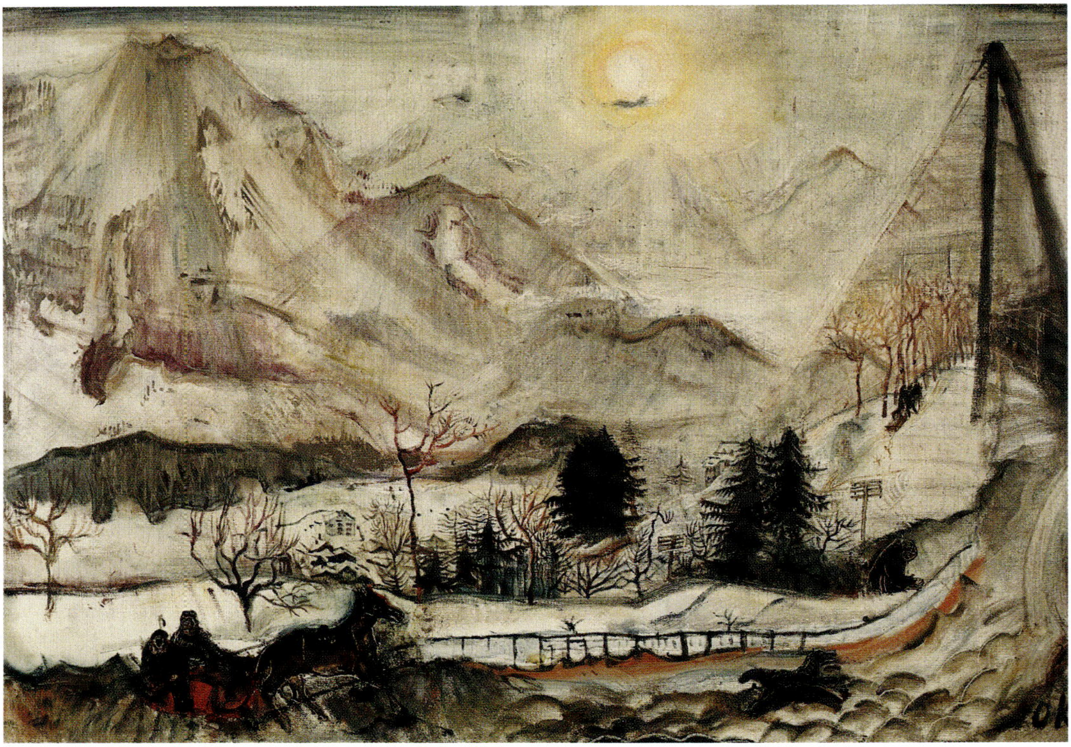

Abb. 75: Oskar Kokoschka, Dent du Midi (Schweizer Landschaft), *1909/10, Öl/Lwd., 80 x 116 cm, Privatbesitz.*

Die Porträts der Freunde Kraus, Loos und Walden werden sorgfältig charakterisiert:

«Das Gerippe der männlichen Hand gegenüber dem Frauenbilde ist ein zeitloses Blatt, seine gewaltige Blume ist des Dalai Lamas Haupt. Auch den Wiener bekannten Architekten erkenne ich am Lauschen seiner bösen Gorillenpupillen und seiner stummen Affengeschwindigkeit wieder, ein Tanz ohne Musik. [...] in ironischer Kriegshaltung kämpft Herwarth Walden gegen den kargen argen Geist. Auf allen Bildern Kokoschkas steht ein Strahl. [...] Viele Wolken und Sonnen und Welten nahen, Blau tritt aus Blau. Der Schnee brennt auf seiner Schneelandschaft [*Dent du Midi*]. Sie ist ehrwürdig wie eine Jubiläumsvergangenheit: Dürer, Grünewald. [...] Oskar Kokoschkas Malerei ist eine junge Priestergestalt, himmelnd seine blauerfüllten Augen und zögernd und hochmütig. Er berührt die Menschen wie Dinge und stellt sie, barmherzige Figürchen, lächelnd auf seine Hand. Immer sehe ich ihn wie durch eine Lupe, ich glaube, er ist ein Riese. Breite Schultern ruhen auf seinem schlanken Stamm, seine doppelt gewölbte Stirn denkt zweifach. Ein schweigender Hindu, erwählt und geweiht – seine Zunge ungelöst.»

Kokoschka und Lasker-Schüler im Paul Cassirer Verlag

Kaum ein Jahrzehnt später sind Oskar Kokoschka und Else Lasker-Schüler Autoren in Paul Cassirers Verlag: Kokoschka schon 1917 mit dem Drama *Hiob*[36], als Textausgabe sowie als Vorzugsausgabe mit einer Suite von Lithographien. 1919 werden seine *Vier Dramen* in einer auf 50 Exemplare beschränkten Vorzugsausgabe und einer Volksausgabe erscheinen: *Orpheus und Eurydike*[37], *Der Brennende Dornbusch*[38], *Mörder, Hoffnung der Frauen*[39] *und Hiob*.

Am 24. Mai 1918 übernimmt Paul Cassirer die Verlagsrechte von Else Lasker-Schüler mit allen Beständen und legt 1919/20 ihre *Gesammelten Werke in zehn Bänden* vor.

Am 25. Februar 1919 schreibt die Dichterin an Karl Kraus: «*Franz Werfel* war hier in Zürich, hat sich direkt *großartig* zu mir gezeigt (ich mein nicht etwa mit Geld, hab ich seit Cassirer nach Christi *selbst)*. *Alle* Bücher ist er im Begriff anzukaufen, *herrlicher Mensch* so gut zu mir und er gibt meine *gesammelten* Kotzebuswerke [sic] heraus und hören Sie alle meine Bilder. Er hat sich *wahrhaftig* drin verliebt.»[40]

Es bleibt nicht ihr letztes Wort, als sie ankündigt: *Ich räume auf!* Aber das steht auf einem anderen Blatt.

Anmerkungen

1 *Die Fackel* 294–295, S. 28.
2 George C. Avery (Hg.): Feinde in Scharen. Ein wahres Vergnügen dabeizusein. Karl Kraus – Herwarth Walden. Briefwechsel 1909–1912. Göttingen 2002, S. 14.
3 Ebd., S. 15.
4 *Die Fackel* 287, Umschlagseite 1.
5 *Die Fackel* 232–233, S. 44 u.ö.
6 Avery (wie Anm. 2), S. 16.
7 *Die Fackel* 290, vom 11. November 1909, S. 28.
8 Georg Brühl: Herwarth Walden und «Der Sturm». Köln 1983, S. 22.
9 Avery (wie Anm. 2), S. 113.
10 Avery (wie Anm. 2), S. 122.
11 Ebd., S. 131.
12 Ebd., S. 135.
13 Ebd., S. 137.
14 Ebd., S. 144.
15 Ebd., S. 145.
16 Ebd., S. 145.
17 *Berliner Börsen-Courier* 29, Nr. 20, vom 12. Januar 1910, Abend-Ausgabe: «Die Sammlung Behrens-Hamburg. Ausgestellt im Salon Cassirer. 8. Januar – 6. Februar 1910.»
18 *Die Fackel* 294–295, vom 31. Januar 1910, S. 37f.
19 Ebd., S. 32.
20 Ebd., S. 37.
21 Die Briefe, Postkarten und Telegramme von Adolf Loos an Herwarth Walden liegen im *Sturm*-Archiv der Staatsbibliothek Preußischer Kulturbesitz Berlin; vgl. dazu: Werner J. Schweiger: Der junge Kokoschka. Leben und Werk. 1904–1914. Wien/München 1983. – Ders.: Oskar Kokoschka. Der Sturm. Die Berliner Jahre. 1910–1916. o. O., o. J. (1986).
22 Ludwig Hevesi: Altkunst – Neukunst. 1894–1908. Wien 1909, S. 313.
23 Schweiger 1983 (wie Anm. 21), S. 117: Adolf Loos in einem Gespräch in der *Neuen*

Freien Presse, Wien, Nr. 22984, vom 9. September 1928, S. 10f.

24 Äußerung Oskar Kokoschkas in einem Gespräch mit Ludwig Goldscheider in Villeneuve, 1962. Zit. in: Ludwig Goldscheider: Oskar Kokoschka. Köln 1963, S. 13.

25 Oskar Kokoschka: Mein Leben. München 1971, S. 74.

26 S. Anm. 21.

27 Gleichzeitig mit 17 Katalognummern von Hans Hofmann.

28 *Der Sturm* 1, Nr. 31, vom 29. September 1910, S. 247: «Zum Schweigen der Berliner Kunstkritik. Das Museum Folkwang in Hagen in Westfalen hat als erste reichsdeutsche Galerie ein Gemälde von Oskar Kokoschka (Porträt der Herzogin von Montesquiou-Rohan) seinem Besitzstand angegliedert.»

29 *Der Sturm* 1, Nr. 7, vom 14. April 1919, S. 53.

30 *Der Sturm* 1, Nr. 12, vom 19. Mai 1910, S. 94.

31 *Der Sturm* 1, Nr. 19, vom 7. Juli 1910, S. 150f.

32 Schweiger 1986 (wie Anm. 21), S. 43.

33 Zit. nach Schweiger 1983 (wie Anm. 21), S. 126: Paul Cassirer an Walter Serner, in: *Karlsbader Zeitung* 25, Nr. 27, vom 2. Juli 1911, S. 5.

34 Ulrike Marquardt (Hg.): Else Lasker-Schüler. Briefe 1892–1913. Frankfurt/M. 2003, S. 164.

35 Oskar Kokoschka, in: *Der Sturm* 1, Nr. 21, vom 21. Juli 1910, S. 166.

36 S. hierzu den Beitrag von Rahel Feilchenfeldt, S. 12–42. Jetzt in: Ricarda Dick (Hg.): Else Lasker-Schüler. Prosa 1903–1920. Frankfurt/M. 1998, S. 147 f.

37 Feilchenfeldt/Brandis, Nr. 111.

38 Feilchenfeldt/Brandis, Nr. 112.

39 Feilchenfeldt/Brandis, Nr. 119.

40 Jürgen Skrodzki (Hg.): Else Lasker-Schüler Briefe 1914–1924. Frankfurt/M. 2004, S. 166.

Intellektualität als Mission

Heinrich Mann und Paul Cassirer

York-Gothart Mix

> «*Der Faust- und Autoritätsmensch muß der Feind sein.*»
> Heinrich Mann, *Geist und Tat*

Paul Cassirer und Heinrich Mann (Abb. 76) sind zeit ihres Lebens «in Europa zu Hause»[1]. Am Anfang seiner Verbindung mit Paul Cassirer versucht Heinrich Mann, in Opposition zur Frankophobie des wilhelminischen Byzantinismus am Vorabend des Ersten Weltkriegs, die Rolle des Schriftstellers im Rekurs auf Émile Zola «als eines Anwalts universeller Werte zu etablieren» und das «Schimpfwort ‹Intellektueller› positiv zu besetzen»[2]. Sein 1911 in Paul Cassirers Halbmonatsschrift *Pan* publizierter programmatischer Essay *Geist und Tat* wird über alle literarästhetischen Divergenzen hinweg von einer jüngeren Literatengeneration und vom Verleger selbst als «Fanal» für eine «intellektuelle Gegenöffentlichkeit»[3] angesehen. René Schickele, Kasimir Edschmid, Franz Pfemfert, Ludwig Rubiner, Kurt Hiller, Rudolf Kurtz und Marie Holzer feiern diesen Essay als «ein aktivistisches Manifest ihrer Intentionen», und Kurt Kersten will den Text sogar noch 1938 «als *das* Programm»[4] der expressionistischen Generation verstanden wissen. Es sind vor allem zwei Aussagen aus Heinrich Manns Essay, die von den Lesern als intellektuelle Maximen angesehen werden: «Der Faust- und Autoritätsmensch muß der Feind sein. Ein Intellektueller, der sich an die Herrenkaste heranmacht, begeht Verrat am Geist.»[5]

Ähnlich wie sein Aufsatz *Französischer Geist* (später *Voltaire – Goethe*), der 1910 in *Der Sozialist*, dem Organ des Sozialistischen Bundes Berlin, und im Wiener Periodikum *Die Zeit* erschien und 1912 dann noch einmal in Pfemferts Zeitschrift *Die Aktion* nachgedruckt wurde, dokumentiert der Essay *Geist und Tat* Heinrich Manns Begeisterung für Voltaire, Jean-Jacques Rousseau und Zola, für die Ideale der Demokratie und Republik und die Rolle des Literaten als moralische Instanz. Das Konzept einer *littérature engagée*, das er in Frankreich seit Jahrhunderten wirksam sieht, überführt er im Aufsatz *Geist und Tat* in sein Programm der *ratio militans* und beklagt ein Defizit an politischer Diskussionskultur in Deutschland: «Kein großes Volk: nur große Männer». Und an anderer Stelle mit wohlfeiler Kritik an der deutschen Aufklärung und am philosophischen Idealismus: «Die Abschaffung ungerechter Gewalt hat keine Hand bewegt. Man denkt weiter als irgendwer, man denkt bis ans Ende der reinen Vernunft, man denkt bis zum Nichts: und im Lande herrscht Gottes Gnade und die Faust.»[6]

Mit seinem Kosmopolitismus und kulturkritischen Impetus erreicht Heinrich Mann zu dieser Zeit kein Massenpublikum, stößt aber bei Paul Cassirer, der Schauspielerin Tilla Durieux, dem Mitherausgeber der 1910 gegründeten Zeitschrift *Pan*, Wilhelm Herzog, ja selbst beim konservativen Anton Kippenberg auf große Resonanz. *Geist und Tat* liefert die erste Anregung für Herzogs in späteren Jahren gemeinsam mit Hans José Rehfisch verfaßtes Drama *Die Affaire Dreyfus*. Herzog ist seit 1906 mit Heinrich Mann befreundet, wohnt mit ihm in München und Berlin im selben Haus, reist mit ihm nach Riva und Nizza und stellt die Beziehung zu Paul Cassirer her. Als engagierter Kulturverleger und Wegbereiter der künstlerischen Moderne in Deutschland will Paul Cassirer mit seiner Zeitschrift *Pan* ungeachtet seines dezidiert avantgardistischen Anspruchs «jede gebildete Frau, jeden gebildeten Mann» ansprechen. In der Verlagswerbung im *Börsenblatt für den Deutschen Buchhandel* heißt es demonstrativ: «Politische, sozialpolitische, literarische und künstlerische Dinge werden eingehend und ohne alle Rücksichten behandelt werden.»[7] In diesem Anspruch weiß sich Paul Cassirer einig mit Heinrich Mann, den er 1909 zu günstigen Konditionen vom Münchner Albert Langen Verlag abwirbt.

Der am 14. Juni 1910 abgeschlossene Vertrag verpflichtet Heinrich Mann, «seine ganze schriftstellerische Produktion dem Verlag von Paul Cassirer mit sämtlichen Rechten zu überlassen» und «jedesmal innerhalb von fünf Jahren 70 (siebzig) Druckbogen – Format seiner bisherigen Romanbände – zu liefern». Dafür erhält Heinrich Mann ein großzügig bemessenes Honorar von «25 %» vom Ladenpreis jedes verkauften Exemplars, sowie «eine Jahreseinnahme von 6000 Mark», die auf «den Gewinn des Autors zu verrechnen sind»[8]. Herzog ist es auch, der Heinrich Mann am 3. Mai 1910 zu ähnlichen Konditionen einen Vertrag mit dem *Insel-Verlag* für zwei Novellenbände vermittelt. Auch hier erhält der Autor 6000 Mark und «25 % des Ladenpreises»[9]. Rückblickend schreibt Heinrich Mann in seinem Erinnerungsbuch *Ein Zeitalter wird besichtigt* über seinen Verleger Paul Cassirer: «Der Kunsthändler Paul Cassirer war mir gegenüber ein Kenner mehr als ein Kaufmann. [...] Fünf Jahre, von 1910 bis 14, bezahlte er meine längst vorliegenden Leistungen reichlich, ohne auf Gewinn oder nur Ersatz zu achten. Seine Sicherheit war ‹Der Untertan›; indessen konnte der fertige Roman aus Gründen des öffentlichen Geschehens noch lange nicht erscheinen.»[10]

Die großzügigen Konditionen beider Verträge stehen *de facto* in keinem Verhältnis zu den bis dahin bei Langen erreichten Absatzzahlen. Kippenberg und Cassirer lassen sich weniger vom betriebswirtschaftlichen Kalkül als vom Moment symbolischer Repräsentation leiten. Bei Heinrich Mann, der «fünfzehn Jahre» braucht, um seinen Namen im Literaturbetrieb zu etablieren, ist der künftige Erfolg wahrscheinlich, aber nicht konkret absehbar. Zweifellos geht es Paul Cassirer darum, so Heinrich Mann retrospektiv, an einem in der Zukunft zu erwartenden «Ruhm» und Erfolg seiner Werke

Abb. 76: Max Oppenheimer (MOPP), Porträt Heinrich Mann, *1911, Öl/Lwd., Privatbesitz USA.*

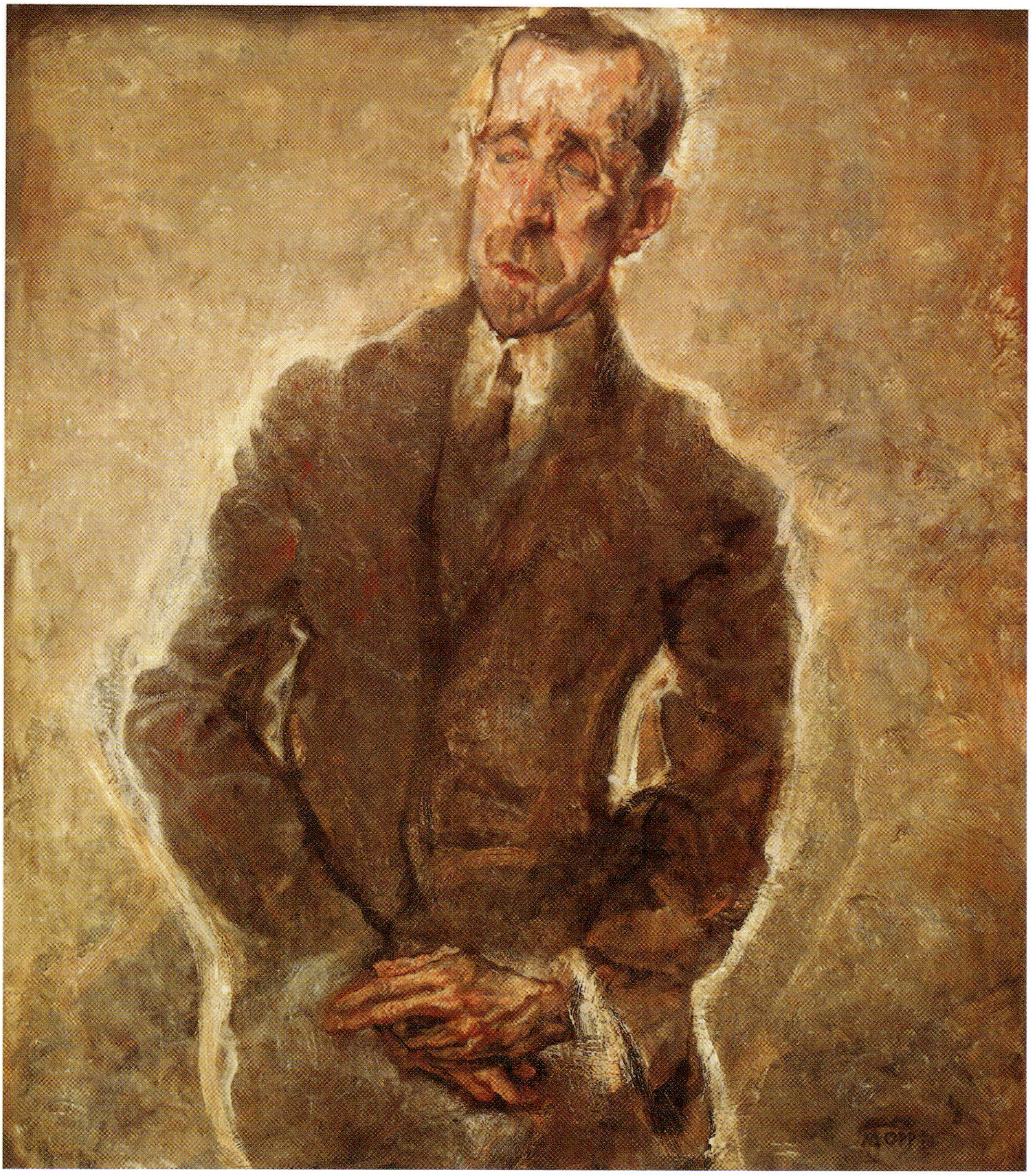

«teilzuhaben»[11]. Der für das Verlegerkalkül bestimmende Nimbus des Autors basiert aber allein auf dem symbolischen Kapital, das ihm als intellektueller Autorität zugesprochen wird. Bei ihren Überlegungen lassen sich Cassirer und Herzog von einem genialen Konkurrenten inspirieren: vom «Cotta des Naturalismus»[12], Samuel Fischer. Gerade Fischers Erfolg demonstriert, wie man durch die mediale Verknüpfung von Theater (*Freie Bühne*), Zeitschrift (*Freie Bühne, Deutsche Rundschau*) und Buchreihen (*Nordische Bibliothek, Bibliothek zeitgenössischer Romane*) sowie durch eine vorbildliche Buchgestaltung die Exklusivbindung von Autoren und durch großzügig angelegte Gesamtausgaben Interesse schüren und Epoche machen kann. 1908 zählt Fischer längst zu dem 3074 Personen umfassenden Kreis der Multimillionäre im Königreich Preußen[13], als Verleger ist er schon zu Lebzeiten eine Legende.

Auf Vorschlag von Herzog verfolgt Paul Cassirer eine ähnliche Strategie wie Fischer mit Thomas Mann und Gerhart Hauptmann. Er versucht, zwei vielversprechende Autoren, den Erzähler und Essayisten Heinrich Mann und den Dramatiker Frank Wedekind, exklusiv an sich zu binden, und gründet die programmatische Zeitschrift *Pan*. Mit der 1910 gegründeten *Gesellschaft Pan* gelingt es ihm außerdem, «einem kleinen Kreis von Theaterfreunden unbekannte und zum Teil auch verbotene Bühnenwerke»[14], etwa Wedekinds Tragödie *Die Büchse der Pandora*, zugänglich zu machen. Für die Werke Heinrich Manns bereitet er eine Gesamtausgabe vor, Wedekinds Stücke will er exklusiv in einem speziell zu gründenden, verlagseigenen *Wedekind-Theater* aufführen lassen. Zur Realisierung dieses Projekts soll das Ausstellungsgebäude der *Berliner Secession* umgebaut werden, Arthur Holitscher ist als Dramaturg, Tilla Durieux als Ensemble-Star und Wedekind als Hausautor vorgesehen. Die Direktion des Hauses will Paul Cassirer selbst übernehmen. Das Projekt scheitert jedoch an den kompromißlosen Vorstellungen Wedekinds. Auch mit Heinrich Mann kommt es bald zu Diskussionen. Heinrich Manns unter der Mitwirkung von Tilla Durieux in Berlin aufgeführte Theaterstücke bleiben ohne nennenswerten Erfolg und werden von den maßgeblichen Kritikern Alfred Kerr und Siegfried Jacobsohn zwiespältig beurteilt, der Absatz der Romane und Novellen stagniert, das hohe Jahreshonorar wird nicht annähernd eingespielt.

Im Unterschied zu Hauptmann und Thomas Mann, die ein breites Publikum erreichen, wird Heinrich Mann «nur von einem begrenzten, kleinen Kreis von Literaten und Künstlern»[15] wahrgenommen. Wenige Monate nach Abschluß des Exklusivvertrags wird erkennbar, wie wenig einträglich die literaturtheoretischen Essays des politisch engagierten Autors sind. Das Genre des Essays ist nicht breitenwirksam, Heinrich Manns augenfällige Präsenz im intellektuellen Diskurs korrespondiert nicht mit seinem Status auf dem Literaturmarkt. Angesichts des Aufwands scheuen Herzog und Paul Cassirer das Risiko von buchgestalterisch aufwendigen Neudrucken nach dem Vorbild Fischers und nutzen für die Gesamtausgabe die alten, von Langen übernommenen Buchblöcke, denen der Ruch des Nichtgängigen anhaftet. Die Möglichkeit, die Ökonomie der Aufmerksamkeit durch eine differente Materialität der Texte seinen Interessen gemäß zu funktionalisieren, nimmt Paul Cassirer nicht wahr. Trotz der Einsicht, daß sich der Autor Heinrich Mann finanziell nicht trägt, ist für den Verleger Paul Cassirer das betriebswirtschaftliche Kalkül letztlich nicht ausschlaggebend. Während er als Galerist im Sinne einer Doppelkodierung der Kunst Bilder als «Spekulationspapiere»[16] betrachtet, sieht er sich als Verleger primär in der Rolle des intellektuellen Mittlers. Gegenüber Heinrich Mann handelt er eher als Mäzen denn als Buchhändler. Kurt Wolff, der Verleger der expressionistischen Generation, analysiert 1916 die eigenwillige Rolle Paul Cassirers in einem Brief an Heinrich Mann aus seiner Sicht:

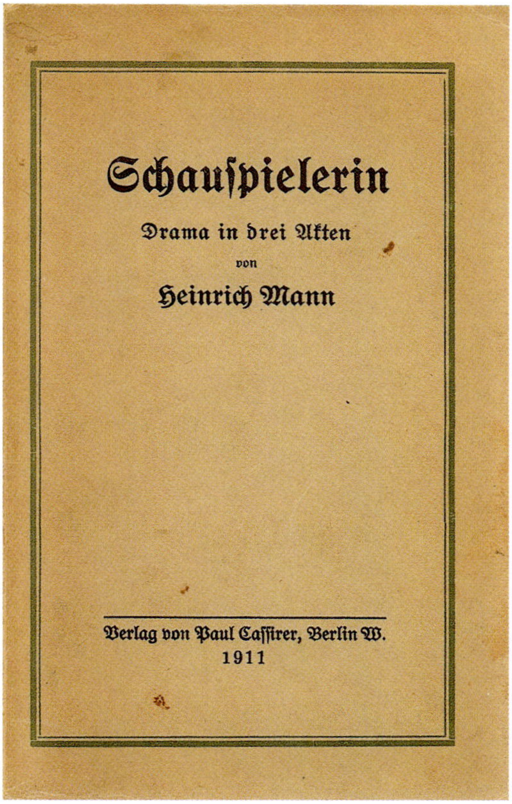

Abb. 77: Umschlag von Heinrich Mann: Schauspielerin. Berlin 1911.

> «Sie haben [...] 1/2 Dutzend Verleger gehabt, von denen mindestens zwei sich sogar große Mühe um die Vertretung Ihres Werkes gegeben haben. Es wäre geschmacklos und ungerecht, sie im geringsten anzugreifen, – aber das darf ich vielleicht sagen: der eine [Paul Cassirer], scheint mir, war begeistert für Ihr Werk, – aber er wollte sein Geld auf ganz anderem Gebiete verdienen, und darum konnte für Sie nichts gewonnen werden; der andere [Kippenberg], der Weimar überschätzt, ist mit Herz und Hand den Autoren mit abgelaufener Schutzfrist verfallen. – Ich will als Verleger nicht begeistert sein, sondern Bücher verkaufen, will Ihre Bücher nicht als objets d'art meinem Verlag einreihen, will zu den cent liseurs, die da sind, cent mille hinzugewinnen, will für Sie und mit Ihnen viel Geld verdienen. [...] Von Ihren Büchern, – die ich im Laufe der letzten Wochen zum zweiten, manches zum dritten Male las, – sagte ich nichts. Es steht dem Verleger, scheint mir, nicht an, von Dingen der Kunst zum Dichter zu sprechen.»[17]

Anders als Paul Cassirer hat Wolff schließlich mit seinem Projekt der *Gesammelten Romane und Novellen* durchschlagenden Erfolg. Bereits 1917, lange vor der Publikation des Romans *Der Untertan*, kann er dem Autor mitteilen: «Der Absatz Ihrer einzelnen Romane nicht nur sondern auch der zehnbändigen Gesamtausgabe gestaltet sich sehr erfreulich, trotzdem die wichtigsten Aufsätze in den großen Zeitungen, auf die ich gerechnet hatte, noch nicht erschienen sind.»[18]

Stärker als Wolff fühlt sich Paul Cassirer dem kulturpolitischen Engagement und dem intellektuellen Diskurs verpflichtet. Wie sein Autor sieht er sich als Intellektuellen und sein Unternehmen als Verlag der Außenseiter und Avantgardisten. Er verlegt die Werke von Jacob Michael Reinhold Lenz und Georg Büchner, Texte von Ernst Barlach, Ernst Bloch, Walter Hasenclever, Oskar Kokoschka, Else Lasker-Schüler, René Schickele und Ernst Toller. Das politische Profil des Hauses prägen Bücher von Kurt Eisner, Karl Kautsky, Wladimir Korolenko, Ferdinand Lassalle, Victor Panin sowie die Reihen *Sozialistische Schriften zur Revolution* und *Wege zum Sozialismus*. Vom Pazifisten Herzog mitbeeinflußt, versteht sich Paul Cassirer als zeitkritischer Verleger, seine 1914 einsetzende Kriegsbegeisterung bleibt angesichts der Fronterfahrungen eine grausame Episode: «Im Juli 1914» meldet sich Paul Cassirer «freiwillig zur Armee», 1916 kommt «er als Gegner des Krieges zurück»[19]. Während seines Exils in der Schweiz fördert Paul Cassirer durch das Engagement beim Max Rascher Verlag die antiwilhelminische Opposition und unterstützt den Herausgeber der *Weißen Blätter*, René Schickele, ideell und materiell. Schickele, der zeitweilig bei Cassirer in St. Moritz wohnt, gewinnt Johannes R. Becher, Martin Buber, Albert Ehrenstein, Hauptmann, Heinrich Mann, Lasker-Schüler, Robert Musil, Rainer Maria Rilke, Robert Walser, Wedekind und Franz Werfel für die Mitarbeit an den *Weißen Blättern*, die kurz nach Kriegsende von Paul Cassirer dann in Berlin verlegt werden. Als intellektueller Verleger proklamiert Paul Cassirer «die Notwendigkeit der Politisierung» zeitkritischer Autoren und fordert, wie Heinrich Mann und Schickele, «die Verwirklichung des Geistes in der Politik»[20].

Noch bevor er den Essay *Geist und Tat* abschließt, präzisiert Heinrich Mann in einem Brief an Schickele sein intellektuelles Credo als Schriftsteller und seinen Anspruch, aktiv in die Politik einzugreifen, mit lapidaren Worten:

> «Der Haß des Geistes auf den infamen Materialismus dieses ‹Deutschen Reiches› ist beträchtlich. Aber wie soll er eine Macht werden? Das ist die schwere Frage. Wedekind, der so voll leidenschaftlichen Menschenthums ist, wird vom Berliner Tageblatt, einem demokratischen Blatt, das ihn auf Händen tragen müßte, gemaßregelt wie ein Schüler. Meine Romane werden besprochen wie die eines talentvollen Mannes. Die demokratische Presse ist groß in der Verkennung ihrer natürlichsten und werthvollsten Bundesgenossen.»[21]

Und über seinen Essay heißt es:

> «Was wir können, ist: unser Ideal aufstellen, es so glänzend, rein und unerschütterlich aufstellen, daß die Besseren erschrecken und Sehnsucht bekommen. Ich arbeite längst daran. [...] Seitdem trage ich Sätze zu einem Essai über Frankreich zusammen: wohl das Äußerste, was ich in dieser Beziehung sagen kann.»[22]

In Schickeles *Weißen Blättern* greift Heinrich Mann 1915 diese Thematik noch einmal auf und feiert in seinem Essay *Zola* den Autor der Kampfschrift *J'accuse* als Intellektuellen schlechthin. «Intellektuelle», schreibt er, «sind weder Liebhaber noch Handwerker des Geistes. Man wird es nicht, indem man gewisse Berufe inne hat. Man wird es noch weniger durch das lüsterne Betasten geistiger Erscheinungsformen, – und am wenigsten sind jene Tiefschwätzer gemeint, die gedankliche Stützen liefern für den Ungeist. [...] Der Intellektuelle erkennt Vergeistigung nur an, wo Versittlichung erreicht ward. Er wäre nicht, der er ist, wenn er Geist sagte, ohne Kampf für ihn zu meinen.»[23] In *Zola* sieht Heinrich Mann jene Vereinigung von Intellekt und Engagement, die er schon in seinem Aufsatz *Geist und Tat* verklärt hatte. Der Franzose ist ihm Maßstab, die von den Kontrahenten diskreditierend gemeinte Charakterisierung Zolas als *intellectuell* stellt sich für ihn als ein Ideal dar, an dem sich seine eigene Rolle und Identität als Autor zu orientieren hat.

Für Heinrich Mann bezeichnet der Terminus *Intellektueller* eine Berufung, eine status- und berufsunabhängige Rolle, die mit einer höheren Bestimmung, ja mit einer Mission in Verbindung gebracht wird. Im Bund mit Paul Cassirer und René Schickele problematisiert er die dominierenden «Wahrnehmungs- und Bewertungskriterien» und versucht, «die Konstruktionsprinzipien von sozialer Welt, die Definition dessen, was wesentlich und was unwesentlich ist, was würdig ist, repräsentiert, dargestellt zu werden, und was nicht»[24], bloßzulegen. Diesen universellen Anspruch dokumentiert auch noch Heinrich Manns Spätwerk. Dem historischen und analytischen Anspruch nach knüpfen das Erinnerungsbuch *Ein Zeitalter wird besichtigt* und das Kriegstagebuch *Zur Zeit von Winston Churchill* an die frühen programmatischen Geschichtsessays an, die die Frage kultureller Identität und Alterität am Beispiel Frankreichs und Deutschlands, die Rolle des intellektuellen Schriftstellers und das Problem politischer Machtausübung ins Zentrum rücken: zuerst die Beiträge *Geist und Tat*, *Voltaire – Goethe*, *Kaiserreich und Republik* und dann vor allem *Zola*. Auch wenn sich der Fokus, bedingt durch die Zeitereignisse, weitet, sind diese Kontinuitäten unübersehbar: So wie die programmatischen Stichworte *Geist* und *Tat* als Überschriften von Unterkapiteln im Essay *Zola* wieder auftauchen, so wird in *Ein Zeitalter wird besichtigt* und *Zur Zeit von Winston Churchill* die «französische Überlegenheit» unterstrichen und Zola noch einmal als «wahrhaft und wehrhaft»[25], ja als exemplarischer Vertreter des engagierten, intellektuellen Schriftstellers gefeiert. Analog zu den frühen Geschichtsessays, in denen Heinrich Mann das Ideal der *ratio militans*[26] propagiert, bedient er sich auch in *Ein Zeitalter wird besichtigt* einer Bildlichkeit, die mit ihrer stereotypen Kontrastierung von «Gut und Böse», von «Lichtseite» und «Nachtseite»[27] an kontroverstheologische oder pro- und antirevolutionäre Debatten früherer Jahrhunderte erinnert.

Heinrich Mann sieht sich zeit seines Lebens als Verfechter der Ideale von Freiheit, Gleichheit, Gerechtigkeit und Menschlichkeit und wähnt sich in der Tradition der *littérature engagée* und eines für ihn durch Voltaire repräsentierten Rationalismus. Auch die schon in *Geist und Tat* geäußerte These, ein spezifisch deutsches «Mißtrauen gegen den Geist»[28] resultiere aus einem Defizit engagierter Literatur, greift er im Exil wieder auf. Und ähnlich vage und historisch kaum konkretisierbar sind die Leitbegriffe, mit denen Heinrich Mann operiert: *Gerechtigkeit*, *Geist*, *Tat*, *Wahrheit*, *Volk*, *Ehre*, *Menschenpflicht*, *Freiheit* oder *Macht*. Diese Entitäten, die wie ein roter Faden das Grundmuster seiner Geschichtsdeutungen durchziehen, fungieren als Quasi-Personen, stehen für negative oder positive Charakteristika und operieren, einzelnen Helden ähnlich, in einem von «abstrakt umrissenen»[29] Kollektiven bestimmten Geschichtsverlauf. Seine bereits in den Essays *Zola* und *Geist und Tat* vollzogene Mystifizierung des Geistes zur «Quelle aller positiven Werte wie Freiheit, Gerechtigkeit, Gleichheit, Menschenliebe und Demokratie»[30] mutiert letztlich zur Pose. Der 1910 mit seinem Begriff *ratio militans* umschriebene Anspruch und das in den Erzähltexten *Professor Unrat, Abdankung* oder im *Untertan* verfolgte Projekt, die Korrelation von Macht und Ohnmacht sozialpsychologisch zu durchdringen und den autoritätshörigen Zeitgenossen als «Sklaven» einer «rätselhaften Kollektivität»[31] zu dekuvrieren, ist vor der Folie des wilhelminischen Weltmachtwahns noch überzeugend, verführt Heinrich Mann aber dazu, «im Alter selbst zum Verklärer der Macht»[32] zu werden.

Wie nahe sich Paul Cassirer und Heinrich Mann schon lange vor Kriegsbeginn in ihrer Ablehnung des wilhelminischen Cäsarenwahn sind, macht Harry Graf Kessler in seiner späteren Gedächtnisrede auf den Verleger deutlich:

> Wenn «man das wesen Paul Cassirers in einem wort zusammenfassen will, so gibt es keines, das ihn treffender kennzeichnet als das wort ‹revolutionär›. Er war revolutionär schlechthin, revolutionär aus seinem innersten heraus, das nicht bloß von zweifel zu zweifel jagte, nicht bloß mit unbeirrbarem instinkt das überlebte und daneben das kommende neue leben witterte, sondern auch ihn zwang, rücksichtslos gegen sich selbst und gegen andere hand anzulegen, um die brandfackel in das vermoderte zu werfen und stein auf stein zu einem neuen bau heranzuschleppen. Die auflehnung der 90er jahre und die ersten jahre dieses jahrhunderts gegen die wilhelminische kunst war in wirklichkeit der anfang der Revolution. Das brüchige des kaiserlichen systems ist in kunst und literatur viel früher gespürt und angegriffen worden als in der politik. So war es nur natürlich, daß der geborene revolutionär Paul Cassirer bei dieser auflehnung eine führerrolle übernahm.»[33]

Die vehemente Kritik Heinrich Manns und Paul Cassirers am politischen und kulturellen Byzantinismus der Hohenzollernmonarchie hat für Gegner und Mitstreiter einiges Gewicht. Der Kaiser fühlt sich persönlich bemüßigt, gegen diesen «Cassirer, der die französische Dreckkunst zu uns bringen möchte»[34], zu Felde zu ziehen, Heinrich Mann wird als Vorbildfigur der Aktivisten gefeiert und gilt nach der Publikation des *Untertan* als *der* literarische Repräsentant der Republik.

Manns im *Pan* publizierter Essay *Geist und Tat* besitzt von Anfang an den Charakter eines «Manifestes» und fundiert ein schriftstellerisches Selbstverständnis, das als «Intellektuellenkonzeption von 1910»[35] bis in die jüngste Vergangenheit prägend bleibt. Bezeichnenderweise gibt Hans Magnus Enzensberger 1968 den Text erneut in einer Auswahl *Politischer Essays* bei Suhrkamp heraus. An dieser Erfolgsgeschichte hat Paul Cassirer erheblichen Anteil. Seine materielle Förderung macht Heinrich Mann frühzeitig von den Konjunkturen des Literaturbetriebs unabhängig und ermöglicht ihm, die Rolle des intellektuellen Schriftstellers engagiert einzunehmen. Ganz im Sinne von Pierre Bourdieus Begriff der *production restreinte* interessiert Paul Cassirer die «Macht in der Literatur»[36], weniger der Umsatz. Als Verleger geht es ihm «mehr um Weltanschauung, als um geschäftlichen Erfolg», und es stört ihn nachhaltig, «wenn das Publikum nicht ideelle Beweggründe und selbstlosen Enthusiasmus»[37] anerkennen will. Demonstrativ legt er sein intellektuelles Selbstverständnis als Verleger in seinem in der Zeitschrift *Pan* erschienenen Essay *Utopische Plauderei* dar und stellt resigniert fest, daß «der Anerkennung seiner Begabung, die immer wieder zu einem zündenden Streichholz» wird, «die soziale Bewertung des Berufs im Wege»[38] steht.

Anmerkungen

1 Rahel E. Feilchenfeldt: Kurze Übersicht über die Geschichte des Verlags. In: Feilchenfeldt/Brandis, S. 14–18, hier S. 16.

2 Markus Joch: Bruderkämpfe. Zum Streit um den intellektuellen Habitus in den Fällen Heinrich Heine, Heinrich Mann und Hans Magnus Enzensberger. Heidelberg 2000, S. 20f.

3 Joch (wie Anm. 2), S. 207.

4 Michael Stark: ‹Die Ritter vom Geiste›. Ein erstes Echo auf Heinrich Manns ‹Geist und Tat›. In: Rudolf Wolff (Hg.): Heinrich Mann. Werk und Wirkung. Bonn 1984, S. 125.

5 Heinrich Mann: Geist und Tat. In: Peter-Paul Schneider (Hg.): Heinrich Mann: Macht und Mensch. Essays. Frankfurt/M. 1989, S. 18.

6 Mann (wie Anm. 5), S. 15, 14.

7 Zit. nach Feilchenfeldt/Brandis, S. 450.

8 Vertrag zwischen Heinrich Mann und Paul Cassirer vom 14. Juni 1910. Heinrich-Mann-Archiv 937. Stiftung Archiv der Akademie der Künste Berlin. Bl. 1.

9 Vertrag zwischen Heinrich Mann und Anton Kippenberg vom 3./4. Mai 1910. Heinrich-Mann-Archiv 937. Stiftung Archiv der Akademie der Künste Berlin. Bl. 3.

10 Heinrich Mann: Ein Zeitalter wird besichtigt. Hg. von Peter-Paul Schneider. Frankfurt/M. 1988, S. 228.

11 Mann (wie Anm. 10), S. 228.

12 Reiner Stach: 100 Jahre S. Fischer Verlag. 1886–1986. Kleine Verlagsgeschichte. Frankfurt/M. 1986, S. 11.

13 Vgl. Georg Jäger: Die Verlegerpersönlichkeit. Ideelle Interessen, wirtschaftliche Erfolge, soziale Stellung. In: Geschichte des deutschen Buchhandels im 19. und 20. Jahrhundert. Das Kaiserreich 1870–1918. Teil I. Hg. von Georg Jäger in Verbindung mit Dieter Langewiesche und Wolfram Siemann. Frankfurt/M. 2001, S. 224.

14 Brühl, S. 71.

15 Brühl, S. 177.

16 Brühl, S. 114.

17 Kurt Wolff an Heinrich Mann, 1. Februar 1916. In: Bernhard Zeller und Ellen Otten (Hg.): Kurt Wolff. Briefwechsel eines Verlegers 1911–1963. Frankfurt/M. 1966, S. 222f.

18 Kurt Wolff an Heinrich Mann, 22. März 1917. In: Zeller/Otten (wie Anm. 17), S. 231.

19 Wolfgang Freiherr von Löhneysen: Paul Cassirer – Beschreibung eines Phänomens. In: *Imprimatur* N.F. 7, 1972, S. 168.

20 Brühl, S. 204.

21 Heinrich Mann an René Schickele, 27. Dezember 1909. In: Sigrid Anger (Hg.): Heinrich Mann 1871–1950. Werk und Leben in Dokumenten und Bildern. Berlin/Weimar, 2. Aufl., 1977, S. 121.

22 Ebd.

23 Heinrich Mann: Zola. In: Mann (wie Anm. 5), S. 95f.
24 Pierre Bourdieu: Das intellektuelle Feld: Eine Welt für sich. In: Ders.: Rede und Antwort. Frankfurt/M. 1987, S. 165.
25 Mann (wie Anm. 10), S. 404, 408. – Vgl. auch Heinrich Mann: Zola. In: Mann (wie Anm. 5), S. 86, 97.
26 Vgl. Heinrich Mann: Geist und Tat. In: Mann (wie Anm. 5), S. 12.
27 Mann (wie Anm. 10), S. 170, 175.
28 Mann, Geist und Tat. In: Mann (wie Anm. 5), S. 15.
29 Roger Chartier: Zeit der Zweifel. Zum Verständnis gegenwärtiger Geschichtsschreibung. In: Christoph Conrad und Martina Kessel (Hg.): Geschichte schreiben in der Postmoderne. Beiträge zur aktuellen Diskussion. Stuttgart 1994, S. 86.
30 Georg Jäger: Der Schriftsteller als Intellektueller. Ein Problemaufriß. In: Sven Hanuschek, Therese Hörnigk, Christine Mallende (Hg.): Schriftsteller als Intellektuelle. Politik und Literatur im Kalten Krieg. Tübingen 2000, S. 16
31 Kurt Tucholsky: Der Untertan. In: Renate Werner (Hg.): Heinrich Mann. Texte zu seiner Wirkungsgeschichte in Deutschland. München/Tübingen 1977, S. 111.
32 Joch (wie Anm. 2), S. 467. – Vgl. York-Gothart Mix: Intellektuelle Hybris. Zu Heinrich Manns Erinnerungen ‹Ein Zeitalter wird besichtigt›. In: Konrad Feilchenfeldt und Barbara Mahlmann-Bauer (Hg.): Autobiographische Zeugnisse der Verfolgung. Hommage für Guy Stern. Heidelberg 2005, S. 25–36.
33 Harry Graf Kessler: [Gedächtnisrede]. In: In Memoriam Paul Cassirer 7. Januar 1926. Gedächtnisreden von Max Liebermann und Harry Graf Kessler bei der Totenfeier und ein Nachruf von René Schickele. Weimar (*Cranach Presse*) 1926, S. 10f.
34 Geza von Cziffra: Der Kuh im Kaffeehaus. Die Goldenen Zwanziger in Anekdoten. München/Berlin 1981, S. 49.
35 Joch (wie Anm. 2), S. 467.
36 Kasimir Edschmid: Lebendiger Expressionismus. Auseinandersetzungen, Gestalten, Erinnerungen. Wien/München/Basel 1961, S. 215.
37 Karl Scheffler: Die fetten und die mageren Jahre. Ein Arbeits- und Lebensbericht. München 1946, S. 121.
38 Ebd.

Der Rhythmus der Stadt

Das Berlin-Bild von Georg Hermann und Rudolf Großmann

Eva Caspers

Um Berlin – im polyphonen Chor, den die häufig poetisch und mitunter geheimnisvoll klingenden Titel der Publikationen des Paul Cassirer Verlags bilden, stimmt das 1912 veröffentlichte Mappenwerk mit dem Text von Georg Hermann und zehn Originallithographien von Rudolf Großmann einen sachlich-nüchternen Ton an[1].

Eine Publikation mit lokalem Bezug zur deutschen Hauptstadt, dem Zentrum von Paul Cassirers Aktivitäten – das war für das Programm des Verlages etwas Neues, Ungewöhnliches. Vor dem Hintergrund der lebhaft geführten Diskussion über die Gestalt und das Bild der modernen Metropole Berlin mußte das neunte Werk der *Pan-Presse* von Zeitgenossen als aktueller Beitrag verstanden werden, mit dem nicht nur zwei Gegenwartskünstler ihre Sicht darlegten, sondern mit dem auch der Verleger selbst Position bezog.

In der auf den Vorderdeckel der Mappe gedruckten Titel-Lithographie sind die Namen des Textautors und des Schöpfers der graphischen Blätter in einer Zeile gleichgewichtig nebeneinander gesetzt. Von den beiden Künstlern war Georg Hermann um 1912 zweifellos der bekanntere: Der 1871 in Berlin geborene Schriftsteller hatte sich durch die Veröffentlichung von kulturhistorischen Studien, Essays, Novellen und Romanen – darunter der in der Berliner Biedermeierzeit spielende Bestseller *Jettchen Gebert* von 1906 – als authentische Stimme des deutsch-jüdischen Berliner Bürgertums sowie als sensibler Porträtist seiner Heimatstadt bei einem literarisch interessierten Publikum bereits eindrucksvoll profiliert[2].

Anders sah die Situation im Fall von Rudolf Großmann aus[3]. Der Name des dreißigjährigen Zeichners dürfte zum Zeitpunkt der Veröffentlichung des Mappenwerks wohl nur wenigen Kennern der Kunstszene vertraut gewesen sein. Erst zwei Jahre zuvor hatte sich Großmann in Berlin niedergelassen. Er war Mitglied der *Berliner Secession* geworden und hatte – im Rahmen der 21. Ausstellung der Künstlervereinigung – im Dezember 1910 erstmals eine größere Zahl seiner Berlin-Motive gezeigt. Auch wenn der Kunstkritiker Karl Scheffler deren Eigenständigkeit und Qualität sofort erkannte, publik machte und dem Künstler in der Zeitschrift *Kunst und Künstler* ab 1911 ein Forum zur Veröffentlichung von Lithographien bot, war Rudolf Großmann noch keineswegs in der Gunst des *Secessions*-Publikums etabliert[4].

Mit seiner Entscheidung zur Veröffentlichung des Mappenwerks *Um Berlin* bekannte sich Paul Cassirer also engagiert zu einem Nachwuchstalent, um dessen Anerkennung noch gekämpft werden mußte. Ökonomisch gesehen ein verlegerisches Wagnis, war die Publikation in künstlerischer Hinsicht ein interessantes Experiment: Denn sie kom-

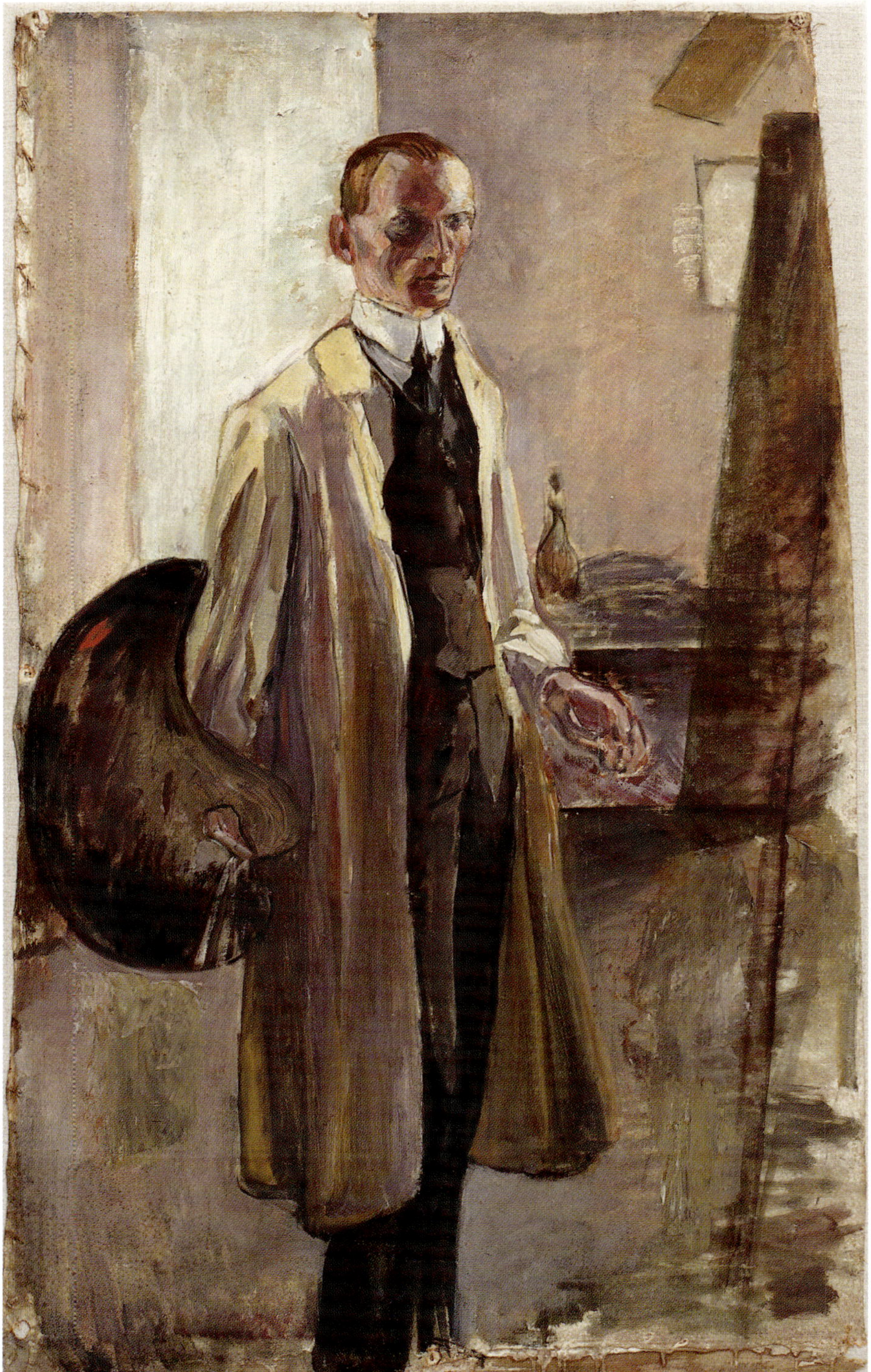

binierte die Stellungnahme zum Thema Berlin aus der Insider-Perspektive eines Schriftstellers, der als «echter» Berliner und anerkannter Chronist seiner Heimatstadt galt, mit der Sicht eines noch jungen bildenden Künstlers, der aus Süddeutschland stammte, in den Jahren 1905 bis 1910 in Paris gelebt hatte und daher eher aus der Perspektive des «Fremden» – so nannte man die in- und ausländischen Gäste Berlins – auf die Metropole blickte.

Georg Hermann leitete seinen Text mit einer Beschreibung der eigenartigen Haßliebe des Berliners zu seiner Stadt ein:

> «Es ist seltsam: [...] nie ist einem Pariser von heute geglückt, etwas anderes zu malen oder zu zeichnen, zu geben, zu gestalten oder zu denken, als sein Paris. Er mag nach Tahiti gehen oder in die Bretagne – er bleibt immer Pariser. Und eigentlich will er sich ja auch gar nicht von Paris entfernen, denn er fühlt es, daß der Atemzug dieser Stadt auch sein Atemzug ist. Aber für Berlin gilt das nicht. [...] der Berliner schämt sich eigentlich seiner Stadt, und die Kunst hier tut es erst recht. Man spricht abfällig von dem parvenühaften Berlin, lobt zwar seine Einrichtungen, nennt es aber gern charakterlos und stimmungslos. [...] Weder die Künstler, noch die Schriftsteller, die anderer Meinung sind [...], ernten übermäßigen Beifall. Und doch drängen alle hierher, fühlen, daß sie an Frische verlieren, [...] wenn sie sich allzu lange von dem großen, hastig arbeitenden Herzen der Weltstadt entfernen.»

Wer in den Jahren vor dem Ersten Weltkrieg über Berlin sprach, sprach fast immer auch über Paris. Bereits in der ersten Hälfte des 19. Jahrhunderts hatten Schriftsteller die französische Metropole als Maßstab eingeführt, um die Rückständigkeit der preußischen Hauptstadt zu charakterisieren. Und auch in der zweiten Hälfte des 19. Jahrhunderts, als sich Berlin sprunghaft zur Großstadt entwickelte, bediente man sich gerne des Vergleichs mit Paris, um den Nachholbedarf der deutschen Metropole hervorzuheben und ihre Perspektiven zu bestimmen.

Um 1912 waren die Zeiten fast vergessen, als Berlin im Vergleich zu Paris wie ein lächerlicher «Zwerg» wirkte, «der sich auf die Zehen stellt und doch dem Riesen neben ihm nicht bis an den Bauch geht»[5]. Denn Berlin näherte sich mit seinen kontinuierlich steigenden Einwohnerzahlen der Größe von Paris immer mehr an. Die mit der Gründung des Deutschen Reiches 1871 einhergehenden politischen und ökonomischen Entwicklungen hatten der jungen Hauptstadt einen durch die Industrialisierung beförderten wirtschaftlichen Aufschwung beschert, der eine enorme Zuwanderung von Menschen aus allen deutschen Gebieten nach sich zog. Aufgrund einer massiven, weitgehend unreglementierten Bautätigkeit wuchs in wenigen Jahrzehnten rund um die historische Innenstadt und den Tiergarten ein Ring von dicht bebauten Mietshausquartieren aus dem Boden, der sich nach allen Seiten in die Vororte ausdehnte – Berlin wurde zur größten «Mietskasernenstadt» der Welt[6]. Nun waren es nicht mehr die

Abb. 78: Rudolf Großmann, Selbstbildnis vor der Staffelei, *Paris, um 1908, Öl/Lwd., 79 x 53 cm, Privatbesitz*

Kleinheit und Rückständigkeit, sondern die Häßlichkeit und Ungemütlichkeit der Großstadt, welche die Kritiker durch den Vergleich mit Paris herausstellten. Im Kontrast zur imponierenden Erscheinung des über Jahrhunderte gewachsenen Giganten Paris fühlten sich die Berlin-Flaneure des frühen 20. Jahrhunderts angesichts des sich ständig verändernden Stadtbildes von Berlins an die ungeschlachte Gestalt eines «jungen Riesen»[7] erinnert:

> «Berlin hat sich durch die Abwanderung nach Westen so verschoben, seine ursprüngliche Figur hat sich so verunstaltet, daß man kaum noch weiß, wo man Herz und Kopf suchen soll. [...] Statt einer harmonischen Verständigung alter und neuer Baugedanken gibt es [...] Zusammenstöße, Unterbrechungen, Unverträglichkeiten. [...] Berlin ist eben überall Großstadt, und es gibt keine Metropole, die die traulichen Bestände von dörflichen und kleinstädtischen Idyllen so rücksichtslos aufgezehrt hat. [...] man wird sehr wenig von einer natürlich-pittoresken Städtelandschaft bemerken, wie sie allein aus der emsigen, zusammenhängenden, instinktiv vermittelnden Arbeit der Jahrhunderte entsteht.»[8]

Während die Propagandisten der wilhelminischen Kulturpolitik den Standpunkt vertraten, daß Berlin durch das von offizieller Seite geförderte Bauen im Stil der Gründerzeit von Tag zu Tag schöner werde, waren sich die Anhänger der modernen Kunstauffassungen, wie sie in der *Berliner Secession* vertreten wurden, einig in der Ablehnung der überbordenden Pracht historistischer Fassaden und des hohlen Pathos der neuen Denkmal-Flut. 1908 beschrieb der Architekt August Endell Berlin als moderne Stadt, «die als Gestaltung mit verschwindenden Ausnahmen abscheulich ist»[9]. Und Karl Scheffler bezeichnete Berlin im Jahr 1910 als «Hauptstadt aller modernen Häßlichkeit»[10]. Das Stadtbild wirke über weite Teile monoton, abweisend, steinern, staubiggrau; die Atmosphäre sei hektisch, laut und aggressiv.

In der Diagnose stimmten die Kritiker Berlins – wir sprechen hier nicht von konservativen Gegnern der Stadt als Lebensraum, sondern von überzeugten Fürsprechern großstädtischer Lebensart und Kultur – weitgehend überein; hinsichtlich der Schlußfolgerungen gingen die Meinungen allerdings auseinander. Karl Scheffler zum Beispiel gab der Metropole nur eine geringe Chance zur Rückgewinnung urbaner Qualitäten. Diese bestand für ihn in der als «Utopie» beschriebenen Möglichkeit des städtebaulichen Eingreifens und radikalen Umgestaltens der Großstadt Berlin durch einen «idealen Bürgermeister», einen «außerordentlichen Willensmenschen mit der großen Leidenschaft zur Tat und zur Sachlichkeit»[11]. August Endell hingegen sah die Situation wesentlich optimistischer. Auch er sprach sich als Architekt für praktische Schritte aus: Es gelte langfristig, «die Bauart unserer Städte [...] zu ändern, weiträumiger, anständiger, künstlerischer zu bauen»[12]. Vor allem plädierte er aber für einen Mentalitätswechsel: Die Entwicklung der modernen Zivilisation mache es unumgänglich, daß Hunderttausende von Menschen in der Stadt leben müßten. Es sei daher notwendig, die urbane Realität als Lebensform und Heimat zu akzeptieren. Statt die Sehnsucht nach der Natur, dem

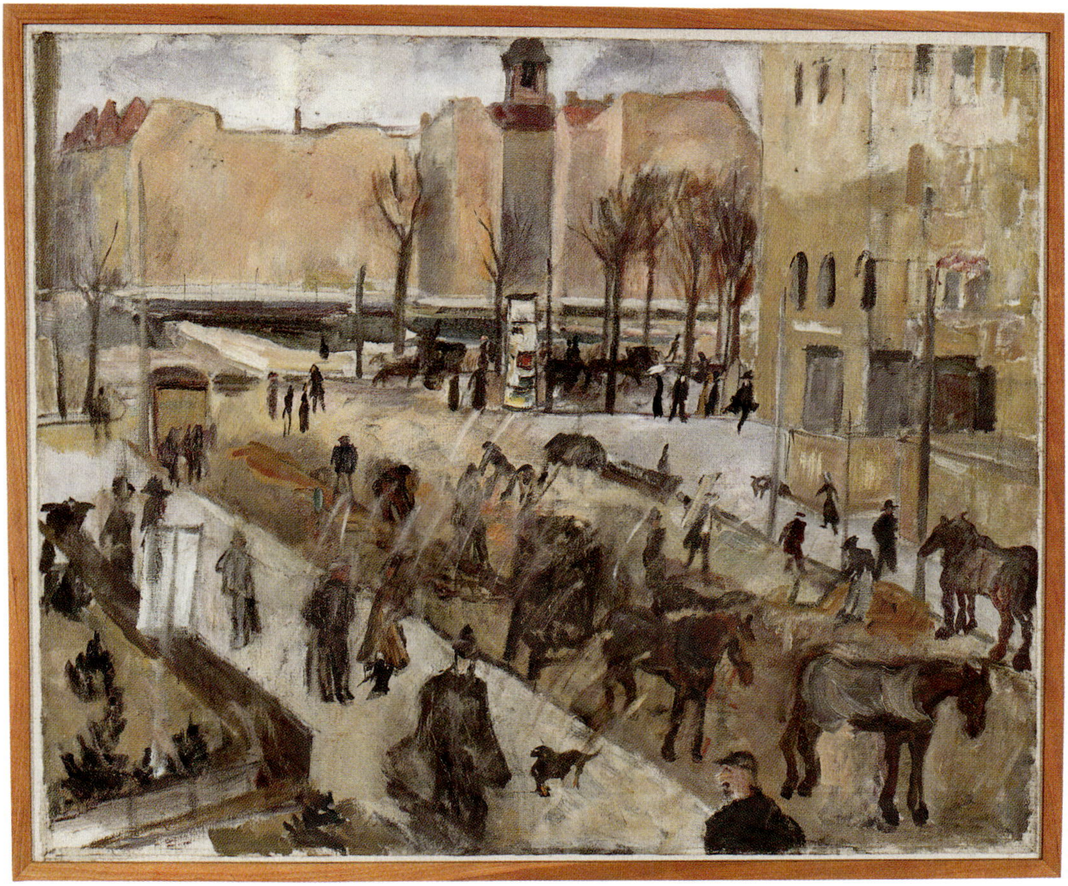

Abb. 79: Rudolf Großmann, Berliner Vorstadt, *ca. 1910, Öl/Lwd., 50 x 70 cm, Privatbesitz.*

Land und nach dörflichen Strukturen zu schüren, müsse man die Menschen «lehren, ihre Stadt erst einmal wirklich zu sehen und aus ihrer Umgebung so viel Freude, so viel Kraft als eben möglich ist, zu schöpfen»: «Denn das ist das Erstaunliche, daß die große Stadt trotz aller häßlichen Gebäude, trotz des Lärmes, trotz allem, was man an ihr tadeln kann, dem, der sehen will, ein Wunder ist an Schönheit und Poesie.»[13]

In seinem Text für die Mappe *Um Berlin* vertrat Georg Hermann eine ganz ähnliche Position wie August Endell – und grenzte sich doch zugleich in einem wichtigen Punkt ab:

«All diese Gegensätze, die Berlin in sich vereint, all diese scheinbare Kulturlosigkeit, die die unruhigen Riesenformen neben die kühle Sicherheit von einst stellt – die Armut seiner Armen, der Fleiß seiner Fabriken, das wilde Jagen seines Verkehrs, die sich umformende Innenstadt und die entrechtete Natur an der Lisière; Neues und Altes – alles ist noch unbesungen. Und dennoch – dennoch ist Berlin ein Gedicht in meinen Augen. Ein Gedicht ist es, dessen eigenartige Rhythmen ich mit jedem Schritt empfinde, der mich über sein Pflaster trägt; das zwar meine Nerven oft quält, meine Seele beunruhigt, und dessen tosenden Singsang ich doch nicht entbehren könnte.»

In seiner sehr anschaulichen Schilderung der visuellen Eindrücke, die es in der Großstadt zu entdecken gelte – der atmosphärischen Erscheinung der Dinge im Schleier der Luft, in der Dämmerung und im künstlichen Licht sowie der raumgestaltenden Kraft menschlicher Bewegungen –, wies Endell ausdrücklich auf die Gemälde der französischen Impressionisten hin:

> «Mir hat die Beschäftigung mit den französischen Bildern ganz neue Ausblicke eröffnet, und mir Berlin, die Stadt, in der ich lebe, zu einem täglich sich erneuernden Augenwunder gemacht.»[14]

In dieser Hinsicht nahm Georg Hermann eine andere Haltung ein. Er verstand sich nicht als von der Kunst Lernender, sondern präsentierte sich selbst als Lehrender – als intimer Berlin-Kenner und Schriftsteller, der es als seine künstlerische Aufgabe betrachtete, den Lesern die Augen und Ohren für den eigenartigen Rhythmus seiner Heimatstadt zu öffnen. Erstaunlicherweise ging Hermann – ein in literarischer und kunsthistorischer Hinsicht kenntnisreicher, interessierter Beobachter – dabei auf die zeitgenössische Großstadt-Lyrik und -Malerei nur in Andeutungen ein. Die gemalten Stadt-Motive von deutschen Künstlern wie Lesser Ury, Franz Skarbina, Ulrich Hübner, Robert Breyer und Curt Herrmann fanden in seinem Text keine explizite Erwähnung. Diese Maler hatten in den Jahren vor und nach der Jahrhundertwende auf jeweils individuelle Weise zu einer künstlerischen Darstellung der modernen Großstadt gefunden, die mit der traditionellen Vedute – dem sachlich strengen, wirklichkeitsgetreuen Porträt der Stadt mit ihren hervorragenden, repräsentativen Sehenswürdigkeiten – nichts mehr zu tun hatte. Das Bild der Stadt, wie es die französischen Impressionisten und die ihrem Beispiel folgenden deutschen Künstler zeigten, widmete sich den Menschen in ihrem urbanen Lebensraum, brachte die technischen und sozialen Phänomene der modernen Großstadt zur Anschauung und machte die stadtspezifischen atmosphärischen Stimmungen sichtbar. Viele Berlin-Motive, die Hermann in seinem Text aufzählte – die Cafés, die Straßen mit dem lebhaften Verkehr und den vorbeieilenden Passanten, die Kanäle, Brücken und Eisenbahnen – waren von den in der *Berliner Secession* organisierten Malern bereits dargestellt worden[15]. Auch die von Hermann erwähnten Fabriken, «Quartiere der Armen», Hinterhäuser und tristen Vororte hatten Künstler wie Hans Baluschek und Heinrich Zille in Gemälden und Zeichnungen als bildwürdig erkannt. Hermann kannte diese Berlin-Bilder und schätzte sie durchaus. Was meinte der Schriftsteller also, wenn er von dem ganz eigenen Rhythmus Berlins sprach, der noch «unbesungen» sei? War es tatsächlich – wie Dominik Bartmann vermutet – der sich um 1912 in der Literatur und Malerei herausbildende Großstadt-Expressionismus, der «die Erwartungen des Autors erfüllen sollte»[16]? Angesichts von Hermanns impressionistisch geprägten Beschreibungen, die das atmosphärische Erscheinungsbild des städtischen Umfeldes in seiner spezifischen Beleuchtung und Farbigkeit in den Mittelpunkt stellten und dabei auch ausgesprochen idyllisierende Schilderungen vornehmer Villenanlagen im Grunewald sowie einer «seltsamen, pittoresken Armut» von «allerhand fahrendem Volk» am Stadtrand lieferten, vermag diese Vermutung nicht recht einzuleuchten. Größere Wahrscheinlichkeit hat die These, daß sich Hermann als aufmerksamer Beobachter des zeitgenössischen Kunstschaffens um das einfühlende Verständnis einer sich abzeichnenden neuen Haltung gegenüber dem Thema Stadt bemühte. Er registrierte offenbar das wachsende Interesse von jüngeren Künstlern wie Max Beckmann, Franz Heckendorf und Ludwig Meidner an befremdlichen, im herkömmlichen Sinne häßlichen Stadtmotiven[17] – an unübersichtlichen und ungeordneten Situationen wie Bauplätzen, Stadtrandzonen und Industriegebieten – und versuchte, diese Beobachtung in seine eigene Vorstellung der Stadt als Heimat zu integrieren. Keine Abkehr vom poetischen Berlin-Bild, sondern ein Ringen der Maler um dessen Bereicherung durch das «Neue, Reizvolle und Unentdeckte» sei zu konstatieren, wenn die Künstler die «Kümmerlichkeit» und «Tristesse» des Lebens am Rande der Stadt thematisierten. In seiner ungebrochen optimistischen Deutung des städtischen Wandels als «Spiel», als einer sich ständig neu organisierenden Ordnung, als steter «Szenenwechsel, in dem wir leben und mitagieren», verteidigte Georg Hermann auf eine angestrengt und in ihrer Euphorie letztlich nicht überzeugend klingende Weise seine Vorstellung von einer die Totalität der Stadt als urbane Landschaft erfassenden Heimaterfahrung; eine Erfahrung, die durch die aktuellen Berlin-Darstellungen der jungen Künstlergeneration mit ihrer Metaphorik der Destruktion und Erneuerung, des Auf- und Umbruchs, der Agressivität und Bedrohung immer nachdrücklicher in Frage gestellt wurde.

Rudolf Großmann entfaltete in der Lithographienfolge der Mappe *Um Berlin* eine Sicht der Großstadt, die bei genauer Betrachtung eher als Einspruch denn als Bestätigung des von Georg Hermann entworfenen Bildes verstanden werden mußte.

Die Lithographie auf dem Deckblatt der Mappe, die eine Ansicht des Landwehrkanals mit Blick vom Tempelhofer Ufer auf die sich an der Ostseite ausbreitende Berliner Stadtlandschaft zeigt, war vom Künstler sicherlich mit Bedacht ausgewählt worden. Denn der rechts im Bild erkennbare Anhalter Bahnhof, ein imposanter Hallenbau mit markanten Rundbogenöffnungen, ließ sich als Symbol der anziehenden und abstoßenden Kräfte deuten, die die Erfahrungen des Künstlers in der deutschen Metropole prägten.

«Berlin zieht dich an, nimmt dich ganz in Anspruch; im Nu bist du aber wieder draußen, wie mit Zentrifugalkraft hinausgeschleudert, weggeworfen wie eine alte Zitrone.

Berlin ist stolz auf sein großstädtisches Tempo. Aber meistens siehst du nur Straßenbahnen, Stadt- und Untergrundbahnen [...]; der Berliner Range erklärt dir bereitwilligst, wie du

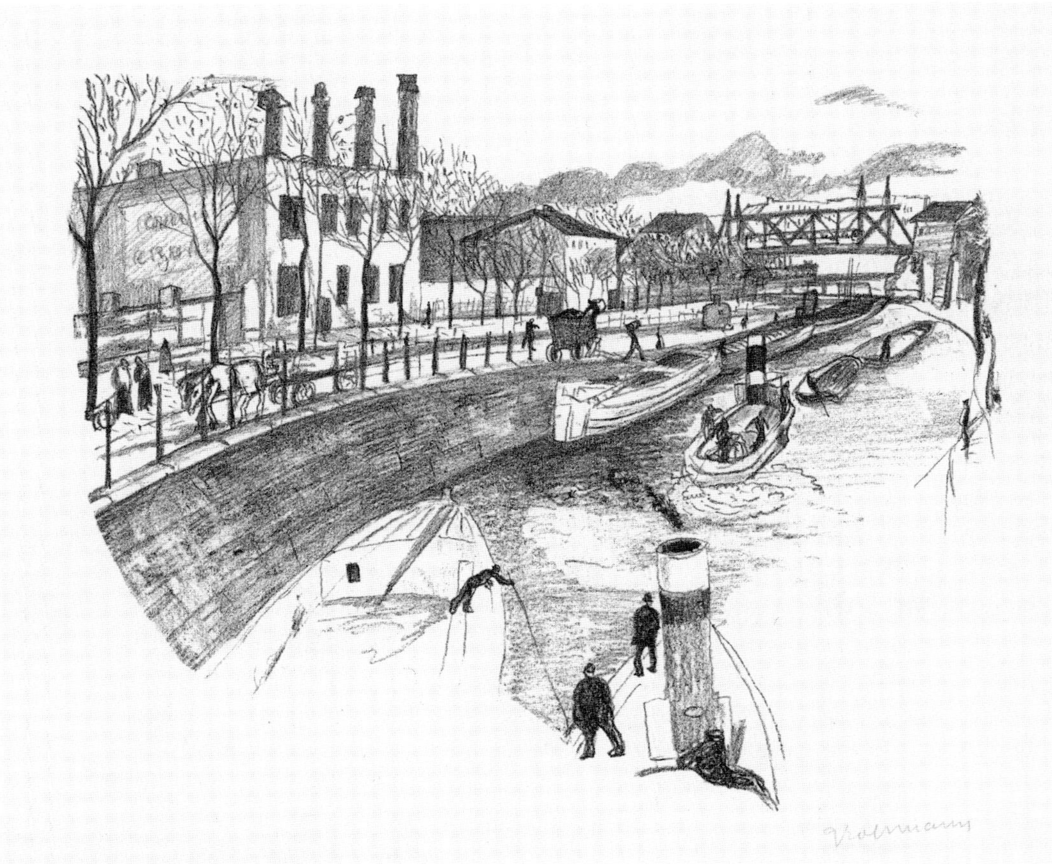

Abb. 80: Rudolf Großmann, Industriegebiet am Landwehrkanal, *Lithographie aus der Mappe* Um Berlin, *1912.*

von der A in die P, von der R in die Q-Bahn umsteigst und schnellstens herumkommst. Sperrst du dich anfangs gegen die Hast eines immer den nächsten Stadtbahnzug erreichen wollenden Kommis, am Schluß läufst du wie jeder mit.»[18]

Ausgiebige Streifzüge durch die vielgestaltige Stadtlandschaft von Paris – die Viertel mit ihrem jeweils spezifischen Gepräge, die verkehrsreichen Boulevards und stillen Straßen, lauschigen Plätze und Parks, die Cafés und Vergnügungsstätten – waren Rudolf Großmann seit 1905 zur selbstverständlichen Gewohnheit und Grundlage seiner künstlerischen Praxis geworden. In Berlin mußte er sich – unter erschwerten Bedingungen – neu orientieren. Denn der Kunst des Flanierens bot die für den Fleiß ihrer Bewohner berühmte deutsche Hauptstadt zu Beginn des 20. Jahrhunderts keinerlei Entfaltungsraum[19]. Auf den Straßen und Plätzen herrschte eine steife, geschäftsmännischhektische Atmosphäre. Selbst in den öffentlichen Parks setzte das starre Reglement des deutschen Obrigkeitsstaates dem individuellen Bedürfnis, gemächlich zu schlendern, zu verweilen und zu beobachten, enge Grenzen[20]. Es ist sicherlich bezeichnend, daß Großmann für die kleine Parkszene, die das Textheft der Mappe *Um Berlin* schmückt, ein Pariser Motiv – eine Ansicht aus dem *Parc des Buttes Chaumont* – wählte[21]. Bei seinen Erkundungsgängen durch die «Welt der Benachteiligten und Enterbten»[22] – die Arbeiterviertel im Berliner Norden und Osten –, die Großmann in Begleitung von Heinrich Zille kennenlernte, wurde dem Künstler die Härte einer dem hastigen Rhythmus des Erwerbslebens vollständig unterworfenen, der Natur weitgehend entfremdeten Großstadt-Existenz in aller Deutlichkeit bewußt. Der Pariser – so hatte es Großmann empfunden – konnte in ein «Häusermeer» eintauchen und sich mit «natürlicher Selbstverständlichkeit» in den «Riesenkosmos der Weltstadt» einfügen. Der Berliner hingegen lebte in einem «Häusergrab» und bewegte sich in einer freudlosen Welt voller Zwänge, der er lediglich bei seinen sonntäglichen Ausflügen ins Grüne, in die ortsnahen Wald-, Fluß- und Seen-Gebiete zu entfliehen vermochte[23]. Während sich die reichen Bewohner in ihre Villen und Landhäuser im Grunewald und am Wannsee zurückzogen, pilgerten die sogenannten kleinen Leute am Sonntag in Scharen zu den Bahnhöfen der Stadtbahn, um sich in die noch ländlich geprägten Vororte befördern zu lassen. Dort ging man spazieren oder wanderte, erprobte den neuen Volkssport, das Fahrradfahren, und natürlich machte man an geeigneten Orten ausgiebig Rast. Wer einen Kleingarten in einer der zahlreichen Laubenkolonien am Stadtrand gemietet hatte, genoß den Aufenthalt in der freien Natur bei der Arbeit auf einem eigenen Stück Erde.

In Paris hatte sich Großmann von der eigentümlich idyllischen Atmosphäre der *banlieue*, der Zone des Übergangs zwischen Stadt und Land, künstlerisch inspirieren lassen. In Berlin erhielt die Darstellung der Landschaft an der Peripherie für den Künstler eine neue, gewichtigere Bedeutung – als Flucht- und Freiraum, in dem die Stadtbewohner ihre Sehnsucht nach Licht, Luft und Sonne, nach blühenden Pflanzen, grünen Bäumen und freier Bewegung zu stillen versuchten. Dieser Sehnsucht setzte Rudolf Großmann in den Lithographien der Mappe *Um Berlin* ein prägnantes, unsentimentales Denkmal. Gleichzeitig registrierte er in seinen Ansichten den Prozeß der fortschreitenden Zerstörung des landschaftlichen Freiraums durch das unorganische, chaotische und rücksichtslose Wachstum der modernen Metropole.

Die Darstellungen der *Landstraße in Zehlendorf* und der von Bäumen gesäumten *Vorortstraße mit Bahnüberführung* betonen die freundliche, geruhsame Stimmung ländlicher Verkehrswege, auf denen Spaziergänger, Wanderer und Radfahrer das Tempo ihrer Fortbewegung selbst bestimmen und so ihre Mitmenschen sowie die natürliche Umgebung im malerischen Spiel von Licht und Schatten intensiv wahrnehmen können. Eine unübersichtliche, alles andere als pittoreske Situation zeigt hingegen die *Vorortlandschaft mit Schrebergärten*. Der Betrachter blickt über ein welliges Kleingarten- und Laubenareal hinweg auf eine von Telegraphenmasten markierte Straße, auf der sich ein Pferdefuhr-

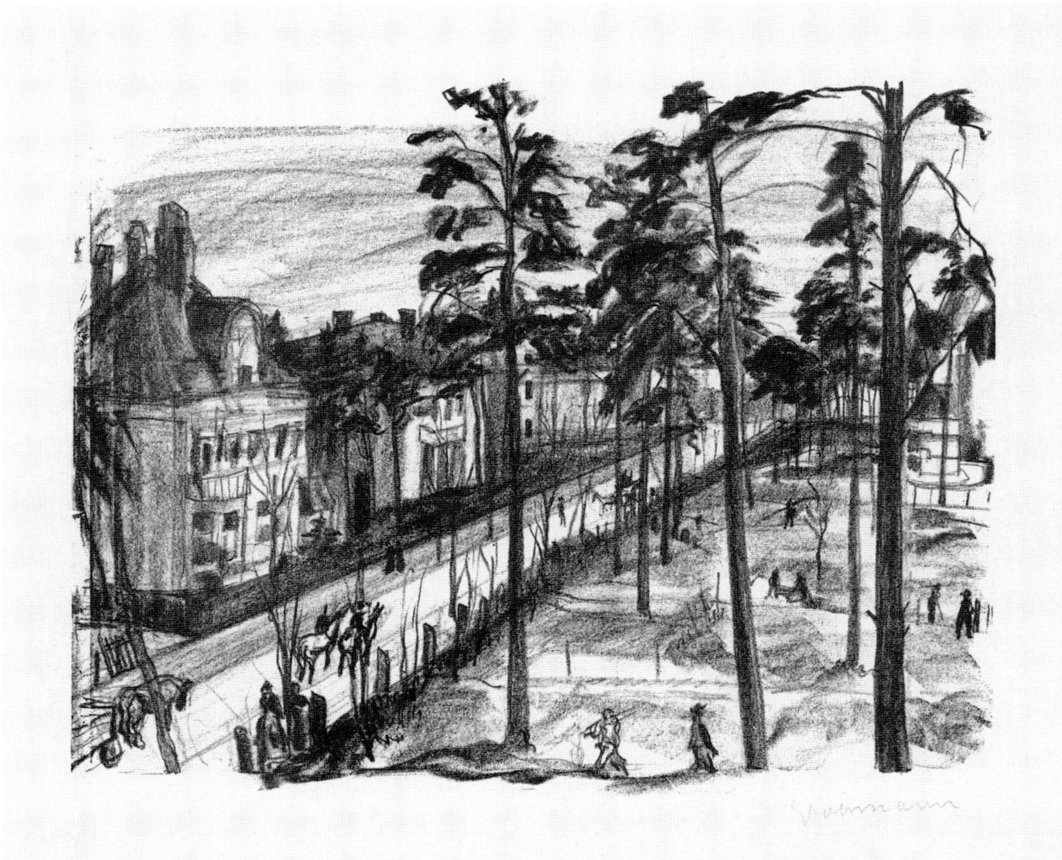

Abb. 81: Rudolf Großmann, Berliner Villenviertel, *Lithographie aus der Mappe* Um Berlin, *1912.*

werk und ein dichter Zug von Fußgängern entlang bewegen. Jenseits der Straße erstreckt sich ein kahles, hügeliges Gelände, das zur linken Seite hin durch einen fest gefügten Bretterzaun begrenzt wird. Hier kündigt sich der Anspruch eines Grundeigentümers auf eine neue Nutzung des Geländes – vermutlich als Bauland – an, dem in absehbarer Zukunft vielleicht auch die noch vorhandenen Gärten und Lauben weichen müssen. Die *Vorortlandschaft mit Bahnübergang* (Abb. 82) zeigt ein ähnliches, möglicherweise sogar dasselbe Motiv aus einer anderen Perspektive. Der Blick fällt von einem erhöhten Standpunkt aus auf eine Gegend, die durch die sich am fernen Horizont abzeichnende Silhouette von Mietshäusern, Fabrikgebäuden, Schornsteinen und einem Gasometer nun eindeutig als Randzone der Großstadt zu erkennen ist. Eine im Sonnenlicht leuchtende Straße, auf der sich zahlreiche Fußgänger bewegen, trifft links im Mittelgrund an einem Bahnwärterhäuschen auf dunkel gezeichnete Eisenbahngleise, die als bildbeherrschende Diagonale schnurgerade in die Tiefe des Raumes führen.

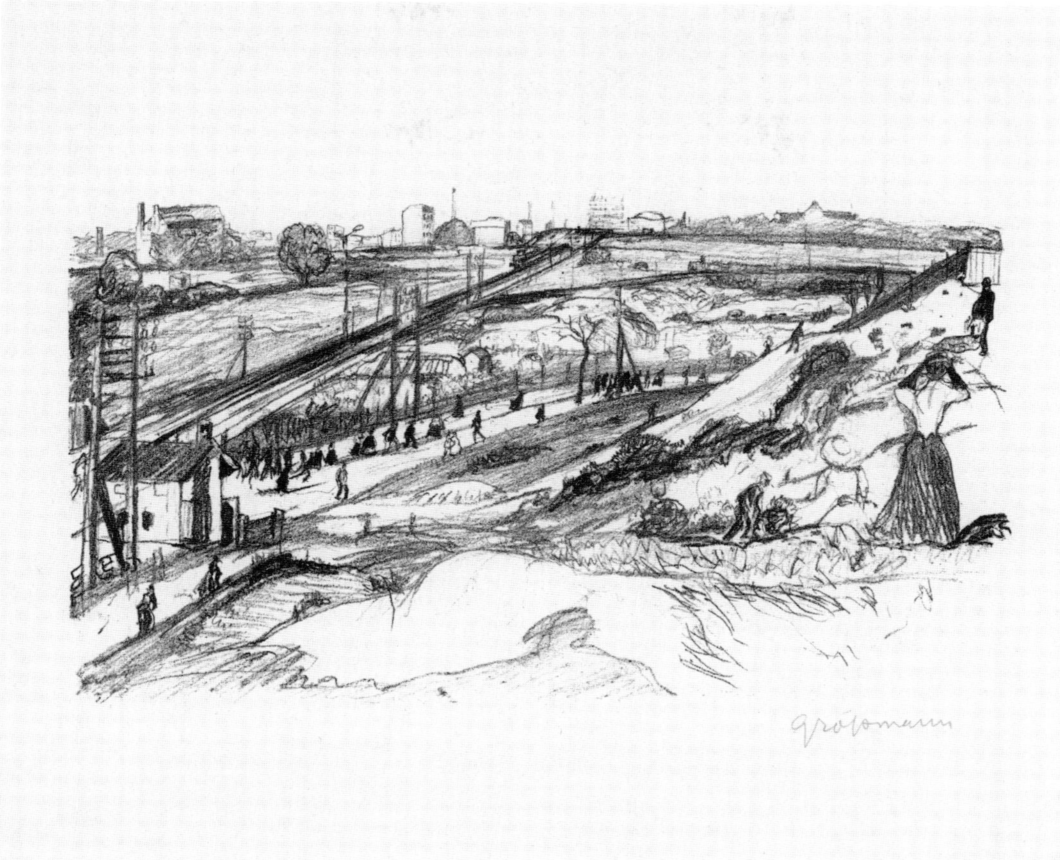

Abb. 82: Rudolf Großmann, Vorortlandschaft mit Bahnübergang, *Lithographie aus der Mappe* Um Berlin, *1912.*

Rechts im Vordergrund sieht man die stehende Rückenfigur einer Frau in städtischer Kleidung, die ihren Hut aufsetzt. Sie macht deutlich, daß die dargestellte Vorstadtzone, die in ihrer Anlage als kultivierte Gartenlandschaft durch Straßen, Gleise, Masten und einen Bauzaun in viele Segmente zerstückelt und damit bereits zur Unkenntlichkeit entstellt erscheint, nach wie vor das Ausflugs- und Erholungsgebiet der Städter ist. In der Lithographie *Gelände am Bahndamm* präsentiert sich die Peripherie vollends als Niemandsland und «unendlich gleichgültige, traurige Gegend»[24]. Links und rechts vom Bahndamm ragen am Horizont einzelne Gebäudekomplexe, Mietshäuser und Fabriken auf. Die vielen, teilweise rauchenden Schornsteine und die geschwärzten Brandmauern lassen die Stadtsilhouette unwirtlich und trostlos erscheinen. Auf dem flachen, kahlen Gelände neben dem Bahndamm sind vereinzelte menschliche Gestalten als kleine, wankende Strichmännchen zu erkennen; im Vordergrund links liegt ein schlafender Mann am Boden. Mit der Betonung der Marginalisierung der Menschen im

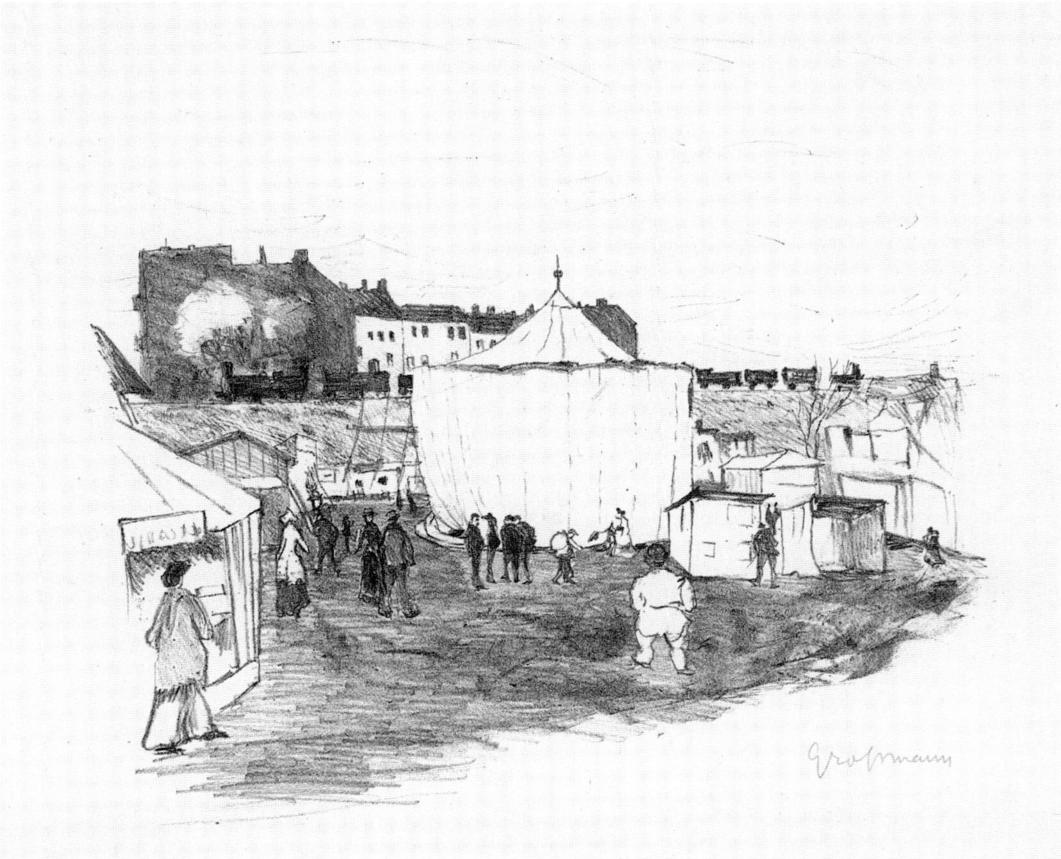

Abb. 83: Rudolf Großmann, Rummelplatz, *Lithographie aus der Mappe* Um Berlin, *1912.*

industriell und technisch geprägten Umfeld der Metropole steht diese Darstellung nahe an der Schwelle jener neuen Interpretation des Großstadtthemas, die sich um 1912 in der Literatur und Malerei des Frühexpressionismus zunehmend deutlicher artikulierte[25].

Großmann sah allerdings nicht nur die inhumanen, zerstörerischen Tendenzen des städtischen Wachstums, sondern auch die positiven Energien kollektiver urbaner Aktivitäten. In der Lithographie *Industriegebiet am Landwehrkanal* (Abb. 80) fügen sich natürliche und technische Elemente – das Wasser und der Himmel, die Schleppdampfer und Kähne, die steinerne Böschung, Uferpfähle, Baumstämme, Industriegebäude, Schornsteine und die in der Ferne als elegante Gitterkonstruktion erkennbare Hochbahnbrücke – zu einem geordneten Ensemble, das nüchtern und zugleich ansprechend erscheint, weil es durch die Bewegungen der arbeitenden Menschen belebt und dynamisiert wird.

Die Frage, ob und wo sich eine das Bestehende transzendierende Vorstellungskraft der Menschen im Lebensraum der modernen Großstadt überhaupt noch entfalten kann, ob sie vielleicht nur noch an abseitigen Orten wie dem *Rummelplatz* (Abb. 83) überlebt[26], ließ Rudolf Großmann in den Lithographien der Mappe *Um Berlin* letztlich offen. Dies entsprach seiner künstlerischen Haltung, die – an der Schwelle vom Impressionismus zum Expressionismus stehend – vielleicht am ehesten als frühe Spielart des «expressiven Realismus»[27] charakterisiert werden kann. Großmann bewunderte die Gemälde der französischen Impressionisten, die er in seinen Pariser Jahren ausgiebig studiert hatte[28]. Sicherlich kannte und schätzte er auch Pierre Bonnards 1899 veröffentlichte Lithographienfolge *Quelques aspects de la vie de Paris*. Diese stellte die «vielgestaltige, immer überraschende Metropole» vor, die «auch in der scheinbar willkürlichen Wahl der Motive schön und aufregend wirkt»[29]. Doch Großmanns Wahrnehmung der Großstadt Berlin widersprach der impressionistischen Sicht – einer Anschauung «voller Freude am Dasein»[30] –, die die Versöhnung von Natur und Zivilisation im atmosphärischen Erscheinungsbild der Stadt feierte. Die Lithographien der Mappe *Um Berlin* thematisieren die für die expressionistische Kunst konstitutive Außenseiter-Erfahrung des modernen Großstadt-Individuums, ohne diese in eine existenzielle Befindlichkeit des Menschen schlechthin umzudeuten. Eine Steigerung der destruktiven Kräfte moderner Zivilisation ins Dämonische und Apokalyptische, wie sie sich in der Literatur und Malerei des deutschen Expressionismus in den Jahren vor dem Ersten Weltkrieg abzeichnete, entsprach nicht Großmanns Lebenseinstellung: «Die große Ewigkeitsgeste liegt mir nicht.»[31]

In ihrer «Stimmung der Stimmungslosigkeit»[32] nehmen Großmanns Lithographien eine Auffassung des Themas Großstadt vorweg, wie sie in vielen Berlin-Ansichten der zwanziger Jahre zu finden ist. Doch während die Stadtbilder der Neuen Sachlichkeit in ihrer nüchternen Unerbittlichkeit oft einen resignativen Ton haben, bleibt im kräftigen und lebendigen Duktus von Großmanns Zeichenstil, der sicher, strukturiert und kontrastreich das Harte, Lineare neben das Weiche, Flächige zu setzen versteht, die künstlerische Zuversicht spürbar, daß sich die Menschen den urbanen Raum auch dort, wo er ihnen fremd erscheint, durch aktiv gestaltendes Eingreifen als Heimat erobern.

Anmerkungen

1 Ausführliche bibliographische Angaben in: Feilchenfeldt/Brandis, Nr. 98.

2 Zu Biographie und Werk von Georg Hermann s. Kerstin Schoor (Hg.): «... Aber ihr Ruf verhallt ins Leere hinein.» Der Schriftsteller Georg Hermann (1871 Berlin – 1943 Auschwitz). Berlin 1999. – Über seine Jahre im Exil s. Laureen Nussbaum (Hg.): Georg Hermann. Unvorhanden und stumm, doch zu Menschen noch reden. Briefe aus dem Exil 1933–1941 an seine Tochter Hilde. Weltabschied, ein Essay. Mannheim 1991.

3 Biographische Angaben in: Slg.Kat. «Von Liebermann zu Pechstein. Kunst der Berliner Secession. Sammlung Stadtmuseum Berlin». Warnsveld 2004, S. 51.
4 Zu Großmanns Anfangszeit in Berlin s. Caspers, S. 89ff.
5 Ludwig Börne in einem Brief von 1828; zit. nach: Eckhardt Köhn: Straßenrausch. Flanerie und kleine Form. Versuch zur Literaturgeschichte des Flaneurs bis 1933. Berlin 1989, S. 14.
6 Werner Hegemann: Das steinerne Berlin. Geschichte der größten Mietskasernenstadt der Welt. Berlin 1930. – Vgl. auch Dominik Bartmann: Das Großstadtbild Berlins in der Weltsicht der Expressionisten. In: Ausst.Kat. «Stadtbilder. Berlin in der Malerei vom 17. Jahrhundert bis zur Gegenwart». Berlin (Berlin Museum) 1987, S. 243–259; S. 244.
7 Arthur Eloesser: Großstadt und Großstädter (1909). In: Ders.: Die Straße meiner Jugend. Berliner Skizzen. Berlin 1987, S. 31.
8 Ebd., S. 32f.
9 August Endell: Die Schönheit der großen Stadt. Stuttgart 1908, S. 47.
10 Karl Scheffler: Berlin. Ein Stadtschicksal. Berlin 1910, S. 200.
11 Ebd., S. 257.
12 Endell (wie Anm. 9), S. 22.
13 Ebd., S. 22f.
14 Ebd., S. 46.
15 Vgl. «Stadtbilder» (wie Anm. 6), Kat.Nr. 112–128.
16 Bartmann (wie Anm. 6), S. 243.
17 Vgl. ebd., Kat.Nr. 129, 136, 138, 157–160.
18 Rudolf Großmann: Manege des Lebens. Berlin 1922, o. S.
19 Harald Neumeyer: Der Flaneur. Konzeptionen der Moderne. Würzburg 1999, S. 144f.
20 Vgl. die Schilderungen von Zeitzeugen in: Dieter und Ruth Glatzer: Berliner Leben 1900–1914. Eine historische Reportage aus Erinnerungen und Berichten. 2 Bde. Berlin 1986, Bd. 1, S. 28ff., 323.
21 Caspers, S. 91.
22 Großmann (wie Anm. 18).
23 Ebd.
24 Irmgard Wirth: Berlin und die Mark Brandenburg. Landschaften. Hamburg 1982, S. 192.
25 Bartmann (wie Anm. 6), S. 250ff.
26 Caspers, S. 95f.
27 Kurt Winkler: Abbilder Berlins – Spiegelbilder der Metropole. Die Darstellung Berlins in der Malerei von 1920 bis 1945. In: «Stadtbilder» (wie Anm. 6), S. 295–324; S. 313f.
28 Friedrich Ahlers-Hestermann: Der deutsche Künstlerkreis des Café du Dôme in Paris (1918). Abgedruckt in: Ausst.Kat. «Matisse und seine deutschen Schüler». Kaiserslauten (Pfalzgalerie) u. a. 1988, S. 23–40, S. 31. Ahlers-Hestermann erinnerte sich an einen Kommentar Großmanns vor einer frühen Landschaft von Renoir: «Eigentlich wundervoll, der Impressionismus, schade, daß man es jetzt nicht mehr darf.»
29 Ausst.Kat. «Die Stadt. Druckgraphische Zyklen des 19. und 20. Jahrhunderts.» Bremen (Kunsthalle) 1974, S. 37.
30 Großmann (wie Anm. 18).
31 Ebd.
32 Paul Westheim über Gustav Wunderwald (1927), zit. in: Ausst.Kat. «Tendenzen der Zwanziger Jahre». Berlin (Neue Nationalgalerie, Akademie der Künste und Orangerie des Schlosses Charlottenburg) 1977, Kap. 4, S. 269.

Wie publiziert man Skulpturen?
Die Kolbe-Monographie von 1913

Ursel Berger

Im Herbst 1913 veröffentlichte Paul Cassirer in seinem Verlag eine Monographie über den Bildhauer Georg Kolbe, den er seit 1904 kunsthändlerisch betreute[1]. Während Cassirer als Galerist Originale präsentierte, stellte er als Verleger Bücher mit Abbildungen nach photographischen Reproduktionen vor. Erst um die Wende zum 20. Jahrhundert war die «technische Reproduzierbarkeit» von Kunstwerken (Walter Benjamin[2]) so ausgereift, daß sich das moderne Kunstbuch entwickeln konnte[3]. Damit erweiterte sich die Ausstrahlung von Kunst auf extreme Weise. Nicht nur die wenigen Menschen, die ein Original zufällig oder bewußt gesehen hatten, konnten sich nun von diesem eine Vorstellung machen, sondern auch diejenigen, die ein Buch durchblätterten. Man könnte annehmen, daß ein Kunsthändler, der sich als Verleger betätigt, besonders daran interessiert sein müßte, Bücher über die von ihm vertretenen Künstler herauszugeben. Dies läge um so näher, als die üblichen Ausstellungskataloge der Galerie Cassirer nur Faltblätter mit Titellisten waren. Künstlerbücher hätten dem Galeriegeschäft also durchaus nützlich sein können.

Es überrascht, daß im Verlagsprogramm von Paul Cassirer Monographien über Maler oder Bildhauer der Galerie nur vereinzelt vorkommen. Absehen kann man in diesem Zusammenhang von den Publikationen mit Originalgraphik, einem besonderen Schwerpunkt des Verlags. Möglicherweise war die Liebe Cassirers zum Original so dominant, daß er der technischen Wiedergabe von Kunstwerken eher mißtraute. Vielleicht entstanden deshalb nur wenige Künstler-Monographien, bei denen es sich außerdem um höchst unterschiedliche Veröffentlichungen handelt: Da gab es das biographische Erinnerungsbuch *Das Leben Walter Leistikows* von Lovis Corinth oder Publikationen über zeichnerische oder graphische Werke von Max Liebermann oder Hermann Struck. Zu den noch gemeinsam von Bruno und Paul Cassirer herausgegebenen Publikationen gehörte 1899 das interessante Buch von Max Liebermann über Edgar Degas. Die nächsten Maler-Monographien erschienen erst in den zwanziger Jahren: 1923 über Edouard Manet von Emil Waldmann und 1925 über Oskar Kokoschka von Paul Westheim[4]. Dazwischen kamen Bildhauer-Monographien heraus: 1905 und 1919 über August Gaul, 1913 über Georg Kolbe.

Auch diese drei Bücher sind äußerst unterschiedlich in Aufmachung, Inhalt und Anspruch. Das frühe Gaul-Büchlein ist ein hübsches, durch sein Querformat auffallendes Bilderalbum mit einem kurzen Vorwort des Kunstschriftstellers Hans Rosenhagen[5]. Die 26 Tafeln geben einen Überblick über das damalige Schaffen August Gauls, jedoch

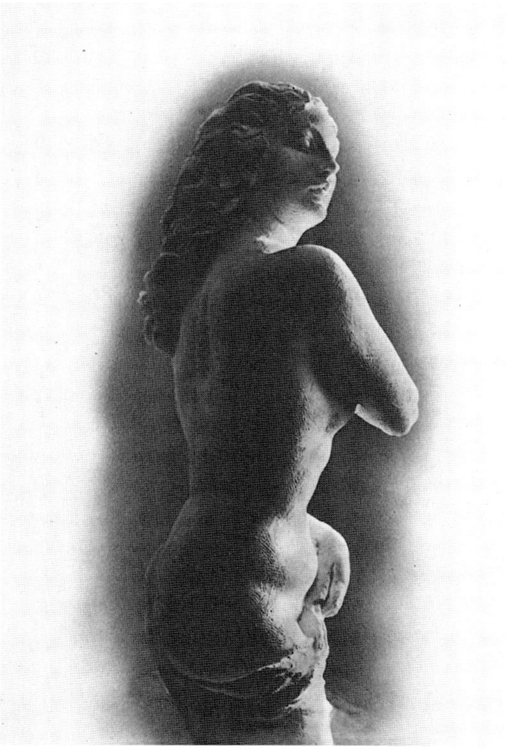

Abb. 84: Bernhard Hoetger, Schauen, *1911, Photo aus: Georg Biermann: Bernhard Hoetger. München (Goltz) 1913.*

können die ziemlich kleinen Abbildungen die handwerkliche Brillanz der Figuren kaum vermitteln. Die Publikation war kein Ausstellungskatalog, man konnte sie jedoch als Lagerkatalog verstehen, denn die abgebildeten Werke waren alle in der Galerie Cassirer zu erwerben. Das zweite Gaul-Buch erschien im Herbst 1919 zum 50. Geburtstag des Künstlers[6], den Cassirer gleichzeitig mit einer Ausstellung feierte, zu der nur ein Faltblatt mit Titelliste herauskam. Wie das Buch bot auch die Galerie-Präsentation einen Überblick über das Werk; deshalb war in der Ausstellung eine größere Zahl von unverkäuflichen Plastiken vertreten, deren festgelegte Auflage schon vergriffen war[7]. Die Abbildungen des Buches stimmen nur etwa zur Hälfte mit den ausgestellten Werken überein. Die Publikation erweist sich somit als durchaus eigenständig, was vor allem auch durch den vorzüglichen Einführungstext von Emil Waldmann garantiert wird. Es handelt sich um ein für die damalige Zeit typisches Kunstbuch: Einem gewichtigen Text folgt ein umfangreicher Tafelteil. Leider läßt auch bei dem zweiten Gaul-Buch die Bildqualität zu wünschen übrig. Die Abbildungen sind meist kleiner als der Satzspiegel, und die Druckqualität ist vielfach mangelhaft.

Zu erwähnen ist auch noch ein weiteres Bildhauer-Buch des Verlags: die 1915 erschienene Publikation über die Skulpturen Bernhard Hoetgers im Platanenhain in Darmstadt[8]. Das Hauptwerk dieses Bildhauers, der nur kurzfristig mit dem Kunsthändler Cassirer in Verbindung stand[9], wird in einem Büchlein vorgestellt, das vor allem durch einen langen, aber extrem klein gesetzten Text von Hans Hildebrandt auffällt. Auch hier sind die Photographien wenig aussagekräftig.

Im Vergleich zu diesen drei Bildhauer-Büchlein erscheint die Kolbe-Publikation von 1913 geradezu als ein Prachtband[10]. Allein schon das große Format – annähernd doppelt so groß wie die Vergleichswerke – zeichnet sie aus. Wenn man allerdings auf den Text schaut, dann steht das Kolbe-Buch hinter den anderen zurück; es enthält nur ein kurzes Vorwort des Künstlers. Aus einem Brief Kolbes an seinen Freund Hermann Schmitt geht hervor, daß diese Einführung ursprünglich länger ausfallen sollte. Am 23. Juni 1913 schrieb Kolbe:

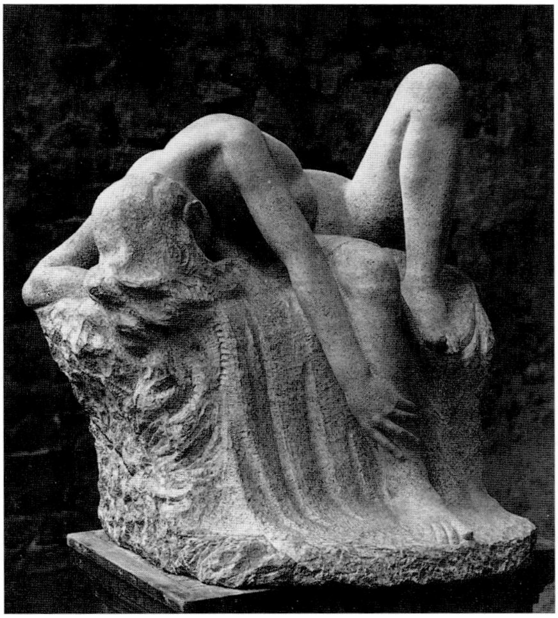

Abb. 85: Georg Kolbe, Brunnenfigur, *1908, Kalkstein,* Verbleib unbekannt.

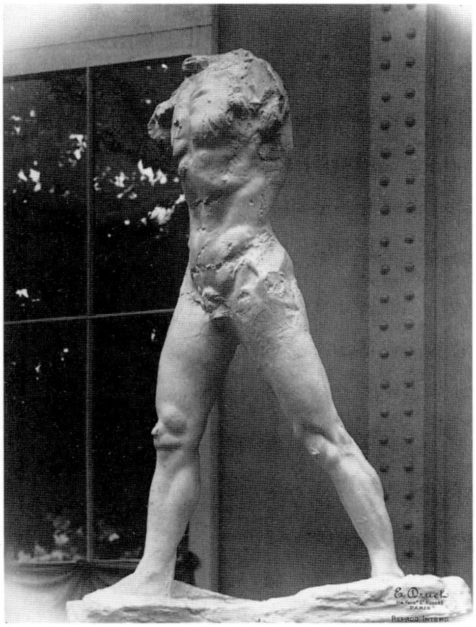

Abb. 86: Auguste Rodin, Der Schreitende, *Photo von Eugène Druet.*

> «Das Buch bei Cassirer soll noch vor meiner Reise fertig werden, allerdings erst im Herbst zur Ausgabe gelangen. Es hat noch so viele Mühe gekostet u. ist am Ende doch eine verfehlte Sache. Du wirst diese Bauchkrampfstimmung noch im Gedächtnis haben, als wir das Vorwort bauten – Es ist nun bitter bescheiden geworden. Ich lege Dir [...] die ärmlichen Sätze bei, 9 von denen wir sprachen. Der Anfang ist gestrichen worden, weil er ein Lob auf das Unternehmen enthielt – Sei milde!»[11]

Der kunstsinnige Jurist Hermann Schmitt, den Kolbe um die Jahrhundertwende in Italien kennengelernt hatte und der später im sächsischen Kultusministerium tätig war, hatte 1904 den ersten gewichtigen Artikel über den jungen Künstler veröffentlicht[12]. Dieser Freund hatte dem Bildhauer offensichtlich während seines Berlin-Besuchs April–Mai 1913 bei der Abfassung des Vorworts geholfen. Der gemeinsame Entwurf wurde – sicherlich auf Veranlassung Cassirers – gekürzt, übrig blieben zehn Sätze. Wegfallen mußte das «Lob auf das Unternehmen», also die Anpreisung des eigenen Buches. Daraus kann man wohl schließen, daß der Künstler die treibende Kraft für das Erscheinen dieser Publikation gewesen war und daß er dieses Projekt höher einschätzte als der Verleger. Somit liegt auch die Vermutung nahe, Kolbe sei für die Besonderheiten dieses Buches verantwortlich gewesen.

Daß das Vorwort so kurz ausfiel, mochte der Künstler wohl verschmerzen, ging es ihm doch vorrangig um die Abbildungen. Diese sind auf glattes Kunstpapier ge-

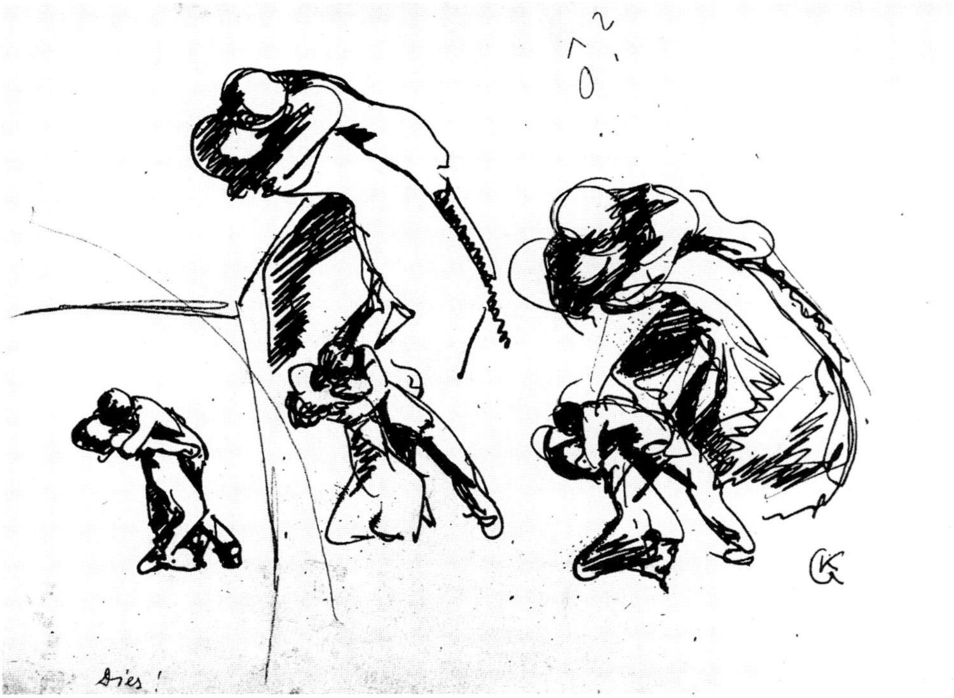

Abb. 87: Georg Kolbe, Bewegungsstudien, *um 1908, Federzeichnung, Georg-Kolbe-Museum, Berlin.*

druckt und eingeklebt. Sie kommen so viel besser zur Geltung, als wenn sie mit dem Text zusammen gedruckt worden wären. Die «tadellosen Abbildungen» lobte der *Berliner Lokal-Anzeiger* in seiner Besprechung[13]. Es kann vermutet werden, daß die Herstellung so hochwertiger Wiedergaben kompliziert war. Obwohl das Buch im Sommer 1913 fertiggestellt war und im Herbst erschien, enthält es kein einziges Werk aus jenem Jahr. Redaktionsschluß für den Abbildungsteil war also offenbar schon (Ende) 1912.

Die wichtigste Grundlage für die Publikation waren die Photographien der Plastiken. Schon von den Anfängen seiner Bildhauertätigkeit an bemühte sich Kolbe um eine gute Photodokumentation seiner Werke, was für einen jungen, nicht vom Erfolg verwöhnten Künstler eine extreme finanzielle Belastung war. In Leipzig und Berlin hatte er verschiedene Berufsphotographen engagiert, bis er schließlich in einem Freund, einem Photographie-Dilettanten, den für ihn geeignetsten Photographen fand. Im Vorwort zum Cassirer-Buch schrieb er: «Die vorzüglichen photographischen Aufnahmen sind das Ergebnis eingehender Versuche eines Freundes. Für seine Bemühungen bin ich ihm zu großem Dank verpflichtet.» Dieser Freund war Ludwig Schnorr von Carolsfeld, ein Nachfahre des romantischen Malers Julius Schnorr von Carolsfeld. Er war als Kunsthistoriker am Berliner Kunstgewerbemuseum tätig. Auch ihn hatte Kolbe um die Jahr-

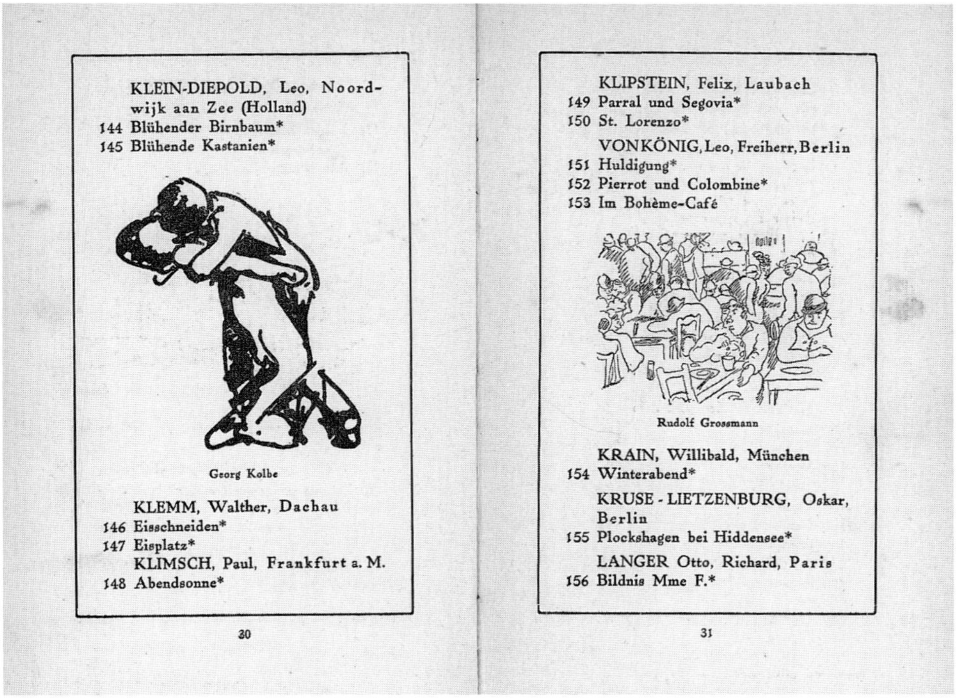

Abb. 88: Katalog der Berliner Secession, *1910, mit Zeichnung von Georg Kolbe.*

hundertwende in Italien kennengelernt. 1907 begann Schnorr seine photographischen Versuche in Kolbes Atelier[14].

Anders als das Photographieren von Gemälden oder Graphiken ist die Wiedergabe plastischer Werke eine schwierige Aufgabe, die zu höchst unterschiedlichen Ergebnissen und damit zu differierenden Interpretationen führen kann. In der Bildhauerphotographie hatte sich im 19. Jahrhundert ein klares Schema herausgebildet: Weiße Skulpturen (aus Gips oder Marmor) wurden vor dunklem Hintergrund abgelichtet, dunkle Bronzen dagegen vor weißer Wand. Damit erreichte man eine besondere Klarheit der Konturen. Das rundplastische Werk wurde auf eine Ansicht festgelegt; es erscheint als Reliefbild gemäß der damals hoch geschätzten Theorie Adolf von Hildebrands[15].

Vor allem im Umkreis von Auguste Rodin wurde nach neuen photographischen Konzepten gesucht. Der Amateurphotograph Eugène Druet bezog bei seinen Aufnahmen das Atelierumfeld mit ein. Die Figuren erhalten dadurch Räumlichkeit und eine Aura, die über sie hinausstrahlt[16]. Wichtig war außerdem, daß die Plastiken aus mehreren Blickwinkeln aufgenommen wurden. Als Georg Kolbe 1908 nach Paris reiste, besuchte er auch das Atelier Rodins in Meudon. Von dort brachte er sowohl Photographien als auch eine reich bebilderte Publikation über das Werk seines großen Vorbildes mit[17]. Ein Photo von Rodins *Schreitendem* (Abb. 86) hing in Kolbes Atelier[18].

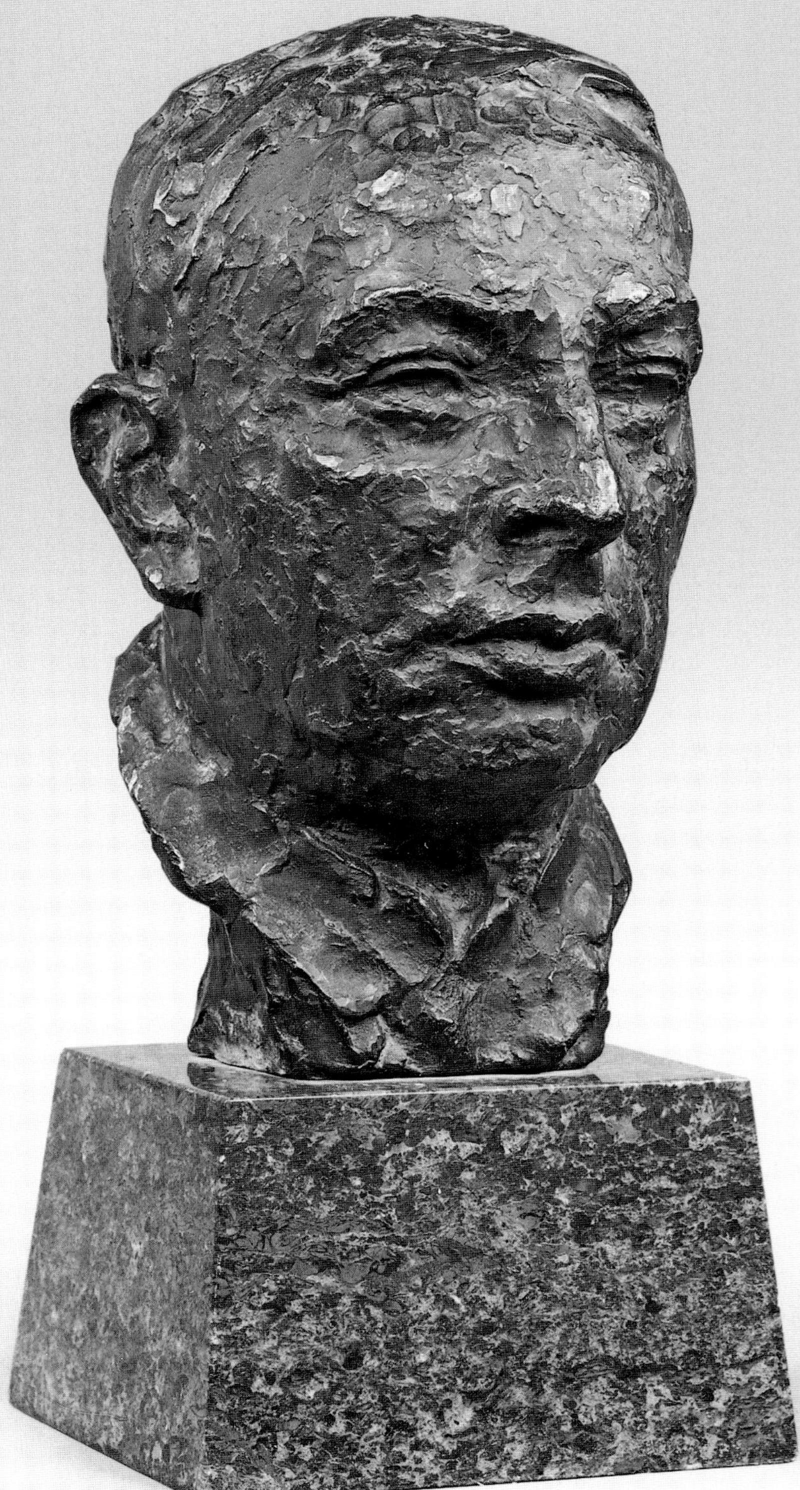

Bei ihren Photographier-Versuchen haben sich Kolbe und Schnorr von Carolsfeld offensichtlich von Eugène Druets Rodin-Photographien inspirieren lassen. Die Gipsfiguren und Bronzen Kolbes wurden im Atelier oder in dem benachbarten kleinen Hof aufgenommen (Abb. 85, 90); zu einigen frei aufgestellten Plastiken reiste Schnorr mit seiner Plattenkamera an[19]. Die weichen, atmosphärischen Aufnahmen entsprechen bestens dem Charakter von Kolbes damaligem Stil, in dem junge Menschen mit empfindsam wirkenden Haltungen und Gesichtern gezeigt werden. «Etwas Schlankes und Sehnsüchtiges ist in den Linien seiner jugendlichen Leiber», las man in einer Kritik des Buches[20]. Allerdings ist die atmosphärische Wirkung, die die Photographien auszeichnet, in mehreren Abbildungen des Buches nicht ganz so deutlich, einerseits durch die Beschneidung der Aufnahmen auf das Motiv, andererseits durch die Einbeziehung von einigen eher untypischen Photos mit dunklem Hintergrund.

Im Vorwort schrieb Kolbe: «Da der größte Teil meiner Arbeiten Probleme der Rundplastik darstellt, müßte man freilich, um sie zu erklären, viele Ansichten des gleichen Gegenstandes zeigen können. Das würde ins Endlose führen, auch wünschte ich nicht, den Eindruck zu großer Wichtigkeit zu erwecken.» Hier vermeint man ein Echo der Diskussionen zwischen Künstler und Verleger zu hören. Kolbe, der sich explizit gegen die Hildebrandsche Lehre aussprach – «Eine Skulptur ist vielseitig. Hildebrands Theorie verstehe ich nicht.»[21] – war daran interessiert, seine Plastiken in mehreren Ansichten aufnehmen zu lassen. Höchstwahrscheinlich hätte er gerne ganze Bilderreihen publiziert. Immerhin sind mehr als die Hälfte der Plastiken in der Publikation in zwei unterschiedlichen Ansichten präsentiert, was für die damalige Zeit nicht üblich war; in den Gaul-Büchern etwa findet man dies nicht. Daß diese Besonderheit des Kolbe-Buches auf den Künstler zurückgeht, wird dadurch belegt, daß die ambitioniertesten der späteren Publikationen über Kolbe daran anknüpfen[22]. Auch aus diesem Blickwinkel zeigt sich der Wert dieses ersten Kolbe-Buches, das entgegen der skeptischen Voraussage des Künstlers ganz und gar nicht «eine verfehlte Sache» war.

Sein Stellenwert zeigt sich im Vergleich mit zwei ebenfalls im Herbst 1913 erschienenen Bildhauer-Monographien. Rainer Maria Rilkes illustrierte Rodin-Ausgabe im Insel-Verlag ist das berühmteste Buch, das in deutscher Sprache über einen Plastiker veröffentlicht wurde[23]. Seine Wertschätzung verdankt es den (älteren) Texten von Rilke; die poetischen Abbildungen, die überwiegend von Eugène Druet stammen, haben jedoch zur Wirkung beigetragen. Die Vorbilder für die Kolbe-Aufnahmen von Schnorr von Carolsfeld wurden damals also gleichzeitig mit dem Kolbe-Buch ins Blickfeld gerückt. Vergleichbar ist auch, daß mehrere Plastiken in zwei unterschiedlichen Ansichten vorgestellt werden. Übrigens war die Druckqualität in der ersten Auflage des Rilke-Buches nicht befriedigend[24]. Mehrere Abbildungen wurden durch Retuschen geklärt, wodurch die atmosphärische Stimmung verloren ging.

Abb. 89: Georg Kolbe, Bildnis Paul Cassirer, *1925, Bronze, Georg-Kolbe-Museum, Berlin.*

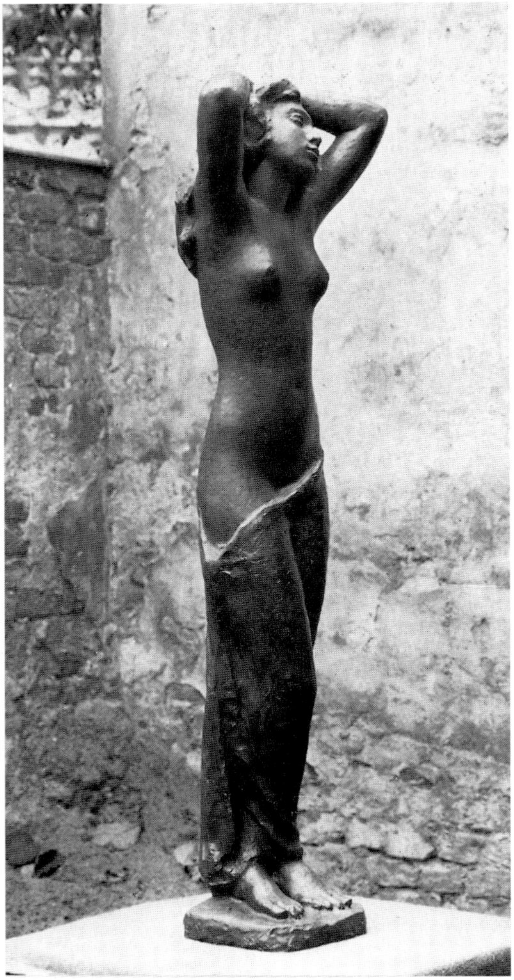

Abb. 90: Georg Kolbe, Gartenfigur, Verbleib unbekannt.

Das prachtvollste Buch, das damals über einen Bildhauer publiziert wurde, galt weder Rodin noch Kolbe, sondern Bernhard Hoetger[25]. Der großformatige Band ist insofern mit dem Cassirer-Buch zu vergleichen, als auch er von einem Galeristen herausgegeben wurde: *Verlag Neue Kunst Hans Goltz*, München[26]. Er enthält eine Einführung von Georg Biermann; das Hauptgewicht liegt jedoch bei den Abbildungstafeln, die auf dicken Karton gedruckt wurden. Sie erwecken den Eindruck von Kostbarkeit und erinnern an alte Heliogravüren; sie sind jedoch nicht im Tiefdruck entstanden. Das auffallendste Kennzeichen ist, daß die zugrundeliegenden Photographien stark bearbeitet worden sind. Die Plastiken erscheinen jeweils von einer dunklen Wolke hinterfangen; in die Reproduktionen wurde von der *Münchner graphischen Gesellschaft Pick & Co.* eine künstliche Aura eingearbeitet[27]. «Hoetgersche Plastiken sind wie Erscheinungen aus einer anderen Welt», sie atmen «den Duft des Weltfernen, den Zauber aller Jahrhunderte in seiner feinsten Essenz»; so stimmte Georg Biermann den Betrachter des Buches ein[28]. Auffallend ist, daß es in den drei wichtigen Bildhauer-Büchern, die im Herbst 1913 erschienen sind, darum ging, den Abbildungen plastischer Kunstwerke eine eigene Aura zu verleihen[29] (Abb. 84).

Wie kam es dazu, daß Paul Cassirer ein ambitioniertes Buch über den Bildhauer Georg Kolbe veröffentlichte, der ihm persönlich nicht besonders nahe stand, anders als die Bildhauer Ernst Barlach und vor allem August Gaul? In den vorangegangenen Jahren waren Werke Kolbes immer wieder in Ausstellungen der Galerie vertreten gewesen, meist jedoch mit mäßigem Erfolg. Es war noch nicht lange her, daß Kolbes Schulden bei Cassirer Gesprächsthema unter den Kollegen waren. Max Beckmann vermerkte 1909 in seinem Tagebuch, es seien 10 000 Mark; Emil Nolde verzeichnete im Folgejahr sogar 15 000 Mark[30]! Die Abrechnungsbücher der Galerie Cassirer machen nicht den Eindruck, als ob sich danach die Lage grundsätzlich gebessert hätte. Was sich jedoch geändert hatte, war das Ansehen Kolbes in der Öffentlichkeit: Er war inzwischen zum

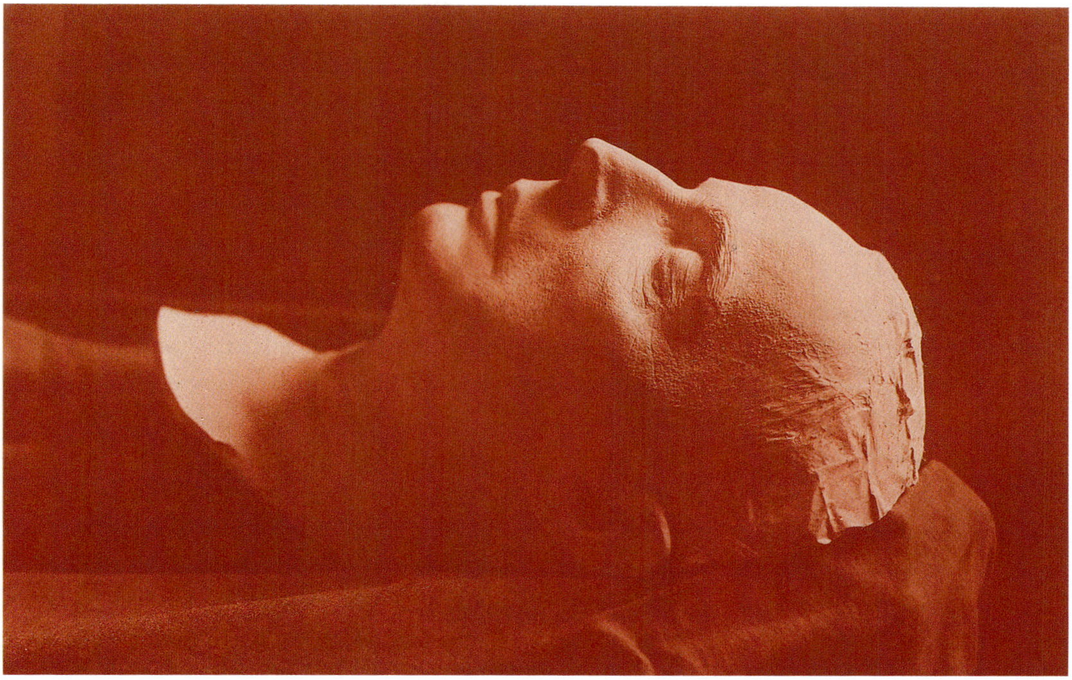

Abb. 91: Georg Kolbe, Totenmaske Paul Cassirer, 1926, Frontispiz: Harry Graf Kessler, In memoriam Paul Cassirer, Cranach-Presse *1926.*

anerkanntesten deutschen Bildhauer avanciert. Vor allem der Triumph seiner berühmtesten Figur, der *Tänzerin*, in der Ausstellung der *Berliner Secession* 1912, hatte seinen endgültigen Durchbruch gebracht. Diese Figur bezeichnete Adolf Behne später als «ein holdes Wunder»; von «seliger Beglückung» berichtete Paul Westheim in seiner Ausstellungskritik[31]. Gekrönt wurde der Erfolg mit dem Ankauf durch die Berliner Nationalgalerie, wo die Bronze sofort zu einem der Lieblingswerke des Publikums avancierte. Ernst Barlach kommentierte resigniert: «In der Nationalgalerie ist Kolbe der letzte Trumpf, das Äußerste an Zugeständnis ans Neuere.»[32] Kolbe war seit 1912 in aller Munde; der Zeitpunkt für eine Publikation war also gut gewählt.

Wie die Finanzierung des in der Herstellung sicher nicht preiswerten Buches vor sich ging, ist nicht zu klären. Es sieht zumindest so aus, daß Kolbe, der anders als Barlach und Gaul keinen Exklusivvertrag mit Cassirer hatte und somit auch direkt mit Sammlern verhandeln konnte, damals vermehrt Atelierverkäufe über Cassirer abgewikkelt hat.

Das Buch war zwar nicht zu einer Ausstellung erschienen, es war auch kein Lagerkatalog, denn es enthielt etliche unverkäufliche Unikate. Allerdings waren mehrere Werke mit «Verlag Paul Cassirer» ausgewiesen, diese wurden vom Kunsthändler exklusiv angeboten. Man konnte sich über das neueste Schaffen des Bildhauers informieren und registrierte gleichzeitig das Angebot der Galerie Cassirer. Dies macht ein Exemplar besonders deutlich, in dem handschriftlich Verkaufpreise notiert sind. Im Vorwort hatte Kolbe geschrieben: «Eine Zusammenstellung soll es für den Kunstsammler sein, eine Orientierung für den Liebhaber.»

Es ist zu vermuten, daß die Hoffnungen, die sowohl der Verleger-Kunsthändler wie auch der Künstler in die Publikation setzten, nicht ganz erfüllt wurden, was vor allem daran lag, daß ein Dreivierteljahr später der Erste Weltkrieg ausbrach. Das Kolbe-Buch hat sich wohl nicht sehr gut verkauft, es ist auf dem antiquarischen Markt selten vertreten, aber auch Kolbes Figuren der Jahre 1911–13, obwohl es die schönsten in seinem Gesamtwerk sind, wurden nur in geringer Zahl hergestellt. So wurde zum Beispiel die Bronze Gartenfigur, die der Verlag Cassirer anbot, nur zweimal gegossen und verkauft; beide Güsse sind verschollen (Abb. 90). Bei der *Japanerin* von 1911 jedoch war nach wenigen Jahren die Auflage von zehn Güssen verkauft[33].

Die Veröffentlichung des Buches 1913 war eine Episode in der zwanzigjährigen Bekanntschaft und Zusammenarbeit zwischen Georg Kolbe und Paul Cassirer. Da beide im Berliner Tiergartenviertel arbeiteten und wohnten und auch zum Teil den gleichen Freundeskreis hatten[34], werden sie sich häufig gesehen und gesprochen haben[35]. Schreiben mußten sie sich nicht, deshalb gibt es keine direkten schriftlichen Quellen. Mit dem Kunsthändler Cassirer hatte Kolbe durchgehend zu tun, hin und wieder auch mit dem Verleger. So läßt sich zum Beispiel im Kolbe-Nachlaß nachvollziehen, wie es zu den gezeichneten Vignetten in den von Cassirer herausgegebenen *Secessions*-Katalogen kam. Auf einem Blatt mit mehreren kleinen Skizzen ist eine Darstellung ausgegrenzt und von Kolbe beschriftet: «Dies!» Und genau diese Skizze wurde dann im Katalog der Frühjahrsausstellung 1910 (Abb. 87–88) abgedruckt.

Bei Cassirers Druckgraphik-Editionen war Kolbe nur in geringem Maße beteiligt. Die Weltkriegsthematik von *Kriegszeit* und *Bildermann* lag ihm nicht; er steuerte nur eine einzige Lithographie bei, in der er seine eigene Ausbildung als Flieger thematisierte[36]. Nur widerstrebend hatte er sich auf Drängen Cassirers mit der Technik der Kaltnadelradierung auseinandergesetzt; 1924 veröffentlichte Cassirer eine Reihe mit Aktstudien[37] (Vgl. den Beitrag von Josephine Gabler, S. 215–227).

Relativ eng war die Verbindung zwischen Künstler und Kunsthändler in dessen letzten Lebensjahren. Als 1925 die Aufstellung von Kolbes Büste des verstorbenen Reichskanzlers Friedrich Ebert im Reichstag auf der Grundlage eines Gutachtens von Hugo Lederer abgelehnt wurde, bewies Paul Cassirer seine Wertschätzung des Porträtisten, indem er sich selbst porträtieren ließ (Abb. 89). Kurzfristig schob er eine Kolbe-Sonderausstellung in seiner Galerie ein, in der er zahlreiche Bildnisse – auch sein eigenes – zeigte[38]. Wenig später oblag es Kolbe, Paul Cassirer die Totenmaske abzunehmen (Abb. 91). Adolf Donath widmete dieser Maske im *Berliner Tageblatt* eine eigene Besprechung:

«Mit menschlich-künstlerischer Hingebung hat Georg Kolbe seinem Freunde Paul Cassirer die Totenmaske abgenommen. Vier Stunden nach der Katastrophe war es. Noch war die Erstarrung nicht da, noch schien der Körper warm zu sein. Als wir heute die Totenmaske sahen, empfanden wir: es ist wie ein letztes Vibrieren der Lebenslust eines Menschen, der vor der Tat nicht zurückschreckte und den Schmerz mit Verachtung ertrug. [...] Aus einem Werk des Todes schuf hier die Meisterhand Kolbes ein Bildwerk des fortwährenden Lebens.»[39]

Der Bildhauer, der schon einen Entwurf für die Grabplatte des 1919 durch Freitod verstorbenen Sohnes Peter Cassirer gemacht hatte[40], gestaltete nun die Grabstelle des Kunsthändlers auf dem – konfessionslosen – Friedhof Heerstraße am Westrand Berlins; wenige Grabstellen daneben wird 1947 Kolbe selbst bestattet werden.

In der langen Geschichte der Verbindung von Paul Cassirer und Georg Kolbe bildeten die Jahre vor dem Ersten Weltkrieg den Höhepunkt. Es war im Werk des Künstlers die glücklichste Phase seiner Entwicklung. Er blieb Paul Cassirer stets dafür dankbar, daß dieser ihn als jungen Künstler gefördert hatte. Besonders wichtig war, daß Cassirer es ermöglichte, sein harmonisches Frühwerk in einem anspruchsvollen Buch vorzustellen. Ein Rezensent hatte damals kommentiert: «Jeder Kunstfreund wird an dieser Auswahl seine helle Freude haben.»[41]

Anmerkungen

1 Vgl. Ursel Berger: Paul Cassirer und seine Bildhauer. In: Thieme/Probst, S. 47–62.

2 Walter Benjamin: Das Kunstwerk im Zeitalter seiner technischen Reproduzierbarkeit. Frankfurt/M. 1972.

3 Erst um 1900 war es möglich geworden, Photographien zufriedenstellend und preisgünstig zu klischieren. Im 19. Jahrhundert waren Abbildungen von Reproduktionsgraphikern hergestellt worden. Ein interessantes Dokument dieses Umbruchs ist die Rodin-Monographie von Léon Maillard, die 1899 in Paris erschien: Die Abbildungen sind zur einen Hälfte Nachstiche, zur anderen klischierte Photos.

4 Feilchenfeldt/Brandis, Nr. 37, 49, 50, 129, 58, 130, 202, 210.

5 Hans Rosenhagen: August Gaul. Bildwerke. Berlin 1905. – Feilchenfeldt/Brandis, Nr. 62.

6 Emil Waldmann: August Gaul. Berlin 1919. – Feilchenfeldt/Brandis, Nr. 201.

7 Die Gaul-Nachlaß-Verwaltung (Curt Reinheldt und Erben) hielt sich später nicht mehr an die festgelegten Auflagenhöhen; bis heute wird weitergegossen.

8 Hans Hildebrandt: Der Platanenhain. Ein Monumentalwerk Bernhard Hoetger's. Berlin 1915. – Feilchenfeldt/Brandis, Nr. 99.

9 Im Folgejahr hatte B. Hoetger eine Einzelausstellung in der Galerie, s. Berger (wie Anm. 1), Abb. 39.

10 Georg Kolbe: Bildwerke. Berlin 1913. – Feilchenfeldt/Brandis, Nr. 113.

11 Archiv des Georg-Kolbe-Museums, Berlin.

12 Hermann Schmitt: Georg Kolbe. In: *Zeitschrift für bildende Kunst*, Januar 1904, S. 7382.

13 *Berliner Lokal-Anzeiger* vom 6. Dezember 1913

(Zeitungsausschnitt im Archiv des Georg-Kolbe-Museums, Berlin).

14 In einem Brief vom 17. Mai 1907 an Hermann Schmitt beklagt sich Kolbe über seinen damaligen Photographen und fügt an: «Aber nach Pfingsten soll Schnorr antreten, er photographirt gern und gut» (Archiv des Georg-Kolbe-Museums, Berlin).

15 Adolf Hildebrand: Das Problem der Form in der bildenden Kunst. Straßburg 1893. – Vgl. auch die Abbildungen in: Alexander Heilmeyer: Adolf Hildebrand. Bielefeld/Leipzig 1902.

16 Anne Ganteführer: Zwischen Dokumentation und Inszenierung. Eugène Druets Sichtweise auf die Skulpturen Rodins. In: Ausst. Kat. «Licht und Schatten. Rodin-Photographien von Eugène Druet». Berlin (Georg-Kolbe-Museum) 1994, S. 8–21.

17 In Kolbes Bibliothek erhalten: Editions de «La Plume»: Auguste Rodin et son Œuvre. Paris 1900.

18 Ausst.Kat. «Licht und Schatten» (wie Anm. 16), Abb. S. 55.

19 Zum Beispiel reiste er zum Heine-Denkmal in Frankfurt/M., wie Kolbe am 29. November 1913 an Rudolf Alexander Binding schrieb: «Mittwoch hoffe ich das Denkmal aufgebaut zu haben, dann kommt Donnerstag ein Freund mit einer Riesen-Camera, um die Photos zu machen» (Privatbesitz).

20 *Zeitung Breslau* (?), 1. März 1914 (Zeitungsausschnitt im Archiv des Georg-Kolbe-Museums).

21 Georg Kolbe: Begleitwort, in: *Deutsche Kunst und Dekoration* 27. Januar 1924, S. 195–202, hier S. 196.

22 Wilhelm Reinhold Valentiner: Georg Kolbe. München 1922 (noch größer im Format, enthält ebenfalls Mehrfachansichten in Photographien von Schnorr von Carolsfeld). – Georg Kolbe. 100 Lichtdrucktafeln. Marburg 1931 (noch sehr viel luxuriöser, enthält zahlreiche Mehrfach-Ansichten).

23 Ursel Berger: «Ein ganz herrliches Buch» oder «Gefäß für abgestandene Texte»? Die illustrierte Ausgabe von Rilkes Rodin-Buch im Insel-Verlag. In: Ausst.Kat: «Rainer Maria Rilke und die bildende Kunst seiner Zeit». Hg. von Gisela Götte und Jo-Anne Birnie Danzker. München (Villa Stuck) u. a. 1996, S. 119–127.

24 Der Verleger Anton Kippenberg schrieb am 6. November 1913 an Rilke: «Der Drucker der Bilder hat das Buch mehr oder minder verdorben» (ebd., S. 123).

25 Georg Biermann: Bernhard Hoetger. Der Künstler und sein Werk. München 1913.

26 Vermutlich hat nicht die Galerie diesen Prachtband finanziert, sondern Hoetgers damaliger Mäzen, der Großherzog Ernst Ludwig von Hessen (frdl. Mitteilung von Arie Hartog).

27 Etliche dieser Photos waren kurz vorher auf ganz andere Weise veröffentlicht worden: mit neutral schwarzem oder grauem Hintergrund retuschiert: Georg Biermann: Bernhard Hoetger. In: *Die Kunst für Alle*, Juni 1913, S. 385–397 (Abb. bis S. 407).

28 Biermann (wie Anm. 25), S. 25.

29 Benjamin (wie Anm. 2) wird später behaupten, der technisch-photographischen Reproduktion eines Kunstwerkes fehle die «Aura».

30 Max Beckmann: Leben in Berlin. Tagebuch 1908–1909. München 1986, S. 29. – Emil Nolde: Jahre der Kämpfe. Berlin 1934, S. 139.

31 Vgl. Ursel Berger: Georg Kolbe – Leben und Werk. Mit dem Katalog der Kolbe-Plastiken im Georg-Kolbe-Museum. Berlin 1990, S. 43f.

32 Ernst Barlach an Arthur Moeller van den Bruck, 15. März 1913, in: Barlach, Briefe 1968, Bd. I, S. 411.

33 Berger (wie Anm. 31), Kat. 13.

34 Zu Kolbes Freunden und Förderern gehörten zum Beispiel zwei wenig bekannte Autoren des Paul Cassirer Verlags: Anton Mayer und Johannes Guthmann.

35 Manchmal begegnete man sich sogar mehrmals am Tag, wie zum Beispiel am 9. Juli 1913, als Cassirer Kolbe zu sich «berief» und ihm abends erneut im *Café des Westens* be-

gegnete (vgl. den Brief G. Kolbes an Curt Herrmann vom 11. Juli 1913, in: Thomas Föhl: Curt Herrmann. Briefe. In: Curt Herrmann 1854–1929. Ein Maler der Moderne in Berlin. Hg. von Rolf Bothe. Berlin 1989, S. 285–653, hier S. 386–87).

36 *Kriegszeit,* Nr. 25, 3. Februar 1915. – Detlev Rosenbach: Georg Kolbe. Das druckgraphische Werk. Berlin 1997, Nr. 42.

37 Rosenbach (wie Anm. 36), Nr. 45–55.

38 Berger (wie Anm. 1), Abb. 42. – Berger (wie Anm. 31), Kat. 83.

39 *Berliner Tageblatt* vom 9. Januar 1926; gleichzeitig wurde hier ein Nachruf von Georg Kolbe veröffentlicht.

40 Eine kleine Skizze mit Maßangaben weist die Beschriftung «Platte Peter Cassirer» auf (Georg-Kolbe-Museum, Berlin, Inv.Nr. Z 465). Ein nicht erhaltenes Gipsmodell eines figürlichen Reliefs von Kolbe wurde mit diesem Projekt in Zusammenhang gebracht (Brühl, Abb. S. 66), was jedoch nicht zu belegen ist. Nicht Kolbe führte diese Grabstelle aus, sondern – wie Ernst Barlach in einem Brief schrieb – August Gaul (vgl. Barlach, Briefe 1969, Bd. II, S. 55).

41 *Zeitung Karlsruhe* (?), 26. Juni 1914 (Zeitungsausschnitt im Archiv des Georg-Kolbe-Museums).

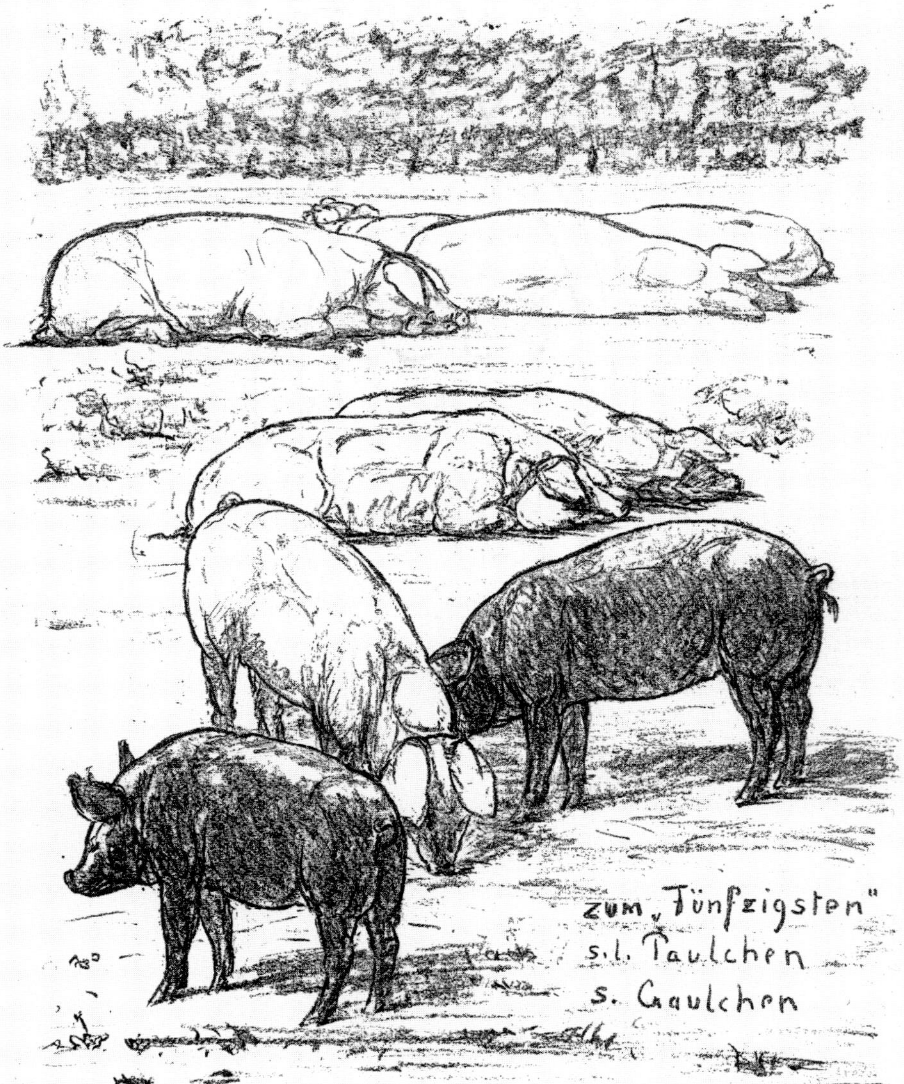
zum „Fünfzigsten"
s. l. Paulchen
s. Gaulchen
Aug. Gaul

«Man erkennt in allem die Gewöhnung des Bildhauers zu sehen und zu gestalten.»[1]
August Gaul als Graphiker

Josephine Gabler

Bereits mit der ersten Graphikfolge, die der Bildhauer August Gaul 1912 auf der *Berliner Secession* präsentierte und die sein Galerist Paul Cassirer verlegte, fand er die Anerkennung der Spezialisten. Sein sicherer Umgang mit der Radiernadel und der reine Kontur seiner Darstellungen wurden ebenso hervorgehoben, wie eine der Graphik angemessene Umsetzung der Bildidee.

> «Ganz fein sind die wenigen Radierungen A. Gauls. [...] Aber überraschen konnte einen schon eher [...] die Meisterschaft, mit der Gaul die Ausdrucks- und Modulationsfähigkeit des neuen Werkzeugs, der Radiernadel, beherrscht. Die Striche sind so sparsam und reiflich überlegt wie kaum bei einem zweiten Meister. [...] Man kann über diese ungewöhnliche Kunst des Auslassens nicht genug staunen.»[2]

Der aus Hanau gebürtige und in Berlin lebende August Gaul (1869–1921) hatte bis zu diesem Zeitpunkt weder druckgraphisch gearbeitet noch je seine Zeichnungen ausgestellt. Dieser Umstand sollte jedoch nicht zu der Annahme führen, dieses Metier sei dem Bildhauer unwichtig gewesen[3]. Eher ist wohl eine grundsätzliche Zurückhaltung Gauls gegenüber der Präsentation zweidimensionaler Arbeiten anzunehmen. Sie dienten ihm vornehmlich zur Vorbereitung seiner plastischen Werke, bildeten einen Ideen- und Formenvorrat und schulten das Auge und die Hand des Plastikers, wurden von ihm aber nicht als eigenständige Kunstwerke angesehen. Wie ja auch die Anerkennung der Bildhauerzeichnung mit ihrer ganz eigenen Charakteristik als selbständiges Kunstwerk sich erst zu Beginn des 20. Jahrhunderts entwickelte.

Die erhaltenen Skizzenbücher, Zeichnungen und ersten Druckgraphiken August Gauls erweisen sich als typische Bildhauer-Darstellungen: Vorherrschend ist die Erfassung der Form, auf eine bildmäßige Ausführung oder eine Charakterisierung von Umraum oder Landschaft wird zumeist verzichtet. Curt Glaser charakterisierte Gauls graphische Arbeiten daher auch unter diesem besonderen Vorzeichen: «Gaul ist zu sehr Plastiker, um auf den Gedanken einer malerischen Anordnung zu verfallen, die der Fläche den Schein des Raumes gibt.»[4]

Schon während seiner Ausbildung zum «Modelleur für die Kunstindustrie» an der Zeichenakademie in Hanau ab 1884 vermittelte der Zeichenunterricht dem angehen-

Abb. 92: August Gaul, Lithographie aus der Menukarte zu Paul Cassirers 50. Geburtstag, 1921.

den Künstler die Fähigkeit, Formen und Objekte zu erfassen. Entwürfe zu kunstgewerblichen Gegenständen wurden zudem farbig so ausgearbeitet, daß sich hier auch malerische Qualitäten erahnen lassen, die Gaul in kleinen Landschaftsskizzen in den 1890er Jahren weiter ausbildete und in seinen späten Graphiken erneut erprobte.[5]

Nach einjähriger Tätigkeit in einer edelmetallverarbeitenden Manufaktur in Hanau übersiedelte Gaul 1888 nach Berlin und begann ein Studium an der Unterrichtsanstalt des Kunstgewerbemuseums. Erst ab 1892 wurde er Schüler der Hochschule für Bildende Künste. Neben seiner Ausbildung arbeitete Gaul als Gehilfe bei den Bildhauern Alexander Calandrelli und Reinhold Begas, dessen Meisterschüler er 1895 wurde. Häufige Besuche des Berliner Zoos, begünstigt durch den Gewinn einer Dauerkarte, festigten in dem jungen Künstler das Selbstverständnis für eine ihm gemäße Motivik und Formensprache. Das genaue Studium der Tierwelt im Zoo lieferte ihm über Jahrzehnte ein reiches Material für seine phantasievolle Gestaltung des Kreatürlichen. Die in raschen Skizzen festgehaltenen Studien zu Haltung und Verhalten der Tiere sollten in den 1910er Jahren auch die Grundlage für die graphische Arbeit bilden.

Ab 1883 begann Gaul, eigenständige Werke zu schaffen, mit denen er sich rasch einen Namen machte, obwohl er zu dieser Zeit noch als Gehilfe bei Begas tätig war. Für das Naturkundemuseum schuf er einen lebensgroßen Orang-Utan, 1897 gewann er ein Stipendium der Dr. Paul-Schulze-Stiftung und reiste für mehrere Monate nach Rom. Seit 1899 beteiligte er sich regelmäßig an den Ausstellungen der neu gegründeten *Berliner Secession* und konnte bereits im selben Jahr ein Werk an die Berliner Nationalgalerie verkaufen. Trotzdem blieb die wirtschaftliche Lage des Künstlers so schwierig, daß er immer wieder Auftragsarbeiten für Reinhold Begas annehmen mußte[6].

Um 1900 beendete die Zusammenarbeit mit dem Galeristen Paul Cassirer die finanziell unsichere Lage des Bildhauers: Cassirer garantierte die Abnahme von Werken des

Abb. 93: August Gaul, Sechs römische Ziegen, *1898, Bronze, 41 x 93 cm, Privatbesitz.*

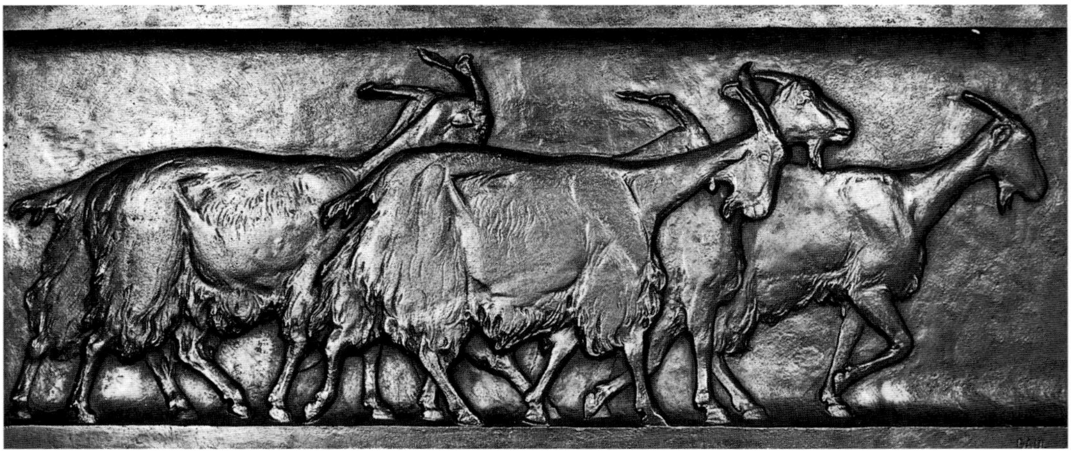

Künstlers in Höhe von 4000 Mark jährlich gegen das Alleinvertretungsrecht über einen Zeitraum von drei Jahren. Diese Verbindung zwischen dem Galeristen und dem Bildhauer erwies sich nach einiger Zeit für beide Seiten als sehr erfolgreich und währte daher viel länger als vertraglich vereinbart, nämlich bis zum Tod August Gauls 1921. Sie war die Grundlage für die langjährige Freundschaft zwischen diesen beiden so gegensätzlichen Persönlichkeiten, wobei Gaul «anscheinend mit jedermann und schließlich außer mit Cassirer mit niemandem so recht vertraut war»[7].

Aus diesem Vertrauensverhältnis heraus, das Gaul eine künstlerische Freiheit ermöglichte, die andere Maler und Bildhauer nur schwer erlangten, ist es vorstellbar, daß Paul Cassirer den überzeugten Plastiker überreden konnte, sich auch der Graphik zuzuwenden.

Neben August Gaul und Ernst Barlach, dessen dichterisches Werk bei Paul Cassirer verlegt wurde und das er stets selbst illustrierte, hatte Cassirer unter seinen Künstlern mit Georg Kolbe einen weiteren Bildhauer, von dem er auch Graphiken herausbrachte. Auf Veranlassung seines Galeristen begann Kolbe gut zehn Jahre nach Gaul mit dem Radieren. Anders als sein bildhauerischer Lehrmeister Gaul hatte Kolbe jedoch bereits in seiner Frühzeit ein umfangreiches graphisches Werk geschaffen. Durch seine anfängliche Ausbildung als Maler war Kolbes Verhältnis zu dem zweidimensionalen Medium grundsätzlich anders. Seine ersten künstlerischen Erfolge hatte der spätere Bildhauer, wohlwollend unterstützt von Max Klinger, mit symbolistischen Graphiken errungen. In späteren Jahren entwickelte sich Kolbe zu einem leidenschaftlichen und temperamentvollen Zeichner, der diese Arbeiten sehr wohl als eigenständige und von der Plastik unabhängige Werke ansah[8].

Kolbe nannte es «plastisch zeichnen», wenn eine bildhauerisch aufgefaßte Figur ohne räumlichen Bezug auf einem Blatt wiedergegeben und damit eine bildmäßige

Abb. 94: August Gaul, Gehende Ziegen, *1912, Kaltnadel, 11 x 23 cm, Kupferstichkabinett Berlin.*

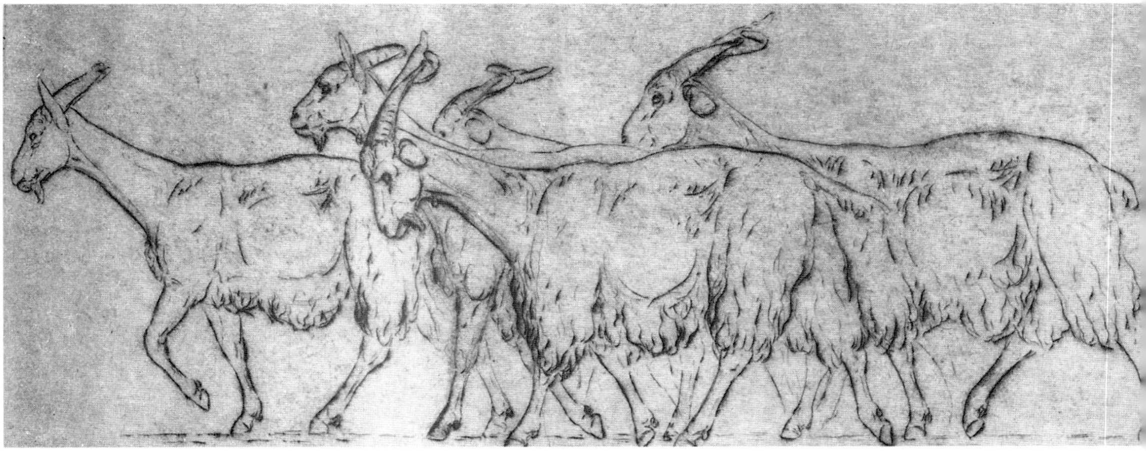

Wirkung erzielt wurde[9]. Offensichtlich tat sich aber Gaul, bedingt durch seine Ausbildung zum Kunsthandwerker, schwerer, in der Zeichnung mehr als nur eine vorbereitende Studie zu sehen. Auch in seinen Graphiken, die er zwischen 1912 und 1920 bei Paul Cassirer veröffentlichte, ist dies immer wieder spürbar.

Für die erste Folge von 15 Kaltnadelradierungen, die 1912 verlegt wurde, entnahm Gaul etliche Motive seinen Skizzenbüchern: Locker über das Blatt verteilt, erscheinen Studien zu Gänsen, Bären, Ziegen oder Schweinen, «von vorn, rückwärts, von der Seite und in verschiedenartigen Lagerungen der Glieder. So sind diese ‹Studienblätter› Gauls graphische Übersetzung der Rundplastik.»[10] Daneben entstanden Radierungen mit Tiergruppen in bildparalleler Anordnung, die einen deutlichen Bezug zum Reliefschaffen des Bildhauers haben. Das Blatt *Gehende Ziegen* gibt beispielsweise das Relief *Sechs römische Ziegen* von 1898 spiegelbildlich wieder (Abb. 93, 94), während die *Gehenden Schafe* auf eine Bauplastik für das Hamburger Klöpperhaus hinweisen, die 1913 ausgeführt wurde.

Die formal strenge Reliefkomposition verwandte Gaul dann durchgängig für die Graphikmappe *Trinkende Tiere*, die von Paul Cassirer 1916 in einer Auflage von 40 Exemplaren herausgegeben wurde. Diese aufwendig gestaltete Graphikfolge wurde in Leder gebunden mit vergoldeten Handstempeln und goldener Innenbordüre angeboten. Gaul selbst hatte den Schmuckeinband entworfen und damit seine kunstgewerbliche Erfahrung in dieses Unternehmen mit eingebracht. Auch seine Bildkompositionen unterliegen dekorativen Gesetzmäßigkeiten, was die Kritik jener Jahre durchaus als positiv empfand. So urteilte Curt Glaser über Gauls graphisches Werk: «In einem fein empfundenen Umriß versteht er es, die charakteristische Linie eines Tierkörpers zu erfassen, und in schönlinigen Reliefkompositionen, die freirhythmischen Ornamenterfindungen gleichen, findet seine Zeichenkunst ihre reinste Erfüllung.»[11]

Im Anschluß an diese Graphikmappe radierte Gaul zwischen 1917 und 1920 etliche Einzelblätter, die Cassirer zunächst ebenfalls in einer Auflage von 40 Exemplaren verlegte. Wie schon 1912 stellte Gaul sowohl Tierstudien als auch reliefartige Kompositionen dar. Einige Blätter stehen in engem Zusammenhang mit zeitnahen plastischen Werken, so die *Trabenden Bären*, die das Motiv einer Plastik von 1915 aufgreifen. Auch die Radierung *Schweinegalopp* nimmt Bezug auf eine gleichnamige Kleinplastik von 1913 (Abb. 95). Es finden sich jedoch auch Blätter mit einem stärker bildmäßigen Aufbau, wie er sich in den Lithographien Gauls für Paul Cassirers Zeitschrift *Kriegszeit. Künstlerflugblätter* seit 1914 herausgebildet hatte.

Im August 1914 begann der Erste Weltkrieg, der von allen kriegführenden Mächten gewollt war. Sowohl die Intellektuellen wie die Künstler der beteiligten Länder hatten ihn zunächst als «reinigendes Gewitter» mit nationalem Pathos begrüßt.

Auch Paul Cassirer mochte sich dieser patriotischen Stimmung nicht entziehen und rief eine Wochenschrift mit Original-Lithographien, die *Kriegszeit. Künstlerflugblätter*, ins Leben, die während seines eigenen Kriegsdienstes von Alfred Gold herausgegeben

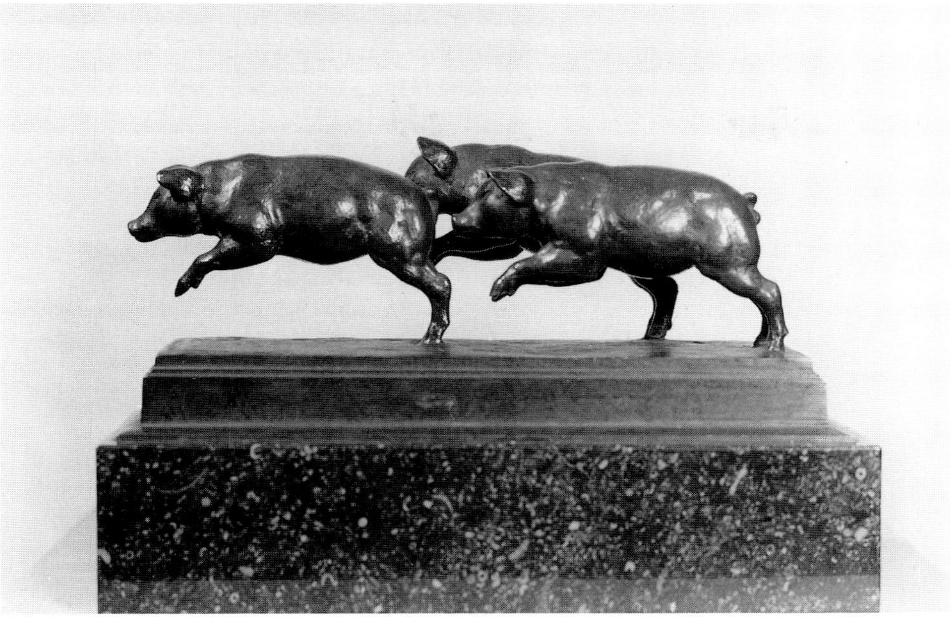

Abb. 95: August Gaul, Schweinegalopp, *1913, Bronze, H. 9, Privatbesitz.*

wurde[12]. Das zunächst wöchentlich, ab Oktober 1915 vierzehntägig erscheinende Blatt publizierte literarische Texte und Graphiken, die den offiziellen Verlautbarungen zum Krieg und seinem Verlauf entsprachen. Zahlreiche Künstler der *Freien Secession*, wie Max Liebermann, Ernst Barlach, Rudolf Großmann und August Gaul, beteiligten sich an der Publikation. Es wurden die amtlichen Interpretationen und Rechtfertigungen illustriert sowie die soldatischen Tugenden symbolisiert.

Alle kriegführenden Mächte gefielen sich darin, die Gegner in ähnlichen Publikationen mit Hilfe der Karikatur zu verunglimpfen. Dabei wurden häufig die jeweiligen Staaten durch Tiere symbolisiert. Der Bär stand für Rußland, der Hahn für Frankreich, der Affe war das Sinnbild für Japan, das Schwein stellte Serbien dar. Die Doppelmonarchie Österreich-Ungarn wurde durch zwei Adler symbolisiert, das verbündete Deutschland durch einen Adler oder einen Stier. Schwierigkeiten bereitete den Karikaturisten der Mittelmächte das Wappentier Englands, der Löwe (Leu), der heraldisch gesehen das Sinnbild der Stärke ist. Hier bediente man sich häufig der Bulldogge, um den Gegner zu diffamieren. Der Tierbildhauer August Gaul erwies sich in seinen Darstellungen als subtiler: Er assoziierte den Seelöwen mit der Entente-Macht England und verwies damit sowohl auf die englischen Seestreitkräfte als auch auf das Wappentier des Löwen.

Mit 53 Lithographien war Gaul der eifrigste Mitarbeiter an der *Kriegszeit*. In fast jeder Ausgabe war er mit ein oder mehreren Arbeiten vertreten. Gaul unterließ es zwar, hero-

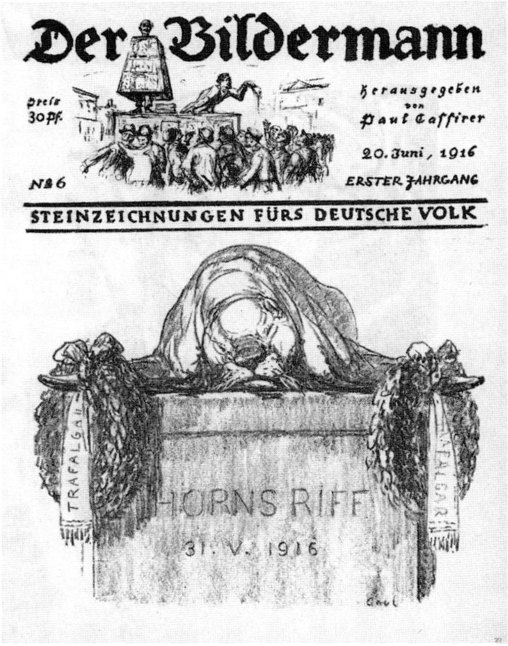

Abb. 96: August Gaul, Horns Riff*; Lithographie aus:* Der Bildermann, *1916.*

ische Gebärden und haßerfüllte Hetze gegenüber den feindlichen Mächten bildlich auszudrücken, seine Graphiken vermieden aber auch die Darstellung der Schrecken des Krieges. Vielmehr hielt er sich ganz an die offiziellen Verlautbarungen zum Kriegsgeschehen, wobei seine Graphiken häufig in humoriger Weise den Gegner in bedrängter Lage zeigten.

Stilistisch gestaltete Gaul diese Lithographien weniger streng im Bildaufbau. Die Modellierung der Binnenflächen entspricht der weicheren Technik der Steinzeichnung. Neben konzentriert wiedergegebenen Tierfiguren finden sich nun erstmals auch Darstellungen in einem stärker malerisch-erzählerischen Stil. Auffallend häufig illustrierte Gaul relativ zeitnah kriegerische Ereignisse, die er aber nicht naturalistisch schilderte, sondern in symbolischer Form karikierte. Am 7. April 1915 erschien beispielsweise die Lithographie *Die Dardanellen. Wie der Britenleu den Halbmond zertrat.* Gaul nimmt hier Bezug auf die vergeblichen Versuche der Entente, die Herrschaft über die von den Türken kontrollierte Meerenge der Dardanellen durch Angriffe auf die Halbinsel Gallipoli zu gewinnen. Ende April konnte Gallipoli zwar besetzt werden, die Meerenge blieb aber türkisch. Anfang Januar 1916 mußten die Westmächte die Halbinsel wieder räumen. Gaul nahm auch dieses Ereignis zum Anlaß einer bald veröffentlichten Karikatur: Ende des Monats brachte die *Kriegszeit* die Graphik *Gallipoli*, die den geschlagenen Seelöwen und einen fliehenden gallischen Hahn zeigt. Auch die Seeschlacht am Skagerrak vom 31. Mai 1916 wurde von Gaul bereits drei Wochen später in der Darstellung *Horns Riff* verarbeitet (Abb. 96).

Im März 1916 wurde die *Kriegszeit* durch die Zeitschrift *Der Bildermann* ersetzt, die eine sehr viel distanziertere Haltung zum Kriegsgeschehen einnahm und sich verstärkt für eine Verständigung der Völker einsetzte. Neben Paul Cassirer fungierte Leo Kestenberg als Herausgeber. Käthe Kollwitz, Heinrich Zille und Ernst Ludwig Kirchner konnten neben Christian Morgenstern und Robert Walser als neue Mitarbeiter gewonnen werden. Mit 17 Lithographien war August Gaul auch an der neuen Publikation beteiligt, wobei seine allegorischen Tierdarstellungen zunächst an die Arbeiten der *Kriegszeit* anknüpften, sich später jedoch dem nachdenklicheren Ton des *Bildermann* anschlossen. In der ersten Ausgabe vom April 1916 illustrierte Gaul in der Graphik *Europa* den trostlosen Status quo auf dem Kontinent (Abb. 97), die Arbeit *Weihnacht 1916* in der letzten Ausgabe des *Bildermann* ist, wie etliche Graphiken davor, dann ohne jeden politischen Bezug.

In der ersten Ausgabe des *Bildermann* begründeten die Herausgeber ihren Verzicht, nicht mehr nur «Bilder des Krieges» zu publizieren: «Trotz den Schrecken unserer Zeit blieb unsere Seele den alten Göttern treu. Mitten im Krieg will sie schauen, wie sie vor dem Krieg geschaut hat, sogar genießen, wie sie vordem genossen hat. Die Not des Krieges hat uns gelehrt, dem Schrecken ruhig in die Augen zu sehen, aber sie hat auch unser Sehnen aus dem Schrecken heraus nach Reinem, Höherem wieder erweckt und innerlicher gemacht.»[13]

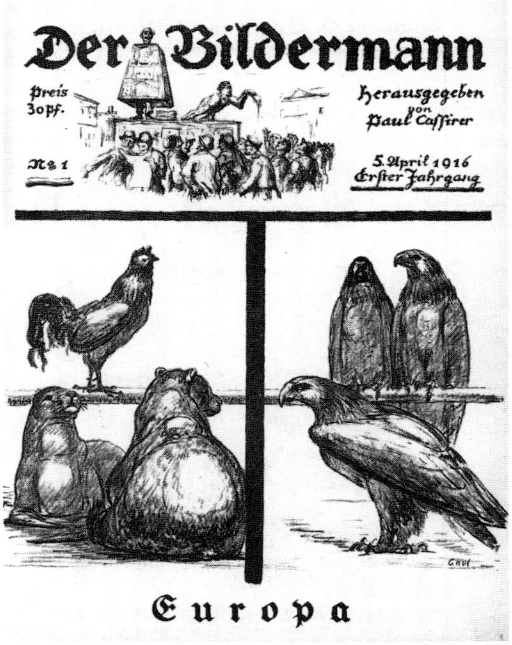

Abb. 97: August Gaul, Europa*; Titelblatt aus:* Der Bildermann, *1916.*

Sowohl die Illustrationen der *Kriegszeit* als auch die des *Bildermann* wurden als Original-Lithographien gedruckt, darüber hinaus erschienen einzelne Graphiken in eigenen Auflagen als limitierte Vorzugsdrucke, denen die kriegsbezogenen Aufschriften weitgehend fehlten.

Obwohl sich die Herausgeber der beiden Zeitschriften alle Mühe gaben, den reinen Kunstwert der abgebildeten Graphiken zu betonen, erntete diese Form des «Ich will wirken in dieser Zeit»[14] harsche Kritik. Richard Hamann untersuchte noch während des Krieges unerbittlich die Resultate der «Kriegskunst»:

> «Eine ganze Reihe von Zeitschriften wurde gegründet, [...] um in wöchentlicher oder monatlicher Folge die Verbindung zwischen Kriegskunst und Volk im Kriege aufrecht zu erhalten, und der Menschheit durch die göttliche Stimme der Kunst zu sagen, was sie leidet. Und das Resultat! Es konnte schrecklicher nicht sein. Dort jenes riesenhafte, deshalb schon dem Verstand, geschweige den Sinnen unfaßbare Geschehen. Hier kleine Eindrücke, wie ein Gestammel von Wichten und Zwergen, aufdringliche Originalität und merkbare Sucht, mit dabei zu sein. [...] Was sollte man dazu sagen, wenn Künstler ersten Ranges, wie Liebermann und Gaul, ihre Kunst patriotisch verbrämten, und nun durch die Zeitgemäßheit ihrer Auslassungen jeden Rest von allgemeingültiger Bedeutung von ihr abstreiften. [...] Jetzt macht [Gaul] in dieser ernsten künstlerischen Sprache, im Bibeldeutsch gleichsam Witze über russische Bären, gallische Hähne, britische Seelöwen. Er prostituiert seine Kunst. Die Kriegsbeziehungen machen seine Werke nicht reicher und größer, sondern rauben ihnen ihre Wucht und Klassizität.»[15]

Curt Glaser sah nach dem Ende des Ersten Weltkriegs Gauls Ausflug in die Politik nicht weniger kritisch, billigte seinen Lithographien aber doch künstlerische Qualität zu:

> «Wenn Gaul sich verführen ließ, in der ‹Kriegszeit› seine Tiere in beziehungsvollem Zusammenhang auf Stein zu zeichnen, so verstand er es meist, die strenge Haltung zu wahren, die als die beste Eigenschaft seiner Kunst gelten kann, und die ernsthafte Sachlichkeit seiner Form steht in merkwürdigem Widerspruch zu der untergelegten Bedeutung der politischen Karikatur.»[16]

Wenn man auch der harten Kritik der Zeitgenossen nicht ganz zustimmen möchte, so ist aber doch auch der Einschätzung Angelo Walthers zu widersprechen, Gaul sei seiner Aufgabe eigentlich nicht gerecht geworden, da seine mit politischen Bildunterschriften versehenen Graphiken keine Karikaturen, sondern ausschließlich vollendete Tierdarstellungen seien[17]. Es hieße Gaul als liebenswerten, schüchternen Eigenbrötler zu unterschätzen, übersähe man in seinen Graphiken für *Kriegszeit* und *Der Bildermann* neben ihrer unbestreitbaren künstlerischen Qualität die auf den Punkt gebrachte Darstellung politischer Ereignisse – den offiziellen Verlautbarungen folgend, stets zu Lasten der Kriegsgegner.

Gauls Engagement für den Krieg beschränkte sich auch nicht auf seine Mitarbeit bei den Wochenschriften seines Verlegers und Galeristen Paul Cassirer. Für das Rote Kreuz entwarf er einige Medaillen, mit denen Hilfskräfte ausgezeichnet wurden. Darüber hinaus entstanden Medaillen, die zur Zeichnung von Kriegsanleihen anregen sollten, zur Bündnistreue mit Österreich-Ungarn aufriefen und Deutschlands Situation im Zweifrontenkrieg verdeutlichten (Abb. 98). Bei diesen Arbeiten verwendete Gaul die gleichen Tiermotive wie in seinen Graphiken: der Bär und der Seelöwe charakterisierten die ost-westlichen Kriegsgegner, der Doppeladler symbolisierte den deutschen Hauptverbündeten und der Adler in seinem Horst mit der Aufschrift «12 Milliarden» nahm direkten Bezug auf die Graphik *Nec soli credit* vom Oktober 1915, mit der ebenfalls zur Zeichnung von Kriegsanleihen aufgefordert wurde. Bereits 1914 hatte Gaul in patriotischem Eisen einen *Berliner Bären* geschaffen, der in seinen ausgestreckten Pfoten ein Schwert trägt. Und zum Kriegsende gestaltete er im Auftrag des Kriegsministeriums Soldatenfriedhöfe in der Schweiz[18]. Diese zeitbedingten Gefälligkeiten gingen trotz unverändert guter künstlerischer Qualität zu Lasten der Autonomie in Gauls Werk. Waldemar Grzimek charakterisierte rückblickend diesen Zustand treffend: «Das Arbeitsdilemma der Kriegszeit wird immer spürbarer. Der Bildhauer symbolisiert mit dem Bärenmotiv einmal Rußland, ein andermal Berlin, oder eben nur einen Bären.»[19]

In dem malerischen Stil der späten *Kriegszeit*- oder *Bildermann*-Arbeiten sind die meisten Blätter der Graphikfolge *Vom Fressen der Tiere*, die im Cassirer Verlag 1918 als Mappe herausgegeben wurden. In 24 Lithographien schildert Gaul die Freßgewohnheiten unterschiedlichster Tierarten, wobei putzige Ansichten, wie die Kohlblätter fressender Kaninchen oder einer Gruppe von Spatzen, recht drastischen Szenen folgen, etwa die

Riesenschlange, die ein Reh erdrückt, oder die Kondore, die einen Pferdekadaver fleddern. Auch die Schar Krähen, die ein totes Tier umkreisen, wirkt ungewöhnlich düster. Im Vergleich zu den früheren Radierungen fehlt diesen späten graphischen Arbeiten die Entschiedenheit in der Erfassung der plastischen Form. Gauls Lithographien sind weniger als Arbeiten eines Bildhauers zu erkennen, statt dessen kommt in ihnen sein malerisches Können zum Ausdruck, das in der Hanauer Zeichenakademie umfassend ausgebildet worden war. Die unverwechselbare Formensprache des Plastikers der beginnenden Moderne ist hier jedoch nicht mehr zu finden. Aber auch der pointierte Humor der besten *Kriegszeit*-Blätter wurde zugunsten eines breiteren Erzählstils aufgegeben.

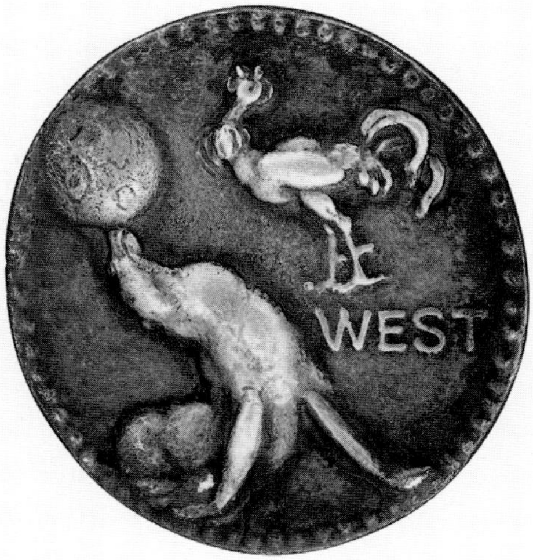

Abb. 98: August Gaul, Medaille, Ost-West (Verso), 1915, Silber, Hamburger Kunsthalle.

Ähnlich gestaltet ist Gauls einzige Buchillustration. 1919, im Jahr seines 50. Geburtstags, den sein Freund und Galerist Paul Cassirer mit einer großen Ausstellung würdigte, erschienen in der *Pan-Presse Alte Tierfabeln* nach Karl Wilhelm Ramlers Fabellese von 1783, illustriert mit 75 Lithographien von August Gaul[20]. In einer dekorativ sehr überlegten und ausgewogenen Art und Weise wurden hier ganzseitige Illustrationen und von Zeichnungen umrahmte Texte in Einklang gebracht. Gaul als gründlich ausgebildeter und penibler Kunsthandwerker wird sicherlich die Wirkung seiner Graphiken im Zusammenspiel mit den Texten nicht dem Verlag überlassen, sondern selbst erprobt haben. In der Graphiksammlung der Hanauer Museen existieren Probedrucke, die vermuten lassen, daß Gaul die Anordnung seiner Vignetten und Teilbilder auf der heimischen Druckpresse ausprobierte[21]. Die Vorzugsausgabe des Ramler wurde dann entsprechend aufwendig «von der Pan-Presse unter Aufsicht des Künstlers mit der Hand gedruckt»[22].

Vereinzelt hatte Gaul schon für die *Kriegszeit* literarische Texte mit Graphiken begleitet, zum Beispiel ein Gedicht von Gerhart Hauptmann im November 1914, eine Fabel von La Fontaine in derselben Ausgabe, die römische Sage von Romulus und Remus im Juni 1915 oder einen Text von Gotthold Ephraim Lessing im Juli 1915.

Die Illustration von Tierfabeln mußte eigentlich Gauls Auffassung von der Darstellung des Tieres widersprechen, da in der Fabel die Tiere vermenschlicht werden. Eigenschaften und Verhaltensweisen der Menschen werden von ihnen transportiert, ihr Agieren und Sprechen soll für den Leser moralisch belehrend sein. Gaul hingegen schätzte an den Tieren gerade das Animalische, stets gab er sie in ihrer natürlichen Haltung

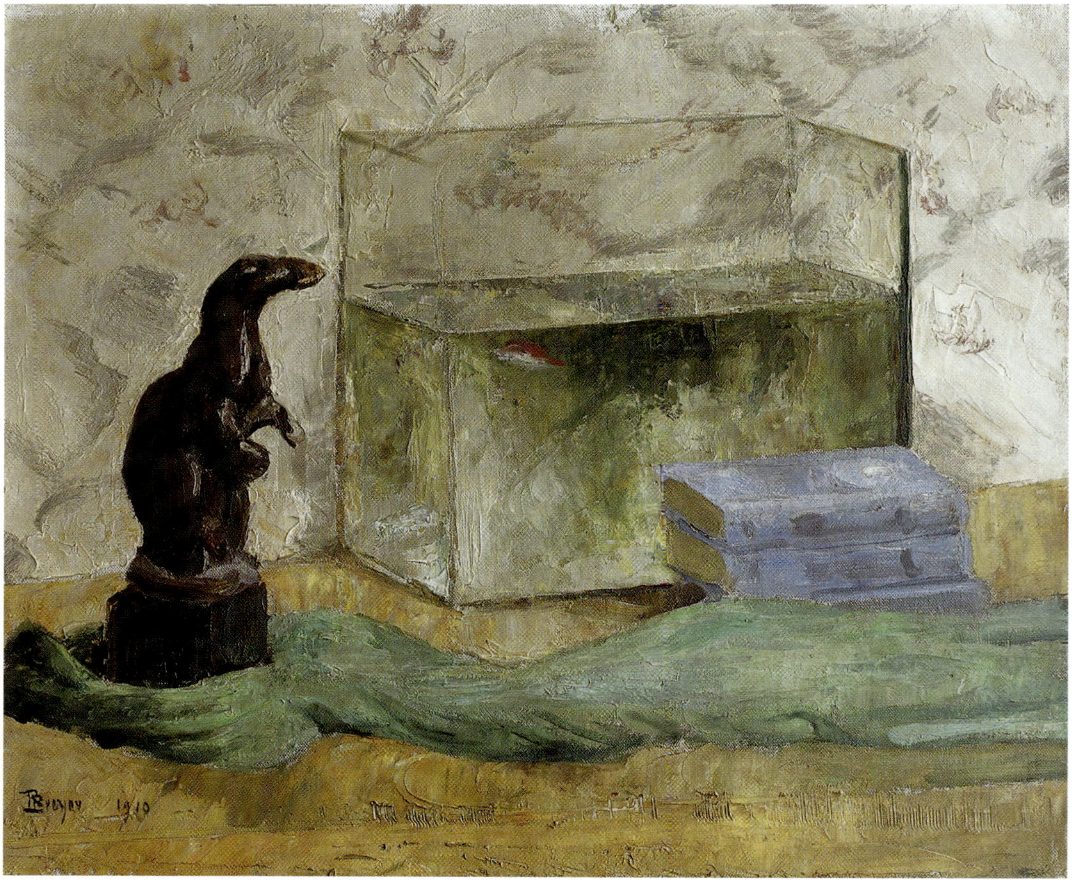

Abb. 99: Robert Breyer, Stilleben mit A. Gauls Fischotter, *1910, Öl/Lwd., 62 x 79 cm, Privatbesitz.*

wieder, und immer vermied er es, den Tieren menschliche Eigenschaften zu unterlegen. Die Tierarten, die der Bildhauer darstellte, bedienten auch nie die Erwartungshaltung der Betrachter im Hinblick auf possierliche Lebewesen im Kindchenschema. Gauls Störche, Schweine, Esel, Pinguine, Otter, Adler und Löwen wurden nicht psychologisiert. An ihnen interessierte den Künstler «Form und Rhythmus, Linie und Bewegung»[23] als Grundlage seiner plastischen Arbeit. «Was mich bei den Tieren anzieht, ist ganz wesentlich künstlerischer Art», erklärte Gaul[24]. Nachdem der Bildhauer «seine» Tiere jedoch schon politisch-symbolisch während des Krieges sowohl in der Plastik wie in der Graphik benutzt hatte, war der Schritt zur Illustration von moralisierenden Tiergeschichten nicht mehr sehr weit.

Für die erste Publikation der *Pan-Presse* nach dem Weltkrieg wählte Cassirer als Nachfolger für Emil Pottners Vogel-Bücher *Eindrücke aus dem Leben der Vögel* und *Sommertage im Geflügelhof* von 1912 mit den Ramlerschen Fabeln erneut Tierdarstellungen. Obwohl Gaul 1914 für die *Künstlerflugblätter* bereits einen Text des berühmten französischen Fabeldichters Jean de La Fontaine illustriert hatte, entschied man sich nun für Tiergeschichten des weitgehend unbekannten Karl Wilhelm Ramler (1725–1798), der vor allem als Freund Lessings und Übersetzer römischer Texte bekannt war. Seine eigenen Gedichte und Oden zum Ruhme des preußischen Königshauses waren durch Prägnanz und Ausdrucksschärfe gekennzeichnet. Auch seine Fabellese ist in diesem nüchternen Stil gehalten, der es Gaul erleichtert haben mag, die Moral der Geschichten mit den natürlichen Eigenschaften der Tiere zu assoziieren. Gaul zeigt Einzeltiere, komponiert Paare und Gruppen von Tieren, zum Teil in tief in den Raum entwickelten Darstellungen. Eindeutig interessiert ihn auch hier mehr die formal schlüssige Wiedergabe der Figur als die Übersetzung der Geschichte in ein Tierbild. Im Gegensatz zu seinen Radierungen verwendet Gaul in der Lithographie aber sehr viel stärker malerische Stilmittel, die nun sehr wohl «der Fläche den Schein des Raumes» geben[25].

Die stetig steigende Anzahl von Graphiken, die Gaul seit dem Ersten Weltkrieg schuf, ist nicht nur auf die Beschränkung seiner bildhauerischen Arbeit durch die Kriegswirtschaft, die den Bronzeguß verbot, zurückzuführen. Sicherlich auch nicht auf geschäftliche Interessen Cassirers, der an den gut verkäuflichen Plastiken Gauls weit mehr verdiente als an seinen Graphiken. Vielmehr scheint der sich verschlechternde Gesundheitszustand des krebskranken Künstlers ursächlich für eine vermehrte Anzahl von leichter zu bewerkstelligenden Kleinplastiken und graphischen Arbeiten zu sein.

Cassirer präsentierte nun vermehrt auch Zeichnungen des Künstlers in Ausstellungen, so in einem umfangreichen Konvolut zur Geburtstagsausstellung 1919 und in einer speziellen Zusammenstellung von «Zeichnungen und Aquarellen unserer Zeit», die den Entwurfscharakter dieser Gattung zum Thema nahm. Entsprechend dem ursprünglichen Verständnis Gauls von der Zeichnung wurden hier «Arbeiten gezeigt, die vom Künstler nicht als Ziel erstrebt waren, also solche, die zeitlich genommen vor dem endgültigen Ergebnis seines Schaffens liegen»[26].

Mit seinen bildhauerisch aufgefaßten zweidimensionalen Arbeiten, in denen «nicht Lineament oder Tonfeinheit gesucht» wurden[27], blieb Gaul im Gedächtnis der Kritiker. Curt Glaser, der August Gaul für den Radierkünstler der *Berliner Secession* mit der ausgeprägtesten Handschrift hielt, erschien der Bildhauer dann «am glücklichsten, wenn er die plastisch empfundenen Motive seiner Tierdarstellungen durch keine räumliche und landschaftliche Andeutung beschwert»[28]. Sicherlich wirken die so gelobten Graphiken auf den ersten Blick trockener als die malerisch fabulierenden Darstellungen von Tieren in landschaftlicher Umgebung. Während letztere sich in die Gruppe spätsecessionistischer Kunstäußerungen einreihen, entsprechen erstere jedoch ganz dem Charakter der abstrahierenden Formensprache des damals führenden Künstlers einer autonomen Bildhauerei. Damit bleiben diese Arbeiten ein wichtiger Bestandteil der Entwicklung der Moderne in Deutschland – angeregt und verlegt von Paul Cassirer.

Anmerkungen

1 Ludwig Justi: Deutsche Zeichenkunst im 19. Jahrhundert. Berlin 1919, S. 160.

2 Hans W. Singer: Die moderne Graphik. Eine Darstellung für deren Freunde und Sammler. Leipzig 1914, S. 118.

3 In diesem Sinne: Angelo Walther: August Gaul. Leipzig 1973, S. 123.

4 Curt Glaser: August Gaul als Radierer. In: *Zeitschrift für Bildende Kunst* 50, 1915, H. 7, S. 168.

5 Zu Gauls zeichnerischem Werk vgl. Eva Caspers: Ein Blick in die Werkstatt. August Gaul als Zeichner. In: Ausst.Kat. «Der Tierbildhauer August Gaul». Hg. von Ursel Berger. Berlin (Georg-Kolbe-Museum) u. a. 1999, S. 153–163.

6 So war Gaul noch an dem Begasschen Bismarck-Denkmal beteiligt, das 1901 vor dem Reichstag aufgestellt wurde. Er schuf den liegenden Panther, der von einer behelmten weiblichen Figur niedergehalten wird.

7 Ernst Barlach an Arthur Moeller van den Bruck, 11. Juni 1922; zit. nach Roland Dorn: «Paulchen und Gaulchen». Ponderabilien zu August Gauls Liaison mit dem Kunstsalon Paul Cassirer. In: Ausst.Kat. «Gaul» (wie Anm. 5), S. 61–83, hier S. 75. Dorn untersucht in seinem Aufsatz detailliert das Verhältnis zwischen Kunsthändler und Bildhauer.

8 Vgl. hierzu: Detlev Rosenbach: Georg Kolbe. Das druckgraphische Werk. Berlin 1997.

9 Georg Kolbe: Plastik und Zeichnung. In: *Genius*, 1921, S. 13–16; zit. nach: Ausst.Kat. «Georg Kolbe-Zeichnungen». Berlin (Georg-Kolbe-Museum) 1980, S. 12.

10 Glaser 1915 (wie Anm. 4), S. 169.

11 Curt Glaser: Die Graphik der Neuzeit. Vom Anfang des XIX. Jahrhunderts bis zur Gegenwart. Berlin 1922, S. 503f.

12 Vgl. dazu Lutz Mahlke: Erster Weltkrieg. Künstler in die Öffentlichkeit. In: Ausst. Kat. «Europäische Moderne. Buch und Graphik aus Berliner Kunstverlagen 1890–1933». Berlin (Kunstbibliothek Preußischer Kulturbesitz) 1989, S. 211. – Richard Schaffer-Hartmann: «Kriegszeit». Gauls Graphiken zum Ersten Weltkrieg. In: Ausst.Kat. «Gaul» (wie Anm. 5), S. 164–174.

13 Vorwort zur ersten Ausgabe des *Bildermann*, 5. April 1916; zit. nach: Feilchenfeldt/Brandis, S. 511.

14 Käthe Kollwitz, Tagebucheintrag vom 4. Dezember 1922; zit. nach: Jutta Bohnke-Kollwitz (Hg.): Käthe Kollwitz. Die Tagebücher. Berlin 1989, S. 542.

15 Richard Hamann: Krieg und Kunst. Rede, gehalten zur Feier von Kaisers Geburtstag in der Aula der Universität Marburg. In: Krieg und Kunst. Aufsätze von R. Hamann. Marburg 1917, S. 5–37, hier S. 6–8.

16 Glaser 1922 (wie Anm. 11), S. 504.

17 Walther (wie Anm. 3), S. 125.

18 Geplant waren Gedenksteine in Luzern, Arosa und Davos. – Vgl. Tagebucheintrag von Harry Graf Kessler vom 1. Juni 1918, frdl. Hinweis von Ursel Berger. Ausgeführt wurde eine Arbeit für den Friedhof in Luzern.

19 Waldemar Grzimek: Deutsche Bildhauer des zwanzigsten Jahrhunderts. München 1969, S. 55.

20 Vgl. dazu Caspers, S. 131–136.

21 Waldemar Grzimek (wie Anm. 19), S. 47 berichtet von einer Druckpresse im Atelier Gauls seit den Kriegsjahren. – Welch großen Wert Gaul auf eine perfekte Ausführung legte, beweist der Umstand, daß er in seinem Haus in Schmargendorf eine eigene Ziselierwerkstatt eingerichtet hatte, in der unter seiner Aufsicht seine Bronzen ziseliert wurden.

22 Zit. nach Feilchenfeldt/Brandis, S. 362.

23 Emil Waldmann: August Gaul. Berlin 1919, S. 20.

24 Zit. nach Grzimek (wie Anm. 19), S. 45.

25 Vgl. Glaser 1915 (wie Anm. 4).

26 Einführung zur Ausstellung «Zeichnungen und Aquarelle unserer Zeit». Galerie Paul

Cassirer, März/April 1919. – Für frdl. Überlassung danke ich der Galerie Feilchenfeldt, Zürich.

27 Ludwig Justi: Deutsche Zeichenkunst im 19. Jahrhundert. Berlin 1919, S. 160.

28 Glaser 1922 (wie Anm. 11), S. 503.

Paul Cassirer und René Schickele

Der Verleger und sein Autor

Sigrid Bauschinger

Paul Cassirer wurde bei der Auswahl seiner Autoren und Verlagsmitarbeiter stets von einem untrüglichen Instinkt für Talent geleitet[1]. Ein besonders enges Verhältnis entwickelte sich zu dem zwölf Jahre jüngeren elsässischen Dichter und Journalisten René Schickele (Abb. 100), dessen erstes von elf Büchern, die von expressionistischem Geist befeuerte Gedichtsammlung *Weiss und Rot*, Cassirer 1910 veröffentlichte. Die Verlagswerbung drückt aus, was der Verleger an seinem neuen Autor schätzte: seine «streitlustigen Kritiken», seinen «Reichtum des Gefühls» und die «Wollust seiner Sinne», aber auch die «tiefe Mystik» dieses «jungen Atheisten»[2].

1910, als die Anthologie erschien, lebte Schickele als Auslandskorrespondent in Paris. Dort entstanden auch seine ersten Romane, die Cassirer in rascher Folge veröffentlichte: *Der Fremde* (1913) zeigt die schmerzhaften Jugenderfahrungen des Autors in dem unter deutscher bzw. preußischer Dominanz leidenden Elsaß, die eher als Besatzung erfahren wurde. Schickele blieb sein Leben lang von der von ihm als zutiefst unnatürlich empfundenen Feindschaft zwischen Deutschland und Frankreich geprägt. In keinem seiner Bücher kommt die Überzeugung, als Aufklärer und Mittler zwischen beiden Nationen zu wirken, deutlicher zum Ausdruck als in *Schreie auf dem Boulevard (1913)*, einer Sammlung in Paris entstandener kulturpolitischer Essays.

Ähnlich wie 100 Jahre zuvor Heinrich Heine und wie gleichzeitig Paul Cassirer, sah Schickele seine Mission darin, den deutschen Lesern die französischen Zustände zu vermitteln: Während Cassirer die Impressionisten Manet, Renoir und Cézanne in Deutschland bekannt machte, stellte Schickele die französischen Politiker Briand und Jaurès vor. Beide wurden dabei von ähnlichen politischen Impulsen geleitet. Schickele schilderte die sozialistische Bewegung Frankreichs als Vorbild für Deutschland. Cassirer schrieb in seiner Antwort auf Carl Vinnens Manifest *Ein Protest deutscher Künstler*, das, ohne Cassirers Namen zu nennen, sich dennoch deutlich gegen ihn und «die Invasion» französischer Kunst in Deutschland gewandt hatte: «Erst die große französische Revolution brachte den Malern die Befreiung. Der Gedanke, dass die Kunst – wie alles andere – für das Volk ist, tauchte auf.» Trotz der Mühe, sich «in einem hässlichen Raume, umgeben von schwatzenden Menschen, vor einem Bild zu konzentrieren, ist uns der Gedanke unerträglich, dass das Werk Rembrandts nicht jedem zugänglich sein sollte.»[3]

Abb. 100: Ludwig Meidner, Porträt René Schickele, *1912, Bleistift, Deutsches Literaturarchiv Marbach.*

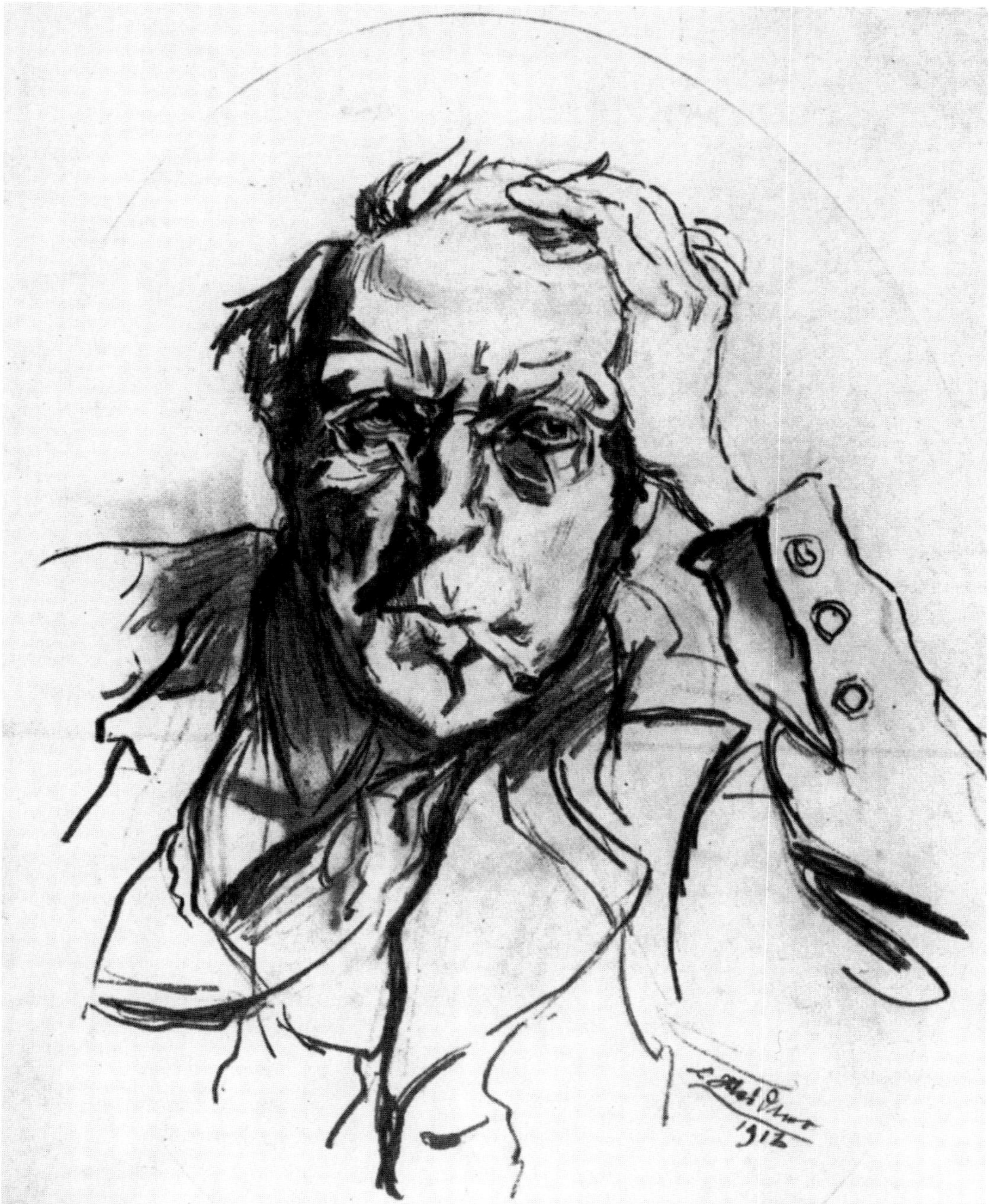
1912

1913 wurde Schickele Mitarbeiter bei den von Kurt Wolff begründeten *Weißen Blättern*. Ab 1915, wegen extremer Kurzsichtigkeit vom Kriegsdienst zurückgestellt, zeichnete er als deren Herausgeber. In den *Weißen Blättern* veröffentlichte die erste Garde der deutschen Literatur[4], von Gottfried Benn über Else Lasker-Schüler bis hin zu Carl Sternheim. Von Anfang an war ihr Blick auch nach Frankreich gerichtet gewesen. Nun trat die Kritik an der Kriegspolitik in den Vordergrund. Heinrich Mann, Kurt Eisner und Rosa Luxemburg gehörten zu den Mitarbeitern. Es erschienen Beiträge über Kriegszerstörungen, Kritik an Dichtern, die den Krieg verherrlichten, und als Gegengewicht zu ihnen Friedensgedichte sowie Beiträge über gleichgesinnte Autoren aus dem «feindlichen» Ausland, wie z. B. Ludwig Rubiners Rezension der Anthologie von Pierre Jean Jouve *Vous êtes des hommes* mit der Widmung «*aux frères ennemis*» im Märzheft 1916 oder etwa Schickeles enthusiastische Rezension von *Le feu*, in dem Henri Barbusse die Materialschlachten geißelte, im Märzheft 1917.

Nach Kriegsausbruch war Schickele als Elsässer und Herausgeber einer pazifistischen Zeitschrift wie *Die weißen Blätter* in Deutschland suspekt. Während seiner Abwesenheit im ländlichen Fürstenberg bei Berlin wurde bei ihm eingebrochen und er selbst der Spionage verdächtigt. Das Maiheft 1916 durfte in Deutschland nicht verkauft werden. Schickele ging in die Schweiz und gewann in Zürich den Verleger Max Rascher für die Zeitschrift. Ein Jahr später kam es dort zur intensiven Zusammenarbeit mit Paul Cassirer. Dieser hatte sich zwar 1914 freiwillig zum Kriegsdienst gemeldet, aber auch bei ihm setzte bald Ernüchterung ein. Die patriotisch-martialischen Künstlerflugblätter *Kriegszeit*, die seit 1914 bei Cassirer erschienen – der Ertrag war für den Kriegsfonds bildender Künstler bestimmt – wurden 1916 von dem ebenfalls mit Lithographien ausgestatteten *Bildermann* abgelöst, der die bei den Deutschen wachsende «Sehnsucht nach Schönheit und Innerlichkeit» erfüllen sollte[5].

Nach Cassirers Militärentlassung 1916 gab es bei ihm eine Hausdurchsuchung, denn in seiner Galerie fanden Vortragsabende statt, über die in der Presse Schlagzeilen wie *Pazifistischer Schlupfwinkel* standen. So lasen Tilla Durieux und Gertrud Eysoldt im Februar 1917 Beiträge aus den *Weißen Blättern* oder Leonhard Franks Erzählung *Der Kellner* (später *Der Vater*), ein flammender Aufruf gegen den Krieg, der die geladenen Gäste tief beeindruckte. Es kam dann zu einer zweiten Einberufung Cassirers, nach der der immerhin 46jährige, wie Tilla Durieux berichtet, auf dem Exerzierplatz in Rathenow schikaniert wurde. In Berlin wurde er wegen Fluchtverdachts verhaftet und als Ungedienter in «eine Art Strafregiment» in Limmritz gesteckt[6].

Cassirers zweite Entlassung im Frühjahr 1917 war Harry Graf Kessler zu verdanken, der ihn als Mitarbeiter bei der vom Auswärtigen Amt in der Schweiz finanzierten Kulturpropaganda angefordert hatte. Inoffiziell sollte Kessler die eventuelle Friedensbereitschaft Frankreichs sondieren. Cassirer blieb drei Monate in der Schweiz, mußte aber nach seiner Rückkehr mit einer dritten Einberufung rechnen. Darauf zog er mit seiner Frau für unbestimmte Zeit nach Zürich.

Der französische Pazifist Romain Rolland, der vor dem ihm unerträglichen Chauvinismus seines Landes ebenfalls in die Schweiz geflohen war, sah dem Treiben in Zürich und Bern kopfschüttelnd von Vevey aus zu. Was geschieht, fragte sich Rolland, wenn deutsche Militärbehörden einen der in die Schweiz entkommenen Vögel zurückverlangen? «On les déclare ‹fous›!» Sie brauchten sich nur in Abständen von einem Schweizer Arzt untersuchen zu lassen, der Zeichen von Nervosität feststellte und sie für verrückt erklärte. «Leonhard Frank est ‹fou›; Cassirer est ‹fou›; Rubiner va l'être; Schickele s'y prépare ...»[7]

Kann man sich das in Frankreich vorstellen, ruft Rolland aus, daß die Frau von «Capitaine Cassirer» ihrem Botschafter erklärt, ihr Mann könne dem Einberufungsbefehl nicht Folge leisten, denn er sei krank? Sie selbst habe alle Briefe der Militärbehörde abgefangen, um ihm Aufregungen zu ersparen.

Einer dieser Schweizer Ärzte war Ludwig Binswanger, in dessen Sanatorium in Kreuzlingen viele deutsche Intellektuelle während des Kriegs Station machten, ob sie nun eine Kur brauchten, wie Schickele, oder nicht, wie Leonhard Frank. Schickele kam 1915 in einem «beklagenswerten Zustand» nach Kreuzlingen. Er hatte schon lang durch Zigaretten-, Alkohol- und Medikamentenkonsum Raubbau mit seiner Gesundheit getrieben und stand damals unter der zusätzlichen Belastung seiner Beziehung zu der jungen Ärztin Minna Flake, zwischen der und seiner Frau er eine Entscheidung treffen mußte, welche schließlich zugunsten Anna Schickeles ausfiel[8]. Binswanger, der Schickele umsonst behandelte, auch weil er Gespräche mit Künstlern und Schriftstellern schätzte, konnte ihn verhältnismäßig rasch wiederherstellen[9].

Auch Paul Cassirer brauchte Atteste von Schweizer Ärzten, um einer weiteren Einberufung zu entkommen[10]. Mit ihrer Hilfe arbeitete er voller Schwung an Kesslers Kulturpropaganda-Projekt mit. Er und Tilla Durieux nahmen im *Hotel Schwert* Logis (Abb. 101) und schmückten ihre Zimmer, die einst Goethe bewohnt hatte, mit Bildern der großen Impressionisten. Im August 1917 veranstaltete Kessler eine Ausstellung deutscher Kunst im 19. und 20. Jahrhundert in Zürich, die im Oktober nach Basel wanderte. Beide Male kümmerte sich Cassirer um die Hängung der Bilder, darunter mehrere von Oskar Kokoschka. Kessler brachte den Dirigenten Oskar Fried mit dem Berliner Domchor in die Schweiz, wo dieser die 2. Sinfonie von Mahler aufführte. Max Reinhardt gastierte mit dem Deutschen Theater, das Gewandhausorchester spielte unter Nikisch, Richard Strauss kam als Gastdirigent.

Kessler unterstützte außerdem eine von Cassirer und Rascher geplante Vortragsreihe, die der in Bern lebende Architekt Henry van de Velde international auszurichten vorschlug. Neben Hofmannsthal, Rilke und Schickele sollten Benedetto Croce, Bernard Shaw, Maxim Gorki und Romain Rolland sprechen[11]. Schickeles Vortragsabend fand im März 1918 in Zürich statt und wurde «unendlich reizvoll» durch Tilla Durieux' Lesung seiner Erzählung *Aissé* bereichert[12].

All das vollzog sich inmitten einer ständig wachsenden und wechselnden Schar von

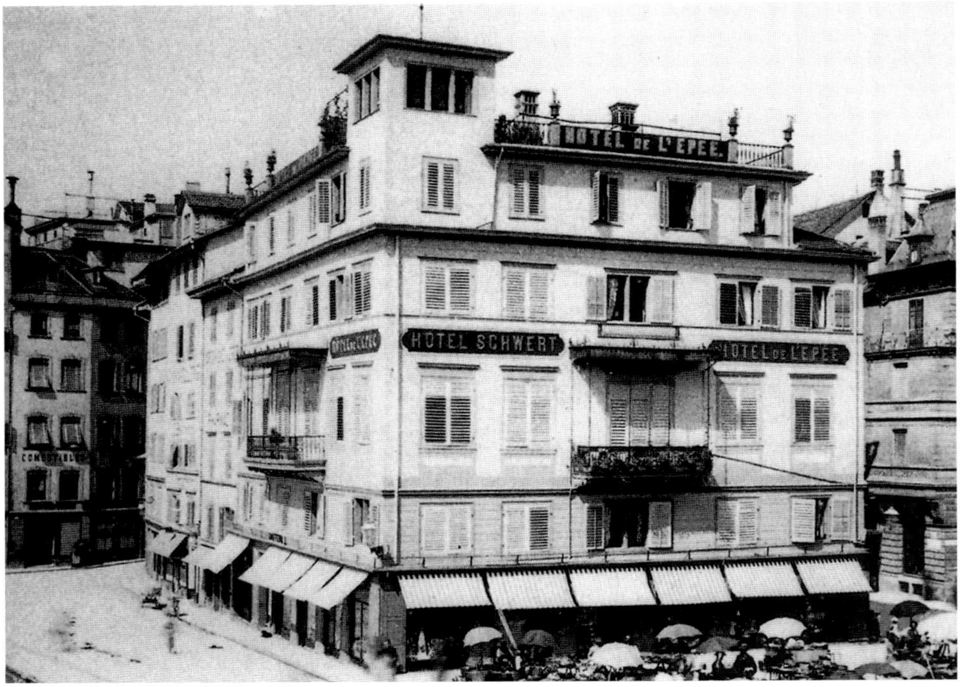

Abb. 101: Hotel Schwert, *Zürich, um 1880.*

deutschen und österreichischen Emigranten, denen ihre pazifistische Überzeugung gemeinsam war. Paul Cassirer im *Hotel Schwert* wirkte wie ein Magnet. Bei ihm versammelte man sich nach der Polizeistunde und debattierte bis in den Morgen (Abb. 102). Stefan Zweig war zur Uraufführung seines pazifistischen Dramas *Jeremias* gekommen, Franz Werfel zu der seiner Bearbeitung der *Troerinnen* von Euripides. Auch Frank Wedekind erschien. Cassirer war ein großzügiger Gastgeber. Alkohol floß reichlich, was die Diskussionen nur noch mehr anfeuerte. Schickele steigerte sich zu flammenden Reden, in denen er zur Offensive gegen die Militärs aufforderte, welche die Künstler zu ihren Zwecken mißbrauchten[13].

Im Januar 1918 lud Cassirer Freunde und Mitarbeiter nach St. Moritz ein. Schickeles Tagebuch dokumentiert den Aufenthalt im Detail und stellt, nicht ohne Eitelkeit, seine Skikünste gegenüber denen Cassirers heraus[14]. In St. Moritz fand sich auch Annette Kolb ein, die seit Februar 1917 im Schweizer Exil lebte und deren leidenschaftliche Friedensappelle aus ihrem *Berner Tagebuch* laufend in Schickeles *Weißen Blättern* veröffentlicht wurden. 1921 erschienen sie als Buch: *Zarastro. Westliche Tage* schildert das vielseitige Agitieren und gegenseitige Aushorchen unter deutschen und französischen Intellektuellen und Agenten in der Schweiz. Verschlüsselt erscheint der lebenslange Freund Schickele als der musische und «sternengebannte» aber auch «sternschnuppenhafte» Fortuino[15]. Hinter Zarastro verbirgt sich der von den deutschen Pazifisten hochverehrte Romain Rolland, den viele von ihnen in Vevey besuchten, so Annette Kolb selbst, René Schickele und Stefan Zweig. Mit Tilla Durieux, «die die Alleinherrschaft zu sehr gewohnt ist», hatte Annette Kolb ihre Schwierigkeiten. Wenn die Schauspielerin eine ihrer «ungewöhnlichen Varieté-Vorstellungen» gab, «mit einer riesigen Seidenschleife» ihr Kleid über die Waden raffte und dazu «Komm in meine Liebeslaube» sang, war Annette Kolb, die am Vorabend eine Ballade von Debussy «mit anmutiger Kraft» gespielt hatte, nicht mehr fähig zu musizieren[16].

Mit dem Friedensschluß von Brest-Litowsk am 8. März 1918 hatten sich zwar die Friedenshoffnungen zum Teil erfüllt, aber die bolschewistische Revolution war mit den Zukunftsvorstellungen dieser Emigranten in der Schweiz nicht zu vereinen, wie Schickeles Essay *Revolution, Bolschewismus und das Ideal* im Dezemberheft 1918 der *Weißen Blätter* verdeutlicht. Über die Neue Folge der Zeitschrift hielt Kessler seine schützende Hand. Damit sie nicht in Deutschland «ein für allemal verboten werde», hatte er eine Art «Präventiv-Zensur» mit dem Auswärtigen Amt verabredet, wie er Cassirer versprochen hatte[17]. Ab Juli 1918 erschien die Zeitschrift im *Verlag der Weißen Blätter*, Bern-

Abb. 102: Sylvester 1917 im Hotel Schwert, *Zürich. 1. von links stehend: Wladimir Rosenbaum; 2. von rechts stehend: Anne Valangin; links sitzend: die Wirtsleute Gölden; 1. von rechts stehend: Paul Cassirer; 2. von rechts sitzend: Tilla Durieux.*

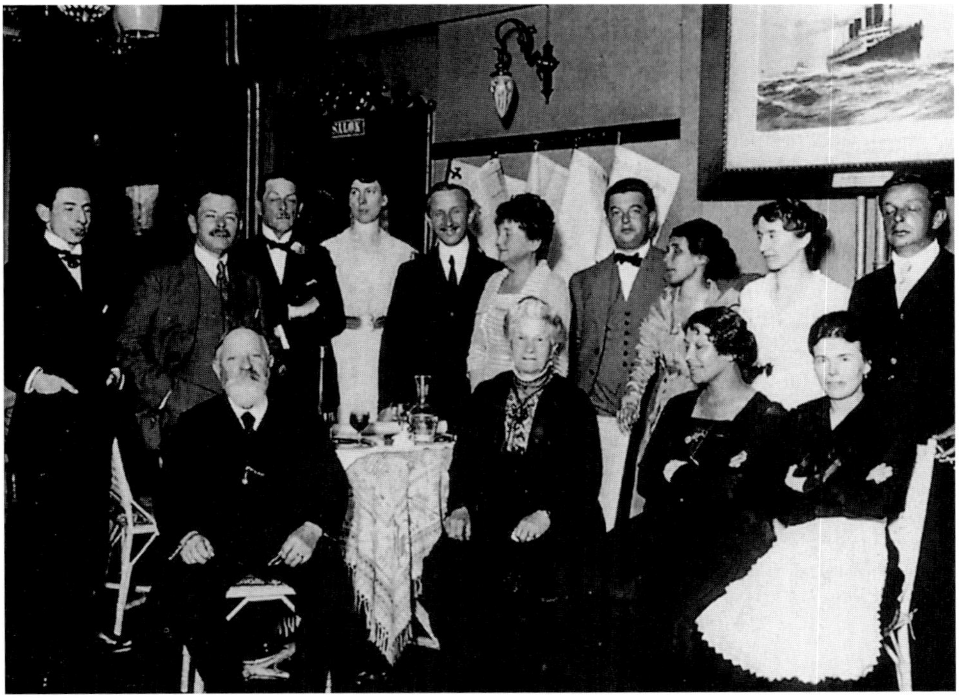

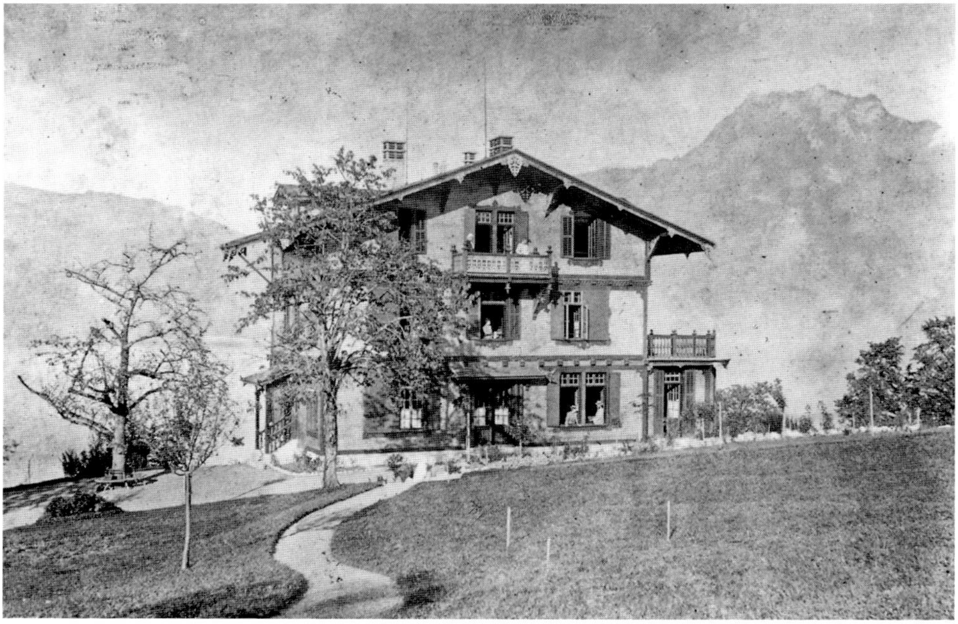

Abb. 103: Chalet des Sapins, *Spiez, um 1918.*

Bümplitz, bereits mit finanzieller Unterstützung Cassirers, ab Februar 1919 dann im Paul Cassirer Verlag, Berlin.

Im Sommer 1918 war die Arbeitsgemeinschaft zwischen Cassirer und Schickele auch zu einer Wohngemeinschaft geworden. Schickeles kamen aus Bern, wo ihre Wohnung in der Junkerngasse 19 über den Büroräumen Kesslers lag, an den Thunersee und zogen in den *Spiezerhof*. Dort hatten auch Cassirer und Tilla Durieux Zimmer genommen. Wieder zog Cassirer magnetisch die Menschen an. Der *Spiezerhof* sei «eine Kolonie von Intellektuellen um Cassirers», notiert Kessler. «Aus jedem Zimmer tritt auf den Balkon irgendeine Kapazität, wenn im Garten gerufen wird, wie bei einer Spieluhr.» Als «Geburtsluft der neuen Weißen Blätter» findet er das «beängstigend»[18].

Zu den Kapazitäten gehörten Alfred H. Fried, der spätere Friedensnobelpreisträger, und die Hofrätin Zuckerkandl. Die Wiener Journalistin und Salonière, die seit ihrer Jugend mit Georges Clemenceau befreundet war und deren Schwester dessen Sohn geheiratet hatte, war mit ihrer Zofe in diplomatischer Mission zur Friedenssondierung für Österreich unterwegs[19].

Im Juni bezogen die Ehepaare Cassirer und Schickele dann das *Chalet des Sapins* in Spiez, wo sie eine rege Tätigkeit entfalteten (Abb. 103/104). Schickele redigierte und schrieb für die *Weißen Blätter*, bereitete die ersten Bände der bei Rascher erscheinenden Reihe *Die Europäische Bibliothek* vor – der erste Band enthielt drei Kapitel aus *Le feu* von

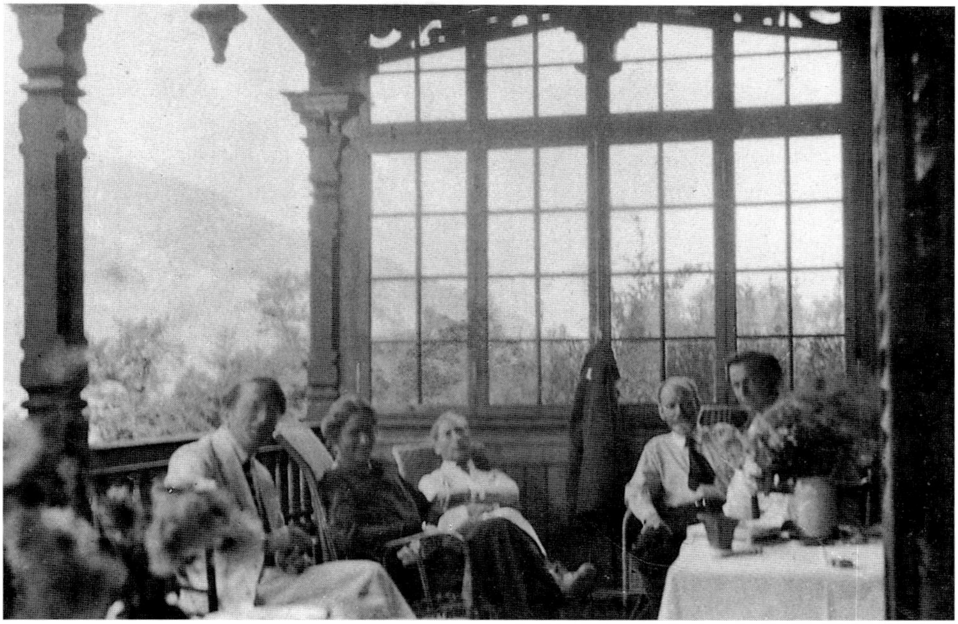

Abb. 104: Auf der Veranda des Chalet des Sapins, *Spiez, Sommer 1918, von links: René Schickele, Tilla Durieux, Annette Kolb, Max Rascher (?), Paul Cassirer.*

Barbusse – schrieb *Die Genfer Reise*, eine aparte Mischung aus Naturbetrachtung und politischen Essays, sowie – laut Tagebucheintragungen in acht Tagen – die zwischen Traumspiel und Groteske schillernde Komödie *Am Glockenturm*. Spuren der Menschen in seiner nächsten Umgebung lassen sich darin finden: so etwa die Skepsis Cassirers gegenüber den pazifistischen Idealisten in dem Altnationalrat Lötschberg; die Vergeßlichkeit und der Adelstick Annette Kolbs, die einen Pazifismus *á tout prix* vertrat, in der Journalistin Gabriele; die Lebenslust Tilla Durieux' in der schönen Flora. Dennoch ist das Stück nicht zu vergleichen mit Schickeles Drama *Hans im Schnakenloch* von 1915, das die Zerrissenheit des Elsässers zu Kriegsbeginn zwischen seinen «zwei Vaterländern» zeigte. Cassirer übersetzte einen Aufsatz von Henry van de Velde über Ferdinand Hodler, der am 19. Mai gestorben war, und schrieb einen Essay, *Krieg und Kunst*, für das Septemberheft der *Weißen Blätter*. Darin faßte er noch einmal das Programm der Kulturpropaganda zusammen: Sie veranstalte ein «Turnier der Künste auf neutralem Boden», schreibt er und meint, mit Kunst könne man weder Krieg noch Frieden machen, sondern nur im Geist gegen ihre Feinde kämpfen. Anna Schickele kopierte in dieser Zeit Manuskripte und übertrug Korrekturen. Tilla Durieux verfaßte eine leider verlorengegangene Komödie, *Der neue Robinson*, laut Schickele «eine lustige, handfest gebaute Sache»[20], und sorgte für Abendunterhaltung. Wenn sie aus dem *West-Östlichen Divan* oder aus Barlachs *Der arme Vetter* vorlas, war Schickele hingerissen. Annette Kolb kam zum Klavierspiel, sogar zu vier Händen mit Tilla Durieux. Wenn Monty Jacobs dieses Emigrantenwohlleben in seiner Rezension der *Genfer Reise* kritisierte[21], wußte niemand besser als Schickele selbst, wie gut es ihnen ging. «Freunde, es war, im Vergleich zu dem, was unsere Kameraden in der Feuerlinie an Blut und Kot zu würgen hatten, ein Rentnerleben. Eine Villegiatura. Ferien. Mit erhebenden Genugtuungen.»[22]

In den letzten Kriegsmonaten verkündeten die *Weißen Blätter* unerschütterlich Schickeles Utopie, die sich nach dem Krieg verwirklichen werde: Aufgabe der «Geistigen» sei die «Revolution des Herzens», ihr einziges Ziel, «daß Gewalt aufhöre». Mit expressionistischem Pathos ruft er aus: «Aufsteht aus den Trümmern Phoenix Mensch.»[23]

Die Gründung des *Verlags der Weißen Blätter* in der Schweiz ohne den Verleger Max Rascher wurde erwogen. Schickele bewunderte Cassirers «politisches Risiko»: «Er ist mutig, ich habe den Eindruck, daß ich mich auf ihn verlassen kann.»[24]

Am 27. Juli schließen Cassirer und Schickele dann einen «Generalvertrag», was aber nicht heißt, daß damit die Schwierigkeiten ein Ende hätten. Weiterhin ist in Schickeles Tagebuch von Auseinandersetzungen die Rede. So will er Leo Kestenberg nicht als Gesellschafter dabei haben. Es geht natürlich auch um Geld. Am 2. September findet eine Unterhaltung mit Cassirer «über finanzielle Einrichtung meines Lebens» statt. «1000 Frs. für L., 1000 für mich», scheint Schickele von seinem Verleger für seine Frau Anna, genannt Lannatsch, und sich zu fordern. Vor allem aber stimmten Cassirer und Schickele zwar generell politisch überein, aber nicht im Detail bzw. Stil. So bat Cassirer Kessler um Vermittlung bei Schickele, da dieser Beiträge von Klabund und Carl Ehrenstein veröffentliche, die sich ihres Pazifismus brüsteten. Romain Rolland habe recht, wenn er zwischen Pazifisten aus Überzeugung und solchen, die nur keine Opfer bringen wollten, unterscheide. Schickele dagegen klagte bei Kessler, daß Cassirer die Zeitschrift nicht nur verlegen, sondern auch selbst redigieren wolle[25].

In einem Brief Schickeles an Cassirer, den dieser Kessler zeigte, bat er jedoch um Verzeihung. «Ich habe [...] allen meinen politischen Ehrgeiz, der durch meine Fehler unrealisierbar ist, auf Sie übertragen [...] Ihre persönliche Initiative wird täglich wichtiger.» Kessler fügt dem hinzu, der Autor befinde sich «in abgründiger Verzweiflung»[26].

Schickele war nicht nur verzweifelt, sondern auch völlig überarbeitet und ständig schlaflos. Am 16. September fanden die Cassirers ihn bewußtlos im Bett[27]. Schickele selbst notierte am selben Tag: «Nervenkrise. Alkohol u. Schlafmittel. Aber Arbeit.» Nun schaltete sich Annette Kolb ein und riet dem Freund, sich von Cassirer zu trennen, «koste es was es wolle». Das führte zu einer «großen Aussprache»[28] mit Cassirer, aber zu einer Trennung kam es nicht. Im Gegenteil, sofort nach Kriegsende reisten Autor und Verleger nach Berlin. Mit Kessler und Kestenberg erlebten sie das Chaos im Reichstag – dennoch hat Schickele den 9. November 1918 als den schönsten Tag seines Lebens bezeichnet[29].

An den Mauern Berlins prangte am nächsten Tag ein Aufruf Schickeles an die «Arbeiter! Mitbürger!», in dem er die sofortige Auflösung des Reichstags und die Wahl zu einer Nationalversammlung forderte. Nur eine sozialistische Gesellschaft könne einen neuen Absturz in die Barbarei verhindern und neue Menschen in einer neuen Welt schaffen[30].

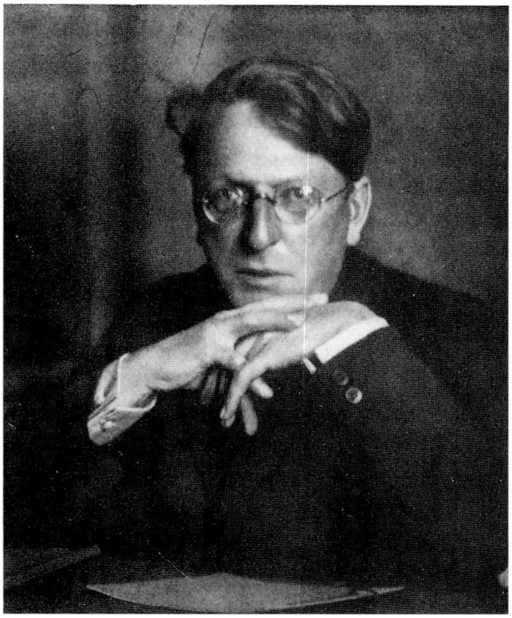

Abb. 105: René Schickele in der Schweiz, um 1920

Cassirers Wohnung in der Victoriastraße wurde zu einem wichtigen Treffpunkt, wo besonders die erstrebenswerte Verbindung mit französischen Sozialisten besprochen wurde. In den *Weißen Blättern* spiegelten sich die Ereignisse in Beiträgen wie Johannes R. Bechers *Hymne auf Rosa Luxemburg*, dem *Letzten Marsch den Zuchthäuslern gewidmet* (Wort und Weise von Kurt Eisner) und der Rubrik *Memento*: «denen, die nichts mehr davon hören wollen; denen, die nicht vergessen können.»

Die Gründung der Vereinigung *Clarté* in Frankreich hatte unter allen Pazifisten Hoffnungen geweckt. Ihr Programm war dem gleichnamigen Roman von Henri Barbusse entnommen, Schickele war seit 1917 Mitglied. Im Märzheft der *Weißen Blätter* veröffentlichte er 1919 die Grundsätze der Vereinigung, darunter diesen: «Die geistigen Menschen haben die Pflicht, ihr Leben für den Fortschritt hinzugeben.» Im selben Jahr bat ihn Romain Rolland, die deutsche Sektion zu leiten.

Am 21. Dezember 1918 wurde im Kunstsalon Cassirer der 1915 verbotene *Bund Neues Vaterland* neugegründet, dem Schickele und Cassirer ebenfalls angehört hatten. Rolland zählt die Programmpunkte einschließlich der «culture de la personnalité» und der Zusammenarbeit der Völker in einer «Weltkulturpolitik»[31] auf. Sie entsprachen ganz denen der *Clarté*. Aber als sich die Organisation der 3. Internationale anschloß, trat Schickele aus und trat nie wieder einer politischen Organisation bei[32].

Von Paul Cassirer erschien ebenfalls im Märzheft 1919 eine *Utopische Plauderei*, die viele Jahre nach dem Krieg spielt, wenn Künstler nicht mehr von der Macht der Zeitungen und Kunsthändler abhängig, aber untereinander uneins sind. Deshalb entscheidet das Volk, welche Künstler beauftragt und welche Werke erworben werden.

Es war das letzte Heft der *Weißen Blätter* unter Schickeles Herausgeberschaft. «Cassirer hat mir vorgeschlagen, daß ich auf die Weißen Blätter» verzichte, schrieb er am 4. Mai 1920 an Leo Kestenberg und wehrte sich dagegen mit Händen und Füßen, weil «die Zeitschrift eines sanften Todes stürbe, ruhte ihr Schicksal ausschließlich in den Händen Cassirers»[33]. Sechs Wochen später hatte er sich aber damit abgefunden und teilte Kestenberg mit: «Ich bin froh, die Weißen Blätter los zu sein.»[34] Er hat nie wieder eine Zeitschrift herausgegeben. Die nächsten vier Hefte tragen zwar noch seinen Stempel, doch im Januar 1921 erschienen die *Weißen Blätter* zum letzten Mal.

Im Paul Cassirer Verlag erschien kein Buch Schickeles und keine neue Zeitschrift mehr. Die Interessen des Verlegers richteten sich nun auf seine sprunghaft gestiegene Buchproduktion – 1919 waren es 42 Titel, gegenüber 12 im Vorjahr – darunter Werke von Kurt Eisner, Karl Kautsky, Gustav Landauer und Ferdinand Lassalle.

Warum sich die Wege von Autor und Verleger trennten, ist im einzelnen nicht mehr auszumachen. Es waren wohl vor allem ihre – auch politisch unterschiedlichen – Temperamente. Im Vergleich zu dem Heißsporn Schickele bewahrte Cassirer eher einen kühlen Kopf. So schrieb er am 21. August 1920 an den *Deutschen pazifistischen Studentenbund*, er liebe «das pazifistische Streben, losgelöst von dem sozialistischen Gedanken nicht übermässig» und habe Alfred H. Fried und die anderen Pazifisten zwar «immer mit der grössten Hochachtung» betrachtet, aber «niemals das geringste Vertrauen zu deren Tätigkeit gehabt»[35].

Sechs Jahre später, aufs tiefste betroffen von Cassirers Tod, schrieb Schickele einen der schönsten Nachrufe auf den stets Schaffenden, dem die Atempause in der Geschichte nach der Zeit der großen Maler und Dichter, nach dem Sturm von Krieg und Revolution zu lang wurde, dessen «nach Gestaltung drängende Hände» ins Leere griffen, und nennt ihn Freund[36].

Anmerkungen

1 Ich danke Daniel Schickele für die Erlaubnis, aus unveröffentlichten Briefen und Tagebüchern von René Schickele zu zitieren, sowie Albert M. Debrunner für die großzügige Überlassung der Transkriptionen von René Schickeles Notiz- und Tagebüchern; ebenso herzlich den Mitarbeitern des Kessler-Projekts im Deutschen Literaturarchiv Marbach (DLA) für die sorgfältige Vorbereitung meiner Einsicht in die Transkriptionen des Tagebuchs von Harry Graf Kessler und dem Klett-Cotta Verlag, in dem die Tagebücher erscheinen.

2 Feilchenfeldt/Brandis, S. 370.

3 Paul Cassirer: Kunst und Kunsthandel. In: *Pan* 1, 1911, H. 14, S. 457–469. – Zu der Debatte um das Manifest vgl. Paret, S. 182–196. – Zu den zahlreichen Attacken auf Cassirer in der Presse und selbst im Reichstag vgl. Kennert, S. 381 f.

4 Eine ausführliche Darstellung der Zeitschrift unter René Schickeles Herausgeberschaft gibt Julie Meyer: Vom elsässischen Kunstfrühling zur utopischen Civitas Hominum. Jugendstil und Expressionismus bei René Schickele (1900–1920). München 1981, S. 119–172. – Vgl. auch Helga Noë: Die literarische Kritik am 1. Weltkrieg in der Zeitschrift Die weißen Blätter (Phil. Diss.). Zürich 1986.

5 Feilchenfeldt/Brandis, S. 511.

6 Durieux, S. 248.

7 Romain Rolland: Journal des années de guerre 1914–1919. Paris 1952, S. 1376.

8 Vgl. Julie Boghardt: Minna Flake. Macht und Ohnmacht der Roten Frau. Von der Dichtermuse zur Sozialistin. Frankfurt/M. 1997.
9 Zur Krankengeschichte Schickeles s. Albert M. Debrunner: ‹Freunde, es war eine elende Zeit!› René Schickele in der Schweiz. Frauenfeld/Stuttgart/Wien 2004, S. 19–24.
10 Durieux, S. 263.
11 Debrunner (wie Anm. 9), S. 211.
12 Ivan Goll: Schickeles Vortragsabend. In: *Neue Zürcher Zeitung* vom 12. März 1918.
13 Harry Graf Kessler, Tagebucheintrag vom 6. Januar 1918 (DLA).
14 René Schickele: Werke in drei Bänden. Köln 1959, Bd. 2, S. 1018–1022.
15 Annette Kolb: Zarastro. Westliche Tage. Berlin 1921, S. 18.
16 Schickele (wie Anm. 14), S. 1020 f.
17 Debrunner (wie Anm. 9), S. 198.
18 Kessler (wie Anm. 13), 2. Juni 1918.
19 Emily Bilski und Emily Braun: Jewish Women and their Salons. The Power of Conversation. New Haven 2005, S. 85–99.
20 Debrunner (wie Anm. 9), S. 195.
21 Monty Jacobs: Die Genfer Reise. In: *Das Literarische Echo* 21, 19. Juli 1919, Sp. 1196–1197.
22 Schickele (wie Anm. 14), S. 464 f.
23 René Schickele: Der Konvent der Intellektuellen. In: *Die weißen Blätter* 5, 1918, H. 1, S. 96–105.
24 René Schickele: Großes Tagebuch (DLA), Eintrag vom 9. Juli 1918.
25 Debrunner (wie Anm. 9), S. 200 f.
26 Kessler (wie Anm. 13).
27 Durieux, S. 273.
28 René Schickele: Notizbucheintrag vom 18./19. September 1918.
29 Schickele (wie Anm. 14), Bd. 3, S. 86.
30 Rolland (wie Anm. 7), S. 1683.
31 Rolland (wie Anm. 7), S. 1684 f.
32 Hans Wagener: René Schickele, Europäer in neun Monaten. Gerlingen 2000, S. 117 f.
33 DLA: A: Schickele 64.1980/1.
34 Brief vom 26. Juni 1920, DLA: A: Schickele 64.1980/2.
35 DLA: A: Weyl 73.558. – Der Brief ist vollständig hier abgedruckt im Beitrag von Konrad Feilchenfeldt, S. 372.
36 Schickele (wie Anm. 14), S. 914–915.

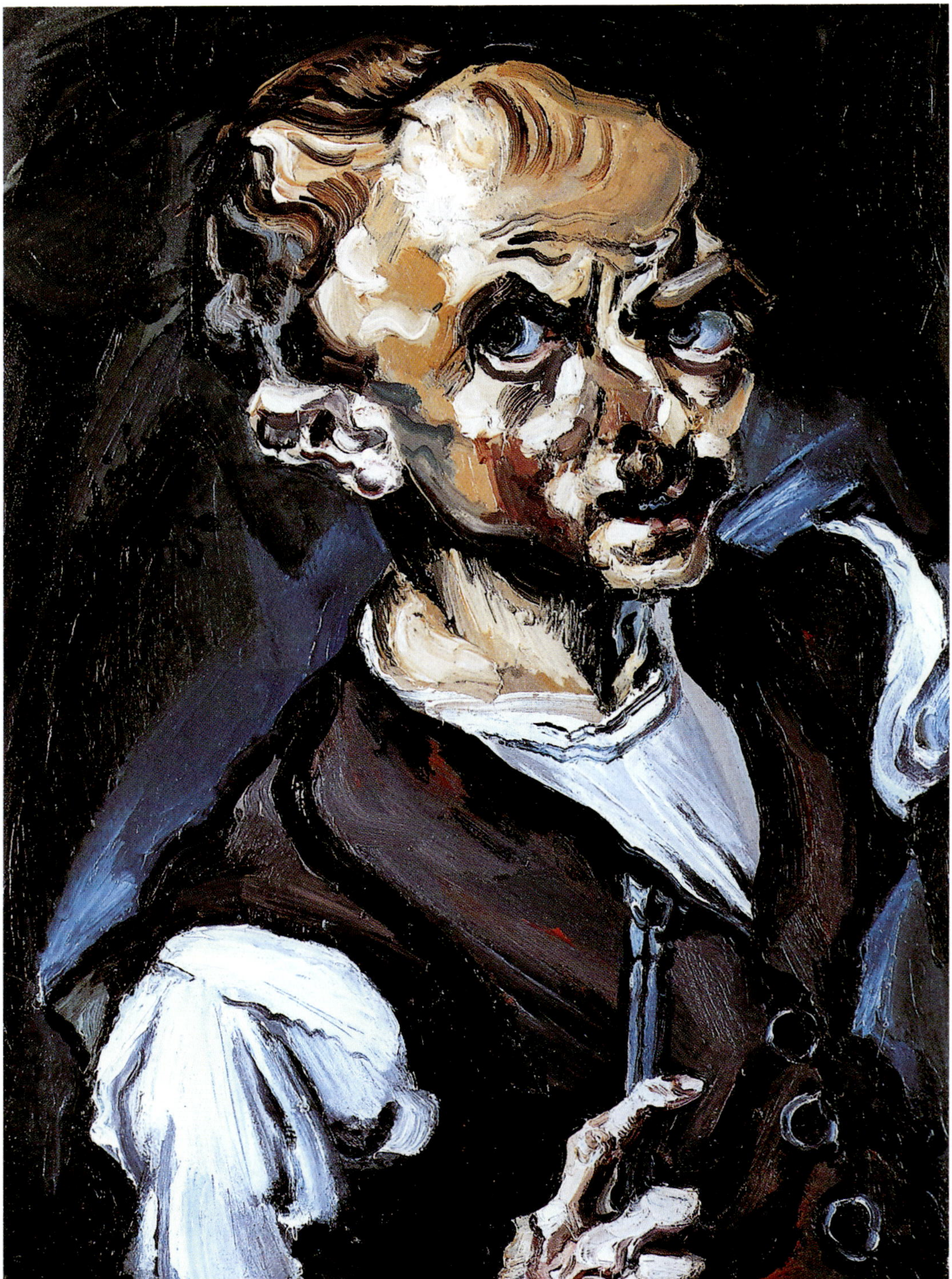

Apokalyptische Seelenlandschaften

Ludwig Meidners Prosadichtung *Septemberschrei*[1]

Michael Assmann

Am 14. Januar 1918 schreibt Ludwig Meidner (Abb. 106) aus dem Kriegsgefangenenlager in Merzdorf bei Cottbus, wo er seit September 1916 als Soldat stationiert und als Dolmetscher für die Post französischer Kriegsgefangener zuständig ist, der befreundeten Dresdner Malerin Rose Friedrich:

> «Erst heute kann ich antworten, denn ich wurde von Paul Cassirer für eine Woche nach Berlin reklamiert und ich habe in der Zwischenzeit mancherlei erlebt. Cassirer macht im Februar eine große Sonderausstellung meiner Werke u. hat mich auch sonst durch einen günstigen Vertrag für zwei Jahre verpflichtet.»[2]

Gegenstand der – nicht erhaltenen – Vereinbarung waren zweifellos die Ausstellung zu Beginn und das Erscheinen des Buches *Septemberschrei* am Ende der Laufzeit. Paul Cassirer, der seit 1917 in der Schweiz lebte (s. hier Beitrag von Sigrid Bauschinger, S. 230 ff.), war im Begriff, seine Zelte dort abzubrechen und die literarische Produktion, intensiver als in der Vorkriegszeit und mit neuer Akzentsetzung, wieder aufzunehmen.

«Günstig» war der Vertrag für Meidner in mehrfacher Hinsicht. Nicht nur wegen der «angenehmen Summe»[3], die ihm eine der wenigen von materiellen Sorgen freien Phasen seines Lebens bescherte, sondern vor allem wegen der Aussicht, in der Victoriastraße ausgestellt zu werden. Es war Meidners erste Einzelausstellung und seine wichtigste: Sie verhalf ihm zum Durchbruch. Franz Pfemfert, Herausgeber der *Aktion*, kommentierte den Vorgang: «Soeben ist er durch Paul Cassirers Kunstsalon kurfürstendammfähig gesprochen worden.»[4]

Spätestens 1912, als Ludwig Meidner mit seiner Gruppe *Die Pathetiker* in Herwarth Waldens *Sturm*-Galerie ausgestellt hatte[5], dürfte Paul Cassirer auf ihn aufmerksam geworden sein. Seit dieser Zeit entstanden Meidners wichtigste Werke, und er verkehrte in Literaten- und Künstlerkreisen im Umfeld von Waldens *Sturm*, Pfemferts *Aktion* und im *Café des Westens*. 1913 wurde sein eigenes Atelier zum Treffpunkt und er selbst – neben Rudolf Großmann – zum bekanntesten Porträtisten des literarischen Expressionismus[6].

Die Ausstellung bei Paul Cassirer im Februar 1918 wurde von allen wichtigen Berliner und einigen überregionalen Zeitungen besprochen. Es mangelte dabei aber

Abb. 106: Ludwig Meidner, Selbstporträt, *1915,* Öl/Lwd., *74 x 53 cm, Nationalgalerie, Staatliche Museen zu Berlin.*

durchaus nicht an Verrissen – insbesondere in der eher konservativen Presse. Ein Satz, den Meidner in seiner zu schonungsloser Selbstbezichtigung neigenden Art, wovon noch die Rede sein wird, im Vorwort zum Ausstellungskatalog geschrieben hatte, wurde immer wieder zitiert und hämisch gegen ihn gewandt: «Alle diese Arbeiten lassen noch ein edles, vollkommenes Handwerk vermissen. Ihr mögt es verzeihen, ich muß noch würgend mit zähen Farben ringen, die den unbehenden Fingern nicht gehorchen wollen.»

Für Paul Cassirer war Meidner nicht zuletzt als Doppelbegabung interessant. Ein vom Autor selbst illustriertes Buch paßte außerordentlich gut in einen kunstorientierten Verlag, der bestrebt war, sich weiter dem literarischen Bereich zu öffnen. Zudem lag Meidner mit seiner pazifistisch-sozialistischen Grundeinstellung ganz auf der Linie des neuen Programms. Meidners erstes Buch, *Im Nacken das Sternemeer*[7], sollte bei Kurt Wolff, *dem* Verlag des literarischen Expressionismus, erscheinen, was eine vorzügliche Empfehlung bedeutete und damit nicht zuletzt guten Absatz verhieß. Cassirer bemühte sich um einige Autoren des Kurt Wolff Verlags und warb sie – wie z. B. Kasimir Edschmid – teilweise gezielt ab.

Die beiden Bücher *Im Nacken das Sternemeer* und *Septemberschrei* hängen eng zusammen. Sie entstanden unmittelbar nacheinander – oder nebeneinander, denn es stand nicht von vornherein fest, welcher Text in welches Buch kommen sollte. Der Brief[8], mit dem Meidner Ende Januar 1917 Kurt Wolff das Manuskript zu *Im Nacken das Sternemeer* ankündigt, läßt jedenfalls noch kaum auf den tatsächlichen späteren Inhalt (zwölf Texte) schließen. Er nennt nur sieben Titel, von denen wiederum drei nicht ins Buch kamen. Einer davon, und darauf kommt es hier vor allem an, ist «September-Schrei», also der Text, der dem späteren Buch den Titel gab.

In seinem nächsten Brief[9], geschrieben am 21. Juni 1917, nennt Meidner von den vierzehn Titeln, die er als Summe angibt, keinen einzelnen mehr, aber es wird deutlich, daß das Buch nahezu seine endgültige Form gefunden hat. Die Antwort des Verlages zeigt, daß der Text «September-Schrei» im endgültigen Manuskript noch enthalten war:

> «Das Manuskript, das Sie heute gesandt haben, ließ ich sofort an die Druckerei weitergeben. [...] Die Blätter, die noch hier liegen und für eine Reproduktion nicht in Betracht kommen, werden heute mit dem Manuskript des ‹September-Schrei› an Herrn Kochmann[10] abgehen (eingeschrieben).»[11]

Die Fertigstellung des Manuskripts zu *Septemberschrei* kündigt Ludwig Meidner der Künstlerin Rose Friedrich in seinem Brief vom 27. Dezember 1917 an:

> «Mein Buch erscheint erst, der Druckschwierigkeiten wegen, im Februar. Derweilen ist ein zweites Prosabuch fertiggeworden, reiner in der Formung und dichterischer als das erste – aber immer noch voller Chaotik und Händeringen und zweiflerischer Aufschreie. Daneben habe ich hier im Früh-Herbst, trotz äußerer Mühsale, manches Schöne gezeichnet. Ich liebe beides innig: Malen und Dichten.»[12]

Der Erste Weltkrieg, genauer gesagt, die Bedingungen des Soldatendaseins, das weitgehende Fehlen der Möglichkeit, malen und zeichnen zu können, haben Meidner erst zum Dichter gemacht. Mit den Worten «Jahrelang fern sein müssen seiner Berufung! Oh, wie ein Gaul vor die Tage gespannt – oh, das ist schwer und hängt mir wie Mühlsteine um den Hals», beklagt er im *Septemberschrei* (S. 16) die Ausgangssituation; er leidet darunter, daß seinen schöpferischen Kräften die Möglichkeit zur Entfaltung fehlt, und sehnt sich danach, in sein Atelier zurückkehren zu können.

Septemberschrei enthält 21 Texte, von denen sechs – was die Kriegsschilderungen betrifft, verhältnismäßig unverfängliche – zwischen 1917 und 1919 in verschiedenen Zeitschriften erschienen waren[13]. Wie bei *Im Nacken das Sternemeer* sind es einzelne, nicht aufeinander bezogene Texte, die hier aber – anders als im vorangegangenen Buch – in Genregruppen gegliedert sind. Heißt es auf der Widmungsseite des ersten Bandes «Alarmrufe eines Malers, – geschrieben in flackernder Wachtbaracke», so nennt der Untertitel von *Septemberschrei* die Gruppen «Hymnen / Gebete / Lästerungen». Das Buch selbst enthält darüber hinaus noch die Gruppen «Tagebuch» und «Bruderliebe». Eine spätere Auswahl mit Texten aus beiden Büchern (sowie aus dem Band *Gang in die Stille* von 1929) trägt den Titel *Hymnen und Lästerungen*[14] und subsumiert die einzelnen Texte unter die Hauptüberschriften «Monologe im Atelier», «Wanderungen» und «Visionen», wohl im – etwas hilflosen – Bestreben, die Texte thematisch zu konturieren. Die Gattungsbezeichnungen sagen wenig aus und haben eine geringe Trennschärfe. Im *Septemberschrei* umfaßt «Bruderliebe» *auch* Tagebuchtexte, nur eben mit dezidiert pazifistischer Akzentsetzung; der Text «Mutter, du mystische Frau» (unter «Gebete»), ein Lobgesang auf die Liebe zur Mutter, könnte mindestens ebensogut als «Hymne» durchgehen; die «Lästerungen» führen kurioserweise fast alle die Bezeichnung «Hymne» im Titel; das «Aschaffenburger Tagebuch», einer der bedeutendsten Texte in *Septemberschrei*, ist zugleich auch «Gebet», «Hymne» und «Lästerung».

Es ist nicht ganz leicht und wohl auch müßig, eine Chronologie der einzelnen Texte vor dem Hintergrund der autobiographischen Fakten zu rekonstruieren. Da Meidner selbst aber – und nicht ganz zutreffend – den Zeitraum der Entstehung der Texte nennt, soll kurz darauf eingegangen werden. In der Titelei des Buches heißt es: «Die | folgenden | Seiten, ent|standen im Som|mer, Herbst und Win|ter 1917, | widme ich dem | verehrten Herrn Minister Hugo | Simon[15] und Frau zu | Berlin-Zehlendorf | * | Bernstadt in Schlesien | im Dezember | 1918».

Die einzelnen Stationen, Aufgaben und Zeiträume seines Kriegsdienstes schildert Meidner kurz nach der Fertigstellung des Manuskripts zu *Septemberschrei*, Ende Januar 1919, in einem Brief an Anna Schickele:

> «Sie haben ohne Ihr Zutun die Nationalität gewechselt. Ich beglückwünsche Sie dazu. Ich muß die meine noch behalten, aber ich habe sie in achtundzwanzig unausdenklich schrecklichen Monaten [Juli 1916 bis November 1918] kennen gelernt. Fünfzehn Monate war ich franz. Dolmetscher in einem Gefangenenlager. Da war man so gut wie mitgefangen, aber

ich hatte Gelegenheit, menschlich zu wirken und verkehrte mit den Gefangenen wie mit Freunden. Dann kam ich in ein Ersatzbataillon und diese Zeit hat mich moralisch und gesundheitlich sehr heruntergebracht. [...] Letzten Sommer brachte ich schließlich eine zeitlang im besetzten Gebiet, in Sedan zu, später in Aschaffenburg. Ich hatte den Plan gefaßt zu desertieren; ich hielt es nicht mehr aus, da brach die Revolution aus. Jetzt bin ich seit Ende November bei meiner Mutter in Schlesien, wo man sich wenigstens noch satt essen kann. [...] Die Ausstellungen des letzten Jahres[16] haben meinen Namen bekannt gemacht. Ich bin also auch von den materiellen Sorgen befreit worden, sodaß die Ängste und Nöte windigen Bohemetums zunächst in weiter Ferne zu liegen scheinen. Das Prosadichten war für mich nur ein Kriegsersatz; ich weiß sicher, daß ich durch und durch bildender Künstler bin. Immerhin gelangen mir einige dichterische Zeilen und mein erstes Buch ‹Im Nacken das Sternemeer› hat einen schönen Erfolg gehabt [...] – Leo Kestenberg wird jetzt mein zweites Buch, hoffe ich, sehr schön machen, mit 14 Lithos von mir geschmückt.»[17]

In der Abteilung «Tagebuch» folgt auf «Tagebuches letzte Winterseiten | Frühjahr 1917» (die Fortsetzung von «Winter anno 17» aus dem *Sternemeer*) die «Vision des apokalyptischen Sommers»; sie schließt chronologisch direkt an (Frühsommer 1917) und blickt zurück auf das Jahr 1912, worin die Geburtsstunde der «apokalyptischen Landschaften» beschworen wird; darauf die «Erinnerung an Dresden», ein singulärer Text, Rückblende (ohne Gegenwartsbezug) auf das Jahr 1914, dann, als Abschluß, das «Aschaffenburger Tagebuch» (August/September 1918). – Schauplatz von «Septemberschrei», dem Eröffnungstext der Abteilung «Bruderliebe», ist dann wieder das Lager Merzdorf, und zwar in der allerersten Zeit dort, nämlich im September 1916. Dieser Text, der ins *Sternemeer*, für das er bestimmt war, nicht aufgenommen wurde, weil er die Zensurbehörde gewiß nicht passiert hätte, wurde vermutlich auch als erster geschrieben; jedenfalls lag er, wie Meidner in seinem oben erwähnten Brief[18] an Kurt Wolff angibt, im Januar 1917 bereits vor.

Auch der Text «Den Bäumen meine herzhaften Küsse!»[19] ist deutlich vor dem von Meidner angegebenen Zeitraum entstanden, denn bereits am 27. Mai 1917 schrieb er Paul Westheim, dem Herausgeber des *Kunstblatt*: «Ein paar freundliche, zustimmende Briefe zu meinem kleinen Aufsatz in Nr. 4 des ‹Kunstblatt›[20] ermutigen mich, Sie zu bitten, meinen Gruß an die Bäume, sobald es geht, abzudrucken.»[21] Paul Westheim entsprach dieser Bitte, aber er hat – zum Unmut des Autors – erheblich in den Text eingegriffen: «Mein kleiner Aufsatz von den Bäumen ist vom Herausgeber aus Zensurgründen gekürzt, entstellt und ganz verhunzt worden, was mich nicht wenig geärgert hat», schreibt er an Rose Friedrich[22]. – Auch die «Erinnerung an Dresden» war bereits während des Krieges erschienen[23] und mußte Änderungen und Kürzungen hinnehmen.

Nur wenige Texte wenden sich gezielt einem Thema zu, dessen Zentrum nicht das

Abb. 107: Ludwig Meidner, Lithographie aus: Septemberschrei, *1920.*

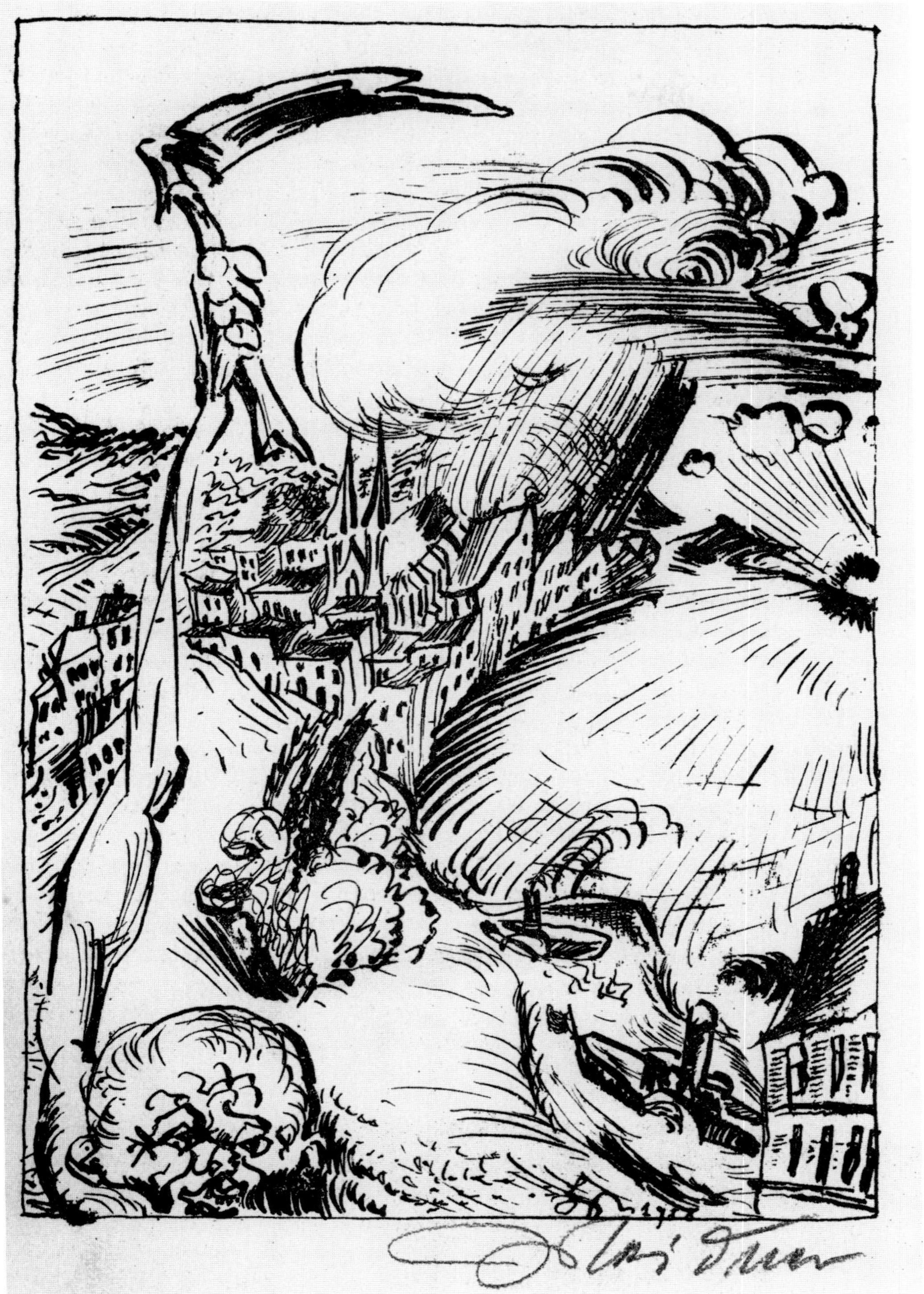

eigene Ich ist. Das «Autobiographische» ist das Hauptmotiv in Meidners Werk, wie auch die große Zahl gezeichneter und gemalter Selbstporträts eindrucksvoll belegt.

Daß Meidner sich in erster Linie als bildender Künstler sieht, ist auch in der Dichtung selbst evident. Der Kunst kommt hier, wie in allem, was Meidner geschrieben hat, eine herausragende Rolle zu. Zum einen, wie oben erwähnt, als Entbehrung, als Sehnsucht nach Atelier und Palette, dann als Gegenstand kritischer Reflexion, indem die Kunst anderer Maler ebenso wie die eigene Produktion einer kritischen Analyse unterzogen wird, schließlich manifestartig als Beschreibung des eigenen Tuns und als Handlungsanweisung für andere. «Malers Tag-Gesang» ist ein Beispiel dafür[24]. Vor allem und zuallererst aber ist es das *Malerauge*, das dem Dichter die Feder führt.

Dabei gelingt es Meidner in geradezu verblüffendem Maße, seiner Kunst ein sprachliches Äquivalent zu schaffen. Man sieht seine Beschreibungen von Menschen, Gegenständen und Landschaften förmlich als Meidner-Bilder vor sich. Auch er redet vom Wetter, aber wie: Jahreszeiten, Klima, Wolken, Wind, Gestirne – ein kosmisches Szenarium tut sich da auf. Eingewoben in die Schilderungen der äußeren Erscheinungen, der Tätigkeiten und Erlebnisse im Soldatenalltag sind immer auch Selbstreflexionen, die Beschreibung von Gemützuständen, Bloßlegung der Seelenlage in Bekenntnissen von schonungsloser, geradezu selbstzerstörerischer Offenheit gegen sich selbst, in apokalyptischen Seelenlandschaften sozusagen. Ekstase und Verzweiflung, Begeisterung und Resignation liegen stets dicht beieinander.

Albert Soergel, in dessen angesehene Literaturgeschichte aufgenommen worden zu sein Meidner sein Leben lang als hohe Ehre schätzte, schreibt:

> «Da jeder Teil dieser Werke aus einem Selbstbekenntnis hervorgeht oder auf eines hinausläuft, und da der Selbstbekenner bedingungslos ehrlich ist, die Zerrissenheit und Widerspruchsfülle der Zeit und ihrer Menschen nicht zu leugnen, nicht mit ihr zu prunken und zu prahlen, sondern sie zu tragen als das vielleicht heute nur mehr sichtbare menschliche Schicksal aller Zeiten, so macht dieses Bekenners ehrliches Ringen mit sich manches hell, das sonst im Dunkel bliebe. Auch darum stehe er hier, wenn er auch mehr Maler und Zeichner als Dichter ist.»[25]

Auch abgesehen von der eruptiven, expressiven, geradezu explosiven Kraft und dem Pathos, über das Zeitbedingte, typisch «Expressionistische» hinaus, weisen diese Texte – nicht durchweg und gleichbleibend, aber doch in weiten Zügen – hohe literarische Qualität auf.

Wie weit sich die Dichtung von den «Tagebuchblättern» (d. h. den der Dichtung zugrundeliegenden Aufzeichnungen) abhebt, läßt sich leicht an einem Vergleich mit dem im Band *Dichter, Maler und Cafés* veröffentlichten «Journal 1915» feststellen, das tatsächliche «Tagebuchblätter» aus dem Zeitraum vom 9. Juli 1915 bis 23. Mai 1916 enthält[26]. Aber auch Briefe und andere autobiographische Texte, wie z. B. der «Mein Leben» überschriebene von 1919[27] oder der späte Rückblick *Dichter, Maler und Cafés*[28] verdeutlichen dies. In diesem letzteren Text, Erinnerungen, die Meidner dem Herausgeber Ludwig Kunz im Juni 1964 diktiert hat, werden z. B. die Pläne mit Ernst Wilhelm Lotz und deren jähes Ende, eine gewiß traumatische Erfahrung in Meidners Leben, protokollarisch nüchtern dargestellt:

> «Im April 1914 begab ich mich mit Ernst Wilhelm Lotz, dem damaligen Freunde, nach Dresden, wo wir uns an der Bautzener Straße eine kleine Behausung einrichteten. Wir hatten die Absicht, mit Hilfe unseres dortigen Mäzens Franz Kochmann, der neben anderen Firmen auch eine lithographische Anstalt hatte, eine Zeitschrift zu gründen, die wir beide gemeinsam zu redigieren beabsichtigten. Im Juli 1914 fuhr Ernst Wilhelm Lotz wieder nach Berlin, um Mitarbeiter zu werben. Er kehrte aber nicht zurück, da er sich kurz nach Kriegsausbruch als Freiwilliger meldete und bald darauf fiel.»[29]

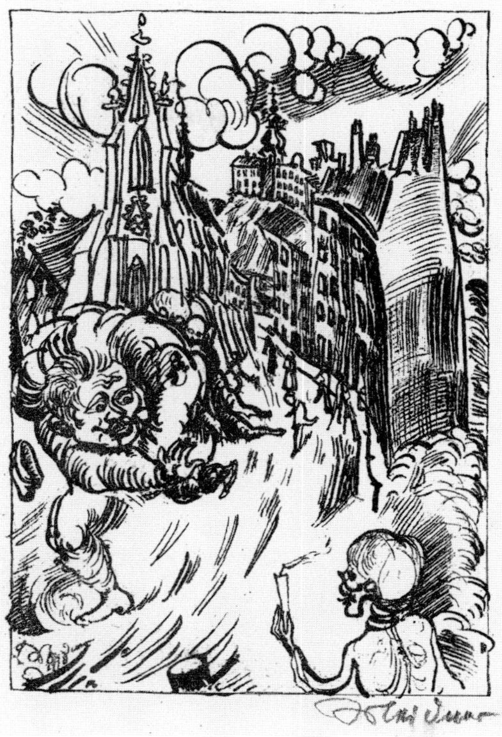

Abb. 108: Ludwig Meidner, Lithographie aus: Septemberschrei, *1920.*

Die «Erinnerung an Dresden» in *Septemberschrei* erreicht einen höheren Grad subjektiver Wahrheit gerade durch die poetische Verdichtung, indem sie zugleich mit «angemessenen» sprachlichen Mitteln die aufgewühlte Seelenlage beschreibt. Hier ist die Schilderung der Episode eingebunden in das Erlebnis des Kriegsausbruchs:

> «Mitte Juli fuhr mein Freund nach Berlin. Wir hatten ein neues begeistertes Monatsblatt im Sinn, fanden Verleger und Drucker, und Lotz wollte in Berlin unsere Mitarbeiter werben ... – Indessen saß ich geduckt und verkrampft, und die Zähne verbissen, über meinem Zeichenbrett und es schossen nur wiehernde Fratzen aus meinem Stift, und zerstampfte Leiber rannen wie Satans Speichel aus meinen Fingern.
>
> Aber Gott der Herr fand, daß die Zeit reif war. Er bedeckte sein unerforschliches Angesicht und holte gewaltig aus in seinem Zorn.
>
> Und aus den Schlünden der Erde stiegen entsetzliche Unholde, setzten sich in alle Hirne breit hin ... und der Dämon der Bautzner Straße sprang auf, wuchs riesengroß über den Kontinent. Da tat die Stadt Dresden hunderttausend Mäuler auf zu Lästerung und grenzenlosem Hohn. Sie schäumte auf, und das Gift stieg bis an die Dächer.
>
> Und sie entblößten ihre Scham, und ihre geheimen Schwären zeigten sie unter dem offenen Himmel.

Und in ihrem Wahn logen sie die Zuchtrute zu einer Festfreude um und priesen den einzigen Tag, und ihre heiseren Gesänge verdunkelten das Firmament. Ach, ach, ach! Wir wissen alle noch, wie jene Tage uns gegeißelt haben, und es war hier wie dort das Gleiche.

– Viele Wochen lag ich brach wie ein Klumpen heißer, schmerzenreicher Erde. Da, im Beginn des Herbstes, als meine Hand vermeinte, wieder in die Weite langen zu können, kam mir die Kunde von des Freundes frühem Tod. Der Zarte, Selige lag nun hingestreckt auf Frankreichs Erde. Ich sank wieder in meines offnen Sarges Jammerschrei zurück, und tausend Messer und Schaufeln und Äxte zerfleischten meine Brust ... bis der Winter mich in seinen lindernden Mantel hüllte und kalte Regengüsse meine leidzerrissenen Hände wuschen.»[30]

Im Nachruf, den Meidner in der «Erinnerung an Dresden» dem Freund widmet, erweist er seine Meisterschaft als literarischer Porträtist:

«Lotz, Ernst Wilhelm –: Deutscher Schwärmer, Romantiker, verliebt in Wolken und Wind. Schmal und lang, mit weiten Schritten durchs Gewühl der Straßen flammend. Immer straßenfroh und händehoch und beschwingter Besinger des Städtemeers. Immer Tänzer, Schwimmer, Segler durch die blauen Gassen. Von seinen Hüften glitt ihm alle Traurigkeit der Welt. Mit vorgeneigtem, verhalten-fieberndem Gesicht, mit beschwingten Lungen atmete er ein den ungestümen Tag, horchte beherzt auf seine Impulse hin und riß die Inspiration, wenn sie kam, so stürmisch wie ein Mädchen in die Arme. Melodienreicher Dichter in vierundzwanzigjähriger Jugend und Erdenseligkeit – immer zugetan dem heiß schwärmenden, begehrenden Blut – und das Herz hochhaltend und die Vernunft wie eine Schnupftabakdose in der Rocktasche zu seltenem Gebrauch. [...]

Aber unheimlich prangte auf seiner Stirn das Todesmal, und es wuchs mit den Stunden des Tages, und wenn die Nacht hoch stand, dann senkte sich seine schmerzende Schneide, und eine düstere Ahnung beschlich mich und machte mich erbärmlich klein.»[31]

Wie Meidner aus dem bedrückenden Umfeld des Soldatendaseins Inspiration schöpft und diesen Vorgang zugleich reflektiert, zeigt sich in vielen Textpassagen. So schildert der Eingangstext die Soldaten als Material für das Skizzenbuch und als Gegenstand theoretischer Erwägungen:

«Ah, zeichnen, mitten im Elend des Krieges. Sich eingraben in die zerlöcherte Mondlandschaft einer männlichen Physiognomie. Man gewahrt bald den Grund einer Seele, und erschrickt vor so viel Bösem, Lasterhaftem und Gewalttätigem. Dennoch freut sich die Feder, denn das Böse ist pittoresk, und alle fiebernde, krächzende Unruhe, alle Ornamentik zerpockter Backen stillt einen unbekannten, dämonischen Drang in dir. [...] Ich fasse mich immer wieder an den Kopf: warum ist das Böse und Häßliche so bestechend? es reißt auch den Gottgläubigen und eifervoll dem Guten zueilenden unaufhörlich in seinen Bann.»[32]

Oft sind Inspiration, Begeisterung oder Enthusiasmus selbst Gegenstand der Betrachtung. So heißt es im «Mondsichelgesang»: «O Inspiration: Sprungbrett in die Ewigkeit, schnelle Brücke zum Ruhm, Trübsalscheucher, Sturzbad in Gewitternächten,

Mondgang im Januar ... Pegasus, auf, auf! ... aber ach, die Erde drücket mich zu Schanden» (S. 47).

«Mondsichelgesang» ist der Text, mit dem Meidner als Schriftsteller nach seiner Rückkehr aus dem Exil zuerst wiederentdeckt wurde: durch die Aufnahme in Karl Ottens Sammlung *Ahnung und Aufbruch*[33]. Er ist hymnische Dichtung und poetisches Manifest zugleich, gibt handwerkliche Hinweise und Einblicke in die Dichterwerkstatt – so ist vom «Rausch der Alliteration» die Rede, der sich im *Septemberschrei* reichlich niederschlägt –, ist also für Meidners Dichtung das, was die Texte «Vom Zeichnen» im *Sternemeer* oder «Malers Tag-Gesang» im *Septemberschrei* für seine Kunst sind – mit dem Unterschied, daß die Distanz mit Hilfe (selbst)ironischer Brechungen hier sehr viel größer ist. Meidner gibt deutlich zu verstehen, daß er sich als Dichter vergleichsweise weniger ernst nimmt.

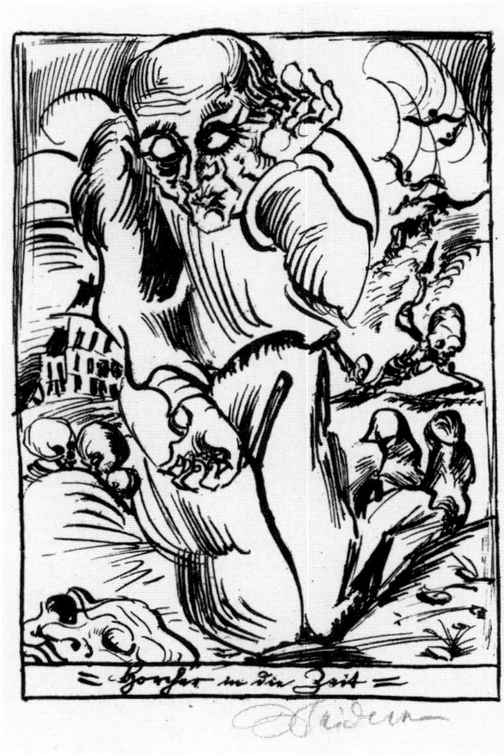

Abb. 109: Ludwig Meidner, Horcher in die Zeit, *Lithographie aus:* Septemberschrei, *1920.*

«Man muß alle Gedanken verscheuchen, wenn man dichtet. Greif nach der Stubendecke. Zieh' die Schublade deines inneren Wesens auf. Von da kommen deine Wunder.

Du mußt sie auch aus den Hosentaschen herausholen, aus den Schnurrbarthaaren reißen, von deiner Glatze herunterkratzen.

Oh, meine gebenedeiten Eingebungen in dieser Nacht. Und ihr zahllosen, fortrollenden Nächte mit fiebernder Wortmusik und ganz unirdischer Leichtigkeit des Leibes. [...] Was meine unbescholtenen Blätter, diese weißen, taubstummen Manuskripte mich quälen. Warum schweiget ihr noch, ironische Monumente?! Öffnet doch eure wonnesamen Grüfte und sauget auf, was der Dichter so schwankend noch und ungeboren auf seiner Lippe trägt.

Geduld. Bald brechen Zyklone und Wasserhosen in eure scheinheilige Unschuld ein, und meiner Handschrift Sternbilder und Himmelszeilen glühen und eilen auf Flammenstelzen dahin.»[34]

Im «Aschaffenburger Tagebuch» fordert Meidner einen «fanatischen, inbrünstigen *Naturalismus*» und rechnet mit Malerkollegen ab – zugleich ein schönes Beispiel für seinen Humor und den «Rausch der Alliteration»:

«Oh, die tragikomischen Possenreißer, Menzel, Makart, Meyerheim, Knaus, Knackfuß, Knille – Detailfritzen, mit dem großen Sitzfleisch und dem kurzen Atem, aus dem Menschen eine armselige Daguerrotypie murksend und aus der Landschaft ein penibles topographisches Abbild. Und danach kamen die Bramarbasse der Netzhaut – wer will ihre Namen noch einmal hören? – diese Stimmungsochsen, die die Welt vor lauter pastosem, grauem Ton nicht fühlten. Dies nannte man auch ‹Wahrheit, Wirklichkeit›, zu seiner Zeit, aber es war eine seichte Wahrheit und leicht wie windverwehte Spreu.»[35]

Keiner der Texte der Abteilung «Bruderliebe» ist vor Kriegsende erschienen; sie hätten jeden Zensor Alarm schlagen lassen. So schildert «Septemberschrei» erst eine besonders grausige Seite des Dienstes im Gefangenenlager und stimmt dann das Hohelied der Weltverbrüderung an:

«Ich bin zum Anbinden kommandiert. Der Pfähle-Wald brüllt im Früh-Himmel, kratzt den Himmel auf, daß er schreit. Achtundvierzig Russen trotten in den Hof. In den Falten ihrer Kleider ist Kälte und Eis verborgen. Ein untersetzter Henker (mit Gefreitenknöpfen) verrichtet das Werk wie jahrelang geübte Handwerksarbeit. Zigarre hängt ihm am rotbraunen Maul. Wollust läuft aus seinen Augen. Er trieft vor selbsthasserischer Häßlichkeit. Ein Zweiter, sehr Giftiger hilft mit. Windet Stricke um Beine, schnürt Hände fest, daß sie am Pfahle gezackt sich spreizen. Die Angebundenen weinen nicht. Sie recken ihre Köpfe weit heraus und schauen wie in jenseitige Welt hinein. Mit meinem tagtäglichen Mörderinstrument stehe ich da, ganz erbärmlich und schuldbeladen. Ich habe nicht den Mut zur Empörung. […]

Mit einmal überkommt mich eine herrliche Hoffnung. Gesänge unaussprechlicher Süße überschwemmen mein Herz. Von Liebe, Brüderlichkeit, Gottbegeisterung. Oh – wie fern mich entrückend, rauscht es auf: Tanzmusik einer zukünftigen Menschheit.»[36]

Dieser Kontrast ist typisch für *Septemberschrei* wie *Sternemeer*: Immer wieder werden der als niederdrückend empfundenen gegenwärtigen – äußeren wie inneren – Lage andere, bessere Zeiten oder Szenarien als Reminiszenz gegenübergestellt bzw. als Zukunftsvision imaginiert.

Der Kontrast ist aber nicht schwarz-weiß, die Sehnsucht nach einer besseren Welt nicht zu verwechseln mit Rückwärtsgewandtheit. So wenig die Darstellung des gegenwärtig Erlebten geglättet oder «geschönt» wird, so wenig wird auch die Vergangenheit «verklärend» dargestellt. Die immer wieder durchscheinende oder explizit beschworene «Sehnsucht» gilt nicht einer vergangenen Zeit. Im Gegenteil, diese wird einer nicht minder kritischen Analyse unterzogen als die Gegenwart, wobei die Kritik weniger der – vergangenen oder gegenwärtigen – Zeit selbst gilt als vielmehr dem Diktat, das sie ausübt, d. h. dem Gebundensein an die Zeit, dem Zeit*geist*. «Wir hingen alle wie Absalom mit den Haaren im Geäst des Zeitgeistes, und keiner hatte in der Brust die Ewigkeit und Sehnsucht nach der ruhenden Erde, nach Besinnung und Besiegung der Zwiespältigkeit», heißt es im «Aschaffenburger Tagebuch» (S. 18) – oder: «Maler, träume nicht, da die Erdreiche grollen, Jahrtausende vor deiner Zeit erschrecken … sei auf deiner Hut. Stelle dich gegen die Zeit, schrei' ihr meuternd ihre Verbrechen zu» in «Malers Tag-Gesang» (S. 41).

Der Drang nach Höherem, nach dem Erhabenen, der sich auch in der sprachlichen Stilebene spiegelt, ist ein Streben aus der Zeit heraus, hin zum Ewigen, zu Gott. Die Religion – im ganz wörtlichen Sinne als *religio*, «Rückbindung» –, das Bestreben, sich dieser Bindung über Zeit, Zweifel und Zwiespältigkeit hinaus immer aufs neue zu versichern und sie zu festigen, ist neben dem eigenen Ich und der Kunst das beherrschende Thema des Buches. Sie ist der Weg, auf dem Ludwig Meidner, den Ruhm hinter sich lassend, konsequent weitergeschritten ist.

Anmerkungen

1 Ludwig Meidner: Septemberschrei. Hymnen / Gebete / Lästerungen. Mit vierzehn Steindrucken. Berlin 1920 (Feilchenfeldt/Brandis, Nr. 143).

2 Meidner an Rose Friedrich, Merzdorf, 14. Januar 1918. In: Ausst.Kat. «Ludwig Meidner. Zeichner, Maler, Literat. 1884–1966». Hg. von Gerda Breuer und Ines Wagemann (Auswahl und Kommentierung der *literarischen Werke und Briefe* von Michael Assmann). 2 Bde. Stuttgart 1991, Bd. 2, S. 464.

3 So nennt Kasimir Edschmid, was Paul Cassirer ihm für den Wechsel vom Kurt Wolff Verlag geboten hatte; vgl. Kasimir Edschmid: Lebendiger Expressionismus. Auseinandersetzungen, Gestalten, Erinnerungen. Wien/München/Basel 1961, S. 219.

4 Franz Pfemfert in: *Die Aktion* 8, 1918, Sp. 233 f.

5 *Die Pathetiker* (Ludwig Meidner, Jakob Steinhardt, Richard Janthur), Galerie *Der Sturm*, Berlin, 2.–15. November 1912.

6 Eine Reihe dieser Porträts findet sich in: Kurt Pinthus (Hg.): Menschheitsdämmerung. Symphonie jüngster Lyrik. Berlin 1920. – Als Taschenbuch ist diese berühmte Anthologie noch heute auf dem Markt.

7 Ludwig Meidner: Im Nacken das Sternemeer. Mit zwölf Zeichnungen. Leipzig 1918.

8 Meidner an Kurt Wolff, 28. Januar 1917; in: Bernhard Zeller und Ellen Otten (Hg.): Kurt Wolff. Briefwechsel eines Verlegers 1911–1963. Frankfurt/M. 1966, S. 191.

9 Meidner an den Kurt Wolff Verlag, 21. Juni 1917; in: Zeller/Otten (wie Anm. 8), S. 192.

10 Der Dresdner Kaufmann Franz Kochmann war ein Mäzen L. Meidners (vgl. unten, S. 247).

11 Hans Mardersteig (Kurt Wolff Verlag) an Ludwig Meidner, 13. Juli 1917, unveröffentlicht. Original-Durchschlag in der Beinecke Rare Book and Manuscript Library, Yale University Library, New Haven, Ct., USA. – In Meidners Nachlaß (Stadtarchiv Darmstadt) sind Teile der Fahnen- und Umbruchkorrektur erhalten, aus denen hervorgeht, daß noch nach dem Satz die Zusammenstellung verändert wurde.

12 Meidner an Rose Friedrich, 27. Dezember 1917; in: Ausst.Kat. «Meidner» (wie Anm. 2), S. 464.

13 «Tagebuches letzte Winterseiten» (S. 3–5) in: *Das Kunstblatt* 2, 1918, S. 58–59; «Erinnerung an Dresden» (S. 11–14) in: *1918. Neue Blätter für Kunst und Dichtung* 1, 1918, S. 36–38 (hier leicht verändert und um zwei Absätze gekürzt); «Malers Tag-Gesang» (S. 41–42) unter dem Titel «Malers Taggesang» in: *Die Schaubühne* 14, I, 1918, Nr. 8, S. 185–186; «Mondsichelgesang» (S. 44–49) in: *Die Erhebung. Jahrbuch für neue Dichtung und Wertung* 1. Hg. von Alfred Wolfenstein. Berlin o. J. (1919), S. 187–196; «Den Bäumen meine herzhaften Küsse!» (S. 57–59) in: *Das Kunstblatt* 1, 1917, S. 257–260; «Dankgebet daß

ich lebe» (Prosa) in: *Das Kunstblatt* 2, 1918, S. 297–301.

14 Ludwig Meidner: Hymnen und Lästerungen. Hg. von Hans Maria Wingler (= Langen-Müllers kleine Geschenkbücher 91). München 1959.

15 Hugo Simon (1880–1950), Berliner Bankier, Mitinhaber und Seniorchef der Bank Bett, Simon & Co., im Ersten Weltkrieg Pazifist und USPD-Mitglied, 1918/19 Unterstaatssekretär und Minister im Preußischen Finanzministerium, Intellektueller und Aufsichtsratsvorsitzender des S. Fischer-Verlages, war ein Mäzen Meidners. Vgl. auch hier den Beitrag von Jan T. Köhler et al., S. 347–362.

16 Außer bei Paul Cassirer stellte Meidner 1918 in der Galerie I. B. Neumann (Berlin) und bei der *Kestner-Gesellschaft* (Hannover) aus. Dieser Ausstellung (28. Juli–27. August 1918) ist im *Septemberschrei* («Hymnen») der «Gruß an meine Bilder in Hannover» (S. 43) gewidmet.

17 Meidner an Anna Schickele, Bernstadt/Schlesien, 30. Januar 1919; in: Ausst.Kat. «Meidner» (wie Anm. 2), S. 465 f.

18 Meidner an Kurt Wolff, 28. Januar 1917 (wie Anm. 8).

19 *Septemberschrei* («Gebete»), S. 57–59.

20 «Vom Zeichnen». In: *Das Kunstblatt* 1, 1917, S. 97–101.

21 Meidner an Paul Westheim, Lager Merzdorf, 27. Mai 1917, unveröffentlicht (Original in der Bayerischen Staatsbibliothek, München).

22 Meidner an Rose Friedrich, Lager Merzdorf, 27. Dezember 1917 (wie Anm. 12).

23 Vgl. Anm. 13.

24 Vgl. auch «Vom Zeichnen» (wie Anm. 20) und in: *Sternemeer* (wie Anm. 7), S. 32–36.

25 Albrecht Soergel: Dichtung und Dichter der Zeit. Eine Schilderung der deutschen Literatur der letzten Jahrzehnte. Neue Folge: Im Bann des Expressionismus. Leipzig 1925, S. 553.

26 Ludwig Meidner: Dichter, Maler und Cafés. Hg. von Ludwig Kunz. Zürich 1973, S. 30–49.

27 Ludwig Meidner: Mein Leben. In: Lothar Brieger: Ludwig Meidner. Mit einer Selbstbiographie des Künstlers, einem farbigen Titelbild und 52 Abbildungen (= Junge Kunst 4). Leipzig 1919, S. 11–13.

28 Wie Anm. 26, S. 11–22.

29 Ebd.

30 «Erinnerung an Dresden» in: *Septemberschrei* («Tagebuch»), S. 14.

31 Wie Anm. 26, S. 12 f.

32 *Septemberschrei* («Tagebuch»), «Tagebuches letzte Winterseiten», S. 4.

33 Karl Otten (Hg.): Ahnung und Aufbruch. Expressionistische Prosa. Darmstadt/Berlin/Neuwied 1957, S. 393–400.

34 *Septemberschrei* («Hymnen»), «Mondsichelgesang», S. 45.

35 *Septemberschrei* («Tagebuch»), «Aschaffenburger Tagebuch», S. 20.

36 *Septemberschrei* («Bruderliebe»), «Septemberschrei», S. 28 und 30.

«1919 interessierte er sich für Politik»

Die sozialistischen Schriften im Paul Cassirer Verlag

Lars Lambrecht

Die Frage, was den gutbürgerlichen Paul Cassirer Verlag, der sich bis dahin fast ausschließlich den bildenden Künsten und der Poesie verschrieben hatte, veranlaßt haben könnte, seit der Novemberrevolution Schriften marxistischer Theoretiker und sozialistischer Politiker herauszugeben, ist heute kaum mehr eindeutig zu beantworten. Das liegt zum einen an fehlenden klaren Aussagen der damals Beteiligten, zum anderen aber an einer unzureichenden Forschung. Denn die Kunst- und Literaturwissenschaftler beschäftigten sich eher selten mit dem Sozialismus des 20. Jahrhunderts, während sich die Historiker der Arbeiterbewegung kaum um die schönen Künste kümmern. Insofern kann es sich hier nur um die Beschreibung eines erstaunlichen Phänomens handeln.

Zunächst ist nach den beteiligten Persönlichkeiten zu fragen, also den Verantwortlichen im Verlag und den Autoren. Soweit die vergleichsweise spärlichen Quellen erkennen lassen, ist die Herausgabe sozialistischer Schriften durch den Paul Cassirer Verlag zwischen 1919 und 1923 maßgeblich auf drei Personen zurückzuführen: Leo Kestenberg, Otto Jenssen sowie natürlich Paul Cassirer selbst, der diese Schriften jedoch weniger aus politisch-weltanschaulichen Beweggründen verlegte, wie Ernst Bloch später mutmaßte[1], denn aus allgemein humanistischer Überzeugung.

Spiritus rector für die Herausgabe der sozialistischen Schriften war offenbar Kestenberg, der den Hauptanteil der Autorinnen und Autoren vermittelte. Jedenfalls erinnerte er sich später, er habe die meisten der ihm freundschaftlich verbundenen Autoren «selbst veranlaßt, ihre Bücher zu schreiben und bei Paul Cassirer herauszugeben»[2].

Leo Kestenberg (1882–1962) war bereits früh als «glühender Sozialist»[3] der SPD beigetreten und hatte u. a. im Jahre 1900 in den *Sozialistischen Monatsheften* seinen *Versuch einer materialistischen Darstellung der Entwicklungsgeschichte der Künste* veröffentlicht, der nach seiner Erinnerung «viel beachtet» wurde[4]. Die *Sozialistischen Monatshefte* wurden – ab 1895 zunächst unter dem Titel *Der sozialistische Akademiker* – von Joseph Bloch herausgegeben und existierten bis zum 4. Februar 1933, als Bloch nach Paris emigrieren mußte[5]. Dieser Kontakt dürfte für Kestenbergs Verlagstätigkeit insofern von Bedeutung gewesen sein, als nicht wenige Werke von Autoren der *Sozialistischen Monatshefte* später im Paul Cassirer Verlag erschienen. Ein Teil dieser Sozialisten war, wie Kestenberg, zur USPD gewechselt[6], in der nun so etwas wie die unmittelbar politisch-organisatorische Basis der sozialistischen Verlagsautoren zu sehen war.

Kestenberg hatte Paul Cassirer zwar schon 1910 kennengelernt (als Klavierlehrer von dessen Frau Tilla Durieux)[7], war aber erst 1916 im Verlag mit der Redaktion des *Bildermann* betraut worden. *Der Bildermann* war das pazifistische Gegenstück zu den *Künstlerflugblättern Kriegszeit*, die Cassirer, anfänglich ein Befürworter des Krieges, herausgegeben hatte, bis er sich dann, wie viele andere Intellektuelle, zum Kriegsgegner entwikkelte. Zwar konnte sich der *Bildermann* nur neun Monate halten, aber Kestenberg hatte durch seine Mitarbeit die Verlagstätigkeit schätzen gelernt. Kestenbergs Funktion war unter anderem die eines Verlagsleiters, und er erschien Cassirer für seine Bücherproduktion als besonders geeignet[8]. Neben kulturhistorisch bedeutsamen Editionen (Mozart, Barlach usw.) erinnerte sich Kestenberg später namentlich an die Herausgabe der «sozialistischen Werke von Gustav Landauer, Rosa Luxemburg, Karl Kautsky und die zwölfbändige Ferdinand-Lassalle-Ausgabe von Eduard Bernstein»[9]. Wenn damit auch gewiß die herausragendsten deutschen Sozialisten benannt waren, so sind es keineswegs alle und noch nicht einmal alle wichtigen, zu denen man – von heute aus gesehen – wenigstens noch Georg Lukács und Ernst Bloch rechnen müßte.

Hermann Otto Jenssen (1883–1963) zeichnete als Herausgeber der sozialistischen Schriften. Er ist heute nur noch wenigen Spezialisten bekannt[10]. Auch er war schon früh in der SPD organisiert gewesen und trat zur USPD über wie Kautsky, zu dessen 70. Geburtstag er 1924 eine Festschrift, *Der lebendige Marxismus*, herausgab. Hier verfaßte er selbst den äußerst interessanten Beitrag *Zur Psychologie der Masse. Kautsky und Freud*, der gänzlich dem Kapitel «Neuland des Historischen Materialismus» und der Lebendigkeit des damaligen Marxismus Rechnung trug. Jenssen, der nach eigener Aussage «bei Rosa [Luxemburg] gelernt hat»[11], war in der Weimarer Republik Lehrer an der Heimvolkshochschule auf dem reußischen Schloß Tinz. Später stand er dem linken Flügel der SPD nahe, 1931 unterzog er als Mitherausgeber von *Die Organisation im Klassenkampf* die Zustimmung der SPD-Führung zum Panzerkreuzerbau einer scharfen Kritik, die noch heute gelegentlich zitiert wird. Jenssen war zudem publizistisch aktiv im *Arbeiter-Abstinenten-Bund* und bei den Freidenkern. 1925 verfaßte er zum 30. Todestag von Friedrich Engels die Gedenkschrift *Marxismus und Naturwissenschaft* sowie kleinere Arbeiten über das politische Denken und das gesellschaftliche Grundwissen. 1945 blieb er dann in Thüringen und wurde Studienrat und Leiter der Pädagogischen Fachschule für Geschichte in Gera.

Den schnellsten Eindruck über den Wiederaufbau des Paul Cassirer Verlages nach dem Ersten Weltkrieg und die Bandbreite der hier erschienenen sozialistischen Schriften bieten die programmatischen Almanache *Unser Weg* von 1919 und 1920, mit repräsentativen Textpassagen aus geplanten Neuerscheinungen von Bernstein, Eisner, Kautsky, Luxemburg und Landauer, um nur die prominentesten Autoren zu nennen. Es waren damit Vertreter anarchistischer, marxistischer, sozialdemokratischer, sozialistischer und kommunistischer Intellektueller unter einem geräumigen Dach versammelt, wie sie in der politischen Wirklichkeit niemals zusammengekommen wären, da sie zum Teil untereinander zutiefst verfeindet waren. Für die sozialistischen Schriften war bezeichnend, was die Werbung verlauten ließ: «Der Verlag Cassirer folgt von jeher dem geistigen Gebot der Zeit. Er bringt heute sozialistische Schriften zur Revolution, die zu allen sprechen, weil sie für alle geschrieben sind. [...] Die geistige Revolution bedarf ihrer Garde. Wir lassen die Armee des sozialistischen Geistes marschieren.»[12]

Die sozialistischen Verlagsautoren erschienen auch in der Monatsschrift *Die weißen Blätter.* Ihre Werke im Paul Cassirer Verlag sind in drei Rubriken zu gliedern: 1. selbständige Werke, z. B. von Lassalle, Bernstein, Lukács und Bloch; dazu die «sozialistischen Schriften von 1918–1920»,[13] die in zwei Reihen unterteilt waren: 2. die eher theoretisch-historischen *Wege zum Sozialismus*, herausgegeben von Otto Jenssen; 3. die eher aktuell-politischen, agitatorischen *Sozialistischen Schriften zur Revolution*.

In den *Wegen zum Sozialismus* sind im besagten Zeitraum insgesamt acht Titel von zwei Autorinnen und fünf Autoren erschienen, nämlich von Käte Morgenroth und Helene Simon sowie von Eduard Bernstein, Alfred Braunthal, Gottfried Salomon, Karl Vorländer und Hermann Wendel. In den *Sozialistischen Schriften zur Revolution* erschienen dagegen insgesamt 14 eigenständige Titel von einer Autorin und sieben Autoren, von Wally Zeppler sowie Friedrich Adler, Ludwig Bauer, Dimitry Gawronsky, Georg Engelberg Graf, Richard Seidel, Heinrich Ströbel und den «Prominenten»: Eduard Bernstein, Karl Kautsky und Gustav Landauer.

Kestenberg berichtet, wie es angeblich zur Verbindung zwischen Gustav Landauer (1870–1919) und dem Cassirer Verlag gekommen war: Er habe im Januar 1919 Landauer im Frankfurter Hotel *Hessischer Hof* getroffen, um mit ihm «eine große, möglichst vollständige Ausgabe von Krapotkin» zu besprechen. Dieses nächtliche Treffen sei, wie Kestenberg später erfahren haben will, mittels eines Mikrophons von der politischen Polizei abgehört worden[14].

Das wohl berühmteste Buch Landauers, *Aufruf zum Sozialismus*, war in erster Auflage bereits 1911 veröffentlicht worden. Es war aus einem programmatischen Vortrag für die Gründung des anarchistischen *Sozialistischen Bundes* hervorgegangen, dessen erste Mitglieder Martin Buber und Erich Mühsam waren. Die erste Ausgabe bei Cassirer erschien 1919, die 2. und 3. Auflage 1920, denen dann zwischen 1923 und 1998 weitere Auflagen und unzählige Nachdrucke folgten. Der *Aufruf* entwickelte die Lehren von Pierre J. Proudhon, Silvio Gesell und von Landauers Freund Peter Krapotkin weiter. Als eine Kampfschrift richtete er sich in der Hauptsache gegen den Marxismus seiner Zeit («Todfeindschaft gegen den Marxismus jeglicher Schattierung»)[15]. Darüber hinaus aber machte Landauers Vorwort zur 2. Auflage des *Aufruf* deutlich, worum es ihm eigentlich ging: «Die politische Revolution, in welcher der Geist an die Herrschaft, ans starke Gebot und entschiedene Durchsetzen kommt, kann dem Sozialismus, der Wandlung der Bedingungen aus erneuertem Geiste heraus, die Bahn freimachen.»[16] Dieses Motiv benutzte dann auch die Verlagswerbung im *Börsenblatt* vom 11. Dezember 1918: «Ein Sozialist des Geistes und kein Parteimann spricht zum Volke und weist ihm mit zündenden Worten den Weg zur grossen Menschheitshöhe des Sozialismus.»[17]

Die zweite, heute selten gewordene Verlagspublikation Landauers war seine *Rechenschaft* von 1919, die ein außerordentlich beredtes Zeugnis vom Geist des Verfassers und vor allem von der politischen Entwicklung vor dem und im Ersten Weltkrieg ablegt. Das *Börsenblatt* kündigt diese Publikation am 7. Januar 1919 an als: «Lehr- und Lesebuch der jungen deutschen Revolution, ein Führer zum Geist der Zukunft.»[18]

Eine gewisse politische und geistige Nähe hat zwischen Gustav Landauer und Kurt Eisner bestanden; so hebt Landauer in seinem *Aufruf* Eisner als einen hervor, der über Doktrinarismus und öde Praxis hinausgekommen sei[19]. Doch darüber hinaus waren beide Dichter, was vielleicht ihre Beziehung zum musischen Verlagsprofil Cassirers erklärt. Schließlich wurden beide 1919 von antisemitischen Freicorps und einer konterrevolutionären Soldateska ermordet.

Wieso es 1919 zur Herausgabe der *Gesammelten Schriften* von Kurt Eisner (1867–1919)[20] kam, ist im einzelnen noch ungeklärt. Vielleicht standen dahinter die oben erwähnten freundschaftlichen Beziehungen Kestenbergs, vielleicht war es aber auch eine spontane politische Demonstration nach der feigen Ermordung Eisners – immerhin des ersten USPD-Vorsitzenden und ersten bayerischen Ministerpräsidenten – am 21. Februar 1919, dem 48. Geburtstag Paul Cassirers. Jedenfalls wurde das Erscheinen der *Gesammelten Schriften* im *Börsenblatt* bereits am 26. Februar für den März, dann für April 1919 angekündigt. Allerdings war Eisner schon in *Unser Weg* und in *Die weißen Blätter* mit Beiträgen vertreten gewesen, was für frühere Kontakte mit dem Verlag spricht. Bedenkenswert ist auch die Tatsache, daß noch 1920 bei Cassirer Eisners «weltpolitische Posse» *Die Götterprüfung* erschien, die er 1898 im Gefängnis Plötzensee begonnen und im März 1918 im Münchner Gefängnis Neudeck vollendet hatte[21].

Dem Verlag Paul Cassirer kommt das unschätzbare Verdienst zu, durch die Herausgabe der *Gesammelten Schriften* Kurt Eisners der Forschung eine wichtige Textquelle erschlossen zu haben. Ohne diese Ausgabe wäre das Wirken dieses eigenständigen, wahrhaftig unabhängigen sozialistischen Denkers, der sich, im Unterschied zu den meisten zeitgenössischen Marxisten, theoretisch auf Kant bezog[22], kaum nachvollziehbar. Die große Bandbreite der theoretischen Positionen des zeitgenössischen Sozialismus wäre unhistorisch verkürzt worden.

Wie Eisner war Eduard Bernstein (1850–1932)[23] während des Ersten Weltkrieges vom rechten zum linken Flügel der SPD übergewechselt. Auch er war gegenüber den Hegeldogmatischen Marxisten seiner Zeit, deren «Reste utopistischen Denkens» er aufdecken wollte, eher ein Anhänger der Kantischen Philosophie, wobei ihn allerdings «die Neukantianer [...] unbefriedigt» ließen[24]. Seit der Phase seiner höchsten Berühmtheit (dem sog. Revisionismusstreit zwischen 1900 und 1914) war er «ständiger Mitarbeiter der [...] sozialistischen Monatshefte»[25]; hier dürfte er näher mit Kestenberg bekannt geworden sein und so den Weg zu Paul Cassirers Verlag gefunden haben. Abgesehen davon aber gehörte Bernstein natürlich auch zu jenen «alten Freunden» Kestenbergs, die wie Kestenberg selbst 1919 mit Regierungsaufgaben betraut wurden –

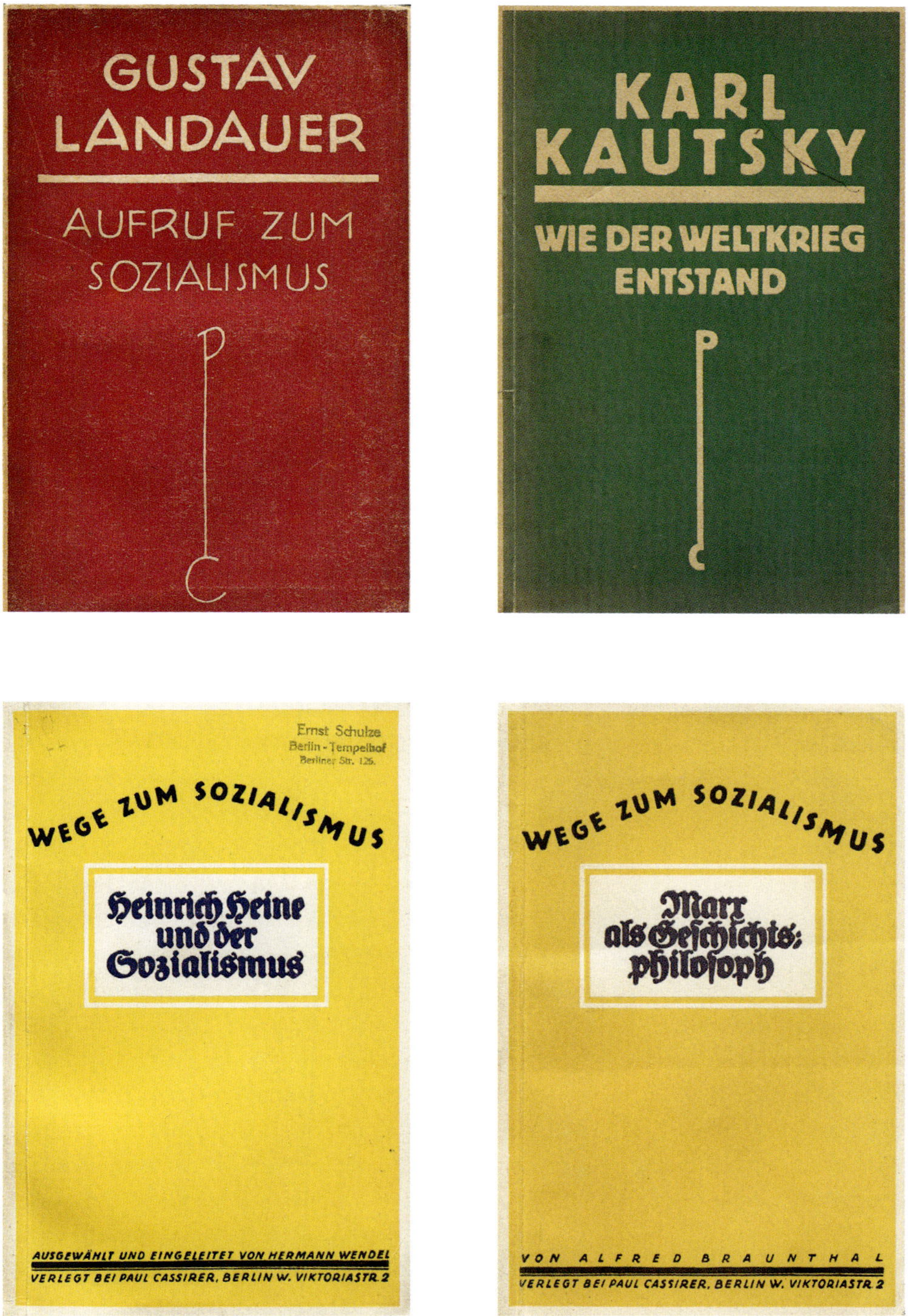

Abb. 110: Vier Buchumschläge aus den sozialistischen Schriftenreihen des Paul Cassirer Verlages.

Eisner sowie Karl und Luise Kautsky – und sich ständig «im Café am Leipziger Platz» trafen[26].

Bernstein ist, außer Ernst Bloch, der einzige Autor der sozialistischen Schriften, der sich anerkennend über das Erscheinen seiner Arbeiten im Cassirer Verlag äußerte. Das betraf zunächst die während des Weltkrieges entstandene und noch heute unzureichend gewürdigte Veröffentlichung von 1919: *Völkerrecht und Völkerpolitik. Wesen, Fragen und Zukunft des Völkerrechts*. Dieses Buch resultierte aus Vorlesungen, die Bernstein im Wintersemester 1917/18 in der sozialistischen Arbeiterbildungsschule Berlin gehalten hatte[27]. Sodann ging es um die von Bernstein herausgegebene und von Grete Fischer betreute[28] «Neuausgabe der gesammelten Reden und Schriften Ferdinand Lassalles, die [...] vom Verlag (Paul Cassirer, Berlin) eine sehr schöne Ausstattung erhielt», sowie um Bernsteins biographische Einführung *Ferdinand Lassalle. Eine Würdigung des Lehrers und Kämpfers*, die «im gleichen Verlag und gleicher Ausstattung» erschien[29]. Hier äußerte sich Bernstein gegenüber Lassalle insgesamt positiver als in der gleichzeitig im *Vorwärts*-Verlag erscheinenden zweiten Auflage seiner Schrift *Ferdinand Lassalle und seine Bedeutung für die Arbeiterklasse* (zuerst 1904 anläßlich von Lassalles 40. Todestag erschienen)[30]. So konnte dann Bernstein auch in seiner biographischen Einleitung die Neuausgabe der Schriften Lassalles bei Cassirer mit der Absicht begründen, «dasjenige Moment um so heller zur Erkenntnis zu bringen, das gerade in unseren Tagen im Vordergrund des Interesses steht und an dem Lassalle am meisten gelegen war: sein Wollen und Wirken als bahnbrechender Lehrer des Sozialismus und als politischer Führer der sozialistischen Demokratie.»[31] Dieser Lassalle-Ausgabe muß verlagsintern große Bedeutung zugemessen worden sein, denn sie wurde nicht nur von Grete Fischer, sondern auch von Kestenberg besonders hervorgehoben[32].

Ferner waren von Bernstein bei Cassirer bereits 1918/19 zwei Auflagen von *Völkerbund und Staatenbund* erschienen sowie in Jenssens *Wege zum Sozialismus* die Bernsteinsche Zusammenstellung von Lassalle-Zitaten *Lassalle und der Sozialismus* von 1920, «in denen wir Lassalle als Nationalökonom und seine Eigenheit als Sozialist kennen lernen»[33]. Diese Schriften werden von Bernstein in seiner Autobiographie nicht eigens erwähnt.

Bernstein war mit Karl Kautsky (1854–1938)[34] am Anfang und Ende ihres politisch-intellektuellen Lebens eng verbunden – unterbrochen nur von der Phase des Revisionismusstreits vor dem Weltkrieg[35]. Kautsky war fast vier Jahrzehnte lang «Sachwalter» des Marxschen Erbes – sein Logo, das inzwischen oft zitiert, sogar noch nach seiner Kaltstellung durch die den Kriegskrediten zustimmende Mehrheitssozialdemokratie geprägt wurde, hieß «unverbesserlicher Marxist»[36]–, und er war zweifellos der bedeutendste Vertreter der alten SPD im Cassirer Verlag. Aber trotz dieser Identifizierung war oder ist er vielleicht auch ein Schlüsselbeispiel dafür, warum marxistisch oder sozialistisch geprägte Autoren ihren Weg gerade zum «künstlerischen» Cassirer Verlag gefunden hatten: Waren doch sein Vater und sein Großvater Theatermaler, seine Mutter eine Schauspielerin, «die Dramen und Romane schrieb», so daß sich der Sohn auch erst der Malerei, dann der Theaterstückeschreiberei zugewandt hatte. Den «Marxisten» Kautsky dürfte Otto Jenssen, der ihm bis zum Ende der Weimarer Republik auch ideologisch verbunden blieb, in den Verlag gebracht haben[37].

In seiner Autobiographie erwähnt Kautsky den Verlag überhaupt nicht, und von den vier zum Teil in mehreren Auflagen erschienenen Publikationen nur drei – und diese nur in seiner Bibliographie, obwohl zwei davon bis heute recht bedeutsam sind[38]: die eine ist die Schrift *Demokratie oder Diktatur*, die in drei Auflagen von 1918 bis 1920 erschien. Der Verlag hatte geworben, diese «Streitschrift» sei «berufen, der Katechismus aller wahrhaften und ehrlichen Sozialisten zu werden», und «zugleich eine Werbeschrift für die wirklichen Ziele der deutschen Republik» gegen «das Märchen von der allein seligmachenden Diktatur des Proletariats als Regierungsform»[39]. Statt diesem Werk hob Kautsky in seiner Autobiographie drei Publikationen in anderen Verlagen hervor, in denen er bereits «im Sommer 1918» «gegen den Bolschewismus» Stellung genommen hatte[40]. Damit kennzeichnete er eine fast allen sozialistischen Autoren des Cassirer Verlages gemeinsame Überzeugung: Sie waren zwar radikal und «links», aber zumindest temporär gegen den «Bolschewismus»[41]. Die zweite historisch bedeutsame Schrift war die Publikation *Wie der Weltkrieg entstand. Dargestellt nach dem Aktenmaterial des Deutschen Auswärtigen Amts*[42] – Kautsky war immerhin beigeordneter Staatssekretär beim ehemaligen Außenminister Brockdorff-Rantzau. In der Autobiographie erwähnt Kautsky leider nur die «offizielle» Ausgabe des Aktenbestandes[43].

Im Cassirer Verlag erschien ferner die eher historisch orientierte Begleit-Broschüre zur Frage des Ausbruchs des Ersten Weltkrieges, *Habsburgs Glück und Ende*, sowie die Fortführung der durch den Revisionismusstreit unterbrochenen agrarpolitischen Kontroverse *Die Sozialisierung der Landwirtschaft*, die Kautsky als «Büchlein» und «Ersatz» für seine früheren Studien bezeichnete[44].

Das Erscheinen eines Titels von Rosa Luxemburg (1871–1919)[45] mag unter allen Besonderheiten der sozialistischen Verlagsautoren vielleicht der merkwürdigste Fall sein. Es handelt sich um ihre Einleitung zu ihrer Übersetzung von Wladimir Korolenkos *Die Geschichte meines Zeitgenossen*. Bemerkenswert ist, daß Rosa Luxemburg bis heute nur als Marxistin und radikale Sozialistin bekannt ist, während ihre intensiven Beziehungen zu den Künsten weitgehend unbeachtet blieben[46]. Ihr Kontakt zum Verlag war über Luise Kautsky lange vor der Novemberrevolution hergestellt worden, war also gar nicht unmittelbar politisch motiviert, sondern entsprach dem künstlerischen Anspruch fast aller sozialistischen Autoren des Verlages.

Die Geschichte der Korolenko-Übersetzung begann bereits 1916, als Rosa Luxemburg erste Proben in Clara Zetkins Zeitschrift *Gleichheit* publizierte und dann das Ganze dem Dietz Verlag zum Druck anbot. Der lehnte die Übersetzung, «wie ich nicht anders erwartete», ab, so daß Rosa Luxemburg nur übrigblieb, «bürgerliche Verleger» zu suchen, und einen solchen hatte Luise Kautsky in Paul Cassirer gefunden[47]. In ihrem Brief vom 3. Dezember 1916 an Luise Kautsky, der sie die ganze Verhandlung mit Cassirer überlassen hatte, erwähnte Luxemburg dann zum ersten Mal neben dem Verleger auch Leo Kestenberg, «der sich so gütig für meine Wenigkeit interessiert» und «der mir so hold ist»; auf beide wollte sie sich in «Geldsachen» verlassen[48]. Betreffs dieser Honorare erwähnt Kestenberg die legendären, nach der Ermordung Luxemburgs 1920 herausgegebenen *Briefe aus dem Gefängnis*, in denen sie «in launiger Weise erzählt, wie das Honorar, das sie dafür von Cassirer bekam, es ihr ermöglichte, ihre schmale Gefängniskost aufzubessern»[49]. Davon ist allerdings erstaunlicherweise in der neuesten Ausgabe der *Gesammelten Briefe* nichts zu finden. Noch im März 1917 monierte Luxemburg: «Der Verleger hat sich also immer noch nicht definitiv entschlossen?»[50] Gleichwohl übersetzte sie im Breslauer Gefängnis, trotz heftiger Kontroll-Schikanen, mit großem Fleiß, wozu Kestenberg sie im Juni auch gemahnt hatte. Am 19. Dezember 1917 versicherte Luise Kautsky ihr, daß der Verlag die Übersetzung gerne bringen würde[51]. Wenn auch am 1. Februar 1918 die letzten sieben Bogen noch immer fehlten – Franz Mehring wurde auch noch involviert –, so war doch am 28. Mai 1918 die Übersetzung endlich vollendet. Hinsichtlich ihrer Einschätzung der Einleitung erwähnte sie noch eine «fleißige Zwiesprache» mit Kestenberg, wobei diese Briefe als verschollen gelten müssen[52].

Als treffende Charakterisierung der Luxemburgschen Übersetzung und Einführung in das Werk von Korolenko sei hier das Resümee von Erhard Hexelschneider zitiert:

> «Sie selbst schreibt eine ‹leichte Skizze›, die durch farbige fassliche Sprache, hingetupfte Beobachtungen und innere Logik der Darstellung besticht. [... Es] war wohl die Lust, einmal all das in ihr lange Jahre Angestaute über die russische Literatur niederzuschreiben [...]. Ihr Ziel war nicht die Grundlegung einer marxistischen Literaturwissenschaft, sondern der Versuch, ihr Verständnis vom Wesen der russischen Literatur, von Korolenko und den Besonderheiten seiner Schreibweise, populär darzulegen.»[53]

Aus der damals noch engen Beziehung zwischen Ernst Bloch und Georg Lukács (1885–1971)[54] dürfte, wenn auch noch nirgendwo belegt, – vielleicht durch Vermittlung Blochs, der mit Walther Feilchenfeldt bekannt war und von Cassirer unterstützt wurde – die Aufnahme einer frühen Schrift von Lukács in den Verlag erfolgt sein[55]. Dabei handelte es sich um *Die Theorie des Romans. Ein geschichtsphilosophischer Versuch über die Formen der großen Epik*, die aus einer geplanten Dostojewski-Auseinandersetzung während des Ersten Weltkrieges entstanden war. Der Text war zuerst 1916 in der *Zeitschrift für Ästhetik und allgemeine Kunstwissenschaft* erschienen, bevor Cassirer ihn 1920 in Buchform herausgab. Lukács wollte diese Arbeit zwar nur ungern als sein frühes «Hauptwerk» bezeichnet wissen, tatsächlich ist sie aber das erste Werk, mit dem er größere Bekanntheit erlangte und das noch heute literaturwissenschaftlich wirkende Bedeutung hat[56]. Im Dezember-Heft 1919 (S. 529) der *Weißen Blätter* hatte Ernst Bloch (*Zur Rettung von Georg Lukács*) geschrieben, sein Freund sei «als Philosoph einer der Großen, die zumeist nur einmal in jeder Generation erscheinen» – eine Würdigung, die der Verlag dann sogleich in seine Werbung übernahm[57]. *Die Theorie des Romans* ist ein hervorragendes historisches Zeugnis für den Geist der Zeit vor 1914 und während der ersten Kriegsjahre, in der viele Intellektuelle ein deutliches, die Kriegsangst einschließendes Krisenbewußtsein entwickelten, wie z. B. Walther Rathenau (1912), Miguel de Unamuno (1913) oder Emil Hammacher (1914), oder dann nach Kriegsbeginn, wie Lukács, vom totalen Bankrott der bürgerlichen Welt oder gar vom «Untergang des Abendlandes» sprachen, wie Oswald Spengler (1918) und ganz ähnlich auch Bloch, Horkheimer und Adorno[58]. *Die Theorie des Romans* überträgt Johann Gottlob Fichtes Diagnose vom «Zeitalter der vollendeten Sündhaftigkeit» auf die zeitgenössische Situation, wobei ausgerechnet dieser schlimmste Antisemit aller deutschen klassischen Philosophen hier die Referenz für Lukács darstellte, der ihn alsbald nach seiner Wendung zum Marxismus für jegliche Abweichung von der «reinen Lehre» und später dann für den deutschen Faschismus verantwortlich machte. Lukács selber bezeichnete im Rückblick als das Bedeutende an der *Theorie des Romans*, daß sie seinerzeit «das einzige nicht rechts orientierte geistesgeschichtliche Buch» gewesen sei[59]. Im Vorwort zur 2. Auflage 1971 allerdings charakterisierte er seine Arbeit schon zutreffender als eine «eigentümliche Vereinigung einer linken Ethik mit einer rechten Erkenntnistheorie»[60], wobei er irrtümlich die Fichtesche Ethik für links hielt. Vielleicht war dann doch am treffendsten, was von Lukács postum erst 1981 veröffentlicht wurde:

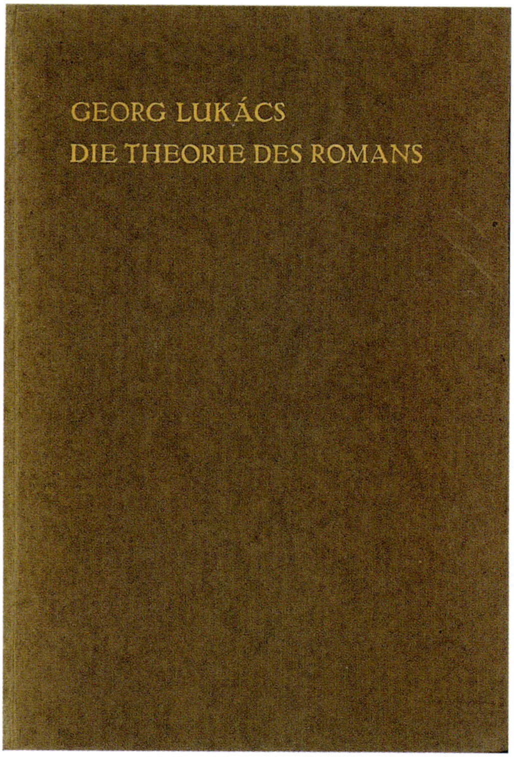

Abb. 111: Georg Lukács, Die Theorie des Romans, *1920.*

> «In jener Zeit gab es so etwas [sc. wie eine Theorie des revolutionären Romans, LL] noch nicht. Es existierte eine geisteswissenschaftliche Konzeption des Romans, die künstlerisch und ideologisch gleichermaßen konservativ war. Meine Theorie des Romans war im Sinne des sozialistischen Revolutionarismus nicht revolutionär. Gemessen an der damaligen Literaturwissenschaft und Romantheorie jedoch war sie revolutionär.»[61]

Vielleicht gehörte diese Arbeit nicht im explizit politisch-theoretischen Sinne in das Sozialismus-Programm des Verlages, aber ihr Sujet zeigte dann doch auch wieder dessen künstlerisch-ästhetische Programmatik. Leider endet der ins Deutsche übersetzte Lukácssche Briefwechsel ausgerechnet 1917, so daß die genaue biographischhistorische Rekonstruktion, wie das Buch zum Verlag kam, wer es dorthin vermittelt hatte bzw. wer im Verlag die Herausgabe beschloß, vorerst ein Forschungsdesiderat bleiben muß.

Es mag sein, daß Blochs Diktum von 1930, «Cassirer sei kein Verlag», zutrifft, wenn man nur auf die philosophischen Werke blickt. Aber dem Verlag ist eine ideelle Einheit der verschiedensten Dimensionen des Sozialismus im 20. Jahrhundert, von der politischen Praxis und Theorie bis zur Philosophie, gelungen, wie sie keine der sozialistischen Parteien zuwege brachte. Wären die linken Parteien dem Vorbild des Verlages gefolgt und hätten sich gegen Ende der Weimarer Republik geeinigt, so wäre die deutsche Geschichte womöglich anders verlaufen.

Bezeichnend ist, daß der Verlag Paul Cassirer nach 1921 keine sozialistische Literatur mehr herausgab[62], sieht man von Blochs drei Büchern zwischen 1923 und 1930 einmal ab. Das ist keineswegs darauf zurückzuführen, daß derartige Literatur nicht mehr absetzbar oder profitabel war, sondern darauf, daß bereits zwei Jahre nach der Revolution angesichts der sozio-ökonomischen Widrigkeiten der Weimarer Republik – Versailler Vertrag, Reparationen, Inflation – der Elan der erhofften Gründung politischer Freiheit und sozialer Gerechtigkeit verflogen war.

Das historische Ende des ganzen Projekts erfolgte allerdings erst mit der Machtübernahme der Nationalsozialisten. Die meisten der im Verlag für die sozialistischen Schriften Verantwortlichen und der Großteil ihrer Autoren – wie Feilchenfeldt, Kestenberg, Lukács, Bloch, Kautsky – wurden ins Exil getrieben. Und trotzdem ist für das «sozialistische Experiment» des Paul Cassirer Verlages festzuhalten, was Rosa Luxemburg zum 70. Geburtstag von Franz Mehring am 27. Februar 1916 geschrieben hatte: «Daß der Sozialismus nicht eine Messer-und-Gabel-Frage, sondern eine Kulturbewegung, eine große und stolze Weltanschauung sei»[63]. Dies ließe sich Wort für Wort in umgekehrter Richtung als eine rechtzeitige Erkenntnis eines bürgerlichen Verlages übersetzen, der schon kurz vor der deutschen Novemberrevolution die Zeichen der Zeit zu deuten wußte: Denn es ging darum, in der Moderne die beste eigene Aufklärungstradition zu befördern, die zeitgenössisch auch durch die Arbeiterbewegung vertreten wurde. Dafür stand schon allein das riesige Werk von Ernst Bloch und mit kritischer Distanz auch das von Georg Lukács. Dieser Verlag, vor allem wohl sein Begründer Paul Cassirer, hatte begriffen, daß es nicht mehr ausreichte, die «geistige Kultur», einschließlich der klassischen und modernen Kunst, als «historisches Erbe» zu bewahren, sondern daß es darauf ankäme, die Moderne in Gestalt der sozialen Emanzipation, des Sozialismus, miteinzubeziehen und so lebendig zu erhalten.

Anmerkungen

1 «Cassirer war eben nicht nur Geschäftsmann, sondern auch Sozialist, der sich dagegen sträubte, ein philosophisches Buch nur unter der Kategorie der Ware zu betrachten.» Michael Landmann: Gespräch mit Ernst Bloch (Tübingen, 22. Dezember 1967). In: *Bloch-Almanach*, 4, 1984, S. 15–40; hier S. 40. Dieser Wahrnehmung widersprechen auch die Anmerkungen Cassirers in seiner *Utopischen Plauderei*. In: *Die weißen Blätter* 6, 1919, H. 3, S. 105–117, wo er S. 108 zwar Krapotkin einen Freund nennt, aber dann auch auf sich selbst bezogen Kritisches zum Sozialismus (S. 112) äußert. Zutreffend lapidar Grete Fischer: Dienstboten, Brecht und andere. Zeitgenossen in Prag, Berlin, London. Olten/Freiburg/Br. 1966, S. 174: «1919 interessierte er sich für Politik [...] aber Sozialismus stand ihm trotz allem nicht zu Gesicht.»

2 Leo Kestenberg: Bewegte Zeiten. Musisch-musikantische Lebenserinnerungen. Wolfenbüttel/Zürich 1961, S. 37. – Zu Kestenberg: Fischer (wie Anm. 1), S. 131 f. und passim.

3 Kestenberg (wie Anm. 2), S. 24.

4 Leo Kestenberg: Versuch einer materialistischen Darstellung der Entwicklungsgeschichte der Künste. In: *Sozialistische Monatshefte. Internationale Revue des Sozialismus* 4, 1900, H. 4, S. 150–153 und ders. (wie Anm. 2), S. 12.

5 Vgl. als eine der ganz seltenen Würdigungen von J. Bloch: Walter Grab: Joseph Bloch. Ein Vorkämpfer der deutsch-französischen Freundschaft im Zeitalter des Nationalismus. In: Ders.: Zwei Seiten einer Medaille. Demokratische Revolution und Judenemanzipation. Köln 2000, S. 284–297.

6 Kestenberg (wie Anm. 2), S. 35. Kestenbergs Erinnerung ist nicht ganz exakt, da er seine Erzählung, wie Cassirer ihn zur Herausgabe des *Bildermann* einlud, dessen Nr. 1 am 5. April 1916 erschien, *nach* seinem Bericht über seinen Eintritt in die USPD, die vom 6.–8. April 1917 in Gotha gegründet wurde, datierte.

7 Kestenberg (wie Anm. 2), S. 32 f., 37. – Fischer (wie Anm. 1), S. 132.

8 Fischer (wie Anm. 1), S. 132.

9 Kestenberg (wie Anm. 2), S. 36. – Nach Grete Fischers (wie Anm. 1), S. 167 f. nicht immer zuverlässiger Erinnerung waren Kautsky, Bernstein und Eisner Kestenbergs «alte Freunde»; allerdings erwähnt Kestenberg in seinen Memoiren (wie Anm. 2) nur Bernstein *en passant*.

10 Zu Jenssen: Fischer (wie Anm. 1), S. 184–186, wobei ihre Erinnerung an Jenssens Blindheit falsch ist. Jörg Wollenberg (Hg.): «Völkerversöhnung» oder «Volksversöhnung»? Volksbildung und politische Bildung in Thüringen 1918–1933. Eine kommentierte Dokumentation. Erfurt 1998. – Dieter Bauke: Otto Jenssen (1883–1963). Gera 2005 (im Erscheinen). – Reinhard Mocek: Biologie und soziale Befreiung. Zur Geschichte des Biologismus und der *Rassenhygiene* in der Arbeiterbewegung. Frankfurt/M./Berlin/Bern 2002. – Vgl. auch Lars Lambrecht: «Der lebendige Marxismus». Eine Spurensuche nach einer weitgehend unbekannten Biographie. In: Lars Lambrecht/ Bettina Lösch/Norman Paech (Hg.): Hegemoniale Weltpolitik und Krise des Staates. Frankfurt/M./Berlin/Bern 2006, S. 177–186 (im Erscheinen).

11 Brief an Luise Kautsky vom 15. September 1924; International Institute of Social History Amsterdam (IISG), Kautsky-Familienarchiv, Sign. 1121.

12 Feilchenfeldt/Brandis, S. 568.

13 Zur bibliographischen Übersicht vgl. Feilchenfeldt/Brandis, S. 568 f. – Auf dieses Werk sei auch zum Nachweis sämtlicher hier zitierter Werke aus dem Paul Cassirer Verlag verwiesen, um den Anmerkungsapparat nicht unnötig aufzublähen.

14 Kestenberg (wie Anm. 2), S. 38 f. Allerdings resultierte aus *diesem* Treffen nicht die Zu-

sammenarbeit mit dem Verlag, da die Anzeige der bei Paul Cassirer erscheinenden 1. Ausgabe der 2. vermehrten und verbesserten Auflage von Landauers *Aufruf zum Sozialismus* bereits am 11. Dezember 1918 im *Börsenblatt* erschien und Landauers Vorwort zum *Aufruf* mit «München, 3. Januar 1919» unterzeichnet ist. Unklar ist außerdem, wie und wann die Verbindungen Kestenbergs oder Cassirers zu Landauer ursprünglich zustande gekommen waren. Im Unterschied zu Kestenberg meinte Grete Fischer (wie Anm. 1), S. 174, daß die Beauftragung Landauers für die Krapotkin-Ausgabe von Cassirer geplant gewesen sei. – Neben Landauer gab es noch eine Reihe weiterer Anarchisten im Verlag, von denen Erich Mühsam der prominenteste ist.

15 Landauer 1919, S. 146.

16 Landauer 1919, S. XI.

17 Vgl. Feilchenfeldt/Brandis, S. 284.

18 Zit. nach ebd., S. 285.

19 Vgl. dazu z. B. Landauers Brief an Fritz Mauthner vom 28. November 1918: Eisner «steht mit einem Mal, bloß weil er ein Mann des Geistes ist, dieser tapfere Jude, moralisch als Haupt Deutschlands da». Hanna Delf (Hg.): Gustav Landauer – Fritz Mauthner. Briefwechsel 1890–1919. München 1994, S. 352.

20 Freya Eisner: Kurt Eisner. Die Politik des libertären Sozialismus. Frankfurt/M. 1979. – Die Arbeit seiner Tochter ist durch die aktuellere Forschung, wie z. B. Bernhard Grau: Kurt Eisner. 1867–1919. Eine Biographie. München 2001, noch nicht überholt. Die beiden historisch-politischen Darstellungen schweigen sich über persönlich-private biographische Details vollkommen aus.

21 Leider wieder nur unkonkret: Fischer (wie Anm. 1), S. 174: «Wir brachten Kurt Eisners Aufsätze heraus und sein mittelmäßiges Stück ‹Die Götterprüfung›.»

22 Vgl. hierzu besonders Grau (wie Anm. 20), S. 105–129; über Eisners Beziehungen zum Marburger Neukantianismus, vor allem natürlich zu Hermann Cohen.

23 Eduard Bernstein: Eduard Bernstein. In: Felix Meiner (Hg.): Die Volkswirtschaftslehre der Gegenwart in Selbstdarstellungen. Leipzig 1924, S. 1–58. – Fischer (wie Anm. 1), S. 167–170. – Francis Ludwig Carsten: Eduard Bernstein 1850–1932. Eine politische Biographie. München 1993.

24 Bernstein (wie Anm. 23), S. 31 zum Hegelschen Utopismus, S. 40 zu Kant.

25 Bernstein (wie Anm. 23), S. 42.

26 Fischer (wie Anm. 1), S. 174.

27 Bernstein (wie Anm. 23), S. 49.

28 Vgl. zu Bernstein und zur Lassalle-Ausgabe: Fischer (wie Anm. 1), S. 167–170 sowie den Brief von Fischer an Bernstein vom 7. Mai 1919 (IISG, Bernstein-Nachlaß, D 90), in dem es um die Bandreihenfolge der Ausgabe und vor allem um den Separatdruck der Lassalle-Biographie ging.

29 Bernstein (wie Anm. 23), S. 51 f.

30 Vgl. Bernstein (wie Anm. 23), S. 42.

31 Ferdinand Lassalle: Gesammelte Reden und Schriften. Hg. und eingeleitet von Eduard Bernstein. Berlin 1919, Bd. 1, S. 6.

32 Fischer (wie Anm 1), S. 168. – Kestenberg (wie Anm. 2), S. 36.

33 Eduard Bernstein: Lassalle und der Sozialismus. Berlin 1920, S. 8.

34 Karl Kautsky: Karl Kautsky. In: Meiner (wie Anm. 23), S. 116–153. – Benedikt Kautsky: Ein Leben für den Sozialismus. Erinnerungen an Karl Kautsky. Hannover 1954. – Ingrid Gilcher-Holtey: Das Mandat des Intellektuellen. Karl Kautsky und die Sozialdemokratie. Berlin 1986.

35 Vgl. Kautsky (wie Anm. 34), S. 132 f., v. a. 136 ff. bzw. Bernstein (wie Anm. 23), S. 29 f., 31 f.

36 Kautsky (wie Anm. 34), S. 150.

37 Vgl. Jenssens Briefe an Karl und Luise Kautsky in den Beständen des IISG Kautsky-Archivs, KD XIII, sowie des Kautsky-Familienarchivs 363, 1120, 1121 ohne Einzelsignaturen; ausführlicher zu diesen Briefen vgl. Lambrecht (wie Anm. 10).

38 Kautsky (wie Anm. 34), S. 35. Dieser Umstand ist einigermaßen merkwürdig, da

Kautsky an diesen Büchern keine unerheblichen Summen verdient hatte, z. B. an *Diktatur oder Demokratie*.

39 Feilchenfeldt/Brandis, S. 252.

40 Kautsky (wie Anm. 34), S. 28.

41 Die beiden Ausnahmen der Verlagsautoren sind *später* Rosa Luxemburg und Georg Lukács.

42 Bei diesem Titel mahnte Kautsky schriftlich die mündliche Vereinbarung mit Cassirer an, daß sein «Buch über die Entstehung des Weltkriegs, dessen Verlag Sie übernommen haben, nicht vor den Akten des Auswärtigen Amts über den gleichen Gegenstand erscheint» (Brief an Cassirer vom 20. Oktober 1919, IISG, G 11/11). Cassirer bestätigte ihm dies am 30. Oktober 1919 (IISG, Kautsky-Archiv DV KII/30); für diese Schrift erhielt er 48 000 Mark (ebd.).

43 Kautsky (wie Anm. 34), S. 145 f.

44 Ebd., S. 134; überliefert ist noch das Schreiben Walther Feilchenfeldts vom 3. März 1921 zur 2. Auflage, betreffend die erneuten vertraglichen Vereinbarungen (IISG, Kautsky-Archiv, DV KII/36).

45 Annelies Laschitza: Im Lebensrausch, trotz alledem. Rosa Luxemburg. Eine Biographie, 2. Aufl., Berlin 2002. – Kestenberg (wie Anm. 2), S. 37. – Rosa Luxemburg: Gesammelte Briefe. Bd. 5. Berlin 1984. – Ehrhard Hexelschneider: Rosa Luxemburg und die Künste. Leipzig 2004.

46 Diese Beziehungen bekannt gemacht zu haben, ist das Verdienst von Hexelschneider (wie Anm. 45), der ebd., S. 131–202, der Korolenko-Übersetzung fast ein Drittel seiner Analyse widmet, dabei vorbildlich Archivalien berücksichtigt und inhaltlich die Bezüge zu den Verantwortlichen im Verlag, wie Cassirer und Kestenberg, darstellt. Deshalb kann ich mich hier auf einige grobe Rahmendaten beschränken.

47 Briefe an Zetkin vom 27. Juni und an Dietz vom 28. Juli 1916 sowie an Luise Kautsky vom 13. September und 3. Dezember 1916: Luxemburg (wie Anm. 45), S. 127 f., 130 f., 134, 142 f. – Vgl. dazu Hexelschneider (wie Anm. 45), S. 156 ff., wo ausführlich über den Kontakt Luise Kautskys zu Tilla Durieux berichtet wird.

48 Luxemburg (wie Anm. 45), S. 143.

49 Kestenberg (wie Anm. 2), S. 37. – Bei Hexelschneider (wie Anm. 45), S. 158, werden auch Briefe der Durieux zitiert, in denen sie die über Kestenberg vermittelte finanzielle Unterstützung Rosas im Gefängnis erwähnt, was dann Kestenberg in seinen Erinnerungen mit Rosas Briefen verwechselt haben könnte. Außer den zitierten Luxemburg-Äußerungen ist allerdings nicht weiter belegt, was Hexelschneider über Kestenbergs große Sympathie für Luxemburg schreibt. Zum Honorar von 2000 Mark vgl. den Brief von Cassirer an Luxemburg vom 8. Januar 1919 in Hexelschneider (wie Anm. 45), S. 168.

50 Luxemburg (wie Anm. 45), S. 199, weshalb es unverständlich ist, daß Hexelschneider (wie Anm. 45, S. 159), meinte, die Entscheidung für Luxemburg sei «zwei Monate» nach ihrer Vermittlungsbitte, also Ende Januar 1917, gefallen; richtig dagegen ebd., S. 163.

51 Vgl. Luxemburg (wie Anm. 45), S. 245, 343.

52 Ebd., S. 202, 343, 369, 391, 403.

53 Hexelschneider (wie Anm. 45), S. 182.

54 Georg Lukács: Gelebtes Denken. Eine Autobiographie im Dialog. Frankfurt/M. 1981. – István Hermann: Georg Lukács. Sein Leben und Werk. Wien/Köln/Graz 1986.

55 Lukács hatte große Schwierigkeiten, einen Verleger zu finden, vgl. Georg Lukács: Briefwechsel 1902–1917. Hg. v. Èva Karádii und Éva Fekete, Stuttgart 1982, passim; ebd., S. 174, in einem Brief vom 10. Dezember 1910 an Leo Popper erwähnte er auch den *Pan* und nannte ihn ein «nicht besonders hervorragende[s] Blatt».

56 Vgl. Lukács (wie Anm. 54), S. 76 f.

57 Feilchenfeldt/Brandis, S. 318.

58 Vgl. hierzu ausführlich: Hermann (wie Anm. 54), S. 64 f.

59 Lukács (wie Anm. 54), S. 75.

60 Hermann (wie Anm. 54), S. 81.

61 Lukács (wie Anm. 54), S. 76.

62 Vgl. die Anzeigen im *Börsenblatt* zu den Über-

nahmen sozialistischer Schriften durch andere Verlage, z. B. *Börsenblatt* 10341 vom 10. Oktober 1921; 11204 vom 26. Oktober 1921, 12030 vom 26. Januar 1922.

63 Rosa Luxemburg an Franz Mehring, 27. Januar 1916. In: Luxemburg (wie Anm. 45), S. 104.

Unser Weg – Die Jahrbücher 1919 und 1920

Gedanken über eine Werbemaßnahme in schwieriger Zeit

Mathias Gatza

Almanach, der; -s, -e (mniederl. Almanag < mlat. Almanachus, H. u.)
a) (früher) [mit einem Kalender verbundene] Sammlung von Texten aus verschiedenen Sachgebieten (Belletristik, Theater, Mode, Reisen u. a.); b) Aus besonderem Anlaß od. aus Werbegründen veröffentlichter Querschnitt aus der Jahresproduktion eines Verlages.
Der Duden, 1983

«Hatte man nicht bei Kriegsende bemerkt, dass die Leute verstummt aus dem Felde kamen? Nicht reicher – ärmer an mitteilbarer Erfahrung. Was sich dann zehn Jahre später in der Flut der Kriegsbücher ergossen hatte, war alles andere als Erfahrung gewesen, die von Mund zu Mund geht. Und das war nicht merkwürdig. Denn nie sind Erfahrungen gründlicher Lügen gestraft worden als die strategischen durch den Stellungskrieg, die wirtschaftlichen durch die Inflation, die sittlichen durch die Machthaber. Eine Generation, die noch mit der Pferdebahn zur Schule gefahren war, stand unter freiem Himmel in einer Landschaft, in der nichts unverändert geblieben war als die Wolken und unter ihnen, in einem Kraftfeld zerstörender Ströme und Explosionen, der winzige, gebrechliche Menschenkörper.»
Walter Benjamin, 1933[1]

Der Krieg ist endlich zu Ende, der Frieden indes noch nicht da, die Revolution seit Wochen im Gange, am Bismarckdenkmal im Tiergarten wird, hörbar bis in die Victoriastraße[2], noch geschossen. Das alte und das neue Denken kann nun in viele Richtungen gehen. Nichts ist unverändert geblieben. Paul Cassirer ist aus der Schweiz in die Hauptstadt zurückgekehrt. Der Verlag hat seit 1914 nur wenige Bücher veröffentlicht, vieles wurde von Kurt Wolff übernommen oder vertrieben.

Pazifismus und Musik

Der Wechsel von Kriegsbegeisterung zur Einsicht in die Notwendigkeit einer neuen Ordnung – einer nicht nur nationalen Veränderung, sondern einer Veränderung der Grundlagen gesellschaftlicher Organisationsformen – hatte sich zwei Jahre zuvor in der Gründung der Zeitschrift *Der Bildermann*[3] niedergeschlagen. Sie wurde nach nur neun Monaten wegen der enttäuschenden Auflage eingestellt. Dennoch hatte diese

Zeitschrift Folgen für die Zukunft des Verlags und zeigte Paul Cassirer einmal mehr als einen unkonventionellen Verleger, der, wenn sein Gefühl ihm dazu riet, unkonventionelle Wege auch bei der Wahl seiner Mitarbeiter ging.

Der Musiker und Sozialist Leo Kestenberg (Abb. 112) war ein Freund des Ehepaares Cassirer: In den frühen Jahren des 20. Jahrhunderts hatte er Abende von Tilla Durieux auf dem Klavier begleitet, sie hatte im Gegenzug sein gesellschaftliches Engagement unterstützt und war mit ihm sonntags in die Berliner Arbeiterquartiere gefahren, um dort Goethe oder Heine vorzutragen. Als Cassirer 1914–16 die Zeitschrift *Kriegszeit*[4] herausgab, hatte sich der überzeugte Pazifist Kestenberg innerlich von ihm abgewandt. Im Winter 1915 jedoch bekam Kestenberg eines Sonntags einen Anruf Cassirers und wurde noch am selben Tag in die Victoriastraße gebeten. Der Verleger rief seine Autoren und Maler zusammen, um nun eine pazifistische Zeitschrift zu gründen[5]. Der Titel *Der Bildermann* wurde von Max Slevogt vorgeschlagen und begeistert angenommen. Was Cassirer bewog, den in Verlagsangelegenheiten vollkommen unerfahrenen Leo Kestenberg mit der Redaktion zu beauftragen, könnte man mit der in seinem Lebenswerk abzulesenden symbolischen Intuition erklären. Möglicherweise war er der Meinung, daß nun, da es darum ging, sich eine Welt jenseits des jahrhundertealten Status Quo vorzustellen, die Verbindung aller Kunstgattungen notwendig wurde. Der Zweiklang von Literatur und Kunst sollte durch die mathematisch-musikalische Intelligenz Kestenbergs nun zum Dreiklang erweitert werden.

Der Bildermann wurde jedoch schon nach wenigen Nummern eingestellt, das Publikum hätte sicher lieber weiter die erfolgreiche *Kriegszeit* abgenommen. Kestenberg stand indes plötzlich vor der Aufgabe, den Verlag durch die letzten zwei Kriegsjahre zu leiten und – als «Vertrauensmann» Cassirers, so Walter Hasenclever an Kurt Wolff[6] – um neue Autoren zu werben.

Kestenberg sammelt Autoren und Köpfe für den Frieden

Das auf wenige Veröffentlichungen beschränkte Engagement hatte Leo Kestenberg nun bei seinen Geschäftsreisen zum Verleger ins Schweizer Exil zu besprechen. Kestenberg, der während des Krieges in die USPD eintrat, bekam ansonsten freie Hand, und in Abwesenheit Cassirers knüpfte er Kontakte zu führenden sozialistischen Theoretikern und Politikern. Zugleich wurde er der enge Vertraute von Else Lasker-Schüler, die in Cassirer einen engagierten und großzügigen Begleiter gewinnen sollte.

Cassirer kommt Mitte 1918 aus der Schweiz in ein vollkommen verändertes Land zurück. Die wilhelminische Kunstakademie, gegen die er vor dem Krieg seine neue Kunst durchsetzen konnte, gibt es nicht mehr, sein Verlag ist kaum mehr im Buchhan-

Abb. 112: Oskar Kokoschka, Porträt Leo Kestenberg, *1927, Öl/Lwd., 127 x 102 cm, Kunsthandel Berlin.*

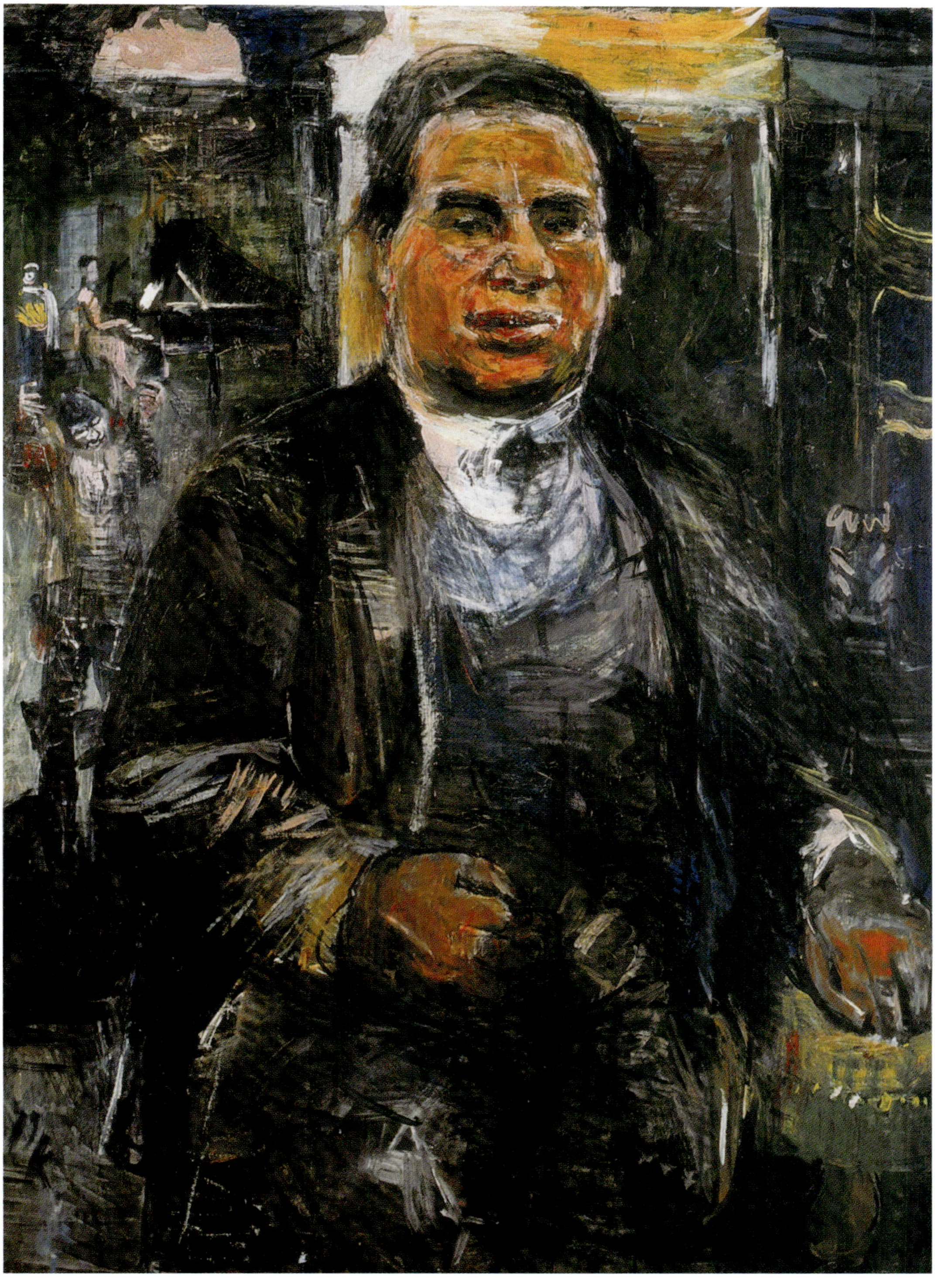

del vertreten. Kestenberg war in den Jahren 1916–18 ein kontaktfreudiger Verlagsleiter gewesen, der zwar kaum Bücher machen konnte, aber einen großen Kreis von Künstlern und Denkern um sich geschart hatte.

Wäre Cassirer ein klassischer Verleger gewesen, hätte das, wie die Verleger-Geschichten des letzten Jahrhunderts immer wieder gezeigt haben, zu Konflikten führen können. Doch Cassirer fühlt sich keinesfalls bedroht vom geistvollen und bei den Autoren hochgeschätzten Kestenberg, sondern wird sich dem Neuen, das durch ihn in seinen Verlag drängt, mit leidenschaftlichem Interesse anschließen, ohne seine eigene Geschichte und Arbeit zu verleugnen.

Ein Neuanfang ist notwendig, und sei es gegen die eigenen Zweifel.

Werbung für unseren neuen Weg

Noch vor November 1918 müssen sich Cassirer und Kestenberg entschlossen haben, den brachliegenden Verlag mit dem Werbeinstrument eines Jahrbuchs dem Publikum wieder stärker ins Bewußtsein zu rufen. Das Jahrbuch *Unser Weg* soll zugleich als Rückbesinnung wie als Ausblick auf die kommende Verlagsproduktion dienen; es ist damit ein Balanceakt zwischen Programmschrift und Publikumswerbung. Heute werden Almanache meist aus schon im Verlag vorliegenden Titeln, als Rückblicke oder Überblicke und zu Werbezwecken zusammengestellt.

Unser Weg indessen will weniger eine Werbung als eine Verführung des Publikums zu neuen Ideen sein. Noch steht im Programm nichts fest, einige der angekündigten Bücher werden später gar nicht erscheinen, einige Projekte sind wahrscheinlich noch nicht einmal unter Vertrag. Das Publikum erhält einen Einblick in die Werkstatt des Verlages, denn dieser Almanach bietet ausschließlich Textauszüge aus unveröffentlichten Buchprojekten, gewährt Einblicke in die Arbeit von Autoren, deren Werke gerade im Entstehen sind. Heute würde kaum mehr ein Verleger diese Form der Werbung wagen. Kurt Wolff und sein Marketing-Genie Georg Heinrich Meyer agieren ganz anders, sie schalten Anzeigenkampagnen, die es bis dahin so nicht auf dem Buchmarkt gegeben hat und die bei manchem Zeitgenossen das Gefühl für guten Geschmack verletzten.

Der Verleger denkt in verschiedene Richtungen

Um etwas über das Denken von Cassirer zu erfahren, ist *Unser Weg* sicher eine der auskunftsfreudigsten Quellen. Der Mann, der einst die eigene schöpferische Arbeit für die Vermittlung von Kunst und Literatur aufgegeben hatte – was ihm später eine Sonderstellung unter den Verlegern Else Lasker-Schülers einbrachte, die ihm aber, idiosynkratisch wie sie war, im selben Atemzug Verrat an seinem «Eigentlichsten» vorwarf – hat seine schöpferische Energie ein Leben lang in die Vermittlung zwischen einer neuen Ästhetik und dem Bürgertum gesteckt.

Ein ernstzunehmender Verleger denkt mit seinem Programm, und wenn eine zentrale Standortbestimmung wie *Unser Weg* vorliegt, wird man nicht allzu freihändig spekulieren, wenn man behauptet, in der Auswahl der Texte, ihrer Komposition, verberge sich das Denken des Verlegers und enthülle sich zugleich. Die Zusammenstellung der Texte und Bilder, ihre Reihenfolge und Plazierung bilden das Reich der unendlichen Freiheit eines Verlegers. Alles könnte auch anders sein, aber so soll es sein. Kein Verleger, dem dabei nicht Wesentliches abzulesen wäre, ohne gleich einen literarischen Rorschach-Test daraus machen zu wollen. Von dieser Warte aus läßt sich ein Mann erkennen, der die Rückseite bei jedem Bild mitdenkt, dem das synästhetische Denken zur Natur geworden ist.

Fragen statt Antworten

Schon der Titel wirft eher Fragen auf, als daß er ein Bekenntnis ausdrückt. Ein Weg bezeichnet, woher wir kommen und wohin wir gehen. Das Prädikat des Subjekts bezeichnet, wenn man die Texte des Jahrbuchs anschaut, einerseits die dem Verlag schon vor dem Krieg verbundene Gruppe von Malern und Schriftstellern, das ist die Herkunft. Andererseits bezeichnet es einen generellen Terminus, die Gesellschaft und ihre Utopie, die nun bedacht werden muß.

Nur – warum ist in einer ersten Stellungnahme nach diesem die Grundlagen erschütternden Weltkrieg und einer Zeit des Umbruchs kein Editorial des Verlegers oder des Verlages vorangestellt? Oder gibt es doch eines?

Vertiefung in das Buch

Hinter der Titelei des Almanachs ist eine Originalgraphik beigeheftet, eine Lithographie von Max Liebermann, die einen Gelehrten von vorne mit übereinandergeschlagenen Beinen in einem Sessel sitzend darstellt (Abb. 113). Er hält ein offenes Buch in Händen, in dem er mit ernstem Ausdruck liest. Ein Maler zeichnet also einen in ein Buch versenkten Mann. Gegen jede Erwartung, die man an einen Verleger stellen würde, der sich die folgenden Jahre wie kaum ein zweiter in seinem Programm zentral der Reflexion sozialistischer, kommunistischer und anarchistischer Positionen widmen wird, erzählt das von Cassirer ausgewählte bildnerische «Vorwort» Liebermanns von der Notwendigkeit, sich mit dem Neuen geistig vertraut zu machen. Der Blick des Lesers wird durch den Maler Liebermann verdoppelt durch den gezeichneten Blick des

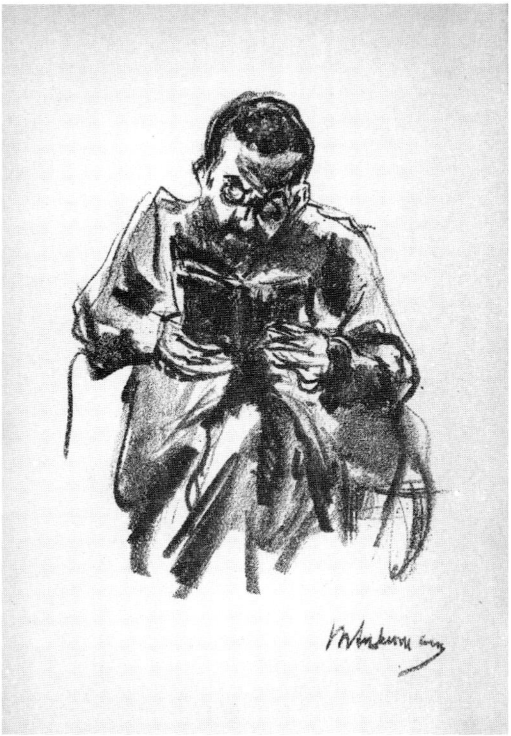

Abb. 113: Max Liebermann, Lesender Mann, *Lithographie aus:* Unser Weg *1919.*

Gelehrten in das Buch. Eine einzigartige Verdichtung, die das bisherige Publikum Cassirers mitnehmen will auf einen neuen Weg, der nur zu bewältigen sein wird, wenn der Geist nicht verloren geht, der Geist der einzelnen Persönlichkeit.

Warum so trickreich?

Cassirers Programm sind die Zeitgeschichte und die persönlichen Zweifel anzumerken. Das fällt besonders im Vergleich zu dem ihm literarisch wahrscheinlich am nächsten stehenden Verleger, Kurt Wolff, auf. Seit 1916 ist der Verlag Paul Cassirer durch die Abwesenheit des Verlegers in der Krise, es erscheinen nur noch wenige Bücher, vor allem Zeitschriften, zuerst die *Kriegszeit*, dann 1916 für kurze Zeit *Der Bildermann*. In der gleichen Zeit hat Kurt Wolff, der als Leutnant an der Front war, sein junges Verlagsprogramm ausgeweitet – und sicher von Cassirers Krise profitiert. Wolff gibt 1918 ebenfalls einen berühmten Almanach heraus, *Die neue Dichtung*[7], der die Breite des in wenigen Jahren Erreichten zeigt. Heinrich Mann hat den Paul Cassirer Verlag 1915 verlassen, Carl Sternheim ist jetzt bei Wolff, ebenso Gustav Meyrink, Paul Zech, Arnold Zweig, Georg Heym, Robert Walser und Franz Kafka. Andererseits wird Else Lasker-Schüler noch in Wolffs Almanach geführt, obgleich der Wechsel zu Cassirer schon vollzogen ist.

Doch gerade im Vergleich erkennt man, daß Cassirers Programm einen schwierigen Balanceakt wagt. Von den Autoren der Vorkriegszeit sind einige bedeutende fort, Else Lasker-Schüler ist, wie gesagt, dazugekommen, ebenso der damals erfolgreiche Walter Hasenclever (Abb. 114). In seinen Erinnerungen schreibt Kurt Wolff, er habe Hasenclever zugeraten, Cassirers Angebot anzunehmen, da er ihm weder materiell noch ideell etwas Vergleichbares anbieten könne. Wolffs uneingestandene Enttäuschung macht sich vornehm Luft, indem er in seinen Erinnerungen ein Verhältnis des sehr jungen Hasenclever mit Tilla Durieux als Grund für den Wechsel anklingen läßt[8].

Die Künstler und Illustratoren Cassirers sind die aus der Vorkriegszeit, doch zeigt *Unser Weg 1919*, daß sich Cassirer nun vor allem mit politischen Fragestellungen beschäftigt. Kurt Wolffs Fragen dagegen konzentrieren sich auf die DADA-Bewegung, die er nach längerer Auseinandersetzung nicht in sein Programm aufnehmen wird. Doch werden wir auch sehen, daß Cassirer schon während seines leidenschaftlichen Eintretens für eine neue Politik den Stachel des Zweifels spürt.

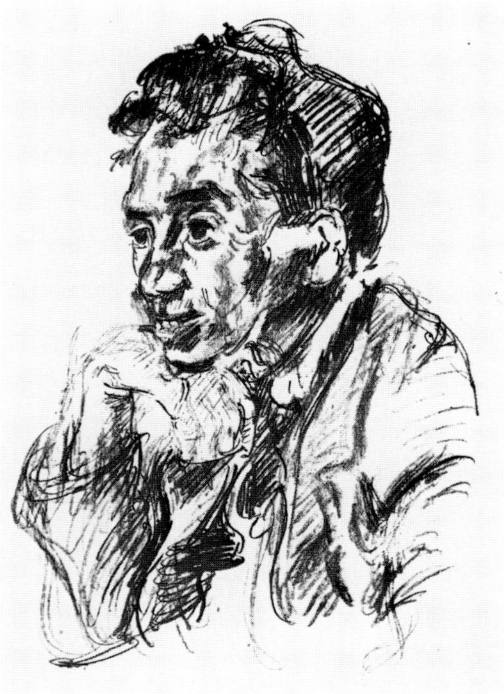

Abb. 114: Oskar Kokoschka, Porträt Walter Hasenclever nach links, *1918, Lithographie, 77,5 x 57,5 cm, Privatbesitz.*

Sozialistische Wege – die Strategie

Unser Weg 1919 ist der Auftakt für zwei Jahre, in denen der Verlag seine größte programmatische Ausweitung erfahren wird; es ist die einzige Zeit, in der er sich in der Titelzahl mit damals schon großen Verlagen wie Fischer oder Rowohlt vergleichen läßt. Im Jahr 1919 werden 40 Bücher erscheinen, dazu kommen zwölf Ausgaben der Monatsschrift *Die weißen Blätter*.

Doch finden wir in dem Almanach wenig Literatur, die heute noch gelesen wird. An erster Stelle natürlich die Gesamtausgabe von Else Lasker-Schüler, vielleicht noch René Schickeles Bücher. Walter Hasenclever schrieb mit seiner damals berühmten *Antigone* ein politisches Stück; Kasimir Edschmid wandte sich schon bald vom Expressionismus ab, wurde erst Unterhaltungs-, dann Reiseschriftsteller; Gustav Adolf von Wangenheim, als Schauspieler in dem Film *Metropolis* drei Jahre später berühmt, schrieb nur noch Drehbücher. Dagegen die sozialistischen Theoretiker und Politiker: Eduard Bernstein über das Völkerrecht, Korolenkos Schriften in der Übersetzung von Rosa Luxemburg, die Gesamtausgabe der Schriften Ferdinand Lassalles, Proudhon über die Grundursache des Krieges, Peter Kropotkin über Arbeitsteilung und Vereinung, Karl Kautsky über österreichische Nationalitäten. Später kommen Ernst Bloch und Georg Lukács mit ersten Texten dazu.

Was jedoch am meisten verwundert, ist die Tatsache, daß die Bildbeigaben, sieht man von Meidners *Septemberschrei* einmal ab, nichts von den Erschütterungen des Krieges zeigen. Sie sind bezaubernd in diesen ersten Almanach von 1919 hineinkomponiert: *Ein Liebespaar am Ufer* von Hans Meid, Max Pechsteins *Segelboot*, die *Rehe*, von Franz Marc auf seine letzten Postkarten aus dem Felde gezeichnet.

Die Verführung

Ein merkwürdiges Verfahren hat Cassirer gewählt, ein Verfahren, das mir bezeichnend für seine Fähigkeit erscheint, weit auseinander liegende Gegenstände zu synthetisieren, Brücken zu schlagen, wo sie ihm notwendig scheinen, um die Wirklichkeit in all ihrer Ambivalenz zu begreifen.

Der erste Almanach von 1919 denkt kreuz und quer: Wenn der Verleger sich um Friedensmissionen in der Schweiz und die Bekanntmachung sozialistischer und anarchistischer Grundlagentexte kümmert, dann kann auch der Literat über Automatisierung theoretisieren, der Maler schreiben, Meidner singen, schreiben und malen, im Gegenzug der Politiker Eisner über Beethoven nachdenken. Nur die Maler malen, was sie auch schon vor dem Krieg malten, denn sie waren in ihrer Kunst, durch den Einsatz Cassirers, bereits in der neuen Zeit angekommen.

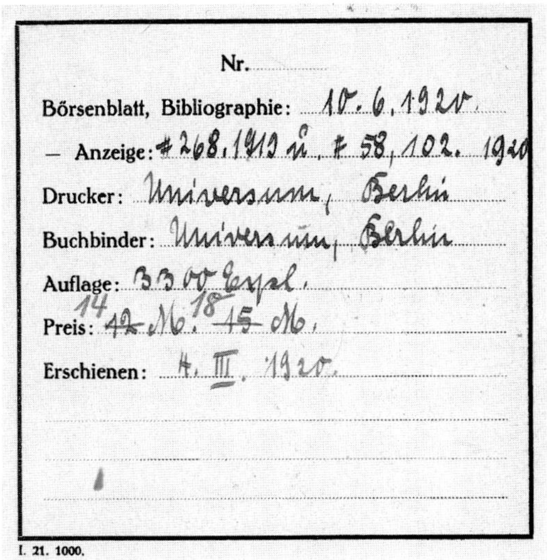

Nr.
Börsenblatt, Bibliographie: 10. 6. 1920.
– Anzeige: # 268, 1919 u. # 58, 102. 1920
Drucker: Universum, Berlin
Buchbinder: Universum, Berlin
Auflage: 3300 Expl.
Preis: ~~12~~ 14 M. ~~15~~ 18 M.
Erschienen: 4. III. 1920.
I. 21. 1000.

Abb. 115: Beispiel eines Archivzettels des Paul Cassirer Verlages.

All dies scheint einer Strategie zu folgen, die in Cassirers Wesen begründet liegt. Sein gesamtes Wirken war darauf ausgerichtet, das Bürgertum für seine neue Sicht der Malerei zu gewinnen. Der grundsätzliche Begriff, den er sich vom Künstler als unabhängigem, freiem Schöpfer machte, war strukturell auf das Bürgertum angewiesen. Und so verwundert es nicht, daß er jetzt, da er weiß, daß die Grundlagen der Völkerordnung und der gesellschaftlichen Organisation erneuert werden müssen, davon ausgeht, daß das nicht gegen ein gebildetes Bürgertum gelingen wird und sollte. Daher dieser wohlfeile, aufwendig gestaltete Almanach zum Beginn, daher der nachdenkliche Leser von Liebermann als Frontispiz: Die er bereits überzeugen konnte, sich der neuen Sicht auf die Kunst anzuschließen, sollen auch den Weg in ein neues Deutschland mitgehen.

Das war vielleicht die optimistische Absicht Cassirers, als er, wahrscheinlich im Gespräch mit Schickele und Kestenberg, den Almanach für das Jahr 1919 zusammenstellte. Das Jahrbuch beginnt, nach Liebermanns nachdenklich stimmender Originalgraphik, mit René Schickeles *Im Café*. Der erste Satz ist optimistisch und programmatisch: «Punkt halb zwölf Uhr nachts erhebt sich ein Mensch und sagt, dass er die Gesellschaft famos im Zuge finde. Es gehe wie der Teufel. Gott und die himmlischen Heerscharen samt ihren irdischen Vertretern hätten endlich Verstand angenommen.»

Doch war in den letzten Monaten des Jahres 1918 alles «in einem Kraftfeld zerstörender Ströme und Explosionen». Als Zeichen dafür mag gelten, daß schon bei der Auslieferung des Jahrbuchs zwei der Autoren nicht mehr lebten: Rosa Luxemburg erschlagen, Kurt Eisner, dessen Gesamtausgabe angekündigt wird, erschossen.

Die Zeit und das Blei

Cassirer hätte sicher schon bei Erscheinen des Jahrbuchs 1919 anders gewichtet. Der Optimismus war zum Zeitpunkt der Drucklegung in der ersten Dezemberhälfte bereits einer gedrückten Stimmung gewichen. Am 13. November muß das Buch schon im Satz und in der Korrektur, wahrscheinlich sogar in der Montage gewesen sein, wenn es Anfang Dezember gedruckt werden sollte. Die Zeiten im Bleisatz waren andere als heute, wie ich selbst noch aus meiner Lehrzeit im Wagenbach Verlag weiß, als die Quarthefte noch in Blei gesetzt wurden. An jenem Novembertag fahren Schickele und Cassirer in einer inoffiziellen Mission in die Schweiz:

> «Um fünf bei Paul Cassirer, wo noch Schickele. Beide reisen heute abend über München in die Schweiz. Cassirer ist erfüllt von der Gefahr der Reaktion. Das ganze Bürgertum habe schon heute die Revolution satt. Die Potsdamer Regimenter, die ihre Offiziere in den Soldatenrat gewählt haben, könnten mit leichter Mühe alles wieder umstoßen. Schickele und Cassirer machen beide einen missmutigen, verschlossenen, verlegenen Eindruck.»[9]

Unser Weg 1919 schon bald vergriffen

Am 22. Dezember kommen Schickele und Cassirer aus der Schweiz zurück nach Berlin, sie sind wieder gedrückter Stimmung und versuchen, Harry Graf Kessler als Vermittler für internationale Friedensgespräche zu gewinnen. Kurz nach Weihnachten wird *Unser Weg 1919* ausgeliefert und ist sofort vergriffen. Schon im Januar wird eine broschierte Nachauflage angezeigt, die im März im Buchhandel sein soll. Schaut man sich die Engagements Cassirers an, verwundert es, wie er seinen Verlag, der Anfang März auch noch *Die weißen Blätter* übernimmt, leiten konnte. Die Victoriastraße ist ein Ort verschiedener Clubs und einer der Treffpunkte des *Bundes neues Vaterland*. Kessler erzählt, daß Cassirer im März noch pessimistischer ist, was die Revolution angeht. Im März erscheint in den *Weißen Blättern* die einzige essayistische Äußerung Cassirers aus dieser Zeit.

Aber – – – *Utopische Plauderei*[10]

In dem Essay *Utopische Plauderei* entwirft Cassirer eine Zukunft, in der die Revolution erfolgreich verlaufen und die neue Gesellschaft Wirklichkeit geworden ist. Ein alter Professor, der sich seit 30 Jahren auf einer Insel vor Berlin versteckt hielt, wird zum Sprachrohr des nachdenklichen Cassirer.

> «‹Ja, ja›, unterbrach er mich, ‹ich weiß schon, wir Künstler nahmen alles in die Hand, wir bestimmten alles allein. Ich erinnere mich ganz gut. Der Künstlerrat. Die Museen kamen unter unsere Herrschaft. Wir bestimmten alles, die Zeitungen mußten schreiben, was wir wollten, es durfte keine Briefmarke mehr gedruckt werden, ohne daß wir Künstler es erlaubten, wir bestimmten die Ankäufe, nur schließlich war niemand mehr da, der etwas kaufen konnte. Die Künstler hatten alle Macht, aber das Schlimme war, wir waren überflüssig, weil es keine reichen Leute mehr gab. Wer sollte denn Bilder kaufen?›»

Der junge Gesprächspartner, wiederum ein Alter ego Cassirers, erklärt begeistert:

> «‹Überall gründeten sie Künstlerräte, Kommissionen, beratende und überwachende. Wie es nur natürlich ist, saßen in den Räten bald nur die Künstler, die nicht von ihrer Kunst erfüllt waren, die Zeit übrig hatten, während die guten Künstler, die besessenen, denen die Kunst mehr war als die Rätesitzungen, abseits, verdrängt und machtlos waren.›»

Der alte Professor hat das vorletzte Wort:

> «‹Sehen Sie, ich bin zu alt für Cimabue, ich bin für Rembrandt. Nein, nein, lassen Sie man› – winkte er ab – ‹was? Verstehen Sie. Das ist alles ganz schön. Ich habe es ihnen aber vorher gesagt. Aus Einrichtungen mache ich mir nichts. Kunst ist Kunst. Bleiben Sie bei Ihren Sachen, ich bleibe bei Rembrandten.›»

Doch das letzte Wort hat Cassirer: «Aber – – –»

Am Schluß steht ein Aber. Das wird bei Cassirer so bleiben. Er wird die Ankündigung von 1919 wahr machen und sich in den frühen zwanziger Jahren vornehmlich um eine Neubewertung der Alten Meister bemühen.

Unser Weg 1920 und die Sprache der Werbung

Mitte 1919 wird ein zweiter Almanach notwendig, der erste war, heute kaum mehr vorstellbar, auch ökonomisch ein Erfolg. Doch nun wird das «Aber – – –» Cassirers sichtbar. Der zweite Almanach enthält als Vorsatz zum Gesamtverzeichnis auf S. 124 eine Art «Editorial», das gerne als Stellungnahme Cassirers genommen wird:

«Unser Weg
führt unbekümmert um Angriffe von links und rechts in die freien Bezirke, in denen der erträumte Mensch der Zukunft frei von den unerträglichen Beschwerden unseres Alltags sein Leben in freudiger künstlerischer Arbeit entwickeln wird. Unsere Weggenossen, die uns seit langen Jahren unbeeinflußt von den Wechselfällen der Tagespolitik begleiten, lassen sich alle auf diesen Gedanken einen. Unserer Tradition getreu, dienen wir der schönen Literatur, durch das handwerklich schöne Buch versuchen wir, die in den Werken unserer Jungen seit geraumer Zeit verstärkt tönende ethische, sozialistischen Erlösergedanken nahestehende Note durch Herausgabe der literarischen Werke führender Sozialisten zu unterstützen. Die graphische Abteilung wird durch die den Sezessionen nahestehenden Künstler charakterisiert.»

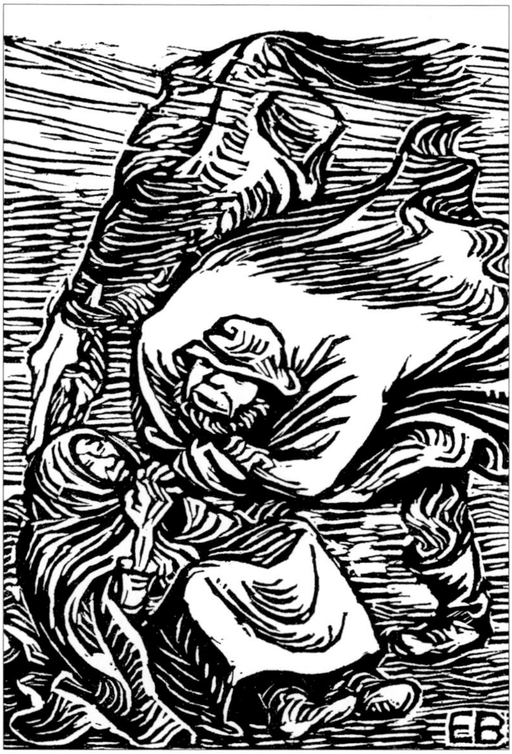

Abb. 116: Ernst Barlach, Gruppe im Sturm, *Holzschnitt aus:* Unser Weg *1920.*

Verleger haben zwei Stimmen, die eine ist die Werbung, die andere das Programm. Das «Editorial» scheint mir eher in der Werbeabteilung oder auf dem Schreibtisch des optimistischen Kestenberg entstanden zu sein. Hätte Cassirer gedacht, daß es sich um «*literarische* Werke führender Sozialisten» handelte? Und war er wirklich «unbekümmert»? So hat schon jeder Verleger schöngelogen. Doch hat mich Cassirer gerade dadurch gewonnen, daß sein Programm die eigenen Ambivalenzen und Zweifel niemals verleugnete. Bei ihm wurde das Allgemeine stets vom zutiefst Subjektiven durchdrungen. So fällt, entgegen der behaupteten Unbekümmertheit, anderes auf: Der Anteil an literarischen Texten ist im zweiten Almanach gestiegen, doch wieder prägt sich Cassirers Hang zur Gegensätzlichkeit aus.

Der Weg zurück in Neues

Im ersten Almanach waren leichte, sehr ruhige Bildbeigaben neben schwierigen theoretischen Texten linker Autoren plaziert, geradezu ironisch wirkt die Gegenüberstellung von Korolenkos Erinnerung an seinen Vater und Max Pechsteins luftigem *Segelboot*.

Im zweiten Almanach dagegen dient als «Einleitung» und Originalgraphik Ernst

Barlachs beängstigender und bedrückender Holzschnitt *Der Sturm* (Abb. 116). Dann folgt als Eröffnung der längste Text der beiden Jahrbücher, und Cassirer erteilt das Wort einem Maler: Oskar Kokoschka entwirft seine Genesis. *Vom Bewußtsein der Gesichte* heißt der wilde, düstere und auch für den damaligen Leser sicher schwer verdauliche, für den heutigen kaum mehr entzifferbare Text: «Im Anfang war das Wort, das große Wort, erst das Wort und dann ein Ohr, erst das Maul und Vorurteil und dazu eine Welt; der Zweck Primate und sein Sinn Secundogenitur nachher.»

Eine Genesis, der nichts heilig ist, die keinem kausalen Gedankenzwang folgt. Der Text endet, den Anfang wieder aufnehmend: «Jetzt will ich Euch das Buch der Welt aufschlagen. Und es sind keine Worte, lauter schöne Bilder drin.» Die Bildbeigaben sind jetzt pessimistischer, trauriger. Ein erschöpfter Mann von Else Lasker-Schüler, die melancholische Studie Lehmbrucks, der reitende Sensenmann Slevogts.

Cassirer wird sich noch im Erscheinungsjahr dieses Almanachs von den *Weißen Blättern* und den *Sozialistischen Schriften* trennen. Einige Autoren werden den Verlag verlassen. Cassirer verlegte in diesem ersten Jahr der Inflation seine größte Titelzahl. Kurt Wolff dagegen hatte auf hohe Auflagenzahlen durch preiswerte Volksausgaben gebaut und war damit einer der Erfinder noch heute üblicher Vermarktungsstrategien. Cassirer brauchte das gebildete und finanzkräftige Bürgertum für seine Geschäfte – bis zum Schluß hat er hochwertige und teure Bücher hergestellt. Beide hatten sich verkalkuliert, ihre Verlegerwege sollten sich in den kommenden Jahren in bezeichnender Weise synchronisieren. Ihr Schulterschluß findet im 13. und 14. Jahrhundert statt, bei den Altmeistern, bei Friedländer und Panofsky, mit denen sie Bleibendes schaffen werden. Beiden wird später der Vorwurf gemacht, sprunghaft zu sein, nicht festhalten, ihre Interessen nicht bündeln zu können. Doch macht sie gerade das zu den künstlerischsten Verlegern des 20. Jahrhunderts, deren Interesse nicht zuallererst dem Verlag als Selbstzweck, sondern den Verlagsprodukten selbst gilt. So erstaunt es nicht, daß Cassirer die Erschütterung einer Zeit, ihre Hoffnungen und Enttäuschungen sogar einem Almanach einschreibt, der doch eigentlich ein «aus Werbegründen veröffentlichter Querschnitt aus der Jahresproduktion eines Verlages» sein soll.

Anmerkungen

1 Walter Benjamin: Der Erzähler. Betrachtungen zum Werk Nikolai Lesskow. In: Ders.: Gesammelte Werke. Hg. von Rolf Tiedemann und Hermann Schweppenhäuser, Bd. II/2. Frankfurt/M. 1977, S. 438–465; Zit. S. 439.

2 Harry Graf Kessler: Tagebücher 1918–1937. Hg. von Wolfgang Pfeiffer-Belli. Frankfurt/M. 1961, S. 26:
«Während wir sprachen, wurde beim Reichstag geschossen. Anscheinend Maschinengewehrfeuer. Nachher hörten wir,

daß die Schießerei während einer Volksversammlung vor dem Bismarckdenkmal gewesen war.»

3 Feilchenfeldt/Brandis, Nr. Z 4.

4 Feilchenfeldt/Brandis, Nr. Z 3.

5 Leo Kestenberg: Bewegte Zeiten. Musisch-musikantische Lebenserinnerungen. Wolfenbüttel/Zürich 1961, S. 35. Kestenberg datiert den Anruf Cassirers auf Winter 1916, was offensichtlich ein Irrtum ist.

6 Kurt Wolff: Autoren, Bücher, Abenteuer. Betrachtungen und Erinnerungen eines Verlegers. Berlin 1964, S. 37 f.

7 *Die neue Dichtung. Ein Almanach.* Kurt Wolff Verlag, Leipzig 1918.

8 Kurt Wolff (wie Anm. 6), S. 39: «Daß die Verbindung mit dem Cassirer Verlag wesentlich damit zusammenhing, daß Tilla Durieux, Cassirers Frau, einen Narren am jungen Hasenclever gefressen, die Hauptrolle in seinem nächsten Stück spielen wollte, hatte Walter, der Gentleman, verschwiegen.»

9 Kessler (wie Anm. 2), S. 29.

10 *Die weißen Blätter* 6, 1919, H. 3, S. 105–117.

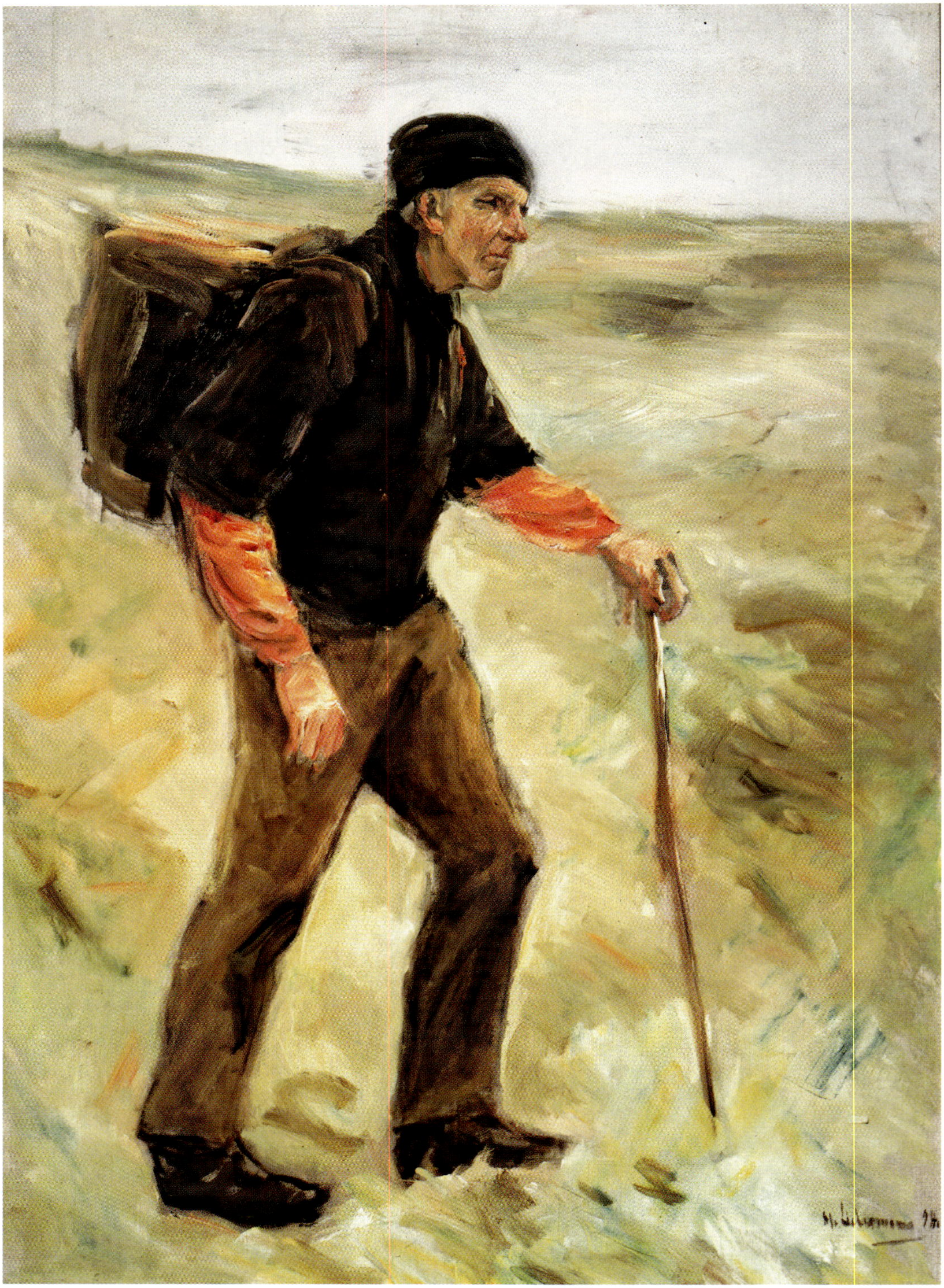

«Ich bitte um besonders lebhafte Verwendung.»
Selbstverständnis und Präsentation des Paul Cassirer Verlags als einer der großen Kulturverlage seiner Zeit

Markus Brandis

Der *Lilienthal-Design Preis* des Landes Mecklenburg-Vorpommern im Bereich Kommunikationsdesign ging im Jahr 2004 an die Buchkünstlerin Britta Matthies für die Gestaltung des Ausstellungskatalogs mit dem sperrigen Titel *Berlin SW – Victoriastraße 35. Ernst Barlach und die Klassische Moderne im Kunstsalon und Verlag Paul Cassirer*[1]. Der tatsächlich höchst ansprechende Katalog hält geschickt die Waage zwischen unkonventionellen, ins Auge fallenden Gestaltungselementen und dem klassischen, traditionellen Buchobjekt: Durch den mit Texten, Bildern und Architektursilhouetten versehenen transparenten Schutzumschlag schimmert der leuchtend rot-orange-farbene feste Pappband hindurch; der Rücken und die abgeschrägten Ecken sind weiß und in der Mitte des Vorderdeckels prangt das Signet des Paul Cassirer Verlags. Die Proportionen des Quartbandes halten genau die Mitte zwischen dem *Goldenen Schnitt* der Leseausgaben und dem üblichen breiten Katalogformat: ein Katalog als Lesebuch in klassisch-moderner Ausstattung. Ganz aus der Luft gegriffen war diese Gestaltung jedoch keineswegs. Denn für den preisgekrönten Erfolg des Katalogs stand kein geringerer als Paul Cassirer selbst Pate – zusammen mit seinem Buchgestalter Karl Walser. Die 1909 bis 1910 entstandene Ausgabe von James Fenimore Coopers *Lederstrumpf-Erzählungen* war das Vorbild für Matthies' Design[2].

Einige der begeisterten Äußerungen von Zeitgenossen Paul Cassirers über dessen feinen Geschmack und hohen Ästhetizismus, die schöpferischen Ausdruck in den Verlagsobjekten fanden, sind überliefert. So wurde gerühmt, die Ausstattung von Cassirers Kunstbüchern sei eine innerliche Angelegenheit, die seinen Büchern schon jetzt eine kleine Unsterblichkeit sichere[3]. Für die Fama des eigenen Verlags, seiner Autoren, seiner Reihenwerke, seiner Buchausstattung war ein Verleger im 20. Jahrhundert jedoch zuallererst selbst verantwortlich, indem er sich gegenüber der Konkurrenz im exponentiell wachsenden Büchermarkt behaupten mußte. Dazu mußte gezielte Öffentlichkeitsarbeit betrieben werden, mußten Werbetexte zur Publikation als Klappentexte oder auf Bauchbinden, für Auslagen, für Plakate und in Fachzeitschriften formuliert werden. Im Zeitalter des sich noch ständig weiter entwickelnden und ausbreitenden Kapitalismus, dessen Zielgruppe immer mehr die breite Masse der Bevölkerung war, wird auch das ideelle Werte vermittelnde Buch zum Medium und der Verlag zur Marke.

Abb. 117: Max Liebermann, Schreitender Bauer, *1894, Öl/Lwd., 94 x 70 cm, Kunstkreis Berlin.*

Das wiederum bedingt die Schaffung einer eigenen, sich von «Konkurrenten» abgrenzenden Identität, die in griffige Formeln gebracht wird. In ihrem zu Weihnachten 1912 erschienenen Gemeinschaftskatalog *Das Buch des Jahres* rechtfertigen einige führende Verleger ihren Zusammenschluß: «In der neuen Kultur, der wir seit einigen Jahrzehnten zuarbeiten, haben die Verlage als Individualitäten eine ganz neue Bedeutung gewonnen, jeder Verlag hat seinen Charakter ausgebildet, mit dem er dasteht als mit seinem eigensten Wesen, auf ihn vertrauen die Leser und Käufer. Wo ein Charakter ist, da wissen sie, daß sie nicht enttäuscht werden, daß sie auf die Marke, auf das Signet der Firma bauen können, ja von einem richtigen Verlag verlangen sie einen Charakter, eine bestimmte Individualität. Jedes in einem solchen Qualitätsverlag erscheinende Buch ist schon in ganz bestimmter Weise ausgezeichnet, mit dem Echtheitssiegel versehen.»[4]

Die Anfänge des gemeinsamen Verlages der beiden Vettern Bruno und Paul Cassirer im Jahr 1898 fallen in eine der fruchtbarsten Zeiten der deutschen Buchkultur, geradezu in die «Gründerjahre» des modernen Verlagswesens und des explodierenden Buchhandels, wie Zahlen eindruckvoll belegen können: Im Jahre 1889 wurden in Deutschland etwa 18 000 neue Titel herausgebracht, 1900 waren es schon 24 792. Die Buchproduktion um 1910 umfaßte 31 281 und 1917 schon 34 871 Neuerscheinungen[5]. In gerade einer Generation hatte sich das Volumen nahezu verdoppelt. Von der Gründung des Cassirer Verlags bis zum Ersten Weltkrieg war die Zahl der Novitäten auf das Eineinhalbfache gestiegen. Parallel dazu entwickelten sich die Verlagsneugründungen, was zu der reichen und vielfältigen Buchkulturlandschaft führte, in der sich die Zeit um und zwischen den zwei Weltkriegen spiegelte. Viele der damals gegründeten Verlage sind heute noch – bzw. wieder – führend auf dem deutschen Buchmarkt.

Einen ganz besonderen Aufschwung hatte um die Jahrhundertwende die Zeitschriftenproduktion genommen, die die Bedürfnisse breiter Leserkreise aller Bildungsschichten befriedigte. Fast gehörte es schon zum Pflichtprogramm eines Verlags, mindestens ein Periodikum herauszubringen, wobei es sich nicht zuletzt auch um ein Forum zur preisgünstigen Plazierung von Werbung für die eigene Buchproduktion handelte.

Freilich ging es Bruno und Paul Cassirer nicht in erster Linie darum, die breiten Massen anzusprechen. Zielgruppe des Literatur- und Kunstverlags war vielmehr eine intellektuell gebildete Leserschicht, die den Wert der liebevoll und meist aufwendig produzierten Bücher schätzen konnte (Abb. 118). Die Cassirers stellten sich damit in die Reihe der seit dem letzten Viertel des 19. Jahrhunderts aufkommenden Kulturverleger[6], eines Verlegertypus, der «als Partner, Freund und Gleichgesinnter unter seinen Autoren lebt, sie finanziert, anregt, fördert, ihre ‹Bewegung› organisiert, ihre Öffentlichkeit steuert, ihre Bücher und die gemeinsame Zielsetzung noch vor Gericht vertritt: ein Akteur im Literaturgeschehen, der als produktives Element an den Äußerungen, Beziehungen und Entwicklungen seiner Autoren teilhat, d. h. ein integraler Faktor ihrer Literaturgeschichte wird»[7]. Samuel Fischer formulierte 1911 eine ähnliche These:

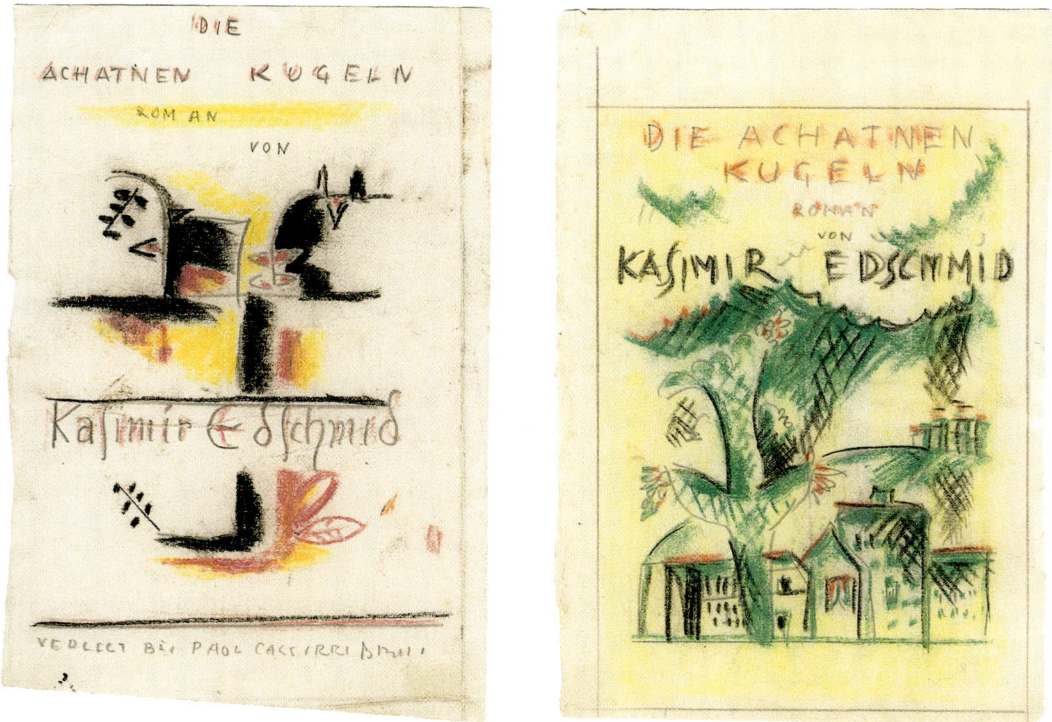

Abb. 118: César Klein, zwei Umschlagentwürfe für: Kasimir Edschmid, Die Achatnen Kugeln, 1920, Nachlaß César Klein.

> «Die Entpersönlichung verlegerischer Arbeit durch die in den Buchhandel eindringende Gesellschaftsform kapitalistischer Groß- und Kleinbetriebe kann nicht ohne nachteiligen Einfluß auf die Kultur bleiben. Die Pflege der Dichtkunst als Zweig des Buchhandels gehört zu den persönlichsten Aufgaben des Verlegers. Hier handelt es sich darum, die verborgensten Kräfte zu erkennen und zu fördern. Die Pflege des Talents setzt hier, stärker als in anderen Zweigen des Verlagsbuchhandels, die persönliche Wirksamkeit des Verlegers mit allen seinen menschlichen Fähigkeiten voraus. Als Geschäftsmann, als Freund und Mäzen soll er dem Dichter und seinem Werke zur Seite stehen. Die Wirksamkeit des Verlegers erweitert sich in dem Maße, als ihn Befähigung und Temperament ein persönliches Verhältnis zu den Werken und Dichtern seines Verlags gewinnen läßt.»[8]

Der hier geschilderte Verlegertypus trifft auf die Cassirers in hohem Maße zu. Als Söhnen einer jüdischen Familie von wohlhabenden Industriellen standen ihnen auch die finanziellen Mittel und damit ein nicht unerheblicher Entfaltungsspielraum zur Verfügung[9]. Die nahezu gleichzeitige Gründung eines gemeinsamen Kunstsalons und einer Verlagsanstalt[10] gab das Programm vor. Verlegt werden sollte das Schöngeistige in allen seinen Facetten: Literatur und Kunst, zu denen sich nicht selten auch noch die Musik gesellte, – oft in Symbiose mit der Dichtkunst oder von künstlerischen Illustrationen umspielt und interpretiert – waren die Schwerpunktthemen des Unternehmens, mit denen sich die Cassirers einen festen Platz unter den jungen Verlegern ihrer Generation schaffen wollten. Anknüpfend an die von England ausgehende Buchkunstbewegung sollten die Bücher nicht nur inhaltlich überzeugen, sondern sich auch durch ihre äußere Form von dem üblichen Massenbuch der Wilhelminischen Zeit abheben[11]. Diesem Ideal fühlten sich auch die anderen Verleger mehr oder minder verpflichtet, doch kaum jemand nahm die Herausforderung neuer Qualitätsmaßstäbe so ernst wie Bruno und Paul Cassirer.

Bereits 1893 – fünf Jahre vor Bruno und Paul – hatte Albert Langen seinen Verlag in Paris gegründet und war ein Jahr später nach München gezogen. Die starke Beeinflussung durch Frankreich läßt sich neben dem inhaltlichen Schwerpunkt auf der französischen – und dann vor allem auf der skandinavischen – Literatur auch an der äußeren Aufmachung seiner Bücher ablesen. Langen legte seine Leseausgaben in den zu Lagen gefalteten rohen Druckbögen mit Fadenheftung vor, die unbeschnitten von einem farbig illustrierten Umschlag, einer «französischen Broschur», umgeben wurden. Dem Käufer stand es frei, sich den Band nach eigenem Gutdünken fest binden zu lassen oder mit der Broschur vorliebzunehmen. Allerdings legte Langen großen Wert auf seine immer prächtiger gestalteten Broschuren, die er mit aus dem Jugendstil geborenen Illustrationen und einer überaus gewagten Typographie versah, indem nicht selten Bild und Text soweit miteinander verschmolzen, daß die Lesbarkeit darunter litt. Die broschierten Bücher in ihren leuchtend grellen Farben wurden zu kleinen, aufsehenerregenden Objekten in den Auslagen der Buchhandlungen, die ihre Herkunft von der französischen Plakatkunst des *Fin de siècle* kaum verleugnen konnten[12]. Die Gestaltung des *Simplicissimus* als großformatige, vor allem aus meist farbigen Illustrationen bestehende Zeitschrift war die konsequente Weiterentwicklung von Langens Erfahrungen in Paris.

Der europäischen Orientierung Langens setzte Eugen Diederichs mit seinem 1896 in Leipzig gegründeten, dann in Jena ansässigen Verlag eine nationalkonservative Gesinnung entgegen, die sich deutlich auch an der Gestaltung seiner Bücher, an der gewählten Typographie, an den Einbandmaterialien etc. zeigte. So ließ Diederichs mitunter auf besonders grobem, holzhaltigem Papier drucken, dessen Kanten nicht selten ausfaserten. Die aus dem Jugendstil hervorgegangenen Typen wurden ihres feinen, filigranen Charakters entledigt und bekamen harte, kantige Züge. Für die Einbände wurde unter anderem ein typisches hellbraunes Sackleinen verwandt, ganz im Sinne der Vorstellung von dem angeblich «kraftvollen deutschen Wesen» – in Diederichs' Buchreihen wie *Monographien zur deutschen Kulturgeschichte, Deutsche Volkheit, Deutsche Stammeskunde* und ähnlichen[13].

Ebenfalls im Jahr 1896 betrat Samuel Fischer mit seinem Berliner Literaturverlag die Bühne und machte mit Autoren wie Henrik Ibsen, Leo N. Tolstoi, Émile Zola etc. Furore. Es folgten die großen deutschen Erzähler Gerhart Hauptmann und Thomas

Mann, die dem Verlag Massenauflagen bescherten. Trotz des großen Erfolges, den Fischer seinem Gespür für den richtigen Autor zur richtigen Zeit und für dessen literarisches Potential verdankte, das die Autoren nicht selten zu Klassikern der Moderne werden ließ, erlag er nicht der Verlockung, die jeweils auf einige Tausend oder gar Zehntausend konzipierten Auflagen aus billigen Materialien herzustellen. Vielmehr bemühte er sich stets um höchste Qualität auch in der Ausstattung seiner günstigen Ausgaben, die er nicht selten zum Preis von nur einer Mark anbot. Die Papiersorten sollten auch in ferner Zukunft ihre Güte behalten, Druck und Typographie wurden sorgfältig ausgesucht und mit den Illustrationen der besten Buchkünstler abgestimmt. Statt billiger Broschuren bot Fischer meist feste Einbände an: hübsch gestaltete Pappbände, feine, oft farbig bedruckte Leinenbände und Luxusausgaben in Leder und Pergament, so daß Thomas Mann in seinem berühmten Nachruf auf den großen Verleger ausdrücklich die Schönheit der Ausgaben erwähnte[14].

1899 gründete dann das finanzkräftige Dreigestirn Alfred Walter Heymel, dessen Vetter Rudolf Alexander Schröder und der Schriftsteller Otto Julius Bierbaum den Insel-Verlag, dem 1905 noch der Goethe-Verehrer und Goetheana-Sammler Anton Kippenberg beitrat. Ihr Ziel war es, «der Weltliteratur im Goethischen Sinne zu dienen, dem Gehalt des Buches die Form anzupassen, den Sinn für Buchkunst und auch für Buchluxus immer mehr zu heben und von der zeitgenössischen Literatur wenig, aber dafür nach Möglichkeit das Dauer versprechende zu bringen»[15]. Klassiker sollten verlegt werden, wobei auch moderne Autoren miteinbezogen wurden, wenn sie – ähnlich dem Anspruch Samuel Fischers – die literarische Qualität von zukünftigen Klassikern in Aussicht stellten. Die besondere Betonung der äußeren Form des Buches ist in dem obigen Zitat unüberhörbar: Form und Inhalt sollen gleichrangig nebeneinander stehen. Ein hochgeschätztes Werk der Literatur darf nur in ein ebenso künstlerisch anspruchsvolles Gewand gekleidet sein.

In die Riege dieser hier nur in wenigen Zügen charakterisierten Kulturverleger wollten sich die Vettern Bruno und Paul Cassirer einreihen, doch führten unterschiedliche Vorstellungen von der Konzeption ihres Unternehmens sowie vor allem private Mißtöne bald zur Auflösung der Partnerschaft. 1901 trennten sich die Wege der Cassirers, wobei sie sich darauf einigten, daß Bruno den Verlag weiterführen und Paul die Kunsthandlung übernehmen sollte[16]. Erlaubt war letzterem während einer Sperrfrist bis 1908 lediglich die Publikation weniger, direkt mit der Kunst verbundener Druckwerke, wie etwa Graphikmappen[17]. Als die Sperrfrist endete, trat Paul Cassirer sofort mit der Gründung seines *Paul Cassirer Verlags* sowie einer eigenen Handpresse, der *Pan-Presse,* in den Kreis der Kulturverleger ein. Bruno Cassirer hatte also fast zehn Jahre Vorsprung, wenn man die gemeinsame Zeit mitrechnet, von der er kraft des Vertrags alleine profitieren konnte. Die Kunsthistoriker und einflußreichen Museumsdirektoren in Berlin und Hamburg, Wilhelm Bode und Alfred Lichtwark, blieben mit ihren nach 1901 noch vielfach aufgelegten Werken bei Bruno, ebenso wie der Architekt, Künstler und Kunst-

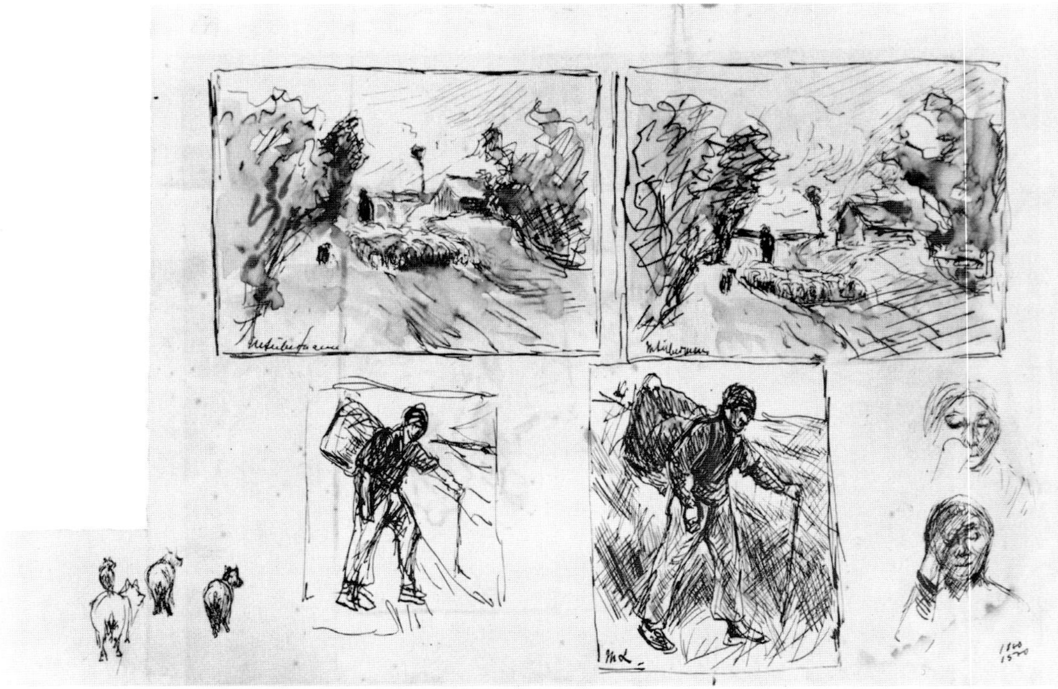

Abb. 119: Max Liebermann, Skizzen zum Gemälde Schreitender Bauer, *1894, Tuschfeder, Privatbesitz Princeton.*

theoretiker Henry van de Velde und die beiden großen russischen Erzähler Fjodor Dostojewski und Maxim Gorki, die der Verlag teilweise noch bis in die zwanziger Jahre weiterführte[18].

Das Signet des gemeinsamen Verlags war die von Max Liebermann nach seinem 1894 entstandenen Gemälde entworfene Vignette *Schreitender Bauer mit Kiepe* (Abb. 117/120): Mit leicht gesenktem Kopf, den schweren geflochtenen Korb auf dem Rücken, in der weit ausgestreckten Linken den langen Stab, schreitet der Bauer über die Felder – als Sämann, der sein Saatgut auf dem Acker verstreut, wo es wächst, gedeiht und die Menschen ernährt – als Sinnbild für den Verleger, der mit seinen Büchern Bildung und Kultur unter das Volk bringt und dadurch zum Wachstum und zur Verbreitung der zivilisatorischen Errungenschaften beiträgt. Das mit feinen Strichen gezeichnete Signet nimmt aber nicht nur in seiner inhaltlichen Deutung, sondern vor allem in seiner formalen Gestaltung eine für den Verlag programmatische Sonderstellung unter den Verlagssignets der oben genannten Kulturverleger ein. Albert Langens Waage in Bandelwerkkartusche, Eugen Diederichs Löwe im Kreis, Samuel Fischers nackter Jüngling mit Fischernetz und das stolze Schiff mit geblähten Segeln des Insel-Verlags, sie alle sind prägnante Formulierungen einer unternehmerischen Marke, stilisierte Warenzeichen für unverwechselbare originale Qualitätsprodukte, die an ihrem Zeichen sofort bewußt wie unbewußt wiedererkannt werden sollten (Abb. 123). Dagegen hebt sich der schreitende Bauer der Cassirers auffällig ab: Es ist ein kleines ausdrucksvolles Bild, das seinen Charakter als eigenständiges Kunstwerk nicht zugunsten eines griffigen stilisierten Warenzeichens aufgegeben hat. Auch deuten keine beigegebenen Buchstaben auf den Cassirer Verlag hin, wie es etwa Langens schwungvoll ligiertes Monogramm «ALV» oder Fischers gezeichnete Versalien «SFV» tun. Die Kulturverlage der mittleren Generation, der 1904 gegründete Verlag Reinhard Pipers, das 1908 von Ernst Rowohlt ins Leben gerufene Verlagsunternehmen, der Georg Müller Verlag und der Vorreiter des literarischen Expressionismus, der Kurt Wolff Verlag, tragen alle ihre Initialen im Signet. Kurt Wolffs Monogramm «KWV» erscheint unter der römischen Wölfin im Kreis, während Rowohlt, Piper und Müller ganz auf zusätzliche Bildelemente verzichten und die Initialen ihres Unternehmens als kompaktes oder kalligraphisch verschlungenes Firmenlogo zeichnen ließen (Abb. 124).

Das Programm des Verlags von Bruno und Paul Cassirer zeigt sich bereits am Signet. Die beiden Kunsthändler wollten zunächst vor allem Kunst verlegen, primäre Werke in Originalgraphiken oder kostbaren Reproduktionen und sekundäre Schriften zur Kunst und Kultur von Kunsthistorikern, aber auch von Künstlern selbst, wie das Traktat Henry van de Veldes über *Die Renaissance im modernen Kunstgewerbe* oder Max Liebermanns Schrift über Edgar Degas[19]. Nach der Trennung führte Bruno das Verlagsprogramm zunächst im selben Sinne weiter und verwandte für seine Publikationen auch weiterhin das Liebermann-Signet. Allerdings erweiterte er sein Programm durch zahlreiche literarische Titel, die er nun mit einem neuen, von Karl Walser gezeichneten Signet zierte: Das ligierte Mono-

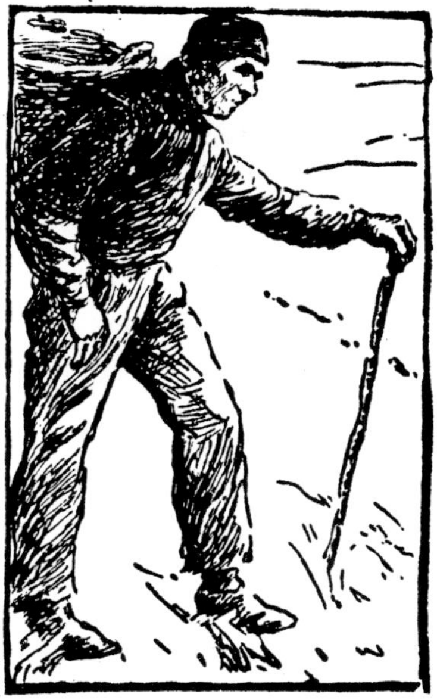

Abb. 120: Max Liebermann, Schreitender Bauer, *Signet für den Bruno und Paul Cassirer Verlag (1898-1901), danach für den Bruno Cassirer Verlag.*

Abb. 121: Karl Walser, Signet für den Bruno Cassirer Verlag, 1904.

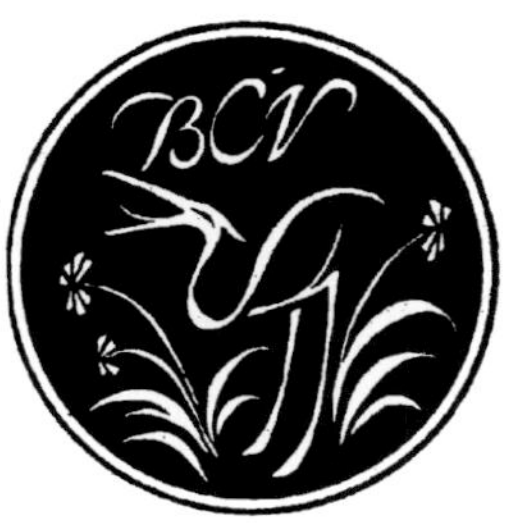

Abb. 122: Emil Preetorius, Signet für den Bruno Cassirer Verlag, ca. 1920.

gramm «BC» im Oval wird von zwei Füllhörnern flankiert, aus denen jeweils eine Frucht- und Blumengirlande hervorquillt, die sich unter den Hörnern zu einem rechtekkigen Rahmen vereinigen (Abb. 121). Dieses Signet entspricht nun ganz dem Charakter der anderen Verlage, die Initialen des Verlegers sind in den Mittelpunkt gerückt, das schmückende, stilisierte Beiwerk trägt zur Unverwechselbarkeit der ins Auge fallenden, schnell aufzufassenden und wiederzuerkennenden Marke bei[20]. Schon bald verschwand der *Schreitende Bauer* dann zugunsten einiger anderer, stets das Monogramm «BCV» tragender Signets, die der Verlag von verschiedenen Künstlern, u. a. von Emil Preetorius, zeichnen ließ[21] (Abb. 122).

Für seinen 1908 gegründeten eigenen Verlag wählte Paul Cassirer den von Max Slevogt gezeichneten schwarzen Panther auf einem knochenförmigen Baumstrunk, der seinen rechten Vorderlauf und den breiten Schwanz lässig herunterhängen läßt, während er den Betrachter mit seinen großen Augen anfunkelt (Abb. 125). Dieses Signet, das direkt von einem Gemälde Slevogts übernommen und adaptiert wurde[22], entspringt derselben Intention wie der *Schreitende Bauer* Max Liebermanns, nämlich den Verlag a priori als Kunstverlag auszuweisen. In der hübschen Panther-Vignette, die ebenfalls keine Initialen enthält, wird dieses Verlagsprogramm ebenso malerisch wie plakativ formuliert – ein griffiges Markenzeichen, mit dem sich der Verlag von seinen zeitgenössischen Konkurrenten eindrucksvoll abhebt. So erscheint das Signet in den ersten beiden Publikationen, die im Februar und März des Jahres 1908 im *Börsenblatt* angekündigt werden[23]: Lovis Corinths Handbuch *Das Erlernen der Malerei* und die abenteuerlich-wilde, von Slevogt illustrierte Indianergeschichte *Coranna*. Der *Panther* findet sich hier jeweils direkt auf dem Titelblatt zwischen Titelei und Verlagsangaben, gewissermaßen als eigenständige Vignette, anknüpfend an die frühneuzeitliche Tradition der Holzschnitt-Druckermarken im 16. Jahrhundert. Für die Drucke der Handpresse wurde das Signet um die serifenlosen Versalien «PAN PRESSE» erweitert[24] (Abb. 126).

Auch auf den Werbebroschüren, in den Verlagskatalogen und auf den Anzeigen im *Börsenblatt* erscheint die Vignette unübersehbar neben der Verlagsnennung «Paul Cassirer's Verlag. Berlin W. Victoriastraße 35», wobei der Vorname des Verlegers dick

Abb. 123: Signete der Verlage Diederichs, Insel, Fischer und Langen.

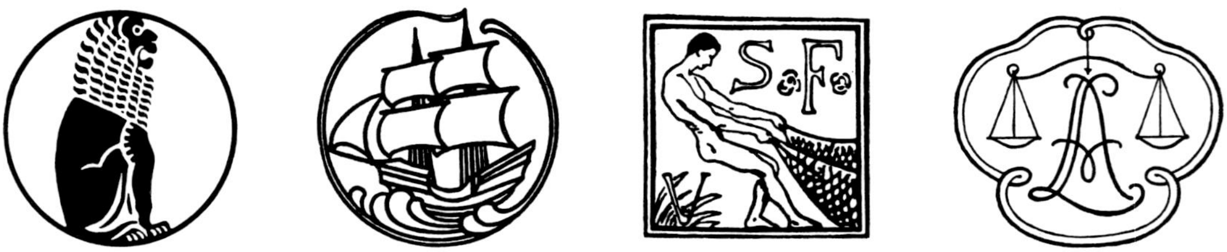

unterstrichen ist, um der naheliegenden und bis heute anhaltenden Verwechselungsgefahr mit dem inzwischen weitaus etablierteren Verlag seines Vetter Bruno vorzubeugen[25] (Abb. 127). Die Texte, mit denen die Bücher im *Börsenblatt* den Sortimentsbuchhandlungen angepriesen werden, stammen in den ersten Jahren nahezu sämtlich aus der Feder des Verlegers selbst, wobei Paul Cassirer sich nicht davor scheute, die potentiellen Abnehmer seiner Produkte persönlich anzusprechen. So sind die Anzeigen oft wie Geschäftsbriefe gesetzt und tragen – neben der Ortsangabe – das Datum und eine Grußformel wie «Hochachtungsvoll Paul Cassirer's Verlag» oder «Berlin, Ende Februar 1911 – Mit vorzüglicher Hochachtung Paul Cassirer».

In den Werbetexten für seine Bücher offenbart sich viel vom Charakter Paul Cassirers und von seinem enormen Enthusiasmus, mit dem er nun, nach der langen Wartezeit, die Bücher und Autoren seinen Kunden ans Herz legt. In nahezu allen Texten wird deutlich: Dies ist ein Verleger, der seine Autoren genau kennt und sich für sie einsetzt, der von ihren Werken begeistert ist und sie gelesen, ja durchgearbeitet und bis in ihre Tiefen zu verstehen versucht hat. Zu dem ersten Werk seines neuen Verlags, dem oben schon erwähnten Handbuch *Das Erlernen der Malerei* von Lovis Corinth, schreibt Paul Cassirer:

> «Wer die Entwicklung der deutschen Malerei verfolgt hat, ehrt in Lovis Corinth einen jener Meister, die den Sieg der Sezession herbeigeführt haben durch die Intensität ihrer Naturanschauung und die rastlose Vervollkommnung aller ihrer Mittel, um diese Anschauung in Kunst umzusetzen. Aus der Unmenge dessen, was heute über die Malerei von Fernstehenden geschrieben wird, hebt sich das vorliegende Buch eines großen Malers über sein Handwerk hoch empor. Das große kunstsinnige Publikum, die Maler, Kritiker, Kunststudierenden, alle werden gern zu diesem Buche greifen, wenn es ihnen von den Herren Kollegen vorgelegt oder zur Ansicht gesandt wird.»[26]

Mit dem reich illustrierten Buch setzte Paul Cassirer einen furiosen Startschuß für seine verlegerische Laufbahn. Auf der grauen, mit grobem Hadernpapier bezogenen Broschur der preiswerten Ausgabe für 7,50 Mark erscheint die hübsche Illustration mit dem vor der Staffelei sitzenden Maler, der ein Aktmodell zeichnet. «Elegant gebun-

Abb. 124: Signete der Verlage Piper, Rowohlt, Georg Müller (2 x) und Kurt Wolff.

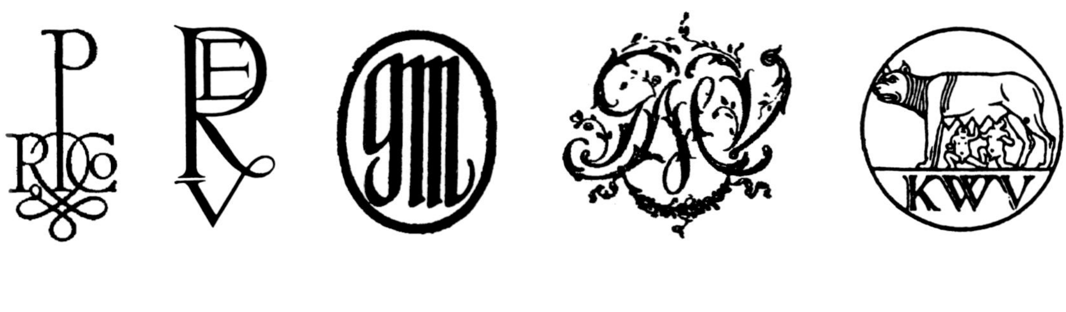

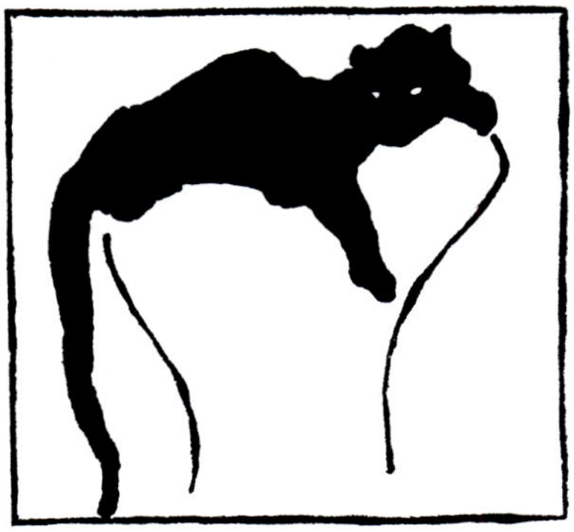

Abb. 125: Max Slevogt, Signet für den Paul Cassirer Verlag, 1908.

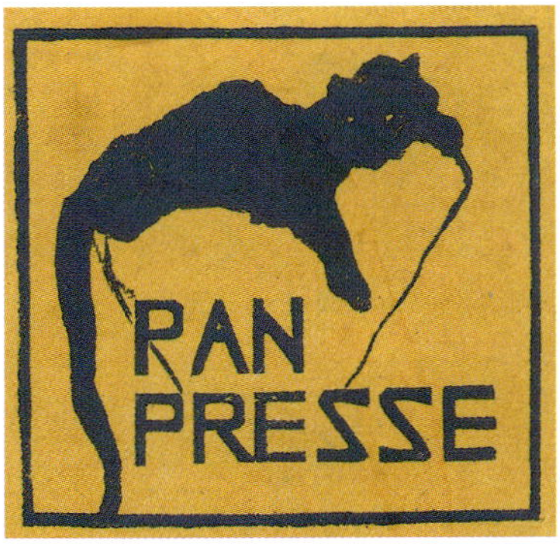

Abb. 126: Max Slevogt, Signet für die Pan-Presse, 1908.

den» wurde das Buch in einem flexiblen, weißen Leinenband mit goldgeprägter Titelei auf dem Vorderdeckel für 10 Mark angeboten. Das Buch erfreute sich derartiger Beliebtheit, daß es schon nach einem Monat vergriffen war und im Sommer eine neue Auflage in Arbeit ging. Paul Cassirer wandte sich am 13. April 1908 an die Sortimenter mit dem Aufruf:

> «Zurückerbeten! Infolge des außerordentlichen Erfolges dieses Buches – nach 4 Wochen war eine Auflage von 2000 Exemplaren erschöpft – sehe ich mich genötigt die Herren Kollegen zu bitten, alle nicht verkauften Exemplare bis zum 5. Mai d. J. auf meine Kosten [...] zurückzusenden. So ungern ich mich zu dieser Maßregel entschließe, so bin ich durch den Mangel an Exemplaren für Barauslieferung zu dieser Bitte genötigt. Von der zweiten Auflage, die in Vorbereitung ist, wird eine genügend große Anzahl von Exemplaren hergestellt werden.»[27]

Schon am 15. Oktober löste er sein Versprechen ein und präsentierte das dritte und vierte Tausend:

> «Soeben erschien und liegt versandbereit vor: ‹Das Erlernen der Malerei› [...]. 2. durchgesehene und vermehrte Auflage. Die erste Auflage dieses Buches war wenige Wochen nach Erscheinen vergriffen, so dass ich zu meinem Bedauern gezwungen war, das Buch zurückzufordern. Eine neue Auflage konnte nicht sogleich herausgegeben werden, da der Autor das Buch einer Umarbeitung unterzog. Die neue Auflage ist durch eine Reihe wesentlicher Ergänzungen des Textes bereichert, wie auch durch die neuen Kapitel: ‹Der Aufbau des Aktes›, ‹Die Verwertung des Aktstudiums für andere Zweige der Malerei›, ‹Die Behandlung des Materials für die Ölmalerei›. Es ist eine Anzahl neuer Abbildungen dem Buche beigegeben worden.»[28]

Es folgt ein langes Zitat des Malers Walter Leistikow mit einer Würdigung des Buches. Wenig später sollte dann Lovis Corinth wiederum seinen Freund Leistikow würdigen – mit einer Monographie, die 1910 bei Paul Cassirer erschien[29]. Fast genau

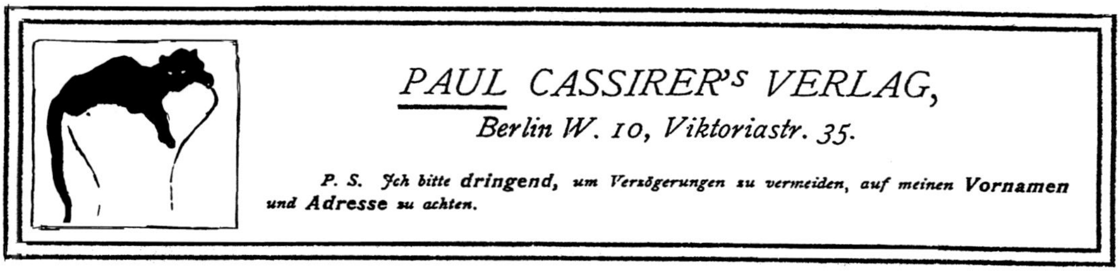

Abb. 127: Verlagsanzeige mit Signet und dem unterstrichenen „Paul", Börsenblatt 1910.

12 Jahre danach kündigt der Verlag eine letzte Auflage des *Erlernens der Malerei* an, veredelt durch eine Originallithographie als Frontispiz. Verglichen mit den ersten Werbetexten wirkt die Ankündigung nun weitaus weniger enthusiastisch und deutlich nüchterner:

> «Wir haben auf die Herstellung dieses Buches, das lange Zeit vergriffen war, die größte Sorgfalt verwandt. Außer dem überaus reichen Abbildungsmaterial nach Werken des Verfassers sowie nach Werken von Manet, Leibl, Courbet, Degas, Rembrandt, Rubens, Liebermann und anderen enthält die neue Auflage eine auf dem Stein signierte Originallithographie von Lovis Corinth als besonders wertvolle Beigabe. Das Buch gibt einen tiefen Einblick in die Werkstatt des schaffenden Künstlers und ist der beste Weg, sich mit dem Wesen der bildenden Kunst von Grund aus vertraut zu machen.»[30]

Das «ich» des Verlegers ist durch das «wir» des Verlags ersetzt, die Person Paul Cassirers tritt hinter der Identität seines Unternehmens, das inzwischen gewachsen ist, zurück und überläßt die Werbung anderen. Diese Beobachtung kann als exemplarisch für die gesamte Entwicklung der Verlagswerbung gelten. Dennoch bleibt die Identifikation Paul Cassirers mit seinen Autoren und ihren Werken ungebrochen erhalten. Mit wenig mehr als 200 Titeln, die zwischen 1908 und dem Todesjahr Paul Cassirers 1926 verlegt wurden, gehörte der Verlag zu den kleinsten, überschaubarsten Kulturverlagen seiner Zeit. Die individuelle Betreuung von Autor und Werk ist Maxime des Verlegers, der mit seiner ganzen Persönlichkeit hinter jedem Werk steht. Das gilt ebenso für die Kunstbücher wie für die Literatur. Im Gegensatz dazu wurde seinem Vetter Bruno Cassirer, dessen Verlag in derselben Zeit schon viele hundert Titel herausgebracht hatte, fehlendes Interesse an den literarischen und insbesondere den philosophischen Werken seiner Autoren vorgeworfen[31]. Das 1909 erschienene Drama des heute weitgehend vergessenen Schriftstellers Hermann Essig, *Mariä Heimsuchung,* kündigt Paul Cassirer am Jahresende 1908 mit begeisterten Worten an, die dem Duktus der expressionistischen Tragödie nicht unähnlich sind und von dem tiefen Eindruck zeugen, den die Lektüre bei dem Verleger hinterlassen hat:

«Das Werk, mit dem ein junger Dramatiker zum erstenmal auf den Plan tritt, weist derart ausgeprägte Züge einer originellen Begabung auf, dass ein nicht allzuferner Sieg des Stückes und seines Verfassers auf den deutschen Bühnen unschwer vorauszusagen ist. ‹Mariae Heimsuchung› ist die Tragödie einer Familie und schildert, ohne sich hartnäckig auf die Thesen der Vererbung und des Milieus zu versteifen, in Akzenten einer ausserordentlichen dramatischen Schlagkraft die tragikomischen, menschlich rührenden und unerbittlich grotesken Zusammenhänge zwischen kleinen Bürgersleuten. Sein starkes und bohrendes Wissen um das Seelenleben seiner Gestalten hindert Essig keineswegs, nach dem Höheren zu zielen, was die Menschen regiert, und wenn er dabei stellenweise übers Ziel schiesst, so ist das ein Beweis für eine ungestüme Kraft, von der wir noch Grosses erwarten dürfen. Mit vorzüglicher Hochachtung Paul Cassirer»[32].

Der Cheflektor des Fischer Verlags, Moritz Heimann, hatte den jungen Hermann Essig an Paul Cassirer und dessen Lektor Arthur Holitscher mit den unverblümten Worten empfohlen: «Für Fischer ist Essig noch zu unreif, aber für den Verlag Cassirer bereits genügend meschugge!»[33] Paul Cassirer nahm ihn gerne in sein Programm auf und veröffentlichte im selben Jahre noch die Komödie *Die Weiber von Weinsberg*, die er mit ähnlich enthusiastischen Worten ankündigte, wobei er wieder eine Prophezeiung wagte, der Autor würde noch von sich reden machen: «Ein nicht allzuferner Sieg des Stückes und seines Verfassers auf den deutschen Bühnen ist unschwer vorauszusehen.»[34] 1910 folgte das Lustspiel *Die Glückskuh* und 1911 das Drama *Furchtlos und treu*. Keine der Ausgaben brachte es auf eine zweite Auflage.

Ein Erfolg sollten die *Lederstrumpf-Erzählungen* von James Fenimore Cooper werden, die Paul Cassirer zum Jahreswechsel 1909/1910 mit einer großen Werbekampagne im *Börsenblatt* und auf Plakaten zum Weihnachtsgeschäft anpries:

«Ich bitte die Herren Sortimenter, sich recht lebhaft für dieses prächtige Weihnachtsbuch zu verwenden und den Vorzugsrabatt auszunutzen. [...] Die Nachfrage wird äusserst rege werden, da ich eine sehr grosse Propaganda mache. Berlin W. 10, Mitte Dezember 1909»[35]

Bei Bestellung von größeren Mengen bot er Rabatte an und schrieb: «In Anbetracht dieser famosen Bezugsbedingungen bittet um besonders lebhafte Verwendung – Paul Cassirer», oder: «Ich bitte höflichst um tätige Verwendung!»[36] In ihrer graphischen Gestaltung bleiben die Anzeigen im *Börsenblatt für den Deutschen Buchhandel* jedoch eher zurückhaltend. Nach der Gründung dieses wichtigsten Organs für den deutschen Buchhandel 1845 und den ersten zehn, von Liberalismus geprägten Jahren, die den Verlegern weitgehende Freiheit bei der Gestaltung ihrer Beiträge ließen, folgte eine strikte formelle Reglementierung für 40 Jahre, in denen die Verleger ihre Anzeigen nur typographisch, in dreispaltiger Petitschrift und mit nur zwei zur Wahl stehenden Überschrifttypen setzen lassen konnten[37]. Ab 1885 trat eine vorübergehende Lockerung ein, die zwei Jahre später wieder zurückgenommen wurde, bis dann endlich 1894 – ein Jahr nach der Gründung des Langen Verlags und vier Jahre vor der Cassirerschen Verlagsgründung – schrittweise wieder mehrspaltige und dann sogar ganzseitige Anzeigen zugelassen wurden: «Für die Abteilungen ‹Fertige Bücher› und ‹Künftig erscheinende Bücher› sind mehrspaltige Anzeigen zulässig. Gestattet ist die Aufnahme von Verlagszeichen, Titelschriften über 20 mm Höhe dürfen in der Regel nicht verwendet werden, auch nicht in Klischees. Dagegen ist es nicht nur zulässig, sondern sogar erwünscht, daß den Anzeigen, insbesondere den ganzseitigen [...] durch eleganten Accidenzsatz eine gefällige Form gegeben werde.»[38] Bruno und Paul machten jedoch kaum Gebrauch von den neuen Möglichkeiten zur Werbung für ihre Bücher, meist bleiben ihre Anzeigen einspaltig, die Vignette des *Schreitenden Bauern* ist die einzige Zier. Als dann am 1. Januar 1913 Illustrationen zur Werbung für «Fertige Bücher» und «Künftig erscheinende» zugelassen werden, wird das *Börsenblatt* von einigen Verlagen mit einer wahren Typen- und Bilderflut überschwemmt, die die Grenzen des Geschmacks nicht selten überschreiten, indem soviel wie irgend möglich in den begrenzten Platz der Anzeigenseite gepreßt wird. Mit der Konzentration auf die Typographie als einzigem Gestaltungsmittel, der allenfalls noch das hübsche Panther-Signet als Vignette in eindringlichem Schwarz beigegeben wird, bilden Paul Cassirers Anzeigen in diesen Jahren einen vornehm zurückhaltenden Kontrast. Die Entwicklung zur Erstellung der Werbeseiten mit Klischees, was individuelle Typographie und das Einbinden von Bildern erlaubt, findet allerdings im Ersten Weltkrieg ein jähes Ende. Den mehrfachen Versuchen der Herausgeber des *Börsenblattes* in den zwanziger und dreißiger Jahren, einen Mittelweg zwischen freier Anzeigengestaltung und einem Mindestmaß an Einheitlichkeit und Ästhetik zu finden, entsprachen nur die wenigsten Verlage: «Von Leuten, die täglich mit Schrift und Druck zu tun haben, sollte man etwas mehr Gefühl auch für die praktische Schönheit eines Fachblattes, das ja nicht nur für sie allein bestimmt ist, sondern weiten Kreisen von ihren Bestrebungen Kunde gibt, erwarten.»[39]

Mit seinem untrüglichen Gespür für die Schönheit des Objekts Buch, die in dem ausgewogenen Zusammenspiel von Typographie und Satz, der sparsamen Verwendung von Ornamenten wie Vignetten und Zierleisten sowie der vornehmen Einbettung von Originalgraphiken und Illustrationen begründet liegt, setzte Paul Cassirer Maßstäbe, die von kaum einem anderen Verleger erreicht wurden und die seinen Büchern tatsächlich eine Sonderstellung unter allen vergleichbaren Verlagen einräumt. Hinzu kommen die auf den Inhalt fein abgestimmten Einbände. So erkennt der mit seinen Buchobjekten vertraute Sammler die Bände des Cassirer Verlages meist schon am Rücken, selbst wenn sie mit Hunderten anderen zusammen in der Regalwand einer Bibliothek stehen. *Chamois* ist der am meisten verwendete Farbton, der die vielen Papp- und Leinenbände wie auch die Graphikmappen dominiert. Grelle, plakative Schutzumschläge, die mit reißerischen Photographien bis über die Ränder hinaus bedruckt sind, finden sich überhaupt nicht[40]. Die vornehme Beschränkung auf das Wesentliche macht Paul Cassirers Bücher zu Klassikern der Buchkunst, für die der Verleger zwar entschieden und mit Begeisterung, aber doch immer im Rahmen fester ästhetischer Grundsätze wirbt, die er niemals verläßt. So kann man auch noch heute jeden, der mit diesen Büchern in Kontakt kommt – sei es in der Ausstellung, sei es in der Bibliothek oder im Antiquariat, als Sammler oder Liebhaber, mit Paul Cassirers Worten auffordern: «Ich bitte um besonders lebhafte Verwendung».

Anmerkungen

1 *Lilienthal-Design Preis – Lilienthal-design Förderpreis 2004*. Hg. vom Wirtschaftsministerium Mecklenburg-Vorpommern. Rostock (Galerie am Alten Markt) 2004, S. 12 f.

2 Auf die Frage Helga Thiemes, der Herausgeberin, nach einer Anregung für die Gestaltung des Ausstellungskataloges hatte ich Britta Matthies einen Band der Volksausgabe der *Lederstrumpf-Erzählungen in der ursprünglichen Form* (Feilchenfeldt/Brandis, Nr. 35.1) aus meinem Besitz zugesandt und ihr die Verwendung als Vorbild für den Katalog ans Herz gelegt – freilich mit der Bitte, das Vorbild zu nennen, was nicht geschah.

3 Kritiken von Bertha Badt und Karl Scheffler, zit. in Thieme/Probst, Anm. 9 und 24.

4 *Das Buch des Jahres*. Leipzig 1912, S. III.

5 Hans Widmann: Geschichte des Buchhandels. Vom Altertum bis zur Gegenwart. Teil I. Wiesbaden 1975, S. 154 ff. und Reinhard Wittmann: Geschichte des deutschen Buchhandels. Ein Überblick. München 1991, S. 271.

6 Der Begriff «Kulturverlag» trifft den im folgenden beschriebenen Typus am besten. Siehe dazu Wittmann (wie Anm. 5), S. 289. Die Verlage, die sich in dem Gemeinschaftskatalog *Das Buch des Jahres* (wie Anm. 4) zu Weihnachten zusammengeschlossen haben, nennen sich im Vorwort mehrfach «Qualitätsverlage»: «Die alphabetische Folge macht jeden Qualitätsverlag leicht auffindbar, und vom einen zum andern wird man des Wechsels der Individualität durch den Wechsel der typographischen Ausstattung gewahr» (S. III).

7 Manfred Hellge: Der Verleger Wilhelm Friedrich und das ‹Magazin für die Literatur des In- und Auslandes›. Ein Beitrag zur Literatur- und Verlagsgeschichte des frühen Naturalismus in Deutschland. In: *Archiv für Geschichte des Buchwesens* 16, 1976, Sp. 791–1216, hier Sp. 1165, zit. nach Wittmann (wie Anm. 5), S. 279.

8 Samuel Fischer: Der Verleger und der Büchermarkt. In: Das XXVte Jahr. Berlin 1911, S. 23 f.

9 Über die Cassirer-Familie vgl. ausführlich Brühl, S. 27 ff.

10 Die Gründungsanzeige im *Börsenblatt für den Deutschen Buchhandel* (im folgenden *BB*) vom 20. September 1898 lautet unter der Eintragsnummer 41612: «Hiermit erlauben wir uns mitzuteilen, dass wir unter der Firma Bruno u. Paul Cassirer, Kunst- und Verlagsanstalt in Berlin eine Verlagsbuchhandlung eröffnet haben.»

11 Zur Qualität der Buchproduktion im deutschen *Fin de siècle* s. die grundlegende Forschung von Kurt Georg Schauer: Die deutsche Buchkunst im 19. und 20. Jahrhundert. In: Internationale Buchkunst im 19. und 20. Jahrhundert. Ravensburg 1969, S. 311 ff. Über die bewußte Anlehnung Paul Cassirers an die von William Morris ins Leben gerufene Buchkunst s. meine Ausführungen im Aufsatz Visuelle und haptische Erlebnisse. Die Einbandgestaltung von Kunstbüchern, Mappen und literarischen Werken im Paul Cassirer Verlag. In: Thieme/Probst, S. 183–198, speziell S. 186 ff.

12 Kurt Georg Schauer: Deutsche Buchkunst 1890 bis 1960. Hamburg 1963, Bd. I, S. 40.

13 Vgl. Wittmann (wie Anm. 5), S. 283.

14 Friedrich Pfäfflin und Ingrid Kussmaul: S. Fischer Verlag. Von der Gründung bis zur Rückkehr aus dem Exil (Ausst.Kat. des DLA 40). Marbach 1985, S. 11.

15 Anton Kippenberg in einem Brief an Hugo von Hofmannsthal vom 1. Dezember 1906, abgedruckt bei Gerhard Schuster (Hg.): Hugo von Hofmannsthal. Briefwechsel mit dem Insel-Verlag 1901–1929. In: *Archiv für Geschichte des Buchwesens*, Bd. 25, 1984, Sp. 1–1090, speziell Sp. 206 f.

16 Am 30. August 1901 vermeldet eine kleine Notiz im *BB* unter der Rubrik «Geschäftliche Einrichtungen und Veränderungen»: «Wir beehren uns, hierdurch zur Kenntnis zu bringen, dass wir die bisher unter der Firma *Bruno und Paul Cassirer* betriebene Kunst- und Verlagsanstalt in der Weise auflösten, dass Herr Bruno Cassirer den gesamten Buchverlag übernimmt, und Herr Paul Cassirer die Kunstanstalt unverändert weiterführt und den Kunst-Verlag beibehält. Alle Aktiva und Passiva übernimmt Herr Paul Cassirer.»

17 Die zuerst 1899 veröffentlichte Mappe mit Graphiken Max Liebermanns mit der Titelangabe «Verlegt bei Bruno und Paul Cassirer» wird 1901 allein von Paul Cassirer neu aufgelegt, diesmal mit der korrigierten Angabe «Verlegt bei Paul Cassirer». Siehe Feilchenfeldt/Brandis, S. 15 und Nr. 129.1–2.

18 Dostojewskis *Idiot* in der Übersetzung von August Scholz erschien im 14.–17. Tausend noch 1923.

19 Henry van de Velde: Die Renaissance im modernen Kunstgewerbe. Berlin 1901, und Max Liebermann: Degas. Mit fünf Tafeln und zwei Abbildungen im Text. Berlin 1899. – s. Feilchenfeldt/Brandis, Nr. 197 und 130.1–2.

20 Das Verlagssignet ist abgedruckt bei Bernd Abele: Zur Geschichte des Verlags Bruno Cassirer 1928–1932. In: *BB – Frankfurter Ausgabe*, Nr. 98, 1989, H. 4. Buchhandelsgeschichte. Hrsg. von der Historischen Kommission des Börsenvereins, S. B 129. Der Autor datiert das Signet «zwischen etwa 1910 und 1920»; es ist aber beispielsweise schon 1904 in der ersten deutschen Ausgabe der *Education sentimentale* von Gustave Flaubert, dem *Roman eines jungen Mannes* in der Übersetzung von Alfred Gold und Alphonse Neumann, nachweisbar, womit es in die Sperrzeit der Verlagstätigkeit Paul Cassirers fällt – und nicht etwa erst nach dessen Verlagsgründung als neuerliche Abgrenzung von dem einst gemeinsamen Unternehmen geschaffen wurde.

21 Abele (wie Anm. 20), S. B 128–130. – Das Signet von Emil Preetorius ist abgebildet in: *Kunst und Künstler* 22, 1924, H. 12, S. 369.

22 Slevogts Ölgemälde *Die schwarzen Panther*, auf dem unten eine schreitende Raubkatze hinter den Käfiggittern und darüber auf einem bräunlichen Baumstrunk die Silhouette eines ruhenden Panthers zu sehen ist, wurde 1901 gemalt und wird heute in der Kunsthalle Bremen bewahrt. s. Ernst-Gerhard Güse, Hans-Jürgen Imiela und Berthold Roland (Hg.): Max Slevogt. Gemälde. Aquarelle. Zeichnungen. Stuttgart 1992, Kat.Nr. 45.

23 *BB* 64 (1908), 1979 und 3137 (15. Februar und 17. März 1908).

24 Feilchenfeldt/Brandis, S. 564 f.

25 Tatsächlich fand sich Paul Cassirer immer wieder genötigt, auf sein eigenes, von Bruno gelöstes und souveränes Verlagsunternehmen ausdrücklich hinzuweisen, indem er etwa unter die Anzeigen setzen ließ: «P. S. Ich bitte dringend, um Verzögerungen zu vermeiden, auf meinen Vornamen und Adresse zu achten» (z. B. *BB* 88 [1908], 4338 [15. April 1908] und passim). Wie unreflektiert die Verlage der beiden Vettern weiterhin zu einem gemeinsamen Haus verschmolzen werden, zeigt nicht zuletzt die jüngste Publikation von Jürgen Holstein: Blickfang. Bucheinbände und Schutzumschläge Berliner Verlage 1919–1933. Berlin 2005, S. 86–89, in der einfach behauptet wird, daß Paul Cassirer nach der Trennung die Kunsthandlung weiterführte und Bruno

den «1901 noch in den Anfängen steckenden Verlag [...] mit der ihm eigenen Zähigkeit ausbaute». Obwohl dann einige Abbildungen von Büchern des Paul Cassirer Verlags mit erklärenden Bildbeischriften unter die Bruno-Cassirer-Titel gemischt werden – darunter nicht zuletzt das Verlagsprogramm *Unser Weg 1920* –, wird die Verlagstätigkeit Paul Cassirers von 1908 bis 1933 nicht weiter erwähnt, noch wird offensichtlich der zwischen einleitendem Text, den Bildern und den Bildbeischriften entstandene Widerspruch wahrgenommen.

26 *BB* 12 (1908), 1979 (27. Februar 1908).

27 *BB* 86 (1908), 4247 (13. April 1908).

28 *BB* 241 (1908), 11373 (15. Oktober 1908).

29 Lovis Corinth: Das Leben Walter Leistikows. Berlin 1910. – Feilchenfeldt/Brandis, Nr. 37.

30 *BB* 186 (1920), 8989 (20. August 1920).

31 Bernd Abele (wie Anm. 20), S. B 124 schreibt über die Abteilung Literatur und Philosophie des Bruno Cassirer Verlags – insbesondere über die Werke des berühmten Philosophen Ernst Cassirer: «Das klar umrissene Profil dieses Verlagsteiles entstand und lebte allerdings nicht auf Grund des besonderen Interesses seines Betreibers, sondern allein durch die verwandtschaftlichen und freundschaftlichen Beziehung der beiden Vettern. Ernst Cassirer gestand dann auch, daß er sich im Kreise der Verlagsautoren ‹immer ein wenig verwaist› vorkam. Deutlicher wurde die Frau des Philosophen, Toni Cassirer. In ihren Memoiren schrieb sie über das Interesse Bruno Cassirers an den philosophischen Büchern ihres Mannes: ‹Daß Bruno jemals eines der bei ihm verlegten Bücher von Ernst anders als äußerlich ästhetisch betrachtet hätte, glaube ich nicht›.»

32 *BB* 270 (1908), 13365 (20. November 1908).

33 Arthur Holitscher: Mein Leben in dieser Zeit. Potsdam 1928, Bd. II, S. 56.

34 *BB* 235 (1909), 11867 (9. Oktober 1909).

35 *BB* 288 (1909), 15468 (11. Dezember 1909).

36 Zur Werbung für *Coranna. Eine Indianergeschichte* von W. Claire. *BB* 274 (1909), 1459 (25. November 1909).

37 Heinold Ehrhardt: Versuch einer Einführung in die Geschichte des Börsenblattes, sein Äußeres, seinen Anzeigenteil und seine Problematik. In: Klaus Gerhard Saur (Hg.): Aus alten Börsenblättern. Ein Anzeigen-Querschnitt durch das Börsenblatt für den Deutschen Buchhandel 1934–1945. 2. Aufl. München/Pullach 1968, S. 11 f.

38 Zit. nach Ehrhardt (wie Anm. 37), S. 12.

39 Annemarie Meiner, zit. nach Ehrhardt (wie Anm. 37), S. 13.

40 Die Sonderstellung, die die Einbandgestaltung Paul Cassirers – auch gegenüber seinem Vetter Bruno Cassirer – einnimmt, läßt sich sehr schön in dem Katalog der Sammlung Jürgen Holstein (wie Anm. 25, S. 86–89) sehen, wo fünf Paul-Cassirer-Titel neben sieben von Bruno abgebildet werden: Allen fünf Titeln liegt der *Chamois*-Farbton zugrunde, auf dem dann sparsam andere Farben erscheinen, immer aber gerahmt von der Grundfarbe. Selbst die Broschuren der Reihen *Wege zum Sozialismus* und *Sozialistische Schriften zur Revolution*, die zu den farblich intensivsten Einbandschöpfungen des Verlags gehören (Entwurf von Walter Reiff), sind auf *chamois*farbenes Papier gedruckt, wobei die roten, grünen und gelben Farbflächen jeweils den Buchrücken, die Deckelkanten und die negativ aus der Farbfläche ausgesparte Schrift freilassen. Fast alle anderen in dem Katalog der Sammlung Holstein abgebildeten Einbände und Schutzumschläge kontrastieren auffällig mit denjenigen Paul Cassirers. Nicht zuletzt ist auch von Bruno Cassirer für den Titel *Amerika baut auf!* von Curt Glaser eine «Kartonage mit Photographie» verwendet worden. Zu der Einbandgestaltung des Cassirer Verlags, die hier nicht im Mittelpunkt der Untersuchung steht, siehe ausführlich meinen Aufsatz Visuelle und haptische Erlebnisse (wie Anm. 11).

«Slevogts Bilder hängen neben solchen von Manet, Degas und Puvis de Chavannes.»
Einiges zu Paul Cassirer, Max Slevogt und den Wandmalereien für Neu-Cladow

Zur Erinnerung an Hans-Jürgen Imiela

Michael Fuhr

Max Slevogt und Paul Cassirer

Die ersten Kontakte zwischen Max Slevogt und Paul Cassirer gehen auf die gemeinsame Zeit in München zurück. Beide kannten sich schon lange Jahre, bevor Walter Leistikow nach dem Münchner Skandal um Slevogts *Danaë* den Maler in einem Brief vom 5. März 1899 einlädt, nach Berlin zu kommen. Slevogt stellt daraufhin sein Triptychon *Der verlorene Sohn* in der *Berliner Secession* aus und erregt großes Aufsehen: «das Bild erweist sich als bewunderter Mittelpunkt der Ausstellung»[1]. Noch im Oktober desselben Jahres stellen die Vettern Cassirer in ihrem Salon erstmalig Werke Slevogts aus und bezeugen damit ihre enorme Wertschätzung dieses Künstlers: «Die Namen der gleichzeitig mit ihm gezeigten Künstler beweisen, welchen Einsatz Cassirer zu leisten bereit ist. Slevogts Bilder hängen neben solchen von Manet, Degas und Puvis de Chavannes.»[2]

Die Freundschaft zwischen Max Slevogt und Paul Cassirer überdauerte Jahrzehnte und führte bekanntermaßen zu zahlreichen gemeinsamen Projekten und Publikationen. Doch auch privat verband Max Slevogt und Paul Cassirer vieles, und Tilla Durieux, die gefeierte Schauspielerin im Ensemble Max Reinhardts und zweite Ehefrau Paul Cassirers, war dem Maler ebenso freundschaftlich verbunden. Ihre erstmals 1954 unter dem Titel *Eine Tür steht offen* erschienenen Memoiren pflegte Prof. Imiela seinen Studenten nicht nur als wertvolle Quelle zum Berliner Kunstleben des frühen 20. Jahrhunderts, sondern auch als vergnügliche, ja spannende Lektüre zu empfehlen. In der Tat liest sich die Lebensgeschichte dieser faszinierenden Frau, die Prof. Imiela noch persönlich kennenlernte, stellenweise wie ein Gesellschafts- oder gar Kriminalroman. Eine besonders pikante Geschichte fand ihren Widerhall in einer Zeichnung Max Slevogts, die 1911 – im Entstehungsjahr der Wandbilder von Neu-Cladow – im *Pan* abgedruckt wurde[3]: Dargestellt ist Tilla Durieux, damals bereits verheiratet mit Paul Cassirer, als Blüte, die von einem Schmetterling galant umflattert wird. Über diesem schwebt jedoch bereits das Schmetterlingsnetz, in einer Variante als Pickelhaube der Berliner Polizei dargestellt, in einer zweiten als Ansammlung von Zeitungsartikeln, wobei die Titel *Pan* und *Frankfurter Zeitung* deutlich lesbar sind. Diese witzige Karikatur beschreibt in komprimierter Form die Skandalgeschichte um Traugott von Jagow, den als «Sittenwächter» gefürchteten Berliner Polizeipräsidenten. Jagow hatte u. a. die Schriftleitung des *Pan* aufgrund der Veröffentlichung von Auszügen aus Flauberts Jugendtagebuch wegen Verbreitung unzüchtiger Schriften verklagt[4]. Während der Prozeß noch anhängig war, studierte Max Reinhardt das Theaterstück *Die Hose* von Carl Sternheim ein, eine an sich harmlose Komödie, deren Titel jedoch bereits ausgereicht hatte, Anstoß zu erregen, und die auf Betreiben der Zensoren in *Der Riese* hatte umbenannt werden müssen. Der zuständige Zensor war Traugott von Jagow, «Berlins bestgehaßter Mann», um bei den Worten Tilla Durieux' zu bleiben. Sie beschreibt weiter: «Eine Generalprobe wurde angesetzt in Kostüm und Maske, und ich erhielt einen Telefonanruf mit der Bitte, auf diese Probe zu kommen. Höchst verwundert erschien ich, und Reinhardt teilte mir seinen Wunsch mit. Ich sollte neben Jagow sitzen und ihn bei den von der Zensur beanstandeten Stellen ablenken.» Amüsiert über diesen Vorschlag willigte sie ein: «Ich kannte das Stück und seine gefährlichen Klippen ziemlich genau, und sooft es an der Zeit war, flüsterte ich meinem Nachbarn eine Bemerkung zu und sah ihn mit Vergnügen von der Bühne abgelenkt.» Das Theaterstück entging so tatsächlich der Zensur. Womit die Durieux allerdings nicht gerechnet hatte, war der Umstand, daß ihre Flüstereien den «Polizeigewaltigen» seinerseits auf gewisse Ideen gebracht hatten: Noch am selben Tag schickte er ihr einen Brief, worin er schrieb, er würde «gern auch persönliche Fühlung mit Schauspielerkreisen» aufnehmen und sie zu diesem Zwecke in ihrer Privatwohnung besuchen, offenbar nicht wissend, daß Tilla Durieux verheiratet war. Damit hatte der strenge Zensor seinen Gegnern unwissentlich einen Trumpf zugespielt, den diese geschickt auszuschlachten wußten. Zunächst wurde der Brief an den *Berliner Lokal-Anzeiger* lanciert, dann schrieb Alfred Kerr darüber einen Artikel im *Pan*, Max Slevogt lieferte die passende Karikatur, und ganz Berlin lachte über den sittenlosen Sittenwächter. In der Folge gewann die *Pan*-Schriftleitung den Flaubert-Prozeß, Tilla Durieux' Bekanntheitsgrad stieg weiter, und der ungeschickte Herr von Jagow wurde wenig später zur Freude der Berliner Künstlerkreise nach Breslau versetzt.

Die Freundschaft zwischen Slevogt und Cassirer hielt mehr als weitere zehn Jahre. Paul Cassirers 50. Geburtstag am 21. Februar 1921 nahm Slevogt zum Anlaß für eine sehr humorvolle Aquarellzeichnung, die, leicht verändert, als Vorlage für die Lithographie auf dem Titelblatt der Menükarte des Geburtstagsfests diente[5]. Slevogt stellte – als Parodie auf den *Tanz ums Goldene Kalb* – den *Tanz um den goldenen Spargel* dar, wohl als Anspielung auf Edouard Manets berühmtes Gemälde *Bund Spargel* (damals im Besitz von Max Liebermann) und den von Manet nachgelieferten *Einzelnen Spargel*, die beide wiederum Slevogt als Vorbild für sein *Stilleben mit Spargel und Radieschen* gedient hatten[6].

Im Vordergrund der Menükarte betrachtet ein Kellner ein Staffeleibild, das «Manet» signiert ist, während er auf einem Tablett eine einzelne Spargelstange trägt. Weitere Kunstwerke im Vordergrund tragen die Künstlernamen Liebermann und Cézanne, eine Dreiergruppe gebratener Gänse (mit Gabel im Rücken) steht auf einem mit «Gaul» bezeichneten Sockel. Die Auflage der Menükarte dürfte wohl 150 betragen haben, denn so viele Gäste waren zum Geburtstagsfest von Paul Cassirer geladen. Einer davon war Johannes Guthmann, dessen namentlich bezeichnetes Exemplar sich heute in Privatbesitz befindet.

Die Wandbilder in Neu-Cladow

Dr. Johannes Guthmann spielte als Sammler und Freund eine wichtige Rolle im Leben Slevogts. Als Kunsthistoriker war er Schüler Henry Thodes und Carl Neumanns und kurzzeitig Volontär bei Hugo von Tschudi an der Berliner Nationalgalerie. Guthmann hatte Slevogt über den gemeinsamen Bekannten Johannes Sievers kennengelernt. Sievers schreibt dazu 1966 in seinen nur maschinenschriftlich vorliegenden Lebenserinnerungen:

> «Meine Berichte über die gemeinsame Arbeit mit Slevogt am Aufbau einer nur aus den besten Drucken seiner graphischen Blätter bestehenden Sammlung für das [Berliner Kupferstich-] Kabinett, belebten Guthmanns lange gehegten Wunsch, den Künstler kennen zu lernen und ihn als Gast in Neu-Cladow zu begrüßen. Ich wußte, wie schwer es fiel, den in seiner Kunst so unendlich beweglichen Slevogt zu einer Zusage zu überreden, die eine Unterbrechung seines gewohnten Tagesablaufes bedeutete. So beschränkte ich mich zunächst darauf, bei unseren sich meist bis tief in die Nacht hineinziehenden Ordnungsarbeiten seiner graphischen Bestände von der Schönheit der märkischen Seenlandschaft, wie man sie gerade in Neu-Cladow erleben könnte, danach erst von dem Haus, seinen Bewohnern und Gästen, zu erzählen. Als er schwankend wurde und ich die größte Bequemlichkeit durch Abholung mit dem Guthmannschen Auto zusicherte, erreichte ich endlich seine Zusage. Viele Jahre später, als Johannes Guthmann sein reizendes Buch, Slevogts geistvolle Improvisationen, seine ‹Gelegenheitsarbeiten›, unter dem Titel ‹Scherz und Laune› veröffentlichte (Berlin 1920), schenkte er mir ein Exemplar mit der hübschen Widmung: ‹Johannes Sievers in dankbarer Erinnerung des Tages, da er mir Meister Slevogt ins Haus geführt›.»[7]

Ab 1909 ließ Guthmann das väterliche Gut Neu-Cladow (Abb. 128) unweit Berlins umbauen[8]. Für die Innenausstattung engagierte er auf Anraten Hans Swarzenskis Alfred Grenander, als Architekten Paul Schultze-Naumburg. Neu-Cladow wurde in den folgenden Jahren zum bevorzugten Anziehungspunkt für die geistige und gesellschaftliche Elite Berlins[9]. Dazu Johannes Sievers:

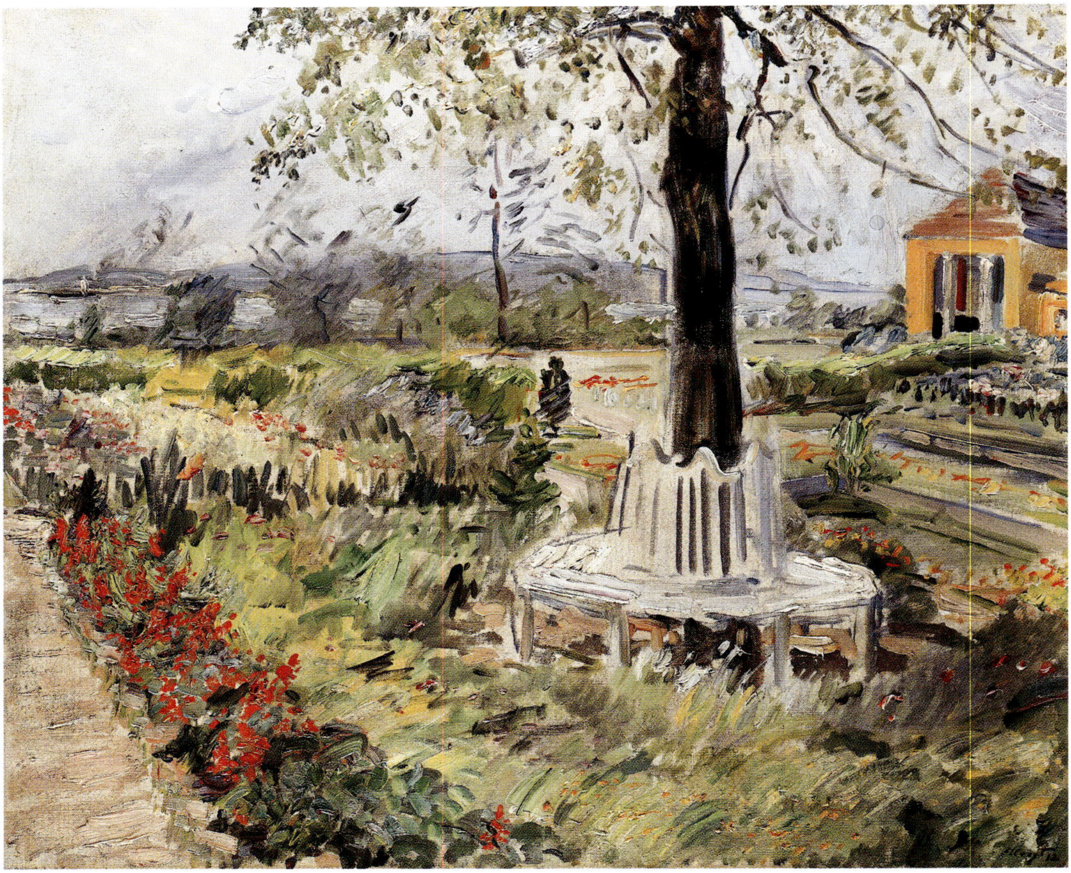

Abb. 128: Max Slevogt, Garten von Neu-Cladow, *1912, Öl/Lwd., 65 x 81 cm, Nationalgalerie, Staatliche Museen zu Berlin.*

«Die aus edelstem Material in bester Handwerksarbeit gefertigten Möbel waren in der Hauptsache von Alfred Grenander, dem schwedischen, in Berlin lebenden Architekten, entworfen. Erlesene Kunstwerke, darunter Gemälde von Böcklin, Feuerbach und van Gogh, moderne Plastiken von Gaul, Kolbe oder Barlach neben antiken Skulpturen und griechischen Vasen legten Zeugnis von der hohen künstlerischen Kultur Dr. Guthmanns ab. In dem von ihm geschaffenen Rahmen entwickelte sich ein zwangloser Verkehr von Menschen, die ihr Leben der Wissenschaft, der bildenden oder der darstellenden Kunst, der Musik oder Literatur gewidmet hatten – sie alle genossen die Schönheit der Landschaft, des Hauses und der großzügigen Gastfreundschaft des Hausherrn.»

Im Sommer 1911 waren die Bauarbeiten beendet, zuletzt war der Gartenpavillon fertig geworden, der durch Umbau aus einer alten Scheune entstand: Die bereits bei einem früheren Umbau durchbrochene ursprüngliche Außenmauer wurde Richtung Südwesten zu den Blumenrabatten hin teilweise abgebrochen, aus statischen Gründen wurden zwei dorische Säulen eingesetzt. In zwei Metern Tiefe wurde eine neue Wand hochgezogen, wodurch ein breites Mittelfeld und zwei schmale Seitenwände als potentieller Malgrund entstanden. Das Mittelfeld maß 3,40 m in der Höhe und 4,80 m in der Breite und wurde durch Lisenen dreigeteilt[10].

Prof. Imiela wurde in seinen Vorlesungen nicht müde zu betonen, daß Slevogts Wandmalerei durchweg weit weniger im Zusammenhang mit seiner Ölmalerei als vielmehr in direkter Verwandtschaft zu seinen Zeichnungen zu sehen sei. Beide Kunstgattungen durchdringen sich, und gerade das macht den Reiz dieser Kunstwerke aus. 1968 schrieb er dazu:

> «Max Slevogt ist mit seiner Entwicklung zu einer bisher unvergleichlichen Durchsichtigkeit gelangt. Ihr Verlauf führt ihn weiterhin in künstlerisches Neuland; die temperamentvolle Freude am Deuten des Sichtbaren und Geschauten ist geblieben, und dennoch hat mit Stetigkeit der Ausdruck von Reife zugenommen. Was an Können erreichbar ist, scheint erfüllt. Das malerische und graphische Werk vollenden sich im angemessenen Bereich; die eine Aufgabe verhilft der anderen zur Unabhängigkeit. Trotzdem bleiben die Grenzen offen. Unerwartete Konsequenzen stellen sich ein. Slevogt beherrscht seine Stilmittel souverän und verwendet sie in überraschendem Zusammenhang. Aus der Beschäftigung mit den dekorativen Zeichnungen, die, mit dem Pinsel in lichten und reinen Aquarellfarben ausgeführt, ein unbeschwertes Zusammenspiel von Duktus und fröhlicher Buntheit entfalten, Motiv, Raum und Fläche ornamental verknüpfen, entsteht 1911 das Wandbild. Es bedarf allerdings eines Anstoßes, daß Slevogt diesen Schritt tut. Der Auftraggeber übernimmt die Funktion, dem Künstler zu der unfreiwilligen Tat zu verhelfen.»[11]

Johannes Guthmann berichtete von dieser «Anstiftung» in *Scherz und Laune*, seiner Huldigung an den Freund Slevogt, wie dieser im Juli 1911 ohne irgendwelche thematischen Vorgaben durch den Auftraggeber mit der Arbeit begann:

> «Slevogt trat vor die mit Kalk verputzten, sonst nicht vorbereiteten Wände unbefangen, d. h. von keiner künstlerischen Idee voreingenommen, hin. Seine Absicht war es wohl gewesen, in Rankenwerk und Drolerien zu improvisieren, wie etwa ein Musiker über ein paar Themen, die ihm auf dem Wege einfielen, hernach sich am Flügel in Variationen ergehen mag. Das Ganze war als die Arbeit einiger halber Tage gedacht, konnte sich doch Slevogt auf den Quellreichtum seiner Phantasie in jedem Augenblick verlassen. Aber o wehe! Eine verputzte Mauer ist keine Leinwand und Kasein ist nicht Ölfarbe. Der erste Pinselstrich verlor sich und der zweite und der dritte auch: der körnige Grund versagte sich Slevogts schmeichelnder Pinselführung. Um einen Farbenfleck hinzusetzen, mußte er immer wieder auf dieselbe Stelle drücken. Das war langweilig, machte ungeduldig und ertötete die rein gefühlsmäßige Laune zu improvisieren in ihren Anfängen schon. Die Sache ließ sich übel an.»[12]

Erst nachdem ein Malerpolier («Meister Koschmieder – sein Name sei hier nicht vergessen») ein Gerüst aufgestellt und praktische Ratschläge erteilt hatte, ging die Arbeit voran. Zunächst entstand das zentrale Motiv der Mittelwand, der Vogelkäfig mit der nackten *Papagena* und zwei Kindern, dann die umgebenden Ranken- und Figurenmotive sowie die beiden flankierenden Felder. Danach die Darstellungen der vier Elemente an den Seitenwänden und die acht Kassettenbilder der Decke. Zu den letzteren beschreibt Guthmann sehr anschaulich, wie sich der Maler, trotz schmerzhafter Körperhaltung beim Malen und drückender Hitze, immer wieder von Tieren und Menschen im Garten von Neu-Cladow zu spontanen Bildideen anregen ließ:

> «Wäre ihm der Strom der Improvisation in dieser Sommerglut vorübergehend vertrocknet, es wäre nicht zu verwundern gewesen. Aber da plötzlich sprang Falko, der ungehorsame Schäferhund, an der verbotenen Slevogtei vorbei und ein junges Mädchen hinterdrein, ihn zu halten: und schon spazierten beide in die Welt der bunten Schildereien an die Decke hinauf; oder das Gerücht von einem Fuchs, der im Park aufgetaucht sei, drang bis an sein Ohr: und während die Jäger sich auf die Lauer legten, hatte er den Schelm, die Ente im Maule, bereits in die verschnörkelten Ranken seiner Malerei eingefangen: oder ein Gast des Hauses scheuchte im Vorüberschreiten einen Pfau auf und wurde unter Slevogts Hand zur herrlich auf ihrem Pfauenwagen daherrauschenden Juno.»[13]

Trotz dieser Freude am Improvisieren schritt die Arbeit an den Wandmalereien langsam voran (Abb. 129–130). Mehrere Vorstudien geben ferner darüber Auskunft, daß Slevogts Arbeit nicht ausschließlich aus Improvisationen bestand. Das Mittelmotiv der Hauptwand etwa ist in einer aquarellierten Bleistiftzeichnung angelegt, die später als Einbandillustration für die Buchausgabe von *Die Inseln WAK WAK* zweitverwendet wurde[14]. Die Wandmalereien wurden von Slevogt jedenfalls erst im folgenden Jahr während eines zweiten Aufenthalts auf Neu-Cladow vollendet[15]. Das Ergebnis dieses durch den Freund und Auftraggeber Guthmann so eindrücklich beschriebenen Schaffensprozesses umfaßte schließlich die dreiteilige Darstellung der Rückwand, die in jeweils zwei Felder geteilten Seitenwände und acht Kassettenbilder an der Decke. Letztere waren durch Streifen in pompejanischem Rot voneinander getrennt, die Lisenen der Wände in Grau-Blau gehalten. Für die schmalen Felder und das Gesims wählte Slevogt die Farbe Gelb, für die Seitenwände und das Hauptfeld der Mittelwand Hellblau. Das Motiv der Mittelwand beschreibt Imiela als «freischwebende Blumengirlande, auf der ein weiblicher Rückenakt mit phantastischem Federschmuck an den Hüften steht, flankiert von zwei ausgestreckt hockenden Mohren. Seitlich davon halten ein unbekleideter Mann und eine Frau Ringe mit Papageien. An die unteren Enden der Blumengebinde klammert sich je ein Paar. In der Mittelachse hängt ein goldener Käfig herab, in dem eine junge Frau sitzt, die zwei Kinder nährt.»[16] Die benachbarten Seitenfelder sind hingegen von unten her aufgebaut, über einer Sockelzone entwickeln sich «kandelaberartige Gebilde», in denen Menschen und Fabelwesen gruppiert sind. Von Guthmann wissen wir, daß Slevogt hierbei seine Komposition teilweise vorhandenen Mauerrissen anpassen mußte. Mittelfeld und Decke scheinen zwar formal von pompejanischer Wandmalerei beeinflußt, sind jedoch inhaltlich völlig frei und von anderen

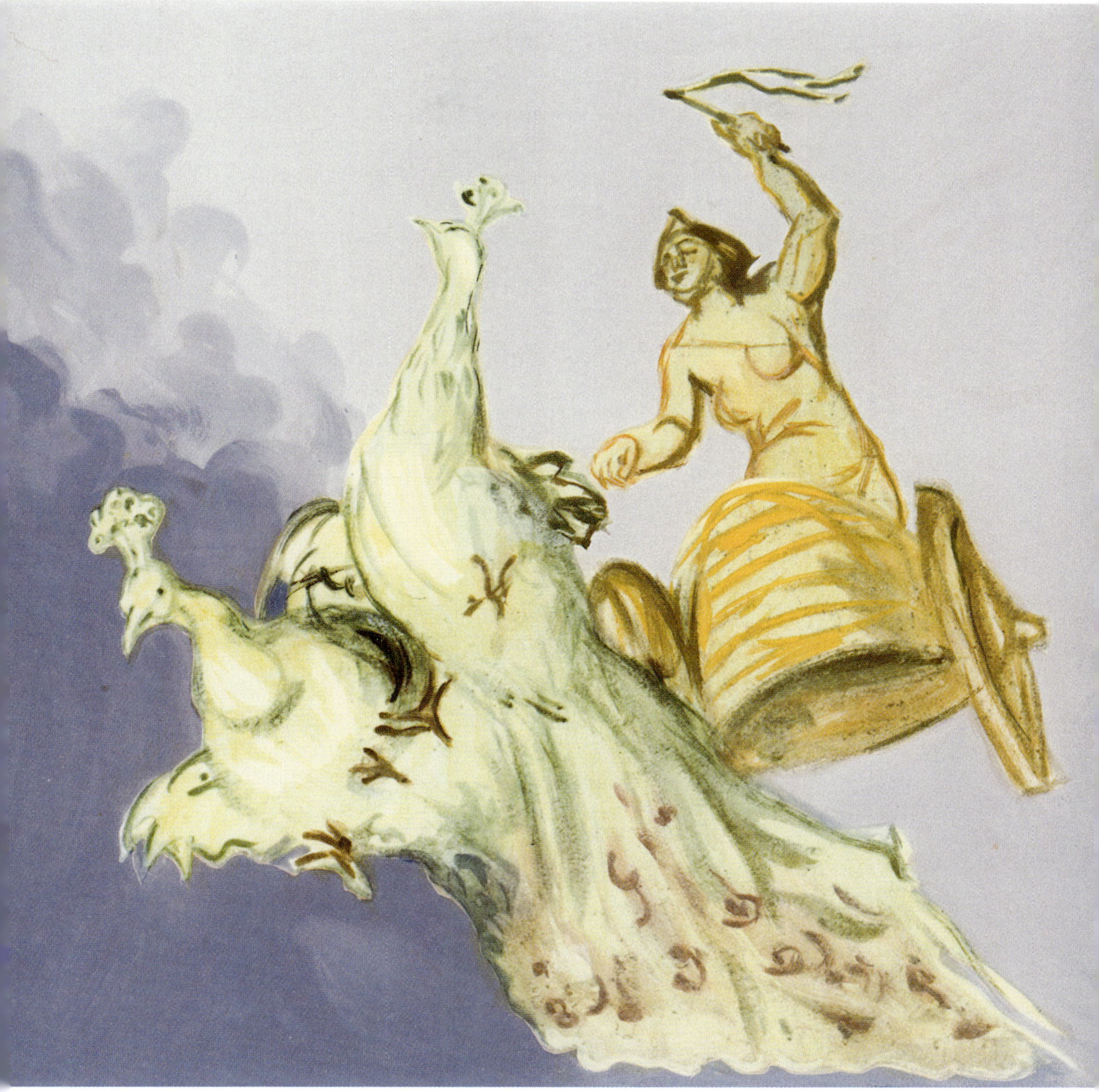

Abb. 129: Max Slevogt, Juno mit dem Pfauenwagen *aus dem Pavillon von Neu-Cladow, 1911/12, Lichtdruck aus:* Die Wandmalereien in Neu-Cladow, *1921.*

Themen inspiriert. Neben der umgebenden Parklandschaft und den darin vorkommenden Tieren und Menschen waren dies die Melodien von Mozarts *Zauberflöte*, wenn auch nur im übertragenen Sinne: Es waren weniger inhaltliche Motive der Erzählung, sondern eher die Musikalität, die Unbeschwertheit und der Formenreichtum der Mozart-Oper, die assoziativ Eingang in diese einmaligen Malereien fanden[17].

Heiter-bukolische Randfiguren entsprechen Slevogts Vorliebe für Marginalzeichnungen und Improvisationen, die sich in ähnlich humorvoller Weise u. a. in vielen seiner Briefe finden. Noch stärker an römischer Wandmalerei, und hier im besonderen Falle dem vierten pompejanischen Stil, orientiert sind die Seitenwände. Je zwei großfigurige Personifikationen sind auf Sockeln stehend dargestellt, rechts *Wasser* und *Erde*, links *Feuer* und *Luft*. Dabei stellte Slevogt die Personifikationen so dar, als seien sie aus dem jeweiligen Element selbst geformt, weshalb *Wasser* und *Luft* durchsichtig wirken wie Figuren aus Glas. Guthmann nennt als mögliche Vorbilder Slevogts aber auch den Grottenhof der Münchner Residenz und die «graziösen Stuccoreliefs» in den Loggien des Vatikan[18]. Den Hintergrund der großen Gestalten bilden perspektivisch gemalte Ausblicke ins Freie. Dadurch betonte Slevogt noch den teilweise karikaturhaften Stil der Gestalten der vier Elemente, die durch ihre Nähe zu (echten wie gemalten) Blumenrabatten in den Kontext barocker Gartenskulptur gerückt werden.

Aus Sicht des Kunsthistorikers stellen diese 1911/12 entstandenen Wandmalereien einen Gipfel im Schaffen Slevogts dar. Bereits 1924 schrieb Karl Scheffler:

> «Wieder fällt auf, mit welch zauberhafter Leichtigkeit die Fläche dekoriert ist, wie aquarellartig die zähere Kaseinfarbe behandelt worden ist, daß Einfall und Form wie Blitz und Schlag sind, daß dieses Dekorieren wie ein Sprechen mit dem Pinsel, das Sprechen aber ein Dichten ist, und wie alles ornamental ist, ohne daß man doch unmittelbar an irgendeine historische Ornamentform denken könnte.»[19]

«Gerade diese versinnbildlichte Musikalität, die Fröhlichkeit und Unbeschwertheit der Formen und Farben beschreiben Slevogts Arbeit um 1911 auf einem Höhepunkt, den er so nicht wieder erreichte»[20], lautet eine Einschätzung jüngerer Zeit, die den Verlust des Originals um so schmerzlicher erscheinen läßt, nachdem es aus mehreren Gründen vom ursprünglichen Standort entfernt und ins Berliner Kronprinzenpalais verbracht worden war: Zum einen zeigten sich bereits nach wenigen Jahren Zerfallserscheinungen, die vor allem auf den Umstand zurückzuführen waren, daß Slevogt den Malgrund nicht vorbehandelt und die Farben direkt auf den bereits trockenen Putz aufgebracht hatte (Abb. 131). Zum anderen änderten sich die Besitzverhältnisse des Gutes Neu-Cladow: Johannes Guthmann war nie Eigentümer der Immobilie, sondern hatte sämtliche Umbauten nur im Einvernehmen mit seinem Vater durchführen können, der ihm ein Wohnrecht auf Lebenszeit zugestanden hatte. Eben dieses entzog ihm der Vater unerwartet im Jahre 1921, um das Anwesen der Halbschwester Mary, der jüngsten Tochter aus zweiter Ehe, zu überlassen. Diese lebte dort bis 1928 mit ihrem Ehe-

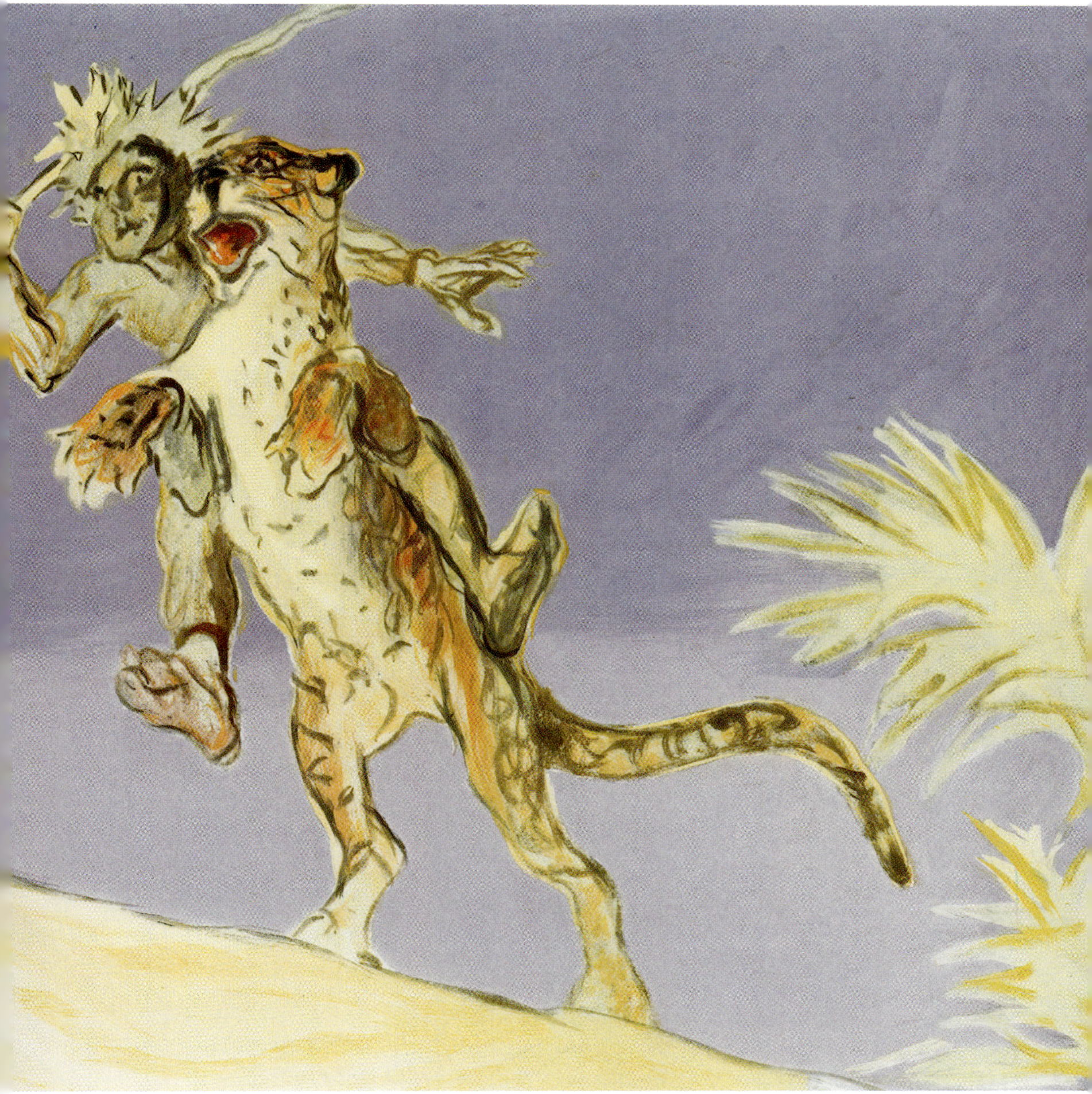

Abb. 130: Max Slevogt, Leopardenreiter *aus dem Pavillon von Neu-Cladow, 1911/12,*
Lichtdruck aus: Die Wandmalereien in Neu-Cladow, *1921.*

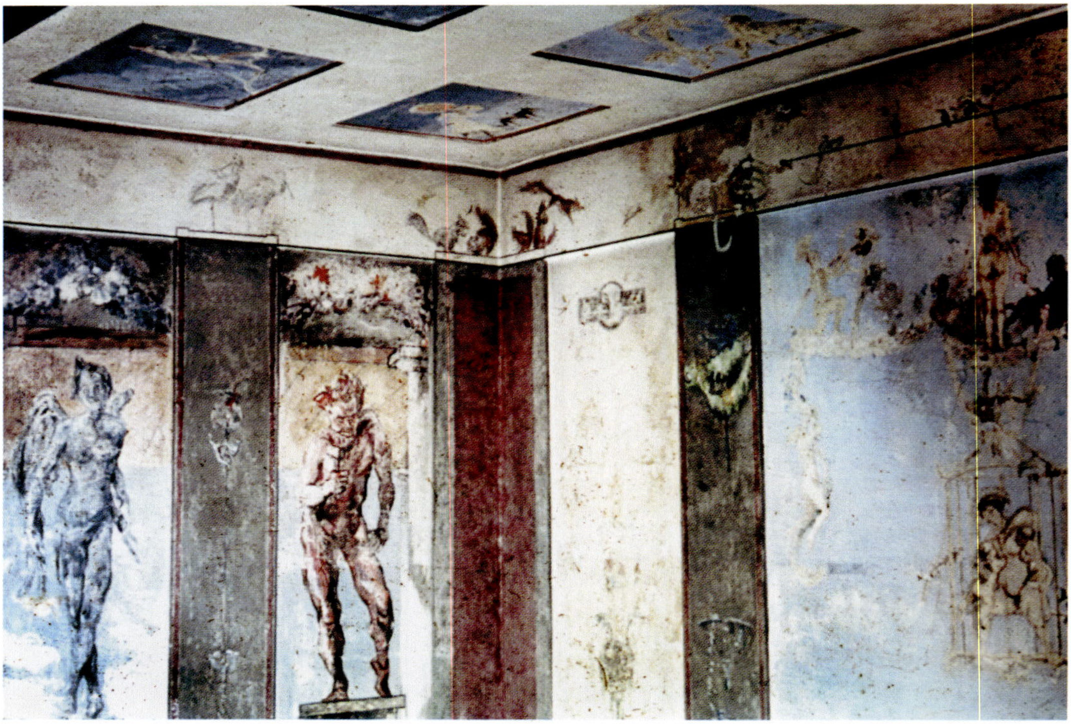

Abb. 131: Blick in den Pavillon von Neu-Cladow, Aufnahme kurz vor der Abnahme der Malereien, ca. 1920.

mann, einem Landwirt, der auf dem Gelände eine Schafzucht betrieb. Sie verkaufte schließlich 1928 den Gutsbesitz an die Stadt Berlin, womit der endgültige Niedergang des Anwesens, dessen älteste Gebäudeteile immerhin aus der Zeit um 1800 stammten, seinen Anfang nahm[21]. Die Grenander-Möbel und seine komplette Kunstsammlung nahm Johannes Guthmann 1921 in seinen neuen Wohnort Mittel-Schreiberhau im Riesengebirge mit[22]. Über das weitere Schicksal der Wandmalereien schreibt Guthmann 1955 in seinen Lebenserinnerungen:

> «Mußte ich schon alles hinter mir lassen, die Malereien im Pavillon wollte ich nicht dem sicheren Untergang preisgeben. Ich schenkte sie der Nationalgalerie. Aber das Geschenk war leichter gemacht als angenommen. Die zum großen Teil aus Feldsteinen gebauten alten Mauern widersetzten sich dem üblichen Verfahren einer Freskenüberführung. Das dauerte seine Zeit. Aber periculum in mora trieb ich zur Eile, verlor die Geduld, bedrohte die Galerie mit Rücknahme meiner Schenkung. Ludwig Justi hat in einem Aufsatz im ‹Kunstwanderer› anschaulich und humorvoll den ganzen Vorgang geschildert, bis zum endgültigen Einbau der Wände ins Berliner Kronprinzenpalais. Die Malereien hatten arg dabei gelitten. Es war Slevogts Liberalität zu danken, daß er in tagelangem Bemühen den alten Farbenglanz des exilierten Belvedere wiederherzustellen versuchte. Umsonst auch dies.»[23]

Das Original ging in den Bombennächten des Zweiten Weltkriegs unwiederbringlich verloren.

Die Cassirer-Kassette

Um so bedeutender ist die Entscheidung Paul Cassirers, dieses Kunstwerk noch vor seiner Entfernung aus der Loggia von Neu-Cladow photographisch festhalten zu lassen und als aufwendige Kassette mit 11 farbigen Lichtdrucken unter Passepartouts zu publizieren. Die Vorarbeiten zu dieser Edition fanden bereits 1920 statt, als von der Notwendigkeit einer Entfernung aus Neu-Cladow noch nichts zu ahnen war. Der Anlaß, diese Blätter herauszugeben war – neben der offensichtlichen Wertschätzung der Malereien durch den Kunstkenner Cassirer – vor allem ihr drohender Zerfall durch Umwelteinflüsse[24]. In dem den Tafeln vorangestellten Text schreibt Cassirer: «Leider hält die Malerei der märkischen Witterung nicht stand. Sie erlischt, und ihr völliger Verfall ist unabwendbar. So erschien die Erhaltung der Wandmalereien Max Slevogts, eines der wichtigsten Denkmale der neuen Kunst, zum mindesten durch die Reproduktion geboten. Durch ein besonderes Verfahren ist es gelungen, den Eindruck der Originale glücklich wiederzugeben.»[25] Da die numerierten Exemplare auf der Rückseite des Titelblatts durch Max Slevogt handsigniert sind, können die Reproduktionen als vom Künstler autorisiert und wohl dem Original weitgehend entsprechend angesehen werden[26]. Ihre Bedeutung für die Kunstgeschichte ist nicht hoch genug einzuschätzen, überliefert uns doch diese Edition das Werk Slevogts, das von mehr als einem Kunsthistoriker der vergangenen 80 Jahre als Höhepunkt im Schaffen des Meisters bezeichnet wurde.

Zum Andenken an Prof. Hans-Jürgen Imiela († 31. Juli 2005)

Diesen Beitrag zu schreiben, war ursprünglich Prof. Hans-Jürgen Imiela, meinem verehrten Doktorvater, als dem wahrem Kenner der Kunst Max Slevogts zugedacht. Stets auf Takt und Zurückhaltung in persönlichen Belangen bedacht, kam sein Ableben nach längerer Krankheit, nur wenige Wochen nach einem letzten gefeierten Auftritt bei der Eröffnung der Ausstellung «Max Slevogt – Die Berliner Jahre» im Max Liebermann Haus, selbst für die meisten ihm nahe Stehenden unerwartet. In seinem Nachlaß fand sich eine Mappe mit Notizen zu seinem geplanten Artikel, worin er besonderen Nachdruck legte auf die Rolle der persönlichen Beziehung zwischen Max Slevogt und Paul Cassirer sowie dessen Ehefrau Tilla Durieux. Diese Notizen und natürlich seine nach wie vor gültige Slevogt-Monographie von 1968 waren Hauptquellen und Ausgangspunkt für diesen Artikel.

Anmerkungen

1 Hans-Jürgen Imiela: Max Slevogt. Eine Monographie. Karlsruhe 1968, S. 50 f. – Zu Slevogts Zeit in Berlin vgl. Ausst.Kat. «Max Slevogt – Die Berliner Jahre». Hg. von Sabine Fehlemann. Wuppertal/Berlin 2005; zu den Fresken in Neu-Cladow besonders S. 23 f., zu den Aufenthalten in Neu-Cladow S. 74 ff. und zu Slevogts Verhältnis zu Tilla Durieux S. 154 ff. – Zur Bekanntschaft Slevogts und Cassirers in München vgl. Paret, S. 121.

2 Imiela (wie Anm. 1), S. 52.

3 Vgl. *Pan* 1, 1911, H. 7, S. 224. Eine Variante findet sich bei Johannes Guthmann: Scherz und Laune. Berlin 1920, S. 125. Zur Jagow-Affäre vgl. ferner *Pan* 1, 1911, H. 9, S. 287–290.

4 Eine ausführliche Darstellung der Jagow-Affäre findet sich in Tilla Durieux: Eine Tür steht offen. Erinnerungen (Erstausgabe 1954). Berlin 1971, S. 119 ff.

5 Menu zum 50. Geburtstag von Paul Cassirer (21. Februar 1921), 27,5 x 21,5 cm, sieben signierte Originallithographien, Originalumschlag mit Seidenbindeschnur, seltener Privatdruck; vgl. Arthur Rümann: Verzeichnis der Graphik von Max Slevogt in Büchern und Mappenwerken. Hamburg 1936, S. 11 (dort fehlerhaft).

6 Für Edouard Manets 1880 gemaltes Spargelstilleben zahlte der Sammler Charles Ephrussi 1000 Francs statt der vereinbarten 800. Zum Dank schenkte ihm Manet ein weiteres Gemälde mit einer einzelnen Spargelstange. Später erwarb Max Liebermann das pralle Spargelbündel und vererbte es weiter, seit 1968 befindet es sich im Kölner Wallraf-Richartz-Museum. Das Gemälde mit dem einzelnen Spargel befindet sich heute im Pariser Musée d'Orsay, ein deutlich von Manet inspiriertes Stilleben *Spargel und Radieschen* von Max Slevogt in Privatbesitz.

7 Das vorliegende Exemplar wurde dem Verfasser freundlicherweise von Frau Rahel Feilchenfeldt überlassen, ein weiteres Exemplar befindet sich im Nachlaß von Prof. Imiela.

8 Zur Baugeschichte und Innenausstattung des Gutes Neu-Cladow vgl. Manfred Semmer u. a.: Das ehemalige Gut Neu-Cladow. Ein Beispiel Märkischer Baukunst. Berlin 1987, bes. S. 48 ff. zur Loggia und ihrer Ausmalung durch Slevogt.

9 «Conrad Ansorge, Bruno Eisner, Max Dessoir, Anton Mayer, Wolfgang Goetz, Tilla Durieux und Lucie Höflich, aber auch Walther Rathenau, sind nur ein paar Namen aus einer vielgestaltigen Reihe.» Hans-Jürgen Imiela (Hg.): Max Slevogt an Johannes Guthmann. Briefe von 1912 bis 1932. Sammlung Franz Josef Kohl-Weigand. St. Ingbert/Saar 1960, S. 8 f. – Vgl. ferner Imiela (wie Anm. 1), S. 150 f.

10 Vgl. Semmer (wie Anm. 8), S. 48.

11 Imiela (wie Anm. 1), S. 168.

12 Johannes Guthmann: Scherz und Laune. Max Slevogt und seine Gelegenheitsarbeiten. Berlin 1920, S. 165 ff.

13 Guthmann (wie Anm. 12), S. 168 f.

14 Aquarellierte Bleistiftzeichnung, 17,1 x 10,3 cm, bez. Slevogt (o.r.), ehem. Sammlung Franz Josef Kohl-Weigand, St. Ingbert. Vgl. Imiela (wie Anm. 1), S. 169, Abb. 60, sowie S. 404 f., Anm. 2 zu den übrigen Zeichnungen. Vgl. ferner Hans-Jürgen Imiela: Max Slevogt. Sammlung Franz Josef Kohl-Weigand. I. Teil. St. Ingbert/Saar 1957, Kat. 27 A: «Studie zum Plafond des Pavillon in Neu-Cladow, Aquarell: 17 x 10,1 cm». Bibliographische Angaben zu *Die Inseln WAK WAK* vgl. Gerhart Söhn (Hg.): Max Slevogt. Das druckgraphische Werk. Bd. II. 1914–1933. Düsseldorf 2002, Kat.Nr. 481–542.

15 Im Sommer des Jahres 1912 malte Slevogt zudem mehrfach das Anwesen mit dem Gutshaus, den Blumenparterres und dem Havel-Ufer. Vgl. Ausst.Kat. «Max Slevogt – Die Berliner Jahre.» (wie Anm. 1), S. 74 f.

16 Imiela (wie Anm. 1), S. 169.

17 Vgl. Imiela (wie Anm. 1), S. 171 sowie zur Mozart-Thematik S. 405, Anm. 8.

18 Guthmann (wie Anm. 12), S. 169.

19 Karl Scheffler: Slevogts Wandmalereien für Neu-Cladow. In: *Kunst und Künstler* 12, 1924, S. 121.

20 Michael Bollé und Bettina Güldner in: Semmer (wie Anm. 8), S. 51.

21 Zur weiteren Geschichte der Liegenschaft und einzelner Gebäude vgl. Semmer (wie Anm. 8).

22 Vgl. Johannes Guthmann: Goldene Frucht. Begegnungen mit Menschen, Gärten und Häusern. Tübingen 1955, S. 139. Zur Geschichte von Neu-Cladow vgl. ebd. S. 115 ff.

23 Guthmann (wie Anm. 22), S. 306. – Die Überführung der Originale fand schließlich erst um die Jahreswende 1923/24 statt. Vgl. Imiela (wie Anm. 1), S. 404. Eine zeitgenössische Darstellung des gesamten Vorgangs findet sich bei Karl Scheffler: Slevogts Wandmalereien für Neu-Cladow. In: *Kunst und Künstler* 22, 1924, H. 6, S. 119 ff. Dort wird auch die Neuaufstellung im ehemaligen Speisesaal des Kronprinzenpalais beschrieben, wo Aquarelle, Zeichnungen und Studien Slevogts ergänzend ausgestellt werden sollten. Max Slevogt selbst schrieb am 8. Januar 1924 aus Neukastel an Johannes Guthmann: «Übrigens erhalte ich eben als Abschluß des Jahres von Justi die Nachricht, dass d. Clad. Pavillon im Kronprinzenpalais angekommen ist. – Er bittet, bei der Abnahme letzter Ausbildung möglichst dabei zu sein. Was wissen Sie davon u. kommen Sie ev. auch!?» Am 28. Januar 1924 folgt eine Postkarte aus Berlin, adressiert nach Mittel-Schreiberhau: «Die Ausgrabung in Cladow ist ins Museum verpflanzt! was man – nemlich [sic] ich – in lebender Verkalkung mitansieht! wobei man noch die Schäden ausbessern soll u. sollte! Die Wand rechts, die ich bis jetzt allein sah, ist ziemlich verwüstet, Mittelbild u. Decke angeblich so frisch wie am ersten Tag u. linke Seite gut erhalten! – Im Ganzen also ist's sicher geglückt!!!! – was ich Ihnen rasch mitteilen wollte.» Zit. nach Imiela 1960 (wie Anm. 9), S. 43 f.

24 Eine zeitgenössische Quelle berichtet über die Witterungsschäden: «Das war noch nicht genug, der Prinzipe [sic] Guthmann wollte auch seine Farnesina, und so wurde er der Entdecker des Freskomalers Slevogt, denn der kam und schuf jene bezaubernden Fresken, die jetzt, freilich durch die Witterung ihres ersten Glanzes beraubt, im Kronprinzen-Palais zu sehen sind.» Wolfgang Goetz: Erinnerung an Neu-Cladow. Sommernächte auf der Terrasse an der Havel. In: *Das Unterhaltungsblatt der Vossischen Zeitung* 25. Dezember 1927, Nr. 302, S. 1–2.

25 Max Slevogt. Die Wandmalereien in Neu-Cladow. Berlin 1921, o. S. Auf der Rückseite des Titelblattes heißt es ferner: «Dieses Werk wurde in 260 numerierten Exemplaren, von denen 250 in den Handel kamen, im Jahre 1920 hergestellt, den Druck der farbigen Lichtdrucke besorgte die Firma Albert Frisch in Berlin.» Das dem Verfasser zur Verfügung gestellte Exemplar mit der Nummer 239 trägt darunter die Originalunterschrift Max Slevogts.

26 Zur Neu-Cladow-Kassette vgl. Feilchenfeldt/Brandis, Nr. 186.

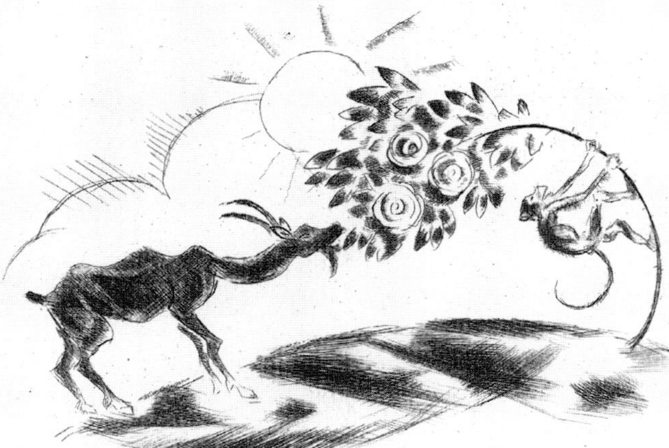

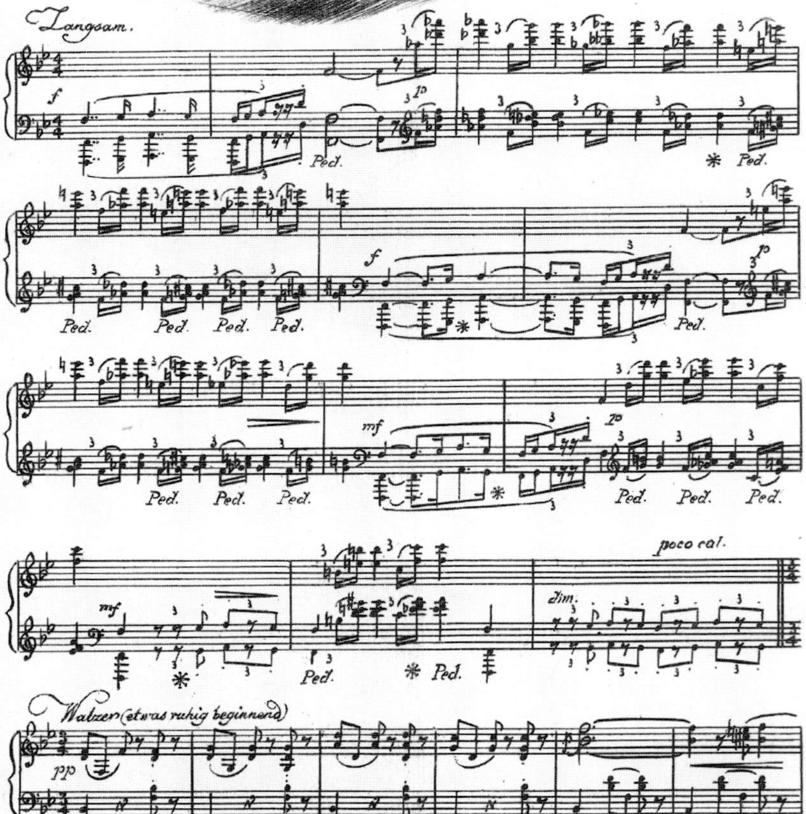
Langsam.
f
Ped.
Ped.
Ped.
f
Ped.
mf
Ped.
mf
Ped.
poco ral.
dim.
Walzer (etwas ruhig beginnend)
pp
con Pedale

«Ausfluß einer Künstlerlaune»
Musik ediert im Verlag von Paul Cassirer

Ursula Hudson-Wiedenmann

Der 1936 im *Daily Telegraph* (Abb. 133) abgedruckte amüsante Bericht Alfred Kerrs über die ersten privaten Aufführungen des Liederzyklus op. 66, *Krämerspiegel*, von Richard Strauss widerspricht in manchen Punkten den Kalendereinträgen des Komponisten. Kerr, der mit Strauss befreundet war, hatte die satirischen Gedichtvorlagen für die Liedkompositionen selbst geliefert. Er berichtet von einer durch ihn organisierten privaten Erstaufführung des Zyklus im *Hotel Kaiserhof* in Berlin vor etwa hundert begeisterten Gästen und von einer weiteren Aufführung, der Strauss beiwohnte, ein paar Jahre nach der Erstaufführung. Die Sängerin der ersten und zweiten Aufführung, Sigrid Johansen, spätere Baronin von Richthofen, «a beautiful giantess», sei in Strauss' Gegenwart offenbar krank vor Lampenfieber gewesen. Strauss, obwohl von seinem eigenen Werk durchaus beeindruckt, habe, so Kerr, dennoch Kritik an der Aufführung geübt: «he gently rebuked the accompanist, Michael Raucheisen, for not having brought out sufficiently the buffo character of the work.»[1] Nach Strauss' Kalendereinträgen stellt sich der zeitliche Ablauf etwas anders dar: Demzufolge war er bei der Erstaufführung des *Krämerspiegel* am 1. November 1925 in Berlin mit Sigrid Johansen und Michael Raucheisen tatsächlich nicht anwesend, aber bei der zweiten Aufführung, auf den Tag genau ein Jahr später, begleitete der Komponist selbst die Sängerin Sigrid Johansen[2].

So marginal der Unterschied in den Erinnerungen von Strauss und Kerr an die Umstände der ersten und zweiten Aufführung dieses in mehrerer Hinsicht wichtigen Werkes sein mag, so ist er doch symptomatisch für den lückenhaften, ja bisweilen widersprüchlichen Informationsstand über die Musikpublikationen des Paul Cassirer Verlags und deren Zustandekommen. Schon allein die Tatsache, daß die Verlagsbibliographie[3] zwischen 1912 und 1921 sechs Titel musikalischer Werke verzeichnet, ist kaum bekannt – sieht man von der Kenntnis einzelner Werke aufgrund eines spezifischen Interesses an einem der daran beteiligten Künstler einmal ab[4]. Weitgehend vage oder hypothetisch bleiben die Antworten auf Fragen nach den Anlässen dieser Musikpublikationen in einem Verlag, der in erster Linie durch seine literarischen und kunsthistorischen Titel sowie seine Luxusausgaben mit Originalgraphik Bedeutung erlangt hat. Als erste Vermutung drängt sich auf, daß es zunächst einmal Paul Cassirers eigenes Interesse an Musik war sowie das seiner wechselnden Mitarbeiter, durch das die zum Teil

Abb. 132: Michel Fingesten, Es war einmal ein Bock; *Radierung aus:* Krämerspiegel, *1921.*

höchst aufwendigen Ausgaben der Musiktitel in kleinsten Auflagen in das Verlagsprogramm gerieten.

Doch zunächst die Fakten: Die Reihe der sechs Musiktitel des Paul Cassirer Verlages beginnt mit der 1912 erschienenen Mappe der 15 Radierungen von Hans Meid zu Mozarts *Don Juan*[5]. Sechs Jahre später erschien Adolf Weissmanns reich illustrierte Monographie *Der Virtuose*. 1920 publizierte der Verlag ein weiteres kulturgeschichtliches Buch Weissmanns, *Die Primadonna*, wieder mit vielen Abbildungen und Lichtdrucken. Im selben Jahr brachte der Verlag als XVII. Werk der *Pan-Presse* das monumentale Mappenwerk mit Slevogts *Randzeichnungen zu Mozarts Zauberflöte* heraus, das 1924 nochmals in einer Volksausgabe aufgelegt wurde. 1921 ist das Jahr des schon genannten *Krämerspiegel* von Richard Strauss und auch das Jahr einer musikhistorischen Monographie aus der Feder des Journalisten, Musikkritikers und Hochschulprofessors Oskar Bie: *Das Klavier*.

Die Werktitel und Themen sowie die an den Publikationen beteiligten Personen – Autoren, Komponisten und Illustratoren – führen mitten in die bewegte künstlerische Atmosphäre Berlins zu Beginn des 20. Jahrhunderts, als die Musik im öffentlichen Leben der Stadt eine zentrale Rolle spielte. «Musik», so schreibt Oskar Bie in seinem Buch *Die moderne Musik und Richard Strauss*, sei «ein Kulturfaktor geworden»[6], und der Musikkritiker Adolf Weissmann führt in seiner historischen Abhandlung *Berlin als Musikstadt* (1911) aus, die Metropole sei als «Musikstadt *par excellence*» zu bezeichnen, die über einen modernen, kommerziellen Musikbetrieb verfüge – Ausbildungsstätten für angehende Musiker, Instrumentenbau, Konzertsäle, Verlage, Orchester und herausragen-

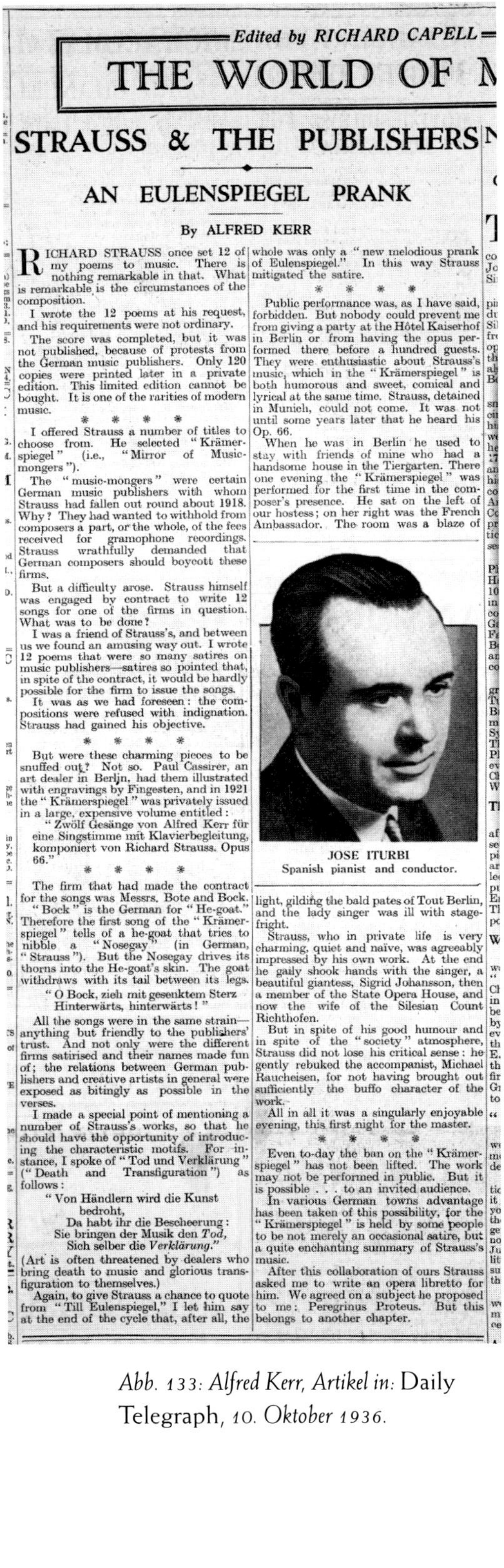

Edited by RICHARD CAPELL

THE WORLD OF M

STRAUSS & THE PUBLISHERS

AN EULENSPIEGEL PRANK

By ALFRED KERR

RICHARD STRAUSS once set 12 of my poems to music. There is nothing remarkable in that. What is remarkable is the circumstances of the composition.

I wrote the 12 poems at his request, and his requirements were not ordinary.

The score was completed, but it was not published, because of protests from the German music publishers. Only 120 copies were printed later in a private edition. This limited edition cannot be bought. It is one of the rarities of modern music.

* * * *

I offered Strauss a number of titles to choose from. He selected "Krämerspiegel" (i.e., "Mirror of Music-mongers").

The "music-mongers" were certain German music publishers with whom Strauss had fallen out round about 1918. Why? They had wanted to withhold from composers a part, or the whole, of the fees received for gramophone recordings. Strauss wrathfully demanded that German composers should boycott these firms.

But a difficulty arose. Strauss himself was engaged by contract to write 12 songs for one of the firms in question. What was to be done?

I was a friend of Strauss's, and between us we found an amusing way out. I wrote 12 poems that were so many satires on music publishers—satires so pointed that, in spite of the contract, it would be hardly possible for the firm to issue the songs.

It was as we had foreseen: the compositions were refused with indignation. Strauss had gained his objective.

* * * *

But were these charming pieces to be snuffed out? Not so. Paul Cassirer, an art dealer in Berlin, had them illustrated with engravings by Fingesten, and in 1921 the "Krämerspiegel" was privately issued in a large, expensive volume entitled:

"Zwölf Gesänge von Alfred Kerr für eine Singstimme mit Klavierbegleitung, komponiert von Richard Strauss. Opus 66."

* * * *

The firm that had made the contract for the songs was Messrs. Bote and Bock.

"Bock" is the German for "He-goat." Therefore the first song of the "Krämerspiegel" tells of a he-goat that tries to nibble a "Nosegay" (in German, "Strauss"). But the Nosegay drives its thorns into the He-goat's skin. The goat withdraws with its tail between its legs.

"O Bock, zieh mit gesenktem Sterz
Hinterwärts, hinterwärts!"

All the songs were in the same strain—anything but friendly to the publishers' trust. And not only were the different firms satirised and their names made fun of; the relations between German publishers and creative artists in general were exposed as bitingly as possible in the verses.

I made a special point of mentioning a number of Strauss's works, so that he should have the opportunity of introducing the characteristic motifs. For instance, I spoke of "Tod und Verklärung" ("Death and Transfiguration") as follows:

"Von Händlern wird die Kunst
bedroht,
Da habt ihr die Bescheerung:
Sie bringen der Musik den *Tod*,
Sich selber die *Verklärung*."

(Art is often threatened by dealers who bring death to music and glorious transfiguration to themselves.)

Again, to give Strauss a chance to quote from "Till Eulenspiegel," I let him say at the end of the cycle that, after all, the whole was only a "new melodious prank of Eulenspiegel." In this way Strauss mitigated the satire.

* * * *

Public performance was, as I have said, forbidden. But nobody could prevent me from giving a party at the Hôtel Kaiserhof in Berlin or from having the opus performed there before a hundred guests. They were enthusiastic about Strauss's music, which in the "Krämerspiegel" is both humorous and sweet, comical and lyrical at the same time. Strauss, detained in Munich, could not come. It was not until some years later that he heard his Op. 66.

When he was in Berlin he used to stay with friends of mine who had a handsome house in the Tiergarten. There one evening the "Krämerspiegel" was performed for the first time in the composer's presence. He sat on the left of our hostess; on her right was the French Ambassador. The room was a blaze of light, gilding the bald pates of Tout Berlin, and the lady singer was ill with stage-fright.

Strauss, who in private life is very charming, quiet and naïve, was agreeably impressed by his own work. At the end he gaily shook hands with the singer, a beautiful giantess, Sigrid Johansson, then a member of the State Opera House, and now the wife of the Silesian Count Richthofen.

But in spite of his good humour and in spite of the "society" atmosphere, Strauss did not lose his critical sense: he gently rebuked the accompanist, Michael Raucheisen, for not having brought out sufficiently the buffo character of the work.

All in all it was a singularly enjoyable evening, this first night for the master.

* * * *

Even to-day the ban on the "Krämerspiegel" has not been lifted. The work may not be performed in public. But it is possible . . . to an invited audience.

In various German towns advantage has been taken of this possibility, for the "Krämerspiegel" is held by some people to be not merely an occasional satire, but a quite enchanting summary of Strauss's music.

After this collaboration of ours Strauss asked me to write an opera libretto for him. We agreed on a subject he proposed to me: Peregrinus Proteus. But this belongs to another chapter.

JOSE ITURBI
Spanish pianist and conductor.

Abb. 133: Alfred Kerr, Artikel in: Daily Telegraph, *10. Oktober 1936.*

de Komponisten, Dirigenten und Solisten miteingeschlossen[7]. Den schwierigen Emanzipationsbewegungen der *Berliner Secession* vergleichbar, war auch das musikalische Leben durchzogen von Konflikten zwischen hofnahem ästhetischem Konservativismus und einer sich formenden Moderne, die sich vor allem in den zwanziger und dreißiger Jahren in der Atmosphäre der Neuen Sachlichkeit entfalten konnte. Exponent und Repräsentant der konfliktreichen Entwicklung einer musikalischen Moderne war in Berlin während der ersten beiden Jahrzehnte des 20. Jahrhunderts der seit 1898 an der Hofoper engagierte Richard Strauss, dessen Liederzyklus *Krämerspiegel* der letzte bei Paul Cassirer verlegte Musiktitel und zugleich der einzige Erstdruck einer zeitgenössischen Komposition war. Der Zeitraum, in dem der Paul Cassirer Verlag Musiktitel verlegte, endet ungefähr gleichzeitig mit der «Ära Strauss» in Berlin – Richard Strauss war 1919 einem Ruf an die Wiener Staatsoper gefolgt.

Ob und inwieweit Paul Cassirer über eine musikalische Ausbildung verfügte oder selbst musizierte, ist unbekannt. Sicher ist lediglich, daß Musik in seinem familiären Umfeld eine wichtige Rolle spielte: Sein Cousin Fritz Cassirer, Bruder von Bruno Cassirer und Schüler Hans Pfitzners, war Dirigent und Musiktheoretiker. Für die von ihm dirigierte Uraufführung von Frederick Delius' Oper *Romeo und Julia auf dem Dorfe* schuf der Maler und Illustrator Karl Walser die Bühnenbilder[8].

Intensiviert wurde Paul Cassirers Interesse an Musik ganz offenbar durch seine Beziehung zu Tilla Durieux und zusätzlich durch die Freundschaft mit dem Pianisten und Busoni-Schüler Leo Kestenberg. Tilla Durieux war musikalisch gebildet; sie spielte hervorragend Klavier und hätte nach dem Wunsch ihrer Mutter Klavierlehrerin werden sollen[9]. Zum Freundeskreis aus der Zeit ihrer ersten Ehe mit dem Maler Eugen Spiro zählten unter anderen der Pianist Arthur Schnabel und die Sängerin Therese Behr, spätere Schnabel[10]. Auf Wunsch Paul Cassirers und vermittelt durch Max Slevogt, erhielt Tilla Durieux Gesangsunterricht bei dem berühmten Bariton und *Don Juan*-Darsteller Francisco d'Andrade, einem Freund Slevogts[11].

Bei der Generalprobe zur Uraufführung von Oskar Frieds Komposition *Die Auswanderer* nach einem Melodram von Émile Verhaeren lernten Tilla Durieux und Paul Cassirer um 1913 Leo Kestenberg kennen; Tilla Durieux hatte die Sprecherinnenrolle in dem Stück übernommen[12]. Mit Kestenberg, der Tilla Durieux Klavierunterricht erteilte, trat ein ausgezeichneter Kenner der Berliner Musik- und Literaturszene in den Kreis um Paul Cassirer ein. Er war vielfältig begabt, einer der bedeutendsten Musikpädagogen des 20. Jahrhunderts[13], und gehörte als Pianist des von ihm selbst gegründeten *Kestenberg-Trios*[14] zum Berliner Musikleben, das er, als überzeugter Sozialist, auch der Arbeiterklasse zu vermitteln bemüht war[15]. Er erwies sich im Umfeld Paul Cassirers mehr und mehr als derjenige, der über sein Interesse und über seine Verbindungen zu Künstlern und Musikern neue Freundschaften knüpfte und dadurch auch maßgeblichen Anteil am Zustandekommen der Musiktitel des Verlages hatte.

Zwischen Tilla Durieux und Leo Kestenberg kam es bereits vor seiner Anstellung im

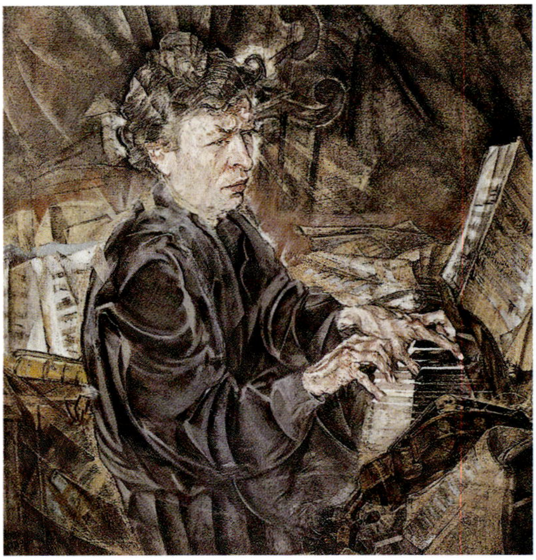

Abb. 134: Max Oppenheimer (MOPP), Porträt Ferruccio Busoni, *1916, Öl/Lwd., 80,5 x 80 cm, Nationalgalerie, Staatliche Museen zu Berlin.*

Verlag zu künstlerisch produktiver Zusammenarbeit: Vor Ausbruch des Ersten Weltkrieges gestalteten sie gemeinsam zahlreiche der von Kestenberg initiierten Sonntagsmatineen für Arbeiter. «Wir wählten Melodramen, und Kestenberg begleitete mich, ich rezitierte Goethe, Schiller, Dehmel, Herwegh, Chamisso. Dazwischen spielte Kestenberg klassische Musik.»[16] Während ihres Aufenthalts in der Schweiz fanden bei Cassirers im *Hotel Schwert* zahlreiche private Musikabende statt, an denen neben Kestenberg und Tilla Durieux auch andere Freunde mitwirkten, so etwa Annette Kolb, die, wie sich Durieux erinnert, «eine ausgezeichnete Pianistin war»[17]. Zu den vielen Gästen der Cassirers zählten auch Kestenbergs Mentor Ferruccio Busoni (Abb. 134) und der Komponist Paul Graener.

Noch während des Ersten Weltkrieges übernahm Leo Kestenberg, der Paul Cassirer in Berlin vertrat, die Planung, Organisation und inhaltliche Gestaltung von fest etablierten künstlerischen Vortragsnachmittagen im *Salon Cassirer* und die Neu-Einrichtung von «intimen Abenden», bei denen «gegen Entree, Novitäten musikalischer und literarischer Arbeit zum Vortrag gebracht werden» sollten. Aus einigen Briefen Kestenbergs an den Musikkritiker und Komponisten Heinz Tiessen (1887–1971)[18], der auch mit Richard Strauss befreundet war[19], läßt sich schließen, daß die Vortragsnachmittage auf Initiative Tilla Durieux' ins Leben gerufen oder zumindest stark von ihr gefördert wurden, wohingegen die Abendveranstaltungen eher auf eine Idee Kestenbergs oder auch Paul Cassirers zurückgingen. Kestenberg, der Tiessen die Aufführung eines von ihm komponierten Septetts angeboten hatte, schrieb am 9. Oktober 1917:

> «Verehrter, lieber Herr Tiessen!
>
> Die Aussichten, dass Frau Durieux in absehbarer Zeit nach Berlin zurückkommt, werden immer geringer. Es scheint, dass sie nicht vor dem 1. Januar hier eintreffen kann. Nun möchte ich aber keinesfalls Ihnen gegenüber mein Versprechen zurückziehen, ebenso wenig wünscht dies Frau Durieux. Es ist mit großer Wahrscheinlichkeit darauf zu rechnen, dass in unserem Salon intime Abende eingerichtet werden, in denen, allerdings gegen Entree, Novitäten musikalischer und literarischer Arbeit zum Vortrag gebracht werden. Die Vortragsnachmittage sollen erst wieder nach Rückkunft von Frau Durieux aufgenommen werden.

Es liegt also die Möglichkeit vor, Ihr Werk entweder an einem dieser Abende zur Aufführung zu bringen, oder zu warten, bis Frau Durieux zurückkommt. Ich weiß nicht, was Ihnen für ihr Werk vorteilhafter scheint. Jedenfalls wäre ich Ihnen sehr dankbar, wenn Sie mir recht bald schreiben würden, was Ihnen lieber ist. Während die Vortragsnachmittage einen vornehmen gesellschaftlichen Charakter tragen, würde ich versuchen, die öffentlichen Abende in unserem Salon der Presse zugänglich zu machen.»[20]

Tiessens Septett, so geht aus einem weiteren Brief (7. Februar 1918) hervor, wurde für die Aufführung an einem der Vortragsabende im *Salon Cassirer* vorgesehen, für den Kestenberg zahlreiche Eintrittskarten an die Presse verschickte. Denn er hielt es «für den Hauptzweck dieses Abends», so schreibt er am 13. März 1918, «die Werke möglichst häufig besprechen zu lassen». Schließlich wurde das Septett am «7. Vortragsabend», vermutlich Ende März 1918, aufgeführt[21].

Ein wesentlich früheres Zeugnis für die öffentliche Förderung zeitgenössischer Musik durch Paul Cassirer ist ein Brief des Kunsthändlers vom Juni 1906 an den damals in Berlin lebenden Professor für Komposition, Engelbert Humperdinck: Darin bat er den damals sehr berühmten Komponisten der Märchenoper *Hänsel und Gretel* darum, einem dem Brief beiliegenden Aufruf dessen Namen hinzufügen zu dürfen. Der Aufruf galt der Schaffung eines «Garantiefonds», um eine Konzertreihe unter der Leitung Oskar Frieds zu sichern, die sich ausdrücklich «der Pflege der modernen Produktion widmet». Unterzeichnet hatten den Aufruf bis dahin Max Liebermann, Gerhart Hauptmann, Walter Leistikow, Paul Hartog und Cassirer selbst[22]. Oskar Fried (1871–1941) war, bevor er sich 1899 als Dirigent, Komponist und Hundezüchter in Berlin niederließ, Humperdincks Schüler und Assistent in Frankfurt gewesen. 1905 erlangte er Berühmtheit als Dirigent von Gustav Mahlers zweiter Symphonie und machte sich in den folgenden Jahren als Dirigent der Konzerte der *Gesellschaft für Musikfreunde* einen Namen. Fried wirkte für die zeitgenössische Musik in Berlin mit Unterbrechungen bis 1934, als er nach Tiflis emigrierte und dort eine Anstellung als Opernkapellmeister fand[23]. Während des Ersten Weltkrieges verkehrte Fried, wenn er in der Schweiz Konzerte dirigierte, regelmäßig als Gast bei den Cassirers in Zürich und war, so Tilla Durieux, Paul Cassirer beim Transfer eines Teils seines Privatvermögens zur Realisierung von Verlagsplänen behilflich[24]. 1915 wurde Oskar Fried von Leo Kestenberg für das erste seiner Mittagskonzerte an der Volksbühne engagiert, für das er auch Tilla Durieux' langjährigen Freund Arthur Schnabel als Solisten gewinnen konnte[25].

Deutlich wird aus diesen Zeugnissen, daß die Förderung zeitgenössischer Musik offenbar einem persönlichen Interesse Paul Cassirers an der Musik als Kunstform entsprang, gleichzeitig aber einherging mit seinem Engagement für die moderne bildende Kunst. Als Forum dienten ihm dazu einerseits Konzertreihen, die öffentlich wahrnehmbar von ihm und anderen Persönlichkeiten aus dem Umfeld der *Berliner Secession* gefördert wurden; andererseits benutzte er den Kunstsalon in der Victoriastraße und

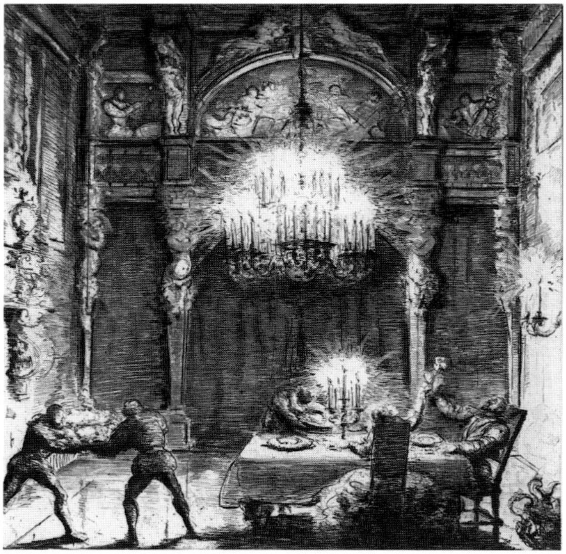

Abb. 135: Hans Meid, Fröhlich sei mein Abendessen; *Radierung aus:* Don Juan, *1912.*

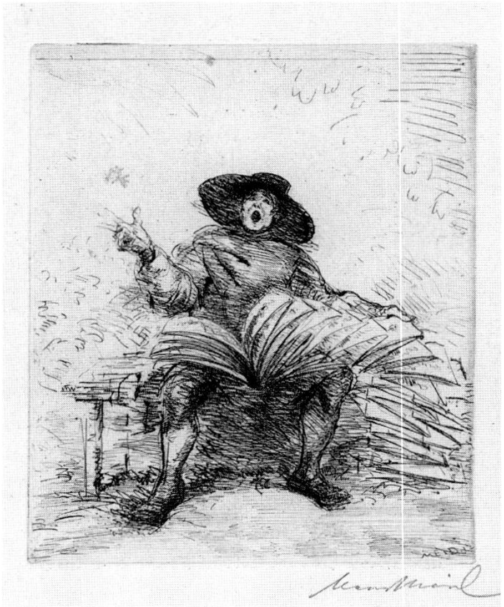

Abb. 136: Hans Meid, Titelblatt, Leporello mit Register; *Radierung aus:* Don Juan, *1912.*

den Verlag dazu, die Förderung moderner Musik mit dem Namen Cassirer zu verbinden. Die Konzertabende und die Vortragsnachmittage zogen werbewirksam ein interessiertes Publikum an und verstärkten die öffentliche Wahrnehmung des Kunstsalons als Treffpunkt von Repräsentanten der Avantgarde und ihrer Förderer.

Die Verlagsproduktion im Bereich Musik verdankt sich vermutlich auf ganz ähnliche Weise einer Mischung von persönlichem Interesse und strategischen Überlegungen.

Mit dem ersten bei Paul Cassirer verlegten Musiktitel, den 15 Radierungen von Hans Meid zu Mozarts *Don Juan,* band der Verleger einen höchst produktiven Künstler an sich, der dann einer der führenden Buchkünstler der zwanziger und dreißiger Jahre werden sollte (Abb. 135). Die impressionistischen Radierungen zu *Don Juan* sind von den zentralen, die Handlung vorantreibenden Szenen der Oper inspiriert. Die großformatigen, handsignierten Blätter spiegeln die Dramatik von Mozarts Komposition auf einzigartig theatrale und technisch vollendete Weise. Ausdrucksstarke Hell-Dunkel-Kontraste erhöhen die dramatische Wirkung der Blätter. Die *Don Juan*-Radierungen sind Ausdruck von Meids lebenslanger Affinität zum Theater, die ihn das graphische Bild, so Lothar Lang, als Bühne und Bühnenvorgang hat wahrnehmen lassen[26]. Tatsächlich hat Meid zu Beginn der zwanziger Jahre Bühnenbilder für Max Reinhardt entworfen[27]. Meids Radierungen zeigen die Leidenschaften der Charaktere und ihre Menschlichkeit (Abb. 136), oder wunderbar vollendete Bühnenschauplätze und Landschaften (Taf. V und VI). Die von Paul Cassirer unterzeichnete Verlagsankündigung des Mappenwerks preist Meids Kunst folgendermaßen:

«Hans Meid, der Schöpfer der rasch berühmt gewordenen Othello-Serie, hat 15 Blätter zu Mozarts Don Juan radiert. An technischer Vollendung und zeichnerischem Raffinement und Reichtum enthalten diese Radierungen so viel Überraschendes und noch über den Othello hinaus Neues, aber zugleich Überzeugendes, daß sie Verständnis und Bewunderung auf den ersten Blick gefunden haben. In ihrer Verbindung von malerisch-theatralischem und musikalischem Ausdruck sind sie unvergleichlich reizvoll.»[28]

Die *Don Juan*-Radierungen von 1912 stehen gemeinsam mit den ein Jahr davor im Verlag Jacques Caspar veröffentlichten Radierungen des *Othello*-Zyklus am Beginn von Hans Meids außergewöhnlichem Erfolg als Illustrator. Der Paul Cassirer Verlag beteiligte Meid an zahlreichen anderen Projekten, so an dem – durch den Tod des Verlegers abgebrochenen – Projekt der Goethe-Illustrationen; er lieferte Radierungen zu Ernst Tollers Puppenspiel *Die Rache des verhöhnten Liebhabers* (1925) und Umschlagzeichnungen zu Adolf Weissmanns Büchern *Der Virtuose* (1918) und *Die Primadonna* (1920). Meids ruhmreiche Karriere seit den *Don Juan*-Radierungen wurde verlagsintern in der 3. Auflage von Hermann Strucks *Die Kunst des Radierens* von 1919, die auch Graphiken Meids enthielt, gepriesen. Struck stellt Meids Können neben das von Max Liebermann, Paul Baum und Edvard Munch und schreibt:

«Jedes Blatt dieses Künstlers, eines unsrer besten neueren Radierer, hat einen interessanten und persönlichen Charakter. Meid verfügt über eine bedeutende kompositionelle Begabung. Man könnte sagen, daß er Gemälde in Form graphischer Impressionen radiert.»[29]

So wie die Radierungen Hans Meids zu Mozarts *Don Juan* als ein Höhepunkt seines Schaffens gelten, werden auch Max Slevogts *Randzeichnungen zu Mozarts Zauberflöte* als Meisterwerk des Künstlers beschrieben. Beide Editionen setzten Maßstäbe für die Illustrationskunst. Während Meid seine *Don Juan*-Radierungen gänzlich frei, nur auf der Basis der Opernhandlung, impressionistisch im Bild neu gestaltete, ging Slevogt mit seinen Randzeichnungen einen ganz anderen Weg, indem er die alte Kunst der Illustration eines Textes, hier eines Musik-Textes, ornamental oder durch Szenen um die Texteinheit herum wiederbelebte und transformierte. In seinem Schaffen bilden die *Randzeichnungen zur Zauberflöte* einen Markstein seiner Beschäftigung mit Mozarts Musik[30]. «Die Oper», so schreibt der Kunsthistoriker Johannes Guthmann, Autor des Paul Cassirer Verlags und Mäzen Max Slevogts, in seinem Buch über den Künstler, «ist für Slevogt die ihm liebste Kunstform des Theaters, der Musik gewesen.»[31] Slevogt, selbst außerordentlich musikalisch, besaß ein sehr natürliches Verhältnis zur Musik und liebte es offenbar, sich musikalisch – singend oder klavierspielend – auszudrükken[32]. Der Anstoß zur bildnerischen Auseinandersetzung mit Mozart war von Paul Cassirer ausgegangen, der offenbar zusammen mit dem bereits erwähnten Dirigenten und Komponisten Oskar Fried in Slevogt den Meister der Mozart-Illustration sah: «Hat Ihnen Fried von unserer Idee geschrieben? Mozart von Ihnen illustriert? Ich glaube, Sie werden ein Wunderwerk machen, aber ich fürchte mich vor der Länge

Ihretwegen! Wäre *Cosi fan tutte* nicht besser?»[33], schrieb er ihm im Juni 1910. Doch nicht *Cosi fan tutte*, sondern die *Zauberflöte* beschäftigte Slevogts Phantasie und Kreativität zwischen 1910 und 1928 immer wieder aufs neue. Vermutlich geht bereits der Aquarell-Entwurf für den Umschlag der bei Bruno Cassirer erscheinenden Zeitschrift *Kunst und Künstler* auf ein *Zauberflöten*-Thema zurück.[34] Deutlicher ist der *Zauberflöten*-Bezug bei den Wandbildern in pompejanischer Manier, die Slevogt 1911 für Johannes Guthmanns Gartenpavillon in Neu-Cladow entwarf. Die bei Paul Cassirer 1921 publizierte Kassette mit farbigen Lichtdrucken der Wandbilder Slevogts[35] zeigt die von der *Zauberflöte* inspirierte Mittelwand mit Papagena im Vogelkäfig[36]. Danach griff Slevogt die Beschäftigung mit der *Zauberflöte* erst 1917 wieder auf[37]. Vorbereitende Versuche, die richtige Balance zwischen gedrucktem Notenbild und zeichnerischer Interpretation zu finden, waren nicht zu seiner Zufriedenheit ausgefallen. Vorbilder hierzu konnte er in den Radierungen Max Klingers zu Liedern von Johannes Brahms finden, in denen die gedruckten Noten mit Illustrationen umspielt sind[38], oder auch in den illustrierten Notendrucken, die 1893 in Frankreich als Gemeinschaftwerk des Komponisten Claude Terrasse, des Lyrikers Jean Franc-Nohain und des Künstlers Pierre Bonnard entstanden waren[39]. Doch das gedruckte Notenbild scheint Slevogt nicht wirklich inspiriert zu haben. Erst Leo Kestenbergs Idee, Teile der Originalpartitur als Faksimile-Radierung zum bildnerischen Ausgangspunkt der Randzeichnungen zu machen, brachte die Arbeit an der von Paul Cassirer gestellten Aufgabe auf den Weg. Die damalige Lektorin im Verlag, Grete Fischer, schreibt in ihren Erinnerungen über diesen wichtigen Moment des Entstehens der Randzeichnungen:

> «Die Illustrationen zur Zauberflöte waren Kestenbergs Idee gewesen, Slevogts leichter, spielender Strich schien ihm ideal für Mozart. Slevogt hatte eingewilligt, Ausschnitte aus der handschriftlichen Partitur mit Illustrationen zu umrahmen, schon weil Mozarts Notenschrift in ihrer Zierlichkeit an sich eine Augenweide war. Kestenberg mußte ihm nun stundenlang aus der Partitur vorspielen, und Slevogt bezeichnete die Stellen, die er bebildern wollte. Ich hatte die Aufgabe, in der Staatsbibliothek die betreffenden Seiten der Originalpartitur herauszusuchen, damit sie fotografiert werden konnten. Das war beglückend, ich hatte jedesmal Herzklopfen, wenn der weißbärtige Herr Altmann, Direktor der Musikabteilung, mir den kostbaren Band herausgab und ich darin blättern durfte. Die Partiturstellen wurden nun auf die Platte gesetzt, und Slevogt radierte aus freier Hand direkt auf das Kupfer. Der Drucker Ruckenbrot machte Probeabzüge, und die Platten kamen dann zurück in den Verlag, wo sie in meinem großen Geldschrank aufbewahrt wurden. Die Radierungen waren bezaubernd, obwohl sie mir etwas zu barock erschienen; ich hatte von Mozart eine andere Vorstellung. Slevogt liebte Mozart jedenfalls sehr; sein Porträt d'Andrades als ‹Don Giovanni› ist ein weiteres Zeugnis.»[40]

In einem Brief an Leo Kestenberg berichtet Slevogt begeistert von der gelungenen Lösung des Problems und der anregenden Wirkung der Mozartschen Handschrift:

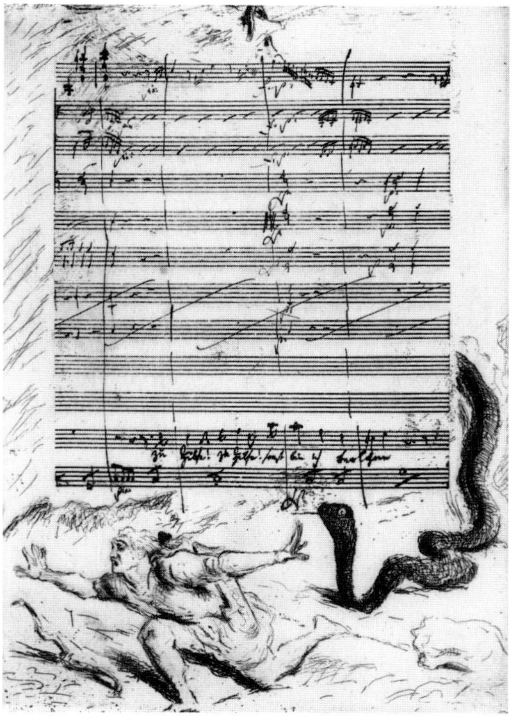

Abb. 137: Max Slevogt, Zu Hilfe, zu Hilfe; *Radierung aus:* Die Zauberflöte, *1920.*

«Sie haben völlig recht, auf die Lösung dieser schwierigen Frage stolz zu sein, denn sie ist nach meiner Meinung völlig geglückt, und wird, hoffe ich, mit der Zeichnung eine ausgezeichnete Harmonie ergeben können! Die Handschrift – und gerade Mozarts – ist eben unglaublich anregend, und [hat] ein technisches Mißverhältnis abgehalten!

Ich habe nun wirklich große Freude an der bevorstehenden Arbeit, so sehr ich auch die Anstrengung der Augen durch das Kupfer scheue. (Ein Grund, warum ich immer etwas auswich.) Ich sehe aber, daß wir uns zur Feststellung der einzelnen Platten doch sprechen müssen, und wiederhole deshalb die Einladung für hierher.»[41]

Das Ergebnis dieser Arbeit, die sich über drei Jahre, von 1917 bis zur Drucklegung 1920, erstreckte, waren 47 Radierungen zu den gemeinsam mit Kestenberg ausgewählten Partiturseiten, die 1920 in Folioformat als Mappe, äußerst aufwendig hergestellt, erschienen[42]; sie waren bereits drei Tage nach der Eröffnung der Subskription vergriffen. Zwei Volksausgaben mit einer Titelauflage von jeweils 1000 Exemplaren folgten 1924[43]. Was die Einzigartigkeit der *Randzeichnungen* ausmacht, ist die kongeniale Verbindung von Bild und Partitur, die in Slevogts Radierungen zu einer Einheit verschmelzen. Mozarts Handschrift und Notenzeilen, bereits ein Bildelement der Radierung, werden von Slevogt phantasievoll umspielt, impressionistisch wird der in der Partitur vorgegebene Moment der Handlung in Slevogts Bildphantasien weitergesponnen.

Die Idee der *Randzeichnung* ist auf dem dritten Blatt (Abb. 137) auf eindrucksvolle Weise umgesetzt. Es zeigt unterhalb des Notenbildes den vor der Schlange fliehenden Prinzen Tamino und die Partiturzeile «Zu Hilfe, zu Hilfe, sonst bin ich verloren». Hier ist der Autographenausschnitt vollständig vom langen, geschwungenen Leib der Schlange umspielt, deren Schwanzspitze in der Mitte oben mit den abwärtsfließenden Noten der Violinstimme zu verschmelzen scheint. Trotz aller Bedrohlichkeit ist der Schlange ein naiv-heiterer Charakter zu eigen, auf den bereits das Titelblatt einstimmt; es trägt die Textzeile, die die Herkunft der Zauberflöte erklärt: «Es schnitt in einer Zauberstunde mein Vater sie aus tiefstem Grunde der tausendjähr'gen Eiche aus.» Die Bildszene zeigt den von Blitzen, Unwetter und sturmgebeugten Bäumen umgebenen hemds-

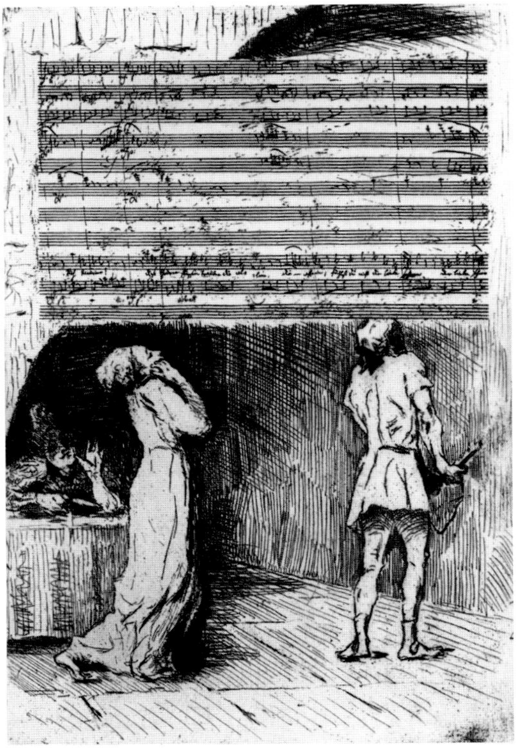

Abb. 138: Max Slevogt, Sieh, Tamino, diese Tränen; *Radierung aus:* Die Zauberflöte, *1920.*

ärmeligen König, Paminas Vater, der im Vordergrund munter an der Flöte schnitzt. Das Ouvertüren-Blatt führt in die verschiedenen Welten und Ebenen der Zauberoper ein und hält das Gleichgewicht zwischen heiterer und ernster Stimmung. Oben rechts die Tempelwelt des Sarastro, den im Zentrum des Blattes befindlichen Autographenausschnitt, der die Fanfarenakkorde des Beginns der Ouvertüre wiedergibt, säumen Fanfarenbläser; die untere Randzeile des Autographs mit den schnellen Streicherbewegungen begrenzt die Welt der Naturmenschen, hier festgehalten in einer heiteren Papageno-Papagena-Szene mit aus dem Ei schlüpfenden «Kinderlein»[44].

Die drei ersten Blätter der Mappe führen ein in die Atmosphäre der *Zauberflöte* in Slevogts Interpretation. Auch auf den folgenden 44 Blättern sind es Heiterkeit und würdevolle Menschlichkeit, die sich die Balance halten, ganz im Geist der Mozartschen Musik. Bei der genialen Spiegelung und Weiterführung dieses Mozartschen Geistes im Zusammenspiel von Text und Bild in Slevogts Radierungen standen der Verleger Paul Cassirer und sein Mitarbeiter Leo Kestenberg Pate.

Die in den Jahren 1918, 1920 und 1921 verlegten musikhistorischen Schriften von Adolf Weissmann und Oskar Bie verdanken ihre Aufnahme in den Paul Cassirer Verlag vermutlich zum einen dem Netzwerk von persönlichen Bekanntschaften, zum andern der Tatsache, daß Bie und Weissmann die damals renommiertesten und bekanntesten Musikkritiker Berlins waren. Adolf Weissmann (1873–1929) war Rezensent bei der weit verbreiteten *Berliner Zeitung* und einer der produktivsten Musikschriftsteller Berlins. Sowohl für den Verleger wie für den Autor mag die Zusammenarbeit werbewirksam gewesen sein: Weissmann hatte bereits bei anderen Verlagen Monographien zu Bizet und Chopin veröffentlicht[45] und hatte vor allem mit seiner Darstellung der kaiserlichen Musikmetropole Berlin, *Berlin als Musikstadt*, 1911, Beachtung erlangt. Oskar Bie (1864–1938) war von der Mitte der 1890er Jahre bis 1922 Redakteur und danach Mitherausgeber der bei S. Fischer erscheinenden *Neuen Deutschen Rundschau*. Er prägte Inhalt und Erscheinungsbild der *Rundschau*, an deren neuartiger typographischer Gestaltung Karl Walser und E. R. Weiß Anteil hatten[46]. Zudem war Bie Musikkritiker beim *Berliner Börsen-Courier*; seine ausgedehnte schriftstellerische und kritische Tätigkeit erstreckte sich auch auf alle anderen Kunstformen: bildende Kunst (im *Börsen-Courier* besprach er Ausstellungen des Salons Cassirer[47]), Architektur[48], Tanz[49], Schauspiel[50] und vor allem Oper.

Für Weissmann wie für Bie mag die Aufnahme ihrer Werke in das Programm des Verlags aufgrund der besonderen künstlerischen Ausstattung verlockend gewesen sein, die alle Titel aus dem Paul Cassirer Verlag auszeichnete. Aus der Sicht des Verlegers konnten mit Bie und Weissmann zwei bekannte Musikkenner und -kritiker als Autoren gewonnen werden, deren Werke Interesse und damit verkaufte Auflagen garantierten. Weissmanns erster bei Cassirer verlegter Titel, die kulturhistorische Studie zum Virtuosentum im Spannungsfeld zwischen «Bürgerlichkeit und Abenteurertum», erschien 1918 in einer Vorzugs- und einer Volksausgabe und erlebte eine 2. Auflage 1920. *Der Virtuose* war aufwendig ausgestattet, mit einer Umschlagzeichnung von Hans Meid, die einen schlanken Geigenvirtuosen, umgeben von Rankenwerk und musikalischen Notenzeichen, zeigt, einem vorangestellten Bild des Baritons d'Andrade, radiert von Max Slevogt, und zahlreichen weiteren Textabbildungen, Tafeln und Faksimiles. Weissmanns zweiter Titel, *Die Primadonna*, erschien in einer ersten Ausgabe 1920. Die Ausstattung dieses Bandes läßt bereits äußerlich die inhaltliche Verbindung zu dem *Virtuosen* erkennen. Die Umschlagzeichnung stammt wiederum von Hans Meid und zeigt eine Sängerin in höchst dramatischer Pose mit gezücktem Dolch. Der Text ist reich bebildert und enthält zudem 24 teils farbige Lichtdrucke. Inhaltlich schließt Weissmann in seiner Studie über die künstlerische Persönlichkeit der Primadonna an den Instrumentalvirtuosen an. Er erläutert dies in dem als «Vorwort» abgedruckten fingierten Brief an eine «verehrte Frau», die ihn nach der Lektüre seines *Virtuosen* auf die mangelnde Berücksichtigung weiblicher Kunstausübung kritisch aufmerksam gemacht habe:

> «Sie waren mir, verehrte Frau, als ich Ihnen meinen ‹Virtuosen› auf den Tisch legte, freundlich und böse: eine Kränkung ihres Geschlechts meinten Sie. Ich schwieg und blieb stillvergnügt. Die Ueberraschung war geplant. Die Frau sollte ihre besondere Huldigung haben. Hier ist sie.
>
> Der ‹Virtuose› wollte an einigen Haupttypen der Instrumentalkunst den tragischen Konflikt zwischen der äußeren Fertigkeit und der inneren Musik in ihnen zeigen. [...] Die Primadonna ist als Typus untragisch. Sie lächelt uns kokett an. Sie liebt Ihre Kleinigkeiten. Aber sie hat doch Grund, stolz zu sein. Denn schließlich macht sie ja die Oper. [...] Ich huldige ihr, weil ich weiß, daß ihr eine unausrottbare Liebe auch unkapitalistischer Demokraten gehört.
>
> Und nun sollen Sie einmal sehen, verehrte Frau, wie wertvoll diese Ihre Geschlechtsgenossin ist.»[51]

Es folgt ein Überblick über die Entwicklung weiblicher Gesangskunst durch drei Jahrhunderte, der in der unmittelbaren Gegenwart endet.

Die Aufnahme von Oskar Bies Darstellung der historischen Entwicklung des Klaviers, *Das Klavier*, war für den Verlag werbewirksam. Die bei Cassirer 1921 erschienene

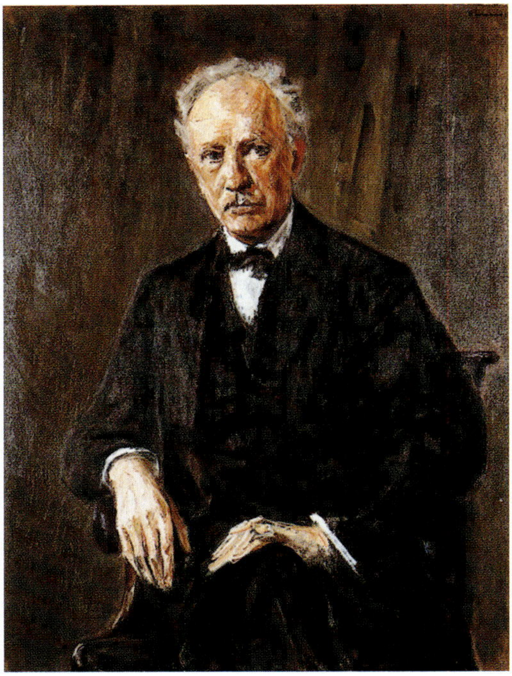

Abb. 139: Max Liebermann, Porträt Richard Strauss, *1918, Öl/Lwd., 116 92, Nationalgalerie, Staatliche Museen zu Berlin.*

Ausgabe war nämlich bereits die 3. Auflage dieses äußerst erfolgreichen Werks. Es war erstmals 1898 bei F. Bruckmann in München unter dem Titel *Das Klavier und seine Meister* veröffentlicht worden. Die 3. Auflage bei Cassirer war verlagsüblich sorgfältig ausgestattet, im Text erweitert und hatte zahlreiche Textabbildungen sowie auch eine große Anzahl eingeschalteter Bildtafeln, zumeist Photographien von Gemälden Alter Meister oder faksimilierte Notendrucke.

Als einer der Höhepunkte der Publikation von Musiktiteln im Paul Cassirer Verlag darf sicherlich das Erscheinen von Richard Strauss' Liederzyklus op. 66, *Krämerspiegel*, nach Gedichten von Alfred Kerr und mit Radierungen von Michel Fingesten im Jahr 1921 angesehen werden. Strauss war zu diesem Zeitpunkt der international bekannteste Repräsentant der modernen Musik[52]. Während der zwei Jahrzehnte seines Wirkens in Berlin hatte er sich eine zentrale Position im Berliner Kunst- und Musikleben erobert und war mit zahllosen Musikern, Künstlern und Literaten bekannt oder befreundet, die dem Personenkreis um Paul Cassirer angehörten, etwa d'Andrade, Tiessen, Fried und Kestenberg, aber auch Bie und Weissmann. Strauss war mit Alfred Kerr, dem Herausgeber der im Paul Cassirer Verlag erscheinenden Wochenschrift *Pan*, ebenso befreundet wie mit Harry Graf Kessler, einem engen Vertrauten Paul Cassirers. Strauss wurde häufig porträtiert, so von Max Liebermann (Abb. 139), Emil Orlik und Eugen Spiro. Hans Meid schuf das Titelblatt zu der 1919 in Wien uraufgeführten Oper *Die Frau ohne Schatten*, Lovis Corinth fertigte Illustrationen zu *Elektra*[53]. Das in Paris 1914 uraufgeführte Ballett *Josephslegende*, op. 63, basiert auf einer Handlung von Hugo von Hofmannsthal und Harry Graf Kessler; die deutsche Erstaufführung fand unter der Leitung von Richard Strauss am 4. Februar 1921 in der Staatsoper statt; Tilla Durieux spielte darin und in den folgenden Aufführungen die Rolle der Frau Potiphar[54]. Auch mit Leo Kestenberg kam es verschiedene Male zur Zusammenarbeit; so gelang es ihm, Strauss für eines der Mittagskonzerte der *Freien Volksbühne* zu gewinnen, bei denen auch des öfteren Werke von Richard Strauss auf dem Programm standen. Auch instrumentierte Strauss 1919 auf Kestenbergs Bitte das dritte seiner Lieder, op. 39, *Der Arbeitsmann*, nach einem Gedicht von Richard Dehmel, für die Volksbühnenkonzerte[55]. Strauss' zentrale Stellung im Berliner

Kulturleben und seine intensiven Beziehungen zu Exponenten der Kunstszene brachten ihn auch persönlich in Kontakt mit Paul Cassirer. In seinem Kalender vermerkt er unter dem 15. März 1917 eine Besprechung mit dem Kunsthändler im Vorfeld einer Cassirer-Auktion, bei der er schließlich eine Kreuztragung von Tintoretto erwarb[56]. Der diesbezügliche Kalender-Eintrag vom 20. März wird bestätigt von den *Auktionsnachrichten* in der Zeitschrift *Kunst und Künstler*[57]. Vor diesem Hintergrund der engen persönlichen Verflechtungen und ähnlichen Interessen erklärt es sich, daß der Liederzyklus op. 66 als einziger Notendruck in das Verlagsprogramm Paul Cassirers aufgenommen wurde. Der Druck des *Krämerspiegel* wurde durch die Vignetten-Radierungen Michel Fingestens zu einer der schönsten Strauss-Ausgaben, jedes Exemplar handsigniert vom Illustrator und vom Komponisten.

Die näheren Umstände, die Richard Strauss zu einem «Autor» des Paul Cassirer Verlages werden ließen, sind folgende: Strauss war seit dem Druck der *Sinfonia Domestica*, op. 53, dem Verlag *Bote & Bock* als Dank sein nächstes noch ungeschriebenes Werk, einen Liederzyklus, schuldig. Ein Eintrag in seinen Tageskalendern vom 7. Oktober 1904 belegt dies[58]. Geliefert hatte Strauss bis 1905 jedoch nur sechs Lieder, op. 56. Die sechs weiteren zur Vertragserfüllung noch ausstehenden Lieder ließen auf sich warten. Denn der um die Jahrhundertwende in Liedkompositionen so fruchtbare Komponist hatte sich mehr und mehr den Opernkompositionen zugewandt und war zudem mit seinem Freund aus Studienzeiten, dem Rechtsanwalt Friedrich Rösch, mit der Sicherung der Autorenrechte und deren wirtschaftlicher Verwertung befaßt. Als der Verlag *Bote & Bock*, der der *Gesellschaft der Verleger* angehörte, die sich in Gegnerschaft zu der von Strauss begründeten *Gesellschaft deutscher Tonsetzer* befand, 1918 die Einhaltung des Vertrages anmahnte und mit gerichtlichen Schritten drohte, bat Strauss Alfred Kerr um zwölf satirische Gedichte, die das Verlegerwesen aufs Korn nehmen sollten. Kerr, der Strauss in dieser Sache gerne aushalf, da Strauss «einen Zwist mit Musikverlegern austrug, der für alle Künstler von grundsätzlichem Belang war»[59], lieferte im März 1918 die Gedichte. Strauss scheint sich in der Sache nicht ganz sicher gewesen zu sein. Seinen knappen Tagesnotizen ist zu entnehmen, daß er in Erwägung gezogen hatte, die sechs ebenfalls im Frühling 1918 komponierten Lieder nach Gedichten von Clemens Brentano an *Bote & Bock* zu geben, vermutlich, um sich aus der nach wie vor bestehenden vertraglichen Verpflichtung mit dem Verlag zu lösen[60]. Doch sind sie schließlich als op. 68 bei seinem Münchner Verleger Fürstner erschienen[61]. Die Vertonung der Texte Kerrs war Ende Mai fertig, und Strauss sandte den Zyklus, der in Anspielung auf das Verlegerunwesen, dem der Spiegel vorgehalten wurde, nun den Titel *Krämerspiegel* trug, an *Bote & Bock*. Doch der Verlag schickte diesen am 23. Juni kommentarlos zurück[62] und zog vor Gericht. Das Berliner Amtsgericht verfügte in seinem Urteil gegen Strauss, daß er «sechs richtige Lieder an den Verlag Bote & Bock zu liefern» habe, um den 13 Jahre alten Vertrag zu erfüllen. Dies tat er mit den sechs Liedern op. 67, nach Gedichten aus Goethes *West-Östlichem Divan (Buch des Unmuths)* und von Shakespeare – hier wählte er

Gedichte der Ophelia aus *Hamlet*[63]. Drei Jahre fand der *Krämerspiegel*, dessen öffentliche Aufführung, so Alfred Kerr[64], verboten war, keinen Verleger. Als es 1921 dann schließlich zum Druck kam, widmete Strauss das Werk seinem Mitstreiter für die Autorenrechte, Friedrich Rösch. Seine Freude über die Veröffentlichung drückte Strauss in einem kleinen Dankesbrief vom 21. März 1921 an Paul Cassirer aus, der auf S. 4 der Ausgabe faksimiliert wiedergegeben ist:

> «Sehr geehrter Herr Cassirer!
>
> Mit großer Freude erfahre ich, daß Sie sich entschlossen haben, den ‹Krämerspiegel› in Ihren Verlag aufzunehmen. Endlich ein Mann, der den nötigen Humor besitzt, obgleich er selbst Verleger ist, dieses Werk richtig einzuschätzen, als das was es ist, als den Ausfluß einer Künstlerlaune. Genehmigen Sie den Ausdruck meiner vorzüglichsten Hochachtung. Ihr sehr ergebener Richard Strauss.»[65]

Die Gedichte, zeichnerisch witzig von Michel Fingesten ins Bild umgesetzt, richten sich gegen mehrere von Strauss' Musikverlegern. Allen voran *Bote & Bock*, aber auch gegen *Breitkopf*, den *Drei Masken Verlag*, die *Brüder Reineke*, *Schott & Söhne*, die alle in Verszeilen und in Menschen- und Tierillustrationen verulkt werden. Gedichte und Musik sind von Selbstzitaten aus Strauss' Werken durchzogen: «Es kam der Bock als Bote / Zum Rosenkavalier ans Haus» (Lied 2). «Von Händlern wird die Kunst bedroht, / Da habt ihr die Bescherung. / Sie bringen der Musik den Tod, / sich selber die Verklärung» (Lied 8). «Wer trampelt durch den Künstlerbau / als wie der Ochs von Lerchenau?» (Lied 10)[66]. Der 1884 geborene Zeichner und Illustrator Michel Fingesten, der 1943 in einem italienischen Konzentrationslager starb, hatte sich bereits für eine Publikation von Adolf Weissmanns *Der klingende Garten*, die 1920 in Berlin bei Graupe erschienen war und zu der er die Illustrationen geschaffen hatte, mit der Musik von Strauss beschäftigt. Später entwarf Fingesten Musik-Ex libris für Richard Strauss[67].

Der Komponist bot im Jahr 1931 nach dem Tod Cassirers den Liederzyklus noch einmal *Bote & Bock* zum Ankauf an:

> «Nachdem nun mit den Verlegern Friede geschlossen ist und alle Feindseligkeiten beseitigt, sehe ich wirklich in dem mehr als harmlosen Künstlerscherz keine Kränkung des verehrlichen Verlegerstandes und halte es für loyal, zuerst bei Ihnen anzufragen, ob Sie nicht das Werkchen selbst in Verlag nehmen wollen! Ich glaube, es wäre ein gutes Geschäft und Sie würden jeder allenfalls noch darin zu suchenden Bosheit von vorneherein die Spitze abbrechen, wenn Sie als Erster mitlachen würden, was Sie meiner Ansicht nach damals schon tun hätten sollen, um mich zu entwaffnen. Dann wäre ich der Hereingefallene gewesen und Sie hätten die übrigen Lacher auf Ihrer Seite gehabt! Aber damals waren Sie zu leidenschaftlich erregt und ich hatte richtig gerechnet, daß Sie die Situation nicht so klar übersehen würden. Bitte überlegen Sie sich die Sache in aller Ruhe und sagen Sie mir dann offen Ihre Meinung.»[68]

Eine Neuausgabe des *Krämerspiegel* kam jedoch erst zehn Jahre nach dem Tod des Komponisten im Verlag *Boosey & Hawkes*, dem Nachfolger von *Bote & Bock*, im Jahr 1959 zustande[69].

Die Tatsache, daß Paul Cassirer die launigen *Krämerspiegel*-Lieder in sein Verlagsprogramm aufnahm und den Komponisten dafür auch mit einem großzügigen Honorar erfreute[70], zeigt ihn einmal mehr als den außergewöhnlichen Verleger, der einerseits offenbar seiner Laune folgend bei dem Streich gegen seinen eigenen Berufsstand mitmachte[71], andererseits aber sehr strategisch mit Strauss den bedeutendsten Komponisten der Zeit als Autor gewann.

Strategische Überlegungen des Verlegers und sein persönliches Interesse, wie das seiner Mitarbeiter und Freunde, sind, so zeigt sich, für das Zustandekommen der Musikpublikationen des Verlags Paul Cassirer die leitenden Prinzipien. Die Musiktitel des Verlages wurden von hochrangigen Künstlern und Autoren geschaffen und tragen wesentlich dazu bei, daß sich mit dem Namen des Kunsthändlers und Verlegers Paul Cassirer der Gesamteindruck einer Förderung der Moderne verbindet, die alle Künste umfaßt.

Anmerkungen

1 Alfred Kerr: Strauss & The Publishers. An Eulenspiegel Prank. In: *The Daily Telegraph*, 10. Oktober 1936, S. 17. – Ich danke dem «Daily Telegraph» und der «British Library» für die Erlaubnis, den Artikel Alfred Kerrs hier wiederzugeben.

2 Im Unterschied zu Kerr und Strauss beschreibt der Strauss-Biograph Franz Trenner eine interne «Uraufführung auf Veranlassung von Alfred Kerr mit Sigrid Johanson [!] und Michael Raucheisen bei Felix und Lili Deutsch in der Rauchstraße», die «zwischen 1918 und 1920» stattgefunden haben soll. Vgl. Franz Trenner: Richard Strauss Werkverzeichnis. 2., überarb. Auflage. Wien 1999, S. 255.

3 Feilchenfeldt/Brandis.

4 Am besten untersucht dürften Max Slevogts *Randzeichnungen zu Mozarts Zauberflöte* sein, die 1920 bei Paul Cassirer erschienen.

5 Feilchenfeldt/Brandis, Nr. 142. Um den Anmerkungsapparat knapp zu halten, werden nicht zu jedem Verlagsprodukt die Nummern bei Feilchenfeldt/Brandis angegeben. Alle Titel lassen sich leicht dort auffinden.

6 Oscar Bie: Die moderne Musik und Richard Strauss. Berlin o. J. (ca. 1906), S. 8.

7 Adolf Weissmann: Berlin als Musikstadt. Geschichte der Oper und des Konzerts von 1740 bis 1911. Berlin/Leipzig 1911, S. 7, 9 und 421 ff.

8 Brühl, S. 60–62. – Zu Karl Walser vgl. Feilchenfeldt/Brandis, S. 256 f.

9 Durieux, S. 14.

10 Durieux, S. 71.

11 Durieux, S. 111, 113, 118. – Zu dieser Freundschaft s. Hans-Jürgen Imiela: Max Slevogt und Francisco d'Andrade. In: Hans-Jürgen Imiela und Berthold Roland (Hg.): Slevogt und Mozart. Werke von Max Slevogt zu den Opern ‹Don Giovanni› und ‹Die Zauberflöte›. Mainz 1991, S. 7–44.

12 Zur Schwierigkeit, den Beginn dieser Freundschaft zu datieren, vgl. Rahel E. Feilchenfeldt: Leo Kestenberg im Kreis von

Paul Cassirer und seinen Künstlern. In: Thieme/Probst, S. 69–80, hier S. 70.

13 Vgl. Günter Batel: Musikerziehung und Musikpflege. Leo Kestenberg. Pianist – Klavierpädagoge – Kulturorganisator – Reformer des Musikerziehungswesens (= Bedeutende Musikpädagogen 1). Wolfenbüttel/Zürich 1989.

14 Leo Kestenberg: Bewegte Zeiten. Musisch-musikantische Lebenserinnerungen. Wolfenbüttel/Zürich 1961, S. 33. – Zum *Kestenberg-Trio* gehörten außer Kestenberg: Louis van Laar, Violine, und Marix Loewensohn, Violoncello.

15 Barbara von der Lühe: Der Musikpädagoge Leo Kestenberg. Von Berlin über Prag nach Tel Aviv. In: Claus-Dieter Krohn (Hg.): Kulturtransfer im Exil. Hg. im Auftrag der Gesellschaft für Exilforschung (= Exilforschung 13). München 1995, S. 204–220, hier S. 205.

16 Durieux, S. 113; vgl. auch Kestenberg (wie Anm. 14), S. 27.

17 Durieux, S. 265, auch S. 259 ff.

18 Acht Briefe Leo Kestenbergs an Heinz Tiessen (Musikarchiv, Akademie der Künste, Berlin, Signatur: Tiessen 381). Ich danke Frau Daniela Reinhold für die Erlaubnis zur Benutzung und zum Abdruck.

19 Vgl. dazu die Kalendereinträge von Richard Strauss in: Franz Trenner: Richard Strauss. Chronik zu Leben und Werk. Wien 2003.

20 Leo Kestenberg an Heinz Tiessen, 9. Oktober 1917 (wie Anm. 18).

21 Leo Kestenberg an Heinz Tiessen, 19. März 1918: «Morgen wird Ihnen ein Korrekturabzug des Programms für unseren 7. Vortragsabend zugehen. Ich bitte Sie, Ihre evtl. Korrekturen sofort an meine Adresse zu schicken» (wie Anm. 18).

22 Paul Cassirer an E. Humperdinck, 28. Juni 1906 (Stadt- und Universitätsbibliothek Frankfurt/M., Signatur: Nachlaß E. Humperdinck, A I b 1014 u. 1014a). Ich danke Frau Dr. Ann Barbara Kersting-Meuleman für die freundliche Erlaubnis zum Abdruck.

23 Die Musik in Geschichte und Gegenwart. Allgemeine Enzyklopädie der Musik. 26 Bde. in 2 Teilen. Begr. von Friedrich Blume, 2., neubearb. Ausg. hg. von Ludwig Finscher. Kassel u. a. 2002 (Personenteil, Bd. 7, S. 130 f.). – Zur zeitgenössischen Beurteilung Frieds vgl. auch Adolf Weissmann: Der Dirigent im XX. Jahrhundert. Berlin 1925, S. 152–154.

24 Durieux, S. 263 ff. – Brühl, S. 91 f. – Kritisch zu Frieds Selbstpräsentation bezüglich seiner Beziehungen und «Privilegien in Pässen und Eisenbahnen» äußert sich F. Busoni in Briefen an seine Frau; vgl. Friedrich Schnapp (Hg.): Ferruccio Busoni. Briefe an seine Frau. Zürich/Leipzig 1935, S. 327.

25 Kestenberg (wie Anm. 14), S. 26.

26 Lothar Lang: Impressionismus und Buchkunst in Frankreich und Deutschland. Berlin 1998, S. 149.

27 Ebd.

28 Verlagsankündigung im *Börsenblatt für den Deutschen Buchhandel* vom 18. Dezember 1912. – Vgl. auch Feilchenfeldt/Brandis, S. 332.

29 Zit. nach: Lang (wie Anm. 26), S. 148; Lang gibt als Verleger des Struck-Buches irrtümlich Bruno Cassirer an.

30 Vgl. dazu Imiela/Roland (wie Anm. 11); ferner Berthold Roland: Max Slevogt. Die Zauberflöte. Randzeichnungen zu Mozarts Handschrift (= Slevogt-Graphik Bd. 2). Edenkoben 1985.

31 Johannes Guthmann: Schöne Welt. Wandern und Weilen mit Max Slevogt. Berlin 1948; hier zit. nach Berthold Roland: Die ‹Zauberflöte› im Schaffen von Max Slevogt. In: Imiela/Roland (wie Anm. 11), S. 76–94, hier S. 77.

32 Roland (wie Anm. 30), S. 77.

33 Brief Paul Cassirers an Max Slevogt vom 21. Juni 1910 (Archiv Neukastel). Hier zit. nach Roland (wie Anm. 30), S. 79.

34 Roland (wie Anm. 30), S. 78.

35 Feilchenfeldt/Brandis, Nr. 186.

36 Roland (wie Anm. 30), S. 78. Die Wandbilder wurden wegen der zerstörerischen Wirkung der Witterung, der sie ausgesetzt waren, 1924 abgenommen und in das Kron-

prinzenpalais (Berliner Nationalgalerie) verbracht, wo sie im Krieg zerstört wurden (s. Beitrag von Michael Fuhr, S. 297–309).

37 Zu den während der Vorbereitung und Produktion der Radierungen entstandenen Wandbildern mit *Zauberflöten*-Themen vgl. Roland (wie Anm. 30), S. 85 ff.

38 Vgl. Roland (wie Anm. 30), S. 79. – Vgl. auch Stella Wega Mathieu (Hg.): Max Klinger. Leben und Werk in Daten und Bildern. Frankfurt/M. 1967, S. 150. – Hans W. Singer: Max Klingers Radierungen, Stiche und Steindrucke. Berlin 1909.

39 Petites scènes familières. Chansons de Franc-Nohain, Musique de Claude Terasse. Publiées chez Fromont 1893. – Ich danke Dr. Catherine Krahmer, Paris, für den freundlichen Hinweis auf Klinger und Bonnard.

40 Grete Fischer: Dienstboten, Brecht und andere. Zeitgenossen in Prag, Berlin, London. Olten/Freiburg/B. 1966, S. 176 f. – Vgl. dazu auch Feilchenfeldt/Brandis, S. 343.

41 Brief Slevogts an Kestenberg, o. D. in der Autographen-Sammlung der Pfälzischen Landesbibliothek in Speyer; hier zit. nach Roland (Anm. 30), S. 81.

42 Feilchenfeldt/Brandis, Nr. 147.

43 Feilchenfeldt/Brandis, Nr. 147.1 und 147.2.

44 Zu Einzelinterpretationen der Radierungen und ihrer Vorstufen wie Bewegungsstudien s. Friedrich Dieckmann (Hg.): Die Zauberflöte. Max Slevogts Randzeichnungen zu Mozarts Handschrift. Mit dem Text von Emanuel Schikaneder. Frankfurt/M. 1990.

45 Adolf Weissmann: Bizet (= Die Musik. Sammlung illustrierter Einzeldarstellungen. Hg. von Richard Strauss. 25). Berlin 1907. – Ders.: Chopin. Berlin/Leipzig 1912.

46 Vgl. «S. Fischer Verlag. Von der Gründung bis zur Rückkehr aus dem Exil.» Eine Ausstellung des Deutschen Literaturarchivs im Schiller-Nationalmuseum Marbach/N. (= Marbacher Katalog 40). Marbach 1985.

47 Vgl. dazu Kennert, S. 254. – Vgl. auch Bies Kooperation mit Eugen Spiro in der lithographischen Folge zum Berliner Musikleben, *Im Konzert*. Berlin 1916.

48 Vgl. Oskar Bies Vorwort in: Der Architekt Oskar Kaufmann. Berlin-Charlottenburg 1928.

49 Oskar Bie: Der gesellschaftliche Verkehr. Berlin o. J. (1905).

50 Vgl. z. B. Oskar Bie: Das Theater. Bühnenbilder und Kostüme von Karl Walser. Berlin 1913.

51 Adolf Weissmann: Die Primadonna. Berlin 1920, S. 10.

52 «Richard Strauss im kaiserlichen Berlin. Hofkapellmeister und Repräsentant des modernen Musiklebens.» Ausst.Kat. hg. vom Richard-Strauss-Institut Garmisch-Partenkirchen 2000. – Mein besonderer Dank gilt Herrn Dr. Jürgen May (Richard-Strauss-Institut, Garmisch-Partenkirchen) und Herrn Dr. Dietmar Schenk (Universität der Künste, Berlin) für ihre Hilfe und Unterstützung bei meinen Recherchen.

53 «Richard Strauss im kaiserlichen Berlin» (wie Anm. 52), S. 10 ff.

54 Durieux, S. 303; auch Trenner (wie Anm. 19): Eintrag vom 4. Februar 1921.

55 Kestenberg (wie Anm. 14), S. 27. – Trenner (wie Anm. 19): Eintrag vom 25. November 1917. – Vgl. auch: Trenner (wie Anm. 2), Nr. 189, S. 169–172, hier S. 172.

56 Trenner (wie Anm. 19): Einträge vom 15. und 20. März 1917.

57 Auktionsnachrichten. In: *Kunst und Künstler* 15, 1917, H. 7, S. 349 f.

58 Trenner (wie Anm. 19): Eintrag vom 7. Oktober 1904: «Die nächsten zwölf Lieder Bote & Bock zugesagt (als Dank für den ‹Domestica›-Druck).»

59 Der Briefwechsel zwischen Kerr und Strauss, hg. von Marc Konhäuser. In: *Richard Strauss Blätter*, N. F., H. 39, Juni 1998, S. 34–51, hier S. 35.

60 Trenner (wie Anm. 19): Eintrag vom 13. Mai 1917: «Sendet Lied der Frauen (tief in as-Moll) an Fürstner: will die Brentano-Lieder bei Fürstner herausgeben, statt – wie vertraglich festgelegt bei Bote und Bock.»

61 Strauss, Werkverzeichnis (wie Anm. 2), S. 247.

62 Trenner (wie Anm. 19): Einträge vom 8. März 1917, 26. Mai 1917, 23. Juni 1917.

63 Konhäuser (wie Anm. 59), S. 37.

64 Kerr in: *The Daily Telegraph* (wie Anm. 1).

65 Zit. nach Feilchenfeldt/Brandis, S. 403 f.

66 Zu den Selbstzitaten vgl.: «Richard Strauss. Autographen. Porträts. Bühnenbilder. Ausstellung zum 50. Todestag.» München (Bayerische Staatsbibliothek) 1999, S. 268.

67 Norbert Nechwatal: Michel Fingesten. 1884–1943. Das graphische Werk. Coburg 1984, S. 83 f.

68 Richard Strauss an *Bote & Bock*, 10. November 1931. In: Franz Grasberger (Hg.): «Der Strom der Töne trug mich fort.» Die Welt um Richard Strauss in Briefen. In Zusammenarbeit mit Franz und Alice Strauss. Tutzing 1967, S. 336.

69 Strauss, Werkverzeichnis (wie Anm. 2), S. 255.

70 Strauss bietet dem Textdichter Kerr in einem Brief vom 21. Juni 1920 «einen Honoraranteil von 5000 Mark» an; vgl. Konhäuser (wie Anm. 59), S. 38.

71 Vgl. den Brief von Strauss an Kerr vom 21. Juni 1920, Konhäuser (wie Anm. 59), S. 38, in dem Strauss Kerr über den geplanten Druck informiert, aber um Geheimhaltung bittet: «Der Krämerspiegel erscheint demnächst in einem vornehmen Bibliophilenverlag mit prächtigen Radierungen. Ich hoffe, Sie sind damit einverstanden. Die Sache aber bitte geheim zu halten, da die Auflage verkauft sein muß, bevor die Verleger es erfahren u. eine Beschlagnahme erwirken.»

«... dieses experimentelle, avantgardistische Einsamkeitsgefühl ...»
Über Ernst Blochs Beziehung zum Verlag Paul Cassirer

Karlheinz Weigand

Ernst Bloch übersiedelt im Herbst 1921 von München nach Berlin. Er kann die dumpf-reaktionär gewordene Atmosphäre in Bayern nicht mehr ertragen, wie sie uns Lion Feuchtwangers Zeitroman *Erfolg* anschaulich macht, und vor allem ist er durch den Tod der geliebten Frau Elsa Bloch-von Stritzky (Riga 17. August 1883 – München 2. Januar 1921) tief getroffen. Nun hofft der Verfasser des intensiv «expressionistischen» Buches *Geist der Utopie* (1918), durch die Ortsveränderung seine Schreibhemmung zu überwinden, neue Werk-Impulse zu bekommen: «Ich glaube doch, Berlin, das kräftige, utopische, ist noch am meisten meine Stadt.»[1] Die Experimenthaftigkeit der Reichshauptstadt, mit der Avantgarde-Kunst der zwanziger Jahre, zieht ihn an, «ein unleugbarer, ja in seiner Art einzigartiger up-to-date-Ort [...] im Witz seiner Leere und im Ernst seiner Beweglichkeit eine der wahrsten von allen Städten, die dazu verflucht und erwählt sind, in dieser Zeit zu liegen.»[2]

Kunst und Kunsttheorie spielen im Blochschen Denken von Anfang an eine zentrale Rolle, und zudem wählt Bloch für die Darstellung seiner philosophischen Gedanken eine literarische Form, den Essay, mit seinen Möglichkeiten zur Nuancierung wie zur Pointierung. So weist er sich als Philosoph mit literarischem Geschmack aus, mit – sein oft wiederholter Ausspruch – «Vorliebe für treffliches Deutsch». Beide Tendenzen kommen verstärkt zutage während der kulturellen Blüte der Weimarer Republik. Bloch ist im Zeitzusammenhang zu sehen. Die Jahre nach 1919 bringen eben nicht nur politischen Extremismus und materielles Elend, sondern auch eine Fülle von utopischen ästhetischen Konzepten hervor.

Blochs Erwartungen an Berlin werden nicht enttäuscht. Er findet Zugang zur künstlerischen Prominenz, lernt gleich Bertolt Brecht kennen, Kurt Weill, Otto Klemperer und andere; charakteristisch die hochmütige Briefpassage aus etwas späterer Zeit:

> «Gestern war ich mit Döblin zusammen. Wiesengrund war dabei und hatte Eindruck. Es war sehr schön und manche Wogen gingen hoch. Vorher gab es Kaffee bei Benjamin.»[3]

Bei der Verlagssuche wendet sich Bloch an die erste Adresse, den S. Fischer Verlag. Sein Versuch, mit Samuel Fischer einen Generalvertrag abzuschließen, scheitert, so daß sein Buch *Thomas Münzer als Theologe der Revolution* 1921 bei Kurt Wolff herauskommt, dem Verleger von Autoren wie Franz Kafka, Georg Trakl, Georg Heym oder Karl Kraus.

Doch dann findet er einen neuen Verleger, auch dieser, wie Kurt Wolff, ein Förderer

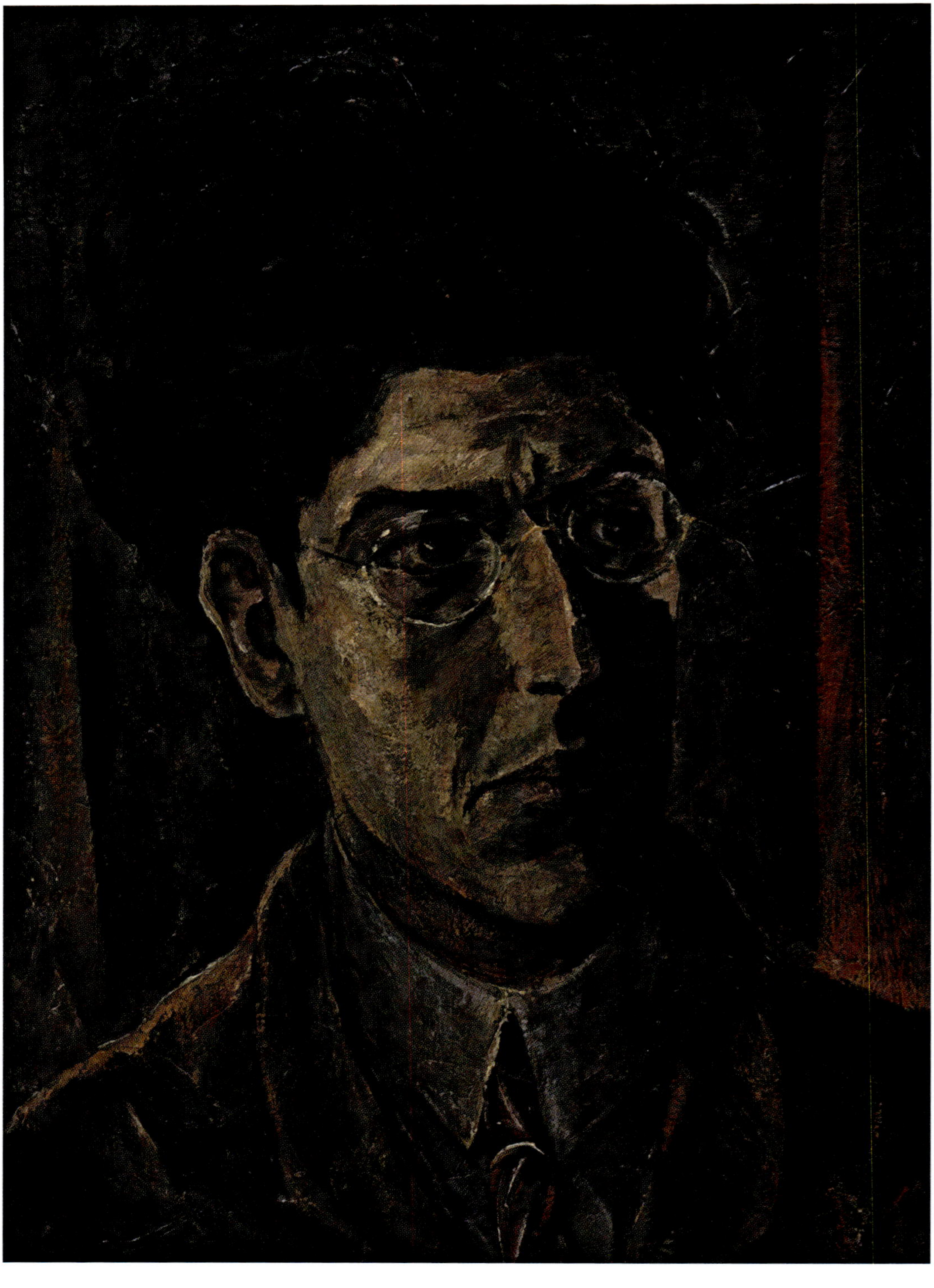

der Avantgarde: Paul Cassirer. Die Bedingungen sind sehr günstig, woran sich Bloch, fast fünf Jahrzehnte später, detailliert erinnert:

> «Stattdessen kam 1922 ein Generalvertrag mit Cassirer. Er wurde von ihm in anständigster Weise gehalten, obgleich ich nichts schrieb. 1924 ging ich von Berlin weg, war in Paris, in Positano, in Palermo, in Tunis. [...] Paul Cassirer sagte 1922: ‹Was soll ich mit Ihnen einen Vertrag machen? [...] Wie lang haben Sie am ‹Geist der Utopie› geschrieben? Wie lange haben Sie es vorher schon bedacht? Und wenn wir Glück haben, werden wir in zwei Jahren eine Auflage verkaufen. Das Buch kostet zehn Mark. Wenn ich Ihnen selbst 20 % gebe, was ein sehr hoher Prozentsatz ist, dann haben Sie pro Exemplar zwei Mark. Beträgt die Auflage 1000 Stück, dann haben Sie 2000 Mark in zwei Jahren, das heißt im Monat 85 Mark. Das ist doch ein Skandal! Deshalb schließen wir keinen Vertrag. Ich kaufe Ihnen ein kleines Häuschen in Zehlendorf und gebe Ihnen monatlich 400 Mark. Aber bitte, verlangen Sie nie eine Abrechnung zu sehen; denn dann regt sich mein kaufmännisches Gewissen. Was ich mache, ist ein Verbrechen gegen den Geist des Geschäftslebens. Ich setze an Ihnen nur zu, was kommerziell vollkommener Unsinn ist. Einen Vertrag schließen wir nicht ab, aber von Mann zu Mann gilt ein Handschlag zunächst auf drei Jahre. Später können wir weitersehen.› Cassirer war eben nicht nur Geschäftsmann, sondern auch Sozialist, der sich dagegen sträubte, ein philosophisches Buch nur unter der Kategorie der Ware zu betrachten.»[4]

So entsteht 1923 in diesem Domizil (Elfriedenstraße – heute Biesalskistraße – Nr. 7) eine der frühesten im Bloch-Nachlaß erhaltenen Handschriften, das sogenannte *Zehlendorfer Manuskript*[5].

Die Beziehung zu Paul Cassirer kommt über dessen Lektor Walther Feilchenfeldt zustande, seit seiner Heidelberger Studienzeit ein Freund Blochs[6]. Es läßt sich nicht mehr klären, ob hierbei nicht auch Ernst Blass eine Rolle spielte, in dessen Zeitschrift *Argonauten* des Heidelberger Verlags Richard Weissbach 1914/15 einige bemerkenswerte Bloch-Essays[7] erschienen waren und der, ein enger Vertrauter Feilchenfeldts, in den zwanziger Jahren zeitweise als freier literarischer Lektor für den Cassirer Verlag[8] arbeitet. Eine andere denkbare, leider ebenfalls nicht dokumentierbare Vermittlung könnte über den mit Bloch befreundeten Philosophen Georg Lukács erfolgt sein. Lukács' bedeutendes Werk *Die Theorie des Romans. Ein geschichtsphilosophischer Versuch über die Formen der großen Epik* bringt der Cassirer Verlag 1920 in der Erstausgabe als Monographie mit der relativ hohen Auflage von 2500 Exemplaren heraus (Abb. 111).

Die Beziehung wird aber nicht zuletzt dadurch vorbereitet, daß Bloch selbst in diesem Verlag schon seit einiger Zeit vertreten ist. Zum einen standen mehrere Bloch-Texte im Jahrgang 1919 der von René Schickele herausgegebenen und bei Cassirer erscheinenden expressionistischen Zeitschrift *Die weißen Blätter*. Schickele und Bloch kannten sich aus den Jahren ihrer Schweizer Emigration während des Ersten Welt-

Abb. 140: Willi Geiger, Porträt Ernst Bloch, *1924 Öl/Lwd., 60 x 45 cm, Jüdisches Museum Berlin.*

kriegs, ein Briefwechsel zwischen beiden ist allerdings nicht erhalten. Die Aufsätze waren *Wie ist Sozialismus möglich?*[9], mit starker Betonung der Ideale des Westens und unverkennbarer Frankophilie, der Aufruf *Zur Rettung von Georg Lukács*[10] und der für seine Theoriebildung zentrale Essay «des Vorbewußten nach vorwärts», wie er ihn später nannte, mit dem Titel: *Über das noch nicht bewußte Wissen*[11]. Zum anderen hatte Bloch als Beitrag zu Emil Lederers Broschüre *Soziologische Probleme der Gegenwart* (im Verlag Paul Cassirer 1921) einen Abschnitt[12] aus dem inzwischen überarbeiteten Manuskript von *Geist der Utopie* beigesteuert. Auch hier gute Bekanntschaft: Lederer, damals Privatdozent für Nationalökonomie und Soziologie in Heidelberg und mit dem jungen Philosophen auf vertrautem Fuß, war es gewesen, der Bloch durch einen Forschungsauftrag «über einige politische Programme und Utopien in der Schweiz» 1917 die somit offiziell begründbare Emigration in die Schweiz ermöglicht hatte.

Nun bringt also Cassirer in ebendiesem Jahr 1923, nur kurze Zeit nach Abschluß des Generalvertrags, gleich zwei Bloch-Titel auf den Markt: im Mai die zweite, überarbeitete Auflage von *Geist der Utopie*, im September den Essayband *Durch die Wüste*. Die Auflagenhöhe ist nicht mehr feststellbar, sie dürfte 1000 Exemplare betragen haben.

Was *Geist der Utopie* intendiert, faßt der Eingangstext *Absicht* in eine lyrische Prosa, in der, ähnlich wie in den Gedichten Stadlers, Heyms oder Hasenclevers, die Sehnsucht nach Erlösung aus einer an Nichtigkeit und Bosheit erstickenden Welt zum Ausdruck kommt:

> «In uns allein brennt noch dieses Licht, und der phantastische Zug zu ihm beginnt, der Zug zur Deutung des Wachtraums, zur Handhabung des utopisch prinzipiellen Begriffs. Diesen zu finden, das Rechte zu finden, um dessentwillen es sich ziemt zu leben, organisiert zu sein, Zeit zu haben, dazu gehen wir, hauen wir die metaphysisch konstitutiven Wege, rufen was nicht ist, bauen ins Blaue hinein, bauen uns ins Blaue hinein und suchen dort das Wahre, Wirkliche, wo das bloß Tatsächliche verschwindet – incipit vita nova.»

Die in der späteren Edition der Suhrkamp-Gesamtausgabe getilgte Vorbemerkung hält fest:

> «Dies Buch liegt hier zum zweiten Mal vor. Es wurde begonnen April 1915, beendet Mai 1917, erschien Sommer 1918. Die damalige Ausgabe ist jedoch lediglich als vorläufige Fixierung, als gedrucktes Konzept zu betrachten. Mit der hier vorliegenden neuen Ausgabe erscheint der ‹Geist der Utopie› in endgültiger, systematischer Form.»

Gerade auf diese stärkere Systematisierung der neuen Ausgabe legt Bloch großen Wert. Daneben spielt auch ein privater Grund herein, wie aus einem Interview mit dem französischen Fernsehen hervorgeht:

> «José Marchand: Sie haben ‹Geist der Utopie› in veränderter Gestalt 1923 in Berlin neu erscheinen lassen. Was bewog Sie dazu, das Buch zu ändern? Ernst Bloch: Etwas psychologisch Privates, daß nämlich der Tod dieser Frau [Elsa Bloch-von Stritzky, K. W.] mich

> daran hinderte, neue Bücher zu schreiben. Und das konnte doch nicht ihr Wille sein! Ich wollte nichts schreiben, was sie nicht kennt, nichts anderes als dieses. Also ging die ganze Produktivität in eine neue Ausgabe des ‹Geist der Utopie› ein. 1923 erschien das Buch in einer anderen Ausgabe, inhaltlich ist in ihr nichts verändert, gar nichts, aber Neues wurde hinzugefügt und das andere stilistisch umgearbeitet.»[13]

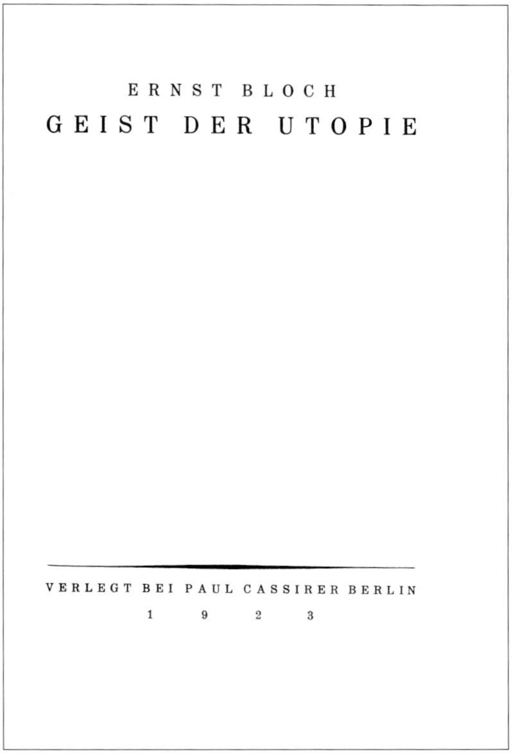

ERNST BLOCH
GEIST DER UTOPIE

VERLEGT BEI PAUL CASSIRER BERLIN
1923

Abb. 141: Titelblatt von Ernst Bloch, Geist der Utopie, 1923.

An dieser Stelle sei erwähnt, daß sich in amerikanischem Privatbesitz ein schönes Widmungsexemplar dieser zweiten Auflage von *Geist der Utopie* erhalten hat: Ernst Bloch schickt sein gerade erschienenes Werk dem Romanisten Erich Auerbach zur Hochzeit mit einer Widmung, die auf den Starnberger See anspielt, wo sich Auerbach öfter mit Bloch traf.[14]

Und eine weitere Parenthese: Paul Cassirers verlegerisches Engagement für Ernst Bloch hat eine Parallele in demjenigen Bruno Cassirers für einen anderen Philosophen, nämlich Ernst Cassirer. Die beiden Denker sind sich jedoch weder persönlich begegnet noch finden sich Nachweise eingehenderer theoretischer Auseinandersetzung[15].

Der Verlag bemüht sich sehr um die Werbung für die beiden Bloch-Titel, aber die politische und ökonomische Lage in Deutschland ist äußerst ungünstig, und das Ausbleiben von Rezensionen bereitet dem Autor Kummer. Dies belegt ein Brief von Ende 1923 an Efraim Frisch, der als Herausgeber des *Neuen Merkur* mit Bloch in regem Austausch steht:

> «Das Oktoberheft [des *Neuen Merkur*, K.W.] habe ich bei Cassirer mitgenommen, sonst hätte ich es nicht gesehen. […] Für Ihre Absicht, bald der ‹Utopie› zu einer Besprechung zu verhelfen, danke ich Ihnen sehr. Nichts könnte mir lieber sein, als wenn Sie sie schrieben. Wiederum ist in diesem unverständlichen Geisterreich keinerlei Reaktion und Resonanz zu spüren. Gut, man kann keine Bücher jetzt kaufen; aber es sind Hunderte von Rezensions-Exemplaren der ‹Utopie› und ‹Wüste› verschickt worden. (Die ‹Utopie› ist dabei schon im Mai herausgekommen.) Auch um die ‹Wüste› kümmert sich kein Mensch; dabei haben doch polemische Bücher sonst die breiteste Akustik. Feilchenfeldt, der sich umsonst mit meinem Vertrieb die größte Mühe gibt, erzählte mir von dem Spektakel, der sogleich um

Edschmids ‹Nymphe› entbrannte. Verstehen Sie das? Können Sie mir raten, aus so genauer Erfahrung, was man hier tun kann?»[16]

Der letzte, entscheidende Grund, der Umschwung des Zeitgeistes, wird Ernst Bloch erst später bewußt werden:

«Seit 1922 war der Expressionismus verleumdet; Noskes Feldzüge, der Wunsch nach Ruhe und Ordnung, die Lust an den gegebenen Verdienstmöglichkeiten und an der stabilen Fassade haben ihn erledigt. Diese Lust hieß ‹Neue Sachlichkeit›; sie führte zwar von allzu verstiegenen Träumen zuweilen wieder zur Welt zurück, aber sie verschwieg den Wurm in dieser Welt, sie wurde buchstäblich die Malerei übertünchter Gräber. Hausenstein und andere Kunstschwätzer beeilten sich, im Gefolge der ‹Stabilisierung›, dem Publikum verdächtig zu machen, was sie eben noch angebetet hatten; die meisten deutschen Maler folgten der veränderten Konjunktur. [...] So ging der Expressionismus in Deutschland zugrunde, im gleichen Land, das ihn vorher als deutschesten Ausdruck, als Musik in der Malerei besaß.»[17]

Blochs dennoch unverdrossene Pläne eines großangelegten Œuvres führen dazu, daß er zeitweise sogar erwägt, zu einem anderen Verlag zu wechseln. So in einem undatierten Brief aus dem Hotel *Roma* in Positano, verfaßt um die Jahreswende 1924/25, an Frisch:

«Mir liegt an einer Gesamtausgabe meiner bisherigen (oder vermehrten) Schriften. [...] Für dieses kommt unter Umständen, trotz meines Generalvertrags, Paul Cassirer Verlag nicht mehr in Betracht. Könnten Sie mir zur Deutschen Verlagsanstalt raten? Ich ginge auch, vieler Illusionen bar, zu meinem alten Verlag Duncker & Humblot wieder zurück. [...] Oder könnten Sie mir einen anderen, endlich durchhaltenden Verlag empfehlen, d. h. einen solchen, dessen Inhaber tatsächlich auch der geistige Leiter ist? Denn Cassirer ist, wer er ist, und Feilchenfeldt wenig anderes als ein junger Mann. Jetzt aber ging er ganz in den Kunsthandel, und meine Bücher liegen tot da.»[18]

Aus der Zeit kurz nach Paul Cassirers Tod stammt ein weiteres Dokument krisenhafter Zuspitzung: Bloch fragt darin, vom Hotel *du Midi* in Paris (14ème) aus, wo er von April bis Oktober 1926 mit Walter Benjamin wohnte, bei einem ungenannten Verlagsmitarbeiter an, wie es mit seinen Büchern stehe, denn:

«Herr Dr. Feilchenfeldt machte mir persönlich von allem ausführlich Mitteilung. Nur über das Eine natürlich nicht, wie es mit dem Absatz steht, ob neuere wesentliche Kritiken erschienen sind, ob eine gewisse Propaganda besteht und so fort.»[19]

Und einige Jahre später denkt Bloch wieder an einen Verlagswechsel. Er schreibt aus Vorderbrühl bei Mödling (Niederösterreich) an Siegfried Kracauer, den Feuilleton-Redakteur der *Frankfurter Zeitung*:

> «Ich überlegte mir nun etwas mit der Frankfurter Societätsdruckerei. Wie wäre es, wenn ich ihr mein nächstes Buch anbieten würde und den umgearbeiteten ‹Geist der Utopie›. Mit letzterem, der ja noch nicht rezipiert ist, der dunkel dasteht wie Alban Bergs ‹Wozzeck›, der ebenso berühmt, sozusagen, wie völlig unbekannt ist, wäre noch ein Geschäft zu machen. (Bei einem richtigen Verlag; Paul Cassirer ist ja keiner, obwohl Feilchenfeldt ein reizender Mensch ist.) Ich weiß freilich noch nicht genau, ob Cassirer den ‹Geist der Utopie› hergibt, es knüpfen sich für Feilchenfeldt gewisse Irrationalitäten dran.»[20]

So weit kommt es zwar nicht, aber die Lage verschlechtert sich sogar. Denn die Misere wiederholt sich im Herbst 1930 beim Erscheinen der *Spuren*, jenes Buches, dessen philosophische Geschichten der utopischen Stoffe heute längst zu Schulbuch-Texten kanonisiert sind. Und nicht zu vergessen: Im Eingangstext dieses Buches taucht erstmals der später berühmt gewordene Kernsatz Blochschen Denkens auf: «Ich bin. Aber ich habe mich nicht. Darum werden wir erst.»

Bloch weiß, daß er nur für die *happy few* schreibt, auch wenn ihn die Anerkennung in Freundeskreisen beglückt. In einem Brief an seine Freundin und spätere zweite Frau Karola Piotrkowska erzählt er begeistert von einem Abend mit Bertolt Brecht, Kurt Weill und Lotte Lenya im Gespräch über seine Bücher:

> «Überraschung, meine Sachen – ‹Spuren› und immer wieder ‹Geist der Utopie› – an der Spitze zu sehen, nur zum Hundertstel gekannt, aber mit der Ahnung eines völlig neuen Lands. Kein Publikum da, aber die literarische Avantgarde als Publikum. Völliges Schweigen hier, dort stärkste Betroffenheit. [...] Es ist viel elektrische Liebe da, hochgeladene und dämonische. Durchaus unheimliches Bewußtsein von dem, was mit ‹meinen› Sachen in die Welt gekommen ist.»[21]

Also weitere Bemühung, bekannt zu werden; wiederum an Kracauer richtet Bloch die Bitte um Hilfe:

> «[...] es ist leichter, schriftlich zu bitten als mündlich. Nämlich, es gab gestern einen großen Krach mit meinem Verleger. Er tut für die ‹Spuren› gar nichts. Redet sich aber darauf hinaus, daß noch keine Rezensionen da sind. Eine angenehm idolische Rolle spielen dabei Sie. Feilchenfeldt sagte, Sie seien hier sehr bekannt geworden. Man hört auf die neue Stimme und den ungewohnten Ton. Als ich sagte, daß Sie eine Anzeige in der ‹Weltbühne› schreiben wollen, schmolz das Eis, und der Krach wurde bedeutend musikalischer. Da wurde ein grade entscheidendes Gewicht auf Ihre Anzeige (und zwar in der ‹Weltbühne› besonders) gelegt.
>
> So bitte ich Sie um die Anzeige, lieber Krac. Sie wollten sie ja früher oder später doch schreiben. Vielleicht schreiben Sie sie jetzt bald. Nicht als ‹Glosse›, sondern als Artikel. Über dies unterhaltende und belehrende Büchlein (um das sich kein Aas kümmert). Worin so viel erzählt wird und das es doch in sich hat. Ich bitte Sie darum, bevor es zu spät ist.
>
> Stets von Herzen Ihr Ernst»[22]

Alle Anstrengung nützt nichts. Und Anfang 1934, also schon ein Jahr, nachdem er aus Hitler-Deutschland ins Schweizer Exil gegangen war, resümiert Bloch in einem Brief an Max Rychner von der *Neuen Zürcher Zeitung* den mangelnden Verkaufserfolg:

> «Ihren Hinweis auf die ‹Spuren› darf ich durch die Mitteilung ergänzen, daß von dem im September 30 erschienenen Buch bis Dezember 32 noch nicht hundert Exemplare verkauft worden waren. Der Absatz dürfte seitdem nicht gestiegen sein. Hiesige Kenner meiner übrigen Sachen kannten von den ‹Spuren› nicht einmal den Namen. ‹Thomas Münzer› und ‹Geist der Utopie› liegen seit 1925 völlig verschollen; es hat sich keinerlei tragende, lauttragende Atmosphäre darum gebildet. Hierbei haben sich die Juden gar nicht anders verhalten wie die Germanen, entgegen der Lehre von der geistigen alliance israélite. Im Gegenteil: etwas Betroffenheit von meiner Philosophie war, wenn ich von den nächsten Freunden absehe, höchstens noch in einigen mir unbekannten Gruppen des – Tatkreises. Dies zur freundlichen Orientierung; es besitzt, wie ich glaube, zu seinem Teil symptomatisches Interesse. [...] Das hindert nicht, konzentriert weiter zu arbeiten, solange der Schornstein noch etwas zu rauchen hat. Der Weg der Geschichte ist ja auch sozusagen gepflastert mit Parallelfällen.»[23]

Obwohl Siegfried Kracauer[24] und zuvor Benno Reifenberg[25] die *Spuren* in der *Frankfurter Zeitung* würdigen – die Käufer ignorieren das Buch. Auch die Aufnahme des von Jakob Hegner in Hellerau gestalteten und gedruckten Buchs in die Liste der «Ausgezeichneten Bücher des Jahres 1930» (zu Feilchenfeldts großer Freude)[26] wirkt sich nicht aus. Ursache ist sicher die Wirtschaftskrise ab 1929 mit ihren düsteren politischen Rückwirkungen, eventuell mangelnde Verlagswerbung nach dem Tod Paul Cassirers, wohl auch inhaltliche Gründe: Die meist schon vorab veröffentlichten Geschichten, die Kleines, Alltägliches, Banales zum Ausgang philosophischer Reflexion machen, ergeben kein Buch für gängige Lese-Erwartungen. Am wenigsten bei Fachphilosophen, worauf Theodor W. Adorno in seinem Essay *Blochs Spuren* anspielt:

> «[...] il y a quelque chose qui cloche, und je unbekannter das, wovon die Spur herrührt, desto nachdrücklicher will das Gefühl, eben dies sei es. Daran heftet sich die Spekulation. Wie zum Spott auf die gelassene, wissenschaftlich besonnene Phänomenologie sucht sie es als begriffslos Erscheinendes und experimentiert tastend mit der Deutung.»[27]

Es ist Bloch bewußt, als schwierig zu gelten (und schon aus diesem Grund hinter den beliebten Titeln der Tagesmode wie dem *Untergang des Abendlandes* oder Hermann Graf Keyserlings Schriften zurückzustehen), wie eine mit Selbstironie erzählte Anekdote zeigt:

> «Einmal antwortete mir Reifenberg von der ‹Frankfurter Zeitung› auf einen Aufsatz über Zeittechnik, den ich ihm geschickt hatte, er werde ihn zwar bringen, aber nur zehn Leser würden ihn verstehen, ihn und mich schon inbegriffen.»[28]

Ebenso sind Walter Benjamins in vieler Hinsicht mit den Blochschen verwandte Texte in diesen Jahren unverkäuflich, und auch Musils Roman *Mann ohne Eigenschaften* (dessen Band I im selben Jahr wie die *Spuren* erscheint) findet damals nur eine geringe Leserschaft. Über dieses Phänomen der zeitgenössischen Rezeption hat Bloch immer wieder nachgedacht; in der Rede zur Eröffnung der Stadtbibliothek seiner Geburtsstadt Ludwigshafen mit dem Titel *Müssen Bücher Schicksale haben?* heißt es:

> «Wie oft hatten bedeutende Werke das Anfangsschicksal, mindestens das Anfangsschicksal, im allgemeinen Schweigen zu ersticken? [...] Die Reihe ist bunt und empörend, sie läßt sich durch alle Zeiten schütteln: Villon, Georg Büchner, Kleist, Hölderlin, Kierkegaard, Kafka, Musil, Benjamin, die letzteren trotz der angeblich so geistbereiten zwanziger Jahre, auch der Snobzeit, worin sie lebten, erst nach dem Tod entdeckt.»[29]

Nun, Blochs Beziehung zu Walther Feilchenfeldt sollte sich in der Hitler-Zeit bewähren. Als das vielbeachtete[30] Buch *Erbschaft dieser Zeit* im September 1934 im Zürcher Verlag Oprecht & Helbling erscheint (wohl dank des Engagements von Klaus Mann), schaltet sich Feilchenfeldt ein (der ebenfalls seit 1933 im Exil lebt, der Cassirer Verlag in Berlin ist inzwischen erloschen), damit Emil Oprecht auch die Auslieferung von Blochs früheren Cassirer-Titeln übernimmt[31]. Und ein Jahr später schreibt Bloch aus Sanary-sur-Mer an seine Frau Karola in Paris, als sie über eine Auswanderung nach Palästina nachdenken: «Hätten wir nichts mehr zum Leben, dann wäre vielleicht keine Wahl. Aber so reicht das Feilchenfeldt-Geld allein fast sechs Jahre.»[32]

Schließlich: War es 1922 die Förderung eines jungen Philosophen, so im Sommer 1938 seine Rettung und die seiner Familie. Als sich Ernst Bloch mit Karola und dem knapp einjährigen Sohn Jan Robert zum Verlassen der bedrohten Tschechoslowakei entschließen, sichert Feilchenfeldt das von den USA verlangte Affidavit durch den Nachweis der vorgeschriebenen 7000 $[33] – letzte Geste gegenüber einem der Großen unter den Autoren des Hauses.

Das Fazit bleibt jedoch bitter. In der Rückschau auf die zwanziger Jahre muß Ernst Bloch nüchtern feststellen, es sei letztlich Ausdruck der Einsamkeit der «Weimarer Kultur» im ganzen, daß seinen Büchern im Cassirer Verlag die breitere Resonanz versagt blieb.

> «Nur in Berlin war also eine Pariserische Welt eingetreten, eine französische Welt, dort blühte nun das, was das Kleinbürgertum dann auch als ‹Asphaltliteratur› bezeichnete – was nie vergessen werden darf, das war sehr einsam. Und dieses experimentelle, avantgardistische Einsamkeitsgefühl war in dieser Welt [...] ziemlich stark verbreitet, dieses Es-wird-doch-nicht-Halten.»[34]

Anmerkungen

1 Ernst Bloch: *Gedenkbuch für Else Bloch-von Stritzky* (1921/22). In: Ders.: *Tendenz – Latenz – Utopie* (= Gesamtausgabe, Ergänzungsbd.). Frankfurt/M. 1978, S. 11–50; Zit. S. 44.

2 Ernst Bloch: *Berlin aus der Landschaft gesehen (1932)*. In: Ders.: *Literarische Aufsätze* (= Gesamtausgabe, Bd. 9). Frankfurt/M. 1965, S. 408–420; Zit. S. 419.

3 Ernst Bloch: Brief an Siegfried Kracauer, 20. Februar 1928. In: Ders.: *Briefe 1903–1975*. Hg. von Karola Bloch u. a. Frankfurt/M. 1985, S. 298.

4 Ernst Bloch: Gespräch mit Michael Landmann, Tübingen 22. Dezember 1967. In: *Bloch-Almanach* 4, 1984, S. 15–40; Zit. S. 39 f. – Die Abmachung Ernst Blochs mit Paul Cassirer läuft tatsächlich nach drei Jahren aus, wie aus einem Brief Walter Benjamins an Gershom Scholem vom 21. September 1925 hervorgeht: «Bloch hat sein Haus verkauft, weil er Cassirer das darauf entliehne Geld nicht länger schulden durfte. Er will nach Paris ziehen» (Walter Benjamin: *Gesammelte Briefe*. Hg. von Christoph Gödde und Henri Lonitz, Bd. 3. 1925–1930. Frankfurt/M. 1997, S. 85 f.).

5 Ernst-Bloch-Archiv, Nachlaß Ernst Bloch, Mappe 1: «Selbstverständigung und ihr Draußen» (43 S.).

6 Feilchenfeldt/Brandis, S. 87.

7 Es waren die Essays *Die Melodie im Kino oder immanente und transzendentale Musik* (In: *Die Argonauten* 1, 1914, S. 82–90); *Negerplastik* (In: *Die Argonauten* 2, 1915, S. 10–20); *Über Don Quixote und das abstrakte Apriori* (In: *Die Argonauten* 2, 1915, S. 105–127) und *Über motorisch-mystische Intention in der Erkenntnis* (In: *Die Argonauten* 2, 1915, S. 176–186).

8 Feilchenfeldt/Brandis, S. 17. – Treffen Blochs mit Blass sind immerhin belegt in zwei Briefen aus dem Jahr 1930 (Ernst Bloch: *Das Abenteuer der Treue. Briefe an Karola 1928–1949*. Hg. von Anna Czajka. Frankfurt/M. 2005, S. 44 und 75).

9 In: *Die weißen Blätter* 6, 1919, H. 5, S. 193–201.

10 In: *Die weißen Blätter* 6, 1919, H. 12, S. 529 f.

11 In: *Die weißen Blätter* 6, 1919, H. 8, S. 355–366. Wieder in: Ders.: *Philosophische Aufsätze* (= Gesamtausgabe, Bd. 10). Frankfurt/M. 1969, S. 115–122.

12 Ernst Bloch: Über den sittlichen und geistigen Führer. In: Emil Lederer (Hg.): *Soziologische Probleme der Gegenwart*. Berlin 1921, S. 8–15. Wieder in: Ders.: *Philosophische Aufsätze* (wie Anm. 11), S. 204–210.

13 Ernst Bloch: *Die Welt bis zur Kenntlichkeit verändern*. Interview mit José Marchand für das französische Fernsehen (aufgenommen Mai 1974, aber nicht gesendet). In: Ders.: *Tagträume vom aufrechten Gang. Sechs Interviews*. Hg. von Arno Münster. Frankfurt/M. 1977, S. 20–100; Zit. S. 41.

14 Die Widmung lautet: «Dieses Buch, in dem mancher See schwillt und vom Staltacher Hof bis Sorrent sein Haupt erhebt, Erich und Marie Auerbach in herzlicher Neigung als kleine Hochzeitsfackel. Berlin, 11. VI. 23, Ernst Bloch». Kopie im Ernst-Bloch-Archiv, Original im Besitz von Clemens Auerbach, Bellport, N. Y.

15 Heinz Paetzold: *Ernst Cassirer. Von Marburg nach New York. Eine philosophische Biographie*. Darmstadt 1995, S. 30 u. 213 ff.

16 Ernst Bloch: Brief an Efraim Frisch, o. D. (Ende 1923), unveröffentlicht, Kopie aus dem Leo Baeck Institute, New York (Ernst-Bloch-Archiv, Inv.Nr. 25–5/82). – Kasimir Edschmids Buch *Die doppelköpfige Nymphe. Aufsätze über die Literatur und die Gegenwart* war 1920 bei Paul Cassirer erschienen.

17 Ernst Bloch: Der Expressionismus. In: *Die neue Weltbühne*, Nr. 45 (4. November 1937), S. 1415–1421; Zit. S. 1415. Wieder in: Ders.: *Erbschaft dieser Zeit* (= Gesamtausgabe, Bd. 4). Frankfurt/M. 1962, S. 255–263; Zit. S. 256.

18 Ernst Bloch: Brief an Efraim Frisch, o. D. (nach 20. Dezember 1924, vor 19. Januar 1925), unveröffentlicht (wie Anm. 16).

19 Ernst Bloch: Brief an den Cassirer Verlag, 11. Juli 1926, unveröffentlicht (Ernst-Bloch-

Archiv, Inv.Nr. 391/81; erworben auf Stargardt-Auktion Nr. 624 am 24./25. November 1981).

20 Ernst Bloch: Brief an Siegfried Kracauer, 14. Juni 1930. In: Ders.: *Briefe 1903–1975* (wie Anm. 3), S. 337.

21 Ernst Bloch: *Das Abenteuer der Treue* (wie Anm. 8), S. 72 f. (Brief vom 20./21. November 1930).

22 Ernst Bloch: Brief an Siegfried Kracauer, (Oktober/November 1930). In: Ders.: *Briefe 1903–1975* (wie Anm. 3), S. 347. Eine Besprechung Kracauers in der *Weltbühne* kam dann doch nicht zustande, wohl aber in der *Frankfurter Zeitung* (s. Anm. 24).

23 Ernst Bloch: Brief an Max Rychner, 10. Januar 1934, unveröffentlicht, Kopie aus DLA (Ernst-Bloch-Archiv, Inv.Nr. 22–2/86).

24 Siegfried Kracauer: Spuren. In: *Frankfurter Zeitung* vom 17. Mai 1931.

25 Benno Reifenberg: Wie sieht unsere Zeitliteratur aus? Spuren. In: *Frankfurter Zeitung*, 23. November 1930, Literaturblatt, S. 6 f.

26 Feilchenfeldt/Brandis, S. 89.

27 Theodor W. Adorno: Blochs Spuren. Zur neuen Ausgabe 1959. In: Ders.: *Noten zur Literatur* (= Gesammelte Schriften, Bd. 11). Frankfurt/M. 1974, S. 233.

28 Ernst Bloch: Gespräch mit Michael Landmann, Tübingen, 13. Oktober 1968, unveröffentlicht (Ernst-Bloch-Archiv, Inv.Nr. 10/91, II). – Den Aufsatz *Über Zeittechnik* publizierte die *Frankfurter Zeitung* am 21. August 1928.

29 Ernst Bloch: Müssen Bücher Schicksale haben? (1963). In: Ders.: *Literarische Aufsätze* (wie Anm. 2), S. 556–560; Zit. S. 556.

30 *Erbschaft dieser Zeit* erfuhr wohlwollende Besprechungen durch Hermann Hesse, Klaus Mann, Thomas Mann und andere.

31 Feilchenfeldt/Brandis, S. 557.

32 Ernst Bloch: *Das Abenteuer der Treue* (wie Anm. 8), S. 203. – Bisher nicht belegbar ist die Vermutung, daß Walther Feilchenfeldt schon 1933 Ernst Bloch beim Geld-Transfer aus Hitler-Deutschland geholfen hat.

33 Karola Bloch: *Aus meinem Leben*. Pfullingen 1981, S. 127 (dort falsche Schreibung Veilchenfeldt).

34 Ernst Bloch: Gespräch mit Hans Götz Oxenius, 20. Januar 1962. In: *Bloch-Almanach* 2, 1982, S. 9–16; Zit. S. 13. – Vgl. hierzu Peter Gays These, die Kultur der Weimarer Republik sei eine Schöpfung von Außenseitern für eine kurze Zeitspanne gewesen (Peter Gay: *Die Republik der Außenseiter. Geist und Kultur in der Weimarer Zeit 1918– 1933*. Neuausg. Frankfurt/M. 1987, S. 9 f.).

COMMERCE

CAHIERS TRIMESTRIELS PUBLIÉS PAR
LES SOINS DE PAUL VALÉRY,
LÉON-PAUL FARGUE, VALERY LARBAUD.

RÉDACTION ET ADMINISTRATION
160, RUE DU FAUBOURG SAINT-HONORÉ
PARIS-VIIIe

PRINTEMPS 1926 CAHIER VII

Europa – die «Vereinigten Staaten des Geistes»?
Die komparatistische Literaturzeitschrift *Commerce*

Erika Tunner

Wer denkt bei dem Wort *commerce* nicht zunächst an Handel, Geschäft, Kauf und Verkauf von Waren und den damit zusammenhängenden Gewinn und Verlust. Nun war *Commerce* aber keineswegs eine Wirtschaftszeitung. Im erweiterten Sinne bedeutet *commerce* soviel wie Austausch, Kontakt, Umgang. Der Name der Zeitschrift geht zurück auf eine Zeile des vielleicht berühmtesten und geheimnisvollsten Gedichts von Saint-John Perse, *Anabase*, das, 1924 veröffentlicht und von zahlreichen europäischen Schriftstellern als Meisterwerk erkannt, bald in mehrere Sprachen übersetzt wurde. In *Anabase* (griechisch: Aufsteigen, Erhebung) stehen die Worte: «ce pur commerce de mon âme» (dieser reine Umgang meiner Seele). Das Anliegen der Zeitschrift war der Dialog, der Austausch, eben der *commerce* zwischen den Nationen, die Vermittlung der wichtigsten Strömungen der zeitgenössischen europäischen Literatur sowie das Bestreben, auf Unveröffentlichtes, Unbekanntes oder Vergessenes hinzuweisen und die «Gemeinschaft des internationalen Schrifttums und Kulturgutes zu fördern»[1].

Saint-John Perse war im Jahre 1923 der Pariser Buchhändlerin und Verlegerin Adrienne Monnier begegnet. Ihr gelang es, die Veröffentlichung von *Anabase* in der renommierten Zeitschrift *La Nouvelle Revue française* zu erreichen. Im Sommer 1924 erschien bei ihr die erste Nummer von *Commerce*. Nicht nur der Titel ist Saint-John Perse zu verdanken, sondern auch sein rückhaltloser Einsatz für begabte junge Schriftsteller. In der vorletzten Nummer von *Commerce* (Nr. 28, 1931) konnte, dank ihm, Jacques Prévert seinen ersten poetisch-satirischen Text veröffentlichen, *Tentative de description d'un dîner de têtes à Paris-France*, der 1946 den Eingang zu seinem bekanntesten Werk, *Paroles*, bilden sollte. Bis zum Winter 1932 erschien *Commerce* vierteljährlich, jeweils mit der Datierung *Printemps*, *Eté*, *Automne* und *Hiver*. Im ersten Jahr brachte *Commerce* die erste Übersetzung eines Auszugs von Georg Büchners *Leonce und Lena* (Nr. 3, 1924), in einer der letzten Nummern die ebenfalls erste Übersetzung eines Auszugs von *Woyzeck* (Nr. 27, 1931)[2]. Die Übersetzer waren Mitarbeiter des *Commerce*: der französische Schriftsteller Jean Paulhan, der von 1921 bis 1939 die *Nouvelle Revue française* leitete und sich besonders als Entdecker und Förderer junger Talente verdient gemacht hatte, sowie der in Berlin geborene Philosoph Bernard Groethuysen, der über ein beachtliches dichterisches Talent verfügte.

Von Heft VII (*Printemps* 1926) bis Heft XII (*Eté* 1927) wurde *Commerce* vom Paul Cas-

Abb. 142: Titelblatt der Zeitschrift Commerce, *1926.*

sirer Verlag in Kommission vertrieben[3]. Denn Paul Cassirer war auch auf literarischem Gebiet ein «Kommunikator» hohen Ranges. Selbst Autor eines Dramas und eines Romans sowie ein erklärter Lyrik-Liebhaber, verfolgte er mit großem Interesse nicht nur die Kunstszene, sondern auch das Literaturgeschehen im In- und Ausland. Seine besondere Aufmerksamkeit galt Paris. Er sprach sehr gut französisch und stand in enger Verbindung mit Paul Durand-Ruel, der wie Cassirer ein erfolgreicher Kunsthändler und zugleich ein aufgeklärter Kunstliebhaber war. In Paris sah er 1894 zum ersten Mal Bilder von Edouard Manet. 1910 verlegte er das große Manet-Buch von Théodore Duret und 1923 das reich illustrierte Werk von Emil Waldmann. Durch Cassirer wurde Berlin bekanntlich zu einem Zentrum des Sammelns moderner französischer Kunst. Die Übernahme der Zeitschrift *Commerce* entsprach seinem Bestreben, Frankreich und Deutschland auch durch die Literatur enger miteinander zu vernetzen. Dieser Absicht kam gerade in der Zwischenkriegszeit eine besondere Bedeutung zu.

Das Paris der zwanziger Jahre ist bestimmt von einem Klima der geistigen Unruhe, von literarischen Innovationen, von der Frage nach der Zukunft Europas, die 1922 von der *Revue de Genève* mit Nachdruck lanciert wird. Dadaismus und Surrealismus halten ihren Einzug, neue Wochen-, Monats- und Vierteljahreszeitschriften werden gegründet, unter anderem *Europe* im Jahre 1923, unter der Leitung von Romain Rolland, eine Zeitschrift, die noch heute besteht und durch das unermüdliche Engagement von Jean-Baptiste Para ein unentbehrliches Forum für den internationalen literarischen «commerce» darstellt.

Eine der einflußreichsten literarischen Zeitschriften der Zwischenkriegszeit war *La Revue Européenne* (1923–1930), der Philippe Soupault vorstand, der Mitgründer des Pariser Dada und der Surrealistengruppe, und zu deren aktivsten Mitarbeitern Valery Larbaud gehörte. Ihrem Titel entsprechend, war die Zeitschrift bewußt auf ein europäisches Spektrum ausgerichtet. Die erste Nummer (März 1923) brachte unter anderem Texte von Dostojewski und Gorki, Edmond Jaloux (über Giraudoux), sowie programmatische Ausführungen von Valery Larbaud, der sich ausdrücklich für die Tendenzen der Moderne in der europäischen Literatur einsetzte. Das geistige Klima der Zeit war somit außerordentlich günstig für das Entstehen von *Commerce*.

Das Blatt verdankte seine Gründung der Amerikanerin Marguerite Gibert-Chapin, Gattin des Prinzen Roffredo Caetani de Bassiano, die seit 1919 in Versailles lebte, wo ihre Villa den Vertretern der Kunstwelt offenstand. Sie behielt sich ein gewisses Mitspracherecht bei der Auswahl der Texte vor. Im Register der *Chambre de Commerce de la Seine* wurde *Commerce* unter dem Namen und damit unter der rechtlichen Verantwortung von Adrienne Monnier eingetragen[4]. Am 16. Dezember 1924, mit der Gründung der *S. A. Commerce*, gehen ihre Rechte an die Prinzessin Bassiano über.

Die Redaktionsleitung übernahmen drei hochbegabte Schriftsteller, mit denen sich die Zusammenarbeit allerdings nicht eben als konfliktlos erwies: Paul Valéry, Léon-Paul Fargue und Valery Larbaud. Die Verwaltungsarbeit oblag zunächst Adrienne

Monnier. Ihre Beziehung zur Prinzessin Bassiano war nicht ungetrübt, sie hielt sie für «*charmante, mais absolument incompétente*», der Bruch war bald nicht mehr zu vermeiden[5].

Adrienne Monnier war eine ungewöhnliche Frau. 1892 in Paris geboren, eröffnete sie 1915 eine Buchhandlung und Leihbibliothek in der rue de l'Odéon Nr. 7, *La Maison des Amis des Livres*, die binnen kurzem zum Treffpunkt von *Tout-Paris littéraire* avancierte. Schräg gegenüber, im Haus Nr. 12, richtete ihre aus Amerika stammende Freundin Sylvia Beach im Jahre 1921 die Buchhandlung *Shakespeare and Company* ein, die sich den Vertrieb moderner amerikanischer und englischer Literatur angelegen sein ließ[6]. Auf der einen Seite der rue de l'Odéon gingen André Gide, Paul Valéry, Paul Claudel, Jules Romains, Guillaume Apollinaire, Valery Larbaud, Léon-Paul Fargue ein und aus, auf der anderen James Joyce, Ezra Pound, Hemingway, Scott Fitzgerald, T. S. Eliot, Sherwood Anderson, Gertrud Stein mit Alice B. Toklas, um nur einige zu nennen. Ein reger Verkehr, ein steter «commerce», herrschte zwischen den beiden Buchhandlungen, von denen der Siegeszug des Romans *Ulysses* von James Joyce seinen Anfang nahm: 1922 erschien die Originalausgabe dank der Anstrengungen von Sylvia Beach, 1929 die französische Übersetzung, die ohne die unablässigen Bemühungen von Adrienne Monnier wohl nicht zustande gekommen wäre. Der Hinweis «traduit de l'anglais par M. Auguste Morel assisté par M. Stuart Gilbert. Traduction entièrement revue par M. Valery Larbaud avec la collaboration de l'Auteur» deutet die internen Schwierigkeiten an, mit denen Adrienne Monnier konfrontiert wurde. Beiden Buchhändlerinnen kommt so das historische Verdienst zu, die Publikation eines Werkes ermöglicht zu haben, das in der Romankunst Maßstäbe setzte, denen im 20. Jahrhundert nur wenige andere Werke gerecht wurden, darunter wohl Prousts *A la recherche du temps perdu*, Musils *Der Mann ohne Eigenschaften* oder Döblins *Berlin Alexanderplatz*.

Die erste Fassung der französischen Übersetzung des *Ulysses*, die noch zahlreiche Korrekturen erfahren sollte, war 1924 fertiggestellt. Auszüge daraus (in der Übersetzung von Auguste Morel) erschienen in der ersten Nummer des *Commerce*, die in Gegenwart von James Joyce bei einem Lunch im Hause der Prinzessin Bassiano in Versailles gefeiert wurde. Auch Paul Valéry, Léon-Paul Fargue und Valery Larbaud sowie Saint-John Perse waren in dieser Nummer vertreten. Der Anfang hätte kaum brillanter sein können. War es nicht ein denkwürdiger Augenblick für das neue Europa, die «Vereinigten Staaten des Geistes»?

Von den drei Herausgebern des *Commerce* war Paul Valéry (1871–1945) der älteste und gewiß der intellektuellste. Ein luzides Bewußtsein ging ihm über alles. 1896 war sein Romanfragment *La Soirée avec Monsieur Teste* (Der Abend mit Herrn Kopf) erschienen, das diese Einstellung weitgehend illustriert. 1926, während der Mitarbeit an *Commerce*, gab Valéry dieses Fragment, um mehrere Nachträge erweitert, erneut heraus. Auf Anregung seines Freundes André Gide veröffentlichte er 1917 das Langgedicht *La jeune Parque* (Die junge Parze), das seinen Ruhm begründete; 1922 folgte die Sammlung seiner reifsten Lyrik: *Charmes* (der Titel spielt mit der Doppelbedeutung des Wortes:

Zauber, Lieder), worin sich eines der bekanntesten Gedichte der französischen Literatur des 20. Jahrhunderts findet, *Cimetière marin* (Friedhof am Meer), das Rilke ins Deutsche übertragen sollte. Die Wirkung auf die geistige Elite war außerordentlich. 1927 erfolgte die Aufnahme Valérys in die *Académie française*, nach seinem Tod wurde er durch ein Staatsbegräbnis geehrt, für das General de Gaulle die denkbar feierlichste Form gewählt hatte.

Léon-Paul Fargue (1876–1947), nur wenige Jahre jünger als Valéry, war von ganz anderem Temperament. Er verkörperte den Typ des Bohémien. Zur Zeit der Gründung des *Commerce* konnte er, im Gegensatz zu Valéry, mit dem er befreundet war, noch nicht auf ein größeres dichterisches Werk zurückblicken, doch war er ein viel bewunderter Causeur, kam ständig in die beiden Buchhandlungen der rue de l'Odéon und wurde von Sylvia Beach als «eine der interessantesten Persönlichkeiten in der französischen literarischen Welt» bezeichnet, als «ein fast ebenso großer Wortschöpfer wie Joyce»[7]. Im Gegensatz zu Valéry, der sich als «Insulaner» empfand, liebte Fargue das Leben in der Gesellschaft, kam bei Einladungen meist zu spät, weil er behauptete, keinen Zeitsinn zu haben, begeisterte dann aber seine Gastgeber mit seinen tolldreisten Geschichten, die er, halb erlebt, halb erfunden, aufs lebhafteste zum besten zu geben verstand. Auch mit der Abgabe seiner für *Commerce* bestimmten Texte war er stets in Verzug, doch so unzuverlässig er schien, so sicher konnte man mit der Qualität seiner Schriften rechnen. Das noch heute bekannteste Werk, *Le Piéton de Paris* (Der Fußgänger von Paris), mit dem Fargue sich der Tradition des Flaneurs verschreibt, erschien erst 1939, steht aber in der genuin lyrischen Tradition Baudelaires: Fargue setzt ein Mittel ein, über das er seit seinen literarischen Anfängen souverän verfügte, die an der Lyrik geschulte poetische Sprache. Das wohl markanteste Urteil über ihn stammt von Valéry, der lapidar festellt: «Poète. Constamment poète»[8].

Fargue begegnete 1909 Valery Larbaud (1881–1957), der sich in besonderem Maße für *Commerce* einsetzen sollte. Er war damals einer der gefeiertsten Schriftsteller Frankreichs, ein großer Reisender und auch ein großes Sprachgenie. Als einziger Sohn eines vermögenden Apothekers in Vichy verfügte er bereits in jungen Jahren über ein beachtliches Erbe und konnte sich einen glänzenden Lebensstil leisten. Sein 1913 publizierter, mehr oder minder autobiographischer Roman *A. O. Barnabooth (Le pauvre chemisier – Son Journal intime)* begründete seinen literarischen Ruhm und übte eine ungemeine Faszination auf die jüngere Generation aus. Wie Larbaud selbst in den Jahren 1902 bis 1908, bereist Archibald Olson Barnabooth, ein imaginärer südamerikanischer Multimillionär, fast alle Länder Europas, steigt nur in Luxushotels ab, beobachtet Menschen und Städte, sucht nach dem möglichen Sinn des Lebens. War Larbaud ein Kosmopolit wie sein Barnabooth? Auf jeden Fall war er ein höchst gebildeter Europäer, der über zahlreiche Anhänger verfügte, die man die «Larbaudiens» nannte. Einer der späten «Larbaudiens» in der deutschsprachigen Literatur ist Gregor von Rezzori: Er unterhielt einen eifrigen *commerce* mit Barnabooth, der in seinem Roman *Kurze Reise übern langen Weg* (1986) – 1994 ins Französische übersetzt – einen deutlichen Niederschlag gefunden hat[9].

Diese drei Herausgeber des *Commerce*, die Orientierung ihrer Schriften und ihrer Bestrebungen, sind durchaus charakteristisch für das Paris der zwanziger Jahre. Die europäische, ja internationale Ausrichtung der beiden Buchhandlungen in der rue de l'Odéon erwies sich als ein literarischer Katalysator, welcher für die Konzeption von *Commerce* durchaus vielversprechend war. Gleichzeitig kündigten sich allerdings einige Probleme an: Nicht nur zwischen Adrienne Monnier und der Prinzessin Bassiano kam es zu schwerwiegenden Mißstimmigkeiten, sondern auch zwischen Léon-Paul Fargue und Valery Larbaud[10]. Doch wurde die Zusammenarbeit zwischen den drei Herausgebern aufrechterhalten, und die Zeitschrift hatte weiterhin ein beachtlich hohes Niveau. In der Herbst-Nummer 1925 erschienen mehrere Gedichte von Hölderlin, darunter der erste Teil von *Patmos*, erstmals übersetzt von Bernard Groethuysen.

Im selben Jahr veröffentlichte der Paul Cassirer Verlag Berlin eine bibliophile Ausgabe von 22 ausgewählten Gedichten Paul Verlaines unter dem Titel *Armer Lelian*. Verlaine, von Baudelaire und den *Parnassiens* beeinflußt, gehört zu den Wegbereitern des Symbolismus. Mit *Pauvre Lelian*, dem Anagramm von Paul Verlaine, bezeichnete der Dichter sich selbst, wenngleich er niemals einen Band seiner Dichtungen mit diesem Ausdruck vesehen hatte. In dem Sonett *Vous m'avez demandé quelques vers sur ‹Amour›* (Dezember 1890/Januar 1891) nennt er sich *Poor Yorick, Poor Lelian* und schließt mit den Worten: «*Priez avec et pour le pauvre Lelian*». In der Ausgabe von der Essay-Sammlung *Poètes maudits* von 1888 entwarf er ein Porträt des *Pauvre Lelian*, «celui qui aura eu la destinée la plus mélancolique». Die bei Cassirer veröffentlichten Gedichte fassen somit im Untertitel die wesentlichsten Themen von Verlaines Lyrik zusammen: «Gedichte der Schwermut, der Leidenschaft und der Liebe». Die Übertragung ins Deutsche hat Alfred Wolfenstein vorgenommen; sie ist im Kontext jener «Europa-Idee» zu sehen, die Paul Cassirer mit dem Vertrieb der Zeitschrift *Commerce* realisieren wollte[11].

Groethuysen und Paulhan sind die ersten Übersetzungen von Rudolf Kassner in *Commerce* zu verdanken, worauf erneut in der Tageszeitung *La Croix* vom 30. Juni 1990 hingewiesen wurde, als unter dem Titel *La Métamorphose. Physiognomonie et Physionomie* die erste französische Übersetzung von Kassners *Verwandlung* (1925) im Verlag *Le Nouveau Commerce* in Paris erschienen war (Übersetzung von Yvonne Bollmann).

Le Nouveau Commerce: Die literarische Zeitschrift, die in Paris von 1963 bis 1996 (insgesamt 100 Nummern) zunächst von André Dalmas alleine, dann gemeinsam mit Marcelle Fonfreide herausgegeben wurde, war auch eine Erinnerung an alte Zeiten: Léon-Paul Fargue war wieder mit Gedichten vertreten, Jean Paulhan mit Prosatexten. Die Tradition des «Blickes über die Grenzen» wurde aufrechterhalten: Einerseits spielte auch *Le Nouveau Commerce* in der Beziehungsgeschichte zwischen Deutschland und Frankreich eine hervorragende Rolle, andererseits wurde die «Europa-Idee», die Cassirer verfolgte und durch seinen frühen Tod mit dem Vertrieb von *Commerce* nur partiell verwirklichen konnte, ganz im Sinne des Berliner Verlegers weitergeführt. Mit *Le Nouveau Commerce* wurde wieder ein *commerce* zwischen den «Vereinigten Staaten des Geistes» geschaffen. Zahlreich sind die Texte von deutschsprachigen Autoren, die dem französischen Lesepublikum zugänglich gemacht wurden, von Meister Eckhart über die Romantiker (Hölderlin, Novalis, Achim von Arnim), über Nietzsche, Rilke, Hofmannsthal, Karl Kraus bis zu Walter Benjamin, Heinrich Böll, Christa Wolf, Wolfgang Hildesheimer, Reinhard Priessnitz, Friederike Mayröcker, Elfriede Gerstl, Heidi Pataki – womit nur der Anfang einer langen Liste gegeben ist.

Paul Cassirer: ein Kunsthändler von Rang, ein Verleger mit Spürsinn, ein Politiker mit Weitblick; ein Kaufmann, der sich auf den Kommerz verstand, und zugleich ein souveräner Kopf, der für den *commerce* zwischen den Kulturen plädierte – ein erfolgreicher Anwalt der «Vereinigten Staaten des Geistes von Europa».

Anmerkungen

1 Feilchenfeldt/Brandis, S. 549.

2 Den Hinweis verdanke ich Diane Tridoux, Bibliothèque Nationale de France, Paris.

3 Feilchenfeldt/Brandis, S. 548.

4 Valery Larbaud: Lettres à Adrienne Monnier et à Sylvia Beach, 1919–1933. Correspondance établie et annotée par Maurice Saillet. Paris 1991, S. 125.

5 Valery Larbaud (wie Anm. 4), Brief von Adrienne Monnier an Hélène und Henri Hoppenot, 12. November 1924, S. 205.

6 Interessante Hinweise in: Laure Murat: Passage de l'Odéon. Sylvia Beach, Adrienne Monnier et la vie littéraire à Paris dans l'entre-deux-guerres. Paris 2003. Vgl auch: Sylvia Beach: Shakespeare and Company. Ein Buchladen in Paris. Aus dem Amerikanischen von Lilly von Sauter. München 1961 (2. Aufl. 1982).

7 Beach (wie Anm. 6), S. 169.

8 Vgl. dazu: Angelika Corbineau-Hoffmann: Bilder der Stadt. Franz Hessel und Léon-Paul Fargue als «Flaneurs» in Paris. In: Gerhard R. Kaiser und Erika Tunner (Hg.): Paris? Paris! Heidelberg 2002, S. 441 ff.

9 Jacques Lajarrige: Sur les pas de Valery Larbaud. *Le court voyage par de longs chemins* de Gregor von Rezzori. In: Passerelles et passeurs, Publ. de l'Institut d'Allemand d'Asnières 2002, S. 199 ff.

10 Vgl. dazu: Correspondance Léon-Paul Fargue – Valery Larbaud, 1910–1946, texte établi, présenté et annoté par Th. Alajouanine. Paris 1971, und Murat (wie Anm. 6), S. 104 ff.

11 Feilchenfeldt/Brandis, Nr. 198. – Auch der Partner und Nachfolger Cassirers, nach dessen Tod 1926, Walther Feilchenfeldt, beherrschte die französische Sprache gut und stand der Pariser Kunst- und Literaturszene nah. Sicher hat auch er das «Experiment *Commerce*» mitverantwortet und den Versuch gewagt, der jedoch nicht von Dauer war.

Utopische Plaudereien

Paul Cassirer und die Architektur

Jan T. Köhler, Jan Maruhn, Nina Senger

Bruno und Paul Cassirer eröffneten ihre gemeinsame Galerie mit einem kunsthistorischen Paukenschlag: Kein Geringerer als Henry van de Velde zeichnete für den Entwurf der Galerie- und Geschäftsräume verantwortlich. Mit van de Velde gelang es den beiden Vettern Cassirer, den seinerzeit in Deutschland wohl meistdiskutierten Raumgestalter zu gewinnen.

Paul Cassirer hatte van de Velde vermutlich schon 1896 in Brüssel, wahrscheinlich im Haus Bloemenwerf in Uccle, kennengelernt. Spätestens trafen sie sich dann, als van de Velde auf seiner Deutschlandreise im Frühling 1897 nach Berlin kam, wo der Maler Curt Herrmann ihm und Constantin Meunier zu Ehren einen Empfang gab: «Die Herrmanns hatten einige der bekanntesten Mitglieder der Berliner Sezession zu Tisch geladen, die Maler Lovis Corinth, Max Slevogt, Leo von König, den Bildhauer Georg Kolbe, den damals angesehensten Kunstkritiker Hans Rosenhagen, den Kunsthändler Paul Cassirer und andere Künstler, die sie mit Constantin Meunier und mir bekanntmachen wollten»[1], erinnerte sich van de Velde, der kurz zuvor auf der Kunstgewerbe-Ausstellung in Dresden mit seiner Einrichtung für den Pariser Kunsthändler Siegfried Bing einen ersten triumphalen Erfolg feiern konnte. Der war ihm in Brüssel und Paris verwehrt worden: In seiner Heimat Belgien ganz im Schatten des berühmten Victor Horta stehend, hatte van de Velde versucht, sich und seine nach dem Vorbild William Morris' errichteten künstlerischen Holzwerkstätten in Paris bekannt zu machen. Eine aus vier komplett ausgestatteten Zimmern bestehende Einrichtung, die Bing 1895 in seiner Pariser Galerie *Art Nouveau* präsentierte und die wohl zu großen Teilen von van de Velde stammte[2], hatte in der Kritik ein geteiltes Echo gefunden. Zwar wurde der avantgardistische Charakter durchaus anerkannt, aber die wichtigsten Kritiker hatten verheerende Urteile gefällt. So etwa Edmond de Goncourt im *Journal*:

> «Ausstellung Bing. Es ist nicht die Idee dieser Ausstellung, die ich ablehne, sondern lediglich die Ausstellung von heute, jetzt. Also diesem Land, das das herrliche, geschwungene und lässig elegante Mobiliar des 18. Jahrhunderts besitzt, drohen plötzlich diese harten, eckigen Möbel, die für ungehobelte Höhlenmenschen und Bewohner von Pfahlbauten geschaffen zu sein scheinen. [...] Werden wir nun wahrhaftig unserer nationalen Eigenheiten beraubt? [...] Sollen das etwa die Möbel des Frankreich von morgen sein? Nein! Nein!»[3]

Diese Ablehnung war ein Schock für den jungen Entwerfer, dessen Name nunmehr in französischen Kunstkreisen beschädigt schien. So stimmte Siegfried Bing zu, die Pari-

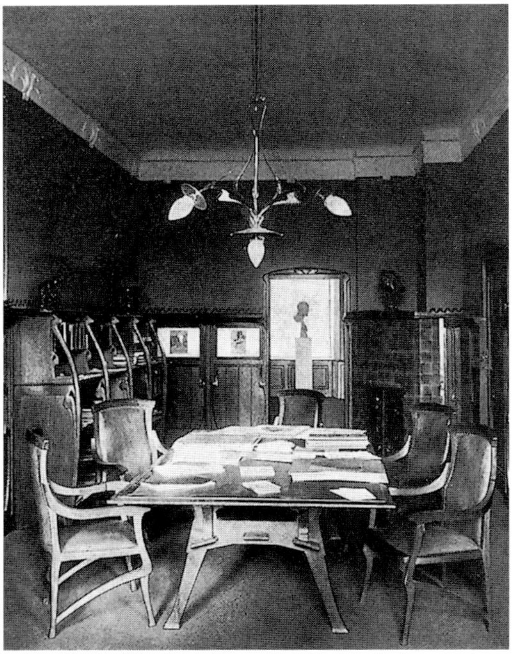

Abb. 143: Lesesalon der Kunst und Verlagsanstalt Bruno und Paul Cassirer, *Entwurf Henry van de Velde, 1898.*

ser Einrichtungen 1897 in Dresden ein weiteres Mal zu zeigen, diesmal anonym. Unter der Bezeichnung *Bing, Art Nouveau* wurden van de Veldes Einrichtungen, erweitert um einen Ruheraum, der schon viel deutlicher die schwingende Raumauffassung zeigt, für die van de Velde berühmt werden sollte, in Dresden präsentiert. Da auf der Kunstgewerbe-Ausstellung zwei Räume einer Werkschau Constantin Meuniers gewidmet waren, fuhren der junge van de Velde und der fast 70jährige Meunier gemeinsam durch Deutschland, eine Reise, die für beide zu einem Triumphzug werden sollte. Das Verschweigen des Gestalternamens in Dresden befriedigte die deutsche Presse aber keineswegs, denn über die Pariser Ereignisse und die künstlerischen Probleme jener als *Art Nouveau* bezeichneten Kunstströmung war breit berichtet worden. Es war schließlich Julius Meier-Graefe, der – nicht eingeweiht in die taktische Entscheidung Bings und van de Veldes – auf der Vernissage den Schleier lüftete. Bereits die Morgenpresse äußerte sich daraufhin ausführlich über den neuen Stern am Kunstgewerbe-Himmel:

> «Die Presse überhäufte mich mit Lob und sprach von mir als einem Erneuerer, der mit der Nachahmung der Stile Schluß gemacht hätte. Während der gleiche Versuch in Frankreich an der kategorischen Ablehnung der Öffentlichkeit gescheitert war, schloß sich die öffentliche Meinung in Deutschland der Zustimmung der Presse an. Am Tag nach der Eröffnung der Ausstellung war ich in Deutschland plötzlich berühmt geworden. Man sah in mir das Haupt einer neuen Bewegung.»[4]

Der Einzug in Berlin geriet für van de Velde und Meunier zum Erfolg, wozu auch der Abend bei Curt Herrmann beigetragen haben dürfte. In ihrer Eröffnungsausstellung präsentierten die Cassirers neben Werken von Max Liebermann und Edgar Degas den Bildhauer Constantin Meunier[5]. Van de Velde wurde in Berlin mit Aufträgen förmlich überhäuft: Im September 1897 stellte er mit der Neugestaltung der Empfangshalle der Kunsthandlung *Keller & Reiner* seinen ersten repräsentativen Auftrag fertig. Vor allem die kühn geschwungene Holzkonstruktion in den Raumwand-Durchbrüchen sorgte für Aufsehen[6].

Wohl etwas weniger spektakulär war die fast zeitgleiche Einrichtung der Galerie

Bruno und Paul Cassirer: Zunächst entwarf van de Velde nur den repräsentativen Lesesalon (Abb. 143). Er ist ein Musterbeispiel für seine programmatische Auffassung von der Totalität einer Raumgestaltung – jedes noch so kleine Detail der Ausstattung war von ihm gezeichnet worden. Die Wände wurden in stumpfrotem Padukholz getäfelt, wobei in die Täfelung verglaste Felder eingelassen waren, in denen Graphiken ausgestellt wurden. Oberhalb der Täfelung waren die Wände grün gefaßt, grün waren auch der Teppich und die Lederflächen der Stühle und des großen Arbeitstisches. Die blaugrünen Kacheln des lebhaft gestalteten Kamins rundeten den Gesamteindruck ab. Das Bücherregal mit seinen geschwungenen Stegen, die die Bücherfächer trugen, zeigte zusammen mit der bleiverglasten Raumtür und der elektrischen Deckenlampe am deutlichsten die innovativen Jugendstil-Formen van de Veldes. Lampe, Tisch und Stühle waren sehr erfolgreich und lassen sich auch in späteren Einrichtungen van de Veldes nachweisen[7]. 1902 ließ Paul Cassirer auch die Räume seiner Hamburger Dependance am Jungfernstieg von van de Velde umgestalten[8].

1903 wurde der Berliner *Salon Cassirer* durch zwei Oberlichtsäle erweitert:

> «Die Ausgestaltung beider Räume hat van de Velde besorgt. Ein niedriges, sehr fein gegliedertes Paneel in hellem Eichenholz umzieht die Wände, die mit einem delikat grauen, leicht gemusterten Stoff bespannt sind. Die Bilder sehen auf diesem Hintergrund prachtvoll aus und erhalten durch eine geschickte Überleitung des Oberlichtes auf die Wände eine vortreffliche Beleuchtung.»[9]

Die Zusammenarbeit beschränkte sich aber nicht auf Raumgestaltungen. Im Jahre 1901 erschien im Verlag von Bruno und Paul Cassirer van de Veldes Buch *Die Renaissance im modernen Kunstgewerbe*[10], seine erste große programmatische Veröffentlichung in deutscher Sprache[11], mit der er sozusagen auf William Morris' *Erneuerung des englischen Kunstgewerbes* reagierte. Die zweite Auflage erschien ein Jahr später nur noch bei Bruno Cassirer, weil sich die beiden Vettern inzwischen beruflich getrennt hatten. Van de Veldes folgende Veröffentlichungen in deutscher Sprache wurden dann aber von anderen Verlagen herausgegeben.

Die für die Architekturgeschichte folgenreichste Ausstellung Paul Cassirers war die Präsentation der Architekturzeichnungen Erich Mendelsohns im Dezember 1919. Paul Cassirer wagte sich damit auf ein Feld vor, das vor ihm kein Kunsthändler beschritten hatte.

Luise Mendelsohn, die Frau des Architekten, berichtet von den gemischten Gefühlen, die diese Ausstellung bei ihr auslöste. Bislang waren die intimen Zeichnungen niemandem – mit Ausnahme eines kleinen Freundeskreises – bekannt. Mendelsohn war in Berlin weitgehend unbekannt und mußte sich selbst ins Gespräch bringen, wollte er in der Hauptstadt bestehen. Er tat dies in einer Reihe von Vorträgen im Salon von Molly Philippson[12], die er noch aus seiner ostpreußischen Heimat kannte. Seine programmatische Betätigung in politisch und künstlerisch fortschrittlichen Kreisen war dem USPD-Mitglied Paul Cassirer nicht verborgen geblieben. Ob die Idee einer Ausstellung seiner Zeichnungen auf Mendelsohn zurückging, wie seine Frau postum schreibt[13], oder nicht doch vielmehr dem Interesse Cassirers zuzuschreiben ist, läßt sich mit letzter Sicherheit nicht mehr bestimmen. Vermutlich regten die kleinen, sehr poetischen Skizzen Cassirers Gespür für Innovation an, denn weiter als bei jedem anderen Architekten seiner Zeit verschwimmen bei Mendelsohn die Grenzen zwischen baubarem Architekturentwurf und freier Kunst. Die Arbeiten, die in großer Zahl noch in den Schützengräben des Weltkrieges entstanden waren – was auch ihre oft winzigen Dimensionen erklärt – nahmen in Titel und Dynamik die neuen Herausforderungen der Technik auf, die Mendelsohn unter Dauerbeschuß auf den Schlachtfeldern in ihrer negativsten Form erleben mußte, und transportierten sie in eine hoffnungsvolle, neue, bessere Zeit. Dargestellt waren Bahnhöfe, Fabriken und Kulturbauten, alle in jener Dynamik, die für Mendelsohn charakteristisch werden sollte und deren angebliche «Unbaubarkeit» Mendelsohn mit dem *Einsteinturm* eindrucksvoll widerlegte[14].

Für Mendelsohn bildete die Ausstellung insofern eine Zäsur, als er mit ihr seine durch die Erfahrung des Weltkrieges stark zeichnerisch geprägte Frühphase abschloß. Wie ungewöhnlich eine Ausstellung von Architekturzeichnungen selbst für aufgeklärte und interessierte Zeitgenossen war, zeigt die Erinnerung Oskar Beyers:

> «Paul Cassirer in Berlin hatte im Herbst 1919 eine Einladung versandt, auf der man lesen konnte: Erich Mendelsohn. Architektur in Eisen und Beton. Ich hatte damals über Kunstereignisse zu berichten, ging aber erst nach ein paar Tagen hin – nicht überaus erwartungsvoll, denn der Titel klang ein wenig trocken, freudlos. Und den Namen dieses Architekten hatte man natürlich nie gehört. Nur eine Handvoll Leute schlich durch die Räume; in Augenhöhe hingen Skizzen, ziemlich kleine Skizzen auf viel weißer Fläche, während oben, stark plakativ vergrößert, ausführliche Entwürfe hingen. Das Sonderbare war, daß ich mich vom ersten Augenblick an in eine Strömung gezogen fühlte, daß ein Rhythmus mich erfaßte, dem ich nicht widerstehen konnte.»[15]

Für Mendelsohn bedeutete die Ausstellung eine wichtige Weichenstellung, denn er lernte nicht nur Oskar Beyer kennen, dem er zeitlebens eng verbunden blieb. Die Ausstellung wurde nach Berlin auch in Hannover, Hamburg, Breslau, Chemnitz, Stuttgart und Köln gezeigt[16]. Auch international hatte die bildliche Präsentation seiner Architekturauffassung Wellen geschlagen. Die breiten Veröffentlichungen, z. B. in der holländischen Zeitschrift *Wendingen*, wären ohne Cassirer nicht denkbar.

Auch vielen seiner Bekannten, die seinen zeitgleichen Salon-Vorträgen folgten, bot die Exposition eine Gelegenheit, sich mit der Umsetzung seiner Ideen näher vertraut zu machen. So ist der Warenhausbesitzer Salman Schocken erstmals in Cassirers Galerie mit den Mendelsohnschen Entwürfen bekanntgemacht worden. Er sollte in der Folge einer der wichtigsten Auftraggeber Mendelsohns werden.

Der visionäre Gehalt der Mendelsohnschen Zeichnungen und die mutige Entscheidung Paul Cassirers, diese in seinem Kunsthause zu präsentieren, wurde von der zeitgenössischen Kunstkritik *in toto* so nicht gesehen. In *Kunst und Künstler* etwa schrieb Karl Scheffler: «Im Salon Paul Cassirer scheint man die Orientierung verloren zu haben; die beiden letzten Ausstellungen waren für die Tradition dieses Kunsthauses kompromittierend. Zuerst Erich Mendelsohn, jetzt Anton Kerschbaumer. Woher kommt mit einem Mal dieses Interesse für Architekturzeichnungen?»[17]

Im selben Jahr veröffentlicht Paul Cassirer seine *Utopische Plauderei* in den verlagseigenen *Weißen Blättern* und skizziert ein Berlin der Zukunft, in dem der Grunewald überbaut worden ist. Nicht für die Oberschicht geplant, aber wohl auch bar jeder architektonischen Gestaltung?

> «Wir sind keine ‹Villenkolonie›, (Wüste-Wellblech-Gouverneur), wir wohnen nur hier. Von den breiten Zufahrtsstrassen führen Stege, auf denen kein Wagen fahren kann, durch die Gärten zu unsern Häusern. Wir haben keine Vorfahrten und keine Rampen mehr und keine Gitter und keine Portale. Das letzte Stück des Weges muß schon jeder zu seinem Haus gehen.»[18]

Cassirer geißelt die Gleichmacherei und die Abstimmung über Kunst in seiner utopischen Gesellschaft, wenn er einen alten Professor, als letztes Überbleibsel der alten, überkommenen Welt, die Freiheit der Kunst verteidigen läßt. Er entgegnet einem glühenden Verfechter der Revolution schwärmend von der «Andacht der Zuhörer, wenn sich ein Maler einmal selbst vorstellt und sein Werk verteidigt und erklärt. ‹Ja, aber da reden doch die Auftraggeber dem Künstler in seine Aufgabe hinein›. Das tun sie. ‹Na, hören Sie, in meiner Zeit war das Höchste des Künstlers die Freiheit der Persönlichkeit.›»[19]

Ganz unerwartet stand Paul Cassirer 1924 vor einer neuen Aufgabe: dem Umbau eines Hauses für seinen Freund Hugo Simon (1880–1950), den Berliner Privatbankier, Mäzen und Philanthropen[20]. Als die stets neugierigen Berliner auf dem Bauschild «Bauleitung Paul Cassirer» lasen, mögen sie, wie Max Osborn schreibt, überrascht gewesen sein. Zwar kannten sie Cassirer schon seit mehr als zwei Jahrzehnten, der «als ein wahrer Hecht im Karpfenteiche das künstlerische Leben der Stadt durch die anregende und wagemutige Kraft seiner sprühenden Persönlichkeit befruchtet, umgestaltet, und beherrscht hatte», aber niemand rechnete mit einer Volte des Kunsthändlers und Verlegers, der sich «hier zum Schluß seines wirbelnden Lebens eine alte Sehnsucht erfüllt: als Architekt zu wirken, seine organisatorischen Fähigkeiten einmal an einem komplizierten sichtbaren Gebilde zu erproben, ein Haus zu bauen, auszustatten und einzurichten»[21].

Revolutionär war seine Ausstellung mit den Mendelsohn-Zeichnungen, und auch als Verleger hatte er ein Auge auf die neuen Möglichkeiten einer Architektur, die Anfang

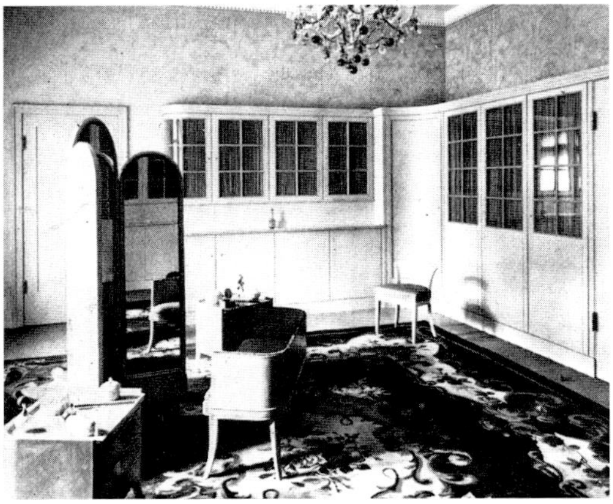

Abb. 144: Toilettezimmer der Dame im Hause Hugo Simon, 1925.

des Jahrhunderts sich anschickte, die Formenwelt auf den Kopf zu stellen und statt das *Decorum* zu feiern, zu einer neuen Schlichtheit aufrief.

Mit Alfred Lichtwark, dem Direktor der Hamburger Kunsthalle, hatte er in frühen Jahren einen Streiter verlegt, der die bürgerliche Welt reinigen und 1898 mit Licht, Luft und Einfachheit Palastfenster aufreißen und Flügeltüren niederlegen wollte[22].

Der Bankier und der Kunsthändler waren schon lange miteinander bekannt, und in gewisser Weise bildet das Haus von Hugo Simon den Höhepunkt ihres gemeinsamen Wirkens. Nachdem Cassirer sich vom Saulus zum Paulus gewandelt hatte und aus dem patriotisch kriegsbejahenden Mitglied der *Deutschen Gesellschaft 1914*[23] kaum ein Jahr später 1916 ein Freund des pazifistischen *Bund Neues Vaterland*[24] geworden war, bewegte er sich ganz in der Nähe des Berliner Bankiers. Simon hatte zu den ersten Mitgliedern des *Bundes* gehört, der, im November 1914 gegründet, sein höchstes Ziel darin sah, einen friedlichen Ausgleich mit Frankreich zu erreichen und dem mörderischen Krieg ein Ende zu setzen, bar jeder Annexion und Reparationszahlungen. 1918, kurz nach Kriegsende, fanden regelmäßig Versammlungen des *Bundes* in Cassirers Haus in der Victoriastraße statt, zu denen weitere Freunde kamen: Leo und Grete Kestenberg, René Schickele, Harry Graf Kessler[25]. So wichtig und unerläßlich die Diskussion um Deutschlands zukünftiges Schicksal kurz nach der Abdankung des deutschen Kaisers war, so unerläßlich drängte sich auch immer wieder ein Gespräch über gestalterische Fragen und ästhetische Standards für das neue Deutschland auf. Hugo Simon war gerade als Vertreter der USPD zum preußischen Finanzminister ernannt worden[26] und behütete das Berliner Stadtschloß ebenso[27], wie er sich umgehend, gemeinsam mit dem Direktor der Nationalgalerie Ludwig Justi, daran machte, das Kronprinzenpalais in das erste deutsche Museum für zeitgenössische Kunst zu verwandeln[28]. Die Vorliebe für zeitgenössische Kunst französischer und deutscher Herkunft, pazifistische und auf Ausgleich gerichtete Initiativen verbanden die beiden Männer. Deren gemeinsames Ziel, dem neuen Staat auch ein neues Gesicht zu geben, manifestierte sich auch in Hugo Simons Auftrag an Paul Cassirer, sein soeben erworbenes Haus im Tiergartenviertel umfassend umzugestalten.

Hier endlich konnten die beiden Männer eigenen Ideen ihren baulichen Ausdruck verleihen und, ganz wie von einem Freundschaftsband umgeben, sollte die Villa der Ort werden, in dem sich Verleger-Architekt und Bankier-Bauherr mit allen gemeinsamen Freunden zu literarischen Abenden mit Autoren, die aus dem Verlag kamen, und mit Kunstwerken, die Hugo Simon bei Paul Cassirer erworben hatte, versammelten.

Simon erwarb das großbürgerliche Stadthaus am Rande des Tiergartens im Frühjahr 1924[29]. An der Ecke Rauch-/Drakestraße erhob sich ein dunkler, stattlicher Bau, den sich der Baumeister August Caspar 1866 hatte erbauen lassen[30]. Nach mehrmaligen Umbauten im späten 19. Jahrhundert präsentierte sich die Stadtvilla zwar noch in ihren ursprünglichen Neorenaissance-Formen, die zwischen französischen Prachtgiebeln und süddeutschen Fenstergewänden oszillierten, doch hatten spätere Eigentümer bereits den ursprünglich malerischen Bau entscheidend verändert: Durch den Zukauf eines Nachbargrundstücks konnte der Garten erweitert werden, und ein prachtvoller zweigeschossiger Gartensaal[31] enthob den Bau seiner einfachen Grundstruktur, der mit zeittypischen eher bescheidenen repräsentativen Wohnräumen geplant worden war. Die zerklüfteten Fassaden wurden geglättet, der Treppenturm in den Baukörper integriert[32], und erst der Gartensaal schuf eine räumliche Verbindung zu den weitläufigen, dem Landschaftspark verpflichteten Gartenanlagen.

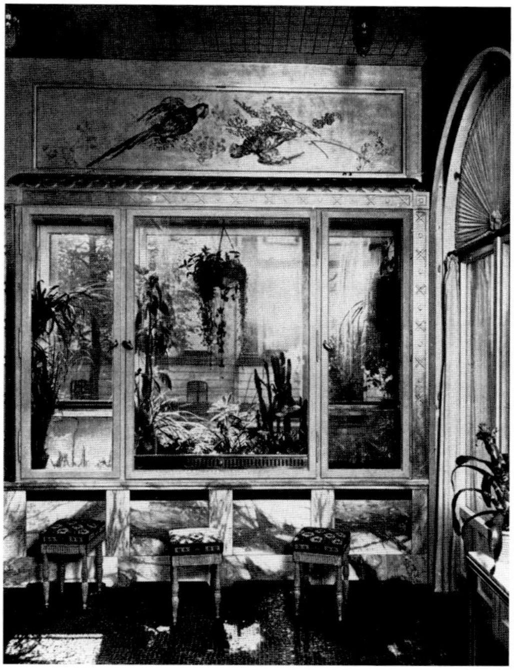

Abb. 145: Wintergarten im Hause Hugo Simon mit Wandgemälden von Max Slevogt, 1925.

Hugo Simon hatte gewiß vor allem Gefallen an den Gärten gefunden, als er das Haus im März 1924 von dem Bankier Lewinsky übernahm[33], denn schon immer hatte er eine Vorliebe für das Wohnen im Grünen gehabt. Geprägt durch seine Liebe zu Goethe – von den *Wahlverwandtschaften* bis zu *Dichtung und Wahrheit* – zu Adalbert Stifters *Nachsommer* und seine langlebige Leidenschaft für die Seidenraupenzucht[34], begleitete ihn das Thema «Mensch und Natur» geradezu programmatisch ein Leben lang. Seit 1911 hatte Hugo Simon mit seiner Frau Gertrud in der Zehlendorfer Heidestraße[35] gewohnt, sie hatten sich schon hier ein Haus ausgesucht, das in seiner ländlichen Anmutung den lebensreformerischen Formen der Gartenstadtbewegung gefolgt war und in einen Garten eingebettet lag. Nun hingegen erhielt der Bankier erstmals die Möglichkeit, seine Sehnsüchte, die er seit den Kindertagen im ländlichen Usch in der Provinz Posen mit sich getragen hatte, im stadtnahen, eleganten Tiergartenviertel zu verwirklichen. Cassirer besah sich das architektonische Tohuwabohu und reduzierte die Villa auf ihre tektonischen Grundformen, indem er den Stuck und die malerischen Elemente zugunsten einer klaren, flächigen Fassadengliederung verbann-

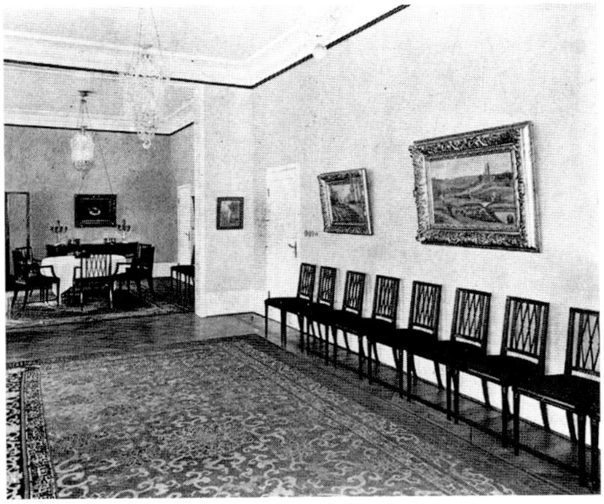

Abb. 146: Speisezimmer im Hause Hugo Simon, 1925.

te. Hell geputzte Fassaden stehen im Gegensatz zu dunkel gerahmten Fenstern, die orthogonalen Wände werden mit rundbogigen Terrassentüren kontrastiert, so daß das rundum erneuerte Haus den Idealen der zwanziger Jahre folgte und ein wenig an die romanischen Kirchen der Normandie denken läßt: kühl und zurückhaltend proportioniert und komponiert aus den geometrischen Grundformen Kreis, Würfel und Dreieck. Unter einem kräftigen Dach zusammengehalten, haben die neuen Formen ihre Wirkung nicht verfehlt: Zwischen dem unterkühlten Neoklassizismus und den Zwingburgen des späten 19. Jahrhunderts war Hugo Simons frisches und neues Haus auch Bekenntnis zu einer neuen Zeit.

«Wir dürfen eine Wendung zum Besseren nicht vom Architekten alleine erwarten. Mehr als jeder andere Künstler ist er abhängig von den Bedürfnissen, dem Geschmack und dem guten Willen seiner Auftraggeber.»[36] Alfred Lichtwarks grundsätzliche Feststellung zum Verhältnis von bürgerlichem Bauherrn und Baumeister fordert nicht so sehr eine revolutionäre Kunst-Architektur als vielmehr eine Formfindung, die es gestatten sollte, aus der nahezu symbiotischen Verbindung beider das Schöne und Wahre zu destillieren. Form sollte nicht um ihrer selbst willen erfunden werden, sie sollte entstehen und mit der geforderten zurückhaltenden Schlichtheit dem Bürgertum die Vormachtstellung in ästhetischen Fragen sichern. Obwohl Lichtwarks *Palastfenster und Flügelthür* schon 1899 erschienen war, diente das Buch als Blaupause für den als Architekt dilettierenden Cassirer und seinen Bauherrn Simon. Für beide waren Lichtwarks Anweisungen zur Rhythmisierung der Fassade allein durch die Gruppierung der Fenster noch immer aktuell: «Wenn aus der Ferne gesehen alle Schmuckformen in die Masse der reflektierenden Wand zurückgesunken sind, sprechen immer noch die dunklen Flecke der Fenster, die kein Licht zurückstrahlen.»[37] So entsteht am Rande des Tiergartens ein modernes Haus, das wie ein gebautes Programm von Alfred Lichtwark anmutet. Gleichzeitig bedeutete der Bankier seiner konservativen Umgebung im Tiergartenviertel, die zu erheblichen Teilen noch immer geprägt war von den Idealen und Sentiments der vergangenen Welt von König und Kaiser, welcher Zeiten Kind er war. Als wahrer Republikaner begehrte er kein Haus der alten Welt mehr, sondern tat das einzig Richtige – ganz so wie die Republikaner, die sich nach 1789 in Frankreich die Schlösser und *Hôtels* des Adels und des Königshauses einverleibten und sie veränderten: Er verwandelte sein Haus. Ohne das Alte zu zerstören, allein durch Transformation gab er der Villa ein zeitgemäßes Aussehen. Als großes Gemeinschaftswerk vereinigte das neue Haus sachliche Grundstruktur, die keinen unnötigen Zierat duldete, mit einer schlichten, dem Biedermeier verpflichteten Einrichtung. Ein wenig erinnern die intimen Ecken in den Wohnräumen an Max Liebermanns betont zurückhaltende Möblierung in seiner Wohnung am Pariser Platz und in seinem Haus am Wannsee, das Herrenzimmer hingegen wirkt wie die Räume von Cassirers Kunsthändlerkollegen Alfred Flechtheim in der Bleibtreustraße nahe dem Kurfürstendamm[38]. In der Drakestraße fehlen natürlich, wie von Lichtwark gefordert, die Flügeltüren, sonst allseits geschätzt als feudales Zitat im bürgerlichen Haus, die allein deshalb so beliebt waren, um «ein paarmal im Winter [...] Großräumigkeit heucheln zu können»[39]. Statt dessen läßt Cassirer sie einfach weg und verbindet großes und kleines Eßzimmer miteinander, ein breiter Sturz trennt die Räume, ohne sie jedoch zu separieren, so daß man leichten Schrittes schwellenlos von einem zum anderen gelangen konnte. Auch Lichtwarks Klage vom Ende des 19. Jahrhunderts, daß «die meisten unserer Wohnhäuser [...] durch ihre Architektur weder für eine behagliche innere Ausstattung noch für die Einfügung von Kunstwerken geeignet» seien, erhörten Kunsthändler und Kunstsammler.

Inmitten der durchgestalteten Räume finden sich Werke, die Hugo Simon in Cassirers Galerie gekauft hatte. Höhepunkt der künstlerischen Ausgestaltung war gewiß die Ausmalung des Wintergartens (Abb. 145) durch Cassirers alten Protegé Max Slevogt, dem es gelang, allein durch seine leichte Malerei von Vögeln und anderem Getier ganz illusionistisch den Gegensatz von innen und außen aufzuheben.

> «Decken und Wände des Zimmers bestanden aus goldenen Mosaikwürfeln. Ein zartgrüner Farbstreifen, tausendfältig verlaufend, bildete das Adernetz des goldenen Werkes. Auf das Mosaik waren kleine, absichtlich bunte Bilder gemalt, in denen ebenfalls Gold und Grün überwogen (ein Vogel Strauß, so strahlend, als wäre er von innen beleuchtet, ein Tiger, der tiefgebückten Hauptes aus dem Dschungel trat, ein turnender Affe, Kakadus und Papageien, ein Araber auf gebäumtem Roß, überhell und flüchtig, Bruchteil einer Fata Morgana, und ähnliche Kurzweil aus dem Morgenland). In verschiedener Höhe rings an den Wänden verteilt, wirkten sie als Lockpunkte für das Auge, als die dunkelfarbigen Laternen oder lebenden Inschriften des Strahlenraumes.»[40]

Bauherr und Architekt haben symbiotisch zusammengearbeitet. Geschmack, Verstand und Raumgefühl gaben einander die Hand, und alles zusammen bildete eine glückliche Einheit, die alles miteinander verband: die Kunst aus Cassirers Galerie, die Möbel, die den Geist der kulturellen Elite Berlins atmeten. Im Herrenzimmer mit blauen Wänden hingen nebeneinander Max Liebermanns *Judengasse in Amsterdam*[41], Otto Muellers *Selbstbildnis in grüner Bluse*[42] und Ernst Ludwig Kirchners *Die roten Häuser*[43]. Auf den halbhohen Bücherregalen standen verschiedene Porträtköpfe und Ernst Barlachs *Ruhe auf der Flucht*[44]. Der große Speisesaal (Abb. 146) war dem Impressionismus vorbehalten, Pissarros *La Route d'Ennery près Pontoise*[45] und Claude Monets *Route, Effet d'hiver, Soleil couchant*[46] erhielten eine Sonderstellung und konnten im gesellschaftlichen Anlässen vorbehal-

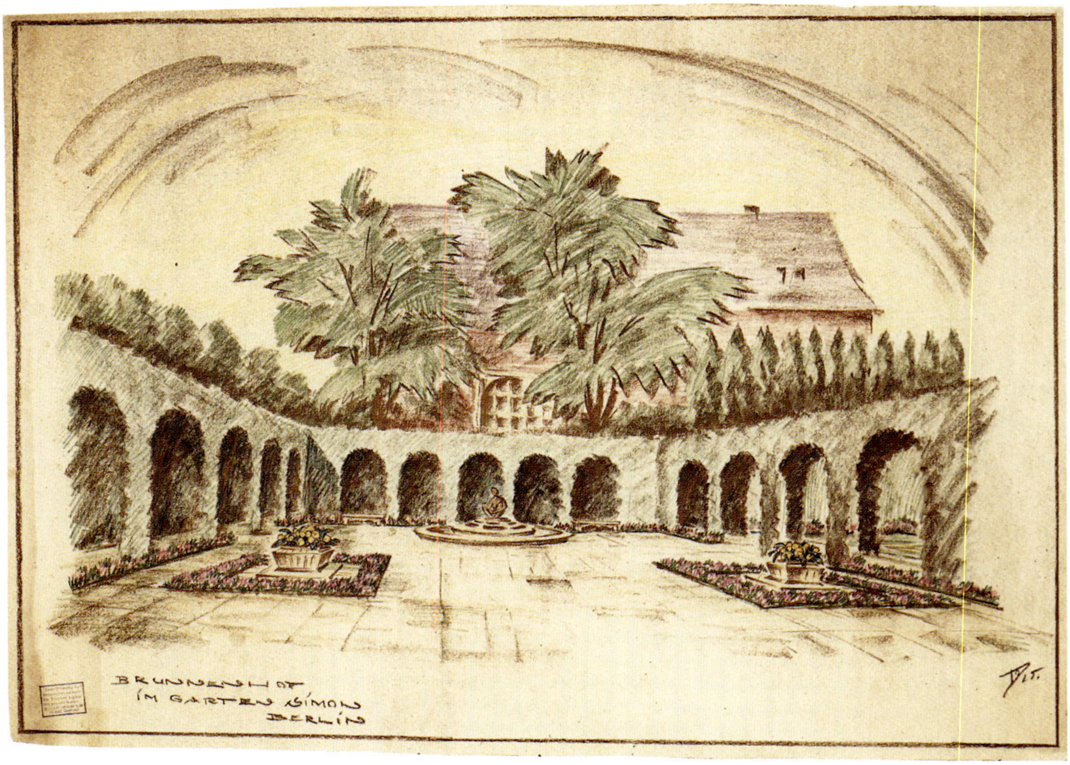

Abb. 147: Entwurf für den Garten des Hauses Hugo Simon, 1925, Georg-Kolbe-Museum Berlin.

tenen Teil des Raumes bewundert werden, während im angrenzenden kleinen, privaten Bereich Max Slevogts *Aufgeschnittene Ananas*[47] die Stirnwand beherrschte.

In der Salonecke teilte sich Hans von Marées' großformatige *Szene im abendlichen Park*[48] die Wand mit Auguste Renoirs *Le Pont des Arts*[49], ergänzt von Henri de Toulouse-Lautrecs *La femme russe*[50], kontrastreich auf einer dunklen Wand präsentiert. Bis auf wenige Ausnahmen, wie Kirchners Gemälde, hatte Hugo Simon alle Werke bei Paul Cassirer erworben.

Diese neue Tiergartenvilla emanzipierte sich von ihren nachbarschaftlichen Verwandten. Hell und zurückhaltend lag sie in einem zweigeteilten Garten (Abb. 147). Während sich nach Norden der noch immer in seinen parkartigen Grundzügen erhalten gebliebene tief gelegene Gartenteil erstreckte, lag das Hauptaugenmerk von Architekt und Bauherr auf dem Teil, der dem Gartensaal vorgelagert war. Cassirer hob den Garten in die Höhe und schuf eine Terrasse, die direkt an das Haus angrenzte (Abb. 148). Ohne Stufen konnte man nun vom Haus auf einen gepflasterten Hof treten, der, von hohen Hecken flankiert, weit über dem Straßenniveau lag. Dieser streng symmetrisch aufgebaute Gartenraum war wie ein weiteres Zimmer des Hauses, statt einer

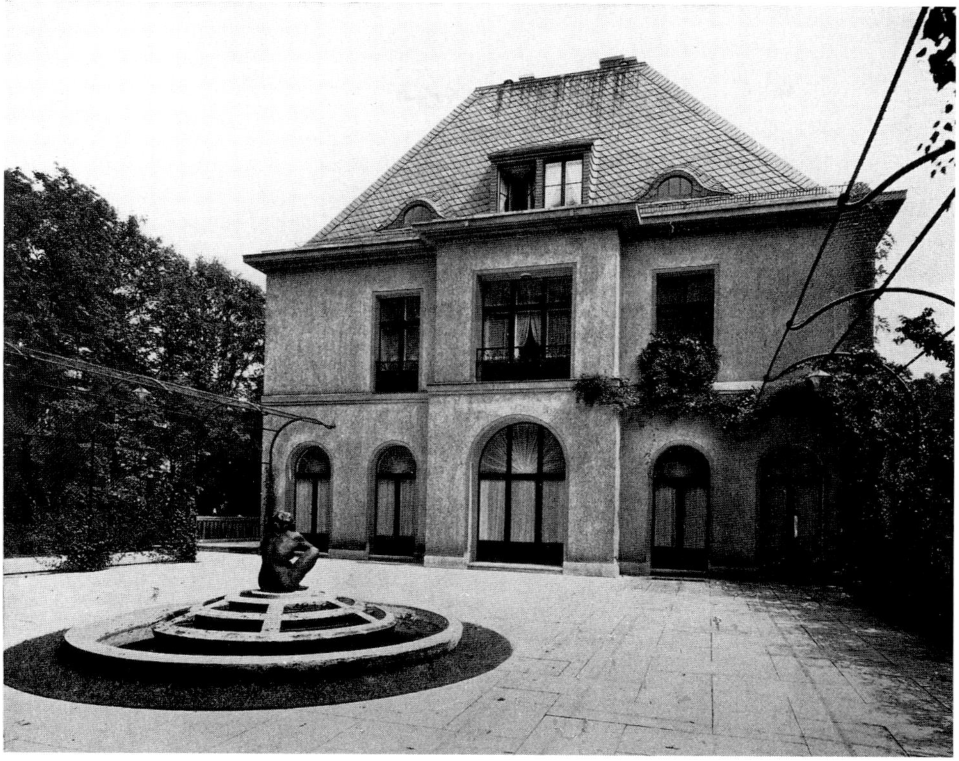

Abb. 148: Rückseite des Hauses Hugo Simon mit Georg-Kolbe-Brunnen.

Decke mit Lüstern bildete allerdings der Himmel sein Dach. Für seinen Mittelpunkt hatte Georg Kolbe – auch er ein Künstler der Galerie Cassirer – einen Brunnen entworfen. Über drei Betonringen, aus denen das Wasser sprudelte, hockt die *Kauernde* fast so, als sollte die Plastik nicht die Flächigkeit dieses Gartenraums stören. Paul Cassirer zeigte die große Bronze 1925 zum ersten Mal in den Räumen seiner Galerie, Hugo Simon erwarb sie und gab den Brunnen bei Kolbe in Auftrag[51].

Tout Berlin konnte in der Drakestraße ein Haus besichtigen, geboren aus dem Geist einer Freundschaft. Inmitten der Gesellschaft, die sich dort versammelte, fanden sich weitere Freunde, von denen einer dem Werk von Cassirer und Hugo Simon ein Denkmal setzte: René Schickele. In seinem 1929 erschienenen Roman *Symphonie in Jazz*[52] verwandelt der Autor in elegantem Ton Hugo Simon in seinen Protagonisten Josephus Samtaug, der seinem Haus und seinen Gästen als wohlwollender Patriarch vorstand. Kamen die Gäste an, sahen sie zuerst die großzügige Halle mit einer Treppe, die schien «für eine Ewigkeit von Geschlechtern errichtet, Geschlechtern von Gästen der Familie Samtaug. Sie war aus schwarzpoliertem Mahagoniholz getürmt, ein cremefarbener Läufer besänftigte ihre düstere Feierlichkeit überkrönt von einem schmiedeeisernen

Kirchenleuchter [...], an dem das Muster der florentinischen Lilie mit dem des Andreaskreuzes abwechselte.»[53] Wie Lichtwark es in *Palastfenster und Flügelthür* gefordert hatte, wechselten Feierlichkeit und hehrer Ernst mit Leichtigkeit und Delikatesse. Schickele feiert die Atmosphäre des Hauses und damit auch seinen Architekten, wenn er in überschwenglichen Worten die Verwirklichung einer Freundschaftsidee skizziert: «Und festlich zogen die Samtaugschen Tage weiter, dem Sommer entgegen. [...] Ein heiteres, einfach gebautes Jagd- und Lustschlößle mitten in Berlin, so stand das Haus in der Rauchstraße 4 mit weithin schimmerndem Winken zwischen den Bäumen des Viertels. Niemand sprach von Geld. Es roch nach frisch gesprengten Rosen und Blumen der Jahreszeit. [...] Hier gab es weder Lärm noch Staub.»[54]

Die Gemeinschaft schien vollkommen: Cassirer, seine Künstler und Autoren, die Mitstreiter der *Liga für Menschenrechte*[55] und ungezählte Gäste hatten ein Refugium gefunden, das einzige Haus, das der Galerist je entworfen hat. Sein beherzter Zugriff auf den alten Bau, den er sogleich verstanden und durchdrungen hat, sein Talent, die Grundelemente so zu verschieben, daß Alt und Neu miteinander verschränkt werden und zum Schluß eine klare, symmetrische, einfache und zugleich noble Modernität ausstrahlen, lobte Max Osborn ausdrücklich: «Auf Anhieb fand sich Cassirer in der Aufgabe zurecht, die Schinkel als den Prüfstein des Architekten bezeichnet hat: Den Umbau eines älteren Bauwerks.»[56] Daß Cassirer nicht darauf abzielte, der architektonischen Avantgarde der zwanziger Jahre Konkurrenz zu machen, ist offensichtlich. Vielmehr war ihm daran gelegen, durch Reduzierung auf architektonische Grundformen und Zurücknahme von Ornament und Zierat dem Bürgertum eine Moderne zu offerieren, die nicht revolutionär sein sollte, aber durch ihre monumentale Schlichtheit überzeugte.

Cassirer konnte sein architektonisches Talent nicht fortentwickeln. Als er 1926 starb, ließ er auch die Freunde Hugo und Gertrud Simon in der Drakestraße zurück. Sieben Jahre nach dem Tod seines Architekten emigrierten der Bauherr und seine Familie nach Frankreich, und das Tiergartener Freundschaftshaus verwaiste ohne die fein gesponnenen Seidengeflechte der Wahlverwandten. Mitte der dreißiger Jahre zog die irische Gesandtschaft in das Haus ein, das nach Paris emigrierte Ehepaar Simon wurde 1937 ausgebürgert[57]. Von den Kunstwerken, die einstmals das Haus belebten, war einzig Georg Kolbes Brunnen mit der *Kauernden* zurückgeblieben[58].

Als Hugo Simon 1950 fernab der Zivilisation in der brasilianischen Emigration starb, war er in seiner Heimat vollkommen vergessen. Seine Familie bekam das unrechtmäßig entwendete Grundstück zwar zurück, doch der Geist, der einstmals Haus und Garten belebt hatte, konnte nicht mehr zurückkehren. Das gemeinsame Werk von Bankier und Kunsthändler war nach dem Krieg nur noch eine Ruine und wurde 1960 abgerissen. Heute äsen hier friedlich nebeneinander rote Riesenkänguruhs und japanische Seraus, eine Waldziegenantilopen-Art des Berliner Zoos, auf üppigen Wiesen[59].

Anmerkungen

1 Henry van de Velde: Geschichte meines Lebens. Hg. und übertr. von Hans Curjel. München 1962, S. 134.
2 Vgl. hierzu: Klaus-Jürgen Sembach: Henry van de Velde. Stuttgart 1989, S. 38 ff.
3 Edmond de Goncourt in: *Journal*, Paris, vom 30. Dezember 1895, zit. nach Sembach (wie Anm. 2), S. 38 f.
4 Van de Velde (wie Anm. 1), S. 133 f.
5 Vgl. Brühl, S. 106.
6 Kunsthandlung Martin Keller & Karl R. Reiner, Potsdamer Str. 122. – Vgl. Wolf D. Pecher: Henry van de Velde. Das Gesamtwerk. Gestaltung. Bd. 1, München 1981, hier die Werknummer 1820. – Weitere Räume dieser Galerie gestalteten Riemerschmid, Hanje, Kirschner und Dressler.
7 Später hat er für Paul oder Bruno Cassirers Privaträume noch eine Schlafzimmereinrichtung entworfen, die sich bisher aber nur über Schriftquellen nachweisen läßt. Vgl. hierzu: Thomas Föhl: Henry van de Velde und Eberhard von Bodenhausen. Wirtschaftliche Grundlagen der gemeinsamen Arbeit. In: Klaus-Jürgen Sembach und Birgit Schulte (Hg.): Henry van de Velde. Ein europäischer Künstler seiner Zeit. Köln 1992, S. 169–206, hier S. 181, Anm. 57.
8 Vgl. hierzu: Föhl (wie Anm. 7), S. 181, Anm. 57.
9 Hans Rosenhagen in: *Die Kunst für Alle* 19, H. 4, 7. November 1903, S. 100–102.
10 Feilchenfeldt/Brandis, Nr. 197 und S. 558.
11 Bereits ein Jahr zuvor, 1900, erschien eine nur wenige Seiten umfassende Vortragsveröffentlichung zu einem kunstgewerblichen Detailproblem: Die künstlerische Hebung der Frauentracht, Vortrag von Henry van de Velde. Krefeld (Kramer & Baum) 1900.
12 Vgl. die Beiträge von Regina Stephan und Hans R. Morgenthaler in: Ausst.Kat. «Erich Mendelsohn. Dynamik und Funktion. Realisierte Visionen eines kosmopolitischen Architekten». Ostfildern-Ruit 1999.
13 «This was the start of Erich Mendelsohn's career in an unfamiliar town, where everyone was a stranger, the least wealthy of whom had more money than himself. Erich was faced with the problem of making himself known. He decided to hold an exhibition of his drawings. Paul Cassirer, head of the best and most famous gallery, agreed to promote this exhibition. The transformation of the tiny black and white drawings into large ones posed a problem, and they had to be done over and over again until they satisfied Erich Mendelsohn. The exhibition was inaugurated in the spring of 1919. I went to see it before the opening, accompanied by Paul Cassirer. I was speechless. I was actually shaken by the powerful impression of those large structures in black and white, so familiar to me in their tiny sizes. I also felt that suddenly a secret had been lost. These sketches of which only we two had any knowledge and which were so fundamental to our life, where suddenly given to the world. They would be discussed, they might be rejected, perhaps acclaimed. Paul Cassirer watched me intently. Then he awoke me out of my thoughts and in his sarcastic way said to me: ‹Young Woman, tell your husband to take another road. He will never be able to realize such fantastic structures.› I felt like slapping his face, controlled myself and said only two words: ‹He will!›» Luise Mendelsohn: Expressionist poetics, in: Bruno Zevi: Erich Mendelsohn. The complete works. Basel/Boston/Berlin 1999, S. 58–59. – Luise Mendelsohn erwähnt auch einen Katalog zur Ausstellung, der in Holland und England großen Eindruck gemacht haben soll. Da der Katalog nirgends nachweisbar ist und sie sich auch im Datum der Ausstellung irrt (sie fand im Dezember 1919 statt), ist auch dieser Angabe zu mißtrauen, zumal ein solcher Katalog sicher im Verlag Paul Cassirer erschienen wäre. Feilchenfeldt/Brandis fanden ebenfalls keine Spuren davon. Die Existenz

des Kataloges wird jedoch in der Mendelsohn-Literatur ohne bibliographische Angaben immer weiter fortgeschrieben.

14 Paul Cassirer, der den weiteren Werdegang Henry van de Veldes mit Sicherheit genau verfolgt hatte, wird in Mendelsohns Zeichnungen vielleicht auch die Formen des Werkbund-Theaters in Köln 1914 wiedererkannt haben.

15 Oskar Beyer (Hg.): Erich Mendelsohn. Briefe eines Architekten. Neuausg. Basel/Berlin/Boston 1991, S. 8.

16 Vgl. Regina Stephan: «Denken von Tag zu Tag, wo Geschichte große Kurven schlägt und Hunderttausende unbefriedigt läßt». In: Ausst.Kat. 1999 (wie Anm. 12), S. 44–63; S. 46.

17 *Kunst und Künstler* 18, 1920, S. 283.

18 Paul Cassirer: Utopische Plauderei. In: *Die weißen Blätter* 6, 1919, H. 3, März 1919, S.105–117; S. 108 f. – *Die weißen Blätter* gehörten seit dem Februarheft 1919 zum Verlag Paul Cassirer.

19 Paul Cassirer (wie Anm. 18), S. 116.

20 Eine Biographie über Hugo Simon ist in Vorbereitung: Jan Maruhn, Nina Senger: Hugo Simon. Bankier, Politiker, Philanthrop und Sammler. Biographie einer Epoche. Erscheint 2006 mit freundlicher Unterstützung der Ferdinand Möller Stiftung, Berlin.

21 Max Osborn: Das Haus Hugo Simon in Berlin. Ein Werk von Paul Cassirer. In: *Die Dame* 56, 1928, H. 4 (Zweites Novemberheft), S. 6–9, Forts. S. 28.

22 Alfred Lichtwark: Palastfenster und Flügelthür. Verlegt bei Bruno und Paul Cassirer. Berlin 1899. – Feilchenfeldt/Brandis, Nr. 126.

23 Kennert, S. 127.

24 David E. Barclay: Schaut auf diese Stadt. Der unbekannte Ernst Reuter. Berlin 2000, S. 50 f.

25 Wolfgang Pfeiffer-Belli (Hg.): Harry Graf Kessler: Tagebücher 1918–1937. Frankfurt/M. 1996, S. 18 (9. November 1918). – Kennert, S. 146.

26 Biographisches Handbuch der deutschsprachigen Emigration nach 1933. Hg. vom Institut für Zeitgeschichte, München; Research Foundation for Jewish Immigration, Inc. New York. Gesamtleitung: Werner Röder, Herbert A. Strauss. München 1999, Bd. I, S. 701.

27 Quellen zur Geschichte des Parlamentarismus und der politischen Parteien. Erste Reihe. Von der konstitutionellen Monarchie zur parlamentarischen Republik. Im Auftrag der Kommission zur Geschichte des Parlamentarismus und der politischen Parteien hg. von Werner Conze und Erich Matthias. Bd. 6/II. Der Regierung der Volksbeauftragten 1918/19, zweiter Teil, bearbeitet von Susanne Miller und Heinrich Potthoff. Düsseldorf 1969, S. 18.

28 Paul Ortwin Rave: Die Geschichte der Nationalgalerie Berlin. Von ihren Anfängen bis zum Ende des Zweiten Weltkrieges. Berlin 1968, S. 83.

29 LA Berlin, A Rep. 092, Nr. 35909, Bd. 1, Hugo Simon, S. 7–10, Ludwig Bender an das Finanzamt Moabit-West, Abt. Steuerfahndungsstelle, 23. November 1937, Betr. Hugo Simon – S. 1110–191/37.

30 LA Berlin, B Rep. 202, Nr. 3522, Blatt 54, Fassadenansicht.

31 Der Gartensaal wurde für den Direktor Herrmann Geber 1880 angefügt, in: LA Berlin, Rep. 202, Nr. 3521, Blatt 33, Zeichnung GR und Schnitt Saalanbau.

32 Die Begradigung des Ecktreppenturms erfolgte 1889 für Goldberger, in: LA Berlin, Rep. 202, Nr. 3521, Blatt 110, Zeichnung GR und EG.

33 LA Berlin, A Rep. 092, Nr. 35909, Bd. 1, Hugo Simon, Blatt 7–10, Ludwig Bender an das Finanzamt Moabit-West, Abt. Steuerfahndungsstelle, 23. November 1937, Betr. Hugo Simon – S. 1110–191 / 37.

34 Seine unveröffentlichten Erinnerungen werden getragen von den Vorstellungen eines Menschen, der mit seinen Brüdern und der Natur in Einklang lebt: Hugo Simon: Seidenraupen. Unveröffentliches Typoskript.

Walter-A.-Berendsohn-Forschungsstelle für deutsche Exilliteratur; Staats- und Universitätsbibliothek Carl von Ossietzky, Hamburg.

35 Seit 1931 Busseallee.

36 Alfred Lichtwark: Palastfenster und Flügelthür, Berlin 1905, S. 6.

37 Lichtwark (wie Anm. 36), S. 7.

38 Vgl.: Berliner Lebenswelten der Zwanziger Jahre. Bilder einer untergegangenen Kultur. Photographiert von Marta Huth. Hg. Bauhaus-Archiv und Landesbildstelle Berlin mit Jan T. Köhler, Jan Maruhn, Nina Senger. Frankfurt/M. 1996, S. 46 ff., S. 104 ff.

39 Lichwark (wie Anm. 36), S. 20.

40 René Schickele: Symphonie in Jazz. Berlin 1929, S. 67.

41 1907, Öl auf Karton auf Holz, 37 x 45 cm. In: Matthias Eberle: Max Liebermann 1847–1935. Werkverzeichnis der Gemälde und Ölstudien. Bd. II, 1900–1935. München 1996, S. 688. – Vgl. Große Kunstauktion in Luzern, Galerie Fischer im *Hotel National* vom 23.–26. August 1939, S. 116, Nr. 1680, Abb. Taf. 42. – Vgl.: Verzeichnis der bei Herrn Theodor Fischer in Luzern liegenden Gemälde aus der Sammlung des Herrn Hugo Simon im Brief von Dr. Ernst Wolf, Advokat und Notar, an Dr. Georg Schmidt, Direktor des Kunstmuseums Basel, vom 29. November 1940 (Kunstmuseum Basel, Handakte Simon).

42 Ca. 1909/10, Öl und Tempera auf Leinwand, 70,5 x 48 cm. In: Gedächtnisausstellung Otto Mueller 1874–1930. Schlesisches Museum der Bildenden Künste, Breslau. Februar–März 1931, S. 9, Kat.Nr. 4: Besitzer: Hugo Simon, Berlin.

43 1910/1913 (?), Öl auf Leinwand, 90 x 120 cm. In: Stephanie Barron und Sabine Eckmann (Hg.): Exil. Flucht und Emigration europäischer Künstler 1933–1945. München/New York 1997, S. 47.

44 1924, Holz, Höhe 78 cm. In: Friedrich Schult: Ernst Barlach. Das plastische Werk. Hamburg 1960, Nr. 289. – Eva Caspers: Kunst in «guten Häusern» – Ernst Barlachs Sammler im Kaiserreich und in der Weimarer Republik. In: Thieme/Probst, S. 95–130; hier S. 119.

45 1874, Öl auf Leinwand, 55 x 92 cm. In: Ludovic Rodo Pissarro & Lionello Venturi: Pissarro. Son Art, son Œuvre. Catalogue raisonné. First published in Paris 1939. New Edition San Francisco 1989, Bd. I, S. 115, Nr. 254; Bd. II, Taf. 51, Nr. 254.

46 Um 1869, Öl auf Leinwand, 43 x 65 cm. In: Daniel Wildenstein: Claude Monet. Biographie et Catalogue raisonné. Bd. I: 1840–1881. Peintures. Lausanne/Paris 1974, S. 182.

47 Max Slevogt. Gemälde, Aquarelle, Pastelle, Zeichnungen zu seinem 60. Geburtstag ausgestellt in der Preußischen Akademie der Künste. Oktober–November 1928, S. 11, Kat. Nr. 43: *Aufgeschnittene Ananas*, 1903, Öl auf Leinwand, 49,5 x 60 cm. Besitzer: Bankier Hugo Simon, Berlin.

48 Öl auf Leinwand, 108 x 278 cm. In: Uta Gerlach-Laxner: Hans von Marées. Katalog seiner Gemälde. München 1980, S. 110 f.

49 Um 1868, Öl auf Leinwand, 61 x 100 cm. In: Elda Fezzi: L'opera completa di Renoir nel periodo impressionista 1869–1883. Mailand 1972, Nr. 27.

50 Um 1889, Öl auf Leinwand, 55,5 x 50 cm. In: M. G. Dortu: Toulouse-Lautrec et son œuvre. Les Artistes et Leurs Œuvres. Etudes et Documents mis en œuvre par Paul Brame et C. M. de Hauke publiés par Collector Editions. New York 1971, S. 181, Nr. 353.

51 *Kauernde* (auch: *Kauernde Simon; Brunnenfigur, Große Kauernde*), 1925, Bronze, Höhe 90 cm. In: Ursel Berger: Georg Kolbe. Leben und Werk. Mit dem Katalog der Kolbe-Plastiken im Georg-Kolbe-Museum. Berlin 1990, S. 281–282, Nr. 77.

52 René Schickele: Symphonie in Jazz. Berlin 1929.

53 Schickele (wie Anm. 52), S. 50.

54 Schickele (wie Anm. 52), S. 160.

55 Der *Bund Neues Vaterland* hatte sich 1922 in *Liga für Menschenrechte* umbenannt.

56 Osborn (wie Anm. 21), S. 8.

57 *Reichsanzeiger* und *Preußischer Staatsanzeiger*,

Nr. 248, Liste 20, 27. Oktober 1937. In: Michael Hepp (Hg.): Die Ausbürgerung deutscher Staatsangehöriger 1933–1945 nach den im Reichsanzeiger veröffentlichten Listen. Bd. 1. München/New York/London/Paris 1985.

58 Ihr Verbleib ist unbekannt. Der Verbleib der umfangreichen Kunstsammlung von Hugo Simon wird einen Schwerpunkt in unserer Biographie (wie Anm. 20) bilden.

59 BA Berlin, Rep. 202, Nr. 3522, Blatt 117, Bezirksamt Tiergarten an Bauaufsichtsamt Tiergarten: 11. August 1960, Abräumung des Grundstücks nach Sprengung von Fundamenten und Bunker.

Briefe von Paul Cassirer und seinem Team

Aus der Werkstatt einer entstehenden Briefausgabe
mit einer Auswahl von Briefen

Konrad Feilchenfeldt

An Carl August Klein, 19. Oktober 1893 und 31. Januar 1894. – An Alfred Lichtwark, 3. November 1898. – An Max Slevogt, 24. September 1899. – An Alfred Lichtwark, 4. September 1900. – An Gustav Schiefler, 14. Juni 1907. – An Korfiz Holm und August Gommel, 15. Juli und 29./30. August 1910. – An Gustav Pauli, 13. April 1918. – An den Deutschen Pazifistischen Studentenbund, 21. August 1920. – An Max Slevogt, 2. September 1914. – An Gustav Pauli, 26. Oktober 1918.

Briefe von Paul Cassirer zu sammeln und herauszugeben, ist ein editorisches Vorhaben, das es bisher noch nicht gegeben hat. Zwar wurden immer wieder einzelne seiner Briefe publiziert[1], aber nicht im Rahmen einer Briefausgabe, und dazu würde es auch nicht reichen, sich auf das bekannte Verzeichnis öffentlich archivierter deutscher Handschriftenbestände im Internetportal *Kalliope* zu stützen[2]. Um Paul Cassirer als Briefschreiber erfassen zu können, muß man sich die Vielseitigkeit seiner beruflichen, politischen und menschlichen Beziehungen vor Augen halten und dann seinen hinterlassenen Spuren folgen. Er war Kunsthändler und Verleger, Schriftsteller und politischer Publizist, aber auch Familienmitglied.

Die Überlieferung seiner Briefe ist ein Problem. Kunsthandlung und Verlag wurden durch den Nationalsozialismus aus Deutschland vertrieben, ebenso die Familie. Von anderen Verlegern seines Ranges, deren Zeitgenosse Paul Cassirer gewesen ist, gibt es Briefausgaben, beispielsweise von Samuel Fischer, Reinhard Piper und – trotz seiner Emigration aus Deutschland – auch von Kurt Wolff[3]. Verlagsarchive standen dafür teilweise noch zur Verfügung. Von Paul Cassirer, ebenso wie von seinem Vetter Bruno Cassirer, mit dem er von 1898 bis 1901 gemeinsam firmierte, gibt es nur noch Reste zerstreuter und unzugänglicher Geschäfts- und Familienarchivalien[4].

Eine Edition der Briefe Paul Cassirers kann deswegen, anders als bei den erwähnten Verlegern, nicht einfach auf bestehende Archivsammlungen zurückgreifen. Sie muß die Korrespondenzpartner in Paul Cassirers personengeschichtlichem Umfeld erschließen und in den verstreuten Nachlässen der Adressaten die an sie gerichteten Briefe ermitteln[5].

Aus der Münchner Studienzeit 1893–96 haben sich die frühesten bisher feststellbaren Briefe Paul Cassirers erhalten. Sie gingen an Carl August Klein, den Freund Stefan Georges und Herausgeber der *Blätter für die Kunst*. In dieser Zeitschrift erschien im

August 1894 unter dem Titel *Nachtstück* ein kurzer Prosabeitrag von Paul Cassirer[6]. Der erste dieser Briefe ist ein Begleitschreiben ohne Anrede, vermutlich zu dem später veröffentlichten Text, den der Autor selbst noch als «Nocturno» bezeichnet.

München d. 19.10.93
Herrn Carl August Klein
Ich erlaube mir Ihnen beifolgende Skizze zu schicken, damit Sie sie in Ihrer Zeitschrift abdrucken, wenn sie Ihnen verwendbar erscheint.
Ich bitte nur mir möglichst rasch Bescheid zukommen zu lassen.
Hochachtungsvoll
Paul Cassirer
Von der Tannstr. 22
München

Die Veröffentlichung geht auf eine persönliche Begegnung mit dem nur drei Jahre älteren Stefan George zurück, der seit 1893 ebenfalls in München lebte und 1895 nach Berlin übersiedelte. Auf ihn beruft sich Cassirer in einem weiteren Brief an Klein, vermutlich, um dadurch seinem Wunsch, nochmals gedruckt zu werden, mehr Nachdruck zu verleihen.

Sehr geehrter Herr.
Ich erlaube mir auf die Aufforderung des Herrn Stefan George Ihnen noch 3 Skizzen zu überreichen.
Mit vorzüglicher Hochachtung
Paul Cassirer
München d. 31.1.94 / v. d. Tannstr. 22/I[7]

Am 23. Januar 1895 war Paul Cassirer in Berlin und schickte von dort aus einen Auszug seines damals noch unveröffentlichten Romans *Josef Geiger* an Klein. Ein Vorabdruck kam nicht zustande, aber der Roman erschien noch im selben Jahr im Verlag Albert Langen. Paul Cassirer gehörte zu einer Reihe junger Autoren, die in den *Blättern für die Kunst* nur mit einem einzigen Beitrag zu Wort gekommen sind[8].

Aus den Jahren zwischen 1895 und 1898 sind nur zwei kurze Briefe und eine Postkarte an Albert Langen bekannt[9]. Kontinuierlich wird die Überlieferung von Paul Cassirers Briefen erst von 1898 an. In diesem Jahr gründeten er und sein Vetter Bruno die gemeinsame *Kunst- und Verlagsanstalt*, und vom 3. November dieses Jahres datiert ein zwar in Brunos Handschrift, aber im Namen der beiden Firmeninhaber verfaßter Brief an Alfred Lichtwark, den Direktor der Hamburger Kunsthalle:

BERLIN W. den 3 Nov. 98

Sehr geehrter Herr Professor,

Wir haben gehofft, gelegentlich der letzten Pansitzung mit Ihnen über unser Unternehmen sprechen zu können. Sie waren leider nicht in Berlin. Nun, wir erlauben uns, Ihnen den Katalog unserer ersten Ausstellung vorzulegen, und wir glauben, das [sic] *er für unsere Ziele spricht. Herr Liebermann wird Ihnen vielleicht gelegentlich Einiges über unsere Absichten gesagt haben. Wir wollen den Versuch wagen, praktisch durch Arrangieren von kleinen Ausstellungen, durch Verlagswerke für das, was nach unserem Geschmack gute Kunst ist und für deren Verständnis zu wirken. Wir wissen, dass Sie als Leiter eines Museums, als Schriftsteller für eine Sache thätig sind, die auch wir lieben, und, wenn Sie es uns zu sagen gestatten, in demselben Sinne, wie Sie. Wir sind leider nicht die Leiter eines staatlich subventionierten Instituts, und wir wissen, dass wir in den Augen von Fernerstehenden das odium des Kunsthandels zu tragen haben werden. Dafür sind wir aber jung und unabhängig, und wir glauben, dass wir nichts zu verlieren haben, als Geld.*

Wir wenden uns an Sie, um Ihr Interesse für unser Unternehmen zu erbitten. Wir wären Ihnen dankbar, wenn Sie Ihre litterarischen Arbeiten unserem Verlage anvertrauen würden. Und noch eins. Wir haben in unseren Räumen eine sehr umfassende Degas-Ausstellung (27 Bilder.) Der Boden ist für das Verständnis der Sammlung leider unvorbereiteter, als wir glaubten, und wir fürchten, dass die Sammlung, die so imposant vielleicht nicht mehr in Deutschland sein wird, eine tiefergehende Wirkung und so erwünschte Förderung nicht haben wird. Wir dachten daran, dass Sie in unseren Räumen einen Vortrag über Degas halten müssten. Die Sammlung bleibt bis zum 1 Dezember hier. Wäre Ihnen der Gedanke sympathisch?

Wir glauben, dass eine solche Conferenz das Verständnis für diese noch so fremde Kunst sehr fördern würde.

Jedenfalls bitten wir Sie sehr, uns die Ehre Ihres Besuches zu geben.
Mit vorzüglicher Hochachtung
Bruno u Paul Cassirer[10]

Der Brief zeigt die enge Verbindung zwischen der Kunsthandlung und dem Verlag. Ein Vorbild für dieses Konzept war die 1894 gegründete *Genossenschaft Pan*, die in Berlin seit 1896 auch einen Verlag hatte, aber im Jahr 1899 wieder aufgelöst wurde. Lichtwark war Mitglied, ebenso Bruno und offenbar auch Paul Cassirer, der sich bei der von ihm 1910 gegründeten Zeitschrift mit dem gleichen Titel *PAN* ausdrücklich auf die ältere *Pan*-Idee berief[11]. Von Lichtwark brachte der *Bruno und Paul Cassirer Verlag* ab 1899 drei Titel heraus[12]. Der Firmenbrief vom 3. November 1898 steht also am Anfang einer erfolgreichen Zusammenarbeit.

Anders als das Schreiben an den Hamburger Museumsdirektor präsentiert sich ein viel persönlicherer Brief von Paul Cassirer an den, wie Stefan George, ebenfalls nur drei Jahre älteren Max Slevogt. Nur ein Jahr später, am 24. September 1899 geschrieben, bezieht er sich auf eine ebenfalls nur ein Jahr zurückliegende Begegnung mit Slevogt in München und enthält, wie der Brief an Lichtwark, ein Angebot zur Zusammenarbeit. Außerdem bekommt Slevogt Empfehlungen nach Paris zu Cassirers Kunsthändlerkollegen, die ihn an die dortigen Privatsammler französischer Malerei weiter vermitteln sollten[13].

BERLIN W 24. [mehr in der Kopie nicht zu lesen]

Sehr geehrter Herr Slevogt!
Sie schrieben uns im Winter, daß Sie das große Bild, an dem Sie malen, vielleicht für uns bestimmt hätten. Wie würden Sie es uns geben?

Ich komme heute auf meinen Münchner Vorschlag zurück, den ich zu erwägen bitte. Wenn er für Sie sympathisch ist, würde es uns sehr freuen.

Wir garantieren Ihnen auf 3 oder 4 Jahre (nach Ihrem Belieben) als Verkaufsminimum jährlich 4000 Mark unter der Bedingung, daß wir Ihre Vertretung für diese Zeit haben, d. h. also, Sie verpflichten sich während dieser Zeit nur durch uns zu verkaufen – ausgenommen sind Porträts – und wir verpflichten uns, Ihnen im Jahre für mindestens 4000 Mk. Bilder abzunehmen. Sie sind hierbei also thatsächlich total frei; Ihre Produktion gehört Ihnen und Ihr einziges Risiko besteht darin, daß Sie sich geschäftlich von uns vertreten lassen, dies ist wohl kaum ein Risiko zu nennen, denn – in aller Bescheidenheit – es gibt wohl kein Unternehmen das den Ruf besitzt wie das unsrige. Bitte antworten Sie mir möglichst bald. Können Sie uns nicht Ihr neues Bild schicken?

Ich habe heute nach Paris an Durand-R. geschrieben, er wird Ihnen, was Manet, Degas, Monet etc. ist zeigen, auch seine Privatsammlung.

Eine sehr gute Sammlung hat auch Herr Viau, dessen Adresse Ihnen Durand-R. geben wird. Ferner besitzt Herr Bernheim eine gute Sammlung. Ich schicke Ihnen morgen Karten für diese Herren. Eine ganz außerordentliche Sammlung hat noch Herr Faure, der aber ein sehr unangenehmer Chauvinist ist, wenn Ihnen dies gleichgültig ist, so können Sie auch dahin gehen (wundervolle Manets!) Ich sende Ihnen auch für den Herrn eine Karte. Hoffentlich sind die Herren vom Lande zurück. Wenn nicht, so schreiben Sie mir bitte aus Paris; es bleiben noch paar Sammlungen die ebenso schön oder schwer zugänglich sind. Wenn Sie bis Anfang Oktober in Paris bleiben, treffen Sie mich vielleicht dort.

Besten Gruß
Paul Cassirer[14]

Einen Vertrag, wie Paul Cassirer ihn als Kunsthändler Slevogt angeboten hat, schloß er später auch mit anderen Künstlern wie Corinth, Barlach und Kokoschka ab[15], wobei das Prinzip, einen Künstler mit seinem Gesamtwerk zu vertreten, in der Verlagsbranche schon von Samuel Fischer befolgt worden war[16], und dieses Vorbild prägte Paul Cassirer auch bei seinen Autorenverträgen mit Heinrich Mann, Else Lasker-Schüler oder Ernst Bloch[17].

So persönlich er einerseits mit Slevogt korrespondierte, konnte sich Paul Cassirer andererseits aber auch als Partner seines Vetters Bruno in die gleichzeitige, mehr förmliche Geschäftskorrespondenz mit Alfred Lichtwark einschalten und in ihrer beider Namen antworten:

BERLIN W: 4. Sept. 1900

Sehr geehrter Herr Professor.

Ihre Manuskripte haben wir leider noch nicht erhalten. Wenn die Bücher Mitte Oktober erscheinen sollen, müßen wir jetzt mit der Drucklegung beginnen.

Betreffs der im Verlage der Kunsthalle erschienenen Monographieen, schlagen wir vor, daß man nach Hamburg broschierte Exemplare zu dem bisherigen Preise verkauft, während man sonst nur gebundene Exemplare abgiebt. Sie sagten uns, daß die Monographieen in Hamburg für 1 Mark ans Publikum verkauft wird [sic]. *Dann müßte man sie an die Hamburger Buchhändler für 70 oder 75 Pfennige liefern. Wir sind bereit den Gesammtvertrieb für Hamburg u. anderwärts unter der Bedingung zu übernehmen, daß nur für das verkaufte Exemplar 55 Pfennig berechnet wird. Wir tragen die Kosten des Vertriebes der Reklame und des Einbindens der für das übrige Deutschland bestimmten Exemplare. Das Titelblatt müßte auch auf unsere Kosten abgeändert werden.*

Wir bitten Sie uns auch in dieser Angelegenheit baldmöglichst Antwort zugeben zu lassen, da der Herbst die günstigste Zeit für Neuerscheinungen im Buchhandel ist.

Mit vorzüglicher Hochachtung

Bruno u Paul Cassirer[18]

Da der *Bruno und Paul Cassirer Verlag* 1900 kein Buch von Lichtwark herausbrachte, dürften die erwähnten «Manuskripte» nicht mehr rechtzeitig eingetroffen sein. Vermutlich handelte es sich um die 2. Auflage von Lichtwarks *Die Seele und das Kunstwerk* und um *Die Erziehung des Farbensinns*, die beide erst 1901 erschienen; eine Verlagsanzeige im *Börsenblatt* gab es aber bereits am 17. November 1900[19].

In das Jahr 1901 fällt auch das Ende der Firma *Bruno und Paul Cassirer*[20]. Von diesem Zeitpunkt an können daher in einer Edition von Paul Cassirers Briefen keine in Bruno Cassirers Handschrift geschriebenen Geschäftsbriefe mehr in Betracht gezogen werden. Es wäre jedoch voreilig anzunehmen, daß Paul Cassirer, nachdem er sich von seinem Vetter unabhängig und selbständig gemacht hatte, alle weiteren Briefe selbst geschrieben oder wenigstens unterzeichnet hätte. Mit zunehmender Geschäftstätigkeit in seiner neuen, eigenen Firma beteiligten sich Personen seines Vertrauens an der Geschäftskorrespondenz.

Der wohl am häufigsten von Paul Cassirer eingesetzte Mitarbeiter seiner Korrespondenz war der Prokurist Theodor W. Stoperan[21]. In seiner Handschrift überlieferte Briefe sind in seltenen Fällen aber wenigstens von Paul Cassirer selbst unterschrieben, vermutlich nach Diktat. Ein solches Dokument ist ein Brief Paul Cassirers an Gustav Schiefler (Abb. 149–150):

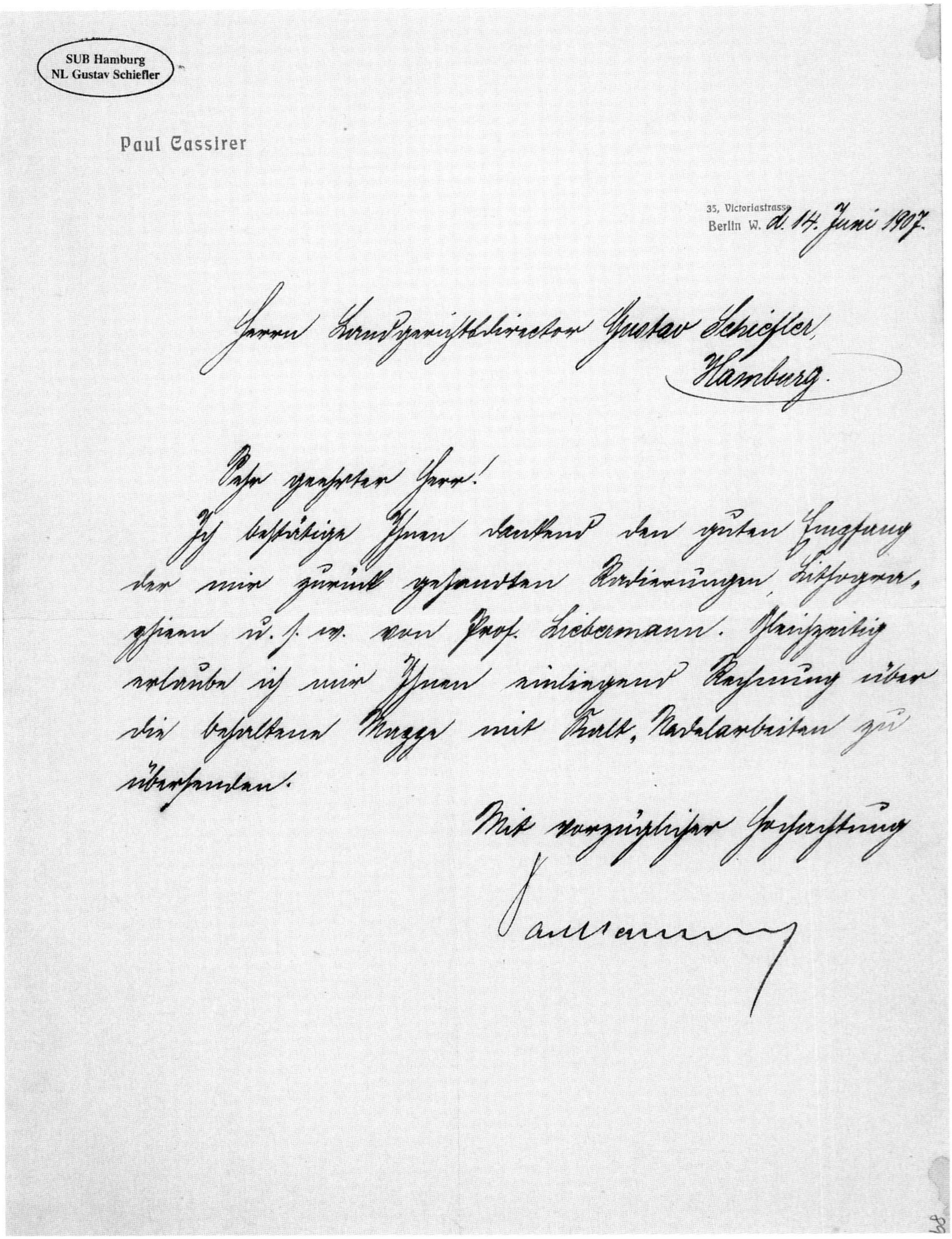

Paul Cassirer

35, Victoriastrasse
Berlin W. d. 14. Juni 1907.

Herrn Landgerichtsdirector Gustav Schiefler,
Hamburg.

Sehr geehrter Herr!
Ich bestätige Ihnen dankend den guten Empfang der mir zurück gesandten Radierungen, Lithographien u.s.w. von Prof. Liebermann. Gleichzeitig erlaube ich mir Ihnen einliegend Rechnung über die erhaltenen Mappe mit Kalt-Nadelarbeiten zu übersenden.

Mit vorzüglicher Hochachtung
Paul Cassirer

Abb. 149: Paul Cassirer, Brief an Gustav Schiefler vom 14. Juni 1907. Hs., Staats- und Universitätsbibliothek Carl von Ossietzky Hamburg.

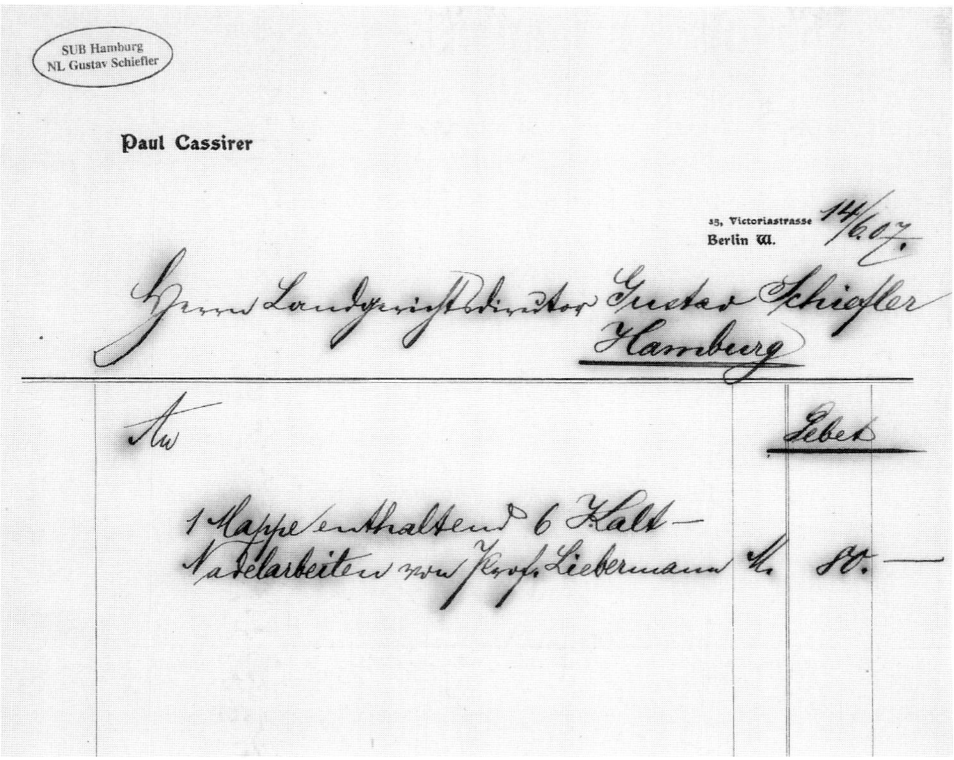

Paul Cassirer

35, Victoriastrasse
Berlin W. 14/6.07.

Herrn Landgerichtsdirektor Gustav Schiefler
Hamburg

An

1 Mappe enthaltend 6 Kalt-
Nadelarbeiten von Prof. Liebermann M. 80.—

Abb. 150: Paul Cassirer, Rechnung für Gustav Schiefler vom 14. Juni 1907. Hs., Staats- und Universitätsbibliothek Carl von Ossietzky Hamburg.

BERLIN W d. 14. Juni 1907.

Sehr geehrter Herr!
Ich bestätige Ihnen dankend den guten Empfang der mir zurückgesandten Radierungen, Lithographieen u. s. w. von Prof. Liebermann. Gleichzeitig erlaube ich mir Ihnen einliegend Rechnung über die behaltene Mappe mit Kalt-Nadelarbeiten zu übersenden.

Mit vorzüglicher Hochachtung
Paul Cassirer[22]

Paul Cassirer hatte Liebermann-Graphiken zurückerhalten, die Schiefler für das von ihm 1907 erstmals herausgegebene Verzeichnis von Liebermanns Druckgraphik offenbar als Leihgabe zur Verfügung gestanden hatten. Das Verzeichnis erwähnt auch die «6 Kaltnadel-Radierungen», die «1898 [...] der Kunstverlag von Bruno und Paul Cassirer in einer Mappe [...] herausgegeben» hatte und deren «Platten» bei der Geschäftstrennung der beiden Vettern «in das Eigentum von Paul Cassirer übergegangen» waren[23].

Als Schiefler diese «Mappe mit Kalt-Nadelarbeiten» aber nicht zurückschickte, ging Paul Cassirer davon aus, daß er sie kaufen wollte, und stellte sie ihm in Rechnung.

Ein anderer sehr enger Mitarbeiter seines Teams war Albert Damm, der 1910 die Übernahme der noch vorhandenen Sortimentsbestände von Heinrich Manns Büchern aus dem Albert Langen Verlag in den Paul Cassirer Verlag organisierte. Nachdem Paul Cassirer am 14. Juni 1910 mit Heinrich Mann einen Vertrag über dessen Gesamtwerk abgeschlossen und damit auch die Restauflagen aus dem Besitz von Manns ehemaligem Verleger erworben hatte[24], schrieb Damm den Nachfolgern des 1909 verstorbenen Albert Langen, Korfiz Holm und August Gommel.

BERLIN W 10 15. Juli 1910

Sehr geehrter Herr!
Es würde mich sehr freuen, wenn wir die Werke unseres Verlages austauschen würden. Falls Sie damit einverstanden sind, bitte ich um Mitteilung, welche Publikationen Ihnen erwünscht wären. Orientierungshalber schicke ich Ihnen meinen provisorischen Verlagskatalog. Bemerken muss ich, dass die drei Veröffentlichungen der PAN-PRESSE, wie
Slevogt, «Lederstrumpf»,
Corinth, «Judith» und «Das hohe Lied»
wegen beschränkter Auflage vom Tausch ausgeschlossen bleiben müssen.
Meinerseits erbitte ich sämtliche bei Ihnen von Heinrich Mann erschienenen Werke geb.

Hochachtungsvoll
[Stempel] *für PAUL CASSIRER*
[gez.] *Damm*

Und diesem Brief folgte ein weiterer:

BERLIN W 10 29./31. August 1910

Sehr geehrter Herr!
Ich überreiche Ihnen in der Anlage eine Anzeige, die ich im Börsenblatt veröffentlichen will. Ich bedarf hierzu Ihre Bestätigung und bitte Sie, dieselbe freundlichst an den Schluss des Inserates setzen zu wollen.

Hochachtungsvoll
[Stempel] *für PAUL CASSIRER*
[gez.] *Damm*[25]

Die angekündigte «Anzeige» erschien im *Börsenblatt* vom 5. September unter der Rubrik *Anzeigeblatt* mit dem Datum «Berlin, den 1. September 1910» und einer Auflistung aller für den Verlagswechsel vorgesehenen Heinrich Mann-Titel, der damit öffentlich bekannt gemacht war[26].

Das wohl prominenteste Mitglied in Paul Cassirers Team war der Musiker und Musikpädagoge Leo Kestenberg. Als sich Paul Cassirer während des Ersten Weltkriegs in der Schweiz aufhielt, führte Leo Kestenberg den Verlag[27] und bediente Gustav Pauli, den damaligen Direktor der Hamburger Kunsthalle, mit einer Ansichtssendung der damals im Verlag gerade lieferbaren Kokoschka-Lithographien.

BERLIN W 10 13. April 1918

Sehr geehrter Herr!
Sehr gern folge ich Ihrem Wunsch und übersende Ihnen heute die bis jetzt vorliegenden Blätter von Oscar Kokoschka laut inliegender Liste zur Ansicht. Die Lithographien Corona I und II und das Bildnis W. Hasenclevers sind leider noch nicht ganz ausgedruckt; ich werde aber nicht verfehlen, sie Ihnen sofort nach Erscheinen ebenfalls zur Ansicht zugehen zu lassen
–
Mit vorzüglicher Hochachtung
Ergebenst
[Stempel] *VERLAG PAUL CASSIRER*
[gez.] *Leo Kestenberg*[28]

Der Inhalt dieser Sendung dürften die sechs Kreidelithographien der *Passion* und der *Rast auf der Flucht nach Ägypten* gewesen sein, die Kestenberg selbst erstmals 1916 in der von ihm herausgegebenen Zeitschrift *Der Bildermann* veröffentlicht hatte, ferner aus der *Pan-Presse* die vierzehn Kreidelithographien zum *Hiob*-Drama von 1917 und aus demselben Jahr weitere Einzeldrucke aus der *Pan-Presse* wie *Romana Kokoschka (Die Mutter des Künstlers), Dr. Fritz Neuberger* und die erste Fassung des Porträts *Walter Hasenclever (Kopf nach rechts)*. Noch nicht lieferbar waren die erst 1918 ebenfalls auf der *Pan-Presse* gedruckte zweite Fassung *Walter Hasenclever (Brustbild nach links)* und *Corona I* und *Corona II* aus dem Jahr 1919[29].

Mit Leo Kestenberg war außerdem ein erklärter Pazifist zum führenden Mitgestalter des Verlags geworden, und seit 1918 erschienen bei Paul Cassirer Autoren wie Kurt Eisner, Karl Kautsky, Gustav Landauer, für deren Texte er 1919/20 auch zwei sozialistische Schriftenreihen verlegte[30]. Deswegen ist ein Brief von Paul Cassirer an den *Deutschen pazifistischen Studentenbund* auch ein interessantes Zeugnis seines damaligen politischen Selbstverständnisses; denn sein Beitrag zur Verbreitung pazifistischer und sozialistischer Ideen bedeutete keineswegs, daß er sich für sie uneingeschränkt eingesetzt hätte.

Deutscher pazifistischer Studentenbund, *BERLIN W 10 21. August 1920.*
Berlin N 24
Elsässerstr. 34.

Sehr geehrter Herr!
Ich bin jetzt erst von meiner Auslandsreise zurückgekehrt. Leider bin ich nicht im Stande, Ihnen mit einer grösseren Summe auszuhelfen. Die Gründe liegen darin, dass wie Sie sich wohl vorstellen können, ausserordentliche Ansprüche an mich berechtigter Weise gestellt werden, denen ich, so lange die Geschäftslage einiger Maassen günstig war, nachkommen konnte, während ich es jetzt nicht kann.

Im übrigen erlaube ich mir, Sie darauf aufmerksam zu machen, dass ich das pazifistische Streben, losgelöst von dem sozialistischen Gedanken nicht übermässig liebe, weil ich nicht glaube, dass die Behandlung eines Symptoms eine richtige und wirksame Behandlung einer Krankheit darstellt. Wenn ich auch Alfred H. Fried und die anderen Pazifisten natürlich immer mit der grössten Hochachtung betrachte, so habe ich niemals das geringste Vertrauen zu deren Tätigkeit gehabt.

Die Erkrankung der deutschen Studentenschaft kann nicht durch Zureden geheilt werden. Diese Erkrankung wird von selbst vergehen, wenn der Krankheitsstoff verschwunden ist. In der Zwischenzeit können natürlich durch diese Krankheit grosse Verheerungen angerichtet werden. Ich betrachte dies aber als zwangsmässig und nicht abwendbar.

Mit vorzüglicher Hochachtung
[gez.] *Paul Cassirer*[31]

Was Paul Cassirer zu dieser Antwort bewog, ist nicht mehr nachzuvollziehen. Seine Bekanntschaft mit dem Friedensnobelpreisträger Alfred Hermann Fried geht zwar noch auf ihren gemeinsamen Schweiz-Aufenthalt während des Ersten Weltkriegs zurück[32], und Fried hatte in den *Weißen Blättern* 1919 *Ein paar Stücke aus dem Kriegstagebuch der «Friedenswarte»* publiziert, das gleichzeitig als *Europäisches Buch* im Verlag Max Rascher, einer seinerzeitigen Beteiligungsfirma von Paul Cassirer, erscheinen sollte[33]. Der Brief datiert aber schon aus Paul Cassirers sozialistischer Phase, die allerdings 1920 bereits wieder ihrem Ende entgegenging, und es sollte deswegen die «ideologische Konzeption» in diesem Brief nicht zu stark gewichtet werden[34].

Viel stärker ist dabei die Zeitstimmung zu beobachten, aus der heraus Paul Cassirers Reaktionen zustande kamen, und dies veranschaulicht auch ein unmittelbar nach Beginn des Ersten Weltkriegs aus Berlin an Slevogt geschriebener Brief. Dabei ging es ihm in diesem Brief doch in erster Linie um eine klarere Positionierung des von ihm als Kunsthändler vertretenen Malers in der Konkurrenz zu anderen zeitgenössischen Künstlern.

BERLIN W 10 2. Sept. 1914

Herrn Professor Max S l e v o g t
Neu-Castel

Lieber Slevogt,
Ihren Brief, den Sie mir nach Noordwijk geschrieben haben, habe ich mit einem langen, langen Brief beantwortet, aber dieser Brief, an dem ich mehrere Tage geschrieben habe, liegt unfertig in Noordwijk und ich hoffe, ich kann, wenn der Friede wieder da ist, Ihnen hier aus diesem Briefe mal vorlesen.

Die kriegerischen Vorbereitungen trieben mich plötzlich Hals über Kopf aus Holland. Ich musste einige Tage vor Ausbruch des Krieges rasch fort, um meine Verhältnisse zu ordnen, die in dieser Krisenzeit, wie Sie sich wohl vorstellen können, ganz besonders kompliziert sind.

Sie leben jetzt ruhig nach Ihrer eigenen Art auf Ihrem geliebten Neu-Castel und Ihr Leben dürfte sich wenig geändert haben gegen das Leben im Frieden. Wir hier haben unser früheres Leben ganz aus den Augen verloren und beinahe vergessen, dass es noch Kunst gibt. Vergessen nun freilich nicht, wir fühlen im Hintergrund unserer Seele, dass da etwas schlummert, was uns beinahe noch mehr bedeutet als das Leben, das jetzt um uns herum ist und uns jetzt so erfasst hat, dass wir ein Teil dieser grossen Masse geworden sind. Ich kann Ihnen nicht wiederholen, was ich in Noordwijk geschrieben habe. Ich weiß nur, dass mir Ihr Brief wehgetan hat, wehgetan Ihretwegen und meinetwegen. Meinetwegen, wenn ich von mir zuerst sprechen darf, weil Sie mir schreiben, Sie hätten immer eine gewisse Vorliebe für mich gehabt.

Das klingt, als wäre ich jetzt Ihr Feind, oder mindestens klingt es, als wäre ich jetzt Ihr Gegner. Ihretwegen hat mich Ihr Brief geschmerzt, weil meine Voraussage, die ich vielleicht oft zu laut und zu unüberlegt herausgesprochen habe, doch ein Körnchen Wahrheit enthielt.

Ein seltsames Schicksal haben Sie. Ein 45jähriger Künstler, geliebt von seinen Freunden, von der Welt anerkannt wie kaum je ein Künstler in diesen Jahren, wenigstens wie kaum je ein ernster Künstler. Denn nur Gesellschaftsmaler, Kitschbrüder, gefällige, geschickte seelenlose weibische Pinselführer haben das geträumte Künstlerschicksal, mit 45 Jahren ein Liebling der Welt zu sein. In unseren demokratischen Jahrhunderten seit Rembrandts Zeit hat nie ein ernster Künstler rascher Ehre, Ruhm und Anerkennung gefunden als Sie, und nun tritt das Seltsame ein, dass es umgekehrt geht wie sonst. Nicht die Welt missversteht Sie, nicht die von Ihren Feinden, von missgünstigen Menschen, von unverständigen Leuten aufgehetzte Welt plagt Sie mit Unverständnis, sondern Sie, der Künstler, umgeben von einer schmeichlerischen Gesellschaft, die teils gänzlich unverständig der Kunst gegenüber steht, teils schlechten Charakters besondere Vorteile (nicht materieller Natur) bei Ihnen erstrebt, umgibt Sie und hat Sie so weit gebracht, dass Sie die Welt missverstehen. Sie glauben sich verfolgt, nicht anerkannt und sind Liebling des Publikums und der Presse. Sie glauben, Ihre Kunst ist ohne Einfluss auf Ihre jüngeren Kameraden, und Sie stossen Ihre jüngeren Kameraden fort, trennen sich von ihnen und entziehen ihnen Ihre Hand.

Sie sprechen von dem schlechten Einfluss van Goghs und sprechen davon, dass zu der Zeit, wo van Gogh herrscht, Ihre Kunst nichts zu sagen hat und Sie übersehen dabei, dass van Gogh garnicht allein herrscht. Nehmen wir an, dass Ihre Einwände gegen van Gogh richtig sind. Ich halte sie nur für richtig, insofern Sie sich selbst verteidigen gegen einen Künstler, dessen Kraft Sie fühlen, dessen intellektuelle Art Ihrer naiven Art aber feindlich ist. Aber vergessen Sie nicht, dass Goethe und Schiller neben einander leb-

ten, dass der grösste naive Dichter neben dem grössten sentimentalen lebte und dass Goethe absolut nicht daran gedacht hat, die Kameradschaft mit der Jugend abzuleugnen, beiseite zu stossen im Alter von 50 Jahren, weil Schiller mit einer intellektuellen und unkultivierten, aber primitiv starken Art die Welt beherrschte. Was geht Sie das an, ob der Klang, der in van Goghs Seele so stark war, die Herzen des einen Teils der Jugend ergreift. Es ist doch nicht wahr, dass nun alles nur van Gogh sieht. Zur selben Zeit, wo auf dem internationalen Kunstmarkt, um mich so auszudrücken, van Gogh seine höchsten Triumphe feiert, geniesst sein größter Antipode Renoir die grösste Verehrung. Hier sehen Sie sofort, wie tief Sie die Welt missverstehen, wie arg Sie sich täuschen. Blicken Sie auf Renoir, und Sie werden sich van Gogh verwandt fühlen; blicken Sie auf van Gogh, und Sie werden sich Renoir verwandt fühlen, und daraus können Sie nur das eine ersehen, dass der Komplex von Gedanken, Gefühlen, Empfindungen, von Geist und Körper, den man Slevogt nennt, dass dieser Komplex eben ein Ding ist, das weder von den Erfolgen Renoirs, noch den Erfolgen von Goghs irgendwie beeinflusst werden soll, dass Ihre naive, einfache und primitive Pflicht ist, Ihr Ich zu verteidigen, und dass Sie Ihr Ich nicht anders verteidigen können als dass Sie ohne Zaudern und Zagen, ohne Überlegen und Spintisieren einfach und natürlich das tun, was ein Maler tut, seine Bilder malen und sich freuen, wenn sie in die Welt hinausgehen und dort Bewunderer werben, dass alles andere, das Überlegen, ob Ihre Kunst jetzt verstanden wird oder nicht, dass das Alles nur daraus entspringt, dass Sie sich von der Welt der Kunst zurückgezogen haben, vereinsamt haben. Leibl in Aibling hat es bitter gebüsst, dass er sich von seinen Kameraden getrennt hat. Wie nahe war er aber noch seinen Kameraden in seinem stillen Dorf gegenüber der Entfernung, die Sie zwischen Ihre Kameraden und zwischen diejenigen Leute, die leider nicht Ihre Kameraden sein können, die aber Ihre Kunst lieben, gelegt haben.

Lassen Sie mich Französling reden: Ich war bei Renoir. Ein alter kranker Mann, furchtbar krank. Ich glaube, er wird nicht mehr lange leben. Es ist schwer für einen Minister, in das Atelier dieses Mannes zu treten, aber jeder Künstler darf in sein Atelier und er zeigt ihm, was er malt und wie er malt.

Er schimpft, er findet van Gogh so schlecht wie nur was, oder vielmehr so falsch. Selbst eine gewisse Erbitterung spricht aus seinen Reden über van Gogh, aber er weigert doch nicht seine Hand dem Jungen und Jüngsten, der von van Gogh beeinflusst ist. Er gräbt doch keine Kluft zwischen sich und der Jugend, und Jugend nenne ich alles, was ein warmes Herz für die Kunst hat. Bei Renoir im Atelier hat man nicht das Gefühl, einem berühmten Manne gegenüberzustehen, der umgeben ist von Bewunderern, die jedes böse Wort, das über seine Kunst gesprochen wird, wie eine Verletzung der Majestät ansehen, sondern der 73jährige Mann ist bei aller Verehrung, die er einflösst, eigentlich noch der dumme, junge Maler, der ganz auf dem Standpunkt der Gleichberechtigung und der Kameradschaft mit jedem kleinen Maler und mit jedem kleinen Kunstbewunderer verkehrt wie ein 20jähriger Künstler in München in der Adalbertsburg mit seinen Freunden. Ihn hat weder die Verehrung der Welt, noch das Missverstehen der künstlerischen Ideen und das Bewundern falscher Götter oder anders gearteter Götter verbittert oder alt gemacht oder getrennt von seinen Kameraden.

Und was aus Ihrem Brief spricht, lieber Slevogt, (ich habe leider die üble Angewohnheit, Ihnen die Dinge zu sagen, die kein Mensch Ihnen sagt; Sie denken, weil ich Sie nicht so gern habe wie Ihre Umgebung, ich denke, weil Sie mein Zukunftstraum waren und sind seit der Zeit, wo ich Mann geworden bin) aus Ihrem Brief spricht leider eine solche arge Verkennung der Welt und Verbitterung und Sie kommen mir vor, als wären Sie in einem Venusberg abgeschlossen von allem frischen und wahren, abgeschlossen vom einfachen und primitiven, und als hätten ungeschickte und unverständige Menschen die übergrosse Empfindsamkeit, die aufs höchste gesteigerte Schamhaftigkeit Ihrer Seele dazu benutzt, um Sie in eine Höhle zu bannen.

Warum helfen Sie Ihren Kameraden jetzt nicht einmal? Warum schicken Sie nicht irgend eine Zeichnung? Nehmen Sie an, die Idee wäre schlecht, nehmen Sie an, das Ganze wäre dumm und gleichgültig und irgendwas. Es sind doch aber junge Menschen, die die Hand ausstrecken zu Ihnen, dem Älteren, Berühmteren, Talentierteren, Reicheren, und Sie um Hilfe bitten, und Sie verweigern sie wieder. Verweigern sie selbstverständlich nicht aus Hartherzigkeit – ich hoffe, Sie missverstehen mich überhaupt nicht. Ich kenne Ihre gerade Güte und Ihre durch nichts zu erschütternde Redlichkeit. Aber warum sind Sie nicht so generös, so einfach, dass Sie sich gar nicht darum kümmern, ob es recht oder unrecht ist, und einfach helfen, wo Hilfe von Ihnen verlangt wird, helfen mit nichts weiter, als dass die Leute sehen, Sie stehen ihnen nicht kalt gegenüber, sondern Sie haben ein Herz für sie.

In dem Augenblick, wo es mich drängt, mich näher an Sie anzuschliessen, wo ich das innerste Bedürfnis habe, Ihre Hand zu fassen, schreibe ich Ihnen einen Brief, den Sie mir vielleicht nie vergeben werden, aber ich kann nicht anders. Ich kann es nicht anders, wie ich es all die Jahre nicht anders gekonnt habe, und ich denke an den Spruch, den ein hiesiger grosser Kaufmann in seinem Geschäft stehen hat: Bist Du mit mir zufrieden, so sag es den anderen, bist Du mit mir aber unzufrieden, so sag es mir.

Also nichts für ungut. Auch nicht für ungut, dass meine Worte heute ungeschickter und plumper sind als sie vielleicht sein sollten. Aufgeregte Zeiten, auf andere Dinge gerichteter Sinn machen nicht geeignet dazu, für schwere Gedanken kluge Worte zu finden.

Nun etwas anderes noch. Was macht das Alltägliche? Wie geht es Ihnen? Sind Sie gesund? Sehen Sie etwas vom Krieg? Manchmal denke ich, Sie müssten oben auf Ihrem Neu-Castel das Donnern der Geschütze jenseits der Vogesen hören und ich erinnere mich an unsere Fahrt hinein in die Täler den Vogesen entgegen, diese Fahrt, die mir heute in besonders lieber Erinnerung ist, nicht nur Ihretwegen, sondern auch weil ich eine plastische Vorstellung durch das, was ich gesehen und durch das was Sie mir erzählt haben, von dem Orte habe, wo jetzt unsere Truppen kämpfen.

Mit besten Empfehlungen an Ihre Frau und herzlichsten Grüßen

Ihr Paul Cassirer[35]

Der Brief zeigt Paul Cassirer und Slevogt in einer Auseinandersetzung, die auch durch den bereits eingetretenen Kriegsfall nur kurz unterbrochen wurde. Die Konkurrenz des lebenden Künstlers zu seinen Berufskollegen erweist sich dabei als ein Thema von zeitloser Gültigkeit, bei dem es nicht einmal darauf ankommt, ob der andere, wie beispielsweise van Gogh, schon gestorben ist oder, wie Renoir, noch lebt. Cassirer hatte nur wenige Wochen vor Kriegsbeginn im Juni 1914 eine van Gogh-Ausstellung gezeigt, durch deren Erfolg in der Öffentlichkeit sich Slevogt zurückgesetzt vorkam und sich veranlaßt fühlte, bei seinem Kunsthändler auf sich aufmerksam zu machen[36]. Im Wettstreit der Künstler untereinander und ihrer Diskussion bot sich geradezu eine Chance, um der Auseinandersetzung mit dem Krieg zunächst einmal zu entkommen.

Ein Gegenstück zu diesem in den ersten Kriegstagen von 1914 geradezu realitätsfernen Brief Paul Cassirers an Slevogt ist deswegen das Schreiben seines Geschäftspartners und Kunsthändlerkollegen Leo Blumenreich an Gustav Pauli. Mitten in der Auflösung des Deutschen Reichs am Ende des Ersten Weltkriegs und kurz vor den ersten Meutereien und revolutionären Manifestationen bei den deutschen Armeeangehörigen beleuchtet dieser Brief die persönliche Lage Paul Cassirers im Lichte seiner in Deutschland umstrittenen Aktivitäten während des Ersten Weltkriegs in der Schweiz.

BERLIN W10 26. Oktober. 1918

Sehr geehrter Herr Direktor!
Mein Compagnon, Herr Paul Cassirer, wünscht, dass ich Sie von einer Affaire unterrichte, die uns hier in ziemliche Erregung versetzt hat.

Ich wurde vor einigen Wochen von Seiten eines Beamten des Auswärtigen Amtes aufgefordert, mich über gewisse Anklagen zu äussern, die Excellenz von Bode gegen meinen Compagnon erhoben hat. Die betreffenden Behauptungen waren gerichtet an das Civil-Kabinett des Kaisers. Herr von Bode erklärt darin, dass Paul Cassirer «zusammen mit Pariser Kunsthändlern eine Filiale in der Schweiz eröffnet habe und von dort aus französische Bilder vertriebe». Dieser Vertrieb sei nur möglich dadurch, dass er durch den «reussischen Grafen Kessler, einen Deutsch-Amerikaner» gedeckt sei. Diesen Mann habe nun das Auswärtige Amt zur Veranstaltung von Ausstellungen in die Schweiz geschickt. «Um was für Dinge es sich dabei handele – sogenannte expressionistische Kunst – würde der Chef des Civil-Kabinetts aus den beigefügten Photographien ersehen.» Dass solche Zustände möglich sind, sei darauf zurückzuführen, dass Leute wie Wichert, Rietzler «der Schwiegersohn des Professor Max Liebermann, der seinen Leibkunsthändler natürlich deckt» und vor allen Dingen dadurch ermöglicht, dass Cassirers «besoldete Beamte und Geheimagenten, nämlich die Herren Dr. Waldmann, Dr. Hartlaub und Dr. August L. Mayer» für ihn tätig seien.

Der Brief Bodes ergeht sich dann in wilde Angriffe auf die Schweizer Ausstellung etc.

Ich glaube, es ist überflüssig, wenn ich Ihnen erkläre, dass alle gegen Cassirer in diesem Schreiben erhobenen Beschuldigungen, sowie natürlich auch die Verdächtigungen gegen Dritte und ihr Verhältnis zum Hause Paul Cassirer absolut unwahr und aus der Luft gegriffen sind.

Mit vorzüglicher Hochachtung
Leo Blumenreich
IVtr Paul Cassirer[37]

Die konkreten historischen Hintergründe der von Blumenreich geschilderten Zusammenhänge sind bis heute nicht restlos aufgeklärt. Von Harry Graf Kessler ist bekannt, daß er in der Schweiz als diplomatischer Unterhändler im Interesse des Deutschen Reiches Kontakte nach Frankreich suchte. Gleichzeitig organisierte er in deutschem Propaganda-Auftrag Kunstausstellungen in der Schweiz, bei denen er sich von Paul Cassirer Unterstützung holte. Cassirer befand sich deswegen auch in der Schweiz und beteiligte sich 1917 zuerst an einer in Zürich gezeigten Ausstellung deutscher Malerei, die den ersten Anstoß zu Anfeindungen gegen ihn lieferte. Denn die Ausstellung hatte ihren Schwerpunkt nicht, wie von deutscher Regierungsseite gewünscht, bei der älteren Akademiemalerei, sondern bei den modernen, als Expressionisten beschimpften Künstlern, wie beispielsweise Oskar Kokoschka. Eine zweite Ausstellung, diesmal französischer Malerei, die, ebenfalls mit Paul Cassirers Unterstützung, in Zürich gezeigt werden konnte, trug ihm den Vorwurf ein, sich für die Kunst des Feindes eingesetzt zu haben. Den Höhepunkt erreichten die Anschuldigungen gegen Paul Cassirer damals in einer antisemitischen Diffamierung seiner Person als Geschäftsmann, der über die Schweiz einen schwunghaften Kunsthandel mit französischer Kunst abgewickelt und damit gegen die deutschen Interessen verstoßen habe. Die Verdächtigungen richteten sich außerdem gegen den Bremer Museumsdirektor Emil Waldmann, der nur ein Jahr später Autor des Paul Cassirer Verlags wurde, den Mannheimer Museumsdirektor Fritz Wichert, seinen späteren Nachfolger Gustav Friedrich Hartlaub und den später unter den Nationalsozialisten ermordeten August L. Mayer, alles prominente Kunsthistoriker; ferner gegen den Schwiegersohn Max Liebermanns, Kurt Riezler, der als Diplomat ab 1917 in Stockholm und Moskau die Entwicklung in Rußland zu beoachten hatte und deswegen auch wieder mit Kessler, der als deutscher «Rußlandexperte bei der Botschaft in Bern» arbeitete, in Verbindung stand. Die französischen Kollegen, deren Bekanntschaft Cassirer in Deutschland ebenfalls zur Last gelegt wurde, waren dieselben Kunsthändler, an die er Slevogt 1899 empfohlen hatte[38].

Auch dieser Brief, obwohl er nicht von Paul Cassirer selbst, sondern nur in seinem Namen geschrieben wurde, gehört deswegen aber doch in eine Sammlung seiner Briefe, nicht zuletzt als Manifestation eines Menschen, der in dieser für ihn persönlich schwierigen Situation seine Verteidigung nicht selber übernehmen, sondern lieber einem anderen überlassen wollte.

Mit Paul Cassirer konnte schon immer ein Autor gewürdigt werden, der zwar kein größeres literarisches Œuvre hinterlassen hat, der aber in seiner Studienzeit in München im Umkreis Stefan Georges, des *Simplicissimus* und des Verlegers Albert Langen zwei nachgewiesene Zeitschriftenbeiträge und zwei Bücher veröffentlicht hat. Aus späterer Zeit sind ferner Beiträge zu Zeitschriften seines eigenen Verlags bekannt geworden, im *Pan* und in den *Weißen Blättern*, aber auch außerhalb seiner eigenen Verlagsproduktion in Presse und publizistischer Literatur. Weitgehend unbekannt sind dagegen immer noch seine Briefe, die jetzt für eine Briefausgabe gesammelt werden sollen[39].

Anmerkungen

1 Gedruckte Brieftexte von Cassirer sind u. a. überliefert in: Ein Gedenkbuch. Eduard Arnhold. Hg. von Johanna Arnhold. Berlin 1928, S. 212. – Ernst Barlach: Werke und Werkentwürfe (Katalog 3). Berlin (Ost) 1981, S. 68 (freundlicher Hinweis von Elmar Jansen). – Walter Feilchenfeldt: Vincent van Gogh & Paul Cassirer. The Reception of van Gogh in Germany from 1901–1914 (= Cahier Vincent 2). Zwolle 1988, S. 45, 77. – Bernd Küster: «... nichts anderes als Augentiere». Max Slevogt, Robert Breyer und der deutsche Impressionismus. In: Marlene Lauter (Hg.): Malerfreunde. Max Slevogt und Robert Breyer. Bremen 1998, S. 31–45; zit. S. 37. – Konrad und Rahel Feilchenfeldt: «Unser Weg» mit dem Verleger Klaus G. Saur. In: Erste Begegnungen – gemeinsame Projekte. Klaus G. Saur zum 60. Geburtstag. München/Leipzig 2001, S. 216–220; Zit. S. 219 f. – Briefe Paul Cassirers zitieren auch Hans-Jürgen Imiela: Max Slevogt. Eine Monographie. Karlsruhe 1968; ferner Brühl, Caspers, Doede u. a.

2 http://www.kalliope-portal.de/

3 Vgl. Samuel Fischer – Hedwig Fischer: Briefwechsel mit Autoren. Hg. von Dierk Rodewald und Corinna Fiedler. Mit einer Einführung von Bernhard Zeller. Frankfurt/M. 1969. – Reinhard Piper: Briefwechsel mit Autoren und Künstlern 1903–1953. Hg. von Ulrike Buergel-Goodwin und Wolfram Göbel. München/Zürich 1979. – Ernst Barlach – Reinhard Piper: Briefwechsel 1900–1938. Hg. und erl. von Wolfgang Tarnowski. München/Zürich 1997. – Kurt Wolff: Briefwechsel eines Verlegers 1911–1963. Hg. von Bernhard Zeller und Ellen Otten. Frankfurt/M. 1966. – Alle mit Personenregistern.

4 Zu danken habe ich für ihre Informationen über das Schicksal Cassirerscher Familienarchivalien Frau Elsie Hill (Oxford), Prof. Dr. Michael und Dorothy Kauffmann (London) und Prof. Dr. Peter Paret (Princeton). Vgl. zum Nachlaß Verena Tafel: Paul Cassirer als Vermittler Deutscher Impressionistischer Malerei in Berlin. Zum Stand der Forschung. In: *Zeitschrift des Deutschen Vereins für Kunstwissenschaft* 42, 1988, H. 3, S. 31–46; Zit. S. 37. – Caspers, S. 4, Anm. 4. – Brühl, S. 138 ff. – Konrad Feilchenfeldt und Georg Schlatter Binswanger: Cassirer, Paul. In: Deutsches Literatur-Lexikon. Das 20. Jahrhundert. Hg. von K. Feilchenfeldt. Bd. 5. Zürich/München 2003, Sp. 172–175; Zit. Sp. 173. – Zu Hinweisen auf die nach 1933 aus Sicherheitsgründen im Atelier von Ernst Barlach (jetzt Ernst Barlach Stiftung, Güstrow) eingelagerten Verlagsbestände von Paul Cassirer vgl. Konrad Feilchenfeldt: Ernst Barlach im Paul Cassirer Verlag nach Paul Cassirers Tod 1926. In: Thieme/Probst, S. 239–245.

5 Zu danken habe ich für Unterstützung in öffentlichen Institutionen: Frau Dr. Petra Blödorn-Meyer (Staats- und Universitätsbibliothek Carl von Ossietzky, Hamburg), Frau Dr. Lee Hendrix (J. Paul Getty Museum, Los Angeles), Prof. Dr. Ulrich Luckhardt (Kunsthalle Hamburg) und Frau Dr. Ute Oelmann (Stefan George-Archiv, Stuttgart).

6 Vgl. Paul Cassirer: Nachtstück. In: *Blätter für die Kunst*. 2. Folge, Bd. III, August 1894, S. 95.

7 Die Handschriften der Paul Cassirer-Briefe an Klein befinden sich im Besitz des Stefan George-Archivs bei der Württembergischen Landesbibliothek Stuttgart. Der Brief vom 19. Oktober 1893 hat die Signatur Blätter III, 80–1, der vom 31. Januar 1894 Blätter III, 81 und der vom 23. Januar 1895 Blätter III, 84. – Für die Abdruckerlaubnis danke ich Prof. Dr. Christoph Perels.

8 Vgl. «Stefan George 1868–1968. Der Dichter und sein Kreis». Ausstellung und Katalog von Bernhard Zeller, Werner Volke und Gerhard Hay. 2. Aufl. (= Sonderausstellungen des Schiller-Nationalmuseums 18),

S. 80 und 232. – Zu Paul Cassirers Roman vgl. Paret, S. 111–114; Brühl, S. 65; Kennert, S. 41 f. und hier im Beitrag von Thomas Raff, S. 43–57; Zit. 43–45, 53 f.

9 Erstmals abgedruckt hier am Ende des Beitrags von Thomas Raff, S. 53 f.

10 Das Brief-Original befindet sich im Direktorenarchiv der Hamburger Kunsthalle, Mappe 30, 17.9.–26.11.1898.

11 Zu Cassirers Beziehungen zur *Genossenschaft Pan* vgl. Caspers, S. 36; Brühl, S. 200; Kennert, S. 76 ff. – Zu Lichtwarks Anteil an der *Genossenschaft Pan* vgl. Helmut R. Leppien: Berichte über Taten, Pläne und Meinungen Lichtwarks. In: Kunst ins Leben. Alfred Lichtwarks Wirken für die Kunsthalle und Hamburg von 1886 bis 1914. Konzeption und Redaktion: Helmut R. Leppien. Hamburg 1986, S. 123–150; Zit. S. 129–131. Ferner: Eva von Freeden und Rainer Schmitz (Hg.) und Jürgen Fischer (Mitarbeit): Sein Dämon war das Buch. Der Münchner Verleger Georg Müller. München 2003, S. 216.

12 Feilchenfeldt/Brandis, Nr. 126–128.

13 Vgl. Pierre Assouline: Grâces lui soient rendues. Paul Durand-Ruel, le marchand des impressionistes. Paris 2002, mit Hinweisen auf die französischen Kunsthändler und -sammler. Zur Identifizierung vgl. auch das Namensregister bei Harry Graf Kessler. Das Tagebuch 1880–1937. Hg. von Roland S. Kamzelak und Ulrich Ott. Bd. 3: 1897–1905. Hg. von Carina Schäfer und Gabriele Biedermann. Stuttgart 2004, S. 847–1187. Als die Sammlung Viau am 4. März 1907 bei Durand-Ruel versteigert wurde, erschien darüber eine Meldung in: *Kunst und Künstler* 5, 1907, 3, S. 294.

14 Die Möglichkeit, diesen Brief im vollen Wortlaut dokumentieren zu können, verdanke ich Prof. Dr. Hans-Jürgen Imiela; von ihm erhielt ich noch vor seinem Tod (31. Juli 2005) die Gelegenheit, diesen Brief mit seiner Erlaubnis nach einer in seinem Besitz befindlichen Kopie der Originalhandschrift bzw. einer Abschrift davon zur Kenntnis zu nehmen. Den Brief erwähnt und druckt teilweise selbst Imiela (wie Anm. 1), S. 73, 76 und 373, Anm. 13. Den Brief zitieren nach Imiela: Paret, S. 148 und 381, Anm. 18, mit dem Hinweis, daß «4000 Mark ungefähr dem Gehalt eines Gymnasiallehrers» entsprachen; und Michael Freitag: Max Slevogt. Berlin 1988, S. 9; Brühl, S. 111 und Anm. 210. Auf die Materialien von Imiela verweist auch Caspers, S. 2.

15 Vgl. ebd., S. 52, 94. – Caspers, S. 10, Anm. 33. – Zu Barlach vgl. Feilchenfeldt/Brandis, S. 52. – Zum Vertragspoker um die Vertretung Oskar Kokoschkas zwischen Herwarth Walden und Paul Cassirer vgl. Frank Whitford: Oskar Kokoschka. A life. London 1986, S. 69 f. und den Beitrag von Friedrich Pfäfflin, S. 165–176.

16 Vgl. Friedrich Pfäfflin: Vorwort. In: Mein Ideal ist der Verlagsbuchhändler, und zwar ein Moderner. Ein Briefwechsel zwischen Ernst Rowohlt und Anton Kippenberg 1907 bis 1909. Ernst Rowohlt zum 100. Geburtstag. Hg. und komm. von Peter Bramböck. Reinbek bei Hamburg 1987, S. 7–16; Zit. S. 9.

17 Die Beispiele solcher Gesamtausgaben verzeichnen Feilchenfeldt/Brandis, Nr. 23 (Bloch), Nr. 119 (Lasker-Schüler), Nr. 135–138 (H. Mann).

18 Original im Direktorenarchiv der Hamburger Kunsthalle, Mappe 40, 15.8. – 14.10. 1900.

19 Feilchenfeldt/Brandis, Nr. 127–128. – Mit den «im Verlage der Kunsthalle erschienenen Monographieen» sind vermutlich die teilweise von Lichtwark verfaßten Titel der *Hamburgischen Liebhaberbibliothek* gemeint, deren Vertrieb von der Commeterschen Kunstbuchhandlung in Hamburg übernommen wurde. Vgl. Carsten Meyer-Tönnesmann: Paul Cassirers Hamburger Kunstsalon. In: Thieme/Probst, S. 34–46; zit. S. 34 f. – Vgl. Leppien (wie Anm. 11), S. 126.

20 Vgl. Rahel Feilchenfeldt: Kurze Übersicht über die Geschichte des Verlags. In: Feilchenfeldt/Brandis, S. 14–18; zit. S. 14 f.

21 Vgl. Tafel (wie Anm. 4), S. 37.

22 Das Original befindet sich in der Handschriftenabteilung der Staats- und Universitätsbibliothek Carl von Ossietzky, Hamburg, Sign. NGS: B: 12: 1907,1: 88–91. Die beiliegende Rechnung ist ausgestellt auf: «1 Mappe enthaltend 6 Kaltnadelarbeiten von Prof. Liebermann Debet: M. 80,-». – Ich danke Frau Marion Sommer für die Bildbeschaffung.

23 Vgl. Gustav Schiefler: Max Liebermann. Sein graphisches Werk. 3. Aufl. Berlin 1923, S. 10.– Zur 1. Aufl. von 1907 vgl. Sigrid Achenbach: Die Druckgraphik Max Liebermanns (Phil. Diss.). Heidelberg 1974, S. 174.

24 Das Original befindet sich im DLA (A: Heinrich Mann. Konvolut Verlage 58.1318). – Vgl. Brühl, S. 178 und den Beitrag von York-Gothart Mix, S. 177–186.

25 Die Originale dieser Briefe befinden sich in der Research Library, The Getty Research Institute, Los Angeles/USA (860449). Ich danke den Herren Wim de Wit und Julio Sims für die Abdruckerlaubnis. – Zur Identität der Korrespondenzpartner beim Albert Langen Verlag vgl. Helga Abret: Albert Langen. Ein europäischer Verleger. München 1993, S. 427. – Zu Damm vgl. Feilchenfeldt (wie Anm. 4), S. 240 ff.

26 Vgl. *Börsenblatt für den Deutschen Buchhandel*, 1910, Nr. 205, vom 5. September, S. 10035. Zur Auflistung der darin zusammengestellten Titel vgl. Feilchenfeldt/Brandis, S. 555.

27 Vgl. Leo Kestenberg: Bewegte Zeiten. Musisch-musikantische Lebenserinnerungen. Zürich/Wolfenbüttel 1961, S. 38 f. – Vgl. Albert M. Debrunner: «Freunde, es war eine elende Zeit!» René Schickele in der Schweiz 1915–1919. Frauenfeld/Stuttgart/Wien 2004, S. 143 u. ö.

28 Original im Direktorenarchiv der Hamburger Kunsthalle, Mappe 154, 1.4. – 31.5.1918.

29 Vgl. Hans M. Wingler/Friedrich Welz: Oskar Kokoschka. Das druckgraphische Werk. Salzburg 1975, S. 98–107, Nr. 78–83, 84, 87–100; S. 111 f., Nr. 110–111; S. 113 f., Nr. 114; S. 116, Nr. 118; S. 121 f., Nr. 126–127.

30 Vgl. Feilchenfeldt/Brandis, S. 568 f., ferner Nr. 47–48, 102–105. – Die damit verbundene verlagsgeschichtlich als sensationell empfundende Entscheidung bezeugen einhellig Kestenberg (wie Anm. 27), S. 36, und Grete Fischer: Dienstboten, Brecht und andere. Zeitgenossen in Prag, Berlin, London. Olten/Freiburg/Br. 1968, S. 184 f. – Vgl. auch hier den Beitrag von Lars Lambrecht, S. 253–266.

31 Original im DLA (A: Weyl. Briefe Dritter 73.558). Für die Abdruckerlaubnis danke ich Dr. Jochen Meyer.

32 Zu A. H. Frieds Beitrag in den *Weißen Blättern* vgl. Feilchenfeldt/Brandis, Nr. Z 5.VI.3. Ferner Kennert, S. 140, 145. Die unsichere Glaubwürdigkeit der von Kennert zitierten Quelle könnte aus der auch bei Brühl erfolgten Verwechslung mit dem Dirigenten Oskar Fried resultieren, der ebenfalls zum damaligen Freundeskreis Paul Cassirers gehörte. Weniger kritisch Brühl, S. 93 u. ö. – Zum Pazifisten A. H. Fried vgl. Alfred Hermann Fried: Mein Kriegstagebuch. 7. August 1914 bis 30. Juni 1919 (= Schriftenreihe Geschichte und Frieden 13). Bremen 2005.

33 Vgl. Feilchenfeldt (wie Anm. 20), S. 17.

34 Vgl. Brühl, S. 96 f. und Anm. 178.

35 Kopie der Originalhandschrift/abschrift aus dem Besitz von Prof. Dr. Hans-Jürgen Imiela im Besitz des Verfassers. Den Brief zitiert Caspers, S. 17 f.

36 Vgl. Feilchenfeldt (wie Anm. 1), S. 76–78. – Caspers, S. 17. – Kennert, S. 56–61.

37 Original im Direktorenarchiv der Hamburger Kunsthalle, Mappe 157, 1.10. – 30.11. 1918.

38 Vgl. Brühl, S. 89 ff.; Kennert, S. 138 ff. – Zu Riezler: Karl Dietrich Erdmann (Hg.): Einleitung. In: Kurt Riezler: Tagebücher, Aufsätze, Dokumente (= Deutsche Geschichtsquellen des 19. und 20. Jahrhunderts 48). Göttingen 1972, S. 17–139; Zit. S. 28, 55, 79, 81, 115 f. – Zu Kessler: Alexandre

Kostka: Sur deux fronts. Harry Kessler et la propagande culturelle Allemande en Suisse. In: Ecritures franco-allemandes de la Grande Guerre. Hg. von J.-J. Pollet und B. M. Saint Gille. Arras 1996, S. 83–108. Den Hinweis verdanke ich Frau Dr. Catherine Krahmer, Paris. – Zu Waldmann vgl. Feilchenfeldt/ Brandis, Nr. 201–202.

39 Vgl. die Liste der Veröffentlichungen von Paul Cassirer in: Kennert, S. 242. Ergänzend dazu u. a. den Aufsatz: *Versteigerungen für junge Künstler*. In: *Vossische Zeitung*, 25. Mai 1917. *Kunst und Kunsthandel*. In: Deutsche und französische Kunst. Eine Auseinandersetzung deutscher Künstler, Galerieleiter, Sammler und Schriftsteller. München (Piper) 1911 (3. Aufl. o. J.), S. 154–167 (nachgedruckt aus: *Pan* 1, 1910, 11, S. 457–469, 558–573). – Bei den für Paul Cassirers literarisches Œuvre repräsentativen Texten würden auch die allerdings meist anonym gedruckten Vorworte zu den in seinem Verlag herausgegebenen Ausstellungskatalogen seiner Galerie sowie der *Berliner Secession* zuerst zu identifizieren und dann zu berücksichtigen sein. Eine systematische Erschließung dieser Kataloge wird seit längerem von Dr. Roland Dorn, Zürich, vorbereitet, wobei die Schwierigkeit, zu einem Abschluß zu kommen, aus der unzulänglichen Überlieferung dieser Kataloge resultiert, deren wohl größte Sammlung «im Besitz der Galerie Feilchenfeldt» die Basis ihrer bisherigen Erschließung geblieben ist (vgl. Brühl, S. 154–161). Eine Ausgabe der Schriften Paul Cassirers, zu deren Textkorpus auch diese Vorworte gehören würden, wird von Peter Paret vorbereitet. Vgl. Peter Paret: An Artist against the Third Reich. Ernst Barlach, 1933–1938. Cambridge/UK 2003, S. 158: «Work on an edition of Paul Cassirer's writings on art and culture is in progress.» Auch an der geplanten Briefausgabe ist Peter Paret als Mitherausgeber beteiligt. Vgl. die Agenturmeldung mit dem Aufruf, den Besitz von Paul Cassirer-Briefen bekannt zu machen, in: *Der öffentliche Agent. Gesucht: Paul Cassirer Briefe*. In: *Süddeutsche Zeitung* 2004, Nr. 221 vom 23. September, S. 14. – Ich widme diesen Aufsatz, dankbar für die zahlreichen Hinweise aus ihrem Wissen, meiner Frau.

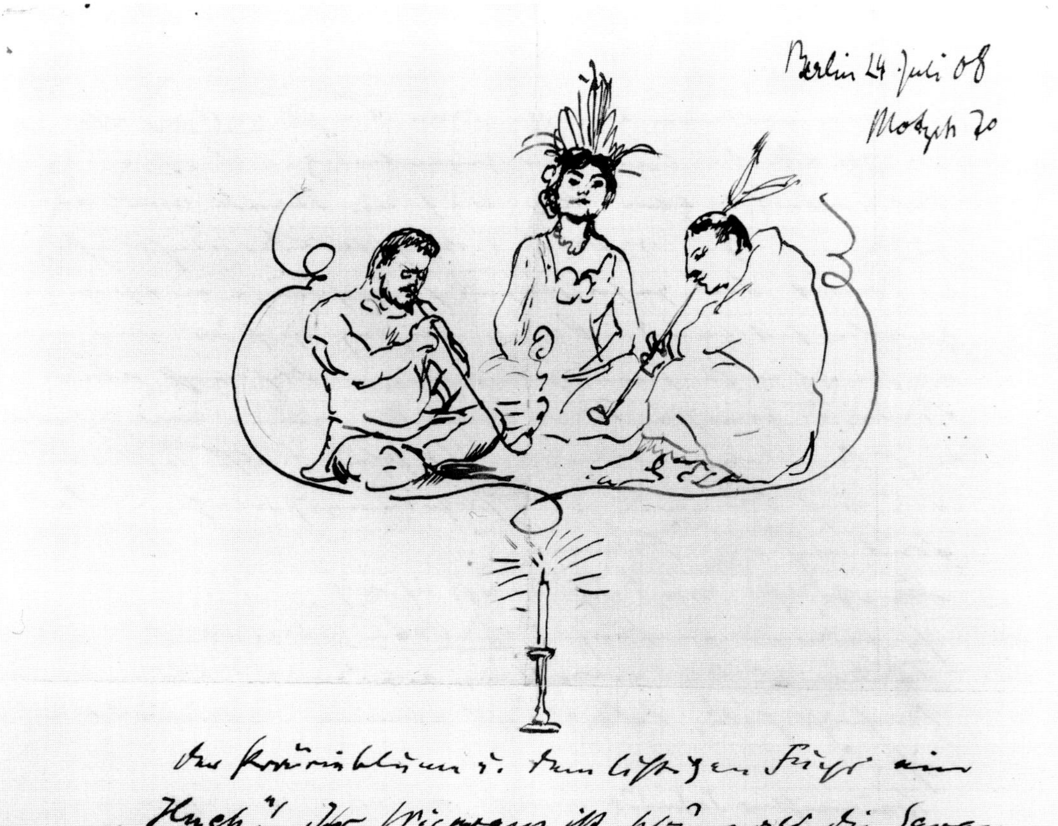

Abb. 151: Max Slevogt, erste Seite eines Dankesbriefes an Paul Cassirer und Tilla Durieux nach seinem Aufenthalt in Noordwijk im Juli 1908: Slevogt, Durieux und Cassirer als Indianer. *Privatbesitz Princeton.*

Dokumentation

019

PAUL CASSIRER
KUNST-AUSSTELLUNG
UND VERLAGSANSTALT
Fernsprecher: Amt 6, 4010 und 3259
Fernsprecher der Panpresse Amt 6, 6350

BERLIN W. 10
Victoriastrasse 35

In allen Ecken und Enden Berlins, in allen kulturell und ökonomisch hochstehenden Kreisen wird immer wieder mit Bedauern darauf hingewiesen, dass die grosse Menge von Kultur, Kunst und Schönheit, die Berlin produziert, niemals bei irgend einer Gelegenheit sichtbar der ganzen Welt und den Berlinern selbst vor Augen tritt. Zahlreiche Versuche haben immer nur kleine und unbedeutende Resultate gezeitigt. Jeder neue Versuch wird jetzt schon mit einem derartigen Skeptizismus betrachtet, dass man bald den Feinden Berlins glauben möchte, dass Berlin keine Kultur und Schönheit besitze. Es bedarf keines Wortes um zu zeigen, wie sehr der Ruf der künstlerischen Unproduktivität Berlins Kunstfreunde und Künstler schädigt/ und den Weitschauenden ist ein Beweis nicht nötig, dass dieser schlechte künstlerische Ruf Berlins auch eine ungeheuere materielle Schädigung des Berliner Wohlstandes bedeutet// Berlin ist geschaffen dazu, kraft seiner Stellung als Hauptstadt Deutschlands, die Fremden aller Weltteile anzuziehen. Alle kleinen Mittel, die angewandt sind und für die Zukunft empfohlen werden, sind unwirksam, weil sie viel zu klein gewählt sind. Nur eine grosse Tat auf künstlerischem Gebiet könnte die von allen er-

Abb. 152: Erste Typoskriptseite des Textes Ein Fest der Künste, *Bundesarchiv Koblenz.*

Texte von Paul Cassirer

Ein Fest der Künste (1911)

In allen Ecken und Enden Berlins, in allen kulturell und ökonomisch hochstehenden Kreisen wird immer wieder mit Bedauern darauf hingewiesen, dass die grosse Menge von Kultur, Kunst und Schönheit, die Berlin produziert, niemals bei irgend einer Gelegenheit sichtbar der ganzen Welt und den Berlinern selbst vor Augen tritt. Zahlreiche Versuche haben immer nur kleine und unbedeutende Resultate gezeitigt. Jeder neue Versuch wird jetzt schon mit einem derartigen Skeptizismus betrachtet, dass man bald den Feinden Berlins glauben möchte, dass Berlin keine Kultur und Schönheit besitze. Es bedarf keines Wortes, um zu zeigen, wie sehr der Ruf der künstlerischen Unproduktivität Berlins Kunstfreunde und Künstler schädigt, und den Weitschauenden ist ein Beweis nicht nötig, dass dieser schlechte künstlerische Ruf Berlins auch eine ungeheuere materielle Schädigung des Berliner Wohlstandes bedeutet.

Berlin ist geschaffen dazu, kraft seiner Stellung als Hauptstadt Deutschlands, die Fremden aller Weltteile anzuziehen. Alle kleinen Mittel, die angewandt sind und für die Zukunft empfohlen werden, sind unwirksam, weil sie viel zu klein gewählt sind. Nur eine grosse Tat auf künstlerischem Gebiet könnte die von allen ersehnte Wirkung haben. Wir glauben, in der Zusammenfassung aller Künste an einem Punkte Berlins und in demselben Zeitmoment das einzige Mittel zu finden. Dank dieser Überlegung sind wir zu einem Plan gekommen, den wir hiermit entwickeln:

Der Blick auf die anderen europäischen Grossstädte, wie London, Paris, zeigt uns, dass in diesen Städten – nur nicht in Berlin – im Frühjahr, das heisst in der Zeit, in der die Grossstädte schön sind und in der alle Grossstädter in ihrer Stadt sind, Vorstellungen künstlerischer, sportlicher und gesellschaftlicher Art in höchster Vollkommenheit sich zusammendrängen. Dadurch entsteht das, was man die Pariser oder die Londoner Saison nennt. In Berlin gibt es keine Saison, ein tausendmal beklagter Zustand. – Wir planen in jedem Frühjahr ein Fest der Künste, an dem Musik, Dichtung, Schauspielkunst und die bildenden Künste den gleichen Anteil haben. Zur selben Zeit und am selben Ort soll Berlins Kultur sich in allen ihren Erscheinungen entfalten. Vergeblich aber sucht man einen Raum, der würdig wäre, der Schauplatz dieses Festes zu sein. Der Schauplatz muss geschaffen werden.

Ein weiter Platz ohne Schmuckanlagen, eingefasst von Arkaden, im Hintergrunde als Abschluss das grosse Amphitheater; rechts und links von den Arkaden die Zugänge zu den grossen Ausstellungsräumen; in den Arkaden selbst Basars, Cafés und Restaurants. Stufen führen zu dem Amphitheater herauf, das 5000 Zuschauer fasst. Eine einfache, würdige Architektur lässt die grossen Abmessungen der Gebäude und des Platzes klar erscheinen. Auf diesem Forum soll das von uns geplante Fest der Künste stattfinden. – Im Frühjahr, vielleicht am Tage der Frühjahrsparade, beginnen in dem Amphitheater Musikaufführungen grossen Stiles. Bisher fehlte den Berliner Musikern der Raum, die grossartigsten Symphonien und Chorwerke der alten und der zeitgenössischen Meister vorzuführen. Nach München, Mannheim, Frankfurt am Main musste der deutsche Musiker flüchten, um dem Höchsten seiner Kunst Genüge zu tun.

Die Pflege der modernen Literatur und des klassischen Theaters ist in Berlin auf das Höchste entwickelt. Berliner Schauspielkunst ist vorbildlich für ganz Deutschland. Doch um die Werke des klassischen Altertums aufzuführen, mit ihren gewaltigen Chören und auf einer Bühne, die grosse und einfache Verhältnisse hat, müsste der Berliner Theaterkünstler Berlin verlassen und wie der Musiker andere deutsche Städte aufsuchen, wenn er nicht vorlieb nehmen will mit der hässlichen und unwürdigen Zuflucht, die ihm der Zirkus bietet. An dem Fest der Künste werden mit den Aufführungen grosser Symphonien und Chorwerke die Vorführungen der grossartigsten Schöpfungen der Weltliteratur abwechseln.

Der grosse Platz vor dem Amphitheater soll wieder eine Bühne sein, der zum Hintergrunde das Amphitheater dient. Diese Bühne soll der populären Kunst dienen. Grosse Zapfenstreiche, studentische Aufzüge, Feste sollen dort frei vom Getriebe der Grossstadt ihren Schauplatz finden. Umrahmt wird der Platz von den beiden Flügeln der Ausstellungsgebäude. Am selben Tage, an dem die Vorstellungen im Amphitheater beginnen, werden die Ausstellungen für Kunst und Kunstgewerbe eröffnet.

Was die bildenden Künstler Berlins leisten, ist mindestens ebenbürtig dem, was in anderen Kunststädten Deutschlands geleistet wird. Die Berliner Bewegung im Kunstgeschmack ist vorbildlich geworden, nicht nur für Deutschland, sondern auch für einen grossen Teil des Auslandes, und dennoch geniesst in der Fremde München einen grösseren Ruf als Kunststadt, und dennoch hält es der Fremde, der nach Berlin kommt, nicht für nötig, die Berliner Ausstellungen zu besuchen, während in München selbst der sparsamste Reisende es nicht versäumen wird, die Ausstellungen im Glaspalast und in der Secession zu besuchen. Die Berliner Kunst hat bisher keine würdigen Ausstellungsräume gehabt. Die Gebäude, die das Forum einfassen, werden endlich diesem Übelstande ein Ende machen, und der Fremde wird, wenn ihn die Musik und die Dichtung auf unser Forum geführt haben, dem Genuss der bildenden Kunst nicht fernbleiben. Der Einklang von Architektur, Musik, Dichtung, Malerei und Plastik wird die weihevolle Stimmung erzeugen, die im Lärm der Grossstadt nicht entstehen kann und die unerlässlich für den Genuss der Kunst ist. Berlins Verkleinerer werden nicht mehr sagen können: In der grossen Stadt ist keine Stätte für Kunst.

Die Verwirklichung dieses Planes möchte eine Utopie erscheinen, da sie an die Opferfreudigkeit unserer Mitbürger zu grosse Ansprüche stellen dürfte, wenn sich nicht zum letzten Male eine seltsame Gelegenheit böte, den Traum auf einen Platz zu realisieren, der nahe genug vom Zentrum von Berlin liegt, um die Prosperität des Unternehmens zu garantieren, und wenn nicht die Verhältnisse es erhoffen liessen, dass grosse Kapitalskräfte ein Interesse an der Verwirklichung unseres Planes hätten.

Der Verkauf eines Teiles des Tempelhofer Feldes an die Gemeinde Tempelhof unter der Garantie der Deutschen Bank eröffnet eine Aussicht. Die Verwertung des Terrains dürfte grosse Schwierigkeiten bereiten, weil ein Überfluss an mittleren Wohnungen in Berlin existiert und weil die das Tempelhofer Feld umgebenden Quartiere es nicht wahrscheinlich erscheinen lassen, dass auf dem Tempelhofer Feld ein vornehmes Stadtviertel entsteht. Durch die Schaffung des Forum Berolinense an dem Ort würde selbstverständlich eine ganz enorme Steigerung des Bodenpreises eintreten, und es würde sich um dieses Forum Berolinense sicherlich eines der vornehmsten Stadtviertel Berlins entwickeln. Vielleicht dürfte deshalb die Hoffnung nicht ganz phantastisch erscheinen, dass die Gemeinde Tempelhof und die an dem Verkauf des Terrains beteiligten Banken bereit sind, nicht nur den nötigen Platz umsonst herzugeben, sondern auch noch grosse pekuniäre Opfer zu bringen. Die Verwertung der Gebäude des Forum Berolinense ausserhalb der auf 14 Tage berechneten «Berliner Woche» müsste weiteren Erwägungen vorbehalten bleiben. Wir erwähnen nur, dass, ebenso wie es in Berlin an würdigen Gebäuden für alle Künste fehlt, auch die Versammlungen der grossen Vereine, Genossenschaften, Kongresse in den Zirkus gedrängt werden und dass für Ausstellungen der Industrie und des Gewerbes nur die hässlichen und mangelhaft beleuchteten Ausstellungshallen am Zoologischen Garten zur Verfügung stehen.

Dieser Text von Paul Cassirer blieb zu Lebzeiten vermutlich ungedruckt. Das Typoskript wurde von Catherine Krahmer im Nachlaß von Maximilian Harden (Bundesarchiv Koblenz) entdeckt und erstmals veröffentlicht. Catherine Krahmer: Ein multikulturelles Forum als Gegenstück zur Museumsinsel. Paul Cassirers Plan für Berlin. In: *Neue Zürcher Zeitung* (17./18. Juni 2000), Literatur und Kunst, S. 90.

Krieg und Kunst (1918)

Ob es Deutschland war, das mit der künstlerischen Werbetätigkeit in den neutralen Ländern begonnen hat, ob Frankreich dann gefolgt ist, oder ob es umgekehrt war, das ist wohl belanglos. Jedenfalls erleben die neutralen Länder das seltene Schauspiel – im Frieden nie gesehen, nie geahnt – eines Turniers der Künste auf ihrem Boden. Hie Deutschland – hie Frankreich. Und längst nicht mehr die beiden allein; Österreich ist auf dem Plan erschienen, England tummelt sein Kunstroß, auch Italien tjostet mit dem wilden Temperament, das seiner Kunst des letzten Jahrhunderts eigentümlich ist. Verwundert sitzt der Neutrale auf dem Tribünenplatz, spendet Beifall, wieder Beifall, immer wieder Beifall.

Was soll das? denkt er heimlich. Was soll das? Warum jetzt gerade im Krieg die Kunst? Soviel Kunst? Warum war das nicht im Frieden? –

*

Die Welt der Feinde nennt die Deutschen Barbaren. Darauf antworten wir, nicht den Feinden zwar, aber den Neutralen – wohl, damit sie nicht unsern Feinden Glauben schenken –

mit einer Theateraufführung, einer Kunstausstellung, einem Konzert, einer Kunstgewerbeschau.

Was beweisen diese Dinge wohl? Was sollen sie beweisen? Wenn die Feinde uns Barbaren nennen, so meinen sie doch wohl nicht, daß wir nackt herumlaufen, rohes Fleisch essen, nicht lesen, nicht schreiben können; daß wir nicht musizieren, nicht Theater spielen, nicht malen können. Sie schelten uns nicht Kunstlose, Gedankenlose. Sie nennen unsere Moral barbarisch, unsere Politik, unsere Kriegsführung.

Kann ein Bild diesen Vorwurf entkräften, beweist der wunderbare Gesang Carusos etwas für die Moralität der italienischen Politik? Und als der süße Duft tizianischer Malerei die Liebhaber und die Völker Italiens und des übrigen Europas von Madrid bis weit in den Norden hinauf entzückte, war damals venezianische Politik moralisch? War venezianische Kriegsführung milde und menschlich? Tizians Malerei konnte den politischen Feind der Dogenrepublik, der auf der Folter verreckte, nicht trösten, konnte seine Hinterbliebenen und seine Freunde nicht überzeugen, daß die Venezianer keine Barbaren in moralischer Beziehung wären.

Deutschlands Feinde behaupten, unsere Politik, unsere Kriegsführung, unser Machthunger stempelten uns zu Barbaren. Das können wir nur mit Zeugnissen über unsere Politik und unsere Kriegsführung und unseren Machthunger widerlegen. Nichts nützt es, nichtsbedeutend ist es, wenn wir antworten: Merkt auf den herrlichen Tonbau einer Bachschen Fuge, hört den reinen Kinderklang einer Mozartschen Sonate, lauscht den grandiosen Gedanken eines Goetheschen Gedichtes, versteht die liebe Weise eines Mörikeschen Liedes, seht den männlichen Gang Menzelscher Kunst.

Ein Mann ist eines Verbrechens angeklagt, er legt nicht seine Unschuld dar, er antwortet: Ich kann Flöte spielen.

Verlaine war ein Attentäter, Benvenuto Cellini war ein Mörder.

Deutschland muß die Anklagen unbeantwortet lassen, wenn es im Gefühl seiner Unschuld steht, oder es muß auf dem Gebiet der Politik und des Krieges antworten.

Die Antwort: ich kann Flöte spielen, ist keine Antwort.

*

Draußen an der Front bemalen sie die Kanonen und die Schlachtwagen mit bunten Farben, damit der Flieger sie nicht erkennt. Man wandelt Kanonen zu Bildern.

Sind die Bilder in den Ausstellungen vielleicht auch bemalte Kanonen? Sollen die Bilder – Kanonen sein?

Die Neutralen wollen ihr Land nicht zum Kampfschauplatz hergeben. Da schießt man mit Büchern – Liedern – Statuen – Konzerten und Bildern. Die französische Oper erscheint, stracks fährt die Münchener mit ihren großen Kanonen – man nannte sie auch schon im Frieden so – auf. Der Kampf beginnt. Deutsche Bilder jagen französische. Rodin dringt auf Hildebrand ein. Cézanne und Marées beginnen einen schrecklichen Zweikampf. Deutsche Kunst soll mit französischer kämpfen, nein, Vierverbandkunst kämpft gegen Ententekunst. –

Verwirrung und Wahnsinn, im Frieden erzeugt, im Krieg zur riesigen Mißgeburt gewachsen.

Nur traurige Politiker, von Gott und der Kunst verlassen, nur hinkende Künstler, die sich auf Krücken der staatlichen und vereinlichen Abstempelung schleppten, glaubten an den Kampf der Künste; glaubten, daß Cézanne Marées gefährde, daß Menzel mit Daumier kämpfen könne. Sahen nicht, daß wahre Künstler nie Feinde sind, daß wahre Künstler sich immer helfen. Künstler müssen sich durch die Menge der Auchkünstler drängen, aber da, wo die Sessel für die großen Künstler stehen, ist es leer; die Sessel sind immer bereit. Jeder, der in das Reich der Kunst gelangt, findet seinen Platz, nie muß er einen andern von seinem Platz verdrängen. Sein Thron erwartet ihn stets.

Künstler sind Brüder, gehören zu einer Familie, wes Volks sie auch seien, und je mehr ihrer versammelt sind, desto stärker ist die Macht ihrer Familie – der Kunst.

Hat bei uns das «Eindringen» französischer Kunst die deutsche verdrängt? Sind Menzel, Thoma, Leibl, Trübner, Liebermann, Marées vergessen, oder sind sie nicht vielmehr gerade von denen, die den französischen Eindringlingen geholfen haben, gerühmt und gefördert worden?

Tschudi!

Mit ihren französischen Brüdern vereint, sind sie zur Geltung gelangt.

Künstler sind wie Bäume, sie erwachsen aus heimatlichem Boden, aber ihre Früchte sind gut für alle Welt. Und ein französischer Kirschenbaum ist einem deutschen Kirschenbaum, so verschieden ihre Früchte schmecken mögen, immer mehr verwandt, als ein deutscher Kirschenbaum einem deutschen Ginster.

Der Künstler, welcher meint, in der Kunst ließen sich sportliche Preise gewinnen, er könne mit seinem Gegner kämpfen, ist der alten barbarischen Fabel vom Sängerkrieg verfallen. Der Sängerkrieg ist kein Krieg zwischen Sängern, es gibt für den Sänger nur den Krieg mit seinem Selbst.

Lieder sind keine bemalten Kanonen. Mit Büchern kann man nicht schießen, und könnte man es, die Neutralen würden es sich verbitten, ihr Land zum Schauplatz eines heimlichen Krieges zu machen.

Aber die Neutralen verbieten es auch, wenn sie diese böse Absicht merken, d. h. wenn Unkunst zu Angriffszwecken aufgefahren wird. Zur wirklichen Kunst haben sie das Vertrauen, daß ihr der Kampf unmöglich ist. Künstler sind Brüder, Kunst ist immer brüderlich.

Die Kunstpropaganda ist in allen Ländern von den Gewaltsfanatikern angegriffen worden; diese Indianer haben Recht. Kunst spricht nie vom Krieg, selbst wenn sie Krieg darstellt.

Vierverbandskunst – Ententekunst. O Torheit der Zeit!

*

Der Staat sollte immer Kunstpropaganda treiben, auch im Frieden. Nein, nicht auch im Frieden; da natürlich und selbstverständlich. Auch im Krieg. Aber der Staat soll nicht meinen, daß man mit Kunst – Krieg machen kann. Mit Kunst kann man nichts machen als Kunst, nicht einmal Krieg, nicht einmal Frieden. Kunst kann nicht gegen Kunst, sondern nur mit Kunst gegen ihre Feinde im Geist kämpfen.

Der «Engländer» greift an, der «Deutsche» wirft ihn zurück. Der «Franzose» haßt den Deutschen. Der «Russe» hat «Verluste».

Wer, möchte man fragen, wer? Wer ist der Deutsche, der Franzose, der Engländer, der Russe? Was ist das, «Verluste»? Der Deutsche, das sind deutsche Männer, die Verluste, das sind russische Menschen. Das sind keine Abstrakta, das sind alles Menschen.

Die Stadt ist zerstört, die Gegend ist verwüstet, der Gegner gewann Terrain. Was ist das, eine zerstörte Stadt, eine verwüstete Gegend, gewonnenes Terrain? Sind das Flecken auf der Landkarte? O nein, das sind tausend menschliche Wohnungen, tausend von Menschen angebaute Felder, tausend Gärten, die Menschen erfreuten.

Die Kunst kämpft gegen das wesenlose Abstraktum für sich, für die Seele des Menschen.

Die Zeitungen der Neutralen und ihre alltäglichen Gespräche reden nur immer und immer wieder von Abstrakten, von Begriffen. Aber die deutschen und die französischen Theater, Konzerte und Kunstausstellungen summen in den harten Lärm hinein das Wort «Mensch». Erzählt die Landschaft Thomas, daß es Bäume und Wiesen eigentümlicher Gestalt im Schwarzwald gibt? Beweist Cézanne, daß es in Frankreich Blumensträuße gibt? Das wissen wir aus den Worten der Wissenschaftler und der Zeitungsleute, das zeigen uns die Photographen. Thomas Bild spricht: So sah ein Mensch, ein bestimmter Mensch, Thoma, ein Sohn seines Volkes und ein Bruder aller Künstler, ein Stück Erde. Seht, sagt das Bild, seht nicht die Landschaft, seht Thoma, den Menschen.

Cézannes Tulpen sind keine Tulpen, sie sind: ein Augenblick eines Menschen. Das Lied Mörikes singt von *seiner* stillen Menschheit.

Und was auch gezeigt wird, was an Kunst zum Kampf in das neutrale Zwischenland, an die Grenze des Feindes vorgetrieben wird, kämpft nicht, stößt nicht, dient nicht, es tut unendlich wenig oder unermeßlich viel: es singt, es spricht, es tönt, es leuchtet den einen Sinn: Mensch! Wir sind keine Begriffe, Begriffe vergehen, der Mensch ist ewig. Wir sprechen: Mensch.

Kunstpropaganda, du häßliches Wort, wie unendlich nützlich erscheinst du denen, die meinen, im Konzert der Stimmen soll die deutsche Stimme nicht fehlen, wie sehr enttäuschest du die, die in dir ein Mittel des Kampfes sehen.

Dieser Text von Paul Cassirer erschien in: *Die weißen Blätter,* 5. Jg., 3. Heft, September 1918, S. 155–159.

Daten zu Leben und Werk

Der wirtschaftliche Aufstieg einer Familie

Die folgende Übersicht über Lebensstationen, Firmen und Adressen der Cassirers spiegelt zum einen den wirtschaftlichen und sozialen Aufstieg der Familie in der Gründerzeit. Zum anderen zeigt sie, wie dieser Aufstieg durch vielfältige geschäftliche Verbindungen innerhalb der Familie erreicht wurde, ebenso wie durch die Eheschließungen zwischen Familienangehörigen, die dem Stammbaum zu entnehmen sind. Paul und Bruno Cassirers gemeinsames Unternehmen wie auch Brunos Ehe mit Pauls Schwester Else stehen also ganz in der Familientradition.

Breslau

Ab 1855 sind die Cassirers in Breslau im Handel nachgewiesen.
1866: Louis Cassirer (Pauls Vater) und Julius Cassirer (dessen Bruder, Brunos Vater) sind als Prokuristen der Firma ihres Vaters, *Marcus Cassirer & Co. Liqeurfabrik*, eingetragen.
Bis 1872: Geschäftsadresse von Louis Cassirer ist die Fürstenstr. 6, die Privatadresse – in privilegierter Gegend – die Friedrich-Wilhelm-Str. 12. Paul Cassirer wurde demnach in Breslau und nicht, wie oft angenommen, in Görlitz geboren.[1]

Görlitz

Zwischen 1872 und 1874 zieht die Familie von Louis Cassirer nach Görlitz um.
1886–1898: Nach dem Umzug nach Berlin behält die Familie noch eine Adresse in Görlitz (Löbauerstraße) bei.

Berlin

1886 siedeln Cassirers in die Hauptstadt Berlin über, wo sie sich vom Osten in den feineren Westen vorarbeiten. Ihre Unternehmen erweitern sie um neue Industriezweige und zukunftsweisende Technologien und erweisen sich darin als typische Vertreter der Gründerzeit.
1886 lautet Louis und Julius Cassirers Geschäftsadresse: Bau- und Nutzholzhandel, Baerwaldstr. 5/6 (später auch: Ziegeleibesitzer, Neue Winterfeldstr.).
1889: Louis Cassirers Privatadresse ist Berlin W. Bülowstr. 107; die von Julius Cassirer, in unmittelbarer Nachbarschaft, Bülowstr. 105/106.
1895: Privatadresse von Louis Cassirer: Ansbacherstr. 3; Geschäftsadresse: Dr. Hugo Cassirer [Pauls Bruder] & Co., Kabelfabrik, Charlottenburg, Keplerstr. 4/5, Inhaber: Dr. Hugo und Louis und Julius Cassirer.
1899 sind Louis und Hugo Cassirer unter derselben Privatadresse gemeldet: Augsburgerstr. 83. Ab 1900 ist die gemeinsame Adresse: Knesebeckstr. 72/73.

Stammbaum (vereinfacht)

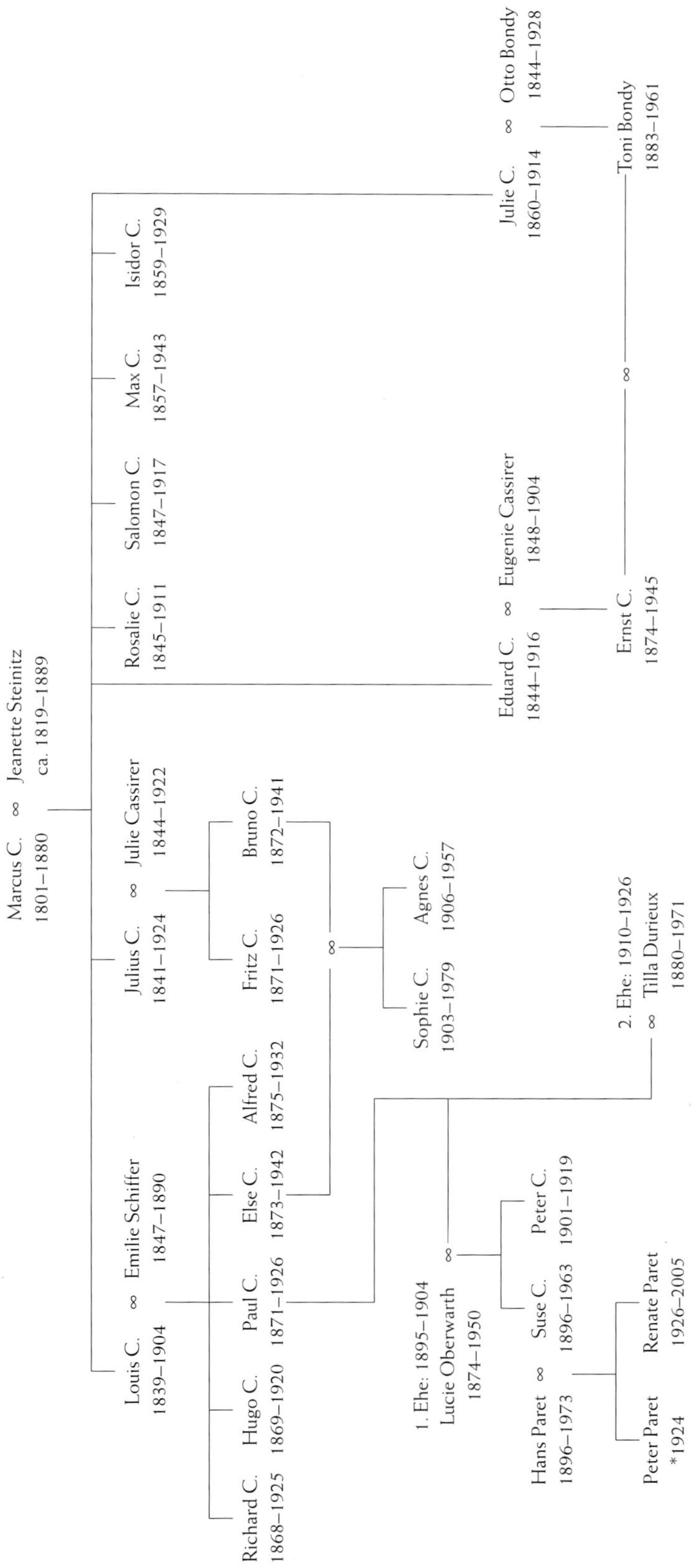

1899: Paul Cassirers erste eigene Wohnadresse in Berlin lautet: Paul Cassirer, Verlagsbuchhändler, Berlin W. Rankestr. 23. Bruno Cassirers erste eigene Wohnadresse in der Stadt ist: Bruno Cassirer, Kaufmann, Charlottenburg, Carmerstr. 18 Parterre. Geschäftsadresse der beiden Vettern: Bruno und Paul Cassirer, Kunst- und Verlagsanstalt, Victoriastr. 35 Parterre.[2]

1 Bestätigt wird dies durch die Meldezettel Paul Cassirers 1893 ff. im Stadtarchiv München.

2 Für die Recherche der Berliner Adressen danke ich Jan T. Köhler.

Paul Cassirer – Lebensdaten

1871	21. Februar: Paul Cassirer in Breslau geboren, als Sohn von Dr. Louis Cassirer und Emilie Cassirer, geborene Schiffer, «Ziegeleibesitzerseheleute».
1872	Umzug nach Görlitz.
1886	Nachweis der Familie in Berlin.
1893	20. April: Beginn der Münchner Zeit, Paul Cassirer meldet sich als Student der Jurisprudenz und Schriftsteller bei der Einwohnerbehörde mit der Adresse: «Heßstrasse 23 a bei Diemberger».
1894	Publikation des Dramas *Fritz Reiner, der Maler.*
1895	Publikation des Schwabinger Künstlerromans *Josef Geiger* unter dem Pseudonym «Paul Cahrs».
	Januar: Umzug nach Berlin, im April Kuraufenthalt in Meran, im Mai wieder in München, im Juni Kuraufenthalt im belgischen Spa, anschließend in Brüssel.
	17. Juli: Hochzeit mit der am 9. Juli 1874 in Berlin geborenen Lucie Oberwarth (Abb. 153), Tochter von Emil Oberwarth und Ida, geborener Aron.
1896	3. April: Geburt der Tochter Aimée Susanne (Suse) in Brüssel.
1896–1897	Reisen und längere Aufenthalte in Paris und in München.
1898	20. September: Gründung der Firma *Bruno und Paul Cassirer. Kunst- und Verlagsanstalt* in Berlin, Victoriastraße 35 (der Vetter Bruno Cassirer ist verheiratet mit Pauls Schwester Else).
1901	30. August: Trennung des Unternehmens von Bruno und Paul Cassirer. Bruno übernimmt den «gesamten Buchverlag» und zieht in die Derfflingerstraße 16, Paul übernimmt «die Kunstanstalt und den Kunst-Verlag» in der Victoriastraße.
	19. November: Geburt des Sohnes Peter.
1904	21. Mai: Scheidung von Lucie Oberwarth nach Urteil des Königlichen Landgerichts in Berlin «aus Verschulden des Ehemanns». Die Tochter lebt bis ca. 1910 weitgehend beim Vater, der Sohn zieht mit seiner Mutter nach München.
1906	Bau eines Ferienhauses in den Dünen in Noordwijk, Holland (wurde während des Ersten Weltkrieges verkauft).
1910	24. Juni: Heirat mit der als Ottilie Godeffroy geborenen Wiener Professorentochter, der Schauspielerin Tilla Durieux. Privatwohnung des Paares in der Margarethenstraße 1 in Berlin (Abb. 154).
1914	3. August: Paul Cassirer meldet sich als Freiwilliger zum Kriegsdienst und wird Sanitätsfahrer in Belgien. Verleihung des Eisernen Kreuzes im September.

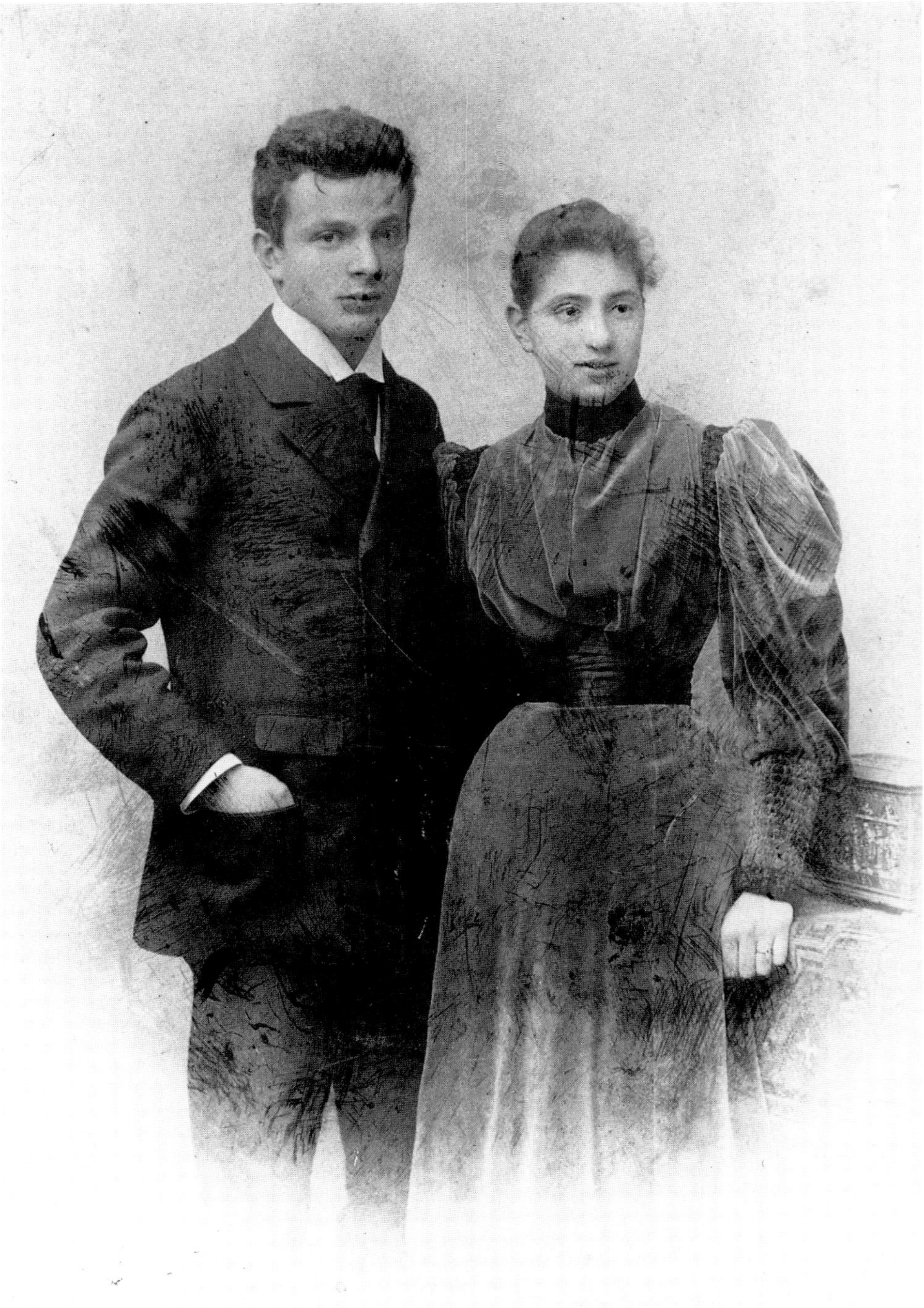

Abb. 153: Verlobungsphoto: Paul Cassirer mit Lucie Oberwarth, 1894, Privatbesitz Princeton.

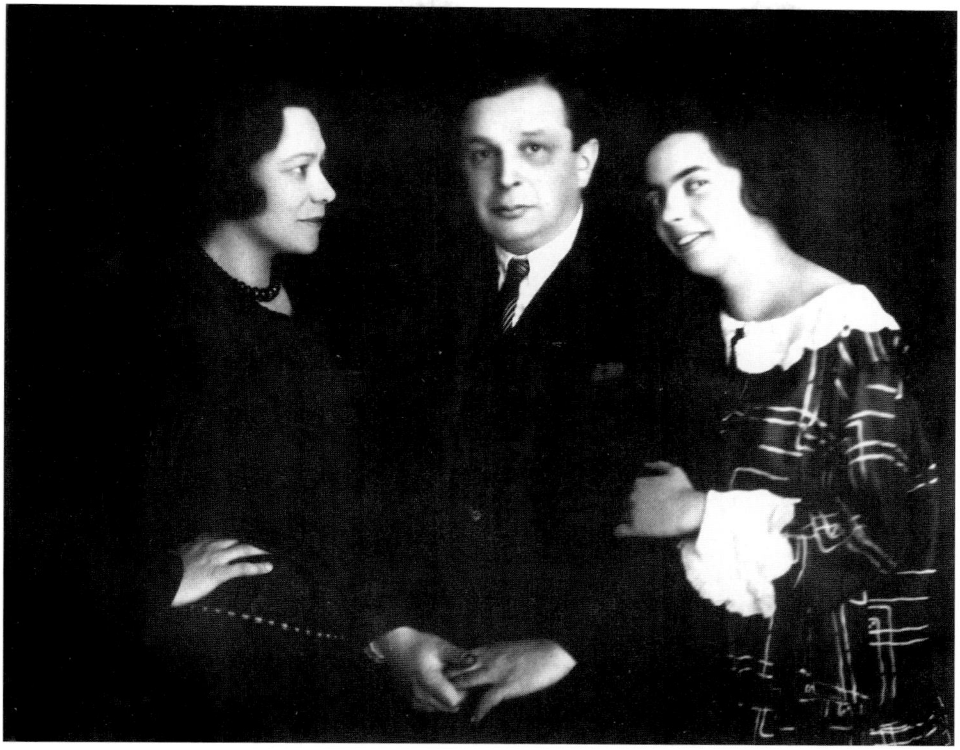

Abb. 154: Tilla Durieux, Paul Cassirer und seine Tochter Suse, um 1910.

1917	Nach einem gesundheitlichen Zusammenbruch kann Paul Cassirer durch Vermittlung von Harry Graf Kessler im Rahmen der deutschen Kunstpropaganda in die Schweiz übersiedeln. Zürich, *Hotel Schwert*.
1918	In Spiez am Thuner See im *Chalet des Sapins* mit Tilla, René Schickele (und vorübergehend Max Rascher) gemeinsame Arbeit an den *Weißen Blättern*. Zeitweise Teilhaber des Schweizer Verlags Max Rascher. Dezember: Rückkehr nach Berlin, Wohnung über dem Geschäft in der Victoriastraße 35.
1919	Selbstmord des Sohnes Peter.
1923	Gründung einer Filiale in Amsterdam, Keizersgracht 109, Kauf eines Privathauses in Haarlem.
1923	Hochzeit der Tochter Suse mit dem Philosophen Dr. Hans Paret.
1924	13. April: Geburt des Enkels Peter Paret in der Victoriastraße 35.
1926	5. Januar: Vor der Unterzeichnung der Scheidungsurkunde von Tilla Durieux verletzt sich Paul Cassirer durch einen Schuß. Aufenthalt im Elisabeth-Krankenhaus, Berlin.

1926 7. Januar: Tod Paul Cassirers.
10. Januar: Trauerfeier mit Reden von Max Liebermann, Harry Graf Kessler und Justin Thannhauser im Saal der Victoriastraße 35, Beisetzung auf dem Friedhof Berlin Heerstraße (Grabmal von Georg Kolbe).

Ausstellungen und Publikationen in Auswahl 1898–1933

	Galerie	Verlag
1898	*20. September: Geschäftsgründung Bruno & Paul Cassirer Verlag und Kunstsalon*	
1898	Nov.: Eröffnungsausstellung Degas, Liebermann, Meunier	
1899	April: Franz. u. dt. Zeichner, u.a. Plakate v. Chéret, Menzel, Degas, E. L. Kirchner, E. Thöny, Bruno Paul, Wilke, Steinlen. Okt./Dez.: 16 Manets, darunter: *Déjeuner sur l'Herbe*, Degas, Puvis de Chavannes und 30 Bilder von Slevogt	M. Liebermann: Mappe mit 25 Zeichnungen
1900	Jan./Febr.: Englische Malerei Nov./Dez.: Erstmals Cézanne, zusammen mit Corinth, Leistikow, Liebermann	M. Liebermann: Degas J. Israëls: Spanien
1901	*30. August: Trennung von Bruno und Paul Cassirer*	
1901	Febr./März: Th. Th. Heine und Paul Baum Okt./Nov.: Renoir, Slevogt und Liebermann	Letztes gemeinsames Programm von Bruno & Paul Cassirer. Autoren: W. Bode, H. van de Velde, A. Lichtwark, Gorki, Secessionskataloge Verlagssperre für Paul Cassirer bis 1908
1902	Jan.: van Gogh, A. Kubin	Paul Cassirer publiziert nur noch die Secessionskataloge und die Kataloge seiner Ausstellungen.
1903	Jan.: E. Munch	
1904	Mai/Juni: Cézanne	
1906	Sept./Okt.: Sammlung Faure, Paris (Manet, Monet)	
1907	Jan.: M. Beckmann Febr./März: Pissarro Nov./Dez.: Cézanne, 79 Aquarelle (mit Bernheim) Nov./Dez.: Delacroix	

1908	März: van Gogh März/Mai: Paul Baum, Hübner, Kardoff, Kollwitz, Pottner, E. R. Weiss, Pissarro Mai/Juni: Goya Okt./Nov.: Corinth, Breyer, Cézanne, van Gogh, Matisse, Liebermann, Gaugin, Monet, Pottner, Pissarro, Renoir, Schuch, Slevogt, Vuillard, E. R. Weiss Nov.: Leistikow-Nachlaß	Wiederaufnahme der Verlagstätigkeit: Paul Cassirer's Verlag, Berlin L. Corinth: Das Erlernen der Malerei M. Slevogt: Coranna Peter Baum/M. Slevogt: Im alten Schloß
1909	Jan.: L. v. Kalckreuth Matisse (70 Nrn.) B. Berneis (25 Nrn.) März: Renoir, K. Walser («Japanreise», Theaterbilder, Aquarelle, Zeichnungen (Abb. S. 401) Nov./Dez: Cézanne	Gründung der *Pan-Presse* J. F. Cooper/M. Slevogt: Lederstrumpf (= *Pan-Presse* I) J. Guthmann/M. Beckmann: Eurydikes Wiederkehr (= *Pan-Presse* III) A. Aubert: Runge und die Romantik A. Gaul: Bildwerke H. Struck: Die Kunst des Radierens F. Wedekind: Der Stein der Weisen G. Büchner: Ges. Schriften J. M. R. Lenz: Ges. Schriften
1910	Febr.: Max Beckmann (20 Nrn.), Th. Brockhusen, J. Wolfthorn März/April: Manet, Sammlung Pellerin, Paris Juni: Kokoschka (49 Nrn.) Okt./Nov.: van Gogh (52 Nrn.)	B. Kellermann/K. Walser: Spaziergang in Japan (Abb. S. 401 oben) L. Corinth: Das Buch Judith (= *Pan-Presse* II) L. Corinth: Das Leben Walter Leistikows Th. Duret: Edouard Manet H. Mann: Variété R. Schickele: Weiß und Rot H. Heine/J. Pascin: Schnabelewobsky (= *Pan-Presse* IV) 1. Heft der Zeitschrift *Pan* (bis März 1912)
1911	Okt./Nov.: F. Hodler	L. Corinth: Das Hohelied (= *Pan-Presse* V) W. Geiger: Stierkampf (= *Pan-Presse* VI) A. Fortlage/Schwarz: Das graphische Werk von H. Struck B. Kellermann/K. Walser: Sassa yo Yassa

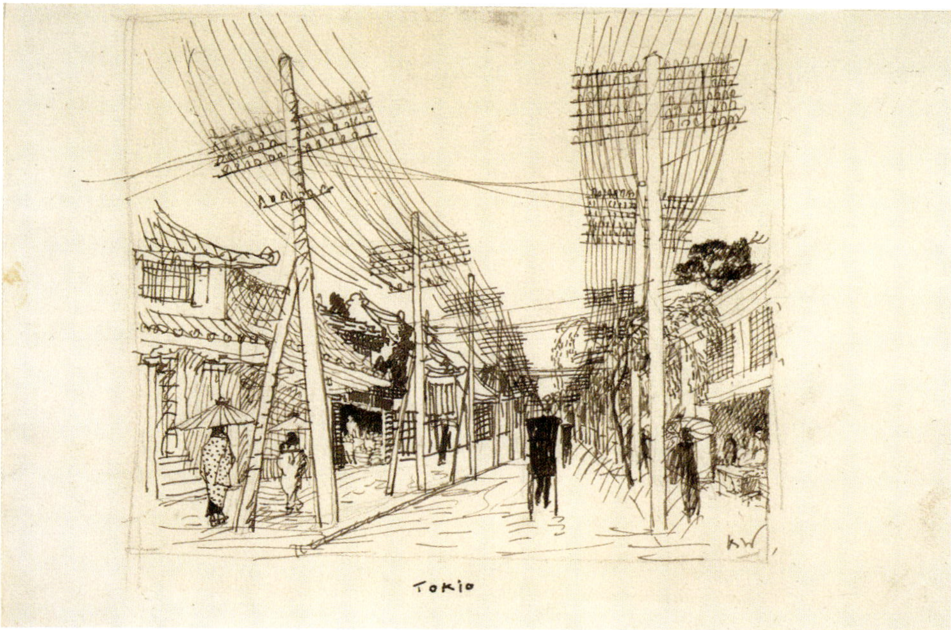

Abb. 155: Karl Walser, Straße in Tokio 1908, *Federzeichnung 17,2 x 23,4 cm Kunstmuseum Bern, verwendet als Titelblatt für Bernhard Kellermann:* Spaziergang in Japan, 1910

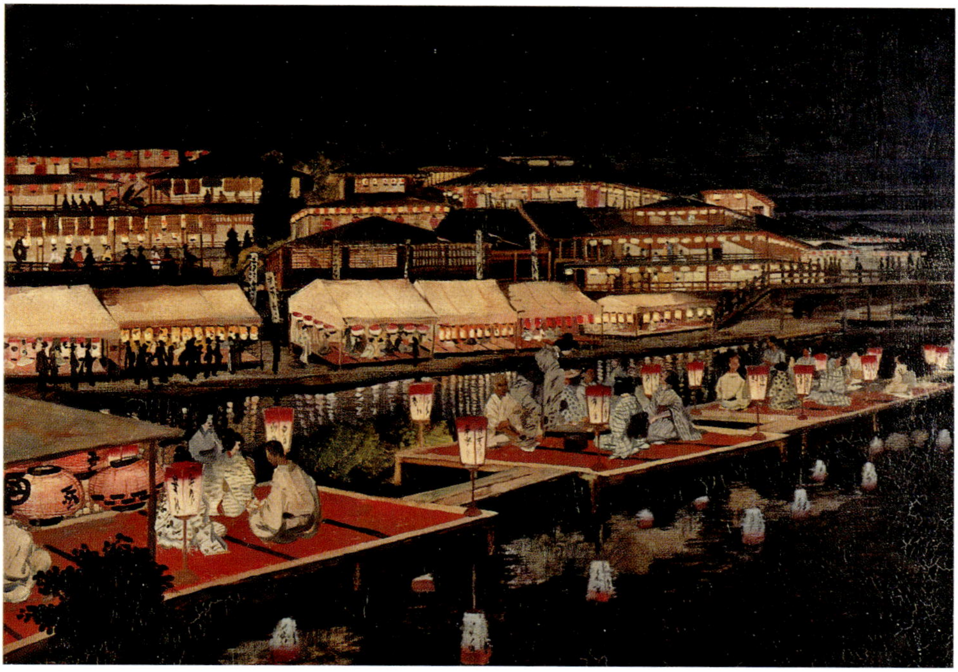

Abb. 156: Karl Walser, Fest am Fluß Japan 1908, *Öl/Lwd., 49,5 x 65 cm, Musée Neuhaus, Biel*

		C. Sternheim: Die Hose H. Mann: Die Göttinnen
1912	Jan.: MOPP (ca. 30 Nrn.) Okt./Nov.: Die großen Namen der Galerie, deutsche und französ. Künstler wie Barlach, Beckmann, Cézanne, Manet, Corinth, Renoir, Liebermann, Munch, Rodin, Slevogt, Kolbe, van Gogh etc.	E. Pottner: Eindrücke aus dem Leben der Vögel (= *Pan-Presse* VII) Ders.: Sommertage im Geflügelhof (= *Pan-Presse* VIII) R. Großmann/G. Hermann: Um Berlin (= *Pan-Presse* IX) E. Barlach: Der tote Tag (= *Pan-Presse* X) Voltaire/M. Behmer: Zadig (= *Pan-Presse* XI) J. Meier-Graefe/E. Klossowski: Orlando und Angelika H. Meid: Don Juan, H. Mann: Die große Liebe
1913	Jan./Febr.: Beckmann, Bondy. Radierungen und Lithographien von Corinth, Slevogt, Gaul, Lehmbruck, Liebermann, Munch. Juni: Mohammedanische Kunst (Keramik, Buchkunst, Textilien, Glas) Sommer: Manet, Liebermann, Pissarro, Cézanne, van Gogh, Liebermann, Slevogt, Corinth etc. 106 graphische Blätter von Liebermann, Slevogt, Corinth, Gaul, Lehmbruck, Meid, Behmer Brockhusen, Großmann und die *Pan-Pressen*-Werke I–XI	H. Kaiser: Max Beckmann G. Kolbe: Bildwerke H. Mann: Im Schlaraffenland R. Schickele: Der Fremde, Schreie auf dem Boulevard, Benkal der Frauentröster
1914	Jan./Febr.: A. Magnasco Mai/Juni: van Gogh (146 Nrn.)	B. Geiger/A. Magnasco V. van Gogh: Briefe an seinen Bruder H. Heine/MOPP: Das Buch Le Grand (= *Pan-Presse*, XII) H. v. Kleist/O. Hettner: Das Erdbeben von Chili (= *Pan-Presse* XIII) 4. August 1914 Kriegsbeginn: Zeitschrift: *Kriegszeit* (ab 31. August 1914 bis Ende März 1916)
1915	Dez./Jan.: Slevogt (60 Gemälde, 60 Aquarelle)	R. Schickele: Hans im Schnakenloch

1916	Febr./März: Liebermann als Zeichner (ca. 360 Nrn.) Sammlung Julius Stern (Picasso, Cézanne, van Gogh, Manet, Liebermann) Erste Auktion (zus. mit Hugo Helbing, München) 19.–21. Mai 1916: Sammlung Julius Stern. Bis Nov. 1918: 14 Versteigerungen Nov./Dez.: Gulbransson, Heckel	Zeitschrift *Der Bildermann* (April–Dez. 1916) A. Gaul: Trinkende Tiere
1917	April/Mai: Kollwitz zum 50. Geb. (Zeichnungen, Pastelle, Druckgraphik) Nov.: Barlach (Bildwerke, Zeichnungen, Lithos, Entwürfe)	O. Kokoschka: Hiob (mit Mappe) W. Hasenclever: Antigone B. Schönlank: In diesen Nächten
1918	Febr.: L. Meidner (Gemälde, Aquarelle, Zeichnungen) Juni/Juli: H. Purrmann (100 Nrn.) Okt.: H. Haller, H. Meid (mit dem graph. Werk, u.a. *Don Juan*) Nov./Dez.: O. Kokoschka (Bilder, Graphik) Nov./Dez.: Slevogt zum 50. Geb. (im Ausstellungshaus am Kurfürstendamm, *Freie Secession* und Paul Cassirer)	E. Barlach: Der arme Vetter J. Elias: Liebermann zu Hause A. Gaul: Vom Fressen der Tiere A. Weissmann: Der Virtuose O. Kokoschka: Vier Dramen, liegt zur Ausstellung Ende 1918 bereits vor (Ersch.datum 1919). W. Hasenclever: Die Menschen Almanach *Unser Weg 1919*
1919	April/Mai: O. Mueller Juni/Juli: K. van Dongen Sept.: C. Hofer Okt./Nov.: A. Gaul zum 50. Geb. und Max Slevogt, Randzeichnungen zur Zauberflöte Dez.: Erich Mendelsohn «Architektur in Eisen und Beton», Entwurfszeichnungen	K. W. Ramler/A. Gaul: Alte Tierfabeln (= *Pan-Presse* XIV) M. Pechstein: Reisebilder (= *Pan-Presse* XV) R. v. Walter/E. Barlach: Der Kopf (= *Pan-Presse* XVI) Die Randzeichnungen zur Zauberflöte von Mozart erschienen offiziell erst 1920 (= *Pan-Presse* XVII) E. Lasker-Schüler: Ges.-Ausg. Bde. 1–4. R. Schickele: Mein Herz. Die Genfer Reise Sozialistische Schriften Almanach *Unser Weg 1920* Zeitschrift *Die weißen Blätter* (bis Dez. 1920)

1920	Jan.: E. Lasker-Schüler (Ausst. u. Vorstellung der Ges.-Ausg.) Febr.: W. Lehmbruck, Gedächtnis-Ausstellung Mai: Slevogt (Randzeichnungen zur Zauberflöte mit Vorstudien und Aquarellen)	E. Lasker-Schüler: Ges.-Ausg., Bde. 5–10 F. Marc: Briefe, Aphorismen usw. L. Meidner: Septemberschrei B. Schönlank/G. Grosz: Sonniges Land K. Edschmid, W. Hasenclever, Schickele
1921	April: E. Munch (Bilder, Graphik) Okt./Nov.: G. Kolbe und C. Herrmann Nov./Dez.: Cézanne in deutschem Privatbesitz	M. Slevogt: Ovid, Das Lehrbuch der Liebe (= *Pan-Presse* XVIII) E. Barlach: Die Wandlungen Gottes (= *Pan-Presse* XIX) M. Slevogt: Die Wandmalereien von Neu-Cladow R. Strauss/A. Kerr/M. Fingesten: Der Krämerspiegel
1922	April: Kokoschka (Aquarelle)	E. Barlach: Der Findling J. Elias: Die Handzeichnungen Liebermanns R. Großmann: Unold von Kaltenquell D. von Hadeln: Die italienischen Zeichnungen, 5 Bde., bis 1926
1923	April/Mai: Kokoschka Mai: Chagall (Mein Leben) Dez.: E. L. Kirchner (Gemälde)	E. Bloch: Geist der Utopie, Durch die Wüste. M. Chagall: Mein Leben E. Barlach/Goethe: Walpurgisnacht E. Waldmann: Manet
1924	Jan.: Beckmann Nov./Dez.: Hodler *(Nach 1918 nur unregelmäßige Auktionen, ab 1924 wieder regelmäßig bis Ende 1932)*	M. J. Friedländer: Altniederl. Malerei, 14 Bde., bis 1937 Goethe Gedichte, 4 Bde., bis 1926 (M. Liebermann, E. Barlach, H. Meid, K. Walser)
1925	Sept./Okt.: Impressionisten Nov.: Kokoschka (Landschaften) Dez.: R. Großmann	E. Toller/Meid: Rache des verhöhnten Liebhabers P. Westheim: O. Kokoschka
1926	*7. Januar: Tod von Paul Cassirer*	
1926	Febr.: Barlach (Holzbildwerke) März/April: MOPP Nov.: E. L. Kirchner (auch Plastiken)	E. Barlach: Der blaue Boll Zeitschrift *Commerce* (bis 1927)

1927	Febr.: Kokoschka (Bildnisse, Menschen, Tiere) Juli/Aug.: Liebermann zum 80. Geb. (275 Zeichnungen)	E. Barlach/Schiller: An die Freude
1928	Jan.: van Gogh, Gem. (92 Nrn.) (Die berühmte Ausstellung, in der die Fälschungen Otto Wackers erkannt wurden)	E. Barlach: Das selbsterzählte Leben V. van Gogh: Briefe, 3 Bde., erw. Neuauflage
1929	Dez./Jan.: Ein Jahrhundert französische Zeichnung	E. Bloch: Spuren (1930) Die Gemäldegalerie Berlin, 5 Bde., bis 1933
1932	März/April: Deutsche Kunst im Zeitalter Goethes (zus. mit der Ludwigs-Galerie, München, Dr. Fritz Nathan)	
1932/ 1933	Dez./bis März 1933: Lebendige deutsche Kunst: Belling, Feininger, Grosz, Kandinsky, Kirchner, Levy, Purrmann, Barlach, Heckel, Kolbe, Hofer, Scheibe, Radziwill, Sintenis (zus. mit Alfred Flechtheim)	

Das politisch erzwungene Ende der Firma in Berlin

1933 bis 1938 Zwischen 1933 (März: Emigration Dr. Walther Feilchenfeldt nach Holland, 1939: Schweiz) und 1938 (Mai: Emigration Dr. Grete Ring nach England) wurde die Berliner Firma, durch die nationalsozialistischen Gesetze gezwungen, aufgelöst. Die Kunsthandlung wurde durchgehend in Amsterdam, 1939–1952 in London und seit 1948 in Zürich (unter dem Namen Feilchenfeldt) weitergeführt. Der Verlag konnte – trotz gewisser Pläne und Hoffnungen – nach dem Zweiten Weltkrieg nicht mehr aktiviert werden.

Bruno Cassirer rettete seinen Verlag 1938 in die Emigration nach Oxford; wo nach seinem Tod, im Okt. 1941, sein Schwiegersohn George Hill (vormals Günther Hell) die Nachfolge übernahm.

Quellen für die Daten der Dokumentation

Brühl, Kennert, Feilchenfeldt/Brandis, Thieme/Probst; Walter Feilchenfeldt: «By Appointment Only» Schriften zu Kunst und Kunsthandel. Cézanne und van Gogh (Wädenswil 2005);

Rezensionen, v. a. aus *Kunst und Künstler, Kunstchronik, Kunst für Alle,* Tagespresse und Ausstellungskataloge

Zusammengestellt von Rahel E. Feilchenfeldt und Thomas Raff

Dank

Unser Dank geht an die Museen, die Bibliotheken und Archive, und in diesen Institutionen und außerhalb an viele einzelne Persönlichkeiten, die uns kompetent und kooperativ bei Recherchen unterstützt haben oder uns auf Kunstwerke, nicht leicht zugängliche Archivalien oder Zitate aufmerksam machten. Da fast gleichzeitig das Buch, die Ausstellung und der Film mit demselben Thema im Entstehen waren, hat sich im Lauf der Zeit ein Kreis von Menschen gefunden – die Autoren dieses Bandes gehören hauptsächlich dazu –, die ihr Fachwissen und ihre Ideen einbrachten. Für biographische Einzelheiten zur Vita Paul Cassirers, die es zu überprüfen und wo möglich zu korrigieren oder zu ergänzen galt, hat sich durch Anton Löffelmeier (Stadtarchiv München), der Einsicht in die akkurat geführten Meldebögen gewährte, eindeutig feststellen lassen, daß Paul Cassirer in Breslau geboren ist. Diese Angabe war in der Literatur bisher immer sehr schwankend, und auch die Familie hatte keine sicheren Unterlagen. Ebenso erfreulich waren für Cassirers Schweizer Zeit die Arbeit im Stadtarchiv (Dr. Anna Pia Maissen) und im Baugeschichtlichen Archiv (Esther Fuchs) in Zürich, die Einsicht in Archivunterlagen der Gemeinde und ein Rundgang mit dem Lokalhistoriker Alfred Stettler von Spiez. In Wroclaw standen uns der Kunsthistoriker Jan Sakwerda und das Ehepaar Klaus und Renate Boltz zur Seite, für Görlitz Ramona Faltin (Schlesisches Museum), an beiden Orten sind vor allem die Adreßbücher bearbeitet worden.

Für Originalphotos von Tilla Durieux danken wir Herrn Dr. Julius G. Böhler aus München herzlich. Michael Haas (Berlin) und Albert J. Ernst (Saarbrücken) bereichern Ausstellung und Katalog mit zwei wichtigen Gemälden: Kokoschkas *Porträt Leo Kestenberg* und Corinths *Tilla Durieux als spanische Tänzerin*. Auch die Dokumente aus der Privatsammlung von Wolfgang Werner (Bremen/Berlin) sind willkommene Ergänzungen. Das Berliner Bröhan-Museum verleiht mit seiner Leihgabe der Originallampe van de Veldes von 1898 dem nachgestellten Lesesalon der Vettern Cassirer besonderen Glanz (Abb. 143).

Mit dem Enkel Paul Cassirers, Prof. Dr. Peter Paret, und seiner Frau Isabel haben wir in Princeton und in Berlin in anregenden Gesprächen gemeinsam Möglichkeiten und Ziele des Projekts besprochen. Sie haben für die Ausstellung besondere Leihgaben aus der Familie zur Verfügung gestellt. In London und Oxford haben Dorothy und Prof. Dr. Michael Kauffmann und Mrs. Elsie Hill, die Erben von Bruno Cassirer, die Pläne ebenfalls mit freundschaftlichem Interesse verfolgt und Photos aus dem Familienalbum geschickt.

In Paris haben wir im Centre Allemand d'Histoire de l'Art durch den Direktor Prof. Dr. Thomas Gaehtgens große Unterstützung erfahren: Nach vorbereitenden Gesprächen fand er sich bereit zu einem Interview mit der Filmregisseurin Jacqueline

Kaess-Farquet über die Rolle Paul Cassirers im Kunsttransfer Paris–Berlin um 1900, während für die Beziehung Paul Cassirers zum Kunsthändler der Impressionisten, Paul Durand-Ruel, Madame Flavie Mouraux Durand-Ruel aus ihren Forschungen im Familienarchiv berichtete.

Auch der Verfasser der Monographie über *Die Cassirers*, Georg Brühl (Chemnitz), der 1991 als erster, nach langjährigen Vorarbeiten von der DDR aus, umfangreiches Material zu allen Aktivitäten Paul Cassirers versammelt und in einer schönen Publikation vorgelegt hat, konnte im Rahmen unseres Filmprojekts befragt werden.

In diesen Dank, der an so viele gerichtet ist, möchten wir Prof. Dr. Hans-Jürgen Imiela einschließen, der in Begegnungen, Briefen und Gesprächen ein immer waches Interesse gezeigt hat und der über Aspekte Cassirer/Max Slevogt schreiben wollte, was nun, nach Imielas Tod im Sommer 2005, kurzfristig ein ehemaliger Doktorand, Dr. Michael Fuhr (Wien) für diesen Band zur Erinnerung an seinen Lehrer übernommen hat. Dr. Markus Brandis hat sich kenntnisreich der anspruchsvollen, zweisprachigen Objektbeschriftung für die Ausstellung angenommen. Dr. Claudia Christophersen danken wir für ihre Mitarbeit in der Endphase der Textredaktion.

Für Unterstützung und Anregung in vielerlei Hinsicht und für ihre nie erlahmende Begeisterung danken wir Prof. Dr. Sigrid Bauschinger (Amherst) herzlich.

Prof. Dr. Konrad Feilchenfeldt hat uns in der Projektphase und in der Realisierung von Ausstellung, Buch und Dokumentarfilm ermuntert und in jeder Hinsicht großzügig unterstützt; ihm gilt unser besonderer Dank.

Abgekürzt zitierte Literatur

Barlach, Briefe 1968, Bd. I
Barlach, Ernst: Die Briefe 1888–1938 in zwei Bänden. Hg. von Friedrich Dross. Bd. I. München 1968

Barlach, Briefe 1969, Bd. II
Barlach, Ernst: Die Briefe 1888–1938 in zwei Bänden. Hg. von Friedrich Dross. Bd. II. München 1969

Brühl
Brühl, Georg: Die Cassirers. Streiter für den Impressionismus. Leipzig 1991

Caspers
Caspers, Eva: Paul Cassirer und die Pan-Presse. Ein Beitrag zur deutschen Buchillustration und Graphik im 20. Jahrhundert (Phil. Diss Hamburg 1986) (= Sonderdruck aus dem *Archiv für Geschichte des Buchwesens 33*). Frankfurt/M. 1989

Doede
Doede, Werner: Die Berliner Secession. Berlin als Zentrum der deutschen Kunst von der Jahrhundertwende bis zum Ersten Weltkrieg. Berlin 1977

Durieux
Durieux, Tilla: Meine ersten neunzig Jahre. Erinnerungen. Die Jahre 1952–1971 nacherzählt von Joachim Werner Preuß. 4. Aufl. München/Berlin 1971

Feilchenfeldt/Brandis
Feilchenfeldt, Rahel E. und Markus Brandis: Paul Cassirer Verlag, Berlin 1898–1933. Eine kommentierte Bibliographie. München 2002 (2. Aufl. 2005)

Kennert
Kennert, Christian: Paul Cassirer und sein Kreis. Ein Berliner Wegbereiter der Moderne (= Gesellschaften und Staaten im Epochenwandel 4). Frankfurt/M. 1996

Paret
Paret, Peter: Die Berliner Secession. Moderne Kunst und ihre Feinde im Kaiserlichen Deutschland. Berlin 1981

Thieme/Probst
Thieme, Helga und Volker Probst (Hg.): Berlin SW – Victoriastraße 35. Ernst Barlach und die Klassische Moderne im Kunstsalon und Verlag Paul Cassirer. Güstrow 2003

Sonstige Abkürzungen

BB = Börsenblatt für den Deutschen Buchhandel

DLA = Deutsches Literaturarchiv Marbach

IISG = International Institute of Social History Amsterdam

Autorenverzeichnis

Sigrid Achenbach, Dr. phil., Kunsthistorikerin, Oberkustodin am Kupferstichkabinett der Staatlichen Museen zu Berlin

Michael Assmann, Germanist, Wissenschaftlicher Mitarbeiter an der Deutschen Akademie für Sprache und Dichtung, Darmstadt

Sigrid Bauschinger, Prof. Dr. phil., Germanistin, University of Massachusetts, Amherst/USA

Ursel Berger, Dr. phil., Kunsthistorikerin, Leiterin des Georg-Kolbe-Museums Berlin

Inka Bertz, M.A., Kuratorin für Kunst, Jüdisches Museum Berlin

Markus Brandis, Dr. phil., Kunsthistoriker und Antiquar, München

Eva Caspers, Dr. phil., Kunsthistorikerin, Hamburg

Konrad Feilchenfeldt, Prof. Dr. phil., Literaturwissenschaftler, Ludwig-Maximilians-Universität München

Rahel E. Feilchenfeldt, Kunsthistorikerin und Buchwissenschaftlerin, München

Michael Fuhr, Dr. phil., Kunsthistoriker, Museologischer Assistent am Leopold Museum, Wien

Josephine Gabler, Dr. phil., Kunsthistorikerin, Berlin

Mathias Gatza, Verleger und Lektor a. D., Berlin

Sebastian Giesen, Dr. phil., Kunsthistoriker, Leiter des Ernst Barlach Hauses – Stiftung Hermann F. Reemtsma, Hamburg

Ursula Hudson-Wiedenmann, Dr. phil., Germanistin und freie Journalistin, lebt und arbeitet in Deutschland und England

Stephanie Jacobs, Dr. phil., Kunsthistorikerin und Ausstellungsmacherin, z. Zt. Mitarbeiterin am Haus der Geschichte der Bundesrepublik Deutschland, Bonn

Jan Thomas Köhler, Kunsthistoriker, Berlin

Catherine Krahmer, Dr. phil., Kunsthistorikerin, Paris

Lars Lambrecht, Prof. Dr. phil., Historiker und Philosoph, Universitäten Hamburg und Bremen

Jan Maruhn, Kunsthistoriker, Leiter der Bildhauerwerkstatt des BBK, Berlin

York-Gothart Mix, Prof. Dr. phil., Literaturwissenschaftler, Philipps-Universität Marburg

Friedrich Pfäfflin, Dr. phil. h.c., gelernter Verlagsbuchhändler, 1975–2000 Kustos des Schiller-Nationalmuseums in Marbach

Thomas Raff, Prof. Dr. phil., Kunsthistoriker, Universität Augsburg

Peter-Klaus Schuster, Prof. Dr. phil., Kunsthistoriker, Generaldirektor der Staatlichen Museen zu Berlin

Nina Senger, M.A., Kunsthistorikerin, tätig als Provenienzforscherin, Berlin

Erika Tunner, Prof. Dr. phil., Germanistin, Universität Paris XII

Karlheinz Weigand, Dr. phil., Germanist, Leiter des Ernst-Bloch-Archivs Ludwigshafen

Angelika Wesenberg, Dr. phil., Kunsthistorikerin, Kustodin an der Nationalgalerie, Staatliche Museen zu Berlin

Christiane Zeiller, Dr. phil., Kunsthistorikerin, Max Beckmann Archiv, München

Bildnachweis

Berlin, Archiv der Akademie der Künste: 5, 12, 15, 155
– Georg-Kolbe-Museum: 85–91, 93, 147
– Jüdisches Museum: 140
– Kunstbibliothek, SMPK: 3
– Kupferstichkabinett, SMPK (Foto Jörg P. Anders): 94
– Kunsthandel: 112
– Landesarchiv: 8, 9
– Max Liebermann-Archiv: 28, 117
– Nationalgalerie: 65, 66, 69, 128
Bern, Kunstmuseum: 155
Biel, Musée Neuhaus: 156
Bremen, Kunsthalle: 20
Güstrow, Ernst Barlach Stiftung: 35, 38, 40
Hamburg, Ernst Barlach Haus: 36, 37, 39, 41
– Kunsthalle (Foto Elke Walford): 98
– Staats- und Universitätsbibliothek: 149, 150
Koblenz, Bundesarchiv: 152
London, Prof. Dr. Michael und Dorothy Kauffmann: 4, 11
Marbach, DLA: 18, 100
Marburg, Bildarchiv Foto Marburg: 6, 131
München, Dr. Julius G. Böhler: 10
– Max Beckmann Archiv: 57
– Privatbesitz: Umschlag, 2, 7, 21, 23, 58, 63, 71, 78, 79, 99
– Münchner Stadtmuseum: 26
Princeton, Prof. Dr. Dr. Peter Paret: 119, 151, 153
Saarbrücken, Kunsthandel: 14
Warschau, Żydowski Instytut Hystoryczny: 55, 56
Wien, Leopold Museum: 16
Zürich, Kunsthaus (Foto Cécile Brunner): 17

Ausst.Kat. «Berlin – Metropolis»: 52, 73
Ausst.Kat. «Lovis Corinth»: 42
Ausst.Kat. «Ludwig Meidner»: 106
Ausst.Kat. «Max Liebermann – Jahrhundertwende»: 1, 139, 143
M.-A. von Puttkamer, MOPP, 1999: 134
Werner J. Schweiger: Der junge Kokoschka: 72, 74 (Dep. of Spec. Coll., Du Bois Library, Univ. of Amherst/Mass.)
Zeitschrift «Die Dame»: 144–146, 148
Zürcher Denkmalpflege, Bericht 1993/94: 101–104

Verlag und Herausgeber danken allen Inhabern von Abbildungen und Bildrechten für die freundlich gewährte Abdruckgenehmigung. Dort wo, trotz sorgfältiger Recherche, kein Nachweis gefunden wurde, bitten wir um Benachrichtigung. Alle Abbildungen aus Druckwerken oder Dokumenten des Paul-Cassirer Verlages stammen aus Privatbesitz.

Kurzinformationen zu den abgebildeten Büchern des Paul Cassirer Verlags in den Umschlagklappen

Oberste Reihe:

1. Georg Hermann/Rudolf Großmann: *Um Berlin.* 1912. Pan-Presse IX, 10 Original-Lithographien. Abgebildet ist der mit einer orig. Lithographie illustrierte Vorderdeckel der Mappe.
2. Else Lasker-Schüler: *Mein Herz. Ein Liebesroman mit Bildern und wirklich lebenden Menschen.* 1920. (Ges. Ausg., Bd. X). Deckelzeichnung von Else Lasker-Schüler.
3. Marc Chagall: *Mein Leben.* 1923. 20 Radierungen und Kaltnadel. – Abgebildet ist das Titelblatt.
4. Karl Wilhelm Ramler/August Gaul: Alte Tier-Fabeln mit Steinzeichnungen von August Gaul. 1919. Volksausgabe. – Abgebildet ist der illustrierte Schutzumschlag.
5. Bernhard Kellermann/Karl Walser: *Ein Spaziergang in Japan.* Zwischen 1910 und 1924 sechs Auflagen mit insgesamt 28 000 Ex. Einbandgestaltung und Titelillustration von Karl Walser.
6. Emil Waldmann: *Edouard Manet.* 1923. Vorzugsausgabe mit orig. Graphik von Edouard Manet.

Zweite Reihe:

1. Kasimir Edschmid: *Die Achatnen Kugeln.* 1920. Farbiger Umschlag von César Klein. Siehe auch die Entwurfsskizzen zum Einband auf S. 283 des vorliegenden Bandes.
2. Ernst Barlach: *Ein selbsterzähltes Leben.* 1928. Vorderdeckel mit Illustration von Ernst Barlach.
3. Lovis Corinth: *Das Leben Walter Leistikows.* 1910. Vorderdeckel, Entwurf von Karl Walser.
4. Max J. Friedländer: *Die Altniederländische Malerei.* 14 Bde. 1924–1937. (Die beiden letzten Bände erschienen 1935–1937 bei Sijthoff in Leiden/Holland). Abgebildet ist der Vorderdeckel des ersten Bandes: *Die van Eyck. Petrus Christus.*
5. James Fenimore Cooper/Max Slevogt: *Lederstrumpf-Erzählungen in der urspr. Form.* 5 Bde. 1909–1910. Volksausgabe. – Abgebildet ist der Vorderdeckel von Bd. 1: *Der Wildtöter.* Einbandgestaltung und farbige Deckelillustration von Karl Walser.
6. *Gazette du Bon Ton:* Vorderseite eines Hefts der einzigartigen Modezeitschrift, die von 1912 bis zum Ausbruch des Weltkrieges von Paul Cassirer, Berlin, und Lucien Vogel, Paris, gemeinsam verlegt wurde.
7. Jacob Michael Reinhold Lenz: *Gesammelte Schriften.* 1909. 4 Bde. Vorderdeckel eines Bandes. Einbandgestaltung von Karl Walser. Die Bücher sind auf einem Stilleben von Robert Breyer zu sehen, abgebildet auf S. 224 des vorliegenden Bandes.

Dritte Reihe:

1. *Die Gemäldegalerie Berlin:* 5 Kataloge. 1929–1933. Einl. von Ludwig Justi. Ein Bestandsverzeichnis in Fotos, geordnet nach Schulen. Abgebildet ist Teil V, 1933, Vorderdeckel.
2. Ernst Barlach: *Der Tote Tag. Drama.* Volksausgabe. Abgebildet ist die 2. Auflage von 1918 mit der Deckelillustration *Kniender Jüngling* von Ernst Barlach.

3./4. Bruno Schönlank/George Grosz: *Sonniges Land. Kindergedichte.* 1920. Mit Illustrationen und farbig illustriertem Einband von George Grosz. Abgebildet sind die Vorder- und die Rückseite.

5. Oskar Kokoschka: *Vier Dramen.* 1919. Volksausgabe. Abgebildet ist die Vorderseite der broschierten Ausgabe mit der farbigen Illustration von Oskar Kokoschka.
6. Else Lasker-Schüler: Briefe Peter Hilles an Else Lasker-Schüler. 1921. Mit einer Zeichnung von Else Lasker-Schüler: *St. Peter Hille zeichnend vor Dorf im Gebirge* auf dem Vorderdeckel.

7. René Schickele: *Schreie auf dem Boulevard.* 1913. Abgebildet ist der Vorderdeckel mit der farbigen Illustration von Guido von Finetti.

Vierte Reihe:

1. Andreas Aubert: *Runge und die Romantik.* 1909. Vorderdeckel.
2. Georg Büchner: *Gesammelte Schriften in zwei Bänden.* 1909. Einbandgestaltung von Karl Walser. Abgebildet ist ein Vorderdeckel der Pappausgabe.
3. Vincent van Gogh: *Briefe an seinen Bruder.* 2 Bde. 1914. Volksausgabe. Vorderdeckel von Bd. 1.
4. Bernhard Kellermann/Karl Walser: *Sassa yo Yassa. Japanische Tänze.* 1911–1922, vier Auflagen. Einbandentwurf von Karl Walser. Abgebildet ist der Vorderdeckel mit dem eigens entworfenen Buntpapier.
5. Peter Baum: *Im alten Schloß.* 1908. Vorderdeckel mit Kreidelithographie von Max Slevogt.
6. *Unser Weg 1919:* Ein Jahrbuch des Verlags Paul Cassirer. 1918. Einbandentwurf von Walter Reiff. Abgebildet ist der Vorderdeckel.
7. Carl Sternheim: *Die Hose. Ein bürgerliches Lustspiel.* 1911. Vorderdeckel.

Genaueres steht in der kommentierten Bibliographie des Paul Cassirer Verlags von Rahel E. Feilchenfeldt und Markus Brandis. München 2005 (2. Aufl.)

Personenregister

(Bruno und Paul Cassirer werden nicht nachgewiesen)